国家级教学成果二等奖系列教材

亚非语言文学国家级特色专业建设点系列教材

缅甸现当代文学作品选读

尹湘玲◎编著

世界图书出版公司

广州 · 上海 · 西安 · 北京

图书在版编目（CIP）数据

缅甸现当代文学作品选读 / 尹湘玲编著. —广州：世界图书出版广东有限公司，2012.11
ISBN 978-7-5100-5310-8

Ⅰ. ①缅… Ⅱ. ①尹… Ⅲ. ①缅语—阅读教学—高等学校—教材 ②文学—作品综合集—缅甸 Ⅳ. ①H421.94：I

中国版本图书馆CIP数据核字（2012）第238757号

缅甸现当代文学作品选读

策划编辑：刘正武
责任编辑：程 静
出版发行：世界图书出版广东有限公司
（广州市新港西路大江冲25号 邮编：510300）
电 话：020-84451969 84459539
http：//www.gdst.com.cn E-mail：pub@gdst.com.cn
经 销：各地新华书店
印 刷：广州小明数码快印有限公司
版 次：2012年12月第1版 2017年11月第2次印刷
开 本：787mm × 1092mm 1/16
字 数：350千
印 张：23.25
ISBN 978-7-5100-5310-8/H · 0790
定 价：48.00元

咨询、投稿：020-84460251 gzlzw@126.com

前　言

《缅甸现当代文学作品选读》为解放军外国语学院亚非语系主任、博士生导师钟智翔教授主持的国家级教学成果二等奖系列教材之一，也是国家外语非通用语种本科人才培养基地暨亚非语言文学国家级特色专业建设点建设教材。

本教材以缅甸现当代文学思潮的演进及文学运动、文学现象的消涨起伏为线索，选入缅甸富有代表性作家的34篇作品，编为30课。文学体裁以短篇小说、长篇小说（节选）、诗歌为主，作品基本以创作发表年代为序，同时兼顾选文的语言特点、文字难度、篇幅容量等进行编排。自20世纪80年代中期以来，缅甸文学尤其是小说创作进入了多元发展的新时期，无论作品内容、形式，还是风格、创作方法，较之前期文学都发生了显著变化，并日益朝着丰富、兼容的方向发展。因此，在篇目选择上适当加大了20世纪80年代以后作品的比例。兼收该时期不同艺术风格和语言特色的作品，能够使读者更全面、更客观地了解当代缅甸文学的最新发展概貌。

本教材每课内容由作品导读、作品原文、难点词汇注释、作家简介和练习几部分组成。其中作品导读重点介绍选文的内容要点、主旨及创作特色，帮助学生理解和领悟原文；作家简介主要包括作家的生平和创作道路、时代背景、重要著作及影响等；篇末附有思考与练习题。通过对本教材的学习，学习者可以开阔文学视野，提高文学鉴赏和阅读理解的能力。

本教材作为缅甸语专业本科教材，适合本科三、四年级“缅甸文学”课使用，计划课时为68学时。教师在教学中可以根据本校实际情况作适当调整。本教材亦可供具有中等缅语水平的自学者和文学爱好者阅读。

本教材在编选过程中，得到了解放军外国语学院亚非语系教材建设委员会、亚非语言文学专业博士学位授权点以及中国出版集团世界图书出版广东有限公司的大力支持，在此谨表示诚挚的谢意。由于编者对缅甸文学研究有限，篇目选择未必适当，挂一漏万和谬误之处在所难免。恳请学界专家、同仁和广大读者不吝批评指正。

编　者

2012年10月

于解放军外国语学院

မာတိကာ

သင်ခန်းစာ(၁) မင်းလတ်

作品导读

德班貌瓦（1899—1942）是缅甸实验文学的代表作家之一，他以“貌鲁埃”为主人公创作了一系列“小说文章”，使用生动的新词和素朴的白描语言，将自己耳闻目睹的社会现实展现给读者。而《敏腊》（1931）的文体特点则不同于《貌鲁埃系列小说文章》，在《敏腊》中没有出现貌鲁埃这个人物，没有采用貌鲁埃的视角，而是作者直抒胸臆。它改变了小说的文体性质，消解了小说的故事性，而更接近于散文的抒情和广度。“敏腊”号渡轮的一次普通航程，浓缩了伊洛瓦底江沿岸美丽的自然风光，浓缩了历史沧桑，也浓缩了市井百态。一次航程隐喻人生的一个轮回，多么令人玩味！青山，白塔，崖壁，沙滩，绿色的田园，远离村落的寺庙，心无旁骛的修道者，见识狭隘又妄自尊大的放牛娃，那些曾经见证历史的辉煌又经历了战争摧折和风雨剥蚀而依然矗立的古佛塔，夕阳折射下不断变幻色彩由明渐暗的伊洛瓦底江水，这每一幅景致的描写都寄托着作者忧国忧民的爱国情怀。再看“敏腊”号轮渡上，阶层不同、身份各异的乘客们以及他们各自不同的心态和言谈举止，他们所谈论的“国事”和“大米、稻谷的问题”，他们手中阅读的缅甸最早按照现代理念创办的《达贡》杂志和《太阳报》，每一个细节的描写都传达出强烈的社会符号和时代气息。“敏腊”号一次普通的航程承载了多么丰富的社会内容和文化内涵！

မင်းလတ်

သိပ္ပံမောင်ဝ

မင်းလတ်ကား မန္တလေးနှင့်ပြည် အပြန်ပြန် အလှန်လှန် သွားနေသော ကူးတို့သင်္ဘော၏ အမည်ဖြစ်၏။ မင်းလတ် ပြည်မြို့သို့ ရောက်သော အကြိမ်ပေါင်းလည်း များလှပေသည်။ မန္တလေးမြို့သို့ ပြန်၍ရောက်သော အကြိမ်ပေါင်းကိုလည်း မရေတွက်နိုင်။ ယခု မန္တလေးမှ ထွက်၍လာခဲ့သော အကြိမ်မှာလည်း ထိုမရေမတွက်နိုင်သော အကြိမ်ပေါင်းများစွာတွင် တစ်ကြိမ်မျှသာ ဖြစ်

၏။ ထူးခြားသော အကြိမ်ဟူ၍ကား မဆိုနိုင်။

မန္တလေးမှ နံနက်စောစော ထွက်၍လာခဲ့၏။ စစ်ကိုင်း၊ အင်းဝစသော ရှေးအခါက ကျော်စောခဲ့ကြသည့် မြို့တော်ဟောင်းများတွင် ဆိုက်ကပ်၏။ တက်သူတက်၊ ဆင်းသူဆင်း။ ကူလီတစ်သင်းကလည်း သူ့ငှါးပါ ငါ့ငှါးပါနှင့် ဆူညံစွာ အော်ဟစ်ကြကုန်၏။

ထိုမှလွန်ပြန်လျှင် ရွာသစ်ကြီး၊ ကျောက်တစ်လုံး၊ ငွှန်၊ မြင်းမူအစရှိသော ဝါထွက်ရာ ဆိပ်ကမ်းများတွင် ဆိုက်ကပ်ပြန်၏။ အချို့ကမ်းတွင် သင်္ဘောကပ်၍ ဆိုက်ရန် သမ္ဗန်ကြီးများ ရှိ၏။ အချို့တွင်ကား ကမ်းပါးတွင် ထိုး၍ ဆိုက်ကပ်ရလေသည်။ သင်္ဘောသည် ထိုကမ်းပါး အနီးသို့ ရောက်သည်နှင့် တစ်ပြိုင်နက် သင်္ဘောကုလားလေးယောက်သည် အသီးသီး သင်္ဘောပေါ်မှခုန်၍ ဆင်းကြပြီးလျှင် ကြိုးကြီးတစ်ချောင်းကို ကမ်းခြေသို့ ရေကူးကာဆွဲယူကြကုန်၏။ ရောက်လျှင် စိုက်ထားအပ်သော တိုင်တို့တွင် ချည်ကြ၏။ သင်္ဘောမှာလည်း ထိုကြိုးအားဖြင့် ကမ်းပါးသို့ ကပ်၍ သွားရလေသည်။

ကမ်းပေါ်တွင် သင်္ဘောအလာကို အတောင့်သား စောင့်စား၍ နေကြသော သူတို့မှာလည်း ဆူညံလျက်ပင်။ ကူလီတွေကမရှား။ အပျော်အပါး လာရောက်ရှုစားသူတွေကလည်းရှိ။ အသိမိတ်ဆွေတို့အား လာရောက်ကာ ပို့ကြသူ ကြိုကြသူတွေကလည်း အများ။ သင်္ဘော ဆိပ်ကမ်းတွင် ကပ်လိုက်သည်နှင့် တစ်ပြိုင်နက် တက်မည့်သူတွေကလည်း တိုး၍တက်ကြ။ ဆင်းမည့်သူတွေကလည်း တိုး၍ဆင်းကြ။ ရေထဲကျမှာကို စိုးရ။ ပျော်စရာလည်း မကျတကျ။

ကမ်းခြေတစ်လျှောက်ကို ရှုမျှော်၍ လာပြန်လျှင်လည်း သာယာတင့်တယ် ရှုချင်ဖွယ်ကောင်းလှ၏။ တောင်ထိပ်တောင်ကုန်းကလေးတွေကို လည်းကောင်း၊ စိမ်းလန်းလျက်နေသော ယာခင်းများကိုလည်းကောင်း၊ တောင်ထိပ်တွေအပေါ်တွင် ဖြူဖြူဖွေးဖွေး စေတီတော်ကလေးတို့ကို လည်းကောင်း၊ ပျက်စီးယိုယွင်းအိုမင်းလျက် နေကြသော စေတီတော်တို့ကို လည်းကောင်း၊ သဲအတိပြီး၍ ပျော်ကြီးပျော်ချင့်စဖွယ် ကောင်းလှသော သောင်ပြင်တို့ကို လည်းကောင်း၊ တောင်ကမ်းပါး၊ တောင်ဖြတ်ကြီးတို့ကို လည်းကောင်း တွေ့မြင်ရလျှင် မည်သူ စိတ်မချမ်းမြေ့၊ စိတ်မကြည်နူးဘဲ နေနိုင်ပါအံ့နည်း။

မြစ်ကမ်းခြေ တစ်လျှောက်တွင် ရေသောက်ရန်လာကြသော နွားအုပ်ကြီးအပေါ်၌ မင်းလုပ်ကာ နေကြသော နွားကျောင်းသားကလေးတို့မှာလည်း မိမိတို့အနီး၌ သင်္ဘောဖြတ်သွားသည်ကို မြင်ကြရလျှင် စိတ်ပျော်သလိုလို၊ ဘာလိုလိုဖြစ်၍ ခုန်ပေါက်ကာ ကပြလိုကပြ၊ လက်တွင်ကိုင်၍ ထားသော အဝတ်စလုံချည်စုတ်တို့ကို လှုပ်ပြလိုလှုပ်ပြ၊ အော်ပြီး နှုတ်ဆက်လို နှုတ်ဆက်။ ပျော်စဖွယ်လို။ ထိုနွားကျောင်းသားတို့၏ စိတ်တွင်ကား မိမိတို့အနားမှ ဖြတ်၍ သွားသော သင်္ဘောမှာ ဘယ်နေရာကလာ၍ ဘယ်နေရာသို့ သွားသည်ကိုမသိ။ မန္တလေးနှင့် ပြည်သို့ သွားသော ကူးတို့သင်္ဘောဟူ၍ကား သိချင်သိပေလိမ့်မည်။ သို့ရာတွင် ထိုမန္တလေး၊ ပြည်မြို့တို့သည် မိမိ

တို့နှင့် မည်မျှကွာဝေးသည်ကို လည်းကောင်း၊ ထိုမြို့တို့သည် မည်မျှ ကြီးကျယ်ကြသည်ကို လည်းကောင်း၊ မီးရထား မော်တော်ကားတို့ ပြည့်နှက်လျက် နေသည်ကို လည်းကောင်း အနည်း ငယ်မျှ သိရှာမည်မဟုတ်။ သိလည်းမသိလို။ မိမိ၏ ရွာအုပ်တွင် မင်းလုပ်၍ နေသည်ကိုပင် ကျေနပ်လှလေသည်။ သွေးတကြီးကြီးနှင့် အနည်းနည်းအဖုံဖုံ ဂုဏ်လုပ်၍ နေကြလေတော့သည်။

ထိုရွာကျောင်းသားတို့အပြင် ကမ်းပါးအနီး တောင်ထိပ်များပေါ်တွင် ကျောင်းကလေး တစ်ကျောင်းတလေကို တွေ့မြင်ရပေ၏။ ထိုကျောင်းများ အနီးအနားတွင် ရွာလည်းမရှိ၊ လူသူ မနီးသော တောင်ထိပ်ပေါ်၌ တစ်ကိုယ်တည်း တရားအားထုတ်ရန် ထွက်၍လာကြသော ရဟန်း၊ ရသေ့၊ သူတော်ကောင်းများ ဖြစ်တန်ရာ၏။ ရေအတွက်ကား ဧရာဝတီမြစ်ကြီးကိုပင် အမှီပြု၏။ အားထား၏။

ထိုကျောင်းကလေး အသီးသီးတို့တွင် သီတင်းသုံးနေတော်မူကြသော သူတော်သူမြတ်တို့ ကား ထိုကူးတို့သင်္ဘောပေါ်တွင် ပါ၍လာကြသောသူတို့မှာ မည်သူများ ဖြစ်ပါလိမ့်မည်ကိုလည်း ဂရုမစိုက်။ မည်သို့သွားကြသည်ကိုလည်း အမှုမထား။ ဤသင်္ဘောသွားသောအချိန်ကား မည် သည့်အချိန်ပေတည်း စသည်ဖြင့်သာ အမှတ်ထားပေလိမ့်မည်။ ဤသင်္ဘော ဧရာဝတီ မြစ်ကြော စုန်သွားတိုင်း တစ်ရက်၊ တစ်ရက်ကုန်လွန်သွားပေသည်။ ထိုရက်တို့ကား ပြန်၍ မလာ။ လူတို့၏ အသက်သာလျှင် သေရက်သို့ နီးလာပြီတကား။ မည်သည့်အရာမျှ မမြဲပါတကား။ အနိစ္စပါတကား စသည်ဖြင့် တရားတော်ကို နှလုံးသွင်းကာ ကျန်ရစ်နေရှာကြကုန်၏။

"မင်းလတ်" လည်း စုန်မြဲတိုင်း စုန်၍လာခဲ့၏။ မြင်းခြံသို့ မိုးချုပ်မှ ရောက်လေသည်။ မြင်းခြံ ၌ တစ်ညအမောဖြေ၏။ ခရီးဆက်လက်၍ သွားမည့်သူတို့အနက်လည်း မြို့ပေါ်သို့ တက်၍ လည်လိုသည်၊ မြင်းခြံရှိ အသိမိတ်ဆွေတို့ကလည်း ဆင်းလာပြီးလျှင် နှုတ်ခွန်းဆက်ကြသည် လည်း မရှား။ ညဉ့်နက်လျှင် အိပ်ကြပြန်၏။

နံနက်မိုးမလင်းမီ မြင်းခြံမှထွက်၍ လာခဲ့ပြန်၏။ နေ့ခင်းတွင် ညောင်ဦးသို့ ရောက်၏။ ညောင်ဦးရောက်သည်မှ ပုဂံလွန်သည်တိုင်အောင် မိုင်ပေါင်းလေးငါးမိုင်ခန့်ရှိ၏။ သင်္ဘောပေါ်မှ နေ၍ဖူးရသော စေတီတော် ပုထိုးတော်တို့ကား မရေတွက်နိုင်ပြီ။ ဖရိုဖရဲ ပြိုကွဲပျက်စီးနေကြ သည်လည်း ရှိ၏။ အစိုးရကျောက်စာဌာနမှ ပြုပြင်ထားသည်တို့လည်း မရှား။

အနော်ရထာ၊ ကျန်စစ်သားတို့ တည်ထားခဲ့သော ရွှေစည်းခုံစေတီတော်မြတ်မှ စ၍ များလှ စွာသော စေတီပုထိုးတော်တို့ကို ဖူးမျှော်၍ မကုန်နိုင်၊ အရှုံးပေးရ၏။ သည်မှာကား အာနန္ဒာ၊ ထိုမှာကားရွှေဂုကြီး၊ ထိုအနီးကား သဗ္ဗညု၊ ထိုရှေ့ကား စူဠာမဏိ၊ ထိုကွေ့တွင်ကား လောကနန္ဒာ၊ ထိုထိုသော ဘုရားတို့ကား ဓမ္မရံကြီး၊ ဓမ္မရာဇိက၊ မင်္ဂလာစေတီ အစရှိသဖြင့် များလှထွေထွေ ရေတွက်၍ပင် မကုန်နိုင်။

ထိုထိုတစ်ဝိုက်တွင် ထီးကြီး၊ နန်းကြီး၊ မြို့ကြီး၊ ပြကြီးတို့ ထွန်းကားခဲ့ပေပြီ။ ကာလကြာ

သော် ထိုထိုတစ်ဝိုက်မှာပင် ထိုထီးကြီး၊ နန်းကြီး၊ မြို့ကြီး၊ ပြကြီးတို့ ပျက်စီးယိုယွင်းခဲ့ကြပေပြီ။

ထိုပုဂံကမ်းပေါ်တွင် မားမားစွင့်စွင့် မြင့်မြင့်စောက်စောက် ကျောက်အုတ်တို့ဖြင့်ပြီးသော စေတီပုထိုးတို့ကား ကူးတို့သင်္ဘောကလေးဖြတ်၍ သွားသည်ကို အမှုမထား၊ ဣန္ဒြေသိက္ခာတော်ကြီးမားစွာနှင့် တည်နေတော်မူကြကုန်၏။ ထိုစေတီပုထိုးတော်ကြီးတို့ကား ပုဂံပြည်ကြီး စည်ကားကြီးကျယ်သည်ကိုလည်း ကြုံတော်မူခဲ့ကြပေပြီ။ ထို့နောက် တရုပ်ပြေးမင်းလက်ထက် တရုပ်စစ်တပ်ကြီး ချီတက်လာသည်ကိုလည်း ကြုံတော်မူခဲ့ကြပေပြီ။ ထိုတရုပ်စစ်ကို ခုခံကာကွယ်ရန် မိမိတို့နှင့်အတူ တည်ထားခဲ့သော စေတီပုထိုးတို့ကို ဖျက်ဆီး၍ မြို့ရိုးခံတပ်ကြီး တည်လုပ်သည်ကိုလည်း ကြုံတော်မူခဲ့ကြပေပြီ။ မိမိနှင့် ဖွားဘက်တော် ဖြစ်ကြကုန်သော စေတီပုထိုးတော်များ မိုးလေဝသအတွက် ပျက်စီးကြကုန်သည်ကိုလည်း ကြုံတော်မူခဲ့ကြပေပြီ။ မိမိတို့သာလျှင် ကျန်တော့၏။ မိမိတို့ကိုယ်တိုင်လည်း အမြဲတည်မည် မဟုတ်။ တစ်နေ့နေ့၌ အမှန်ပျက်စီးရပေဦးမည်။ မိမိသာမဟုတ်၊ လောကတွင် မြင်မြင်သမျှ လူသူသတ္တဝါ အရာဝတ္ထုတို့လည်း ပျက်စီးကြရမည်သာတည်းဟူ၍ မဆိုကြသော်လည်း ဆိုတော်မူကြဘိသို့ မတုန်မလှုပ် ကျန်ရှိရှာတော်မူကြကုန်၏။

သင်္ဘောလည်း တစ်နေ့လုံး စုန်မြဲတိုင်း စုန်၍လာခဲ့၏။ နေမင်းလည်း ညနေ ခြောက်နာရီအချိန်ရောက်လျှင် နီသောအရောင်တို့ကိုလွှတ်၏။ ထိုနီသော အရောင်တို့ကား ဧရာဝတီမြစ်ကြောပေါ်သို့ ကျလျှင် မြစ်တစ်မြစ်လုံး နီနီရဲရဲကြီးနေပေ၏။ စိတ်ကြည်နူးဖွယ် ကောင်းလှ၏။ အတန်ကြာလျှင် နေမင်းသည် အနောက်ရိုးမတောင် အကြားသို့ ဝင်၍သွား၏။ အလင်းရောင်လည်း ပျောက်၍သွား၏။ ဧရာဝတီမြစ်ကြီးလည်း နီရာမှ ဝါ၊ ဝါရာမှ ခရမ်းရောင်၊ ခရမ်းရောင်မှ အပြာ၊ အပြာမှ အနက်ရောင်သို့ ကူးပြောင်း၍ သွားတော့သတည်း။ သင်္ဘော၌ မီးထွန်းကြရ၏။

အတန်ကြာလျှင် ခပ်လှမ်းလှမ်းမှ ထိန်ထိန်လင်းလင်း ဝင်းဝင်းပြောင်ပြောင် ဓာတ်မီးရောင်တို့ကို မြင်ရလေသည်။ အံ့သြကာ လှမ်း၍ကြည့်ကြ၏။ တစ်ယောက်ကို တစ်ယောက် မေးမြန်းကြကုန်၏။ ထိုတဝင်းဝင်းတပြောင်ပြောင်နှင့် နေသော ထိုနေရာကား ရေနံချောင်းမြို့ပေတည်း။ အဝေးက မြင်ရလျှင် သာကသာယာပါဘိ။ ရှုချင်ဖွယ်ကောင်းလှပေ၏။

မကြာမီ ရေနံချောင်းဆိပ်ကမ်း၌ သင်္ဘောဆိုက်၏။ အချိန်မရှိတော့သဖြင့် ထိုနေရာမှာပင် တစ်ညစခန်းချရပြန်၏။ မြင်းခြံမှာတုန်းကကဲ့သို့ပင် ဆင်းသူကဆင်း၊ တက်သူကတက်၊ နှုတ်ဆက်ရန် လာသူတွေကလည်း မရှား။ နံနက်စောစော ရေနံချောင်းမှ ထွက်လာပြီးလျှင် မကွေး၊ မင်းဘူး အစရှိကြသော ဆိပ်ကမ်းတို့တွင် အစဉ်အတိုင်း ဆိုက်ကပ်၍လာခဲ့၏။

သင်္ဘောအတွင်း၌ ပါလာသူတို့ကား မိမိတို့ရောက်လိုရာအရပ်၊ မိမိတို့ကိစ္စအမျိုးမျိုး၊ ဆွေမျိုးအပေါင်းတို့၏ အကြောင်းများကိုသာ ပြောဆို၍ လာကြကုန်၏။ စိတ်ကူး၍ လာကြကုန်၏။

အချို့မှာ အိပ်လျက်၊ အချို့ကား သားကလေး သမီးကလေးတို့ကို ချော့နေ၊ ထမင်းဆိုင်

တွင် ထမင်းဝယ်၍ စားလာသူ လေးယောက်မှာ တိုင်းရေးပြည်ရေး ဆန်ရေးစပါးရေးတို့ကို ပြောကြားဆွေးနွေး၍ လာကြကုန်၏။ ထိုသူတို့အနား ပက်လက်ကုလားထိုင်ပေါ်တွင် ပိုးသင်္ကန်းဖြင့် ဦးခေါင်းတော်ကို အုပ်ကာ ကျိန်းနေရှာသော ဦးပဉ္စင်းကား အိပ်ပင်ပျော်နေသလော။ ထိုလူလေးယောက်၏ တိုင်းရေးပြည်ရေး အကြောင်းကိုပင် နားစွင့်ကာ ထောင်နေပါသလော။

ထိုပိုးသင်္ကန်းကိုယ်တော်၏ အနီး ကော်ဇောပေါ်၌ သီတင်းသုံးလာတော်မူသော ကိုယ်တော် ဦးပဉ္စင်းကလေးကား ဒဂုန်မဂ္ဂဇင်းတွင်ပါသော ဝတ္ထုတစ်ပုဒ်ကို မြိန်ရှက်စွာ ဖတ်၍နေရှာတော်မူပေ၏။ ထိုကိုယ်တော်နှစ်ပါးတို့၏ အနားတွင်ကား အဖိုးကြီးနှစ်ယောက် ဓါးပြမှုအကြောင်း ပြောကြား၍နေကြလေသည်။ သူတို့ နှစ်ယောက်နှင့် ကပ်နေသော လူခပ်လတ်လတ် ခပ်ဝဝမှာကား မည်သူ့ကိုမျှ ဂရုမစိုက်၊ မည်သူ့စကားကိုမျှ အရေးမလုပ်၊ စာရင်းစာအုပ်တစ်အုပ် အထဲတွင် ရေးသားထားသော စာရင်းများကိုသာလျှင် ရှင်းလင်း၍နေ၏။

ထိုလူ၏ နောက်ဖက်တွင် အလွန်တရာမှ ညစ်ထေးလှစွာသော လင်မယား နှစ်ယောက်သည်ကား ဖက်ဖြုလိပ်တစ်လိပ်စီဖွာကာ စကားမပြော၊ ဆေးလိပ်၏ အရသာကို ခံနေရှာကြကုန်၏။ အနားတွင်ကား သုံးလေးနှစ်၊ လေးငါးနှစ်အရွယ် သားကလေး သမီးကလေး သုံးယောက်မှာ ထမင်းအိုးတစ်လုံးမှ ထမင်းကျန်များကို လုယက်ကာ စားသောက်နေကြကုန်၏။ သူတို့ရှေ့နား အဝတ်သစ်အစားသစ်နှင့် သင်ဖြူးပေါ်တွင် ထိုင်နေသူကား သူရိယ သတင်းစာကို ခပ်ကျယ်ကျယ်ကြီး ဖတ်လျက်နေလေသတည်း။

နေဝင်၍ အလင်းရောင်ပျောက်လျှင် “မင်းလတ်” လည်း ပြည်မြို့ဆိပ်ကမ်း၌ ကပ်လေ၏။ လိုက်ပါလာသူတို့လည်း တစ်ယောက်မျှမကျန် ဆူညံစွာ သူ့ထက်ငါ ဆင်းတဲ့၍ သွားကြကုန်၏။ အတန်ကြာလျှင် သင်္ဘောမှာ ဆိတ်ငြိမ်၍ နေတော့သတည်း။

(၁၂၉၃ခု သီတင်းကျွတ်လထုတ် ဂန္ထလောကမဂ္ဂဇင်း)

ခက်ဆစ်များ

ကူးတို့သင်္ဘော (န) 渡轮

ဆိုက်ကပ် (က) 停泊；停靠

ကူလီ (န) (旧)苦力，短工

ဆူညံ (က) 吵闹，嘈杂

ရှုမျှော် (က) 眺望，遥望

ပျက်စီးယိုယွင်း (က) 损坏，毁坏，腐烂

သောင်ပြင် (န) 平坦的沙滩

တောင်ကမ်းပါး (န) 悬崖，峭壁

တောင်ဖြတ် (န) 悬崖，绝壁

မင်းလုပ် (က) 称帝

နွားကျောင်းသား (န) 牧童

သွေးတကြီးကြီးနှင့် (ကဝ) 骄傲地，目空一切地

ဂုဏ်လုပ်　(က)　吹嘘，夸耀
သူတော်ကောင်း(သူတော်သူမြတ်)　(န)　善人，好人，君子
သိတင်းသုံး　(က)　(僧侣)挂搭，挂单，挂锡
အနိစ္စ　(န)　[巴]无常；去世
နှလုံးသွင်း　(က)　铭记在心
ဖရိုဖရဲ　(ကဝ)　胡乱狼藉地，狼狈
ပြိုကွဲပျက်စီး　(က)　倒塌，崩溃
ကျောက်စာ　(န)　碑文，碑铭
အနော်ရထာ　(န)　(帝王名)阿奴律陀
ကျန်စစ်သား　(န)　(帝王名)江喜达
ရွှေစည်းခုံစေတီတော်　(န)　蒲甘王朝阿奴律陀王建的著名古佛塔
မားမားစွင့်စွင့်　(ကဝ)　高高，高耸
မြင့်မြင့်စောက်စောက်　(ကဝ)　高耸地，陡峭地
ဣန္ဒြေသိက္ခာ　(န)　庄重，端庄
တရုပ်ပြေးမင်း(နရသီဟပတေ့)　(န)　(帝王名)那腊底哈勃德
မြို့ရိုး　(န)　城墙
ဖွားဖက်တော်　(န)　陪伴者
မိုးလေဝသ　(န)　气象，气候
လူသူ　(န)　人们，大众
သတ္တဝါ　(န)　动物
အရာဝတ္ထု　(န)　物；物质；东西；事物
ဓာတ်မီး　(န)　电灯
တိုင်းရေးပြည်ရေး　(န)　国家事务
ကျိန်း　(က)　(僧、罗汉、佛等)睡
သင်္ကန်း　(န)　袈裟
မြိန်ရှက်　(က)　津津有味
ညစ်ထေး　(နဝ)　心情烦恼；面色不悦；脏
သူရိယ　(န)　[巴]太阳

စာဆိုအတ္ထုပ္ပတ္တိ

သိပ္ပံမောင်ဝ (၁၈၉၉–၁၉၄၂)

အမည်ရင်း	–	ဦးစိန်တင်
မိဘအမည်	–	ဦးအုန်းရွှေ+ဒေါ်ဒေါ်သစ်
မွေးသက္ကရာဇ်	–	၁၈၉၉ ခု၊ ဇွန်လ ၅ရက်
မွေးဖွားရာဒေသ	–	မော်လမြိုင်မြို့၊ မုပွန်နတ်ကျွန်းရပ်
ကလောင်အမည်ခွဲများ	–	ခေတ်စမ်းမောင်၊ ဂုဏ်မက်သူ၊ တင်တင်ထွေး၊ ရန်ကုန်သိန်းဖေ၊ မောင်လူအေး

ကိုယ်ရေးဖြစ်စဉ်

၁၉၀၅ခုနှစ်ခန့်မှ ၁၉၁၉ခုနှစ်ထိ မော်လမြိုင် မုပွန်ရပ် ဆရာဦးချစ်လှကျောင်းတွင် စတင်ပညာသင်ကြားခဲ့သည်။ ထို့နောက် မောင်ငံရပ်ရှိ စိန့်အောဂတ်စတင်း အက်စ်ပီဂျီ (S.t. Augus

-tine's Society for the Propagation of the Gospel) သာသနာပြုကျောင်းသို့ ပြောင်းရွှေ့၍ သတ္တမတန်း အောင်မြင်သည်အထိ အင်္ဂလိပ်–မြန်မာ နှစ်ဘာသာဖြင့် ပညာသင်ယူခဲ့ပြီးနောက် အဋ္ဌမတန်း ရောက်သောအခါ မဟာဗုဒ္ဓဃောသကျောင်းသို့ ပြောင်းရွှေ့ ပညာသင်ကြားခဲ့သည်။ ၁၉၂၀ပြည့်နှစ်တွင် ဆယ်တန်းစာမေးပွဲကို မြန်မာဘာသာနှင့် ပါဠိဘာသာတို့တွင် ဂုဏ်ထူးဖြင့် အောင်မြင်ခဲ့သည်။

၁၉၂၁မှ ၁၉၂၃ထိ ဗဟန်းကြားတောရနှင့် သရက်တောကျောင်းတိုက်တို့ရှိ ဗဟိုနေရှင်နယ် အမျိုးသားကျောင်းများတွင် ကျောင်းဆရာအဖြစ် လုပ်ကိုင်ခဲ့သည်။

၁၉၂၃ခုနှစ်တွင် တက္ကသိုလ်ကျောင်းသားများ သပိတ်လုန်ပြီးသောအခါ ကောလိပ်သိပ္ပံ ကျောင်းတွင် ဥပစာဝိဇ္ဇာ အောက်တန်းကျောင်းသား (အိုင်အေဂျူနီယာ) အဖြစ် ပညာသင်ကြား ခဲ့သည်။ ၁၉၂၄ခုနှစ်တွင် အိုင်အေအထက်တန်း စာမေးပွဲကို မြန်မာဘာသာအတွက် ပထမဆု ရသူတို့ကို ချီးမြှင့်သည့် သာဒိုးအောင်ဆုတံဆိပ်နှင့် ပါဠိဘာသာပထမဆုရသူအား ချီးမြှင့်သည့် ကောလိပ်ပါဠိဆုတံဆိပ်တို့ကို ရရှိအောင်မြင်ခဲ့သည်။ ထို့ပြင် ကျောင်းအုပ်ကြီး၏ တစ်လ(၂၀/–) နှင့် နှစ်နှစ်ချီးမြှင့်သည့် ဆုငွေရရှိခဲ့သည့်အပြင် နှစ်နှစ်စေ့သောအခါ နောက်ထပ် တစ်လ (၂၅/–)ဖြင့် အစိုးရ၏ ထောက်ပံ့ငွေပါ ရရှိခဲ့သည်။ ၁၉၂၇ခုနှစ် ဘီအေ စာမေးပွဲတွင် မြန်မာ ဘာသာ၌ ပထမတန်း ဂုဏ်ထူးဖြင့် အောင်မြင်၍ ဒယ်လီဂျမ်ရှယ်ဂျီနယ် ဆုတံဆိပ် ချီးမြှင့်ခြင်း ခံရသည်။ ထို့နောက် ပါမောက္ခ ဦးဖေမောင်တင်၏ ကြိုးပမ်းချက်ဖြင့် မြန်မာစာဂုဏ်ထူးတန်းသို့ ထိုနှစ်တွင် တစ်ဦးတည်းသော စာသင်သား အဖြစ် တက်ရောက် စာသင်ကြားခဲ့ရာ ပထမတန်းကို ပထမအဆင့်ဖြင့် အောင်မြင်ခဲ့သည်။ ထို့နောက် ယူနီဘာစီတီ ကောလိပ်သိပ္ပံကျောင်း၌ မြန်မာ ဘာသာရပ် ဆိုင်ရာ ဆရာအဖြစ် စာသင်ရင်း အမ်အေ အတန်းကို ဆက်တက်ခဲ့သည်။ ၁၉၂၇မှ ၁၉၂၉အထိ တက္ကသိုလ်ကျူတာဘဝဖြင့် တာဝန်ထမ်းဆောင်ပြီး ငါးလအကြာတွင် အိန္ဒိယနိုင်ငံ ဝန်ထမ်း အိုင်စီအက်စ် အဖြစ်ဖြင့် အင်္ဂလန်နိုင်ငံ အောက်စဖို့ဒ်တက္ကသိုလ် ခရိုက်ချပ်ချ် ကောလိပ် တွင် ပညာသင်ကြားခွင့် ရရှိခဲ့သည်။

၁၉၂၉ခုနှစ်တွင် အင်္ဂလန်နိုင်ငံမှ ပြန်လာပြီးနောက် မော်လမြိုင် ဒိုင်းဝန်ကွင်းဆီဆုံရပ်နေ ပညာဝန်ထောက် ဦးချစ်စု၊ ဒေါ်သိန်းရင်တို့၏ ဒုတိယသမီး မလှသန်းနှင့် အိမ်ထောင် ပြုခဲ့သည်။ ကိုးလတာမျှ ပေါင်းသင်းခဲ့ရပြီး မလှသန်း ကျန်းမာရေး မကောင်းသဖြင့် ကွယ်လွန်သွားခဲ့သည်။

၁၉၃၂ တွင် ကျိုက်လတ်မြို့ ဆန်စက်ပိုင်ရှင် ဦးစိုးကြီး၊ ဒေါ်ချစ်တို့၏သမီး မခင်မြင့်နှင့် အိမ်ထောင်ကျရာ သားတင်မောင်မြင့် (မောင်လူမွေး)၊ သမီးတင်မေမြင့်၊ တင်ဆွေမြင့်တို့ ထွန်းကားခဲ့သည်။

၁၉၂၉မှ ၁၉၄၂ထိ မြို့အုပ်၊ နယ်ပိုင်ဝန်ထောက်၊ အရေးပိုင်၊ ဒုတိယအတွင်းဝန် စသည့်

ရာထူးဌာန အမျိုးမျိုးဖြင့် စစ်ကိုင်း၊ မိတ္ထီလာ၊ မင်းဘူး၊ ဟင်္သာတ၊ မြောင်းမြ၊ ဇလွန်၊ ညောင်တုန်း၊ ရန်ကုန် (အင်းစိန်)၊ စလင်း၊ ကျောက်ဆည်၊ ရွှေဘို၊ မန္တလေး စသော မြို့ပေါင်း (၁၂)မြို့တို့၌ နိုင်ငံ့တာဝန်များကို ထမ်းဆောင်ခဲ့သည်။

၁၉၄၂ ခုနှစ် ဇွန်လ ၆ ရက် အင်္ဂါနေ့၌ ရွှေဘိုခရိုင် ကန့်ဘလူအရှေ့ ဆယ်မိုင်ခန့်အကွာရှိ ဂါးထာရွာ ဗိုလ်တဲ၌ ဓားပြလူဆိုးတို့၏ အထင်မှား လက်လွန်မှုကြောင့် ကွယ်လွန်ခဲ့ရသည်။

သိပ္ပံမောင်ဝ ရေးသားပြုစုခဲ့သော ထင်ရှားသောစာအုပ်များမှာ **ခေတ်စမ်းစာပေ အထွေထွေ၊ ခေတ်စမ်းပုံပြင်၊ ခေတ်စမ်းပုံပြင်များ (ခ) ခေတ်စမ်းဝတ္ထုများ၊ ခေတ်စမ်းရာဇဝင် ရေးရာများ၊ စာပေယဉ်ကျေးမှု၊ စစ်အတွင်းနေ့စဉ်မှတ်တမ်း၊ မှတ်တမ်းဝင်စာပေများ၊ လှအုံးမယ်ဝတ္ထု၊ ဝတ္ထုဆောင်းပါးများ၊ သုံးပွင့်ဆိုင်ခေတ်စမ်းစာပေ** စသည်တို့ ဖြစ်သည်။

လေ့ကျင့်ခန်း

၁။ သိပ္ပံမောင်ဝ၏ "မင်းလတ်"ဝတ္ထုတိုကို မှီး၍ "မင်းလတ်နှင့် စာရေးသူအမြင်" ဟူသော ခေါင်းစဉ်ဖြင့် ဆွေးနွေးတင်ပြပါ။

၂။ သိပ္ပံမောင်ဝ၏ "မင်းလတ်"ဝတ္ထုတိုကို မှီး၍ မင်းလတ်ခရီးအတွေ့အကြုံတို့ကို သရုပ်ဖော်ရေးဖွဲ့ထားပုံကို တင်ပြပါ။

၃။ "သိပ္ပံမောင်ဝသည် သူ့တိုင်းပြည်ကိုရင်း၊ သူ့လူမျိုးကိုရင်း ချစ်တတ်သူဖြစ်သည်" ဟု မှတ်ချက်ချလျှင် ထိုမှတ်ချက်ကို သင်သဘောကျသလား၊ "မင်းလတ်"မှ အကြောင်းယုတ္တိပြ၍ ဖြေပါ။

၄။ ပုဂံမြို့ဟောင်းရှိ ပုထိုးစေတီများကို မြင်သောအခါ သိပ္ပံမောင်ဝသည် မည်သည့် အကြောင်းအချက်တို့ကို တွေးမိသနည်း။

သင်ခန်းစာ(၂) ဘကြီးအောင်ညာတယ်

作品导读

敏杜温（1909—2004）的短篇小说《昂大伯骗人》（1931）描写了在寺庙读书的孩子貌漆看到艺人昂大伯在雕刻一个象牙美人，非常喜欢。昂大伯开玩笑说：“你想要吗？拿一块钱来就给你。”天真的孩子信以为真，怀着幸福的憧憬把大人给的零用钱一分一分地攒着。一天，孩子看到区长大人在昂大伯处拿着已经成形的象牙美人不停地把玩，出钱要买。昂大伯屈于权势只好说：“区长您要，不给钱也没关系。过两天刻好了就给您送到府上。”无助的孩子听到这话难过极了，一病不起，弥留之际还喃喃地叨念：“昂大伯骗人！”故事看似简朴，却催人泪下。它生动地写出了孩子的天真无邪，以一个稚嫩的孩童的生命鞭笞上层社会的权势和黑暗。被这种腐朽、麻木的传统势力所毁灭的不仅仅是一个活泼、健康的生命，更是一颗真诚纯朴、充满真爱、向往美好未来的心灵。将这个故事置于殖民统治时期的缅甸社会背景下去品读，不难发现其更深层次的社会价值。

ဘကြီးအောင်ညာတယ်

မင်းသုဝဏ်

“အရှေ့ကျောင်းသား သူတောင်းစား၊ လည်ပေါ်ကျောင်းသား အကောင်းစား။ ကျောက်မီးသွေးမို့ မဲသကို၊ တို့ကျောင်းသားမို့ ရဲသကို၊ ဟော့လာမောင်ရို့ဝါး ....” ဟု အားရပါးရ ဆူညံစွာ အော်ဟစ်ပြေးလွှားလာကြသော ကလေးတစ်စုသည်ကား လည်ပေါ်ဘုန်းကြီး ကျောင်းသားကလေးများ ဖြစ်ကြ၏။ ၎င်းတို့ကျောဘက် တင်းချလယ် တစ်ခွက်လောက် အကွာတွင် ချည်လုံချည်ကို ပြာတာကွင်းသိုင်း၍ သင်တိုင်းအင်္ကျီကို လျော့ရိလျော့ရဲဝတ်လျက် ခေါင်းငိုက်စိုက်နှင့် တစ်လှမ်းချင်းလာနေသော မောင်ချစ်သည် ဧဝံမေသုတံ ဧကံသမယံ–ဟု တတွတ်တွတ် ရွတ်လျက်ရှိ၏။ ဆေးတစ်အိုး ကျွမ်းလောက်အကြာတွင် အရှေ့သို့ လှမ်းကြည့်လိုက်ရာ၊ ပန်းပု

ဆရာကြီး ဦးအောင်ချာ၏ ကနားဖျင်းထဲ၌ ကျောင်းသားသူငယ်ချင်းများ ဝိုင်းအုံနေသည်ကို တွေ့ရလေ၏။ မိမိသည်လည်း အကြောင်းကို သိလိုသောကြောင့် ပြေးသွားတိုးဝင်ကြည့်ရှု လေ၏။

ဦးအောင်ချာသည် ဆင်စွယ်မင်းသမီးရုပ်ကလေး တစ်ခုကို ထုလျက်ရှိ၏။ ထုလုပ်စ ဖြစ်၍ ရုပ်လုံးပေါ်ရုံမျှပင် ရှိသေးသော်လည်း အရုပ်ကလေးမှာ နွဲ့နှောင်း ဖြူဖွေး ချစ်စရာကလေး ဖြစ်ပေ၏။ အတန်ကြာသောအခါ မောင်ထွေး၊ မောင်ခွေး၊ ဖိုးစ၊ ဖိုးလှတို့တစ်စု ထပြန်သွား လေ၏။ မောင်ချစ်ကား မြေပြင်ပေါ်တွင် ဒူးထောက်၍ ကွပ်ပျစ်ခါးပန်းတွင် မေးတင်ပြီးလျှင် အငေးသား ကြည့်လျက်ပင် ရှိသေး၏။

“ဘကြီးအောင်၊ ဒီမင်းသမီးရုပ်ကလေးကို ဘယ်သူပေးဘို့ ထုနေတာလဲဟင်” ဟု မျက်စေ့ ကလေး ပေကလပ်လုပ်၍ မေးလေ၏။ ဆောက်ပုတ်နှင့် ဆောက်ကလေးကို အသာချ၍ ဆောက် ပုံးထဲတွင် ဆေးလိပ်ကို စမ်းနေသော ဦးအောင်ချာက “ငါ့တူလိုချင်လို့လား။ ငွေ တစ်ကျပ် ယူ ခဲ့ယင် ဘကြီးပေးမယ် သိလား” ဟု အမှတ်မဲ့ ပြောလိုက်သောအခါ မျက်မှောင် ကြုတ်ယင်း ခေါင်းကုတ်လျက် “ငွေတစ်ကျပ် ဆိုတာ ဘယ်နှစ်ပြားလဲ၊ ဘကြီးအောင်ရဲ့” ဟု မေးပြန်လေ၏။ ပန်းပုဆရာကြီးလည်း ဆေးလိပ်ကိုချ၍ လက်ဝါးနှစ်ဖက်ကို ထောင်ပြလျက် “ဆယ်ပြား၊ ဆယ် ပြား၊ ခြောက်ခါ၊ နောက်ပြီးတော့ လေးပြားထဲ့၊ ပေါင်းခြောက်ဆယ်နဲ့ လေးပြား။ အဲသလောက်ကို တစ်ကျပ် ခေါ်တယ်၊ ကြားလား” ဟု ကလေးသူငယ်များကို ချစ်ခင်သော ဝါသနာရှိသည့်အတိုင်း စိတ်ရှည်လက်ရှည် ခြေဟန်လက်ဟန်နှင့် ရှင်းလင်း ပြောပြလေ၏။ “ဖိုးငှပြားပေးယင် ကျွန်တော် ဒီအရုပ်ကလေးကို တကယ်ပဲ ရမလား၊ နောက်တော့ မညာနဲ့နော် .... ဘကြီးအောင်” ဟု ပြောယင်း သျှောင်ဆံမြိတ်ကလေးကို ချာချာလည်အောင် ပတ်ရစ်လျက် အိမ်ရှိရာသို့ ရွှင်လန်း ဝမ်းမြောက်စွာ ခုန်ပေါက်ပြေးလွှားသွားလေသည်။

မောင်ချစ်သည် နေ့လယ်ချိန် ကျောင်းတွင် မုန့်ဝယ်စားဘို့ရန် မိခင်ပေးလိုက်သော တစ်ပြား တစ်ပြားသော အသပြာကို မသုံးရက် မစွဲရက်ဘဲ အင်္ကျီသင်ပုန်းခေါင်းတွင် အပေါက်ငယ် ဖေါက်၍ စုထားသည်မှာ ခြောက်ပြားမျှ ရလေ၏။ တစ်ထွာမျှကျယ်သော မိမိဝမ်းခေါင်း သမုဒ္ဒရာ အတွက်မူကား နေ့ဆွမ်းစားကုလားတက် ခေါက်တွင် ဘုန်းတော်ကြီး ဦးခေမာ ဝေသော ငှက်ပျောသီးတစ်လုံးနှင့် ကျေနပ်ဖူလုံလျက်ရှိလေ၏။

ဆင်စွယ်ရုပ်ကလေးသည် တစ်နေ့တခြား သားနားကြော့ရှင်း၍ လာ၏။ သွားကလေးများ ပေါ်လုမတတ်ရှိအောင် ပြုံးလိုက်ရန် ဟန်ပြင်နေသော အသွင်သည် အိပ်ပျော်နေသော ညအချိန် တွင်ပင်လည်း မောင်ချစ်၏ မျက်လုံးတွင်းမှ မထွက်။ ကြည့်ရဖန်များလေ အရုပ်ကလေးမှာ လှလာလေ လိုချင်စိတ်ပွားလာလေ ဖြစ်ရကား၊ တစ်နေ့မှ တစ်ပြားတစ်ပြားစုရသည်ကို အလွန် ဖင့်လေးကြန့်ကြာသည်ဟု သိလာလေ၏။ ပိုက်ဆံရလိုလွန်း၍ ဥပုသ်နေ့များကိုပင် စာသင်ရက် ဖြစ်ပါစေတော့ဟု ဆုတောင်းမိ၏။ တစ်ပေါက်တစ်လမ်းက ဘယ်နည်းနှင့် ပိုက်ဆံရအောင်

ကြိုးစားရပါမည်နည်းဟု ကြံစည်ပြန်၏။

ထိုစဉ်အခါက ကမ္ဘာစစ်ကြီး အတွင်းဖြစ်၍ ကျောက်တံ အလွန်ရှား၏။ မောင်ချစ်သည် အစ်ကိုကြီးကိုသစ်၏ ကျောက်သင်ပုန်းကွဲများကို ညောင်ရေအိုးစင်မှယူ၍ ညဥ့်နက်သန်းခေါင် မရှောင် မှိုင်းတလူလူထွက်နေသော ရေနံဆီမီးခွက်ကြီးကို ထွန်းညှိလျက် ချွန်ထက်သော ဖဲထီးသံချောင်းဖြင့် ကျောက်တံ တိုက်လေ၏။ ကျောက်တံရောင်း၍ ပိုက်ဆံခြောက်ပြားရ၏။ ကျောင်းသားကြီး ဖိုးတေက အနိုင်ကျင့်၍ မပေးဘဲထားသော အကြွေးတစ်ပြားအတွက် တွေးမိတိုင်း ဆွေးမိ၏။

တစ်ဆယ့်နှစ်ပြားမျှ ရလာသောအခါ အင်္ကျီသင်ပုန်းခေါင်းမှာ မဆံ့တော့ပြီ ဖြစ်၍ နှစ်ဖက် ပိတ် ကြသောင်းဝါး တစ်ဆစ်တွင် ထိပ်က အပေါက်ဖေါက်ကာ ဝေလာခေါင်း ကျော့ခေါင်း နတ်ဖိုးချွန်းစသော တံဆိပ်အမျိုးမျိုး ခတ်နှိပ်ထားသည့် ကြေးပြား ၁၂ပြားတိတိကို သွင်းလှောင် သိုမှီးထားလေ၏။ နှစ်ဆန်းတစ်ရက်နေ့တွင် ဒွေးလေးညို ချစ်စနိုး၍ ပေးသော သူငယ်ဖော် မောင်ထွေးက အလိုက်နှစ်ပြားပေး၍ ပိုက်ဆံချင်း လဲစဉ်က မလဲရက်ဘဲ တွယ်တာခဲ့သည့် ထုံး အမှတ်နှင့် ဒေါင်းပိုက်ဆံကလေးကိုလည်း ဖျာအောက်မှ ထုတ်ယူ၍ ကြေးပြားအဖေါ်များ ရှိရာ ကြေးတိုက်တွင်းသို့ သွတ်သွင်းလိုက်လေ၏။ ကြေးပြားအရေအတွက်ကိုလည်း ဝါးကျောတွင် စူးဖြင့်ခြစ်၍ မှတ်ထားလေ၏။ "ပဲဟင်းချက်တဲ့နေ့က တစ်ပြား။ ဘကြီးထူး ကျွဲပျောက်တဲ့နေ့က တစ်ပြား" စသည်ဖြင့် လက်ချောင်းကလေးများကို ချိုးကာချိုးကာ ပိုက်ဆံစာရင်း တွက်ရစစ်ရ သည်မှာ နေ့စဉ်နှင့်အမျှဖြစ်၏။ ရေတံလျှောက်ထဲမှာ ထားရလျှင် ကောင်းနိုးနိုး၊ သင်္ဘောကြမ်း ပေါ်တွင် ဝှက်ထားရလျှင် လုံနိုးနိုးနှင့် ပိုက်ဆံဘူးနေရာ ကြိတ်ပြောင်းရသည်မှာလည်း အမောပင် ဖြစ်၏။ အရုပ်ကလေးကို ရလျှင် ထည့်ထားဘို့ရန် ထန်းရွက်ဖါချောကလေးကို အမျိုးမျိုး ပြုပြင်ဆင်ယင် မွန်းမံရသည်မှာလည်း မအားပင်ဖြစ်လေ၏။

ဈေးသည် ဓေါ်ဓါဥ၏ဗေဘာင်းနီယဲ၌ အင်္ဂွေ့တထောင်းထောင်းနှင့် ကောက်ဦးငချိပ်ပေါင်း ကို မြင်ရသောအခါ သွားရည်ယိုမိ၏။ သို့ပါသော်လည်း ဝယ်မှရသောသွားရည်စာတို့ကို သပိတ်မှောက်လေ၏။ သူငယ်ဖေါ်တို့ ဖန်ဒိုးဝယ်၍ ဂေါ်လီရိုက်သောအခါ ကလေးတို့ဘာဝ အများနည်းတူ ကစားလိုပါသော်လည်း မိမိတွင်ရှိရင်းစွဲ စည်ပတ်သံခွေ အဟောင်းကြီးကို ကျောင်းဝိုင်းပတ်လည်တွင် လှည့်ပတ်ရိုက်လျက် တစ်ယောက်ထီးတည်း ကျေနပ် တင်းတိမ် ရလေတော့၏။ သို့ဖြင့် တစ်ပြားတိုးလျှင် တစ်မျိုးဝမ်းသာလျက် စုဆောင်းလာခဲ့ရာ ၃၄ပြား ပိုင်မိသောနေ့သို့ ရောက်လာလေသတည်း။

ညနေ လေးနာရီ ကျောင်းလွှတ်ခေါင်းလောင်းသံသည် မောင်ချစ်၏ နှလုံးသားကို နှိုးဆွ လိုက်လေ၏။ ဘုရားရှိခိုးဆုံးခါနီး "အာမ"ဟု ဆိုမိလျှင်ပင် "ဘန္တေ" ကို မစောင့်နိုင်ဘဲ ထ၍ ပြေးလေရာ၊ အစောင့်ကိုရင်ကြီးတစ်ပါးက အလျင်လိုရကောင်းမလား ဟူ၍ ထိပ်ကို ခေါင်ခေါင်

မြည်အောင် ခေါက်လိုက်၏။ အမှုမထားမိ။ လမ်းတွင် ခလုတ်တိုက်၍ ခြေမကွဲသွား သော်လည်း နာရမှန်းမသိ။ ဦးအောင်ချာ ကနဖျင်းနား ရောက်သောအခါ အတင်းတိုးဝင်သွားလေ၏။ ဖေါ့ ဦးထုပ်ကိုဆောင်း ဘောင်းဘီအပြာကို ဝတ်လျက် ကွပ်ပျစ်ထက်တွင် အခန့်သားထိုင်ယင်း မင်းသမီးရုပ်ကလေးကို ဘယ်ပြန် ညာပြန် ပယ်ပယ်နယ်နယ် ကိုင်တွယ် ကြည့်ရှုနေသော လူကြီး တစ်ယောက်ကို မြင်မှသာ ကိုယ်ရှိန်သတ်၍ ပြောနေကြသော စကားကို ကြားမိလေတော့၏။

"ဘယ့်နှယ်လဲ ဆရာကြီးရဲ့၊ ကျုပ်ပြောတဲ့အဖိုးနဲ့ ပေးလိုက်မယ် မဟုတ်လား၊ ခင်ဗျားတို့ အရပ်မှာ ဒီအရုပ်ကလေးနဲ့တန်တဲ့ အိမ်တစ်အိမ်မှမရှိပါဘူး၊ ဝယ်နိုင်မဲ့လူလဲ ရှိမှာမဟုတ်ပါဘူး"

"မှန်ပါ။ ဝန်ထောက်မင်းဘို့ ဆိုယင်တော့ အလကားတောင်းလဲ ပေးရမှာပါပဲ၊ နို့ပေတဲ့ အချောသပ် အမွမ်းတင်ဘို့ လေးငါးရက်လောက် ဆိုင်းစေချင်ပါတယ်၊ ပြီးရင်ပြီးချင်း ဝန်ထောက် မင်းတို့ဆီကို လာပြီးပို့ပါမယ်"

ထိုမျှကို ကြားရလျှင်ပင် မောင်ချစ်၏ အသည်းနှလုံး အူသိမ်အူမတို့သည် ကြွေကျမတတ် ဖြစ်လေ၏။ အရုပ်ကလေးကို အတင်းလုရ၍ ပြေးလိုသောစိတ် ပေါ်လာသော်လည်း ဝန်ထောက် မင်းဟု ကြားရရုံမျှနှင့်ပင် ရင်ဒူးတုန်နေရသော မောင်ချစ်မှာ အဘယ်သို့ ဝံ့ရဲပါအံ့နည်း။ ခါးကြားက ခြောက်လုံးပြူး သေနတ်သည်လည်း မောင်ချစ်၏ အကြံကို သိသည့်အလား မောင် ချစ်ဆီသို့ စိန်းစိန်းလှည့်၍ ခြောက်လှန့်မောင်းနှင်လေ၏။ ဝဲလာသောမျက်ရည်ကို အနိုင်နိုင် ထိန်း၍ မိမိဘက်သို့ ကျောခိုင်းနေသော ဆင်စွယ်ဒေဝီကလေးအား နောက်ဆုံးကြည့် ကြည့်လျက် ထွက်လာလေ၏။ လမ်းကြားယ်တစ်ခုအတွင်းမှ "ဟိုကောင်ကလေး ညိုတိုတို၊ တို့ကိုကြိုက်လို့ငို၊ နင်ငိုပေမဲ့အလကား၊ တို့အမေက မပေးစား"ဟု ထွက်ပေါ်လာသော တေးသံသည် တေးဆိုသူအား နှလုံးပွါးဘွယ်ပင် ဖြစ်သော်လည်း မောင်ချစ်၏ နှလုံးသားကိုကား ဓါးပါးနှင့် မွှင်းလိုက်လေ တော့သတည်း။

၁၅ရက်မျှ ကြာသောအခါ ခေါင်းထက်တွင် တဘက်ကိုယ်စီ တင်ထားသော မိန်းမကြီး တစ်စုနှင့် ယောကျာ်းကြီးတစ်ယောက်တို့ မောင်ချစ်တို့၏ခြောက်သွေ့သော ခြံကလေးအတွင်းသို့ ဝင်သွားသည်ကို မြင်ရပါသည်။ အိမ်ရှေ့ ခွေးကတက်ကို တက်မိလျှင်ပင် တိုင်ဖုံးနား၌ မျက်ရည် စက်လက် ဦးဆံဖါးလျားနှင့် ထိုင်နေသော မိန်းမတစ်ဦးသည် ယောကျာ်းကြီး၏ ခြေစုံကို ပြေး ဖက်လျက် "အမယ်လေး ကိုရင်အောင်ရဲ့၊ မောင်ချစ်ဖြစ်ပုံတွေ မြင်ဝံ့သေးရဲ့လား .... ရှင့်။ မောင်ချစ်ရေ၊ အမေ့သားကြီးရဲ့၊ အမေလိုက်ခဲ့မယ်ကွဲ့နော်။ ဟီ .... ဟီ ...." ဟု ဟစ်အော်ပြောဆို ငိုကြွေးမြည်တမ်းလေ၏။ ဦးအောင်ချာလည်း မောင်ချစ် အလောင်းနားတွင် မလှုပ်မယှက် ထိုင် နေသော မောင်ချစ်၏ ဖခင်အား "ဘယ့်နှယ့်ဖြစ်ရတာလဲ မောင်ဖိုးငွေရဲ့၊ ကိုရင်လဲ မြို့တက် သွားတာ ၁၄–၅ရက် ကြာသွားလို့ ဘာသတင်းမှ မကြားမိဘူး။ အခု ပြန်ရောက်ရောက်ချင်းပဲ အိမ်မှာထိုင်တောင် မထိုင်ခဲ့ဘဲ ပြေးလာခဲ့တာပဲကွဲ့"ဟု ပြောလေ၏။ "ကိုရင်ရယ်၊ ဘာရောဂါရယ်

လို့လဲ မပြောတတ်ပါဘူး၊ တမှိုင်မှိုင် တတွေတွေနဲ့ ထမင်းမစား ဟင်းမစား။ တစ်ခါတလေ သူ့အမေ ကျွေးလို့ ဆန်ပြုတ်ကလေး တစ်ဇွန်းလောက် ဝင်သွားပေမဲ့ ချက်ချင်းအန်ပစ်လိုက်တာပဲ။ ပယောဂဆိုလို့ ဆရာသြခေါ်ပြပါလဲ ဘာမှမထူးခြားပါဘူး။ ကလေးကို ညှဉ်းဆဲသလိုသာ ဖြစ်နေတာပဲ။ မေးလို့လဲ မပြောဘူး။ မနေ့ညကတော့ သူ့အမေကို ခေါ်ပြီး သူစုထားတဲ့ပိုက်ဆံငါးမူးနှစ်ပြားကို သူ့ဆရာတော်အား လှူလိုက်ပါလို့ မှာပြီးတော့ ကိုရင်အောင့်ကို မေးတာပဲ။ မြို့သွားတယ်လို့ ပြောတော့ အတန်ကြာကြာ ဘာမျှ မပြောဘဲ မောနေပြီး 'ဘကြီးအောင်ညာတယ်'လို့ မပီတပီပြောယင်း အသက်ပျောက်သွားတာပဲ" ဟု ပြော၍ လုံချည်စဖြင့် မျက်ရည် သုတ်လေ၏။ ဦးအောင်ချာလည်း စဉ်းစား၍ အကြောင်းရင်းကို ရိပ်မိသောအခါ မျက်နှာညှိုးငယ်သွားလေတော့သတည်း။

ယခုအခါတွင်ကား ရွာကလေးအနောက်ဘက် နွားစားကျက်အနီး ထိမ်ပင်ကြီးတောင်ယွန်းရှိ သင်းချိုင်းကုန်းထက်တွင် ထီးတည်းသော အုတ်ဂူကလေးတစ်ခုကို တွေ့နိုင်ပါသည်။ အချစ်ဂူဟူ၍၎င်း၊ မောင်ချစ်ဂူ ဟူ၍၎င်း အမည်နှစ်မျိုးဖြင့် ခေါ်ကြရာ၊ မည်သည်ကို အမှန်ဟူ၍ မပြောနိုင်ပါ။ ဂူကလေး၏ အရှေ့မျက်နှာ လိုဏ်ပေါက်ကလေးထဲတွင် ကျွဲကျောင်းသား နွားကျောင်းသားတို့၏ လက်ချက်ကြောင့် ကျိုးပဲ့ပျက်စီးနေသော အရုပ်ကလေး တစ်စုံကို တွေ့နိုင်ပါသေးသည်။ လိုဏ်ဝအင်္ဂတေတွင် သွင်းနှံထားသော ကျောက်ပြားငယ်ထက်တွင်ကား "လို၍မရသောဆင်းရဲ"ဟု စာတန်းထိုးထားပါသည်။ ကျွန်တော်၏ ဘိုးအေအား မေးမြန်းကြည့်ရာ ၃–နှစ်လောက်က ပျံတော်မူသွားသော တောထွက်ကြီး ဦးဣန္ဒ၏ လက်ရာ ဖြစ်သည်ဟု သာမန်မျှသာ သိရပါသတည်း။

(တက္ကသိုလ်ကျောင်းတိုက်မဂ္ဂဇင်း၊ ၁၉၃၁ခု၊ မတ်လ)

ခက်ဆစ်များ

တင်းချလယ် (န) 需撒一箩种子的田地

ပြာတာ (န) 差役

ကွင်းသိုင်း (က) 斜挎着

သင်တိုင်း (န) 短袖套头长上衣

လျော့ရိလျော့ရဲ (ကဝ) 松散地

ခေါင်းငိုက်စိုက် (က) 垂着头

ဇဝံ=ဒီလို 这样

မေ=ငါသည် 我

သုတံ=ကြားလိုက်ရတယ် 听到

ဧကံ=တစ်ပါးသော 其他的

သမယံ=အခါ 时候

ကနားဖျင်း (န) 小棚子

နွဲ့နှောင်း (နဝ) 柔媚，娇媚

အငေးသားကြည့် (က) 呆呆地看

ဆောက် (န) 凿子

ဆောက်ပုတ် (န) （敲凿子的）木锤

အမှတ်မဲ့ (ကဝ) 无意地

မျက်မှောင်ကြုတ် (က) 皱眉头

သျှောင်ဆံမြိတ် (န) 男孩儿头顶发髻旁垂下的头发

ဆေးတစ်အိုးကျွမ်းလောက်အကြာ (ပုဒ်) 吸一袋烟的时间

ခုန်ပေါက် (က) 蹦跳

သင်ပုန်းခေါင်း (န) 缅式男外衣边缝下端分叉处的方形贴边

ကုလားတက်ခေါက် (က) 敲梆子

ကြော့ရှင်း (နဝ) 俊俏，清秀

ဖင့်လေး (က) 拖延，耽搁

မှိုင်းထွက် (က) 冒烟

ရေတံလျှောက် (န) 檐沟水落

သဘော်ကြမ်း (န) 存放东西的阁楼或隔板

ဖါ (န) 用棕编制的盛具

ဖန်ဒိုး (န) 玻璃球

ဂေါ်လီလုံး (န) 玻璃球，弹子

စည်ပတ်သံခွေ (န) 箍桶的铁圈

အာမ=ဟုတ်ပါသည် 是

ဘန္တေ=အရှင်ဘုရား 佛爷

ကြသောင်းဝါး (န) 一种粗毛竹

ဂေါင်ဂေါင်မြည် (က) 当当响

ဖော့ဦးထုပ် (န) 软木遮阳帽

အခန့်သား (ကဝ) 神气地，庄重地

ပယ်ပယ်နယ်နယ် (ကဝ) 痛快地

ဝန်ထောက်မင်း (န) 殖民统治时期地区专门业务官员

အမွမ်းတင် (က) 修饰，润色

အချောသပ် (က) 修饰，加工

အူသိမ်အူမ (န) 肠子

စိန်းစိန်း (ကဝ) 直瞪着

ဒေဝီ (န) 仙女，皇后

နှလုံးပွါး (က) 开心

မွှင်း (က) 切割成碎片

ဦးဆံဖါးလျား (ကဝ) 披头散发

ဝေလာခေါင်း (န) 韦尔斯王子头像

ဂျော့ခေါင်း (န) 乔治国王头像

နတ်ဖိုးချွန်း (န) 神像

ခွေးကတက် (န) 门口脱鞋的地方

တိုင်ဖုံး (န) 遮盖进门处柱子的墙、木板

တမှိုင်မှိုင်တတွေတွေ (ကဝ) 呆呆地

ထိမ်ပင် (န) 蟠檀树

ပယောဂ (န) 中了魔，作祟

တောထွက် (န) 半路出家为僧者

စာဆိုအတ္ထုပ္ပတ္တိ

မင်းသုဝဏ် (၁၉၀၉–၂၀၀၄)

အမည်ရင်း ဦးဝန်ဖြစ်သည်။ ၁၉၀၉ခုနှစ် ဖေဖော်ဝါရီလ ၁၀ ရက်နေ့တွင် ရန်ကုန်တိုင်း ဟံသာဝတီခရိုင် ကွမ်းခြံကုန်းမြို့၌ အဘဦးလွမ်းပင်၊ အမိဒေါ်မိတို့မှ မွေးဖွားသည်။ အခြေခံပညာကို ကွမ်းခြံကုန်းနှင့် ရန်ကုန်တွင် ဆည်းပူးသည်။ ၁၉၂၉ခုနှစ်တွင် ယူနီဗါစီတီ ကောလိပ်သို့

ရောက်ပြီးနောက် အိုင်အေတွင် တစ်နှစ်သာနေရ၏။ ဘီအေဂုဏ်ထူးတန်းကို အောင်မြင်ပြီးနောက် တက္ကသိုလ်တွင် ဆရာတစ်ပိုင်း၊ ကျောင်းသားတစ်ပိုင်းပြုကာ ဆက်လက်သင်ကြားခြင်းဖြင့် ၁၉၃၅ ခုနှစ်တွင် မဟာဝိဇ္ဇာဘွဲ့ရသည်။ ၁၉၃၆ခုနှစ်တွင် အစိုးရ ပညာတော်သင် အဖြစ် ရွေးချယ်ခံရသည်။ ၁၉၃၉ခုနှစ်တွင် အောက်စဖို့တက္ကသိုလ်မှ စာပေဝိဇ္ဇာဘွဲ့ ရရှိခဲ့သည်။ မြန်မာစာပါမောက္ခ၊ တက္ကသိုလ်များ ဘာသာပြန်နှင့် စာအုပ် ထုတ်ဝေရေးဌာန စာတည်းမှူး အဖြစ် တာဝန်ယူခဲ့သည်။ ၁၉၂၆ခု ဒဂုန်မဂ္ဂဇင်းတွင် ပထမဆုံးကဗျာ ပါဝင်ခဲ့သည်။ ခေတ်စမ်း စာဆို၊ ကလေးကဗျာဖခင်၊ အဘိဓာန်ပညာရှင်နှင့် ဝမ်းတွင်းပါ ကဗျာစာဆိုအဖြစ် ထင်ရှားသည်။ ကဗျာအပြင် ဝတ္ထုတိုပုံပြင်၊ ဆောင်းပါးများကိုလည်း ရေးသားသည်။ ရေးသားထုတ်ဝေသော စာအုပ်များမှာ **မောင်ခွေးဘို့ ကဗျာများ** (၁၉၃၉)၊ **စာပေလောက** (၁၉၄၉ခု ဇော်ဂျီနှင့် တွဲဖက်၍)၊ **သပြေညိုနှင့် အခြားကဗျာများ၊ မြန်မာစာ မြန်မာမှု၊ ပန်းနှင့်ပင်စည်၊ ကဗျာပရိယာယ်** (၁၉၆၃ခု မင်းယုဝေနှင့် တွဲဖက်၍)၊ **ခေတ်စမ်းစာပေသုံးပွင့်ဆိုင်၊ သိပ္ပံမောင်ဝ၏ မှတ်တမ်းဝင်စာပေများ၊ နှလုံးလှပုံပြင်များ** (၁၉၆၃)၊ **ကလေးပုံပြင်များ** (၁၉၆၃)၊ **ခရီးသည်** (၁၉၆၅ခု ဇော်ဂျီနှင့် တွဲဖက်၍)၊ **ရေချမ်းစင်** (၁၉၇၀) စသည်တို့ဖြစ်သည်။ **လီယာမင်းကြီး** (၁၉၈၄) ဖြင့် အမျိုးသားစာပေဆု (ဘာသာပြန်/ ရသ) ချီးမြှင့်ခံရသည်။

မင်းသုဝဏ်သည် ခေတ်စမ်းစာပေ တည်ထောင်သူတစ်ဦး ဖြစ်ပြီး မြန်မာစာပေ တိုးတက်ရာ တိုးတက်ကြောင်းအတွက် စွမ်းစွမ်းတမံ ကြိုးပမ်းခဲ့သည်။

လေ့ကျင့်ခန်း

၁။ "ဘကြီးအောင်ညာတယ်"ဝတ္ထုတို၏ ခေတ်နောက်ခံအကြောင်းကို ဆွေးနွေးတင်ပြပါ။

၂။ "ဘကြီးအောင်ညာတယ်"ဝတ္ထုတို၏ အဓိကအကြောင်းအရာနှင့် အရေးအသားပိုင်းကို လေ့လာ တင်ပြပါ။

သင်ခန်းစာ(၃) သူ့မယား

作品导读

佐基（1907—1990）的小说具有生动幽默，寓意深刻的特点。《他的妻》（1937）塑造了一位体贴丈夫、疼爱儿女、泼辣能干又颇有智慧的劳动妇女形象——女摊贩玛璞。玛璞是郭盛的妻子。郭盛是一个既无谋生技艺，又无理家心思的懒汉，为求清净，躲入佛门。他每天都回来化斋，既可以常和老婆孩子见面，又省却了在家做家务的麻烦，还可免受邻居们的冷嘲热讽。开始玛璞没说什么，每天早出晚归到集市上摆鲜货摊挣钱养家，回来还要操持家务，照顾两个幼小的孩子，疲惫不堪。三个月过去了，郭盛仍无还俗之意。玛璞看透了他的心思，便略施小计，佯装要改嫁到外村去。郭盛一听当即决定还俗。小说中情节的构造并不重要，笔墨都点染在人物性格的塑造上。用诙谐生动的语言，将一个其实并无皈依之心，而以穿袈裟为幌子过寄生生活的懒汉形象描写得淋漓尽致。这种题材在缅甸文学中实属罕见，它将生活的趣味与艰辛、“人”的尊严感以至对民族文化传统的反思融为一体，具有深刻的社会讽刺意义。

သူ့မယား

ဇော်ဂျီ

(၁)

ဈေးသည်မ မဖော့သည် ကိုဆင်၏မယား ဖြစ်လေသည်။ မဖော့သည် မြို့သို့ တက်၍ ကုန်စိမ်းရောင်းလေ့ရှိရာ နံနက်တိုင်း ဗျပ်ကိုရွက်၍ မြို့သို့ တစ်မိုင်နီးပါးခန့် ခြေလျင်သွားရလေသည်။ အရောင်းရ တွင်လျှင် စောစောပြန်လာတတ်၍ အရောင်းရ ထိုင်းလျှင် နေစောင်းမှ ပြန်လာတတ်လေသည်။ ပြန်လာတိုင်း ချောင်းကိုဖြတ်ကာ ရွာဘက်သို့ ကူးထားသော ဝါးတံတားသို့ ရောက်လျှင် လင်စိတ်၊ သားသမီးစိတ်တို့သည် အလိုလိုပေါ်လာတတ်လေသည်။

မဖော့သည် အရပ်ထောင်ထောင်မောင်းမောင်း ဖြစ်သည်။ ဆံပင်မှာ နီကြန့်ကြန့်ဖြစ်၍ တစ်ထွာသာသာလောက် ရှည်သည်။ သွားအတန်ငယ်ခေါသည်။ သို့ရာတွင် အရပ်ဆိုးဟု

မဆိုသာချေ။ ကိုဆင်သည် အိမ်၌ ထိုင်စားသမားဖြစ်သည်။ အိုး .... ထိုင်စားသမား သက်သက်လည်း မဟုတ်ရှာပါပေ။ အိမ်မှာ ထမင်းအိုးတည်ရသည်၊ သားငယ်သမီးငယ်များကို ထိန်းရသည်။

ကိုဆင်သည် ငယ်စဉ်က သာမဏေဘဝနှင့် ကိုးနှစ်ခန့် နေခဲ့ဖူးသူ ဖြစ်သဖြင့် စာပေ၌ အတော်အတန် ခေါက်မိသည်။ စိတ်ထားသဘောထား ကောင်းသည်။ ရယ်ရယ်မောမော နေတတ်သည်။ အလှူပွဲ၊ မင်္ဂလာပွဲများတွင် ရှေ့တန်းကပါတတ်သည်။ သူ၏အရပ်အမောင်းမှာ မယား လောက် မမြင့်လှ၊ ဆံပင်ကောင်းသည်၊ နှုတ်ခမ်းမွေးရေးရေးရှိသည်။ ရင်အုပ်ကျဉ်းသည်၊ ထိုးကွင်းကို ဒူးအထိထိုးသည်။

သူတို့နှစ်ယောက် ညားကြ၍ သားငယ်တစ်ယောက် ရပြီးသည်အထိ မဖော့သည် ဈေး ရောင်းလည်း ထွက်သည်။ ကိုဆင်ကိုလည်း ပြုစုရှာသည်။ သားတစ်ယောက် နောက်ထပ် တိုး လာသောအခါ မဖော့သည် ဈေးရောင်းသာ ထွက်နိုင်ရှာတော့သည်။ နောက်တစ်ဖန် သမီး တစ်ယောက် တိုးလာပြန်သောအခါ မဖော့ အလွန် မောပန်းလာတတ်လေသည်။ ကုန်ရှုံးသော အလှည့်နှင့် ကြုံသည့်အခါ သနားဖွယ်သာ ဖြစ်တော့သည်။ သို့ရာတွင် မဖော့သည် ညည်းညူ သည်မရှိ။

"အရှေ့ပိုင်းက မင်္ဂလာဆောင်မှာ ညည်းယောက်ျား မင်္ဂလာသြဘာစကား ပြောပုံကို ညည်း လာပြီး နားထောင်စေချင်တယ် သူငယ်ချင်းမရဲ့၊ အလွန်ခံ့တယ်။ ညည်းယောက်ျား ပညာပြည့်ပါ ပေတယ်အေ့" ဟု မဖော့၏ သူငယ်ချင်းမ တစ်ယောက်က ကိုဆင်ကို ချီးမွမ်း လေသည်။ ထိုအခါ မဖော့သည် အလွန်အားရသည်။ သူ၏ စိတ်ထဲတွင် ကျက်သရေ အပေါင်းတို့ ပြည့်လျှမ်းနေသော လင်၏မျက်နှာကို မြင်လာထင်လာလေသည်။ တစ်ခါတစ်ရံ တစ်ဆယ့်လေးနှစ်အရွယ် သားအကြီး က တံတားမှ ဆီးကြို၍ အမေ့ဗျပ်၊ တောင်း စသည်တို့ကို ကူသယ်ပေး၏။ ထိုအခါ မဖော့သည် အားရပြန်လေသည်။ "မောင်မင်းကြီးသားကြောင့်၊ ဒီသားကလေးကို အားထားရပေတယ်"ဟု တွေးမိလေသည်။

တစ်ခါသော် အိမ်ငယ်ရှေ့သို့ ထန်းရေမူးသမားတစ်ယောက် ရောက်လာ၍ အိမ်ရှေ့ ခုံပြင်၌ စကားပြောနေကြသော မဖော့တို့သားအမိအား မထီမဲ့မြင်ပြုလိုသော မျက်စိဖြင့် ကြည့်လေသည်။ ထိုအခါ သားအမိတို့သည် အိမ်တွင်းသို့ ပြေးဝင်ကြလေသည်။ အိမ်တွင်းက ကိုဆင်လည်း အိမ်ရှေ့သို့ ကပျာကယာ ထွက်လာ၍ ခုံပြင်၌ခါးထောက်ကာ ရပ်နေလိုက်သည်။ မထီမဲ့မြင် ပြုလိုသော မျက်လုံးနှစ်လုံးသည် ချာကနဲလှည့်၍ ယိမ်းထိုးသွားကြသော ခြေတို့နှင့်အတူ ယိမ်းယိုင်ကာ ပါသွားလေသည်။ ထိုအခါ အိမ်ခန်းတံခါးမှ ခေါင်းပြူကြည့်နေသော မဖော့သည် "မောင်မင်းကြီးသားသာ မရှိလျှင် ဒုက္ခအဖြစ်ပဲ"ဟု တွေးမိပြန်လေသည်။

မဖော့သည် ယခု သုံးဆယ့်ခုနစ်တွင်းသို့ ဝင်ပြီ။ ကိုဆင်သည် မဖော့ထက် ခြောက်နှစ်မျှ

ကြီးသည်။

ကိုဆင်သည် ဤအသက် ဤအရွယ်အထိ မည်သည့်အလုပ်ကိုမျှ ဖြစ်ဖြစ်မြောက်မြောက် မလုပ်ကိုင်ခဲ့ဖူးချေ။ "ထဘီနားခိုစားသည်"ဟု မလိုသူတို့က ကဲ့ရဲ့ကြလျှင်၊ "အလို ဝေဿန္တရာ မင်းကြီးပင်လျှင် မဒ္ဒီ၏လုပ်စာကို ထိုင်စားသေးတာပဲ"ဟု ရယ်သလို မောသလိုနှင့် ပြန်ချေလေ့ ရှိသည်။ "ကိုယ့်ကုသိုလ်နှင့် ကိုယ်ဖြစ်တာ၊ မနာလိုတို့ရှည် မဖြစ်ကြနှင့်လေ" ဟုပင် နောက်ထပ် ဆက်လိုက်တတ်သေးလေသည်။ သို့ရာတွင် စိတ်ထဲ၌ကား နာကျင်မိသည်။ နာပင်နာငြား သော်လည်း နာရမှန်းမသိ၊ စကားနိုင်လုရှ် ပြောလိုက်ရသော သူ့ကိုယ်ကိုပင်သူ ချီးမွမ်းလိုက် သေးသည်။

မလိုသူတို့သည် စကား အတင်စီးခံကြရသဖြင့် သာ၍မလိုစိတ် ပေါက်လာကြသည်။ အခွင့်ရတိုင်း မေးငေါ့ကြသည်။ မဲ့ရွဲ့ကြသည်။ ကိုဆင် အသက်အရွယ် ကြီးလာသောအခါ ပျိုရွယ် စဉ်က မေးအငေါ့ခံရ၊ အမဲ့အရွဲ့ခံခဲ့ရသော ဒဏ်ရာများသည် ကိုဆင်၏ စိတ်တွင် ပေါ်လာကြ လေသည်။

ထို့ကြောင့် ကိုဆင်သည် အစ်ကိုဝမ်းကွဲ တစ်ယောက်ထံမှ ငွေချေး၍ ဝါးရောင်းသည်။ ဝါးဈေးကျခိုက်ဖြစ်သဖြင့် ခွက်ခွက်လန်အောင် ရှုံးပါလေ၏။ နောက်တစ်နှစ် မိုးဦးကျသော အခါ ကိုဆင်သည် လယ်အငှား ဆင်းထွန်ပြန်သည်။ ထွန်သွားထိသဖြင့် ခြေသလုံးဝယ် သွေးစက်စက် နှင့် အိမ်သို့ပြန်လာရသည်။ အနာကို ဆယ့်ငါးရက်လောက် ကုယူရလေသည်။

(၂)

အနာကျက်သောနေ့တွင် ကိုဆင်၏အသက် လေးဆယ့်သုံးနှစ်ပြည့်ပြီ၊ အသားအနာက ကောင်းစွာကျက်ပေ၏။ သို့ရာတွင် စိတ်အနာကား ယဉ်းစပြုလာပြီ။

မဖော့သည် ခါတိုင်းကဲ့သို့ပင် ဈေးသို့ထွက်သွား၏။ ထိုအခါ သားအကြီးသည် ဘုန်းကြီး ကျောင်းသို့သွားလေသည်။ သားအလတ်နှင့် သမီးထွေးတို့သည် အိမ်ရှေ့ မန်ကျည်းပင် အောက်၌ ကစားကြသည်။ ကိုဆင်သည် ခုံပြင်ဝယ် လက်ဖက်ရည်အဖန် သောက်လေသည်။ အတန် ကြာသောအခါ ခေါင်းရင်းအိမ်က သားသမီးခြောက်ယောက်တို့၏ အဖေသည် လက်သမား သေတ္တာကို ထမ်းကာထွက်သွားသည်။ ခြေရင်းအိမ်က မယားမီးယပ်သည်မ၏ ယောကျ်ားသည် ဓနိခုတ်ရန် ဓားကိုယူ၍ တစ်ဘက်ကမ်းသို့ လှေဖြင့်ကူးလေသည်။ မျက်နှာချင်း ဆိုင်အိမ်က အဘိုးအိုပင်လျှင် တစ်ဒေါက်ဒေါက်နှင့် ယောက်မခုတ်နေလေပြီ။

လက်ဦးတွင် ကိုဆင်သည် လက်ဖက်ရည်အဖန်ကို တစ်ခွက်ပြီးတစ်ခွက် ငုံ့သောက်ကာ ကစားနေကြသော သားနှင့်သမီးတို့ကို ကြည့်၍ ကြည်နူးနေသည်။ သို့ရာတွင် အိမ်နီးချင်းတို့ တလှုပ်လှုပ်တရွရွ အလုပ်သွားကြ၊ အလုပ်လုပ်ကြသည်ကို မြင်ရသောအခါ သားသမီးတို့ကို

ကြည့်၍ မကြည်နူးနိုင်။ ထမင်းအိုးတည်ရမည် ဖြစ်သော သူ၏အလုပ်ကို သူသတိရလာသည်။ မေးငေါ့ကြသော မျက်နှာ၊ မဲ့ရွဲ့ကြသော မျက်နှာတို့ကိုလည်း မြင်ယောင်ယောင် ဖြစ်လာသည်။ ထို့ကြောင့် သူတို့ကို မကြည့်ဘဲ ခေါင်းငုံ့နေလိုက်သည်။ သူတို့ကိုကား မမြင်ရ။ သို့ရာတွင် သူဖြစ်ရှေ့တသီတတန်းကြီးကိုကား သူ့စိတ်မျက်စိတွင် မြင်ရသည်။ ရှင်လူထွက်သည့် အခါမှ စ၍ ပိုးပဝါတသသဖြင့် လူပေါ်ကြော့လုပ်လာခဲ့ပုံ၊ မဖော့နှင့်ညားပုံ၊ ကုန်ရှုံးပုံ၊ ခြေသလုံး၌ ဒဏ်ရာရပုံတို့ပင်တည်း။ သူဝမ်းနည်းလာ၏။ ရှက်လာ၏။ သည်ဘဝနှင့် သူမနေချင်၊ သူ ရုန်းထွက်ချင်သည်။ သူတွေးနေသည်မှာ ရဟန်းဝတ်ရလျှင်ကောင်းမည်။ ရဟန်းဖြစ်လျှင် သူထမင်းအိုး တည်ရတော့မည်မဟုတ်၊ ရဟန်းဖြစ်လျှင်သူလည်း နိဗ္ဗာန်ကို မျက်မှောက်ပြု နိုင်မည်။ မယားသားသမီးတို့လည်း သူ့ကိုမှီ၍ ကုသိုလ်ရကြမည်။ သူကျွတ်ချိန်တန်ပြီ။ သူဘုရားဆုပန်မည်။ သူရဟန်းဝတ်တော့မည်။ အတွေးကား ဤသို့တည်း။

ဩော် .... ထမင်းအိုးတည်စရာ ရှိပါသေး၏တကား။ မတည်လျှင် သူယနေ့ ထမင်း ငတ်မည်။ သူ့သားနှင့်သမီးတို့လည်း ငိုကြလိမ့်မည်။ ထို့ကြောင့် ကိုဆင်သည် စားဖို့သို့ ဝင်ရ လေ၏။ ထိုအချိန်၌ပင် ဈေးတွင် ဈေးရောင်းနေသော မဖော့သည် ကုန်စိမ်းများကို ရေပို၍ ဆွတ်သည်၊ အလေးချိန်ပို၍စီးလျှင် အမြတ်ငွေ ပို၍ရစရာရှိသည်။ ရလျှင် ကိုဆင်ဖို့ ဆေးပေါ့လိပ် ကောင်းကောင်း ဝယ်သွားမည်ဟု မဖော့စိတ်ကူးနေလေသည်။

ကျွမ်းကျင်သည့်အလျောက် ကိုဆင်သည် ထမင်းကို ကောင်းစွာ ချက်နိုင်သည်။ ကျက် သောအခါ ကလေးများကိုခေါ်၍ မနေ့ညက ချန်ထားသောဟင်းနှင့် စားကြလေသည်။ စားပြီး ကြသောအခါ ကလေးများသည် ဆော့မြဲတိုင်း ဆော့ကြပြန်သည်။ ကိုဆင်လည်း အိမ်ခါးပန်း၌ ခြေတွဲလွဲချ၍ ဆေးပေါ့လိပ်ကို လက်ကြားညှပ်ကာ ယခင်အတွေးမျိုးကို ထပ်မံ၍ ကောက်ပြန် လေသည်။ သူရဟန်းဖြစ်လျှင် နံနက်တိုင်း မဖော့အိမ်သို့ ဆွမ်းခံလာမည်။ မဖော့ဈေးသို့ မသွားသေးသဖြင့် မဖော့၏ မျက်နှာကို သူမြင်ရမည်။ သူ့သားသမီးများ၏ မျက်နှာတို့ကိုလည်း မြင်ရမည်။ မဖော့သည် တရားမတတ် စာမတတ်၊ သေလျှင် မဖော့ အပါယ်ကျတော့မည်။ မဖော့ကို သူသနားလှသည်။ မဖော့ကို သူတရားပြမည်။

ဤသို့တွေး၍ ကောင်းနေတုန်းတွင် သားနှင့်သမီးတို့၏ ငိုသံကို ကြားလိုက်ရာ အတွေး ဆက်ပြတ်သွားလေသည်။ ညီမငယ်က အစ်ကို၏ မျက်နှာကို ကုတ်ဆွဲသဖြင့် အစ်ကို ငိုလေ သည်။ တစ်ဖန် အစ်ကိုက ညီမငယ်၏ဆံပင်ကို လိုက်ဆွဲသဖြင့် ညီမငယ်ငိုပြန်လေသည်။

"နင်တို့ငါ့ကို အလွန်ဒုက္ခပေးတယ်၊ အိမ်ထဲကိုလာခဲ့ကြ၊ နင်က သည်တိုင်မှာထိုင်၊ နင်ကလဲ ဟိုတိုင်မှာထိုင်၊ မထကြနဲ့" ဟု ကိုဆင်သည် ကြိမ်းမောင်း၍ နေရာချပေးသည်။ ကလေးတို့သည် မျက်ရည်သုတ်၍ တစ်တိုင်စီမှာ ထိုင်ကြသည်။ ကိုဆင်သည် ထိုင်မြဲနေရာမှာ ပြန်ထိုင်၍ အတွေးကို ပြန်ကောက်လေသည်။ ကောက်၍မရတော့ချေ။ အတန်ကြာသောအခါ ကလေးတို့ကို

ကြည့်လိုက်သည်။ ကလေးတို့သည် ငိုက်နေကြသည်။ ကိုဆင်လည်း သမ်းဝေလာသည်။

"ဘယ်ကိုမှ ထမသွားကြနဲ့၊ တိုင်မှာသာ ထိုင်နေကြရမယ်" ဟု ပြောပြီးနောက် ကိုဆင်သည် လဲလျောင်း၍ မျက်စိတို့ကို မှိတ်လေသည်။ ကိုဆင်မျက်စိမှိတ်သည်နှင့် တစ်ပြိုင်နက် ကလေးတို့၏ မျက်စိသည် ကျယ်လာကြသည်။ တစ်ယောက်၏မျက်နှာကို တစ်ယောက်ကြည့်ကြသည်။ မျက်စိမှိတ်နေသော ကိုဆင်ကို ကြည့်ပြန်ကြသည်။ ကိုဆင် အိပ်ပျော်လျှင် သူတို့ဆင်းကစားကြလိမ့်ဦးမည်။

မည်မျှကြာသွားသည်မသိ၊ ကိုဆင်နိုးလာသောအခါ မဖော့၏အသံကို ကြားရလေသည်။ မဖော့၏ အသံကြောင့်လည်း ကိုဆင်နိုးလာရခြင်း ဖြစ်လေသည်။ မဖော့သည် မန်ကျည်းပင်ပေါ်သို့ မော့ကြည့်၍ ....

"ကြည့်စမ်း ဟဲ့ကောင်လေးဆင်းခဲ့၊ မြန်မြန်ဆင်းခဲ့၊ လိမ့်ကျရင် မခက်ပါလား၊ ညီမလေး ဘယ်မှာလဲ"

"ဟို– ကမ်းနားမှာ"

"အကျိုးနည်းကုန်ပါပြီတော်၊ ကိုဆင်၊ ရှင်သည်လိုပဲ ကလေးတွေကို ပစ်ထားရသလား။ တယ်တော်တဲ့အဖေပါလား၊ ရှင်"

ထိုအခိုက်တွင် သမီးသည် ရွှံ့ပေနေသော လက်များဖြင့် အမေ့ထံသို့ ပြေးလာသည်။ သားလည်း မန်ကျည်းပင်ပေါ်မှ ဆင်းလာ၍ မြေပြင်ကို နင်းမိပြီ။

ကိုဆင်သည် ကလေးတို့ကို မျက်စောင်းဖြင့် ကြည့်၏။ ကလေးတို့သည် အမေ့ကို ကွယ်နေကြသည်။ "ရော့– ကိုဆင်၊ ဆေးပေါ့လိပ်"ဟု မဖော့သည် ပြောပေးပေး၍ ကလေးများကို စားဖိုဆောင်သို့ သိမ်းရုံးခေါ်သွားလေသည်။ ကိုဆင်သည် စားဖိုဘက်သို့ လိုက်၍ကြည့်သည်။ မဖော့သည် သမီး၏လက်များကို ရေဆေးပေးသည်။ ထို့နောက် မိမိဝယ်လာခဲ့သော မုန့်ပဲတို့ကို ကလေးတို့အား ထုတ်ကျွေးသည်။ ထို့နောက် ကြမ်းပေါ်တွင် ခြေဆင်း၍ ဆံပင်ကိုဖြေသည်။ ခါးကို ရှေ့သို့ ကုန်းလိုက်သည်။ ထိုအခါ တစ်ထွာသာသာရှည်သော ဆံပင်တို့သည် ရှေ့သို့ ဖားလျားကျလာ၍ ခြေသလုံးပေါ်တွင် ဝဲနေကြသည်။ "အမေ့ကျောကို တတောင်နှင့် ကြိတ်စမ်း" ဟု ဆိုသဖြင့် သားသည် မုန့်ကိုပါးစပ်ထဲ၌ ကိုက်ကာ အမေ့ကျောကို တတောင်နှင့် ကြိတ်နေသည်။ ကျောသည် တတောင်အောက်တွင် ယိမ်းယိမ်းနေရာ ဆံပင်ဖားလျားကျနေသော ခေါင်းလည်း ယိမ်းယိမ်းနေလေသည်။ မဖော့ကို ကြည့်ရသည်မှာ သရဲအခြောက်ခံနေရသည်နှင့်ပင် တူလှပေသည်။

ကိုဆင်သည် မဖော့ကိုမြင်၏။ သက်ပြင်းကြီးချ၍ "ငါသင်္ကန်းဝတ်မှ ဖြစ်မယ်"ဟု အတွေးဟောင်းတွင် အတွေးသစ် လောင်းလိုက်ပြန်သည်။ သို့ရာတွင် မယားကို တော်တော်နှင့် မပြောဝံ့သေး။ နှစ်သစ်ကူးချိန်ရောက်မှ ပြောဝံ့၍၊ သူ့အကြံ အထမြောက်သွားလေသည်။

(၃)

ပြောစဉ်က တစ်လလောက် သင်္ကန်းဝတ်လိုကြောင်း ပြော၍ သင်္ကန်းဝတ်သည်။ သို့ရာတွင် သုံးလနီးပါးရှိလာပြီ။ ကိုဆင်လူမထွက်သေးချေ။ ကလေးများကို ကြည့်ဖော်ရှုဖော် အဖြစ်ဖြင့် လာရောက်နေထိုင်သော မဖော့၏ ထွေးလေးသည် သူ၏သမီးများကို အောက်မေ့လှပြီ၊ သူ့ရွာသို့ ပြန်ချင်ပြီ။ တစ်နေ့သောအခါ ထွေးလေးက "ဦးပဥ္စင်း ဘယ်တော့ လူထွက်မှာလဲ" ဟု မေးလျှောက်လေသည်။ ဦးပဥ္စင်းသည် မေးလျှောက်သည်ကို မဖြေ။ သင်္ကန်း၏ အရိပ်အာဝါသ အေးမြကြောင်း အစချီကာ ပါဠိဂါထာများကို ရွတ်ဆို၍ တရားဟောလေတော့သည်။ ထွေးလေး ခက်ပြီ။ ထွေးလေး၏နားသို့ ထိုတရားတော်မဝင်။ သူ့ကိုမတရားသဖြင့် အိမ်မှာ ခေါ်ထားသည်ဟု အောက်မေ့၍ စိတ်ထဲတွင် ဒေါသပုန်ထလေသည်။ ဦးပဥ္စင်းကြွသွားသောအခါ ထွေးလေး သည် "ဟော့ ရှင်ဖော့၊ ငါပြန်ချင်ပြီ၊ ညည်းဦးပဥ္စင်းကို လူအထွက်ခိုင်းတော့။ ငါ့အလကား သက်သက်မယ့် ညည်းအိမ်မှာ ကျွန်မခံချင်ဘူး"ဟု မဖော့ကို ကြိမ်းလေသည်။ မဖော့ကလည်း ဦးပဥ္စင်းကို လူထွက်စေချင်လှပြီ။ တစ်ခါနှစ်ခါ လျှောက်ပါ၏။ တရားအဟောသာ ခံခဲ့ရ လေသည်။ ဝါလည်းဝင်လုပြီ၊ ထွေးလေးကလည်း နားပူလှပြီ။

ကြံရာမရသဖြင့် သူငယ်ချင်းမ တစ်ယောက်နှင့် တိုင်ပင်လေသည်။ ပြီးသောအခါ နှစ်ယောက်သား တဝါးဝါး ရယ်မောကြလေသည်။

(၄)

ထိုနေ့နံနက်ခင်းသည် နေရောင်ကြောင့် ဝါထိန်နေသည်။ မန်ကျည်းပင်ထိပ်က ချိုးကူ သံသည် ဆက်ကာဆက်ကာ မြည်နေသည်။ မဖော့သည် မြို့သို့ ဈေးရောင်းမတက်၊ အိမ်တွင် ကိုယ်တိုင်ချက်ပြုတ် ကြော်လှော်နေသည်။ ပြီးလျှင် ရေမိုးချိုး၍ သနပ်ခါးလူးသည်။ ခြေအထိ လူးသည်။ မျက်နှာမှာ ခပ်ပါးပါး ခပ်မှုန်မှုန် ရိုက်သည်။ သူ့တစ်ကိုယ်လုံး မွှေးကြိုင်နေသည်။ ဆံထုံးကို သပ်ရပ်စွာထုံးသည်။ ဆံစုသုံးချောင်းမျှ ရောပေါင်းထုံးထားသဖြင့် ဆံထုံးနှင့် မျက်နှာတို့သည် အချိုးအစားကျသည်။ မျက်ခုံးကို ကော့နေအောင် ဆွဲသည်။ နဖူးက မရှိမဲ့ရှိမဲ့ ဆံစများကို ခိုတောင်ကျအောင် အတင်းသိမ်းဆွဲထားသည်။ ကွမ်းဝါး၍ နှုတ်ခမ်းတို့ကို နီစေသည်။ အင်္ကျီဖြူဖြူပါးပါးနှင့် ပန်းပွင့်အနီရိုက် သရက်ထည် ထဘီအသစ်တို့ကို ဝတ်သည်။ ကလေးနှစ်ယောက်ကို ဝတ်ကောင်းစားလှ ဆင်ထားသည်။ အိမ်ထဲတွင် အချို့ အိမ်ထောင် ပစ္စည်းများကို သိမ်းဆည်းထုပ်ပိုးထားသည်။ အိမ်ရှေ့တွင် လှည်းတစ်စီးကို အဆင်သင့် ပြင်ထားသည်။

ဆယ်နာရီလောက်တွင် ဦးပဥ္စင်းသည် အိမ်သို့ကြွလာ၏။ သူ့နောက်သူ့သား ကျောင်းသား ပါလာသည်၊ လျှောက်လာရင်း "ငါ့ကို လူထွက်ဖို့ ပြောကြဦးမှာပဲ"ဟု တွေး၍ စိတ်လေး

လာသည်။ အိမ်နားသို့ရောက်လာ၍။ လှည်းကိုမြင်သည်၊ အိမ်တွင်းသို့ဝင်၍။ အထုပ်အပိုးတို့ကို မြင်ပြန်သည်။ ထွေးလေးက ပင့်ရာ အိမ်ခေါင်းရင်း၌ ခင်းအပ်သော ဖျာပေါ်တွင် ထက်ဝယ် ဖွဲ့ခွေထိုင်လိုက်လေသည်။ မဖော့ကိုကား မမြင်ရသေးချေ။

အတန်ကြာမှာ မဖော့သည် ဆွမ်းနှင့်ဆွမ်းဟင်းဗျပ်ကို ချီကာထွက်လာသည်။ ညှိုးငယ်သော မျက်နှာကို ငုံ့ထားသည်။ ငုံ့လျက်နှင့်ပင် ဦးပဋ္ဌင်းအား ဆွမ်းကပ်သည်။ ဦးပဋ္ဌင်းသည် တစ်ချက်မှ စောင်းငဲ့၍ကြည့်၍။ မဖော့ ဖီးပုံလိမ်းပုံ ဝတ်ဆင်ပုံတို့ကို မြင်သည်။ တစ်ဖန်ထပ်၍ တစ်ချက်ကြည့်ပြန်သည်။ ထူးခြားလှပါတကားဟု တွေးမိလာသည်။ မဖော့စားဖိုဆောင်သို့ပင် ပြန်ဝင်သွားလေသည်။ ဆွမ်းစားရင်း "မဖော့ ငါ့ကိုဘာ့ကြောင့် မကြည့်ပါလိမ့်" ဟူသော အတွေးကြောင့် မဖော့၏ ထူးခြားသော ရုပ်ပါရုံတို့သည် ဦးပဋ္ဌင်း၏ စိတ်ထဲတွင် တဝဲလည်လည် ဖြစ်လာလေသည်။ "ငါ့ကို လူထွက်ဖို့ ပြောမှပါပဲ။ ငါ့တာဝန်ကတော့ သင်းတို့ကို တရားပြဖို့ပဲ မဟုတ်လား"ဟု ဖြေလိုက်မှ စိတ်ငြိမ်သွားလေသည်။

ဆွမ်းကိစ္စ ပြီးပေသည်။ အချိုပွဲကို မဖော့ယူလာပြန်၍။ ဦးပဋ္ဌင်းလည်း တစ်ချက် ကြည့်လိုက်ပြန်သည်။

"အလို နဖူးမှာ ခိုတောင်များချလို့ပါကလား"ဟု အံ့ဩမိပြန်သည်။ အချိုပွဲကို သိမ်းသွားပြန်သည်။ ထို့နောက် မဖော့ပြန်ထွက်လာ၍ ခပ်လှမ်းလှမ်း တစ်နေရာတွင် ခပ်ကျုံ့ကျုံ့ ထိုင်လေသည်။ ဦးပဋ္ဌင်းက တရားဟောတော့မည်ဟု ပြင်လိုက်သည်နှင့် တစ်ပြိုင်နက် မဖော့သည် "ထွေးလေး၊ လှည်းဆရာကြီး မလာသေးဘူးလား"ဟု လှမ်းမေးလိုက်လေသည်။ ဦးပဋ္ဌင်း တရားမဟောနိုင်။ လှည်းဆီသို့ လှမ်းကြည့်လိုက်လေသည်။

ဦးပဋ္ဌင်းသည် တရားစကားကို စရမည့်အစား "မဖော့တို့ ဘာများလုပ်ကြမှာတုန်း"ဟု မေးလေသည်။

"ဦးပဋ္ဌင်းကြီးကို အားလုံးစုံ လျှောက်ပါရစေ ဘုရား"ဟု မဖော့သည် ခေါင်းကို မမော့ဘဲ ပြောသည်။ "ထွေးလေးကလည်း သူ့ရွာကို ပြန်ချင်လှပြီ။ ထွေးလေးပြန်ရင် တပည့်တော်မမှာ ဈေးကိုလည်းထွက်ရ၊ ကလေးတွေကိုလည်းကြည့်ရ ဖြစ်ပါလိမ့်မယ်။ သိပ်ဒုက္ခရောက်ပါလိမ့်မယ်။ ဒုက္ခမရောက်ရအောင် တပည့်တော်မနှင့် ကလေးနှစ်ယောက်၊ ထွေးလေးတို့ရွာမှာ ပြောင်းနေပါရစေတော့ ဘုရား၊ သားကြီးကိုသာ ဦးပဋ္ဌင်းကြီး ကြည့်ရှုပါဘုရား၊ ဟဲ့ကလေး .... ဦးပဋ္ဌင်းကြီးနှင့် နေရစ်ပေတော့"

မဖော့သည် ခေါင်းကိုမမော့ဘဲ မျက်ရည်စကို သိမ်း၍။ ဦးပဋ္ဌင်းသည် ဦးပြည်းကို တိမ်းကာ ငေးနေသည်။ မဖော့က ဆက်၍ လျှောက်ပြန်သည်မှာ ....

"ဦးပဋ္ဌင်းကြီးလည်း တစ်သက်လုံးပဲ ရဟန်းဘဝနှင့်နေပါ။ တပည့်မတို့လည်း သင့်သလို ကြည့်နေပါမယ်။ ဦးပဋ္ဌင်းကြီးရဲ့ဘဝနဲ့ တပည့်တော်မရဲ့ဘဝဟာ ကွာခြားနေပါပြီ။ ဆရာနဲ့

တကာမ အဖြစ်သာ ဆက်ဆံနိုင်ပါတော့မယ်။ တပည့်တော်မမှာလည်း သားသမီးနှစ်ယောက် ရှိနေသေးတော့၊ တစ်ရွာတစ်ကျေးမှာ အားကိုးအားထား တွေ့ရင် လက်ခံလိုပါတယ်။ ဟဲ့ .... ဖိုးနီ၊ ဟိုအထုပ်တွေကို လှည်းပေါ် ယူတင်လိုက်။ ဒါကြောင့်မို့ အခုကစပြီး ရှင်းအောင်၊ ကိစ္စကို စီမံပေးစေချင်ပါတယ်။ နောင်အခါ စကားအရှုပ်အထွေးဖြစ်ပြီး ရုံးကိုမရောက်ပါရစေနဲ့ ဘုရား" ဟု မဖော့ကလျှောက်လေ၏။

"ဟင်"ဟု ဦးပဥ္ဇင်းသည် အာလေးလေးနှင့် မြည်လိုက်၏။ မဖော့သည် ခေါင်းကို မမော့တမော်၊ မျက်နှာကို မဖေါ်တဖေါ် ထားလေသည်။ ဦးပဥ္ဇင်းသည် သင်္ကန်းကို ဟိုပြင်သည်ပြင် ပြင်သလိုပြု၍၊ မဖော့ကို တစ်ချက်ကြည့်ပြန်သည်။

မဖော့သည် အားတက်လာ၍ "ဦးပဥ္ဇင်းကြီး ဘုရား .... ယခုလို လျှောက်ထားရတာဟာ၊ နှစ်ဖက်အကျိုးကို ကြည့်ပြီး လျှောက်ထားရခြင်းသာ ဖြစ်ပါတယ်။ ဦးပဥ္ဇင်းကြီးလည်း တရားတော်ကို ဖြောင့်ဖြောင့် အားထုတ်နိုင်ပါလိမ့်မယ်။ တပည့်တော်မမှာလည်း အခြား အားကိုး အားထားကို တွေ့ပါက .... "

"ဟာ .... နင်တို့ထွေးလေးရွာမှာ ထန်းရည်သမား အလွန်ပေါတယ်ဟ။ ငါ လူထွက်ပါ တော့မယ်ဟာ"ဟု ပြော၍ အိမ်မှဆင်းသွားလေ၏။

မဖော့သည် ကိုဆင်၏မယား ဖြစ်ရပြန်လေသတည်း။

(ဂန္ထလောက၊ ၁၉၃၇)

ခက်ဆစ်များ

ကုန်စိမ်း (န) (蔬菜等)鲜货，生货

ဗျပ် (န) 竹木制的浅盘

အရောင်းတွင် (က) 销路好，卖得快

အရောင်းထိုင်း (က) 销路不好，滞销

သွားခေါ (န၀) 门齿外凸

အလိုလို (က၀) 自然而然地

ထောင်ထောင်မောင်းမောင်း (က၀) (身材)高大，魁梧

ထိုင်စားသမား (န) 不劳而食的人

နီကြန့်ကြန့် (န) 浅红色

သာမဏေ (န) [巴]小沙弥，小和尚

အရပ်အမောင်း (န) 身材，身高

ခေါက်မိ (က) 略懂，稍懂

နှုတ်ခမ်းမွေး (န) 髭，小胡子

ရင်အုပ် (န) 胸部

ထိုးကွင်း (န) 纹身

ညား (က) 结成夫妻

ညည်းညူ (က) 埋怨

မင်္ဂလာသြဘာစကား (န) 贺词

ကျက်သရေ (န) 吉祥，引以为荣的

မောင်မင်းကြီးသား (န) 他；老兄
ထန်းရည်မူးသမား (န) 棕榈酒鬼
မထီမဲ့မြင်ပြု (က) 无礼，不尊重
ကပျာကယာ (က၀) 急忙地
ယိမ်းထိုး (က) 歪斜
ခေါင်းပြူ (က) 探头
ထဘီနားခိုစား (က) 〈喻〉靠老婆过活（指懒汉或无能者）
ဝေဿန္တရာမင်းကြီး (န) 威丹德耶王，佛本生故事“威丹德耶”的主人公，以乐善好施而闻名
မနာလိုတိုရှည်ဖြစ် (က) 嫉妒
မလို(မနာလို) (က) 嫉妒
အတင်စီး (က) 占上风
မေးငေါ့ (က) 撇嘴（表蔑视），讥笑
ခွက်ခွက်လန်အောင်ရှုံး (က) 惨败
အနာကျက် (က) （伤口）愈合
အနာယဉ်း (က) 伤红肿，发炎
မီးယပ်သည် (န) 妇女病患者
လူပေါ်ကြော့ (န) 公子哥，游手好闲的人
ရှင်လူထွက် (က) 沙弥还俗
အချိန်စီး (က) 有份量，重，压秤

အပါယ် (န) 地狱
သမ်းဝေ (က) 打哈欠
သရဲ (န) 鬼，鬼怪，魔鬼
သင်္ကန်းဝတ် (က) 披袈裟；出家为僧
ထွေးလေး (န) 小姨，老姨
ဦးပဉ္ဇင်း (န) 具足戒僧，年轻和尚
အရိပ်အာဝါသ (န) 阴影；〈喻〉庇护，荫庇
ပါဠိဂါထာ (န) 巴利文诗歌；经咒
ဒေါသူပုန်ထ (က) 大怒；盛怒
နားပူ (က) 听烦；磨叨
ချိုးကူ (က) 斑鸠叫，山鸠叫
သရက်ထည် (န) 印花棉布
ထက်ဝယ်ဖွဲ့ခွေထိုင် (က) 盘膝而坐
မျက်နှာပြု (က) 面对着，处于某种境地
ရူပါရုံ (န) 容貌
ခပ်ကျုံ့ကျုံ့ထိုင် (က) 畏畏缩缩地坐
ဦးပြည်း (န) 光头
တကာမ (န) 女施主
မွှေးကြိုင် (န၀) 香
မရှိမဲ့ရှိမဲ့ (န၀) 很少的
မျက်စိကျယ် (က) 睡意没了
စကားနိုင်လု (က) 舌战，以辩取胜

စာဆိုအတ္ထုပ္ပတ္တိ

ဇော်ဂျီ (၁၉၀၇–၁၉၉၀)

အမည်ရင်း ဦးသိန်းဟန်ဖြစ်သည်။ ၁၉၀၇ခုနှစ် ဧပြီလ ၁၂ရက်နေ့၌ ဖျာပုံမြို့တွင် ဖွားမြင်သည်။ အဖမှာ ဦးယော၊ အမိမှာ ဒေါ်စိန်ညွန့်ဖြစ်သည်။ မွေးချင်း ကိုးယောက်အနက် အကြီးဆုံးဖြစ်သည်။ (၁၉၁၂–၁၉) ခုနှစ် ဖျာပုံမြို့ အင်္ဂလိပ်–မြန်မာ အစိုးရကျောင်းနှင့် အမျိုးသား

ကျောင်းတို့တွင် သတ္တမတန်းအထိ သင်ကြားခဲ့သည်။ ၁၉၂၄ခုနှစ် ရန်ကုန်မြို့ အမျိုးသား အထက်တန်းကျောင်းမှ ဆယ်တန်းအောင်ပြီးနောက် ၁၉၂၅ခုနှစ်တွင် ရန်ကုန်တက္ကသိုလ်သို့ တက်ရောက်ပညာဆည်းပူးသည်။ ၁၉၂၉ခုနှစ်တွင် ဝိဇ္ဇာဘွဲ့ရရှိပြီး ၁၉၃၀ ပြည့်နှစ်တွင် ရန်ကုန်တက္ကသိုလ် မြန်မာစာနည်းပြနှင့် (၁၉၃၁–၃၄)ခုနှစ်များတွင် ရန်ကုန်မြို့ မြို့မအမျိုးသားအထက်တန်းကျောင်း အထက်တန်းပြဆရာအဖြစ် ဆောင်ရွက်ခဲ့သည်။

၁၉၃၆ခုနှစ် ရန်ကုန်တက္ကသိုလ်မှ မဟာဝိဇ္ဇာဘွဲ့ရရှိပြီး ၁၉၃၈ခုနှစ်အထိ မန္တလေး ဥပစာကောလိပ်တွင် မြန်မာစာနည်းပြအဖြစ် ဆောင်ရွက်သည်။ (၁၉၃၆–၄၀) ပြည့်နှစ်များတွင် အင်္ဂလန်နိုင်ငံ လန်ဒန်နှင့် ဒဗ်ဗလင်တက္ကသိုလ်များတွင် စာကြည့်တိုက်ပညာ သင်ကြား၍ ဒီပလိုမာဘွဲ့ ရရှိသည်။ ၁၉၄၁ခုနှစ်တွင် ရန်ကုန်တက္ကသိုလ် စာကြည့်တိုက်မှူး တာဝန် ထမ်းဆောင်သည်။ ဇနီးဖြစ်သူ ရန်ကုန်မြို့မအမျိုးသမီးကျောင်း အထက်တန်းပြဆရာမ ဒေါ်စောရင်နှင့် ထိမ်းမြားသည်။

၁၉၄၂ခုနှစ် ဒုတိယကမ္ဘာစစ်အတွင်း မြန်မာအစိုးရ၏ ပညာရေးဝန်ကြီးဌာန ဒုတိယ ညွှန်ကြားရေးဝန် (စာပေနှင့် စာကြည့်တိုက်ဌာနခွဲ) တာဝန်ထမ်းဆောင်ပြီး ၁၉၄၆ခုနှစ်တွင် ရန်ကုန်တက္ကသိုလ် စာကြည့်တိုက်မှူးတာဝန် ထမ်းဆောင်ခဲ့သည်။

(၁၉၄၇–၄၈) ခုနှစ်များ၌ တိုင်းပြုပြည်ပြု လွှတ်တော်ရုံးနှင့် ရွေးကောက်ပွဲ ကော်မရှင်ရုံး အထူးအရာရှိနှင့် အခြေခံဥပဒေအချောကိုင် ကော်မတီအဖွဲ့ဝင် တာဝန်ထမ်းဆောင်ခဲ့ပြီး ၁၉၄၈ ခုနှစ်တွင် ဝဏ္ဏကျော်ထင်ဘွဲ့ ရရှိသည်။

(၁၉၅၁–၅၇) ခုနှစ်များ၌ ကျောင်းသုံးစာအုပ် ပြုစုရေး (ထုတ်လုပ်ရေး) ညွှန်ကြားရေးဝန် တာဝန်နှင့် ၁၉၇၉ခုနှစ်၌ မြန်မာနိုင်ငံ သမိုင်းကော်မရှင်ဥက္ကဋ္ဌ တာဝန်များကို ထမ်းဆောင်ခဲ့သည်။ ၁၉၆၁ ခုနှစ်တွင် ဂုဏ်ထူးဆောင် မြန်မာစာပါမောက္ခအဖြစ်နှင့် သီရိပျံ့ချီဘွဲ့ ရရှိသည်။

၁၉၆၇ခုနှစ်၌ တက္ကသိုလ်များ ဗဟိုစာကြည့်တိုက်မှူး အဖြစ်မှ အငြိမ်းစားယူပြီး ပညာရေး အထူးအရာရှိ(၁)၊ မြန်မာနိုင်ငံသုတေသနအသင်းဥက္ကဋ္ဌ၊ ပညာရပ်ဝေါဟာရ ကော်မတီဥက္ကဋ္ဌ နှင့် အမျိုးသားစာပေဆု စိစစ်ရွေးချယ်ရေး ကော်မတီဥက္ကဋ္ဌ တာဝန်များအပြင် ၁၉၇၆ခုနှစ် နိုင်ငံသမိုင်းသုတေသနဦးစီးဌာန အကြံပေးပုဂ္ဂိုလ်အဖြစ် ဆောင်ရွက်ခဲ့သည်။

ဆရာဇော်ဂျီသည် ခေတ်စမ်းစာပေ ဦးဆောင်သူတစ်ဦး ဖြစ်သည်။ ၁၉၂၀ ပြည့်နှစ်မှစ၍ မျိုးချစ်စိတ်ဓာတ်၊ မြန်မာ့ယဉ်ကျေးမှုနှင့် သဘာဝအလှများနှင့် ပတ်သက်ပြီး ခေတ်စမ်းကဗျာများ ရေးသားခဲ့ရာ ပုဒ်ရေ (၁၀၀) ခန့်၊ **ဗေဒါလမ်းကဗျာ** (၄၀)ပုဒ်နှင့် **ညီသစ်ဆင်း** ကဗျာ(၅၀)ပုဒ်ခန့်၊ **သခင်ကိုယ်တော်မှိုင်းဋီကာ**၊ **သိန်းနှင့်ကျားဋီကာ**၊ **ရသစာပေအဖွင့်နှင့် နိဒါန်း** ဆောင်းပါးပုဒ်ရေ (၅၀)ခန့် ရေးသားခဲ့သည်။ **မဟာဆန်ချင်သူ** ပြင်သစ်ပြဇာတ်နှင့် ကမ္ဘာကျော် နိဗယ်ဆုရဝတ္ထုတို (၄၀)ခန့်ကို ဘာသာပြန်ခဲ့သည်။

ဆရာဇော်ဂျီသည် **သခင်ကိုယ်တော်မှိုင်းဋီကာ** စာအုပ်ဖြင့် ၁၉၅၅ခုနှစ် အတွက် စာပေဗိမာန် စာပဒေသာဆု၊ **နင်လားဟဲ့ ချစ်ဒုက္ခနှင့် အခြားဝတ္ထုတိုများ** စာအုပ်ဖြင့် ၁၉၇၉ခုနှစ် အတွက် အမျိုးသားစာပေဆု (ဘာသာပြန်စာပေဆု)၊ **ရေးခေတ်ပုဂံကဗျာများနှင့် အခြားကဗျာများ** စာအုပ်ဖြင့် ၁၉၈၇ခုနှစ်အတွက် အမျိုးသားစာပေဆု (ကဗျာဆု) တို့ကို ရရှိခဲ့သည်။

ဆရာဇော်ဂျီသည် အသက် (၈၃) နှစ်အရွယ် ၁၉၉၀ပြည့်နှစ် စက်တင်ဘာလ ၂၆ ရက်နေ့တွင် ဆရာနေထိုင်ရာ ရန်ကုန်မြို့ဗဟန်းမြို့နယ် ကမ္ဘောဇလမ်း အမှတ် (၁၀–က) နေအိမ်တွင် ကွယ်လွန်ခဲ့သည်။

လေ့ကျင့်ခန်း

၁။ "သူ့မယား" ဝတ္ထုတိုမှ ဆရာဇော်ဂျီ တင်ပြသော ဘဝပြဿနာတစ်ခုကို ရှာဖွေတင်ပြပါ။

၂။ "သူ့မယား"ဝတ္ထုတိုမှ လင်ကို ရိုသေတန်ဖိုးထားသော မိန်းမတို့သဘာဝကို မည်သို့တွေ့ရသနည်း။

၃။ ဝတ္ထုမှာ ပတ်ဝန်းကျင်အပြောနှင့် ကိုဆင်၏သဘောကို မည်သို့ရေးဖွဲ့ပြထားသနည်း။

သင်ခန်းစာ(၄) လွဲသောအကြွား

作品导读

吴波稼（1890—1942）20世纪30年代曾任缅甸国民教育督学，其间陆续在《进步》杂志发表亲历小说，文风幽默，寓庄于谐，既抨击殖民教育制度，又对青年进行道德教育，其中一些作品被编入了国民学校教科书。《离题的炫耀》（1933）也是吴波稼的亲历小说之一。一次作者收到一份讣告，写讣告的人为了炫耀死者身份，将大大小小的远近名人都生拉硬扯与死者拉上关系，众多不着边际的修饰语把中心语完全遮蔽了，满纸浮词，让读讣告的人都不知道死者是谁了。小说意在指出殖民统治时期一些不正常的社会现象和错误观念，批评浮艳的文风，暴露和讽刺那些崇洋媚外、作风势利、贪慕虚荣、死要面子活受罪的人。

လွဲသောအကြွား

ဦးဖိုးကျား

မပြောသေးမီက ကျွန်ုပ်တို့ အိမ်နားရှိ ဆေးလိပ်လိပ်စားသူ မယ်ခင်သည် ကျွန်ုပ်ထံသို့ ဖိတ်စာတစ်စောင်ယူလာ၍–

"ဦး–ဒီမှာ ကျွန်မ ဖိတ်စာတစ်စောင် ရတယ်။ ဖိတ်စာကတော့ အသုဘဖိတ်စာပဲ။ နို့ပေတဲ့ ဆွေတွေမျိုးတွေ ထည့်ပြလိုက်တာက အများကြီးမို့ သေသူဟာ ဘယ်သူမှန်းကို မသိတော့ဘူး။ အဲဒါ တဆိတ်ဖတ်ပြီး သေတာဟာ ဘယ်သူဆိုတာ ပြောပေးစမ်းပါဦးရယ်"

"ဟင် နင့်ဟာက လွန်လှချေကလားဟဲ့၊ ဘယ့်နှယ်သေတဲ့လူ မသိနိုင်ဘူးလို့။ မှန်းပေးစမ်း" ဆို၍ စာကိုကောက်ဖတ်ကြည့်ရာ–

ရန်ကုန်မြို့အရှေ့ပိုင်း ရွှေတန်ဆောင်းကြီးဒါယကာ သူဌေးပွဲစားကြီး ဦးမြ၏တူ။

ဓနုဖြူ၏ အနောက်ချောင်းကောက်ရွာ ဥစ္စာပြည့်စုံကုံလုံသော လေးထပ် ရွှေကျောင်းကြီး ဒါယကာဦးမဲ၊ ဒေါ်တူတို့၏မြေး။

ဗိုလ်ကလေးတဖက် ကျွန်းတောကုန်းရွာ၊ ဆုသေနတ်ချ တရားမ ရာဇဝတ် အထူး အာဏာရ ရွာသူကြီးမင်း ဦးခွေးပု၏ညီဝမ်းကွဲ။

ကျွဲပွဲဘူတာမှ သုံးမိုင်ကွာ သေလာပဗ္ဗတတောင်စောင်း တောရကျောင်း၌ အလောင်း အလျာ ရဟန္တာဟု သမုတ်ခံရသော ဆရာတော် ဦးဝါယမ၏ တပည့်။

မိတ္ထီလာနယ် တကြော၌ အဟောအပြောကောင်း၊ အသံကောင်း၊ လက်ဟန် ခြေဟန် ကိုယ်ဟန် သရုပ်ဟန်ပါပါနှင့် အလွမ်းအသောတို့ကို မျက်ရည်ထွက်အောင်၊ အူတက်အောင် တရားဟောပြနိုင်သော နိုင်ငံကျော်အဓမ်း– စပယ်ရှယ်– သင်းကြူကြူ ဦးနန္ဒိနှင့် စာသင်ဖက်။

လှိုင်းတက်မင်းသားထံ၌ ခစားခဲ့ဘူးသော အပျိုတော်အရီးအိုး၏မြစ်။

ဗြိတိသျှတိုင်းကြီးကို၊ ဘုန်းမီးနေလ အစိုးရတော်မူသော ဂျော့ဘုရင်မင်းမြတ်၏ သားတော် အိမ်ရှေ့ဘုရား ဝေလမင်းသားသည် မြန်မာနိုင်ငံသို့ တိုင်းခန်းလှည့်လည်လာစဉ်က မြန်မာ ဧည့်ခံမဏ္ဍပ်ကြီးတစ်ခု ဆောက်၍ ဧည့်ခံကြရာ ၄င်းမဏ္ဍပ်သည် အကောင်းဆုံးဟု ရွေးချယ် ဆုံးဖြတ်ခြင်းကို ခံရလေသည်။ ထိုအကောင်းဆုံးမဏ္ဍပ်ကို တည်ဆောက်ပြုလုပ်သူ ပန်းချီကျော် ဆရာကြီး ဦးပန်းနွယ်၏ သုံးဆက်မြောက်တပည့်မောင်လှနှင့် ညီအစ်ကို နှစ်ဝမ်းကွဲ။

မဲဆောက်မြို့၊ စော်ဘွားကြီး၏ သားမက်စောခွန်နိုင်နှင့် အင်္ဂလိပ်ကျောင်းတွင် စာသင် ဖက်။

ဝါးနက်ချောင်းဘူတာရုံတွင် မီးရထားကုမ္ပဏီက ယုံကြည်ကိုးစား အားထားရ၍ မကြာ မကြာ အချီးမွမ်းခံရသော ရုံပိုင်တော်ကြီး မစ္စတာမူတူး၏ဇနီး၊ မမကြီး၏မောင်။

တောင်ငူမြို့ တပင်ရွှေထီး၏ နန်းတော်ရာကုန်း အဝင်အပါဖြစ်ဘူးသော မြေတစ်ကွက်တွင် အိမ်ဆောက်နေသူ မြေပိုင်ရှင်ဦးတုတ်၏တူ။

ယခုအခါမူ ဗြိတိသျှအစိုးရလက်အောက် မြန်မာပြည်အစိုးရက တည်ထောင်သော စည်ပင် သာယာရုံးတော်ကြီးတွင် ခန့်ခိုင်သောသမာဓိ၊ ပြည့်ဝသော ဥစ္စာရှိ၍ အာမခံငွေ တစ်သောင်း တင်ပြီးကာ သူကြီးအလုပ်ကို ရရှိသော စည်ပင်သာယာရုံး သူကြီးမင်း ဦးတက်ခါး၏ စာရေး ကြီး မောင်မောင်နွဲ့သည်။ မြန်မာနိုင်ငံတော်ကြီးကို ပြန်လည်ထူထောင်ခဲ့သော အလောင်းဘုရား ဘုရင်မင်းမြတ် ကိုယ်တော်တိုင် (ဂုံ)ဟူသောအမည်ရင်းကို နစ်စေ၍ ဘေးရန် ကုန်ခြင်းတည်း ဟူသော အောင်ခြင်း မင်္ဂလာကို ယူကာ (ရန်ကုန်)ဟု ဘွဲ့မည်အသစ် ပေးသနားတော်မူခြင်းကို ခံရသော ရန်ကုန်ရွှေမြို့တော်ကြီး အတွင်း။

ရှေးမြန်မာမင်းများ အသုံးပြုလေသဖြင့်၄င်း၊ ရွှေတိဂုံစေတီတော်နှင့် နီးစပ် တစ်စုံတစ်ရာ ဆက်စပ်နေသဖြင့်၄င်း၊ (တော်)တစ်လုံးရသော ကန်တော်ကြီးအနီး ကန်တော်ကလေး ရပ်ကွက် ဝယ်။

ကြီးကျယ်သော နန်းရင်းဝန်သည် ရုံးဆင်းရုံးတက် အမြဲမပြတ် ဖြတ်၍ဖြတ်၍ မော်တော် ကားစီးသွားနေကြ ဖြစ်သော၊ စတောက်ကိတ်လမ်းတွင်။

ဘုရင်ခံမင်းမြတ်အိမ်တော်၏ အရှေ့တောင်အရပ်၊ တစ်မိုင်ကျော် အကွာတွင်လည်းကောင်း၊ သူဌေးဦးမြကျော်၏တိုက်နှင့် တစ်အိမ်ခြားတွင်လည်းကောင်း၊ တည်ရှိပါသော မိမိနေအိမ်၌ ဘ၀တစ်ပါးပြောင်းသွား ကွယ်လွန်ပါသဖြင့် ကျွန်တော်မ စာရေးကြီးကတော် တင်တင်က ဖိတ်ကြားလိုက်ပါသည်။

"ဟဲ့ မယ်ခင်ရဲ့ သူ့ဖိတ်စာအလိုကတော့ တင်တင်ရဲ့ယောကျ်ား မောင်မောင်နွဲ့တဲ့။ နေအုံးနေအုံး အလိုဘုရား ဟိုစတောက်ကိုက်လမ်းကဆိုတော့ ငါ့အသိငနွဲ့နဲ့ မယ်တင်တို့များ ဖြစ်လေရော့သလားဟယ်။ ဟာ–ဧကန္တပဲ။ ငနွဲ့မမာဘူး ကြားလို့ ငါတောင်နောက်ဆက်ရက်လောက်က ရောက်ခဲ့သေးတယ်။ ငနွဲ့ဖြစ်ရင်လဲ ငါနဲ့ အင်မတန် အကျွမ်းဝင်တာပဲ။ ငါ့ဆီကိုလဲ ဖိတ်စာ ရောက်ဖို့ကောင်းတယ်"

ဤသို့ ပြောဆိုနေစဉ်တွင် အိမ်အောက်ထပ်က ကျွန်ုပ်၏တပည့် တစ်ယောက်က စာ တစ်အိတ် လာပို့–ဖောက်ကြည့်ရာ ၄င်းဖိတ်စာမျိုး နှင့်တကွ မယ်တင့်လက်မှတ်နှင့် အကြောင်းကြားစာ သက်သက်တစ်စောင်လဲ ပါလာလေ၏။

"ဟဲ့မယ်ခင်ရဲ့၊ ဟုတ်ကပြီ၊ မယ်တင့်ယောကျ်ား စာရေးကလေး ငနွဲ့ပဲ။ ကတဲထည့်ထားလိုက်တဲ့– နာမဝိသေသန–တွေ လူလုံးတောင် ပျောက်နေတာပဲ။ ကဲကဲငါသွားမှဖြစ်မယ်။ နင်ကော လိုက်အုံးမလား။"

"ဟုတ်ကဲ့ရှင့် လိုက်ခဲ့မယ်"

ကျွန်ုပ်တို့ ရောက်သော် မယ်တင်သည် ဆီး၍ငို၏။ အပိုတွေလဲ အများကြီးပြော၏။ အတော် မောလောက်ရှိမှ ကျွန်ုပ်က–

"ဘယ့်နှယ်လဲ မယ်တင်၊ ဆုံးဆုံးခြင်း ငါ့ကို ဘာဖြစ်လို့ အကြောင်းမကြားသလဲ"

"ကျွန်မလဲမွန်ထွန်ပြီး၊ ဘာလုပ်ရမှန်းကို မသိတော့ဘူးဦးရဲ့"

"နေပါအုံး၊ နင်ဟို့ဖိတ်စာကို ဘယ်သူရေးသလဲ"

"ကျွန်မရယ်၊ ကျွန်မအဒေါ်ရယ်၊ ကိုနွဲ့ရဲ့အစ်ကိုတစ်ယောက်ရယ် တိုင်ပင်ရေးကြတာပဲ။ ဘာဖြစ်လို့လဲ"

"ဘာဖြစ်လို့လဲတော့ ထားပါတော့။ နင်တို့ဟာကတဲ ရေးထည့်ထားလိုက်တာတွေ တော်ပါတယ်၊ သေဆုံးသူတောင် သူ ဘယ်သူလဲလို့ မနည်းရှာယူရတာပဲ"

"အော် ဦးကလဲ လောကမှာ လူ့ရေးရာဆိုတာ ရှိသေးတယ်ဦးရဲ့။ ဆွေဂုဏ်မျိုးဂုဏ်ဆိုတာ ဒီလိုသေဆုံးတဲ့အခါမှ မထည့်ရရင် ဘယ်မှာသွားထည့်အုံးမှာလဲ ဦးရဲ့"

"ကိုင်း သဘောရှိဗျား နို့နေပါအုံး ဘယ်နေ့ကို ကိစ္စအပြီးလဲ"

"ဆွေတွေမျိုးတွေ စုံလင်အောင်၊ ငါးရက်လောက်တော့"

"နင့်ဖိတ်စာထဲမှာ ပါတဲ့ဆွေမျိုးတွေ အကုန်စုံအောင်လား"

"ဒါတော့ ဟိုဒင်း လာသ၍ပါဦးရယ်"

"ငါပြောမယ် မယ်တင်စိတ်ကူးမလွဲနဲ့ အမြန်ဆုံး ကိစ္စပြီးတာ ကောင်းတယ်။ အခုတစ်ည ရသွားပြီး ထားချင်ရင် အလွန်ဆုံး ယနေ့တစ်ညပဲထားတော့ နက်ဖြန်ကိုပြီးပေစေ။ ကြာလေလေ၊ နင့်အပေါ်မှာ တာဝန်ကြီးလေလေပဲ။ လူဆုံးရတဲ့အထဲမှာ ဧည့်ခံရတဲ့ကိစ္စကြီးဟာ နည်းတဲ့စရိတ်၊ နည်းတဲ့ဒုက္ခ မဟုတ်ဘူးဟဲ့"

"ဧည့်ခံရတာက ဒါနကုသိုလ်မဟုတ်လား ဦးရဲ့။ ဒါနဆိုရင်လဲ"

"တော်ပါ မယ်မင်းကြီးမရယ်။ ငါ့ကို တရားဟောမနေပါနဲ့။ ဒါနအကြောင်းကို ငါသိပါတယ်။ အပိုတွေ အကြွားတွေ လုပ်မနေစမ်းပါနဲ့။ အဲဒါမျိုးက မလွဲသာတဲ့ အောင့်သက်သက်ဒါန ခေါ်တယ်။ မရှိမဲ့ရှိမဲ့နဲ့ ပေါင်နှံချေးငှားပြီး သောကဗျာပါဒမကင်းဘဲနဲ့ လုပ်ရတဲ့ ဟာတွေပါ။ လောကရေးတွေပါ။ လူလဲဆုံးရသေးတယ်။ ကျန်ရစ်သူမှာလဲ ထပ်နစ်ရအုံးမလား။ တတ်နိုင်တဲ့အခါ စိတ်ကြည်သာတဲ့ အခါကျတော့ ဒါနသန့်သန့်ရှင်းရှင်းကို အတိုးချလုပ်တာပေါ့။ ငါ့တူမ စိတ်ကူးမလွဲနဲ့။ အဲဒီဘက်ကလည်း တို့မြန်မာလူမျိုးတွေကို အတော် နှိပ်စက်နေတယ်ကွဲ့။"

"ဦးကလဲ၊ တယ်ဝကျတာကိုး ၃ ရက်နဲ့ ချရရင် ကျွန်မ အကမ်းအလှမ်းထည့်ရမှ စိတ်ကျေနပ်မယ်"

ဟောဗျားလုပ်ပြန်ပြီ။ မသာမှာ အကမ်းအလှမ်းထည့်တဲ့ထုံးစံကို ဘယ်သူကများ စခဲ့ပါလိမ့် မနော်။ ရန်ကုန်မှာဖြင့် အတော်နေတာပဲ။ "ဟဲ့ မယ်တင်ရဲ့ အဲဒါတွေလဲ တို့အိမ်နားက တရုတ်ကြီး ပြောသလို ပကာသနတွေပါဟယ်။ နေပါအုံး နင့်မှာ ငွေဘယ်လောက်ရှိလို့လဲ"

"၇၀-၈၀-လောက်တော့ရှိတယ်။ ရွှေလက်ကောက်လဲ ၄ရံရှိတယ်"

"ဟဲ့ဟဲ့ ရွှေလက်ကောက်တွေကို ထည့်မတွက်နဲ့ ကျစ်ကျစ်သိမ်းထား၊ ရှိတဲ့ငွေနဲ့ လောက်အောင်လုပ်။ ငါကတော့ ရှိတဲ့ငွေတောင် အကုန်မလုပ်စေချင်ဘူး။ ဧည့်ခံဖို့ ကွမ်းနဲ့ဆေးလိပ်အပြင် ဘာမှမလုပ်နဲ့။ အကမ်းအလှမ်းလည်း မထည့်နဲ့။ လက်ဆောင်ရမှ လိုက်ပို့မယ့် မိတ်ဆွေဖြင့် အသုဘရှုရမဲ့ အကျိုးလည်းမရှိ။ မိတ်ဆွေတို့ပြုရမယ့် ဝတ္တရားလည်းမပြည့်စုံ မလာတာက ကောင်းပါတယ်။ မယ်တင်-မမိုက်နဲ့-ငါ့စကားနားထောင်။"

မယ်တင်သည် ကျေနပ်ပုံမရချေ။

ခဏကြာသောအခါ မိန်းမ ၃-ယောက် ရှေ့နောက်တန်း၍ ဝင်လာကြ၏။ ရှေ့ နှစ်ယောက်မှာ အရပ်သူရိုးရိုးသဏ္ဌာန် ရှိ၏။ တစ်ယောက်က ဆေးလိပ်ထုပ်၊ တစ်ယောက်က နို့ဆီနှစ်ဘူးကူပုံ့ရန် ဆောင်ယူခဲ့ကြ၏။ နောက်ဆုံးတစ်ယောက်ကား တည်တည်ခန့်ခန့်နှင့် ကတော်ပုံရ၏။ တစ်စုံတစ်ရာ အကူအပံ့မပါ။ လူဟန်သာပါ၏။

ထိုအခါ မယ်တင်သည် ကပျာကယာထတဲ့၍ ရှေ့က မိန်းမနှစ်ယောက်ကို ကျော်ပြီး နောက်ဆုံးက ကတော်ဟန်ရှိသော မိန်းမကိုလှမ်း၍ "အော် မင်းကတော်ပါလား၊ ကြွပါ ကြွပါ"

ဆို၍ ရှေ့နှစ်ယောက်ကိုကျော်ပြီး ခေါ်လာကာ အထက်ခန်း နေရာကောင်း၌ ချထားလေသည်။ ရှေ့ကခများ နှစ်ယောက်မှာကား မသာရှင်က မခေါ်လေသဖြင့် ကြောင်တက်တက်နှင့် တော်ရာ ချောင်တွင် ထိုင်ရ၏။

ကျွန်တော်သည် စိတ်အတော်ထသွား၏။ ထိုမိန်းမ ၃ ယောက် ပြန်သွားသောအခါ မယ်တင်ကို အိမ်အတွင်းဖက်သို့ခေါ်ခဲ့၍–

"ဘယ်နှယ့်လဲ မမယ်တင်၊ ဘာလုပ်တာလဲ။ ခုနက မိန်းမ၃ယောက် လာတာကို ဘာဖြစ်လို့ ရှေ့နှစ်ယောက်ကို ကျော်ပြီး နောက်ဆုံးမိန်းမကို အရေးလုပ်ရတာလဲ ပြောစမ်းပါအုံး"

"အော် ဦးမသိဘဲကို၊ အဲဒီနောက်ဆုံးဟာ မင်းကတော် ဦးရဲ့။ ရှေ့ကဟာနှစ်ယောက်က ဈေးသည်တွေပါ"

"ဟင် ကြည့်စမ်းပါအုံးဟယ်။ ရှေ့ကနှစ်ယောက်က ဝတ္တုရားသိသိရာရာနဲ့ အကျအပုံတွေကို ဆောင်ယူလာရှာတယ်။ နင့်မင်းကတော်က ဘာပါသလဲ။ လူဟန်သာပါတယ် မဟုတ်လား။ ဒီလောက် ရုပ်ပျက်ဆင်းပျက် အရေးလုပ်ရသလားဟဲ့"

"ဦးကလဲ မင်းကတော်ဆိုတာ ဂုဏ်ရှိတယ်။ မင်းကတော်နဲ့ သိရကျွမ်းရတာလဲ ဂုဏ်ရှိတယ် မဟုတ်လား"

"နေပါအုံး နင့်မင်းကတော်က ဘာမင်းကတော်လဲ"

"ဟိုဒင်းလေ ဘာလဲဦးရယ် ဟိုဟင်းချက်စားတဲ့ ချဉ်ဖန့်ဖန့် အသီးဟာ"

"ဘာလဲ သပြေသီးလား"

"အဲလဲဟုတ်ပြီ၊ သပြေသီး မြို့အုပ်မင်းကတော်ရှင့်။ အထက်တန်း မြို့အုပ်ကတော်ရှင့် သိရဲ့လား"

ဖြစ်မှဖြစ်ရလေ မယ်တင်ရယ်။ နင်ပြောတာတွေ တစ်ခုမှမဟုတ်ဘူး။ အင်္ဂလိပ်လို ဒက်ပြုတီး (deputy) ခေါ်တယ်။ သပြေသီးမဟုတ်ဘူး။ သူတို့ကိုသွားပြီး အလွဲတွေ ခေါ် မနေနဲ့၊ ဟိုကကြိုက်မှာ မဟုတ်ဘူး။ ပြီးတော့ အထက်တန်းစားမြို့အုပ် ဆိုတာလဲ မဟုတ်ဘူး၊ လက်ထောက်မြို့အုပ်လောက်သာ ဖြစ်တယ်။

"ဘာပဲဖြစ်ဖြစ် ဦးရယ်၊ မြို့အုပ်ဟာ မြို့အုပ်ပဲ။ မင်းထဲမှာပါတာပေါ့။ အဲဒီလို အထက်တန်းစားတွေနဲ့ ပေါင်းရတော့ ဂုဏ်တက်မလာဘူးလား။ လူဆိုတာက အနိမ့်အမြင့်"

ထိုသို့ပြောနေစဉ် အိမ်ရှေ့က စီစီညံညံကြား၍ နှစ်ယောက်သား ထွက်ခဲ့ရာ အင်္ဂလိပ်စာတတ်ပေတတ်၊ ခေတ်ဆန်သော သူငယ်မ ၃ယောက် ဝင်လာသည်ကို တွေ့ကြရ၏။

မယ်တင်ကစ၍ "အော် မေရီမြတို့ပါကလား။ ထိုင်ပါ ထိုင်ပါ။"

မေရီမြက "ကိုနွဲ့ဖြစ်ရတာ အိုင်တို့ အင်မတန်ဆောရီး ဖြစ်ပါတယ်။ ခုမနက်ပဲ ကြားတယ်။ ဒါနဲ့ပဲ ဟောဒီ လူစီခင်ထူးတို့၊ လောရာခင်သန်းမြင့်တို့နဲ့ တိုင်ပင်ပြီး လာခဲ့ကြတာပဲ။"

(အိုင်မှာ အင်္ဂလိပ်ဘာသာ–ကျွန်ုပ်ဟုဆိုလိုသည်။ ဆောရီးမှာ ဝမ်းနည်းသည်ဆိုလိုသည်။)

လူစီခင်ထူး။ ။"ဟုတ်တယ် အိုင်လည်းပဲ မနေ့ကညနေ ဂျော်နီလှဖေနဲ့ တင်းနစ် ကစားနေရင်း ကြားရတယ်။ အော်ဒါမျိုးဆိုတာ မြေမှုန်ကလာတာ၊ မြေမှုန်ကိုပြန်သွားတာပေါ့။ ဘုရားသခင် အလိုတော်ကို ဘာတတ်နိုင်မလဲ"

လောရာခင်သန်းမြင့်။ ။"အိုင်လည်းပဲ (ယူ)အတွက် အင်မတန် ဆောရီး ဖြစ်တယ်။ အိုင်ကြားတော့ အိုင်ဟာ ဆွင်းမိန်းကလပ်မှာရှိတယ်။ ဒါနဲ့ ဒိုက်ဗိန်ထိုးဖို့ဟာတောင် ရပ်ထားခဲ့ရတယ်"

မေရီမြ။ ။"ဟုတ်တယ် တင်တင်၊ ရိုဇီလှလှတောင် လိုက်လာမလို့။ ဟို–သူ့နောက်ပိတ်ဖိနပ်က ခုံမြင့်လွန်းလို့တဲ့။ အဲဒါစီးတာနဲ့ အခုခြေနာနေလို့ မလိုက်လာနိုင်ဘူး။ တင်တင် အိုင်တို့ဆီကို တစ်ခါလောက်လာလည်ပါ။ တင်းနစ်(စ်)၊ ပင်ပေါင်၊ ဘက်တ်မင်တန်– ဟော်ကီ– ဆွင်းမိန်း– အို စုံနေတာပဲ။ တစ်ခါလောက် လာကစားပါလား "

လူစီခင်ထူး။ ။"စကားမစပ် တင်ရဲ့အကြီးအမြင့် နည်းနည်းလိုသေးတယ်။ ဟော အိုင်တို့ ခေါင်းကဟာမျိုးမှ ခေတ်ဆန်တာတင်ရဲ့"ဟုဆို၍ မိမိတို့ခေါင်းတွင် လော်လော်မာမာ ထုံးသော ဆံထုံးအသစ်အဆန်းတစ်မျိုး ကိုးယိုးကားယားကို ပြလေသည်။

ကျွန်ုပ်မှာလဲ နားမဆန့်သည်တို့ကို ကြားနေရသဖြင့် အော် ဒုက္ခဒုက္ခဟု မြည်တမ်းကာ၊ ကြာကြာနေလျှင် ငါ့ရဲကြီးတော့မှာပဲဟု အိမ်မှထွက်ခဲ့၍ အိမ်ရှေ့ သစ်ပင်ရိပ်အောက်တွင် ထိုသူငယ်မတို့ဘက်ကို ကျောပေး၍ ထိုင်နေရလေ၏။

သို့ထိုင်နေသော်လည်း၊ အဘယ့်ကြောင့်မသိရ။ သူတို့ဘက်ကို မကြာ မကြာ လှည့်ကြည့်မိသည်နှင့် မဖြစ်ချေဘူး။ ငါပြေးမှ တော်ချိမ့်မည်ဟု ၄င်းတို့မှ ဝေးရာကွာရာ မမြင်ရာ လွတ်ကင်းချမ်းသာရာ လမ်းတစ်ဖက်ရှိ အတန်ဝေးသော သစ်ပင်ရိပ်အောက်သို့ ဆက်လက် ပြေးခဲ့ရလေသတည်း။

ညချမ်းအခါ မလွှဲသာသဖြင့် မယ်တင်တို့အိမ်သို့ လာကာ ဧည့်ခံနေရပြန်၏။

မကြာမီ မိန်းမရွယ်ရွယ်တစ်ယောက်၊ စိန်ဆံထုံး၊ စိန်ကြယ်သီး၊ စိန်နားကပ် အပြင် အတန်ကြီးမားသော စိန်လက်စွပ်ကြီး နှစ်ကွင်းကို လက်ညှိုးတစ်ကွင်း၊ လက်သူကြွယ်တစ်ကွင်း ဝတ်ဆင်ကာ လာရောက်လေ၏။ သူ၏ စိန်လက်စွပ်ကြီးသည် ကျွန်ုပ်အား ထူးခြားစွာ ညှို့ထားလေသဖြင့် ထိုစိန်လက်စွပ်ကြီးများမှ ကျွန်ုပ်၏ မျက်စေ့တို့ကို ခွာမရချေ။ ထိုစိန်လက်စွပ် ဝတ်ထားသောလက်မှာ စကားပြောတိုင်းပါလေ၍ အခြားလက်တစ်ဖက်ထက် ရွေ့လျား လှုပ်ရှားခြင်းများပြီးလျှင် အလွန် အလုပ်များနေလေ၏။

ထိုလက်စွပ်တို့၏ အညှို့ခံရသူမှာ ကျွန်ုပ်သာမဟုတ် မယ်တင်ပါ ပါ၍ အခြားလူများလည်း မလွတ်ကြချေ။

ထိုအခါ ကျွန်ုပ်မှာ အော် ... သူတို့သည် မသာမယာအိမ်မှာတောင် မဆင်ခြင်နိုင်ကြဘူး။ ငါစိတ်ဆင်းရဲလှသည်။ ကြာကြာနေလျှင် ငါအကုသိုလ်သာ ပွားတော့မည်။ လွတ်ရာ အိမ်ရှေ့သို့ ထွက်၍နေတော့မည်ဟု ထရံ၌ချိတ်ထားသော ကျွန်ုပ်၏အပေါ်အင်္ကျီကို ယူလို၍ အနီး၌လည်း မယ်တင်ရှိနေသည်နှင့် မယ်တင်သို့လှမ်း၍–

"မယ်တင်ရေ၊ ဟိုချိတ်ထားတဲ့ ငါ့စိန်လက်စွပ်ကြီး ပေးလိုက်စမ်းပါကွယ်"ဟု အင်္ကျီ အစား စွဲလန်းနေသော စိန်လက်စွပ်ကြီးကို ယောင်၍ ပြောမိလေ၏။ မှားလျှင်မှားခြင်း သတိရ ရ၍၊ ဟယ်– စကားမှားသွားပဟေဆိုခါ ရှက်လည်းရှက်၊ အားလည်းနာသွားသည်နှင့် အင်္ကျီကို မယူဖြစ်တော့ဘဲ၊ အိမ်ရှေ့ဘက်သို့ ထွက်ပြေးခဲ့ရပြန်လေ၏။ လက်စွပ်ရှင်မှာလည်း ကျွန်ုပ် ယောင်သည်နှင့် တစ်ပြိုင်နက် လက်ကိုရုပ်၍ ခပ်ဝှက်ဝှက်ထားကာ ကျွန်ုပ်ကို မျက်စောင်းထိုး၍ ပါးစပ်က တစ်စုံတစ်ရာကို ဗျစ်တောက်ဗျစ်တောက် ပြောသည်ကို မြင်လိုက်ရ၏။

မယ်တင်မှာသော်ကား ကျွန်ုပ်သည် လူထူးလူဆန်းဖြစ်ကြောင်း လူရေးလူရာ များစွာ မကျွမ်းကြောင်း၊ တစ်ခါတစ်ခါ စကားမှားတတ်ကြောင်းများနှင့် လက်စွပ်ရှင်ကို ရှင်းပြ တောင်းပန်နေလေသောဟူ၏။

ထိုနေ့သည် ကျွန်ုပ်အတွက် ပြဿဒါး မလွတ်လေသလားမသိ။ ညအတန်မှောင်သော အခါ တူရိယာအသင်းတစ်ခု ရောက်လာလေ၏။ ကျွန်ုပ် မျက်လုံးပြူးသွား၏။

"ဟဲ့ မယ်တင် ဒါတွေဘာလုပ်မလို့လဲ"

"သူတို့တူရိယာအသင်းက အကူအညီအနေနဲ့ မသာလည်း စည်ကားအောင် တီးကြမှုတ်ကြ မလို့တဲ့"

"ဟင်–မယ်တင်ရယ်၊ ငါသေသာသေလိုက်ချင်တော့တာပဲ၊ အတီးအမှုတ် အပျော်အရွှင်နဲ့ မသာနဲ့ မတော်ပါဘူးဟယ်။ ပြီးတော့လဲ သူတို့ဟာက ကြိုးတွေ တီးလုံးအဆန်းတွေကို တီးကြ မှုတ်ကြမှာ မတော်ပါဘူးဟယ်။ မတီးပါစေနဲ့"

"သူတို့စေတနာနဲ့ လာကူပြန်တော့လည်း၊ ဘယ့်နှယ်လုပ်ပြီး တားဆီးမလဲ ဦးရဲ့"

ထိုအခါ ကျွန်ုပ်သည် မယ်တင်ဟာ ငယ်ရွယ်သူဖြစ်တယ်။ ဆုံးမ ညွှန်ကြားမယ့် လူကြီး သူကြီးလည်း မရှိရှာဘူး။ ငါပဲ အမုန်းခံမှ ဖြစ်တော့မှာပဲဟု ဆုံးဖြတ်ပြီး ထိုတူရိယာဝိုင်းက လူကြီးကို ဘေးသို့ခေါ်ယူ၍ မသင့်တော်ကြောင်း၊ သည်းခံစေလိုကြောင်း တောင်းပန်သောအခါ ထိုလူကြီးလုပ်သူသည် များစွာမျက်နှာမသာဘဲ။

"ခုကာလမှာ တီးကြမှုတ်ကြတာပဲဗျာ။ ခင်ဗျားကြီးတို့က နေရာတကာ ဝင်ဝင်ရှုပ်တာ သိပ်ခက်တာပဲ" ဆို၍ သူ့ဝိုင်းထဲသို့ ပြန်ဝင်သွားပြီး သူ့လူများကို ပြောကြားလေ၏။

တစ်ဝိုင်းလုံး မကျေနပ်ချေ။ တော်တော် ခပ်ဆတ်ဆတ် လူငယ်များက ကိုယ့်ဟာကိုယ် တီးတာ ဘာဖြစ်ရအုံးမလဲ။ တီးရုံမှုတ်ရုံတောင်မကဘူး ကတောင်ကအုံးမယ်ဟု ခပ်မာမာ ပြောဆို

ကြလေသည်။

ထိုသို့ ကြွက်စီကြွက်စီ ဖြစ်နေစဉ် ကျွန်ုပ်သည် စစ်ကူ မျှော်နေရတော့၏။ ကံအားလျော်စွာ ဓမ္မာရုံဝတ်အသင်း လူကြီးတစ်ယောက်နှင့် အသက်အတန်ကြီးသော မိန်းမကြီး တစ်ယောက်က ဝင်၍ စင်စစ်မသင့်တော်ကြောင်း ပြောကြလေမှ ထိုဝိုင်းသားတို့သည် မိမိတို့ ပစ္စည်းများကို ကောက်ယူကာ ခပ်ဆောင့်ဆောင့် ဆင်းသွားကြလေ၏။

ကျွန်ုပ်မှာလည်း ဖြစ်မှဖြစ်ရလေသည်ဟု စိတ်မကောင်းဖြစ်ကာ ယခင် ကောလိပ်ကျောင်းတွင် နေစဉ်က အောက်ပါ အဖြစ်အပျက်တစ်ခုကို တွေးမိ၏။

ကျောင်းအားသော စနေနေ့တစ်နေ့တွင် ကျောင်းအနီး ဓါတ်ရထားလမ်းဘေးရှိ လက်ဖက်ရည်ဆိုင်၌ ကျွန်ုပ်သည် အဖော်သူငယ်ချင်း ကိုကျော်ညွန့်၊ ကိုချစ်တို့နှင့် လက်ဖက်ရည် သောက်နေကြရာ ဆိုင်းသံဗုံသံ စီညံစွာနှင့် မသာတစ်ခု ချလာသည်။ ရှေးဦးစွာ ဘုန်းကြီးပျံဟု ထင်မိ၏။ အနီးသို့ရောက်မှ လူမသာရိုးရိုးတွင် ရှေ့ကအိုးစည်ဝိုင်းက တပျော်တပါးကြီး တီးမှုတ်ကခုန်၍ လာသည်ကို တွေ့ကြရ၏။

ကျွန်ုပ်တို့ ၃ ယောက်သည် တစ်ယောက်မျက်နှာကို တစ်ယောက် ကြည့်၍ နေရာမှ ကျွန်ုပ်ကစ၍ ဘယ့်နဲ့လဲဟေ့ ဒါဟာအင်မတန်ဆိုးတာပဲ။ ဘာပဲဖြစ်ဖြစ် တို့ထွက်တားရအောင်ကွာဟု ဆိုလိုက်ရာ–၃ယောက်သား သဘောညီ၍ ထိုအိုးစည်ဝိုင်းကို သည်းခံရန် တောင်းပန်ကြသည်။

ခေါင်းဆောင်လုပ်သူက "ခင်ဗျားတို့နဲ့ ဘာဆိုင်လို့လဲ ဘာလဲညာလဲ"စသည်ဖြင့် ရိုက်မောင်းပုတ်မောင်းပင် ပြုလုပ်ကြ၏။ ထိုသူတို့မှ အရက်နံ့ ကဇော်နံ့လည်း ထွက်၏။ ထိုအခါ မသာရှင်ကလဲ နဂိုကပင် များစွာ သဘောမကျလှလေရကား အိုးစည်ဝိုင်းကို မတီးမှုတ်ရန် တောင်းပန်၏။ ထိုအခါ အိုးစည်သားတို့သည် ဆက်လက် ရန်မမူတော့ဘဲ၊ စိတ်လက်ဆိုးကာ သူတို့ဝိုင်းပါ ၇ယောက် ၈ယောက်တို့သည် မတီးမှုတ် မကခုန်ရလျှင် မလိုက်ဘူး ဆိုကာ ထိုနေရာကပင် ပြန်သွားကြလေ၏။

ထိုအခါ၊ မသာရှင်မှာလည်း မျက်နှာပိုမို ညှိုးငယ်ရှိလေရာ ငါတို့ကြောင့်ဖြင့် မသာမှာ လူမနည်းစေရဘူးဆိုပြီး သွားရေစာစားနေကြသော ကျောင်းသား ၁၀၊ ၁၅ယောက်၊ အနီးရှိ ကစားကွင်းမှ ၁၀၊ ၁၅ယောက်၊ ပေါင်း၃၀ခန့်ကို စုရုံးခေါ်ငင်၍ ဝတ်လျက်ရှိသော အဝတ်အစားနှင့်ပင် ကြံတောသင်္ချိုင်းသို့ အရောက် စိတ်ပါလက်ပါ ဣန္ဒြေရစွာဖြင့် မသာလိုက်ပို့ ကူညီခဲ့ကြဖူးပါ၏။

နောက်တစ်နေ့။ မောင်နွဲ့၏မသာချ၍ သုသာန်သို့ ရောက်ကာလ၊ မျက်နှာသုတ်ပုဝါ ကမ်းနေသည်ကို တွေ့ရ၏။ စုံစမ်းကြည့်ရာ၊ မယ်တင်၏ လက်ချက်ဟု သိရ၏။

ကျွန်ုပ်သည် စောင့်ကြည့်ရာ လူသုံးယောက် လေးယောက်သည် နှစ်ခါကျော၍၊ မျက်နှာသုတ်ပဝါယူသည်ကို တွေ့ရ၏။

မသာကိစ္စပြီးသောအခါ ကျွန်ုပ်မပြန်သေးဘဲ ထိုလူသုံးလေးယောက်ကို အကဲခတ်ကြည့်ရာ သူတို့လည်း ကျန်ရစ်သည်ကို တွေ့ရ၏။ တစ်ယောက်သို့ ကပ်၍စုံစမ်းကြည့်ရာ သူတို့နှင့်တကွ သားမယားများပါ အလုပ်တစ်စုံတစ်ရာ မရှိ၊ အဝတ်အစားလဲ၍ သုသာန်အနီးတွင် စောင့်နေကြကြောင်း။ အကမ်းအလှမ်းပါသော မသာတိုင်းမှ၊ မသာပို့ယောင်ဆောင်၍ အကမ်းအလှမ်းတို့ကို ယူကြောင်းတို့ကို သိရ၏။

တစ်နေ့တစ်နေ့ကို အတော်စည်တယ်ဗျ၊ အနည်းဆုံး ၃-၄ ဦးတော့ ချတာပဲ။ တစ်ဦးတစ်ဦးကို အနည်းဆုံး- မီးခြစ်- ဆေးလိပ်- ဆပ်ပြာတောင့် ကမ်းတာပဲ။ ဒီတော့ တစ်နေ့ကို လူတစ်ယောက် အနည်းဆုံး ငါးမူးလောက်တော့ ဖြောင်နေတာပဲဟု နောက်ဆုံးကြားသိခဲ့ရ၏။

ထိုသည့်နောက် ကျွန်ုပ်သည် ထိုသေလာစားတို့ အကြောင်းကို တွေးတောကာ၊ ခေါင်းငိုက်စိုက်နှင့် ပြန်ခဲ့ပါ၏။

ညအခါ မယ်တင်တို့အိမ်သို့လာ၍ ၎င်းတို့၏ ဆွေမျိုးများနှင့် စာရင်းရှင်းကြ၏။ ကျွန်ုပ်ကစ၍-

"မယ်တင်၊ အားလုံးဘယ်လောက်ကုန်သလဲ။ ပြီးတော့၊ အဲအဲ- ကြွေးဘယ်လောက်တင်သလဲ။"

"အားလုံး ၁၅၀ လောက်ကုန်တယ်။ ကြွေး၇၀-လောက် တင်တယ်။"

"နင့်လက်ကောက်တွေကော"

"မျက်နှာသုတ်ပဝါကမ်းဘို့၊ မလောက်တာနဲ့၊ ပေါင်လိုက်ရတယ်။"

"အင်း-ပြောလို့မရတာတော့၊ မတတ်နိုင်ဘူး။ ကိုင်း ကြွေး၇၀-တဲ့။ ဆွေမျိုးများက ဘယ်လိုပါဝင်ကြမယ်ဆိုတာ စီမံကြပါတော့။"

ထိုအခါ ဖိတ်စာတွင် အထည့်ခံရသော ဂုဏ်ကြီးဆွေမျိုးအချို့က စုထည့်ကြသဖြင့် ၃၅ ခန့်ရှိ၏။ ကျန် ၃၅ မှာကား လက်ကောက်ရွေးရန်လည်း ပါကြောင်း ကျွန်ုပ်သိရသောအခါ-

"ကိုင်း၊ ငါက ငွေ၃၅ ထည့်မယ်။ အဲဒီငွေထဲက လက်ကောက်တွေ ရွေးပေးမယ်။ ဘယ်မလဲ အပေါင်လက်မှတ်-ပေး"ဆို၍ သူငယ်တစ်ယောက်အား ချက်ချင်းသွားရောက် ရွေးစေ၏။

ရောက်လာသောအခါ "ဒီလက်ကောက်တွေဟာ- ငါရွေးပေးရလို့ ငါ့လက်ကောက်တွေပဲ။ ဒါကြောင့် ငါမသိဘဲ ငါအခွင့်မရဘဲ ပေါင်နှံခြင်း ရောင်းချခြင်း မပြုပါဘူးလို့ မယ်တင်က ကတိဝန်ခံချက် ပေးရမယ်။ ဘယ့်နဲ့လဲ။"

"ဟုတ်ကဲ့။ ကျွန်မကတိပေးပါတယ်။"

"ကိုင်းရော့-ယူပေတော့။"

စာရင်းများရှင်းပြီးနောက် လူခြေတိတ်သောအခါ မယ်တင်ကို အပူဖမ်းလေပြီ။ လင်သားသေဆုံးသည့်အပြင် ရှိသမျှကိုလည်း ပကာစနတို့တွင် သုံးလိုက်လေရကား၊ ခိုကိုးရာမဲ့ အလွန်

အလွန် အားငယ်နေရှာလေ၏။

"ဘယ့်နဲ့လဲမယ်တင်၊ ရှေ့-နေရေး၊ စားရေး ဘယ်လိုစိတ်ကူးသလဲ။"

မယ်တင်သည် မျက်ရည်စမ်းစမ်းနှင့် "ကျွန်မမှာ ဘာမှမရှိတော့ဘူး။ အားကိုးစရာ ဆွေကောင်းမျိုးကောင်းလည်း မရှိတော့ဘူး။"

"နို့-နင့်ဖိတ်စာထဲက ဆွေမျိုးတွေကော။"

"ဦးကလည်း သူတို့လာတောင်မလာကြဘူး။ လာတဲ့သူတွေမှာလဲ သူတို့ဟာနဲ့ သူတို့ အနိုင်နိုင်ပဲ။ ပြီးတော့-အရေးကြုံတော့လည်း ဘယ်သူ့မှ အားမကိုးရဘူး-ဦးရဲ့။"

"ကိုင်းတာဖြင့်၊ အားမငယ်နဲ့။ ငါအကြံပေးမယ်။ နင့်မှာလဲ တစ်ဝမ်းတစ်ခါးရယ်။ ငါ့ဆီမှာ နေလိုက နေနိုင်တယ်။ နင့်မှာ ရွှေလက်ကောက် လေးရံနဲ့၊ စိန်နားကပ်ကလေးတစ်ရံ ရှိတယ် မဟုတ်လား။ ရွှေဆိုတာက ဘယ်တော့မှ အဖိုးမဆုံးဘူး။ ကျစ်ကျစ်သိမ်းထား။ စိန်ကတော့ အဖိုးဆုံးတတ်တယ်။ အဲဒီတော့ နားကပ်ကလေးကိုရောင်း။ ရသမျှကို၊ နေ့ပြန်တိုး ချေးချင်ချေး။ နို့မဟုတ်ရင်လဲ တစ်ခုခုအရင်းပြုပြီး-ရောင်းဝယ်ပေတော့။ စားဖို့နဲ့-နေဖို့တော့ ငါ့တာဝန်ထား ပေတော့။ ကိုယ့်အခန်းကလေးနဲ့ ကိုယ်နေချင်သေးရင်လဲ နေတာပေါ့။ မတတ်နိုင်တဲ့အဆုံး ကျတော့ ငါ့ဆီမှာ လာနေနိုင်ပါတယ်။"

"ကျေးဇူးတင်ပါတယ် ဦးရယ်၊ ကျွန်မလဲ တတ်နိုင်သမျှ ကြိုးစားပါဦးမယ်။ ကျွန်မဖြင့် ကြောက်သွားတာပဲ။ နောက်ထပ် အိမ်ထောင်မပြုတော့ဘူး။"

"ဘာဖြစ်လို့လဲ။"

"ဟာ အခုကြည့်ပါလားဦးရဲ့။ လင်သေတော့ ဒုက္ခတွေနဲ့ ကြွေးတွေနဲ့ ကျန်ရစ်ခဲ့တာ"

ထိုအခါ ကျွန်ုပ်ကပြုံး၍၊ "ကြွေးနဲ့ဒုက္ခနဲ့ဆိုတာက အလျင်တင်ကူး -ဆင်ခြင် စဉ်းစားပြီး စီမံရင်၊ မတွေ့ရပါဘူးကွဲ့။"

"ဟာ ဘာပဲဖြစ်ဖြစ်၊ နောက်ထပ် အိမ်ထောင်မပြုတော့ဘူး၊ အပဟုတ်ကို မပြုတော့ဘူး၊ ဘုရားစူးရစေရဲ့ မပြုတော့ဘူး" ဟု စိတ်လိုက်မာန်ပါနှင့် ပြောလေ၏။

"ဟဲ့ နင့်ဟာက အချက်မဟုတ်သေးပါဘူး။ ပကာသနတွေကို မပြုတော့ဘူးဆိုမှ၊ သာပြီး အချက်ကျတယ်ဟဲ့။"

"ဟုတ်ကဲ့ အဲဒီပကာသနတွေလဲ စိတ်ပျက်ပြီး ကြောက်ပါပြီ ဦးရဲ့"ဟု ပြုံး၍ ပြောလိုက် လေသတည်း။ ။

(၁၉၃၃၊ ကိုယ်တွေ့ဝတ္ထုများ မှ)

ခက်ဆစ်များ

လွဲ(=လွဲမှား) (က) 错误，偏差；谬误

ဒါယကာ (န) 施主

ကုံလုံ (က) 充裕，充足，丰富

တရားမ (န) 民法

ရာဇဝတ် (န) 刑事

အလောင်းအလျာ (န) 将成为佛或罗汉者

သမုတ် (က) 称为，叫做

လက်ဟန်ခြေဟန် (န) 手势

ကိုယ်ဟန်သရုပ်ဟန် (န) 姿势，姿态

အလွမ်း (န) 悲伤；愁思

အသော (န) 笑话，幽默，诙谐

အူတက် (က) 〈喻〉捧腹(大笑)

ခစား (က) 伺候；侍奉

အပျိုတော် (န) 宫女

မြစ် (န) 曾孙

အိမ်ရှေ့မင်းသား (န) 太子，王储

တိုင်းခန်းလှည့်လည် (က) 巡幸，巡视

ပန်းချီကျော် (န) 著名的画家

စော်ဘွား (န) 掸族土司

သားမက် (န) 女婿

ရုံပိုင် (န) 火车站站长

တပင်ရွှေထီး (န) (帝王名)德彬瑞梯

သမာဓိ (န) 正直，正义感

အလောင်းဘုရား (န) (帝王名)阿朗帕耶

ဘုရင်မင်းမြတ် (န) 皇帝，国王

ပေးသနား (က) 施舍；赏赐

နန်းရင်းဝန် (န) 首相

ဘုရင်ခံ (န) 总督，省长

ဘဝပြောင်း (က) 死亡，去世

ကေန္တ (ကဝ) 一定，肯定

နာမဝိသေသန (န) 形容词

မွန်ထွန် (က) (因着急或生气)发昏，发懵，失去理智

ဒါန (န) [巴]布施，施舍

အောင့်သက်သက် (ကဝ) 窝心，憋气；怏怏不乐

ပေါင်နှံ (က) 典当，抵押

သောက (န) [巴]忧虑

ဗျာပါဒ (န) [巴]害人之计，诡计

ဝကျ (က) 糟糕，倒霉；难办

အကမ်းအလှမ်း (န) 办红白喜事时赠送给来宾的物品

ပကာသန (န) [巴]排场

ရံ (မ) 双，对

ကျစ်ကျစ် (ကဝ) 紧紧地

အသုဘ (န) 死尸，尸体；丧事

မသာရှင် (န) 死者的主亲，办丧事者

ကြောင်တက်တက် (ကဝ) 呆呆地，出神地

စိတ်ထ (က) 发怒，大怒，发作

ဝတ္တရား (န) 职责，义务

စီစီညံညံ (ကဝ) 喧闹

နောက်ပိတ်ဖိနပ် (န) 皮鞋

ခေတ်ဆန် (က) 时髦，摩登

လော်လော်မာမာ (ကဝ) 轻浮地，轻佻地

ကိုးယိုးကားယား (ကဝ) 乱七八糟，混乱地

ကျောပေး (က) 背向，背对；〈喻〉不

理睬，不注意

ညို့ (က) 诱惑，吸引，迷住

အကုသိုလ် (န) 罪恶，罪过

ဗျစ်တောက်ဗျစ်တောက် (ကဝ) 絮絮叨叨，嘟嘟囔囔

ပြဿဒါး (န) 凶日（占卜用语）

တူရိယာဝိုင်း (န) 乐队

ဆတ် (က) 性情暴躁

ကြွက်စီကြွက်စီ (ကဝ) 吵吵嚷嚷，闹哄哄，议论纷纷

စစ်ကူ (န) 援兵，救兵，援军

ကံအားလျော်စွာ (ကဝ) 幸好，幸亏

ဓမ္မာရုံ (န) 经堂；法尘

ဓာတ်ရထား (န) 电车，电动车

ဘုန်းကြီးပျံ (န) 和尚圆寂火化仪式

ရိုက်မောင်းပုတ်မောင်း (ကဝ) 摆出要打人的架势

ကဖော် (န) 糯米酒

ဖြောင် (က) 吃光，用掉

ရွေး (က) 赎回，赎当

ခိုကိုးရာမဲ့ (န) 无依无靠的人

တင်ကူး (ကဝ) 预先，事先

စိတ်လိုက်မာန်ပါ (ကဝ) 意气用事，（发怒时）任性

စာဆိုအတ္ထုပ္ပတ္တိ

အမျိုးသားပညာဝန် ဦးဖိုးကျား (၁၈၉၀–၁၉၄၂)

ဆရာဦးဖိုးကျားသည် အပြောအဟောကောင်းလှသော ပညာဝန်တစ်ဦးဟု ထင်ရှားသည်။ ၁၈၉၀ ပြည့်နှစ်တွင် ဟင်္သာတခရိုင် နိဗ္ဗာန်ရွာ၌ အဖဦးဖေ၊ အမိဒေါ်ဒေါင်းတို့မှ ဖွားမြင်သည်။ အမည်ရင်း မောင်ဖိုးကျားဖြစ်သည်။ သားချင်းလေးဦးအနက် အငယ်ဆုံးဖြစ်သည်။ ခြောက်နှစ်သားတွင် နိဗ္ဗာန်ရွာ ဦးသာသန၏ ကျောင်း၌ စတင်ပညာသင်ကြားသည်။ ထို့နောက် ကိုးနှစ်သားအရွယ်တွင် လေးမျက်နှာမြို့နယ် ကံကုန်းရွာ ဆရာတော်၏ ကျောင်းတွင် ပညာဆက်လက် ဆည်းပူးရာ ထိုကျောင်းမှ မြန်မာခုနှစ်တန်း စာမေးပွဲနှင့် ဆရာဖြစ် စာမေးပွဲကိုပါ အောင်မြင်ခဲ့သည်။ ဆရာဖြစ်အောင်မြင်ခဲ့သဖြင့် ပုသိမ်ခရိုင် အသုတ်မြို့တွင် အလယ်တန်းပြ ကျောင်းဆရာ အလုပ်ကို ဝင်ရောက်လုပ်ကိုင်ခဲ့သည်။

ကျောင်းဆရာအလုပ်မှ ထွက်ပြီး ပုသိမ်မြို့ တိုင်တစ်ရာ (စကောကရင်) ကျောင်းတွင် ပညာဆက်လက် သင်ကြားရာ ၁၉၁၆ ခုနှစ်တွင် အင်္ဂလိပ်–မြန်မာ ကိုးတန်းအောင်သည်။ ထို့နောက် ဆန်စက်တစ်ခု၌ တာလီစာရေး လုပ်ကိုင်သည်။ ပညာသင်ရန် စိတ်ထက်သန်နေသော ဦးဖိုးကျားသည် တိုင်တစ်ရာကျောင်းတွင် ပညာဆက်လက်သင်ရာ (၂၇) နှစ်အရွယ် ၁၉၁၇ ခုနှစ်တွင် အင်္ဂလိပ်–မြန်မာ ဆယ်တန်းအောင်မြင်သည်။

ဦးဖိုးကျားသည် ကောလိပ်တွင် မြန်မာစာပေ၊ မြန်မာသမိုင်းတို့ကို အထူးလိုက်စားသည်။ ဦးဖိုးလတ်၊ ဦးမြင့်တို့နှင့်အတူ ဦးဖိုးကျားသည် ဂျက်ဆင်ကောလိပ်တွင် ဗုဒ္ဓဘာသာ အသင်းကို

တည်ထောင်ခဲ့သည်။

၁၉၂၀ ပြည့်နှစ် ရောက်သောအခါ ရန်ကုန်တက္ကသိုလ် အက်ဥပဒေကိစ္စနှင့် ပတ်သက်၍ သပိတ်မှောက်ကြသောအခါ ဦးဖိုးလတ်၊ ဦးမြင့်တို့နှင့်အတူ ဦးဖိုးကျား ပါဝင်ခဲ့သည်။ စကား အဟောအပြောကောင်းသူ ဦးဖိုးကျားသည် မြန်မာပြည် အရပ်ရပ်သို့ လှည့်လည်၍ သပိတ် တရားဟောသည်။ ထို့နောက် နယ်ချဲ့ဗြိတိသျှ ဥပဒေနှင့် ငြိစွန်းသည်ဆိုကာ ဒဏ်ငွေ တစ်ရာကျပ် တပ်ခြင်းခံရသည်။

ဗြိတိသျှအစိုးရ၏ ပညာရေးနှင့် စင်ပြိုင်အမျိုးသားပညာရေး ဟူ၍ တည်ထောင်နိုင်ခဲ့ပြီး အမျိုးသားတက္ကသိုလ်၊ အမျိုးသားကျောင်းများ ပေါ်ပေါက်ခဲ့သည်။ အမျိုးသားကျောင်းများ ပေါ်ပေါက်လာသောအခါ မြန်မာစာ၊ မြန်မာသမိုင်းတို့ကို အလေးဂရုပြု၍ သင်ကြားလာခဲ့သည်။ ဦးဖိုးကျားသည် အမျိုးသားကျောင်းများတွင် သင်ကြားရန် မြန်မာသမိုင်း၊ မြန်မာ ရာဇဝင်များကို လွယ်ကူသော စကားပြေ အရေးအသားဖြင့် **မြန်မာ့ဂုဏ်ရည်** (၁၉၂၅) ဟူသော အမည်ဖြင့် ရာဇဝင်စာအုပ် တစ်အုပ်ကို ရေးသားခဲ့သည်။

ဦးဖိုးကျားသည် ရာဇဝင်သမိုင်းဆိုင်ရာ စာအုပ်စာတမ်းများ သာမက မြန်မာလူမျိုးများ လွယ်ကူစွာ ဖတ်ရှုနိုင်စေရန် ဗုဒ္ဓစာပေများနှင့် မြန်မာစာပေများကို ရေးသားခဲ့သည်။

ပညာဝန်အဖြစ် ဆောင်ရွက်စဉ်က အတွေ့အကြုံများကိုလည်း **ကိုယ်တွေ့ဝတ္ထုများ** (၁၉၃၅) အမည်ဖြင့် တိုးတက်ရေးမဂ္ဂဇင်းတွင် ရေးသားခဲ့ပြီး နောင်အခါ စာအုပ် ရိုက်နှိပ် ထုတ်ဝေသည်။ ထိုဝတ္ထုများသည် မြန်မာအမျိုးသားတို့၏ ခေတ်နောက်ပြန်ဆွဲ အယူအဆ၊ ဓလေ့ထုံးစံတို့ကို ပြုပြင်ရေးအတွက် ရေးသားထားခြင်းဖြစ်ရာ အရေးအသားကလည်း ကောင်းမွန်လှသဖြင့် ကျော်ကြား ထင်ရှားသော စာအုပ်များ ဖြစ်ခဲ့သည်။ ဦးဖိုးကျားသည် သတင်းစာ၊ ဂျာနယ် မဂ္ဂဇင်းတို့၌လည်း ထူးခြားထက်မြက်သော ဆောင်းပါးများကို ရေးသားခဲ့သည်။

ဦးဖိုးကျားသည် ၁၉၂၉ ခုနှစ် မေလတွင် မက္ကဆင့်ကုမ္ပဏီစာရေးကြီး ဦးမောင်ကလေး၊ ဒေါ်ဒေါ်သိန်းတို့၏ သမီး မအေးကြည်နှင့် လက်ထပ်သည်။ သားတစ်ယောက် ထွန်းကား သည်။ ဒုတိယကမ္ဘာစစ်ကြီး ဖြစ်သည်အထိ အမျိုးသားပညာဝန် အဖြစ် ဆောင်ရွက်သည်။ ၁၉၄၂ခုနှစ် ဧပြီလ ၁၁ရက်နေ့တွင် ထန်းတစ်ပင်မြို့၌ ကွယ်လွန်သည်။

လေ့ကျင့်ခန်း

၁။ "လွဲသောအကြွား"ဝတ္ထုတိုမှ လွဲမှားနေသော ကြွားဝါခြင်းများကို ထုတ်ဖော်ဆွေးနွေးပါ။

၂။ ဤဝတ္ထုတိုမှ တိုင်းတစ်ပါးလူမျိုးခြား ယဉ်ကျေးမှုကို အထင်ကြီးနေသော အမျိုးသမီးများ အကြောင်းကို ဆွေးနွေးတင်ပြပါ။

၃။ ဤဝတ္ထုတိုမှ ဆရာကြီးဦးဖိုးကျား၏ အမျိုးသားစိတ်ဓာတ်ကို ထုတ်ဖော်တင်ပြပါ။

သင်ခန်းစာ(၅) ခေတ်သစ်မြန်မာကဗျာ(က)

ခေတ်စမ်းနှင့်ခေတ်စမ်းနွယ်ကဗျာ

作品导读

佐基（1907—1990）是“第一首实验诗歌”《紫檀花》（1928）的作者，他将外国诗艺与缅甸诗艺相结合，摒弃旧诗歌的老路，探索出了一条以社会生活和人的真情实感为基础的从理性约束到丰富想象的诗歌创作新路。在《我们的国家》（1935）中，诗人以民族历史为背景，指出缅甸土地肥沃，物产丰富，人民却过着贫困的生活，号召人民自强不息团结一致，靠自己的智慧和力量成为国家的主人；在《当你死去的时候》（1935）中，诗人以强烈的历史责任感和使命感，表达了作为一个民族的诗人、作家，应该在有限的生命里为民族文学和宗教的发展、为社会的进步作出积极贡献的人生观，彰显了民族自豪感和爱国主义精神。

敏杜温（1909—2004）也是实验文学最具代表性的诗人。在《亲爱的姑娘》（1931）中，诗人以小伙子对心上人情意绵绵的交谈方式，动员缅甸人抵制洋货，穿缅甸土布衣，以表达对民族文化复兴的希望。敏杜温的诗风与佐基有所不同，佐基的诗铿锵有力，情绪激昂，富于联想，而敏杜温的诗多用委婉的手法传达爱国热情，明朗清新、委婉悠扬、热情奔放。他们的诗共同代表了实验诗歌的艺术特色。敏杜温的《大花紫薇残桩》（1949）承续了实验诗歌的一脉，又有所发扬，在风格上较之战前的实验诗歌有了明显的变化。大花紫薇残桩饱受风吹日灼和白蚁咬蚀、饱经残酷的战争磨难，虽伤痕累累却依然挺立。当春回大地时残桩又长出新绿，焕发出勃勃生机。它是真正的男子汉的象征，也是缅甸民族的象征。

တို့တိုင်းပြည်

--ဇော်ဂျီ

ထလော့မြန်မာ၊ အိုမြန်မာတို့
တို့ရွာတို့မြေ၊ တို့ရွာမြေဝယ်
စေတီစပါး၊ များလည်းများ၏
များပါလေလဲ၊ တမွဲမွဲနှင့်
ဆင်းရဲကာသာ၊ ကာလကြာလျှင်
ယာစကာမျိုး၊ အညှိုးညှိုးနှင့်
ပုထိုးမြင့်မောင်း၊ ကျောင်းကြိုကျောင်းကြား
လှည့်လည်သွားလျက်
မစားလေရ၊ ဝမ်းမဝ၍
ဆွမ်းမျှမတင်နိုင်ရှိမည်တည်း။

ထလော့မြန်မာ၊ အိုမြန်မာတို့
တို့ရွာတို့မြေ၊ တို့ရွာမြေဝယ်
ရေချိုသောက်ရန်၊ မြစ်ချောင်းကန်နှင့်
သီးနှံချိုပျား၊ များလည်းများ၏
များပါလေလဲ၊ တမွဲမွဲနှင့်
ဆင်းရဲကာသာ၊ ကာလကြာလျှင်
မြင်သာမြင်ရ၊ မစားရ၍
တောကပြိတ္တာ ဖြစ်မည်တည်း။

ထလော့မြန်မာ၊ မြန်မာထလော့
အားမပျော့နှင့်၊ မလျှော့လုံ့လ
သူကစ၍၊ ငါကအားလုံး
လက်ရုံးမြားမြောင်၊ ဉာဏ်မြားမြောင်နှင့်
စွမ်းဆောင်ကြလေ၊ ဆောင်ကြလေလော့
ဤမြေ ဤရွာ၊ ဘယ်သူ့ရွာလဲ
ထားလော့တာဝန်၊ ပွန်လော့လုပ်ငန်း

ဉာဏ်ရှေ့ပန်း၍
တစ်ဝန်းတစ်စိတ် ညီစေသတည်း။

(၁၉၃၅ခုနှစ်၊ ဩဂုတ်လ၊ ကြီးပွားရေးမဂ္ဂဇင်း)

သင်သေသွားသော်

--ဇော်ဂျီ

ဩော် .... လူ့ပြည်လောက၊ လူ့ဘဝကား
အိုရနာရ၊ သေရဦးမည်
မုန်ပေသည်တည့်။

သို့တပြီးကား၊ သင်သေသွားသော်
သင်ဖွားသောမြေ၊ သင်တို့မြေသည်
အခြေတိုးမြင့်၊ ကျန်ကောင်းသင့်၏။

သင်၏အမျိုးသား၊ စာစကားလည်း
ကြီးပွားတက်မြင့်၊ ကျန်ကောင်းသင့်၏။
သင်ဦးချ၍၊ အမျှဝေရာ
စေတီသာနှင့်၊ သစ္စာအရောင်
ဉာဏ်တန်ဆောင်လည်း
ပြောင်လျက်ဝင်းလျက် ကျန်စေသတည်း။

(၁၉၃၅ခုနှစ်၊ ဒီဇင်ဘာလ၊ အိုးဝေမဂ္ဂဇင်း)

မောင်တို့ခင်

--မင်းသုဝဏ်

သိုးမွေးချည် အထည်ချွတ်ပါလို့၊

အညာဆီ ပင်နီဝတ်လျှင်ဖြင့်၊
ခွင့်လွတ်မှာလား မောင်တို့ခင်။ ။

အမြင်ဆိုးတယ်လို့၊
ခင်ငြိုးလျှင် သည့်မောင်သေရချည့်၊
တို့ချစ်မေ ရွှေနှုတ်ဖျားမှာလ၊
လွတ်ရေးဆို ထိုတရားဟာ၊
နားလေတဲ့အင်။ ။

ရှူးမော်ဇာ ဘိုင်စကုတ်တွေနဲ့၊
မူးမော်ကာ စတိုင်မထုတ်လိုဘု၊
ခပ်ကုပ်ကုပ် လွတ်လမ်းတွင်၊
ကျွတ်တမ်းဝင်ရန်ဖို့ အတွင်ခဲ။ ။

မောင်တို့ခင်၊
ကျွန်တွင်းမှာ မပျော်ချင်နဲ့၊
အတူယှဉ် မောင်နှင့် ရန်းရန်ဖို့၊
သဘော်ချည် ဝတ်ထည်မုန်းကာပ၊
သုံးစို့ ဖျင်ကြဲ။ ။

(၁၉၃၁ခုနှစ်၊ ဇန်နဝါရီလ၊ ၂၁ရက်နေ့)

ပျဉ်းမငုတ်တို

--မင်းသုဝဏ်

ဖုထစ်ရွတ်တွ၊ ငုက်လင်းတသို့
ပျဉ်းမငုတ်တို၊ သက်ကျားအိုသည်
ကုန်းမိုထက်တွင် တစ်ပင်တည်း။

ခွဆုံအကွေး၊ သစ်ခေါင်းဆွေးလည်း

အဖေးတက်လာ၊ အိုင်းအမာသို့
ကျယ်စွာဟက်ပက်ခြအိမ်ပျက်။

ကုန်းမိုကမ်းပါး၊ မြေပပ်ကြားတွင်
စစ်သားခမောက်၊ ပိန်ခြောက်ခြောက်လည်း
စစ်ရောက်စခန်းလမ်းပြညွှန်း။

ထိုပင်ငုတ်တို၊ ပျဉ်းမအိုသည်
စစ်ကိုလည်းကြုံ၊ ခြအုံလည်းဖြစ်
ဓါးထစ်လည်းခံ၊ နေလှုံလည်းတိုက်
လေပြင်းခိုက်လျက်၊ မငိုက်ဦးခေါင်း
နွေသစ်လောင်းသော်
ရွက်ဟောင်းညှာကြွေ၊ ရွက်သစ်ဝေ၍
လေပြည်ထဲတွင်၊ ငယ်ရုပ်ဆင်သည်
အသင်ယောကျ်ားကောင်းတကား။

(၁၉၄၉ခုနှစ်၊ ဇန်နဝါရီလ၊ ၁၁ရက်နေ့၊ တာရာမဂ္ဂဇင်း)

ခက်ဆစ်များ

ယာစကာ (န) 乞丐
ပြိတ္တာ (န) 饿鬼
ဦးချ (က) 磕头
အမျှဝေ (က) 同喜，同享善果
သစ္စာ (န) 谛；真理；忠诚；信义
တန်ဆောင် (န) 油灯，灯盏
သိုးမွေးချည် (န) 毛线
အညာ (န) 上缅甸，缅甸北部
ပင်နီ (န) 浅棕色土布
ငြိုး (က) 记仇，怀恨
နှုတ်ဖျား (န) 嘴边儿
ရှိုး (န) (show) 演出，展示
မှော်ဇာ (န) 巫术，鬼怪
ဘိုင်စကုတ် (န) 电影
စတိုင်ထုတ် (က) 摆架子，装腔作势
ကျွတ်တမ်းဝင် (က) 达到解脱之道
အတွင် (ကဝ) 不停地，一个劲儿地
ရုန်း (က) 挣扎，挣脱
သဘော်ချည် (န) 洋线，进口纱
ဖျင်ကြမ်း (န) 粗布，土布

ပျဉ်းမ (န) 大花紫薇树

ငုတ်တို (န) 残桩，茬

ဖုထစ် (က) 不平整，疙疙瘩瘩

ရွတ်တွ (န) 衰老的人

ကုန်းမို (န) 高坡，高原

သစ်ခေါင်း (န) 树洞，树穴

ဆွေး (က) 朽，烂，糟，腐烂

အဖေး (န) 痂

အိုင်းအမာ (န) 脓肿，脓疮

ဟက်ပက် (ကဝ) 裂开

ခြအိမ်=ခြအုံ (န) 白蚁窝

မြေပပ်ကြား (န) 干裂的土地

ငယ်ရုပ်ဆင် (က) 重现幼时容貌

ကဗျာရှင်းပြချက်

တို့တိုင်းပြည် ကဗျာနှင့် **သင်သေသွားသော်** ကဗျာသည် ခေတ်စမ်းစာပေ ဦးဆောင် ဆရာဇော်ဂျီ၏ ခေတ်စမ်းကဗျာနှစ်ပုဒ် ဖြစ်သည်။ ခေတ်စမ်းကဗျာများသည် ကိုလိုနီခေတ် မြန်မာစာပေတွင် မှတ်တိုင်သစ်တစ်ခု အဖြစ် တည်ရှိနေပါသည်။

တို့တိုင်းပြည်ကဗျာသည် သာမန်အရေးအတွေးဖြင့် ရေးသည်မဟုတ်ပေ။ မြန်မာနိုင်ငံ၏ သမိုင်းနောက်ခံကားကို အခြေပြု၍ မြန်မာလူမျိုးတို့၏ ဘဝကို မီးမောင်းထိုးပြထားသဖြင့် ဇာတိမာန်၊ ဇာတိဂုဏ်၊ ဇာတိသွေးများဖြင့် ပြည့်လျှံလျက် ရှိနေပါသည်။ ဗြိတိသျှကိုလိုနီ နယ်ချဲ့သမား၏ လက်အောက်ခံ သူ့ကျွန်ဘဝ၌ သယံဇာတ ပေါကြွယ်လှသော မြန်မာမြေ ပေါ်တွင် အရင်းရှင် ချစ်တီးကုလားတို့၏ ဂုတ်သွေးစုပ်မှု၊ ဗြိတိသျှကုန်သည် အရင်းရှင်ကြီး များ၏ ခေါင်းပုံဖြတ် အမြတ်ကြီးစားမှုတို့ကြောင့် မိမိတို့မြေ၊ မိမိတို့စပါးကိုပင် မပိုင်ဆိုင် တော့သော အဖြစ်ဆိုးကြီးကို စကားလုံးထိထိမိမိဖြင့် ရဲရဲတောက် ညွှန်းဆိုထားသည်။ ကဗျာ ဆရာသည် နာကြည်းခံစားချက်၊ မကြေချမ်းနိုင်သော မခံရပ်နိုင်သော ရပ်တည်ချက်တို့ဖြင့် မိမိလူမျိုး၊ မိမိတိုင်းပြည်အတွက် ထွန်းပြောင်သော မျိုးချစ်စိတ်ဓာတ် မီးရှူးမီးတိုင်ကို ထွန်းညှိ ပေးလိုက်သော စိတ်ဓာတ်ဖြင့် ဖွဲ့ဆိုထားပေသည်။ သူ့ကျွန်မခံလိုသောစိတ်၊ နယ်ချဲ့အရင်းရှင် လက်အောက်မှ လွတ်မြောက်လိုသောစိတ်၊ ဝံသာနုရက္ခိတတရား အပြည့်အဝ လက်ကိုင် ထားသော စိတ်တို့ဖြင့် ဤကဗျာကို ဖွဲ့ဆိုခဲ့ကြောင်း ထင်ရှားစွာတွေ့မြင်နေရပါသည်။ ထလော့ မြန်မာ၊ မြန်မာထလော့ ဟူသော ကဗျာပါဒနှင့် ထလော့မြန်မာ၊ အိုမြန်မာတို့ဟူသော ကဗျာ ပါဒတို့ဖြင့် ရဲမာန်မြှင့်၍ စာဆို၏ တိုက်စည်တိုက်မောင်း တီးခတ်သံသည် တစ်ပြည်လုံး တိုင်အောင် တုန်ဟီးသွားစေသည်။

သင်သေသွားသော် ကဗျာတွင် တိုင်းပြည်ရေးရာအတွက် ခံယူချက် ယုံကြည်ချက် တစ်ခုကို အဆိုပြုချမှတ်ခဲ့ပါသည်။ လောကသဘာဝ တစ်ခု ဖြစ်သော သေခြင်းတရား အကြောင်းကို ပြောပြရင်း သေသွားသောအခါ တိုင်းပြည်လူမျိုးနှင့် ဘာသာစာပေ အကျိုးတို့ကို သည်ပိုးသူ

အဖြစ် တွင်ကျန်ရစ်စေရန် ပြောထားပါသည်။ ဤကဗျာသည် လောကသဘာဝ တရားကြီးကို ရင်ဆိုင်ရန် နည်းလမ်းများ ပေးထားခဲ့သည်။ မလွဲမသွေ တွေ့ဆုံရမည့် သေခြင်းတရားကို မိမိတိုင်းပြည်ကို ချစ်မြတ်နိုးစိတ် အခြေခံဖြင့် ရင်ဆိုင်ရန်၊ မိမိလူမျိုးနှင့် စာပေ ဘာသာ သာသနာ တိုးတက်ကြီးပွားစေလိုစိတ်ဖြင့် ကြံဆောင်ကြရန် ပြောပြခဲ့ပါသည်။ ပြည်သူအများကိုလည်း တာဝန်ကျေသောသူဟူသည် မည်သို့သောသူဖြစ်ကြောင်း ဖွင့်ရှင်းပြနိုင်ခဲ့သည်။

မောင်တို့ခင် ကဗျာနှင့် **ပျဉ်းမငုတ်တို** ကဗျာသည် ဆရာမင်းသုဝဏ်၏ အထူးထင်ရှား ကျော်ကြားသော အမျိုးသားရေးကဗျာနှစ်ပုဒ် ဖြစ်သည်။ ဆရာမင်းသုဝဏ်သည် ခေတ်စမ်း စာဆိုပုဂ္ဂိုလ်တစ်ဦးအဖြစ် စစ်ပြီးခေတ်၌ ပိုမိုထင်ရှားစွာ ပေါ်ထွက်လာသည်။

မောင်တို့ခင် ကဗျာတွင် မြန်မာနိုင်ငံသား ကိုယ်စားပြု "ခင်"တို့ကို အမျိုးသားရေး၌ နုနုကလေး စည်းရုံးသွားသည်။ **ပျဉ်းမငုတ်တို** ကဗျာတွင် ခံနိုင်ရည် သတ္တိကို ချီးကျူးသော ဆရာမင်းသုဝဏ်၏ ဘဝအမြင်တစ်ခုကို သိနိုင်ပါသည်။ ဆရာက ပျဉ်းမငုတ်တိုကို သက်ကျား အိုနှင့် တစ်မျိုး၊ လင်းတငှက်နှင့် တစ်မျိုး ခိုင်းနှိုင်းထားပါသည်။ သစ်ခေါင်းဆွေးကိုလည်း အိုင်းအမာနှင့် တင်စားထားပေသည်။ လူနှင့်နီးစပ်သော ဥပမာများချည်းဖြစ်သည်။ "ဖုထစ် ရွတ်တွ" ဟူသော သံလတ်လေးလုံးကို ငုတ်တို၏ရုပ်အသွင်ကို ထင်းကနဲ ပေါ်လာအောင် စပေး လိုက်ပါသည်။ ပျဉ်းမငုတ်တို၏ ပြင်ပရုပ်သွင် ပေါ်လွင်ထင်ရှားသည်ထက် နက်နဲသော အရသာမှာကား ကဗျာ၏အတွင်းသဘော သွယ်ဝိုက်ပြီး တင်စားရည်ညွှန်းထားသော အချက် ပေါ်၌ တည်နေပါသည်။ လူသားတို့၏ အားမာန်၊ လူသားတို့၏ သတ္တိ၊ လူသားတို့၏ စွမ်းရည် ကို အပေါ်လွင်ဆုံး ဖော်နိုင်သော ကဗျာအဖြစ် အများနှစ်သက်ခြင်း ခံရသည်။

လေ့ကျင့်ခန်း

၁။ ဤခေတ်စမ်းနှင့် ခေတ်စမ်းနွယ်ကဗျာများမှ မွေးဖွားပေးနိုင်သော ပြည်ချစ်စိတ် မျိုးချစ်စိတ်ဓာတ်များကို ဖော်ပြပါ။

၂။ ဤခေတ်စမ်းနှင့် ခေတ်စမ်းနွယ်ကဗျာများမှ မြန်မာ့ဓလေ့ထုံးစံလေးများကို ဆွေးနွေး ရေးသားပါ။

သင်ခန်းစာ(၆) ခေတ်သစ်မြန်မာကဗျာ(ခ)

ကဗျာသစ်

作品导读

达贡达亚（1919—）是战后缅甸“新文学”运动发起人之一。《三月革命》（1947）是以1945年3月27日缅甸人民发动抗日武装起义这一伟大历史事件为题材谱写的壮丽篇章。诗歌用写实手法再现反法西斯斗争岁月，用象征手法抒发革命豪情和对民族解放的必胜信念。夜色中秘密运送武器的小船，偷袭敌人据点的游击战士，掠过河面的枪声，月光下盟军空投的军事给养，还有燃烧的村庄，逃生的人群，疲惫的狗叫……一幅幅战争画面历历在目。那划过地平线迅速笼罩天际的红色曙光，三月里蓬勃的新绿，红色背景上的白色星状符号（反法西斯旗帜）都象征着革命力量不可战胜的必然趋势。整部诗篇犹如一幅黑白与彩色相间的画卷，又好像多种声音的交响，读它就像欣赏一部视听作品。

吉埃（1929—）的诗作体现了新文学诗歌的丰富性和多面性。《幽灵》（1947）表达了一个渴望爱的少女在孤独的夜晚坐卧不宁，欲理还乱的内心情感。用幻觉构建起一个孤独、恐惧、忧郁、自卑的心灵世界。灵魂与肉体、虚幻的“我”与真实的“我”时而分离，时而重合，时而复沓。那个瞬息不宁的幽灵，忽而在老树下草丛里与“我”相遇，忽而又在房门口阳台上与“我”对视，一会儿蜷缩在冰冷的河底，一会儿停歇在山合欢树间，转眼又跪拜在佛祖前……作者用瞬间的视角变换、虚实结合的手法，将抽象内在的复杂情绪外化到一个个生动可感的具体意向上。吉埃的诗远离战争与革命，疏离时代与生活，精心营造一个建立在“自我意识”之上的个人情绪世界，这在缅甸当时的时代氛围里是特立独行的。

မတ်လတော်လှန်ရေး

--ဒဂုန်တာရာ

မိုးကုပ်ကုပ်ဝယ်
အို – ရတ်တရက်၊ မျဉ်းဖြူစက်၍
ကွဲအက်ကြောင်းရာ၊ ဟဟလာပြီး
မိုးပြာကိုဖြတ်၊ ပတ္တမြားရည်
စီးလည်အဟုန်၊ နီမြန်းကုန်သည်
အရဏ်ပေါ်စဝိုးတဝါး။

မှုန်မွှားမွှားလျှင်
ဝိုးဝါးတိတ်ဆိတ်၊ ကြယ်ရောင်ရိပ်ဝယ်
မြစ်ဆိပ်နှင့်လည်း၊ မနီးမဝေး
ချောင်းရိုးဘေးမှ၊ ဖြေးဖြေးညင်ညင်
လေ့တစင်းထက်၊ တောတွင်းသားပျို
ဖျင်လက်တိုနှင့်၊ ကိုယ်ကိုဝပ်၍
စိုက်စိုက်ရွှေ့သည်၊ ခြောက်သွေ့မြက်ထုံး
ကောက်ရိုးဖုံးလျက်၊ ကွယ်ပုန်းဝှက်လာ
ယူကာလက်ထောက်၊ အလျားမှောက်သည်
လှေအောက်ဝမ်းမှ စက်သေနတ်။

အမှောင်ရိပ်ဝယ်
မှေးမှိန်ငြိမ်သက်၊ ချောင်းကွေ့ထက်တွင်
အုပ်ယှက်ထွေးရော၊ သင်ပေါင်းတော၏
နောက်ကျောစေးပျစ်၊ သောင်ရေစစ်မှ
ဖက်ဆစ်ကင်းစောင့်စစ်စခန်း။
ချောင်းကိုကွေ့သော်
တွေ့လျှင်တွေ့ချင်း၊ မြေငူရင်းသို့
ချဉ်းကပ်လှော်ကာ၊ နီး၍လာလျှင်
အသာရုတ်ချင်း၊ တိတ်ဆိတ်မင်းကို

ဖြိုးခွင်းပြင်းထန်၊ သေနတ်သံသည်
မြစ်ယံပဲ့တင်ထပ်သတည်း။

ငွေလရောင်လျှင်
အမှောင်ညရိပ်၊ သေးသေးစိပ်သာ
မိုးထိပ်တိမ်မော်၊ ငြိမ့်ငြိမ့်ပေါ်သည်
စန္ဒာပြုံးလှည့်၊ ငုံ့ကာကြည့်ရှင့်
ထွန်းသည့်ညဥ့်ခါထိန်ထိန်သာသော်
ကျယ်စွာဝန်းလျား၊ လယ်ကွင်းနားမှ
တောများညိုအုပ်၊ မှိတ်တုတ်တုတ်လျှင်
ယိမ်းလှုပ်ပြကာ၊ မီးအိမ်ဝါနှင့်
အာကာပြာမှိုင်း၊ တွဲလွဲဆိုင်း၍
ဖြူဝိုင်းစက်စက်၊ ဆင်းလာသက်မှ
လက်လက်ရောင်ထင်၊ ကျသွင်သွင်သည်
လေယာဥ်ပေါ်မှ စစ်ရိက္ခာ။

ရွာတရွာကား
မှိုင်းပြာမဲညို့၊ မီးရှို့လောင်ကျွမ်း
တင်းဝင်ရမ်းကြောင့်၊ ပရမ်းပတာ
ထွက်ပြေးရာရ၊ လဟာသွေ့သွေ့
ခိုးငွေ့ဝေဝေ၊ မီးလောင်မြေမှ
နွမ်းခွေပျောင်းယဲ့၊ ညင်းလေဖွဲ့က
သဲ့သဲ့ခွေးဟောင်သံတကား။

ခရေပွင့်လျှင်
ကြွေရင့်ဝါဝါ၊ မြေဦမှာလျှင်
ရောကာပေါင်းယှက်၊ ဟောင်းသစ်ရွက်နှင့်
တဝက်မောင်းနီ၊ ဝေ့လည်လည်ကို
လေချီသုတ်ဖြူး၊ နီဝါကူးသည်
နွေဦးပေါက်မို့ ရော်ရွက်ကြွေ။

ရင့်ကြွေညောင်းသည်
ရွက်ဟောင်းစွန့်ပစ်၊ ဘဝသစ်သို့
သနစ်ပြောင်းမည်၊ ဖူးသစ်စီသည်
အနီထဲမှ ကြည်ဖြူပွင့်။

(တာရာမဂ္ဂဇင်း၊ ၁၉၄၇)

တဈေ

--ကြည်အေး

အိပ်လို့မရ
ညကြီးမင်းကြီး၊ ထပြီးထိုင်နေ
မွှေ့ရာတွေလဲ၊ ကြေမွတွန့်လိပ်
သိပ်စိတ်ညစ်တယ်၊ သတိပြယ်လွင့်
ခိုတွယ်စရာအတည်မရ။

အပြင်ဘက်မှာ
သစ်ရွက်တွေကြား၊ ကြယ်လေးငါးပွင့်
စကားပင်အို၊ ကန်ရေစိုစွတ်
ဟိုမှာလှုပ်လှုပ်၊ ငုတ်တုတ်လက်ကမ်း
စမ်းလျှောက်သွားနေ၊ မြက်ချုံတွေထဲ
တဈေငါ့ကိုယ်တိုင်ပါဘဲ။
ကုတင်ခြေရင်း
ပြေးနင်းရှပ်ရှပ်၊ မတ်တတ်ထလိုက်
ခန်းဝကိုလာ၊ ဝရံတာမှာ
သည်မှာတစ်ယောက်၊ တဈေခြောက်လှန့်
ကြောက်ကြောက်နှင့်ကြည့်၊ မျက်နှာလှည့်စမ်း
တည့်တည့်လှမ်းမြင်၊ အော်ငိုချင်မိ
တဆင်ထဲဘဲသူနဲ့ငါ။

မြစ်နက်ထဲမှာ

ငါရေနစ်မြုပ်၊ ချမ်းပြီးကုပ်နေ
ကုက္ကိုကိုင်းကြား၊ ငါနေနားခိုက်
ဘုရားရှေ့မှောက်၊ ဒူးထောက်ရောက်ပြန်။

မောပန်းလျနှင့်
တစ်ယောက်သောငါ၊ ငါများစွာမှ
ထလာလွင့်ပါး၊ မောင့်အနားကို
စကားထွေရာ၊ ငိုသံပါနှင့်
ဘာမှမကြား၊ မောင့်အနားမှာ
“ထသွားစို့ဆို၊ မေ့ကိုအိပ်မက်
မမက်ဘူးလား”၊ တစ္ဆေဖြားယောင်း
မှုန်မွှားစိတ်ဝယ်အရိပ်ထင်။

(တာရာမဂ္ဂဇင်း၊ ၁၉၄၇)

ခက်ဆစ်များ

မိုးကုပ်ကုပ်=မိုးကုပ်စက်ဝိုင်း (န) 地平线
စက် (က) 传播，蔓延
အရုဏ်ပေါ်=အရုဏ်တက် (က) 破晓，东方发白
မှုန်မွှားမွှား (ကဝ) 模模糊糊，朦朦胧胧
တောတွင်းသား (န) 乡下人
ဝပ် (က) 伏，趴，匍匐
စိုက်စိုက် (ကဝ) 笔直地，径直，直接
အလျားမှောက် (က) 伏卧，趴着
သင်ပေါင်း (န) 枣椰树
စေးပျစ် (န) 丛林，莽林
ရေစစ် (န) 最低潮时间，最低的潮水
မြေငူ (န) 岬角，海角
တိတ်ဆိတ်မင်း =လွန်မင်းစွာတိတ်ဆိတ်နေချိန် 非常寂静，寂静无声
ဝန်းလျား (န) [诗]周围
အာကာ (န) 天空，太空；空间
တွဲလွဲဆိုင်း (က) 悬挂着，垂吊着
စစ်ရိက္ခာ (န) 军粮
နွမ်းခွေပျောင်းယဲ့ (က) 虚弱无力，瘫软无力
ခရေပွင့် (န) 蓟罂粟花
မောင်းနီ (=နီမောင်း) (နဝ) 鲜红色
ရော်ရွက် (န) 枯叶，黄叶
သနစ် (န) 情况，事实
တစ္ဆေ (န) 鬼，幽灵
ကြေမွ (က) 粉碎
တွန့်လိပ် (က) 蜷曲，起皱纹

ပြယ်လွင့် (က) 消散	ဖြားယောင်း (က) 引诱，诱骗
ကုက္ကို (န) 山合欢树	

စာဆိုအတ္ထုပ္ပတ္တိ

ဒဂုန်တာရာ (၁၉၁၉–)

ဒဂုန်တာရာ၏ အမည်ရင်းမှာ ဦးဌေးမြိုင်ဖြစ်သည်။ ၁၉၁၉ခုနှစ် မေလ ၁၀ ရက်နေ့တွင် ဧရာဝတီတိုင်း ကျိုက်လတ်မြို့နယ်၌ အဖဦးဘအုံး၊ အမိဒေါ်ဖွားရှင်တို့မှ မွေးဖွားသည်။ ရန်ကုန်မြို့ (၇)လမ်းရှိ အောင်ဇေယျ မင်္ဂလာ မြန်မာစာသင်ကျောင်းတွင် ပညာသင်ကြားသည်။ ထို့နောက် ကျိုက်လတ်အမျိုးသားကျောင်း (၁၉၂၇–၃၆) တွင် လည်းကောင်း၊ ရန်ကုန် ရေကျော် မက်သဒစ်ကျောင်း (၁၉၃၆– ၃၇) တွင် လည်းကောင်း ပညာဆက်လက်သင်ကြားသည်။ ၁၉၃၇ ခုနှစ်တွင် ဆယ်တန်းအောင်သည်။ (၁၉၃၇–၄၀) ခုနှစ်တွင် ရန်ကုန်တက္ကသိုလ်၌ ဆက်လက် ပညာသင်ကြားခဲ့သည်။

ဆရာဒဂုန်တာရာသည် လွတ်လပ်ရေး တိုက်ပွဲများတွင် ပါဝင်ခဲ့သည်။ မြန်မာနိုင်ငံလုံးဆိုင်ရာ ကျောင်းသားသမဂ္ဂ ရေနံမြေ စည်းရုံးရေး ကိုယ်စားလှယ်၊ တကသအမှုဆောင်၊ အိုးဝေမဂ္ဂဇင်း အယ်ဒီတာအဖြစ် ဆောင်ရွက်ခဲ့သည်။ တာရာမဂ္ဂဇင်း ထုတ်ဝေသူနှင့် အယ်ဒီတာ အဖြစ် ထင်ရှားသည်။ စာပေ၊ ကဗျာ၊ ဂီတ၊ ပန်းချီလောကများတွင် ကျင်လည်နှံ့စပ်ခဲ့သည်။ စစ်ပြီးခေတ် စာပေသစ် လှုပ်ရှားမှုကို လွှင့်ထူခဲ့သည်။ မြန်မာနိုင်ငံ စာရေးဆရာ အသင်းဥက္ကဋ္ဌ၊ တရုတ်–မြန်မာ မိတ်ဆွေဖြစ်အသင်းချုပ် အမှုဆောင်၊ မြန်မာ–ဆိုဗီယက် ယဉ်ကျေးမှုနှင့် မိတ်ဆွေဖြစ်အသင်းချုပ် အမှုဆောင်၊ ကမ္ဘာ့ငြိမ်းချမ်းရေးကွန်ဂရက် မြန်မာနိုင်ငံ အမြဲတမ်း ကော်မတီ ဒုတိယဥက္ကဋ္ဌ၊ မြန်မာနိုင်ငံ ကဗျာဆရာသမဂ္ဂဥက္ကဋ္ဌ တာဝန်များကို ထမ်းဆောင်ခဲ့သည်။

ဆရာသည် ၁၉၃၄ခုနှစ် ဖေဖော်ဝါရီလထုတ် တက္ကသိုလ် သိပ္ပံမဂ္ဂဇင်းတွင် **မြိုင်သဇင်** ကလောင်အမည်ဖြင့် **မှုံပြာရီ** ဝတ္ထုကို စတင်ရေးသားခဲ့သည်။ ထို့နောက် ဒဂုန်တာရာအမည် ခံယူသည်။ ၁၉၄၆ ခုနှစ် ဒီဇင်ဘာလတွင် တာရာမဂ္ဂဇင်းကို စတင်ထုတ်ဝေသည်။ ထို့အပြင် စာပေသစ်မဂ္ဂဇင်းကိုလည်း စတင်ထုတ်ဝေပြီး ယင်းမဂ္ဂဇင်းတွင် အယ်ဒီတာအလုပ်ကိုလည်း လုပ်ကိုင်သည်။

ကလောင်အမည်အမျိုးမျိုးဖြင့် စာပေ၊ ရုပ်ရှင်၊ ပန်းချီ၊ ဂီတ၊ အနုပညာ၊ နိုင်ငံရေး၊ ဝေဖန်ရေးဆိုင်ရာ ဆောင်းပါးများ ရေးခဲ့သည်။ **မေ** (၁၉၄၁)၊ **ရုပ်ပုံလွှာ** (၁၉၅၅)၊ **ဒဂုန်တာရာ ဝတ္ထုတိုပေါင်းချုပ်** (၁၉၆၉)၊ **ဒဂုန်တာရာကဗျာပေါင်းချုပ်** (၂၀၀၅) တို့မှာ ထင်ရှားသည်။ **စပယ်ဦး** ဖြင့် ၁၉၆၁ခု စာပေဗိမာန် ဝတ္ထုတိုပေါင်းချုပ်ဆုကို ရရှိခဲ့သည်။ ထို့ပြင် ၂၀၀၁ခုနှစ် အတွက် ပခုက္ကူဦးအုံးဖေ တစ်သက်တာစာပေဆုကိုလည်း ရရှိခဲ့သည်။ **အလှဗေဒ**ဖြင့် အမျိုးသား စာပေ

ဆုကို ရရှိခဲ့သည်။

ကြည်အေး (၁၉၂၉–)

ကြည်အေးကို အဖ ကုန်သည်ဦးဟန်၊ အမိဒေါ်ငွေယုံတို့မှ ၁၉၂၉ခု ဒီဇင်ဘာလ ၁၃ ရက်နေ့တွင် ရန်ကုန်မြို့ လှည်းတန်းရပ်၌ မွေးဖွားခဲ့သည်။ ကြည်အေး၏ အမည်ရင်းမှာ မကြည်ကြည် (သို့) မသောင်းကြည် ဖြစ်သည်။

ကြည်အေးသည် မက်ထရစ်စာမေးပွဲကို မြန်မာပြည်တစ်ပြည်လုံးတွင် အတော်ဆုံး (၁၀) ဦးစာရင်းတွင် ပါဝင်ကာ အောင်မြင်ခဲ့သည်။ ၁၉၄၈ခုနှစ်တွင် ရန်ကုန်တက္ကသိုလ်သို့ ရောက်သည်။ ဆေးပညာတတိယနှစ်တွင် ကျောင်းထွက်ပြီး ဝိဇ္ဇာစာမေးပွဲ အောင်မြင်ခဲ့သည်။ ရန်ကုန်တက္ကသိုလ် အင်္ဂလိပ်စာဌာနတွင် နည်းပြဆရာမအဖြစ် အမှုထမ်းခဲ့သည်။ ထို့နောက် ဆေးပညာကို ပြန်လည်သင်ယူကာ ဆရာဝန်ဖြစ်ခဲ့သည်။ ၁၉၇၂ခုနှစ် ဒီဇင်ဘာလတွင် နိုင်ငံခြားသို့ ထွက်ခွာ၍ ဆရာဝန်အဖြစ် အသက်မွေးဝမ်းကျောင်း ပြုလျက်ရှိသည်။

ကြည်အေးသည် သတ္တမတန်းကျောင်းသူဘဝမှ စ၍ ဝတ္ထု၊ ကဗျာများကို ရေးသားခဲ့သည်။ ပထမဆုံး ပုံနှိပ်ဖော်ပြခံရသော ဝတ္ထုမှာ **ထိုည** ဝတ္ထုဖြစ်ပြီး တာရာမဂ္ဂဇင်း အတွဲ(၁)၊ အမှတ်(၄) တွင် ဖော်ပြခြင်းခံရသည်။ တာရာမဂ္ဂဇင်းတွင် ကဗျာ အများဆုံး ရေးသားခဲ့သည်။ မဂ္ဂဇင်းကြီးများတွင် ကဗျာ၊ ဝတ္ထုတို၊ ဝတ္ထုရှည်၊ ပုံပြင်၊ ဘာသာပြန်များ ရေးသားခဲ့သည်။ အတွေးအရေး ဆန်းသစ်တီထွင်ရဲတင်းမှုနှင့် အတူ ဖြစ်တည်မှုပဓာနဝါဒီ စာရေးဆရာအဖြစ် ကျော်ကြားခဲ့သည်။ **ကျွန်မပညာသည်** (၁၉၆၁)၊ **နွမ်းလျအိမ်ပြန်** (၁၉၆၄)၊ **မီ** (၁၉၆၀)၊ **တမ်းတတတ်သည်** (၁၉၆၁)၊ **ကေဖွဲ့ဆိုသီ** (၁၉၆၃)၊ **မောင်ကိုကိုနှင့်မြနန္ဒာ** (၁၉၇၃)၊ **မေတ္တာမီးအိမ်** (၁၉၈၀)၊ **အပြင်ကလူ** (၁၉၉၆)နှင့် **ကြည်အေး၏ကဗျာများ** (၁၉၉၀၊ ၁၉၉၂) တို့မှာ အထူးထင်ရှားသည်။

လေ့ကျင့်ခန်း

၁။ "မတ်လတော်လှန်ရေး" ကဗျာမှ တော်လှန်ရေးကာလ မြင်ကွင်းများကို ရေးသားဖော်ပြပါ။

၂။ ကဗျာမှ တော်လှန်ရေးသမားလေး၏ သွင်ပြင်နှင့် လှုပ်ရှားမှုများကို ရေးသားတင်ပြပါ။

၃။ တော်လှန်ရေးကဗျာမှ တွေ့ရသော မြန်မာ့အားမာန်နှင့် ဖွဲ့သတ္တိကို ဆွေးနွေးတင်ပြပါ။

၄။ "တဆွေ" ကဗျာ၏ အတွေးအရေး ဆန်းသစ်တီထွင်မှုကို ဆွေးနွေးတင်ပြပါ။

သင်ခန်းစာ(၇) ငဘ

作品导读

貌廷（1909—2006）是缅甸著名的现实主义作家。长篇小说《鄂巴》（1947）描写日占时期缅甸广大农民的苦难生活和他们的反日斗争。作者没有选择重大的战争事件，而是选取了下缅甸农村社会的一角，通过一个普通农民及其家人的命运反映战乱年代民族的忧患，折射这一特定时期的社会生活面貌。小说通过鄂巴这样一个淳朴农民在切身灾难的教育和革命者的指引下，毅然参加武装抗日斗争的成长过程，凸现缅甸人民的民族意识和不屈服于暴虐、要求自由的民族精神。作品中无处不能感受到战争的阴影窒息着无辜的人民，使他们在经济上、身心上遭受到严重摧残。小说第9章描写日本法西斯占领缅甸后，为适应发动侵略战争的需要而修筑缅泰铁路，强迫缅甸人去服军事劳役，致使大批民工和战俘惨死在铁路工地上。在“死亡铁路”民夫营，鄂巴经历了惨绝人寰的恶劣生活环境和惨无人道的日本侵略者的双重折磨，幸与同乡冒死逃出虎口，才绝处逢生。作者对时代本质的深邃的洞察力和对社会生活的熟悉，不但使他的作品具有深刻的思想内涵，而且也为他艺术技巧的运用提供了广阔的空间。面对战争的残酷和民族的苦难，作家手中的笔磨砺得更加犀利，讽刺的锋芒更加敏锐。在描写民夫营的恶劣环境时，作者将“结盟”、“协同作战”等二战中的战争语汇纳入民工生活的语境，与粪便、蚊蝇等污秽之物混在一起，庄重严肃的意义变得荒唐可笑，构成了对话语背后的战争的讽刺。在描写鄂巴和同乡从民夫营逃出，途经仰光，面向大金塔默默祈祷的情景时，作者将殖民统治时期当局频频使用的“资本主义”、“修正案”、“正式批准”等政治语汇放置于一个没有文化、思想封闭的农民的祈祷词中，一套话语从原有的语境中剥离出来被植入另一语境，变得不伦不类，从而构成了对这类政治用语的讽刺性颠覆，也构成了对那个时代的嘲讽。《鄂巴》作为“反映时代的一面镜子”，用现实主义手法深刻揭示了当时那个时代的本质。

ဘဘ （节选）

မောင်ထင်

(အခန်း ၉)

ရာဇဝင်ကို ချေးနှင့်ရေးရမည်ဆိုတော့ ငန်ငြိငြိနေတာပေါ့။ ထို့ကြောင့် ဂျပန်တို့လက်ထက်တွင် ဗမာတတွေ ကမ္ဘာမကျေအောင်ရသော လွတ်လပ်ရေး၏ အရသာမှာ ဘဘအဖို့ ငန်ငြိငြိ ဖြစ်လေသည်။

အကြောင်းကိုဆိုသော် ချေးတပ်သားများအတွက် ဝါးကွပ်ပျစ်တန်းလျားပေါ်တွင် မနပ်ဘဲနှင့် ပြဲနေသော ထမင်းပုံကြီးဘေး၌ ဖုန်မှုန့်ရောသော ငပိတုံးများမှာ ဆားပွင့်၍ နေလေရာ ခွေးမှျပင် မစားသောအစာကို မနေသာ၍ ဆာဆာနှင့် စားလိုက်တိုင်း ပါးစပ်ထဲတွင် ဆားခု၍ နေသောကြောင့် ဖြစ်လေသည်။

ထမင်းပျော့ပြကြီးကို အဆာပြေမြို့ရင်း မိဖော့၏မျက်နှာကို ဘဘသည် ကွက်ခနဲ မြင်မိသည်။ မိနီ၏ကိစ္စကို သတိရမိသည်။ မျက်နှာမွဲ တောသားလယ်သမား၏ လောကကလေးကို ဖန်တီးလိုက်မည်ဟု စိတ်ကူးမိတိုင်း ထိုလောကကလေးမှာ လေပွေမွှေ့ရာသို့ လွင့်ပါသွားရှာတော့သည်။ အားကိုးရာ ဘယ်မှာမျှမရခဲ့။ ဗမာပြည်အသက်သည် စပါးဆန်ရေတို့၌ တည်သည်။ လယ်သမားများ ကြီးပွားချမ်းသာမှ လယ်ယာလုပ်နိုင်မည်။ လယ်ယာလုပ်နိုင်မှ ဗမာပြည်၌ ဒုဗ္ဘိက္ခန္တရဘေးမှ လွတ်မည်။ ထို့ကြောင့် လွတ်လပ်သော ဗမာနိုင်ငံအတွင်း၌ လယ်သမားလောက် တန်ဖိုးမြင့်သော အာဇာနည်မရှိပြီ။ မဟာမိတ်နိပ္ပွန်တို့သည် ဗမာ့ တပ်မတော်၊ ဗမာလူမျိုးတို့နှင့် လည်ပင်းဖက်ကာ ရင်ပေါင်တန်းလျက် ရှေ့တန်းစစ်မြေပြင်မှ တိုက်ခိုက်နေစဉ် ငါတို့လယ်သမားအပေါင်းတို့သည် ထွန်တုံးတည်းဟူသော လက်နက်ကို ကိုင်လျက် ပြည်တွင်းစစ်မျက်နှာဖြန့်၍ နေသည် မဟုတ်တုံလေ။ ထို့ကြောင့် စစ်သားတို့သည် အာဇာနည် ဖြစ်သည့် နည်းတူ ငါတို့၏ လယ်သမားများ အာဇာနည်ဖြစ်ကုန်၏။ ဤသို့ စသည်ဖြင့် လယ်ယာစိုက်ပျိုးရေးဌာနက ဝါဒဖြန့်၍ ကောင်းတုန်းမှာ သံဖြူဇရပ်စခန်းသို့ မိမိ၏ လယ်၊ ချောင်း၊ သားမယားတို့ကို စွန့်ပစ်၍ မဟာမိတ်နိပ္ပွန်တို့၏ သူတစ်ဦးတည်း ကောင်းစားရေး နယ်ပယ်ချဲ့ရန်အလို့ငှာ လယ်သမားဘဘက အချောင်ဝင်၍ခံ၍ နေရလေပြီတကား။

ဘဘအဖို့ အလုပ်က ပင်ပန်းသည်မရှိပါ။ တစ်ခါတစ်ရံ ဝါးပိုးဝါးတစ်လုံးကို လူ ဆယ်ယောက် ဟီးလေးခို၍ ထမ်းရင်းနှင့် တစ်နေကုန်သည်။ မီးရထားလမ်းဟုခေါ်သော ကချော်ကချွတ်လမ်းမကြီးဘေး၌ ကျောက်စရစ်ခဲကလေးများကို ဟိုတစ်ဆုပ်သည်တစ်ဆုပ် ပုံရသည်နှင့်ပင် တစ်နေခန်းပြန်သည်။ လယ်သမားတို့ ဘာဝ ချေးကလေး စို့လာအောင် အလုပ်လုပ်ရလျှင်

ကျန်းမာခြင်းနှင့်ပင် ညီညွတ်သေးသည်။ ယခုကား ဤသို့မဟုတ်ပြီ။ ဆန်အောက်ကို ကျိုချက်၍ ဆိုခဲ့ပြီးသော ဝါးကွပ်ပျစ်တန်းလျားပေါ်တွင် ပုံကျွေးသည်ကို ဈွေးတပ်သားတို့ စားရသည်။ ထမင်းကျွေးပြီး ရေရှားသည်နှင့် ကွပ်ပျစ်ကို တံမြက်စည်းနှင့် လှဲချသည်။ ထိုအပေါ်ကိုပင်လျှင် ထမင်း ထပ်ကာထပ်ကာ ပုံ၍ကျွေးသည်။ ထမင်းသိုးဟင်းသိုး အနံ့က ဟောင်၍ နေသော ကြောင့် ယင်တွေ နေရာမလပ်အောင် ထမင်းပုံပေါ်တွင် ဝိုင်းအုံနေကြသည်။ ထမင်းစားကြစို့ ဆိုလျှင် ယင်ကောင်များ ထုထယ်၏အောက်သို့ လက်လျှို၍ နှိုက်စားရသည်။ ထိုယင်ကောင်တို့ ကြောင့် ဝမ်းဖော၊ ဝမ်းရောင်၊ ဝမ်းကိုက်နှင့် ကာလဝမ်းတို့က ဈွေးတပ်သားတို့ကို သံဖြူဇရပ် ဖြတ်လမ်းမှနေ၍ ယမမင်းလက်သို့ နေ့ချင်းညချင်း အရောက် အခမဲ့ပို့ပေးလျက်ရှိသည်။

ဈွေးတပ်ဖမ်းပဟော့ ဆို၍သာ အမိခံလိုက်ရသည်။ ဈွေးတပ်စခန်းအတွက် ဘာ ဘာမျှ စီစဉ်မထားရ၊ ခါးတွင်ပါသော အဝတ်သာလျှင် အဖော်ပြုလာခဲ့ရရှာသည်။ အချိန်အခါကလည်း ဆောင်းလယ် ဖြစ်၍ ချမ်းခိုက်ခိုက်တုန်ရသည်။ စောင်လည်းမရှိ၍ ခေတ်ပေါ် ပုဆိုးကြမ်းကလေး နှင့် ဖွားဘက်တော်ကို မလုံ့တလုံ ကွေးရသည်။ အအေးဓာတ်ကြောင့် ကွေးရင်းနှင့် စန့်ရသော မသာတို့မှာလည်း တစ်နေ့လျှင် ဘယ်နှစ်လောင်းဟု ရေတွက်၍ပင်လျှင် မရကောင်းချေ။

ငှက်တော၊ ခွေးတောဖြစ်၍ ဦးနှောက်ထဲသို့ ငှက်ဖျားပိုးဝင်ပြီးလျှင် သေဆုံးကြသူတွေ မှာလည်း အနမတဂ္ဂဖြစ်သည်။

ရောဂါဖြင့် မသေကြရသေးသူတိုင်းမှာ ရောဂါဖြင့်သာရှင်၍ နေကြရရှာသည်။ ရေမိုး မချိုး ရ၍ ပွေးဝဲ၊ ယားနာတို့ တစ်ကိုယ်လုံး လွှမ်းသောကြောင့် အနူအဝဲပကတိ ဖြစ်ကြရရှာသည်။

သည်အထဲတွင် တောကြီးမြက်မည်းထဲ၌ ကျားစာဖြစ်ရသူအပေါင်းလည်း ရှိသေး၏။

ဆေးဝါးဟူ၍အရှင်းမမြင်ရ။ ကျေးလက်တောရွာမှ ဆေးစပ်သူ ‘ကွန်ပေါင်းဒါ’ ဆေးထည့် သူ ရက်ဆားတို့ကို ဆရာဝန်ပါပဲဟု စွပ်စွဲပြီး နိပ္ပွန်တို့က ဈွေးတပ်စခန်းသို့ ဆွဲယူလေ့ ရှိသည်။ ထိုသူတို့မှာ ဆရာဝန်ကလည်း မဟုတ်၊ ဆေးဝါးကိရိယာတို့ကလည်း မရှိ၊ မန်းတတ် မှုတ်တတ် သူများလည်း မဟုတ်လေရကား များသောအားဖြင့် လူမမာတို့မှာ သေနေ့မစေ့ဘဲ သေကြရ ရှာသည်။ နေရာထိုင်ခင်းကလည်း ဟန်ပြမျှပင် မရှိလေသောကြောင့် ဝမ်းရောဂါသမားတို့မှာ အိမ်သာကို အိပ်ရာလုပ်ကာ မစင်နှင့် မဟာမိတ်ဖွဲ့ပြီးလျှင် ယင်တပ်၊ ခြင်တပ်တို့ဖြင့် သွေးစည်း၍ နေကြရရှာသတည်း။

ပွေး၊ ဝဲ၊ ဂျွတ်၊ ဒက်တို့သည် လည်းကောင်း၊ ဝမ်းဖေါ၊ ဝမ်းရောင်၊ ကာလနာတို့သည် လည်းကောင်း၊ ငှက်ဖျား၊ ငန်းဖျား၊ ပုလိပ်ဖျားတို့သည် လည်းကောင်း၊ ပဲသီတာ၊ ဝက်သက်၊ ကျောက်ကြီးရောဂါတို့သည် လည်းကောင်း၊ ဘဘအား ကျော်ကာ နင်းကာဖြင့် အမျိုးမျိုး နှိပ်စက် ကလူပြုကြကုန်၏။ ဘကလည်း သင်းတို့ ငါ့ကို အမြန် အသက်ထွက်အောင် လုပ်ပါစေဟဲ့ဟု ဆုတောင်းကာ လည်စင်း၍ခံသည်။ သို့သော် ရောဂါကြီးငယ် အသွယ်သွယ်တို့မှာ ဂျပန်ထံမှ

ညှဉ်းဆဲနည်းအမျိုးမျိုးကို အတုခိုးပြီးလျှင် ဘခများအား မသေမရှင် ဖြစ်အောင် ကလိကြကုန်၏။

သူ့ကို ဖမ်းစက ချွေးတပ်စခန်းမှာ သုံးလမျှသာ အလုပ်လုပ်ဖို့ဟု ဆိုသည်။ ယခု သုံးလ ကကျော် လေးလစွန်းပြီး၊ ငါးလပြည့်ခဲ့ပြီ။ ဘအဖို့ အသချေယျကပ် သုံးလေးငါးကပ် လောက် ကြာသည် ထင်ရ၏။

လူရုပ်လည်း ပျက်ပြီ။ မိဖော့ အလွန်နှစ်သက်သော ယောင်တစ်စောင်း ထုံးကလေးမှာ ငှက်ဖျားနိပ်စက်သဖြင့်၊ သင်္ခါရသဘောသို့ ရွေ့လျားသွားပြီဖြစ်ရာ ဘမှာ ကတုံးနှင့် ငုံးတိတိ နေရရှာပြီ။

ခိုင်မာသော မေးရိုးနှင့် တစ်ဆက်တည်းတည်သော ပြည့်ဝဖောင်းအိသည့် ပါးစုံတို့မှာ ဘယ်အချိန်က ငုပ်လျှိုးပျောက်ကွယ်သွားခဲ့လေသည် မသိ၊ မြုပ်ချက်သား ကောင်းလှသည်။

ကြည်လင်သော မျက်လုံးတို့မှာ အရောင်မရှိပြီ။ မျက်တွင်းလည်း လက်တစ်နှိုက် သာသာ လောက် ဟောက်နေပြီ။

ဝဲခြောက်ပေါက်သော လက်မှာ ကိုင်း၍နေပြီးလျှင် ပေါင်ခြံတွင် ခိုနေသော ဝဲစိုတို့ ကြောင့် လမ်းလျှောက်လျှင် ကွတတ လျှောက်ရသည်။

ဝမ်းဗိုက်မှာ ဖျဉ်းစွဲသကဲ့သို့ စူထွက်နေသည်။ တစ်ခါတုန်းက သန်မာထွားကျိုင်းခဲ့သော ရင်အုပ်မှာ ပြား၍ ကပ်နေပြီးလျှင် နံရိုးပြိုင်းပြိုင်းပေါ်လျက် ရှိသည်။ ပခုံးသား၊ လက်မောင်းသား စသော ကြွက်သားကြီးတို့အစား ငေါ်နေသော အရိုးတို့က ဘ၏ကိုယ်ခန္ဓာကြီးကို မနိုင့်တနိုင် ကျားကန်၍ ထားရသည်။

တစ်ခါတစ်ခါ မိမိကိုယ်ကို ကသိုဏ်းရှုရင်း ဂျပန်တို့၏ ယုတ်မာသော အကြံကို တွေးမိ သည်။

ငါတို့တိုင်းပြည့်လက်ရုံးဖြစ်တဲ့ အလုပ်သမား ယောက်ျားမှန်သမျှ လူစဉ်မမီအောင် အစု ပေါက် အပြုပေါက် ညှဉ်းပန်းတဲ့နည်းပဲဟု ဘတွေးမိသည်။

ထိုလောကငရဲမှ ထွက်မြောက်ရန် လမ်းစရှာသည်။ လူရိုးလူအဆိုတော့ ဖဲဝိုင်းတွင် ဝင် ပွတ်ပြီး နိုင်အောင် မလုပ်တတ်။ ဘိန်းကုန်ကူးနိုင်ဖို့လည်း မိမိကိုယ်တိုင်က အရင်းရှင် မဟုတ်။ အလွယ်တကူ အရက်ချက်ပြန်တော့လည်း ချွေးတပ်သားချင်း အရင်းရှင်စံနစ်ဖြင့် လက်ဝါးကြီး အုပ်သည့် အထဲတွင် မတိုးနိုင်။

မိမိနှင့်တစ်ရပ်တည်းနေ တစ်ရေတည်းသောက်တို့က “ပြေးကြစို့လား”ဟု အဖော်ညှိ သည်။ မိမိက “ပိုက်ဆံမရှိ”ဟု အဖြေပေးသည်။

“ကျုပ်–ဖဲနိုင်ထားတဲ့ ငွေတွေရှိတယ်၊ မပူနဲ့၊ ပြေးခါနီးတော့ လက်တို့လိုက်မယ်”

ထို့ကြောင့် နှစ်ဦးသား လူအလစ်ထွက်ပြေးခဲ့၏။ တစ်လမ်းလုံး လူမိမှာစိုး၍ ကျီးကန်း တောင်းမှောက်နေခဲ့ရ၏။ ဂျပန်တို့နှင့်တွေ့မှာ အလွန်စိုး၏။ မလွဲသာ၍ ရင်ဆိုင်တိုးသည့်အခါ၊

သူ့တို့ကို စစ်လားဆေးလား မေးမြန်းစုံစမ်းခြင်း မရှိတော့မှ သက်မကြီးကျသွားသည်။ သည်လို မှန်း စောစောကသိလျှင် စောစောကပြေးရ မကောင်းလားဟု တွေးပြီး ယူကျုံးမရဖြစ်မိသေး သည်။

ဤသို့ ပြေးရင်းလွှားရင်းနှင့်ပင် ဘေနှင့်သူ့အဖော်တို့မှာ ရန်ကုန်မြို့ကြီးသို့ ခြေရာချခဲ့ ကြလေသည်။

ချွေးတပ်သို့အပို့ခံရစဉ်က ရန်ကုန်၊ ပဲခူး၊ သထုံ၊ မော်လမြိုင်စသော မြို့ကြီးများကို ဖြတ်၍ သွားရသည်ဆိုသော်လည်း ဘယ်နေရာရောက်ရောက် ဂတ်ဝိုင်းထဲမှပင် မထွက်ရ သောကြောင့် မြို့ဆိုသည်မှာ သူရောက်ဖူးသော ခရိုင်မြို့ကလေးနှင့် ဘာမျှမခြားဟု ထင်မှတ်မိသည်။ ယခုမှ မြို့၏အနေအထား အကြောင်းကို သေချာစွာသိသည်၊ စိတ်ထဲ၌ ဗမာပြည်ဆိုတာ အကျယ် ကြီးပါကလား၊ ဘယ်သွားသွား လယ်ပြင်ကြီးများနှင့် တယ်မြိုင်ပါကလား၊ သည့်ကလောက် ကြီးကျယ်မြိုင်ဆိုင်သော လောကထဲတွင် ငါတို့လယ်သမား၏ ဖြစ်ထွေမှာ အောက်ကျနောက်ကျ ရှိလှချေ၏တကားဟု တရားသံဝေယူမိလေသည်။

ရန်ကုန်သို့ ဝင်သောအခါ ဘုရားလမ်းဘူတာမှ ဝင်ရသည်။ ရထားတွဲ၌ ငါးပိသိပ် ငါးချဉ်သိပ် လိုက်ခဲ့ရသည်။ ဘူတာမှအထွက် မျှော်ကြည့်ရာ ရွှေတောင်ကြီး မိုးသို့စွင့်၍ နေသည်မှာ သူတစ်ခါတုန်းက အိပ်မက်ဖူးသော ရွှေတိဂုံဘုရားနှင့် တထေရာတည်း တူနေသဖြင့် စိတ်ကြည်နူးမိ၏။ ဘူတာဝမှရပ်၍ လက်အုပ်ချီပြီးလျှင် အရိုအသေ ပြုလိုက်သည်။ ဖြစ်လေရာ ဘဝမှာ လယ်သမားပြန်၍ မဖြစ်ပါစေနှင့်၊ ဓနရှင်ဝါဒကို ဘယ်သူက မကောင်းဘူး ပြောပြော ဖြစ်ရာဘဝတိုင်းမှာ ဓနရှင် ဖြစ်ပါစေသော၀်ဟု ဝမ်းထဲက ကျိတ်၍ ဆုတောင်းလိုက်သေး၏။

လမ်းမမှနေ၍ ဘုရားကို အာရုံပြုရသည်မှာ အားမရ။ တိုက်ကြီးတာကြီးတွေကို ငေးမျှော် ကြည့်ရင်း ဘုရားတက်ဦးမည်ဟု ကြံလိုက်၏။ ပါလာသော အဖော်ကိုတိုင်ပင်ရာ လောလော ဆယ် တည်းဖို့ခိုဖို့နေရာ ရှာရန်နှင့် အိမ်ပြန်ရန်အတွက် လှေသဘော်တို့ အသွားအလာ စုံစမ်းရန်က ရှိနေသေးသောကြောင့် ဆွေဘုရားမျိုးဘုရားထံ နက်ဖြန်မှ သွားတော့မည်ဟု ဆုံးဖြတ်ချက်ချပြီးလျှင် စမ်းချောင်းဘက်သို့ နှစ်ဦးသား ခြေဦးလှည့်လာကြလေ၏။

လမ်း၌ မော်တော်ကားပျက်– မော်တော်ကားစုတ်တို့ တရကြမ်း မောင်းလာသည်ကို ရှောင်ရသည်မှာ တမောပင်။ အလံဖြူ၊ အလံပြာ၊ အလံဝါ၊ အလံစိမ်းတို့ဖြင့် မွမ်းမံခြယ်လှယ် ထားသော မော်တော်ကား အသစ်စက်စက်ကြီးတို့ကလည်း ကျက်သရေ ရှိလှပါပေ၏။ ထို မော်တော်ကားထဲတွင် အမြိုင့်သားထိုင်၍ လိုက်ကြသော ‘နားဖာကလော်’ ဒွါဒရာ စစ်ဝတ် တန်ဆာ အပြည့်အစုံနှင့် ဆင်ယင်ထားသော ဂျပန်စစ်ဗိုလ်တို့ကို မြင်လိုက်ရပြန်လျှင် ကား၏ ကျက်သရေမှာ ရာခိုင်နှုန်း ကိုးဆယ့်ကိုးခန့် လျော့ပါးသွားသည်ဟု ဘေမှတ်ချက်ချမိ၏။ ရာဇပလ္လင် ခွေးတက်သည် ဆိုသောစကား၏အဓိပ္ပာယ် အဝယဝတ္ထု ပိဏ္ဍာတ္ထတို့ကိုလည်း အတော်

သဘောပေါက်မိ၏။

တောင်ငေးမြောက်ငေး လျှောက်လာ၍ အတန်ခရီးရောက်သော် မြောက်ဘက်ဆီမှ ခွေးအူသံလို အသံသဲ့သဲ့ကြားရ၏။ လမ်းသွားလမ်းလာတို့လည်း လှုပ်လှုပ်ရှားရှားဖြစ်လာသည်။ ထိုအသံနှင့် တစ်ဆက်တည်း တောင်မှသည်လည်းကောင်း၊ အရှေ့မှသည်လည်းကောင်း၊ အနောက်မှသည်လည်းကောင်း ခွေးအူသံအသီးသီးတို့မှာ တစ်ခဲနက် ပေါ်ထွက်လာလေရာ ဘနှင့် သူ့အဖော်သည် "ကမ္ဘာပျက်ခါနီးမှ ယောင်တီးယောင်တ လူဖြစ်ရသော" သူကဲ့သို့ ဘယ်ကိုသွား၍ ဘာကိုလုပ်ရမည် မသိအောင် ဖြစ်နေကြကုန်၏။ အတန်ကြာမှ ယောက်ယက်ခတ်ဖြစ်နေစဉ် တစ်စုံတစ်ယောက်သောသူက "ဟေ့ ဥညဲဆွဲနေတာ မကြားဘူးလား၊ မင့်အမေ လေယာဉ်ပျံတွေလာပြီ" ဟု ချိုသာယဉ်ကျေးစွာ သတိပေးလေမှ လေကြောင်းအချက်ပေးသည်ဆိုသည်မှာ ဒါပဲကိုးဟု သဘောပေါက်သွားပြီး နီးရာကျင်း၌ ဝပ်၍နေလေ၏။

လေယာဉ်ပျံသံတို့မှာ သိမ့်သိမ့်မြည်၍လာသည်။ လျှင်တော်လည်းသံနှင့် ခပ်ဆင်ဆင်။ မြေပြိုသည်ဆိုသည်မှာ ဒါမျိုးကိုခေါ်သည်ထင်ပါရဲ့။ အသံကြီးကိုက သေမင်းခေါ်သံကြီးနှင့် တူလိုက်လေ။ စဉ်းစား၍ကောင်းတုန်း ဝရုန်း၊ ရွှီ၊ ဂလောင် ဂလောင်နှင့် မြည်သော ဗုံးများသည် သိကြားမင်းဝရဇိန်လက်နက်၏ စံချိန်ကိုချိုးရန် ကောင်းကင်မှ စိုက်ဆင်းလာသည်။ ဘကသည်တစ်ခါမှပဲ ကိစ္စချောတော့မည်ဟု အောက်မေ့ပြီး မကြာမီ တောသားလယ်သမားဘဝမှ ဝဠ်ကျွတ်ရမည်မို့ ဝမ်းပင်လျှင် သာလိုက်ရတော့မလိုလို ဖြစ်သွားသေးသည်။ ဝုန်းဟူ၍ မြည်သော ဗုံးသံ ကြားပြန်တော့လည်း ကယောင်ကတမ်းဖြင့် သမ္ဗုဒ္ဓေကို ရွတ်မိသေးသည်။ ဝဠ်ကျွတ်ချင်၏ ဆိုသော်လည်း သေရမှာတော့ အကြောက်သား။

ဝုန်းသံများ ဆင့်ကဲဆင့်ကဲ ကြားရ၏။ ကြားရတိုင်းကြားရတိုင်း ဘ သူ့ရင်ဘတ်ကို စမ်းကြည့်ပြီး စတုမဟာရာဇ်၊ တာဝတိံသာ၊ ယာမာ၊ တုသိတာ၊ နိမ္မာနရတိ၊ ပရနိမ္မိတဝသဝတ္တီဟူသော နတ်ပြည်ခြောက်ထပ်တွင် ဘယ်အထပ် ရောက်နေပြီနည်းဟု တောင်မြော်ကမျှော်ကြည့်မိသေး၏။ ခေါင်း၊ ကိုယ်၊ ခြေ၊ လက်စသည်တို့ကို စမ်းသပ်ကြည့်ပြီးမှ ခန္ဓာကိုယ်နှင့် အသက် လင်မှတ်မှတ် သားမှတ်မှတ် ပေါင်းလျက်ရှိနေသေးသည်ဟု တွေ့ရမှ ကိုယ့်ကိုယ်ကို စိတ်ချမိသည်။

အသံလည်းစဲ၊ မီးခိုးလုံးများလည်း တက်လာသည်။ မီးသတ်စက် ခေါင်းလောင်းသံများ ကြားရ၏။ တွင်းထဲမှ မထွက်ဝံ့သေးသော်လည်း လေယာဉ်ပျံသံနှင့် ဝေး၍ အရဲစွန့်ကာ ခေါင်းပြူကြည့်၏။ ဓာတ်သိဖြစ်သော (ဝါ) မသိတတ်၍ ကြောက်ရမှန်းမသိသော မြို့သူမြို့သားအချို့တို့မှာ ဗုံးကျင်းထဲမှထကာ ကိုယ့်လမ်းကိုယ်သွားလျက် ရှိကြ၏။ ဘကလည်း ဖုတ်ဖက်ခါ၍ ထပြီးလျှင် "ကဲ- ကိုယ့်လူ သင်္ဘောဆိပ်အရောက်သာ ပြေးကြစို့"ဟု အဖော်ကို တိုင်ပင်၏။ နှစ်ဦးသား သဘောတူညီချက်ဖြင့် ညောင်ပင်လေးဆိပ်သို့ နောက်ကြောင်း

ပြန်တုံ့လာကြ၏။ ညောင်ပင်လေးဆိပ်သို့ ရောက်သော် ဥသြဆွဲသံ ကြားရပြန်၍ ပုန်းအောင်းရန် ကျင်းရှာကြရပြန်၏။ အနီးအနားရှိလူများက လေယာဉ်ပျံရန်မှ ကင်းလွတ်သည့် အချက်ပေး ခြင်းမျှသာ ဖြစ်ကြောင်းကို ပြောပြတော့မှ ခပ်ရှက်ရှက်နှင့် စိတ်အေးရတော့သည်။

ထိုညအဖို့ ဘုန်းကြီးလမ်း ကဇော်ဆိုင်ရှေ့တွင် ကော်ရင်ဂျီ၊ အူရယာစသော ကုလား များနှင့် ရောနှောကာ တစ်ညအိပ်ပြီးသော် မိုးလင်းသည့်အခါ ပထမဆုံးထွက်သော သင်္ဘောနှင့် ရန်ကုန်မြို့ကြီးမှ ခွာထွက်၍ လာခဲ့လေသည်။

အင်း၊ ခနရှင်တို့ တည်ထောင်တဲ့လောကဆိုတာ တယ်ကြောက်စရာ ကောင်းပါကလား ကရို့။ စောစောကမှေ့ပြီး ခနရှင်အဖြစ် ဆုတောင်းမိသည်။ ဘုရားထံ 'ဘွာ' ခတ်လို့မှ ရပါဦး မလား။ မဟာကရုဏာတော် ကြီးမားသော ဘုရားရှင်သည် ငါလိုတောသားမျိုး စကား မှားသည် ကို ဗွေမယူတန်ကောင်းပါဘူး။ သို့သော် လိုလိုမယ်မယ်ပြန်ပြီး ဆုတောင်းဦးမှာပဲ။

ဆိပ်ကမ်းက ခွာသော် ရွှေတောင်လိုမို့မောက်၍ တင့်တယ်စွာ စံပယ်လျက် ရှိသော လေးဆူ ဓာတ်ပုံ ရွှေတိဂုံစေတီတော်ကြီးအား အဝေးမှ ဘေထင်လင်းစွာ ဖူးမျှော်ရလေ၏။ ထို့ကြောင့် သင်္ဘောပေါ်၌ ရသမျှနေရာကလေးကို ကုတ်ခြစ်ပြီး အရလုကာ ဘုရားရှင်အား ကန်တော့လိုက် လေ၏။ ပါးစပ်ကလည်း တိုးတိုးရွတ်၏။ သူရွတ်သည့်အချက်ကား ပထမ ဆုတောင်းကို ပြင်ဆင်ချက် အဆိုသွင်းခြင်း မျှသာဖြစ်သည်။ ထိုပြင်ဆင်ချက်မှာလည်း ဒုတိယမွှီဆုတောင်း သည့် အချိန်မှစ၍ အတည်ပြုပါရန် ဘုရားရှင်အား လေးနက်စွာ ပြန်ကြားခဲ့လေသည်။

လမ်းခရီး၌ လေးငါးရက်မျှကြာသော် ဆိပ်ကြီးကုန်းရွာသို့ ရောက်သတည်း။

(၁၉၄၇ ခုနှစ်)

ခက်ဆစ်များ

ငန်ငြိငြိ (က၀) 咸滋滋

ချွေးတပ် (န) 劳工队, 民夫

ဝါးကွပ်ပျစ်တန်းလျား (န) 长条竹榻

မျက်နှာမွဲ (န) 穷人, 卑贱者

လေပွေမွှေ့ (က) 刮旋风

ဒုဗ္ဘိက္ခန္တရဘေး (န) 饥饿, 饥荒

အာဇာနည် (န) 英雄; 烈士

မဟာမိတ် (န) 同盟, 盟友

သံဖြူဇရပ် (န) (地名)丹漂扎耶

ကောင်းစား (က) 兴盛, 得势, 发财

ဝဋ်ခံ (က) 受罪

ဝါးပိုး (န) 象竹

ဟီးလေးခို (က) 垂着, 垂挂着, 悬空

ကချော်ကချွတ် (က၀) 错误百出地

ကျောက်စရစ်ခဲ (န) 卵石块

ဆန်အောက် (န) 发霉的米, 发出霉味

的米

ထမင်းသိုးဟင်းသိုး (န) 馊饭菜

ဟောင် (နဝ) 腐臭，霉臭

ယင် (န) 苍蝇

ဝမ်းဖောဝမ်းရောင် (န) 肚胀

ဝမ်းကိုက် (န) 痢疾

ကာလဝမ်း (န) 霍乱

ယမမင်း (န) 阎王；死神

နေ့ချင်းညချင်း (ကဝ) 一朝一夕，朝夕之间

ဖွားဘက်တော် (န) 陪伴者；〈婉〉男性生殖器

ငှက်ဖျားပိုး (န) 疟疾菌

ငှက်တောခွေးတော (န) 疟疾流行区

အနမတဂ္ဂ (န) 无数，不计其数

ပွေးဝဲ (န) 癣

ယားနာ (န) 疥、癣等令人发痒的皮肤病

အနူအဝဲ (န) 麻风病患者

တောကြီးမြက်မည်း (န) 深山老林

မန်းမှုတ် (က) 念咒

ပွေးတိ (န) 牛皮癣

ဒက် (န) 头癣

ကာလနာ (န) 瘟疫，流行病；霍乱

ငန်းဖျား (န) 发高烧的急症

ပုလိပ်ဖျား (န) 鼠疫

ပဲသီတာ (န) 水痘

ဝက်သက် (န) 麻疹

ကျောက်ကြီး (န) 天花，痘疮

ကလူပြု (က) 折磨，虐待

အသက်ထွက် (က) 断气，咽气，死去

ညှဉ်းဆဲ (က) 虐待，迫害，折磨

ကလိ (က) 挑逗，激怒

အသင်္ချေယျကပ် (န) 无限的时间

ယောင်ထုံး(သျှောင်ထုံး) (န) 发髻

သင်္ခါရ (န) 变化无常的性质

ကတုံး (န) 光头

ငုံးတိတိ (ကဝ) 光秃秃，孤零零

ငုပ်လျှိုး (က) 潜入（水、土之中）

မျက်တွင်း (န) 眼窝

လက်တစ်ဆုပ်ကိုက်ဟောက် (နဝ) 眼窝凹陷，深陷

ပေါင်ခြံ (န) 腹股沟

ဖျဉ်းစွဲ (က) 患鼓胀病

နံရိုးပြိုင်းပြိုင်း (ကဝ) 肋骨隆起

ကျားကန် (က) 支撑，支持

ကသိုဏ်းရှု (က) 〈喻〉凝视

လူရိုး (န) 老实人

လူအ (န) 傻子，笨蛋

လက်ဝါးကြီးအုပ် (က) 垄断

အဖော်ညှိ (က) 约人作伴

ကျီးကန်းတောင်းမှောက် (ကဝ) 惊慌地，惊慌失措地

ယူကျုံးမရ (ကဝ) 伤心不已，悲痛不已

ဂတ်ဝိုင်း (န) 警察局

တရားသံဝေယူ (က) 悔悟，醒悟

ငါးပိသိပ်ငါးချဉ်သိပ် (က) 〈喻〉拥挤不堪，塞满

အမြှင့်သား (ကဝ) 神奇十足地

နားဖာကလော် (န) 耳挖子，挖耳勺儿

ရာဇပလ္လင် (န) 帝王宝座
အဝယဝတ္ထ (န) 详解，详细注释
ပိဏ္ဍတ္ထ (န) （翻译巴利文时）意译法
ယောင်တီးယောင်တ (ကဝ) 迷迷糊糊；糊里糊涂地
ယောက်ယက်ခတ် (က) 来回乱跑乱转
ကျင်း (န) 壕
ငလျင်တော်လည်းသံ (န) 地震时发出的巨响
ဝရဇိန် (န) 金刚杵（天帝的武器）
စံချိန်ချိုး (က) 打破纪录
ကိစ္စချော (က) 〈俚〉死，呜乎哀哉
ဝဋ်ကျွတ် (က) 脱离苦海；〈喻〉熬出头
ကယောင်ကတမ်း (ကဝ) 胡言乱语
သမ္ဗုဒ္ဓေ (န) 解脱危险、苦难的经咒“佛祖保佑……”
ဆင့်ကဲဆင့်ကဲ (ကဝ) 分等地，逐级地
နတ်ပြည်ခြောက်ထပ် (န) 六重天，六欲天，即：
စတုမဟာရာဇ် 四天王天
တာဝတိံသာ 忉利天
ယာမာ 夜摩天
တုသိတာ 兜率天
နိမ္မာနရတိ 乐变化天
ပရနိမ္မိတဝသဝတ္တိ 他化自在天
ဓာတ်သိ (န) 知道底细的人
ဗုံးကျင်း(ဗုံးခိုကျင်း) (န) 防空洞
ဖုတ်ဖက်ခါ (က) 拍打尘土
ကဓော် (န) 糯米酒；棕榈糖酿成的酒
ကော်ရင်ဂျီ (န) 印度人车夫
အူရယာ (န) 印度人挑夫
ဘွာခတ် (က) 收回某句话，不算数
ဂရုဏာ (န) 怜悯，同情
ဗွေယူ (က) 介意，在意
လိုလိုမယ်မယ် (ကဝ) 有备无患地
မို့မောက် (က) 隆起，鼓起
စံပယ် (နဝ) 庄严，壮观
ဒုတိယမ္ပိ=ဒုတိယကြိမ်မြောက် 第二次

စာဆိုအတ္ထုပ္ပတ္တိ

မောင်ထင် (၁၉၀၉–၂၀၀၆)

အမည်ရင်း ဦးထင်ဖတ်ဖြစ်သည်။ ၁၉၀၉ခုနှစ် မတ်လ ၁၂ ရက်နေ့တွင် ဧရာဝတီတိုင်း မြောင်းမြခရိုင် လပွတ္တာမြို့၌ အဘဦးတရောင်၊ အမိဒေါ်စိန်ပွင့်တို့မှ မွေးဖွားသည်။ လပွတ္တာမြို့ ဆရာဦးခန္တီ၏ မြန်မာစာသင်ကျောင်းနှင့် ဆရာဦးဖိုးထွန်း၏ မြန်မာစာသင်ကျောင်းတို့တွင် စာသင်၍ ၁၉၂၀ပြည့်နှစ်တွင် မြောင်းမြမြို့ အင်္ဂလိပ်–မြန်မာ နှစ်ဘာသာ အစိုးရ အလယ်တန်းကျောင်းတွင် ဆက်လက် စာသင်သည်။ ထိုနှစ်တွင် ကျောင်းသားသပိတ်ဟု ခေါ်သော အမျိုးသားရေး လှုပ်ရှားမှု ပေါ်ပေါက်၍ မြောင်းမြမြို့ တိုင်းရင်းသား အထက်တန်းကျောင်းကို တည်ထောင်သောအခါ ထိုကျောင်း၌ အလယ်တန်းပညာကို သင်ယူသည်။

၁၉၂၃–၂၆ ခုနှစ်တွင် ရန်ကုန်မြို့ မြို့မအထက်တန်းကျောင်း၌ ဆက်လက် ပညာ သင်ယူရာ

ဟိုက်စကူးဖိုင်နယ်ခေါ် ဆယ်တန်းစာမေးပွဲအောင်သည်။

ရန်ကုန်တက္ကသိုလ်တွင် ပညာသင်ယူရာ ဆေးတက္ကသိုလ်သို့ တက်ရောက်ရန် သိပ္ပံဘာသာရပ်ကို သင်ယူခဲ့သော်လည်း ဆေးတက္ကသိုလ်သို့ ဝင်ခွင့်မရ၍ ဘာသာရပ်ပြောင်းလဲခဲ့သည်။ အင်္ဂလိပ်စာပေ၊ မြန်မာစာပေ၊ အရှေ့တိုင်းသမိုင်း သုံးဘာသာဖြင့် ဝိဇ္ဇာဘွဲ့အတွက် ဆက်လက်ပညာသင်ရာ ၁၉၃၃ခုနှစ်တွင် ဘီအေ(ဝိဇ္ဇာဘွဲ့)ကို ရရှိသည်။

၁၉၃၅ခုနှစ်တွင် မြောင်းမြမြို့ တိုင်းရင်းသား အထက်တန်းကျောင်း၌ အထက်တန်းပြဆရာအဖြစ် ဆောင်ရွက်သည်။

၁၉၃၆မှ ၁၉၄၂ခုနှစ်အထိ ဧရာဝတီတိုင်းနှင့် ရခိုင်တိုင်းတို့တွင် မြို့ပိုင်အဖြစ်ဖြင့် ဆောင်ရွက်ခဲ့ပြီး ဒုတိယကမ္ဘာစစ် ဖြစ်သောအခါ လပွတ္တာမြို့သို့ ပြန်လည်ရောက်ရှိသည်။ ၁၉၄၂–၄၃ခုနှစ်အတွင်းတွင် လပွတ္တာမြို့ ငြိမ်ဝပ်ပိပြားမှု ထိန်းသိမ်းရေးကော်မတီ (Peace Preservation Committee)ကို ဖွဲ့စည်းသောအခါ ထိုကော်မတီ၏ လက်အောက်တွင် မြို့နယ်အရာရှိ အဖြစ်ဖြင့် အမှုထမ်းရင်း ဗမာလွတ်လပ်ရေးတပ်မတော် (B.I.A) အတွက် စစ်သားစုဆောင်းရေး လုပ်ငန်းကို ဆောင်ရွက်ခဲ့သည်။

၁၉၄၃ခုနှစ်တွင် ရန်ကုန်မြို့သို့ ဆိုင်ရာက ခေါ်ယူခဲ့သဖြင့် နိုင်ငံခြားရေး ဝန်ကြီးဌာန လက်ထောက်အတွင်းဝန်၊ သတင်းနှင့်ဝါဒဖြန့်ချီရေးဌာန ဒုတိယအတွင်းဝန်အဖြစ် ၁၉၄၅ခုနှစ်အထိ ထမ်းရွက်ခဲ့သည်။

၁၉၄၆–၄၇ခုနှစ်တွင် အသံလွှင့်ဌာနသို့ ရောက်ရှိလာပြီး အသံလွှင့်ဌာန ညွှန်ကြားရေးဝန်အဖြစ်ဖြင့် ဆောင်ရွက်ရသည်။

၁၉၄၈–၄၉ခုနှစ်တွင် ပြန်ကြားရေးဌာန ညွှန်ကြားရေးဝန်အဖြစ် ဆောင်ရွက်နေစဉ် ရခိုင်တိုင်း ပြန်လည်ထူထောင်ရေးမင်းကြီး အဖြစ် ဆောင်ရွက်ရသည်။ ထိုနှစ်တွင် ပြန်ကြားရေးဝန်ကြီးဌာနသို့ ပြန်လည်ခန့်အပ်ခံရပြီး နောင်ရာထူးမှနုတ်ထွက်၍ (၁၉၅၀–၅၅) ခုနှစ်အတွင်း ရန်ကုန်သတင်းစာ အယ်ဒီတာအဖြစ် ဆောင်ရွက်သည်။

အလွတ်သတင်းစာဆရာ တစ်ဦးအနေဖြင့် ၁၉၅၄ခုနှစ်မှ ၁၉၇၇ခုနှစ်အထိ လန်ဒန်တိုင်း သတင်းထောက် အဖြစ် ဆောင်ရွက်သည်။

၁၉၅၆ခုနှစ်တွင် မြန်မာနိုင်ငံစာရေးဆရာအသင်း ကိုယ်စားပြု၍ တရုတ်ပြည်သူ့သမ္မတနိုင်ငံ ပီကင်းမြို့တော်သို့ အနှစ်နှစ်ဆယ်မြောက် လူ့ရွှန်းအထိမ်းအမှတ် အခမ်းအနားသို့ တက်ရောက်သည်။

၁၉၆၁ခုနှစ်တွင် သီရိလင်္ကာနိုင်ငံ ကိုလံဘိုမြို့တွင် ကျင်းပသော စာအုပ်ထုတ်ဝေရေး လုပ်ငန်းဆိုင်ရာ နီးနှောဖလှယ်ပွဲ အစည်းအဝေးသို့ မြန်မာကိုယ်စားလှယ် အဖွဲ့ခေါင်းဆောင် အဖြစ် တက်ရောက်သည်။

၁၉၅၄ခုနှစ်တွင် မြန်မာနိုင်ငံ စာရေးဆရာအသင်းဥက္ကဋ္ဌ၊ ၁၉၅၉ခုနှစ်တွင် မြန်မာနိုင်ငံ သတင်းစာဆရာအသင်းဥက္ကဋ္ဌ အဖြစ်ဖြင့် ဆောင်ရွက်ခဲ့သည်။

၁၉၇၇ခုနှစ်မှ အစပြု၍ မဂ္ဂဇင်းအသီးသီးတို့တွင် ဝတ္ထု၊ ဆောင်းပါးများကို ရေးရင်းနှင့် ပိဋကတ် ဘာသာပြန်လုပ်ငန်းကို ကူညီဆောင်ရွက်ခဲ့ရာ ၁၉၈၇ခုနှစ်တွင် ပြည်ထောင်စုမြန်မာ နိုင်ငံ မြန်မာစာအဖွဲ့၌ ခန့်အပ်ခြင်းခံရသည်။ ၁၉၈၉ ခုနှစ်တွင် နိုင်ငံတော်ငြိမ်ဝပ်ပိပြားမှု တည်ဆောက်ရေးအဖွဲ့၏ သမိုင်းဖြစ်ရပ်မှန်များ ပြုစုရေးကော်မတီ အဖွဲ့ဝင်အဖြစ် ဆောင်ရွက် ခဲ့သည်။ သိပ္ပံဆောင်းပါး၊ သိပ္ပံဝတ္ထု၊ လူမှုရေးဆိုင်ရာ ဆောင်းပါးများ စသည်တို့ကို ဆိုင်ရာ မဂ္ဂဇင်းများတွင် ရေးသားခဲ့သည်။

မောင်ထင်ရေးသားခဲ့ ပြုစုခဲ့သော စာအုပ်များ

ပင်ကိုရေးလုံးချင်းစာအုပ်များ--

ကိုဒေါင်းဝတ္ထုတိုများ	-၁၉၃၇ခုနှစ်
ကမ္ဘာ့စာပေအညွှန်း (တရုတ်နှင့် ဂျပန်စာပေသမိုင်း)	-၁၉၇၆ခုနှစ်
ကမ္ဘာ့စာပေအညွှန်း (ဟေဗရူး၊ ဂရိနှင့် ရောမစာပေသမိုင်း)	-၁၉၇၇ခုနှစ်
ကမ္ဘာ့စာပေအညွှန်း (အိန္ဒိယ၊ အီရန်၊ အာရပ်စာပေသမိုင်း)	-၁၉၇၄ခုနှစ်
ဘော	-၁၉၄၇ခုနှစ်
ဗမာ့နိုင်ငံရေးသုခမိန်	-၁၉၆၅ခုနှစ်
မောင်ထင်၏ ဝတ္ထုတိုများ	-၁၉၆၈ခုနှစ်
မျိုးဖျက်ရန်သူ	-၁၉၆၀ပြည့်နှစ်
မြို့အုပ်ပုံပြင်	-၁၉၇၆ခုနှစ်
မြင်ဝါတောင်	-၁၉၇၇ခုနှစ်
မြန်မာ့လယ်ယာမြေစနစ်	-၁၉၆၆ခုနှစ်
လောကအမြင်	-၁၉၆၇ခုနှစ်
ယောမင်းကြီးဦးဘိုးလှိုင်အတ္ထုပ္ပတ္တိနှင့် ရာဇဓမ္မသင်္ဂဟကျမ်း	-၁၉၆၀ပြည့်နှစ်

ဘာသာပြန်လုံးချင်းစာအုပ်များ--

ကမ္ဘာ့ဝတ္ထုတိုများ	-၁၉၇၂ခုနှစ်
ဂါလီဗာ၏ခရီးစဉ်	-၁၉၈၁ခုနှစ်
မုန်တိုင်းထဲကနဖူးစာ	-၁၉၆၅ခုနှစ်
မိုပါဆွန်းဝတ္ထုတိုများ	-၁၉၆၆ခုနှစ်
အနာဂတ်ကျမ်းနှင့် အခြားဝတ္ထုတိုများ	-၁၉၇၇ခုနှစ်
အံ့ဖွယ်ပုံပြင် ဂျပန်ဒဏ္ဍာရီများ	-၁၉၇၄ခုနှစ်

ဂါလီဗာ၏ခရီးစဉ် ဖြင့် ၁၉၈၁ခု အမျိုးသားစာပေဆု ရရှိခဲ့သည်။ ပခုက္ကူ ဦးအုန်းဖေ တစ်သက်တာစာပေဆု၊ အမျိုးသားစာပေ တစ်သက်တာဆု၊ ဝိဇ္ဇာပညာ ထူးချွန်တံဆိပ် (ပထမ အဆင့်)တို့ ရရှိခဲ့သည်။

လေ့ကျင့်ခန်း

၁။ ဆရာမောင်ထင်၏ ဘေဝတ္ထုသည် မည်သည့်ခေတ်က မည်သည့်အကြောင်းကို တင်ပြသော ဝတ္ထုနည်း။ ထိုဝတ္ထုကို မည်သည့်ခေတ်က ရေးသားထုတ်ဝေခဲ့သနည်း။

၂။ ဘေ၏ဘဝသည် မည်သို့သောဘဝမျိုးနည်း။

၃။ ဖက်ဆစ်ဂျပန်တို့၏ ရက်စက်ယုတ်မာမှုနှင့် ချွေးတပ်သားတို့ ဒုက္ခရောက်ရပုံကို ပေါ်လွင်စေရန် စာရေးသူက မည်သို့ဖော်ပြထားသနည်း။

၄။ မောင်ထင်မှာ ဇာတ်ကောင်ကို သရုပ်ဖော်ရာ၌ သဘာဝကျအောင် ဖော်တတ်သည်။ သူ့ အသုံးအနှုန်း၊ သူ့အဖွဲ့အနွဲ့နှင့်သူ ဖော်ပြတတ်သော "ဟန်" ရှိသည်။ မောင်ထင်၏ စာဟန် ကို ဆွေးနွေးတင်ပြပါ။

၅။ ဘေဝတ္ထုမှ သရော်စာကို သာဓကနှင့်ဖော်ပြပါ။

သင်ခန်းစာ(၈) အမေတို့အဖေတို့

作品导读

瑞乌当（1889—1973）是缅甸著名小说家、翻译家，是在探索创新缅甸小说形式和语言方面作出突出贡献的先驱者。短篇小说《母亲！父亲！》（1948）的故事发生在20世纪20年代英国宣布在缅甸实行“两元政制”时期，缅甸社会“崇英恐英病”流行。通过对乘坐邮轮二等舱的不同身份的四对夫妇的言谈举止以及对对方的态度表情等等的细腻描写，反映那个时代背景下缅甸人的各种思想和心态。从作家（文中的教师夫妇）超然的观察对比中，将老农民夫妇勤劳朴实、谦和自信、不卑不亢的性格特征和他们对儿女付出的父爱母爱鲜明地凸显了出来。他们坦诚地尝试接受西方文明，又毫不媚悦流俗，在他们身上体现着缅甸民族的自尊和美德。而官员夫妇和混血夫妇的民族自卑感以及对自己同胞鄙薄傲慢的态度在大方得体的乡下老人面前反而显得那么可鄙甚至可怜。小说的名字“母亲！父亲！”也饱含深意和民族情感，值得体味。

အမေတို့အဖေတို့

ရွှေဥဒေါင်း

မျက်နှာဖြူဆိုလျှင် “မိုးကျရွှေကိုယ်”တမျှ သဘောထားကြရသည့် ဒိုင်ယာကီလက်ထက်၊ မီးထွန်းစအချိန်တွင် မန္တလေးမြို့ ဂေါဝိန်ဆိပ်ကမ်း၌ ဆိုက်ကပ်ထားသော ဇန်းမော်စာပို့ ‘တာပင်’ (Taping)သင်္ဘောကြီးပေါ်၌ အညာသွားခရီးသည်များသည် သူ့ထက်ငါ နေရာကောင်းရအောင် “ဦး”လျက်၊ ရပြီးသောနေရာများတွင် တံမြက်လှည်းခြင်း၊ ဝန်စည်စလယ်များကို နေရာတကျ ချထားခြင်း၊ အိပ်ရာနေရာ ခင်းကျင်းပြင်ဆင်ခြင်း၊ နေရာမရသေးသူများက ဦးပိုင်းမှ ပဲ့ပိုင်း၊ ပဲ့ပိုင်းမှ ဦးပိုင်းသို့ ခေါက်တုံ့ခေါက်ပြန် စင်္ကြံလျှောက်ကြခြင်း စသည်ဖြင့် သင်္ဘောတစ်စင်းလုံး လှုပ်လှုပ်ရွရွ ဆူဆူညံညံရှိနေလေ၏။

သင်္ဘောကြီးပေါ်၌ ဦးပိုင်းတွင် ပထမတန်း၊ ပဲ့ပိုင်းတွင် ဒုတိယတန်း၊ အလယ်တွင် တတိယတန်းစသည်ဖြင့် သူ့နေရာသူ ပိုင်းခြားကန့်သတ်လျက် ခာတ်မီးများဝင်းထိန်စွာ ထွန်းထား

သည်များကို ဆင်ခြင်အောက်မေ့လိုက်သည့်အခါ စည်းမရှိ ကမ်းမရှိ အချိန်ကန့်သတ်ခြင်းမရှိ ရှုပ်ချင်တိုင်းရှုပ်ပွလျက် ရောပြွမ်းသပြွမ်း "ပေါက်ပန်းဈေး" စီးနင်းလိုက်ပါကြရသော ယခုခေတ် ရေကြောင်းခရီးသည်များ အဖို့မှာ နတ်ဘုံ နတ်နန်းသဖွယ် လွမ်းဆွတ်တမ်းတလောက်ပါပေ၏။ ပိုက်ဆံတတ်နိုင်သူများအဖို့မှာ ဒုတိယခန်း၊ ပထမခန်းများ ရှိကြသည့်ပြင် တတိယတန်းပင် စီးနင်းရစေကာမူ စောစောသွားနိုင်လျှင် နေရာကောင်းရနိုင်၍ ယခုခေတ်ကဲ့သို့ ဖျာခင်းပြီး နေရာယူထားသူတို့ထံမှ ပိုက်ဆံနှင့် နေရာဝယ်ယူရသည်ဟူ၍လည်း မရှိချေ။

ကျွန်ုပ်မှာ ထိုစဉ်အခါက ကသာဒိစတြိတ် ကမ်းနီရွာတွင် အင်္ဂလိပ်ကျောင်းသို့ မပို့လိုသော သစ်ကုန်သည်များ၏ သားသမီးများအား အင်္ဂလိပ်စာတစ်ဘာသာတည်း သင်ပြလျက်ရှိသည် ဖြစ်၍ ကျွန်ုပ်တို့လင်မယားသည် မန္တလေးမြို့သို့ အလည်အပတ် လာရာမှအပြန် စာပို့သင်္ဘော ကြီးသို့ ဆင်း၍ အိပ်ကြရ၏။ စာပို့သင်္ဘောကြီးပေါ်၌ ပဲ့ပိုင်းတွင် ဒုတိယတန်း ခရီးသည်များ အတွက် အခန်းလေးခန်း ပါရှိလေရာ ကျွန်ုပ်တို့ ရောက်သွားသောအချိန်၌ ဗိုလ်ကပြား လင်မယားတစ်စုံနှင့် မြန်မာအရာရှိ လင်မယားတစ်စုံတို့ ရောက်နှင့်ကြပြီဖြစ်၍ စတုတ္ထအခန်း တစ်ခန်းသာလျှင် လွတ်လပ်လျက်ရှိလေတော့သည်။

ကျွန်ုပ်တို့သည် ဝန်စည်စလယ်များကို နေရာတကျချထားပြီးနောက် မျက်နှာချင်းဆိုင် ရှိနေသော အခန်းများ၏အလယ်၌ရှိသော စားပွဲကြီး၌ထိုင်ကာ ခရီးသည်အချင်းချင်း မိမိတို့ ကိုယ်ကို မည်သူမည်ဝါဖြစ်သည်ဟု ပြောပြလျက် မိတ်ဆက်နေကြစဉ်၊ တောင်းများ၊ ပလုံးများ၊ ခြင်းများကို ရွက်သူကရွက်လျက် အထုပ်အပိုးများနှင့် ကျွန်းသေတ္တာကြီးကို ထမ်းသူကထမ်း၍ တက်လာကြသော တောသူတောင်သား ခရီးသည်တစ်စုသည် ဒုတိယတန်းခရီးများအတွက် ကန့်ထားသော ပဲ့ပိုင်းသို့ ဝင်လာကြလေ၏။ ထိုအခါ ဗိုလ်ကပြားလင်မယားသည် နှာခေါင်းရှုံ့ လျက်ရှိကြရာ အရာရှိလင်မယားကမူ "ဗျို့ ... ဘကြီးတို့ ဒီနေရာမဟုတ်ဘူး၊ ခင်ဗျားတို့ မှားနေကြပြီထင်တယ်၊ ခင်ဗျားတို့ ဟိုဘက်မှာစီးရလိမ့်မယ်"ဟု ပြောလိုက်သည်တွင် ရှေ့ဆုံးမှ လွယ်အိတ်ကြီးနှင့် တက်လာသော ၅၀ ကျော် ၆၀ ကျော်အရွယ် လူကြီးတစ်ယောက်က–

"ကိစ္စမရှိတန်ကောင်းပေါင်ဗျာ နော် ... သင်္ဘောစာရေးကြီးကို ကျုပ်တို့ပြောပြီးသားပါဗျာ၊ တော်တော်ကြာတော့ သူလိုက်ပါလိမ့်မယ်ဗျာ ..."ဟု ပြောနေပြန်သဖြင့် ဗိုလ်ကပြားက–

"မဟုတ်ဘူး အဘိုးကြီး ... ဒီနေရာမှာ ခင်ဗျားတို့စီးဖို့မဟုတ်ဘူး၊ ဟိုဘက်မှာ ခင်ဗျားတို့ နေရာရှာထားကြပါ။ မဟုတ်ရင် ဒုက္ခရောက်ကုန်လိမ့်မယ်"ဟု ဝင်၍ပြောလေ၏။

ထိုအခါ တောင်း၊ ပလုံးများရွက်ထားသော မိန်းမများနှင့် အထုပ်များထမ်းပိုးလျက် ရပ်နေကြသော ယောကျ်ားများသည် ထိုင်ရမလို၊ ထရမလိုနှင့် ယောင်လည်လည် ဖြစ်နေစဉ် သင်္ဘောစာရေးကြီး ဝင်လာ၍ လွတ်လပ်လျက်ရှိသော စတုတ္ထအခန်းကို ဖွင့်ပေးလိုက်သည်တွင် ကျွန်ုပ်တို့အားလုံးမှာ တစ်ယောက်မျက်နှာကို တစ်ယောက် ကြည့်ကာ အံ့အားသင့်လျက်ရှိကြ

လေ၏။ ဗိုလ်ကပြားလင်မယားမှာမူ ကျေနပ်ဟန်မတူသော အမူအရာရှိကြ၍ ယောကျ်ားဖြစ်သူသည် သင်္ဘောဦးပိုင်းရှိ ပထမတန်းအခန်းများသို့ပင် သွားရောက်စုံစမ်းသေးရာ ၎င်းအခန်းများတွင် အရေးပိုင် သစ်တောဝန် ပညာမင်းကြီးစသော ဘိလပ်သားအစစ် များနှာဖြူများနှင့်ပြည့်လျက် ရှိသောကြောင့် မကပ်နိုင်ဘဲ ပြန်လာခဲ့ရလေ၏။ မြန်မာအရာရှိ လင်မယားတို့ကမူ ကပြားလင်မယားကဲ့သို့ ထင်ရှားသောအမူအရာမျိုး မဖော်ပြသော်လည်း မျက်နှာထားခပ်အိုအိုပင် ရှိကြလေသည်။ သို့ဖြစ်၍ ထိုလင်မယားနှစ်စုံတို့သည် စားပွဲတွင် မထိုင်ကြတော့ဘဲ ပွဲအစွန်း လက်ရန်းအနီး၌ရှိသော ကုလားထိုင်များသို့ ပြောင်းရွှေ့ကာ ထိုင်နေကြလေတော့သည်။

ကျွန်ုပ်တို့လင်မယားမှာ အခါခပ်သိမ်း ဒုတိယတန်းဖြင့် ခရီးသွားကြသည်မဟုတ်ဘဲ အအိပ်အနေ ဆင်းရဲမည်စိုးသဖြင့်သာ ရံဖန်ရံခါ အခွင့်သာသည့်အလျောက် စီးနင်းလိုက်ပါသူများ ဖြစ်ကြ၍ ထိုလင်မယားနှစ်စုံတို့၏ သွေးကြီးမွေးကြီး အမူအရာကို ကျောခိုင်းလျက် နောက်တက်လာသော ခရီးသည်များကိုသာ စိတ်ဝင်စားစွာနှင့် ကြည့်နေကြလေ၏။ တက်လာကြသော တောသူတောင်သားများမှာ ၁၀ ယောက်ထက်မနည်းသော်လည်း အကယ်ခရီးသွားမည့်သူတို့ကား လွယ်အိတ်နှင့် ရပ်လျက် စကားပြောသော အရပ်ခပ်မြင့်မြင့် လူကြီးနှင့် ထန်းခေါက်တောင်း တစ်လုံးကို ရွက်လာသည့် ၎င်း၏ဇနီးတို့သာ ဖြစ်လေသည်။

စာရေးကြီးဆင်းသွားသည့်နောက် လူတစ်စုံတို့သည် ခရီးသည်အဘိုးကြီးလင်မယားတို့၏ ဝန်စည်စလယ်များကို ၎င်းတို့၏အခန်းထဲတွင် နေရာတကျ ကူညီချထားပေးကြပြီးနောက် အချို့ကား ရေချိုးခန်းသို့ ဝင်ကြည့်ကာ အံ့သြသောမျက်နှာထားများနှင့် ထွက်လာကြခြင်း၊ အချို့လည်း ဓာတ်မီးခလုတ်ကို ဖွင့်ချည်ပိတ်ချည် လုပ်ကြည့်ခြင်း၊ အချို့ကား ပန်ကာကို ဖွင့်ကြည့်ခြင်း၊ အချို့ကား ဖြူစင်သန့်ရှင်သော အိပ်ရာခင်းကို ကြည့်လျက် တစ်ယောက်၏ မျက်နှာကို တစ်ယောက် ကြည့်ခြင်း စသည်ဖြင့် အနည်းနည်းအဖုံဖုံ စမ်းသပ်အံ့သြနေကြလေရာ ကျွန်ုပ်မှာလည်း ၎င်းတို့၏ မျက်နှာထားများကို မြင်ရခြင်းအားဖြင့် အရသာတစ်မျိုး ပေါ်ထွက်လျက်ရှိပေတော့သည်။ အပျိုဖြန်းအရွယ် သူငယ်မတစ်ယောက်က ၎င်း၏အဖော်အား "နေရာကျလိုက်တာ အေရယ် ... သူတို့အခန်းထဲမှာတောင် ဓာတ်ခလုတ်နဲ့တော့၊ အသာကလေးနှိပ်လိုက်ရင် ထိန်သွားတာပဲ"ဟု ပြောရာ ၎င်း၏အဖော်က "ဟုတ်သတော့်၊ တပိုတပါးသွားချင်တော့လည်း ချုံရှာမနေရဘူး၊ ဟိုဘက်က အခန်းထဲ ဝင်ထိုင်ရုံပဲ၊ ရေချိုးတာတောင် မှန်ကြီးနဲ့တော့်၊ သိပ်ဟုတ်တာပဲ အေရယ် ... "ဟု ပြန်ပြောလေ၏။ ကာလသားအရွယ် လူငယ်တစ်ယောက်ကလည်း ၎င်း၏အဖော်အား "နှိပ်လိုက်လေသကွာ၊ အိပ်ရာကြီးကလည်း ဖွေးလို့ ဖိမ်ပဲဟေ့"ဟု ဆိုရာ အဖော်က "လေရဟတ်ကြီးကြည့်လိုက်ပါဦးကွာ ခုတင်ခေါင်းရင်းနားတွင်ကပ်လို့ ဘကြီးတို့တော့ သိပ်နိပ်တာပဲ ဟေ့"ဟု ပြန်ပြောလေ၏။

ခရီးသွားမည့် အဘိုးကြီးလင်မယားတို့ကို လိုက်ပို့ကြသော လူများသည် တစ်နာရီကျော်

ခန့်မျှ ကြာသည်တိုင်အောင် တစ်သင်္ဘောလုံး လှည့်ကြည့်သူကကြည့်၊ ဒုတိယတန်းအခန်းတွင်းသို့ ဝင်ချည်ထွက်ချည် လုပ်သူကလုပ်၊ ဦးပိုင်းရှိ ပထမတန်းအကန့်တွင်းသို့ ဝင်မိသဖြင့် ငေါက်ထုတ်ခြင်း ခံရသူကခံရပြီးသည်နောက် ဧည့်သည်အားလုံးတို့သည် ပြန်ကြတော့အံ့ဟု နှုတ်ဆက်ကြရာတွင် "လူကလေးကို ပြောလိုက်ပါနော်ဘကြီး ... ကျုပ်တို့ ခဏခဏ သတိရပါတယ်လို့ ပြောလိုက်ပါနော်" "ကြီးတော်က တစ်ခေါက်လောက် ရွာကိုအလည်လာခဲ့ပါဦးလို့ မှာလိုက်တယ် ပြောပါနော်ဘကြီး" စသည်ဖြင့် တစ်ယောက်တစ်ခွန်း ပြောဆိုနှုတ်ဆက်ကြလေ၏။

သင်္ဘောပေါ် ဆင်းသွားကြသောအခါ လူကြီးလင်မယားသည်လည်း သင်္ဘောစက်ပေါင်းပေါ်သို့သွား၍ လက်ရန်းကိုကိုင်ကာ ၎င်းတို့၏ရွာသူရွာသားများကို မျှော်ကြည့်နေကြလေရာ ကျွန်ုပ်လည်း ၎င်းတို့၏အပြုအမူများကို စိတ်ဝင်စားလျက်ရှိသည်နှင့် ၎င်းတို့နောက်မှ ကပ်၍ ကမ်းပေါ်သို့ မျှော်ကြည့်မိသေး၏။ လူများသည် လှည်းနှစ်စီးပေါ်သို့ တက်ကြစဉ် ၎င်းတို့၏ မျက်နှာများသည် သင်္ဘောဘက်သို့ချည်း လှည့်လျက်ရှိကြသဖြင့် တစ်ယောက်က "ဟောဟိုမှာ ဘကြီးတို့ ကြီးတော်တို့ မြင်ကြလား"ဟု ပြောလိုက်သည်တွင် ကျန်လူများသည် လူကြီးလင်မယားကို မြင်ကြ၍ "သွားကြတော့ ဘကြီးတို့နော်၊ လူကလေးကို ပြောလိုက်ပါနော်"စသည်ဖြင့် သံပြိုင်ဟစ်အော် နှုတ်ဆက်လိုက်ကြသဖြင့် ကမ်းတစ်ခုလုံး ဆူညံသွားလေတော့သည်။

ပွဲပိုင်းဘက်သို့ လူကြီးလင်မယား ပြန်ရောက်လာကြသောအခါ၌ လင်မယားနှစ်စုံတို့သည် ကျွန်ုပ်၏ဇနီးနှင့်အတူ စားပွဲတွင်ထိုင်လျက် ရှိကြလေရာ လူကြီးလင်မယားသည် လင်မယားနှစ်စုံတို့၏ ခပ်တန်းတန်း လုပ်နေကြသော မျက်နှာထားများကို ရိပ်မိဟန်လက္ခဏာနှင့် လူကြီးက "စကားရော ဖောရော" ပြောသေးရာ မိန်းမကြီးမှုကား ၎င်းတို့၏ အခန်းတွင်းသို့ တန်း၍ဝင်သွားလေတော့သည်။ လူကြီးသည် ခရီးမထွက်စဖူး ထွက်လာခဲ့ရ၍ တစ်သက်မှတစ်ခါ မမျှော်လင့်ဝံ့သော အခြင်းအရာကို ကြုံတွေ့ခံစားနေရသဖြင့် အလွန်တရာ ကြည်နူးရွှင်မြူးလှသော အမူအရာဖြင့် တာပင်သင်္ဘောကြီး၏ ခံ့ညားပုံ၊ လှပပုံ၊ အချိုးအစားကျနပုံ၊ အိပ်ရာခင်းနှင့် ခေါင်းအုံးစွပ်များ ဖြူစင်သန့်ရှင်းပုံ၊ ခလုတ်နှိပ်လိုက်လျှင် ဓာတ်မီးရော လေရဟတ်ပါ လိုရာရပုံများ အကြောင်းကို အားရပါးရ ချီးကျူးပြောဆိုလေရကား လင်မယားနှစ်စုံတို့သည် တစ်စုံ၏ မျက်နှာကို တစ်စုံကြည့်ကာ မရယ်မပြုံး လုပ်နေကြရာမှ "ကောင်းလိုက်တဲ့ သင်္ဘောကြီးဗျာ၊ တစ်သောင်းလောက်တော့ ကုန်ပါလိမ့်ထင်ပ"ဟု ပြောလိုက်ရာတွင်မူကား မရယ်ဘဲ မနေနိုင်အောင် ဖြစ်လာကြလေ၏။

(လူကြီး) "ဘာလို့ရယ်ကြတာလဲဗျ၊ များသလား ဆိုနိုင်ပေါင်ဗျာ ... ကျုပ်တို့တောသားတော့ အရမ်းတွေးရတာပါပဲ၊ ဖိုးထွန်းဦးရဲ့ ဆန်စက်ဟာတောင် တစ်သောင်းကျော် ကုန်တယ်ဆိုတော့ ဟိုစက်လို ဆန်မကြိတ်နိုင်ပေမဲ့ ဒီလောက်တော့ ကုန်လိမ့်မှတ်တာပါပဲ"

(ကျွန်ုပ်) "ဖိုးထွန်းဦးရဲ့ ဆန်စက်က ဘယ်မှာလဲ ဘကြီးရဲ့"

(လူ) "ကျုပ်တို့ရွာပေါက်က ဆန်စက်လေ"

(နုပ်) "ဘကြီးတို့ရွာက ဘယ်မှာလဲ"

(လူ) "ပုသိမ်ကြီးပေါ့ဗျ၊ နန်းတော်ကြီးရဲ့ အရှေ့ဘက်ဆီမှာလေ၊ ကျုပ်တို့ရွာမှာတော့ ဖိုးထွန်းဦးဆန်စက်ဆိုရင် လူတိုင်းသိတာပေါ့၊ ဟိန်းလို့ဗျာ၊ တည်ထားလိုက်တဲ့ စက်ကြီးမှ ရောမဟာကြီးပဲ"

(နုပ်) "ဒါမှ တစ်သောင်းကျော် ကုန်သတဲ့လား ဘကြီးရဲ့"

(လူ) "အဲလေ ဟုတ်ပါရဲ့ သောင်းဆိုလား သိန်းဆိုလား ပြောတတ်ပေါင် မောင်ရယ် "သ" တော့ပါတာပါပဲ"

(အရာရှိ) "ဒီလိုဆိုရင် သန်းဖြစ်ချင် ဖြစ်နေပါ့မယ် ဘကြီးရယ်"

(လူ) "အေးလေ ဒါလည်းမဆိုနိုင်ဘူး။ ကျုပ်တို့တော့ စပါး တစ်ရာနှစ်ရာ ငွေတစ်ရာနှစ်ရာ ... ဒါလောက်ရေးတတ် တွက်တတ်တာပဲ၊ ဒီအထက်ဆိုရင် ရှုပ်ကုန်ပြီ၊ လူကလေးတော့ တွက်တတ်မှာပဲ"

လူကြီးသည် ၎င်းပြောသောစကားများကို ကျွန်ုပ်မှတစ်ပါး အခြားခရီးသည်များ စိတ်ဝင်စားကြဟန် မရှိသည်ကို ရိပ်မိသည်နှင့် ထိုင်ရာမှထ၍ ဗိုလ်ကပြားလင်မယားဘက်သို့ လှည့်ကာ ဦးခေါင်းညွတ်လျက် "ဂွတ်ဒမောနိန်း သခင်ကြီး"ဟု နှုတ်ဆက်ပြီးလျှင် ၎င်း၏အခန်းထဲသို့ ဝင်သွားလေ၏။ ကျွန်ုပ်တို့လည်း ပြုံးရယ်လျက် ကျန်ရစ်ကြလေရာ ထိုလူကြီးအား "ဂွတ်မောနိန်း ဆရာကြီး"ဟူ၍ နာမည်ပေးထားလေတော့သည်။

* * *

နောက်တစ်နေ့ နံနက်တွင် တာပင်သင်္ဘောသည် မန္တလေးဆိပ်ကမ်းမှ ထွက်ခွာလာခဲ့ရာ ဂွတ်ဒမောနိန်းဆရာကြီးသည် ကျွန်ုပ်တို့အိပ်ရာမှ ထလာကြသောအချိန်တွင် သင်္ဘောပဲ့စွန်း၌ ထိုင်လျက် အနောက်တောင်ရိုးတန်းကြီးကို စိတ်ဝင်စားသော အမူအရာနှင့် ငေးမျှော်ကာ ကြည့်နေလေ၏။ မင်းကွန်းဘုရာကြီးကို မြင်ရသောအခါ ကုလားထိုင်ပေါ်မှ ဆင်းကာ ဒူးတုပ်၍ ကန်တော့ပြီးနောက် "တစ်ခေါက်လောက် ရောက်စမ်းချင်တာ တစ်ခါမှ မသွားဖြစ်ပါဘူးဗျာ၊ အားလပ်တယ်လို့ကို မရှိနိုင်ပါဘူး"ဟု ကျွန်ုပ်အား ပြောသဖြင့် ကျွန်ုပ်သည် ခရီးဆောင်မှန်ပြောင်းကို အခန်းထဲမှယူ၍ လူကြီးလက်သို့ ပေးလိုက်လေ၏။ လူကြီးသည် မှန်ပြောင်းရသောအချိန်မှစ၍ သင်္ဘောပဲ့စွန်းမှ မခွာတော့ဘဲ အရှေ့ဘက်နှင့် အနောက်ဘက်ကမ်းများကို တစ်လှည့်စီ ကြည့်ရာမှ ၎င်း၏ "ရှင်မ"ကိုလည်း မကြာခဏ ခေါ်၍ပြလေ၏။ "နေရာကျလိုက်လေ မောင်ရင် သိပ်ဟုတ်တာပလား၊ အနားသွားကြည့်တာလိုပါပဲလား မောင်ရင်ရယ်၊ ရေကြောမြေကြော ရှုနိုင်တယ် ဆိုတာ ဒီဟာများထင်ပါရဲ့၊ ကျေးဇူးများလိုက်တာ မောင်ရင်"ဟူ၍ အားရပါးရ အမူအရာနှင့် လင်မယားနှစ်ယောက်လုံးက ပြောရှာကြပါပေသည်။

လက်ဖက်ရည်သောက်ကြသောအခါ လူကြီးလင်မယားသည် ကျွန်ုပ်တို့နှင့်အတူ တစ်စားပွဲတည်းတွင် ထိုင်လျက် ဟန်ရပန်ရ သောက်ရှာကြ၏။ ကျွတ်အောင်ကင်၍ ထောပတ်သုတ်ထားသော ပေါင်မုန့်(တို့စ်)ကို လက်ဖက်ရည်တွင်နှစ်ပြီးမှ စားသည့်အတွက် လက်ဖက်ရည်တွင် ထောပတ်ဆီ "ဝေ့"ကျန်ရစ်သဖြင့် ကပြားလင်မယားတို့၏ ပြုံးရယ်ခြင်းခံရရုံမှတစ်ပါး အရုပ်ဆိုးလှအောင် မရှိပေ။ "ရှင်မ"ကမူ ပေါင်မုန့်ကင်မှာ "အချိုပေါ့"သည့်အတွက် နို့ဆီကလေးနှင့် သုတ်စားလိုသဖြင့် ၎င်း၏ဆန္ဒပြည့်စိမ့်သောငှာ ဘွိုင်ကုလားကို ကျွန်ုပ်ကပင် ခေါ်ယူတောင်းပေးလိုက်ရ၏။

ကျွန်ုပ်သည် အရာရှိလင်မယားတို့၏ မျက်နှာထားနှင့် ဗိုလ်ကပြားမောင်နှံတို့၏ အမူအရာများကိုကြည့်ကာ စာရေးဆရာတို့၏ သဘာဝအတိုင်း စိတ်ဝင်စားသောအရသာကို ခံစားလျက်ရှိရာ ကပြားလင်မယားတို့ နှာခေါင်းရှုံ့သည်ကို မြင်သဖြင့် အရာရှိလင်မယားတို့က မြန်မာအတွက် လိုက်၍ ရှက်ကြဟန်တူ၏။ ကပြားလင်မယားတို့မှာလည်း မြန်မာသွေးပါသည့်အဖြစ်ကို အရာရှိလင်မယားတို့ စဉ်းစားမိဟန်မတူချေ။ စင်စစ်မှာ မြန်မာ တောသူတောင်သားများ၌ အထက်တန်းစားလူများ၏ အမူအရာမျိုး မရှိသည့်အတွက် ရှက်ဖို့မရှိသင့်ပေ။

သို့ရာတွင် နံနက်စာစားကြသောအခါ၌မူကား အတော်ကလေး ခွကျသော အခြင်းအရာများ ကြုံတွေ့ရ၏။ အရာရှိလင်မယားတို့သည် လူကြီးလင်မယားတို့အတွက်ကြောင့် နံနက်စာစားချိန်တိုင်ရောက်မည်ကိုပင် ပူပန်နေကြဟန်တူပေရာ ကျွန်ုပ်မှာမူ "နေသာသပလေညာက"ဟူသော စကားအတိုင်း ထိုအတွက်ကြောင့် မရှက်ဘဲ၊ ရှက်ဟန်တူသော အရာရှိလင်မယားတို့အတွက် သာလျှင် သနားမိ၏။ ဘိလပ်သားအစစ်များရှေ့တွင် ဆိုပါမူ ကျွန်ုပ်သည်လည်း ရှက်ကောင်းရှက်မိ၍ လူကြီးလင်မယားအား တစ်နည်းတစ်လမ်းအားဖြင့် အကြံပေးကောင်း ပေးမိပေမည်။ ယခုမှာမူ မြန်မာသွေးပါသော ကပြားများသာဖြစ်သောကြောင့် ရှက်နေဖို့မရှိဟု ကျွန်ုပ်အောက်မေ့မိ၏။ အရာရှိလင်မယားတို့ကား မည်သည့်နည်းနှင့် စဉ်းစားကြသည် မဆိုနိုင်ရှက်သလိုလို အားနာသလိုလို ဖြစ်နေကြရှာလေတော့သည်။

နံနက်စာ စားချိန်တိုင်ရောက်သောအခါ ဘွိုင်ကုလားသည် စားပွဲတွင် အဝတ်ခင်း၍ ဇွန်း၊ ခက်ရင်း၊ ဓား စသည့် ကိရိယာတန်ဆာများကို စားပွဲပေါ်တွင် အစီအစဉ်အတိုင်း လူရှစ်ယောက်အတွက် တည်ခင်းနေသဖြင့် ကျွန်ုပ်တို့သည် ကိုယ့်နေရာ၌ ကိုယ်ထိုင်ကြလေရာ လူကြီးလင်မယားတို့လည်း မိမိတို့နေရာတွင် ထိုင်ကြလေ၏။

ပေါင်မုန့်နှင့် ထောပတ်တို့ကို စားပွဲအလယ်တွင် တည်ခင်း၍ လိုသလောက် နှိုက်ယူစားသောက်ကြရန် ဖြစ်လေရာ အခြားစားစရာများကိုမူ ဥရောပတိုက်သားများ ထုံးစံအတိုင်း လူအသီးသီးရှေ့၌ တည်ခင်းပေးလေသည့်။ ရှေးဦးစွာ "ငါး"ပွဲရောက်လေသောအခါ၌ လူကြီးလင်မယားသည် ဓား၊ ခက်ရင်း၊ ဇွန်းတို့နှင့် တစ်ကြိမ်မျှ စားဖူးဟန်မတူသော်လည်း အတော်

အတန် ပါးရည်နပ်ရည် ရှိသူများဖြစ်သည်အလျောက် အခြားလူများ ကိုင်ပုံတွယ်ပုံကို ကြည့်လျက် ကြိုးစား၍ လိုက်နာကြ၏။ ငါးအတွက် ဓားတစ်မျိုးပေးထားသည်ကိုပင် မမှားအောင် ရွေးချယ် အသုံးပြုကြသည့်အတွက် ကျွန်ုပ်တို့စိတ်ထဲ၌ ချီးကျူးမိ၏။ ပေါင်မုန့်ကိုလည်း ကျွန်ုပ်တို့နည်းတူ လက်နှင့် လှမ်းယူကိုင်တွယ် စားသောက်ကြ၏။ အနည်းငယ် အကိုင်အတွယ် မကျင်လည်ရုံမှတစ်ပါး ပြောဖွယ်ရာမရှိချေ။ သို့ရာတွင် ကြက်သားပွဲ ရောက်လာသောအခါ တွင်မူကား "ရှင်မ"သည် ကြက်ပေါင်ကို အရိုးနှင့်အသား တခြားစီဖြစ်အောင် ဓားနှင့်လှီးဖြတ်ရန် ရှေးဦးစွာ အခက်အခဲ တွေ့လေရာ ထိုနောက်တွင် လူကြီးသည် ပေါင်ရိုးကို ဓားနှင့်ကြိတ်၍ လှီးဖို့ ကြိုးစားသည့်တွင် ကြက်ပေါင်သည် ပန်းကန်ပြားထဲမှ ချော်ထွက်၍ စားပွဲပေါ်သို့ စဉ်ထွက်သွားလေ၏။ အရာရှိ လင်မယားတို့မူကား မျက်နှာများကို အောက်သို့ငုံ့လျက် မမြင်ချင်ပြုနေကြလေရာ ကပြားလင်မယားလည်း ရယ်မောကြလေ၏။ လူကြီးမှာမူ မိမိ၏ မကျင်လည်မှုအတွက် အနည်းငယ် ရှက်ကိုးရှက်ကန်းဖြစ်ရုံမျှထက် မပိုဘဲ လွင့်စဉ်သွားသော ကြက်ပေါင်ကို လက်ဖြင့် ကောက်ယူ၍ ဓားကို လုံးဝချထားပြီးလျှင် လက်နှင့်ပင် ကိုင်တွယ် စားသောက်လေတော့၏။ "ကိုယ်တတ်သလို ကိုယ်စားပါ ရှင်မရယ်"ဟု ပြောလိုက်သဖြင့် ၎င်း၏ ဇနီးမှာလည်း ၎င်းနည်းတူ လက်နှင့်ပင် ကိုင်တွယ်စားသောက်လေရာ နောက်ထပ်ရောက်လာသော စားစရာမျိုးကိုလည်း ဤနည်းအတိုင်းပင် ပယ်ပယ်နယ်နယ် ကိုင်တွယ်စားသောက်ကြလေ၏။

ကျွန်ုပ်သည် ထိုလူကြီးလင်မယားတို့၏ အမူအရာကို မြင်သဖြင့် များစွာ အံ့သြမိ၏။ အခြားသော တောသူတောင်သားတို့မှာ ဤသို့သောနေရာ ဤသို့သောပရိသတ်ရှေ့၌ ဇွန်းခက်ရင်းဖြင့် စားသောက်ခြင်းကို အဝေးမှရှောင်ကွင်းကြမည်ဖြစ်ရာ ၎င်းတို့မှာမူ ရောနှောရန် ကြိုးစား၍ အထမမြောက်သောအခါ၌လည်း အလွန်အမင်း ရှက်လှသည်မရှိဘဲ ခပ်အေးအေးပင် ရှိနေကြ၏။ "တတ်နိုင်သမျှ ကြိုးစားတာပဲ။ မဖြစ်တာတော့ ကျုပ်တို့အပြစ်မဟုတ်ဘူး"ဟု ဆိုလိုသော အမူအရာကိုသာ ပြကြလေသည်။ ဟန်ဆောင်ချင်သော တောသားတစ်ယောက် ဖြစ်ခဲ့ပါမူ ဖြူစင်သော စားပွဲခင်းကြီးပေါ်သို့ ကြက်ပေါင်ကြီးလွင့်စဉ်သွားသဖြင့် စွန်းပေသွားသော တစ်ခဏ၌ လဲသေချင်မတတ် ရှက်ကြမည်ဖြစ်ရာ ထိုလူကြီးမှာ ရှက်ပြုံးပြုံးလိုက်ခြင်းမှတစ်ပါး ထူးခြားသော မျက်နှာထားမျိုး မပြချေ။

ရှေ့အဖို့၌ လူကြီးလင်မယားသည် လက်နှင့်ပင် ကိုင်တွယ်လျက် မိမိတို့နေအိမ်၌ကဲ့သို့ လွတ်လပ်စွာ စားသောက်နေကြသည်ကို တွေ့ကြရသောအခါ အခြားပရိသတ်များမှာ တစ်မျိုးတစ်ဖုံ အမူအရာပြောင်းလဲသွားကြ၏။ ဗိုလ်ကပြားလင်မယားသည် နှာခေါင်းရှုံ့၍ ရယ်မောချင်သော အပြုအမူမျိုး မရှိတော့ချေ၊ အရာရှိလင်မယားလည်း လူကြီးလင်မယားအတွက် ယခင်ကဲ့သို့ ရှက်သောမျက်နှာထားမျိုး မပြတော့ချေ။ ကျွန်ုပ်မှာလည်း ၎င်းတို့အတွက် ယခင်ကတည်းက မရှက်လှသည့်အထဲတွင် ယခုမှာမူ လုပ်ချင်သည့်အတိုင်း ဘွင်းဘွင်းကြီး လုပ်တတ်

ကြသည်ဖြစ်သောကြောင့် သဘောကျသလိုလိုရှိမိ၏။ စကတည်းက လက်နှင့်ကိုင်စားကြပါမူ ကျွန်ုပ်သည် ကဲ့ရဲ့မိကောင်း ကဲ့ရဲ့မိပေမည်။ ယခုမှာ တတ်နိုင်သမျှ ကြိုးစားကြပြီးနောက် မဖြစ်နိုင်ကြောင်း တွေ့ရသောအခါမှ "ဇာမချဲ့ဘဲ" လွတ်လပ်စွာ စားသောက်ကြခြင်း ဖြစ်သည့်အတွက် ဤလူကြီးစုံတွဲသည်ကား တစ်ထောင်တွင် တစ်ယောက်တွေ့ရခဲလှသော လင်မယားပေတည်းဟု အောက်မေ့မိလေတော့သည်။

နေ့လယ် လက်ဖက်ရည်သောက်ကြသောအခါ၌ လူကြီးလင်မယားသည် ကျွန်ုပ်တို့၏မျက်နှာများကို အကဲခတ်ရင်း စားသောက်ကြလေရာ ကျွန်ုပ်သာမက ဗိုလ်ကပြားစုံတွဲနှင့် အရာရှိလင်မယားတို့သည် ၎င်းတို့အပေါ်တွင် အထင်အမြင်ကြီး၍ ကရုဏာသက်လာကြလေပြီ။ ကပြားကတော်သည် မိန်းမကြီးအတွက် ပေါင်မုန့်ကို ယိုနှင့်ထောပတ်များ သုတ်ပေး၍ အရာရှိကတော်က ၎င်းတို့ အဆင်သင့်သောက်ရန် လက်ဖက်ရည်ဖျော်ပေးလေ၏။ လူကြီးလင်မယားသည် မိမိတို့ မကျွမ်းကျင်သည့်အတွက် သင်ပြပေးကြသည်ဟု ရှက်သောမျက်နှာထားမျိုး မပြဘဲ ကျေးဇူးတင်စွာနှင့် စားသောက်ကြလေသည်။

ညနေစောင်းအချိန်၌ အခြားခရီးသည်များသည် သင်္ဘောပေါ်တွင် လှည့်လည်ကြည့်ရှုနေကြစဉ် ကျွန်ုပ်သည် လူကြီးအနီးတွင် ထိုင်၍ စကားစမြည်ပြောကြ၏။

(လူကြီး) "တစ်ခုမေးပါရစေ မောင်ရယ်။ ဒီနေရာမှာစီးရင် သူတို့ထမင်းဟင်းကို မစားလို့ မဖြစ်ဘူးလားမောင်ရင်"

(ကျွန်ုပ်) "ဖြစ်တာပေါ့ ဘကြီးရဲ့၊ ကိုယ်စားချင်မှ စားရတာပေါ့၊ ဘာကြောင့်မေးတာလဲ ဘကြီး"

(လူ) "ဗိုလ်လိုစားရတာ မဝပါဘူးမောင်ရယ်။ ကျုပ်တို့က မြန်မာထမင်းဟင်း စားချင်တာပါ။ မစားဘဲမဖြစ်ဘူးဆိုလားလို့ စားမိတာပါမောင်ရင်"

(နုပ်) "ဘာလုပ်မလဲဘကြီး၊ စားချင်မှစားရတာပေါ့၊ မြန်မာထမင်းဟင်းလည်း ပါသားကပဲ"

(လူ) "ပြောတတ်ပေါင် မောင်ရင်။ စာရေးကြီးက ကျုပ်တို့ထမင်းဖိုးအတွက်ပါ ပေးပြီးသားဆိုလို့ စားမိကြတာပါ။ ညစာကျရင်တော့ ထမင်းဆိုင်မှာ ဝယ်စားပါတော့မယ်။ တော်ပါပြီ ကျုပ်တို့နဲ့မတန်ပါဘူး"

(နုပ်) "ဒီလိုဆိုရင် စိတ်ချဘကြီး၊ ကျွန်တော်လိုက်ပြပေးမယ်။ လူတစ်ယောက်မှ ၇ ပေးရပါတယ်"

(လူ) "ဒီမှာတော့ ဘယ်လောက်လဲ မောင်ရယ်"

(နုပ်) "လက်ဖက်ရည် ၇၊ နံနက်စာ ၁-၇၊ ညစာ ၂-၇ ကျတယ်ဘကြီး"

(လူ) "အလိုလေးဗျာ များပေ့။ ဒီလိုဆိုရင် တစ်ရက်စာအတွက်ကို ကျုပ်တို့တောမှာ တစ်လ စားလောက်တာပါကလား"

ညစာစားချိန်တွင် ကျွန်ုပ်သည် လူကြီးလင်မယားကို သင်္ဘောပေါ်၌ ပါလာသော မြန်မာထမင်းဆိုင်သို့ လိုက်ပို့ခဲ့၍ ကျွန်ုပ်တို့ လူစုချည်း ညစာစားသောက်ကြလေရာ လင်မယားနှစ်စုံတို့က ထိုလူကြီးလင်မယားအကြောင်းကို မမေးကြသော်လည်း ၎င်းတို့မရှိသည့်အတွက် စိတ်သက်သာရာ ရကြဟန်တူ၏။

လမ်းတစ်လျှောက်လုံးတွင် မိန်းမကြီးသည် ၎င်းတို့၏ အခန်းပြင်သို့ ထွက်လှသည်မရှိဘဲ လူကြီးကမူ မမြင်ဖူး မရောက်ဖူးသော အရပ်ဒေသဆို၍ ကျွန်ုပ်ပေးထားသော မှန်ပြောင်းကလေးဖြင့် မြစ်ကမ်းတဖက်တစ်ချက် ပြောင်းလဲမှန်းချိန်ကာ ကြည့်၍ မငြီးနိုင်အောင် ရှိနေလေတော့သည်။

ထိုညဥ့်၌ သင်္ဘောသည် ကြာညှပ်အထက်၌ရှိသော မောင်းကုန်းဆိပ်ကမ်းတွင် အိပ်၍ တစ်ညဥ့်လုံး ထင်းများတင်လေရာ လူကြီးသည် ကျွန်ုပ်တို့နှင့်အတူ သင်္ဘောပဲ့ပိုင်းတွင် မထိုင်ဘဲ ထင်းကူလီများနှင့် စကားလက်ဆုံဝင်လျက် ရှိလေ၏။ ကျွန်ုပ်သည် လူကြီးကို သဘောကျလျက်ရှိသဖြင့် ၎င်းရှိရာသို့ လိုက်သွား၍ မနီးမဝေးမှ အကဲခတ်နေလေ၏။ လူကြီးသည် ဆိပ်ကမ်းသို့ တက်၍ "ထင်းကား"များ စီထားသောနေရာအနီး ထင်းတုံးတစ်တုံးပေါ် ထိုင်လျက် ထင်းလုပ်ငန်းသမားများအား မေးလားမြန်းလား ရယ်လားမောလားဖြင့် စကားပြောမိသည်တွင် နာရီတစ်မတ်မျှမကြာသေးမီ ဟိုက ဘကြီး ဒီက ဦးကြီးနှင့် အကျွမ်းတဝင်ဖြစ်နေကြသည်ကို တွေ့ရလေ၏။ တစ်နာရီခန့်ကြာ၍ လူကြီးတက်လာသောအခါတွင် "အပြန်တော့ဝင်ခဲ့ဦးနော် ဘကြီး"၊ "ဘယ်တော့ပြန်ခဲ့မှာလဲ ဦးကြီး" စသည်ဖြင့် ဝိုင်းဝန်းနှုတ်ဆက်ကြသည်များကို တွေ့မြင်ရသောအခါ ဤလူကြီးကား တောသားအချင်းချင်း အနက်တွင် လူချစ်လူခင်ပေါမည့် ပုဂ္ဂိုလ်ကြီးပေတကားဟု ကျွန်ုပ် အောက်မေ့မိလေသည်။

* * *

နံနက်စောစော သင်္ဘောထွက်ခွာ၍ လက်ဖက်ရည် သောက်ပြီးကြသဖြင့် ကျွန်ုပ်တို့ လင်မယား သုံးစုံတို့သည် စားပွဲတွင် ဝိုင်းဖွဲ့ကာထိုင်လျက် စကားပြောနေကြစဉ် လူကြီးသည် ၎င်း၏အခန်းမှ ထွက်လာ၍ ကုလားထိုင်တစ်လုံးတွင် ထိုင်ပြီးလျှင် ...

(လူကြီး) "ကျုပ် တစ်ခုပြောပါရစေဗျာ သခင်ကြီးလင်မယားရော၊ မြို့အုပ်မင်းရော၊ ကျောင်းဆရာရော တစ်ဆိတ်ကလေး ခွင့်ပြုကြပါ။ ကျုပ်ကပြောချင်တဲ့စကားကို ဖွင့်ပြီးပြောလိုက်ရမှ ရင်ထဲမှာ လင်းသွားတတ်တဲ့ ဝါသနာရှိလို့ပါ၊ ကျုပ်တို့ ယခုဒီနေရာက ဒွိပတန်းဆိုလား ဒွိတရတန်းဆိုလား စီးနိုင်ခြင်းဟာ ကျုပ်တို့အစွမ်းမဟုတ်ပါဘူး။ ကျုပ်တို့လင်မယားဟာ ခင်ဗျားတို့အတန်းအစားထဲက မဟုတ်ပါဘူး၊ လူကလေးက အမေကြီးအဖေကြီးကို သူ့ဆီ အလည်လာဖို့ မှာတဲ့အခါမှာ တစ်သက်မှတစ်ခါ ခေါ်နိုင်ခြင်းဖြစ်တယ်ဆိုပြီး သင်္ဘောစာရေးကြီးကို လက်မှတ်ဖိုးရော တိုလီမိုလီဖိုးရော စရိတ်ရော သူ့လက်ထဲ ငွေအပ်လိုက်လို့ စာရေးကြီးကိုယ်တိုင်

ကျုပ်တို့ရွာကိုလာခေါ်ခြင်း ဖြစ်ပါတယ်။ ကျုပ်တို့သဘောဆိုလျှင် ငွေနှမြောပြီး ဘယ်နည်းနဲ့မှ ဒီလိုနေရာမျိုးမှာ မစီးဘူးဆိုတာ လူကလေးသိလေတော့ စာရေးကြီးလက်ကို ငွေအပ်လိုက်ပါတယ်၊ ကျုပ်တို့လင်မယားမှာ ဒီလိုနေရာမျိုး မဆိုထားနဲ့ ဟိုဘက်က တတိယတန်းမှာတောင် မစီးနိုင်လို့ လူကလေးဆီ သွားချင်လျက်နဲ့ နှစ်တွေအများကြီးအောင့်ပြီး နေကြရပါတယ်။ ဒီနှစ်ကျတော့မှ လူကလေးက ရာထူးတိုးလို့ဆိုထင်ပါရဲ့ စာရေးကြီးကို မှာလိုက်လို့ ကျုပ်တို့ လိုက်လာကြရပါတယ်။ ကျုပ်ကို ခင်ဗျားတို့နေရာမျိုး စီးနိုင်လို့ တောသူဋ္ဌေးလား မြေပိုင်ရှင်ကြီးလား အောက်မေ့နေကြမှာစိုးလို့ ယခုလို ဖွင့်ပြောရခြင်းဖြစ်ပါတယ်”

(နုပ်) “လူကလေးဆိုတာက ဘယ်သူလဲ ဘကြီးရဲ့”

(လူ) “လူကလေးဆိုတာ ကျုပ်သားပေါ့ မောင်ရင်။ ကျုပ်က မြေကလေး လေးငါးရှစ်ဧကနဲ့ လုပ်စားလာတဲ့ တောသားလယ်သမားဖြစ်ပေမဲ့ အင်္ဂလိပ်စာသင်တာဟာ စာရေးစာချီဖြစ်နိုင်တယ်လို့ သိတယ်။ လူကလေးက သေးသေးသွယ်သွယ်မို့လို့ ကျုပ်တို့လို နွံထဲမှာ နွားနဲ့ဖက်ပြီး ရုန်းရတဲ့အလုပ်မျိုးနဲ့ မတော်ဘူးလို့လည်း ကျုပ် သဘောရတယ်။ ဒါကြောင့် ကျုပ်တို့လင်မယား ချဉ်ပေါင်ဟင်းနဲ့စားပြီး လူကလေးကို အင်္ဂလိပ်ကျောင်းထားခဲ့ပါတယ်။ ခါတိုင်းတော့ လယ်က ရတဲ့ စပါးကလေးနဲ့ ချွေချွေတာတာ စားလောက်ရုံရှိကြရဲ့။ လူကလေးကို အင်္ဂလိပ်ကျောင်းမှာ ကျောင်းအိပ်ကျောင်းစားထားတော့ သူ့ကျောင်းလခနဲ့ စာအုပ်ဖိုးနဲ့ ထမင်းဖိုးနဲ့ဆိုတော့ လယ်လုပ်လို့ရတဲ့စပါးနဲ့ ကောင်းကောင်း မလောက်တတ်လို့ ကျုပ်တို့လင်မယား တောင်ရိုးမှာ ထင်းခုတ်ပြီး မြို့ထဲသွားရောင်းရပါတယ်။ ထင်းလှည်းတစ်စီး တစ်ကျပ်ခွဲ နှစ်ကျပ်ဆိုပေမဲ့ သားကလေး သရေစာဖိုးရရ ဘုတ်အုပ်ဖိုးရရ ဆိုပြီး ကောက်ကြီးတလင်း တက်တယ်ဆိုလျှင်ပဲ ကျုပ်တို့လင်မယား တောင်ရိုးကို နှစ်တိုင်း ထင်းခုတ်ထွက်ခဲ့ကြပါတယ်။ သို့သော် သားကလေးက တော်ရှာပါပေတယ်။ ကျုပ်တို့က ထင်းဖိုးကလေးရလို့ သူ့ကျောင်းဝင်ပြီးပေးခဲ့ပေမဲ့ ကျောင်းပိတ်တဲ့အခါတိုင်း သူ့အမေဖို့ တဘက်၊ ကျုပ်ဖို့ ဖိနပ်ဆိုတာလို လာတိုင်းပါခဲ့ရှာပါပေတယ်။ မပါဘူးဆိုလျှင် အနည်းဆုံး သူ့အမေဖို့ ပင်နီတစ်ဝတ်စာနဲ့ ကျုပ်ဖို့ ပဝါတစ်ပိုင်းတော့ ဝယ်လာရှာတာချည်းပါပဲ”

(နုပ်) “ဘကြီးသားက နောက်တော့ ဘယ်နှစ်တန်းအောင်သလဲ”

(လူ) “ဟိုက်စကူးဖိုင်တွဲဆိုလား၊ မဲသားတစ်ကျူလေဂျင်းဆိုလား မခေါ်တတ်ပေါင် မောင်ရယ်၊ ၉နှစ်လားထင်ရဲ့ ကျောင်းမှာသင်ခဲ့ရတာပါပဲ၊ တစ်နှစ်မှ စာမေးပွဲမကျပေဘူး၊ နှစ်တိုင်း အောင်ရှာပါပေတယ်။ နောက်ဆုံးမှာ အဲဒီဖိုင်တွဲစာမေးပွဲအောင်လာတော့ သစ်တောဘက်က ဆိုထင်ရဲ့ ဗိုလ်ကြီးတွေငှက်ပစ်လာကြတော့ လူကလေးက သေနတ်ထမ်းပြီး လိုက်ဖော်ရတာနဲ့ မင်းဘာအလုပ်ရှိသလဲတဲ့မေးတော့ အလုပ်မရှိသေးပါဘူးလို့ ပြောရာမှာ ငါတို့သစ်တောဘက်မှာ လုပ်ချင်ရင် အလုပ်ပေးနိုင်တယ်ဆိုပြီး လက်မှတ်တစ်စောင် ရေးပေးပစ်ခဲ့ပါရော။ အဲဒီလက်မှတ်နဲ့

စတီးဘရားသားဆိုလား အဲဒီကုမ္ပဏီမှာ လျှောက်လိုက် လျှောက်လိုက်ချင်းပဲ ကသာနယ်ရွှေလီဝ က အင်းရွာဆိုတဲ့ရွာမှာ သစ်ဘက်ကလက်ထောက်လုပ်ဖို့ ခန့်စာရပါရောဗျာ။ ကသာဆိုတော့ ကျုပ်တို့က ငှက်တော ခွေးတောဆိုပြီး လန့်ရတဲ့အထဲမှာ မဲဇာတို့ ရွှေလီတို့ဆိုတော့ ဘာပြော ကောင်းမလဲ လက်ဝဲသုန္ဒရအမတ်ကြီးကို ပြည်နှင်ဒဏ်ပေးလို့ ပို့ထားတဲ့အရပ်ဆိုပြီး ကျုပ်တို့က သိပ်ကြောက်တာပ။ သို့ပေမဲ့ သားကလေးကြီးပွားရေးကို မတားဆီးတော့ပါဘူးဆိုပြီး သွားဖို့ ခွင့်ပြုလိုက်ကြရပါရောဗျာ"

(နုပ်) "ဒါ ဘယ်နှစ်နှစ်ရှိပြီလဲ ဘကြီး"

(လူ) "ကျောင်းသားတွေ သပိတ်မှောက်ကြတဲ့နှစ်ကပါပဲမောင်ရင်၊ ရှစ်နှစ်ရာသီလောက် ရှိသွားထင်ပ။ ဒီအတောအတွင်းမှာ မိဘများဆီကို လူကလေး တစ်ခေါက်တည်းလာနိုင်ရှာတယ်။ အခု ကျုပ်တို့သားမျက်နှာကို မမြင်ရတာ လေးနှစ်ရှိသွားပြီ။ လာခဲ့မယ် လာခဲ့မယ်နဲ့ ခွင့်ကိုပဲ မရနိုင်ရှာဘူးတဲ့၊ နောက်ဆုံးကျတော့ သူတော့ဖြင့် မလာနိုင်တော့ဘူး။ အဖေတို့အမေတို့ပဲ လိုက်ခဲ့ ကြပါတော့တဲ့ မှာလိုက်ပြီး သင်္ဘောစရိတ်ကြီးလက်ထဲ ငွေထည့်လိုက်ရှာတယ်။ ဒီနှစ်တော့ သားက ရာထူးတိုးပြီး ဟိုရွှေလီထဲက ကျွန်းချောင်းဆိုလား အဲဒီရွာမှာ တိုက်ထိုင်အရာရှိကလေး ဖြစ်နေသတဲ့၊ ကျုပ်တို့လိုက်လာကြမယ်ဆိုလို့ ရွှေလီဝက ဆီးကြိုနေလိမ့်မယ်"

(နုပ်) "နို့နေပါဦးခင်ဗျာ ဘကြီးတို့ ဟိုရောက်ရင် ဘယ်လောက်ကြာကြာနေကြမှာလဲ၊ ဒီပြင်သားသမီးမရှိတဲ့ လင်ကိုယ်မယားနှစ်ယောက်တည်းဆိုတော့ သားနဲ့ အတူနေကြဖို့ ရှိတော့ တာပေါ့နော်၊ သားက တိုက်ထိုင်ဆိုတော့ လခတော်တော်ကောင်းပါလိမ့်မယ်။ သားအဖ သုံးယောက်တော့ ကောင်းကောင်းစားသောက်ပါလိမ့်မယ်"

(လူ) "စိတ်မကူးပါဘူးမောင်ရင်၊ ကိုယ့်ဟာကိုယ် လုပ်ကိုင်စားသောက်နိုင်ပါသေးလျက်နဲ့ သားသမီးလုပ်စာကို ထိုင်စားရမယ်ဆိုလို့ မျိုမကျနိုင်ပါဘူး၊ သူ့မှာလည်း အိမ်ထောင်ပြုရေးရှိပါ သေးတယ်။ အမှန်ပြောရရင် အငြိမ်းထိုင်စားရမယ်ဆိုလို့ နေလည်းမနေတတ်ပါဘူး။ ကိုယ့်လယ် ကလေး ကိုယ်လုပ်စားရတာလောက် မြိန်လိမ့်မယ်လည်း မထင်ပါဘူး။ ဒီတော့ ဟိုရောက်လို့ သူနဲ့တွေ့ပြီး သင်္ဘောတစ်ပတ်လောက်နေရင် ကျုပ်တို့ပြန်ကြမှာပါမောင်ရင်"

(နုပ်) "ဘကြီးတို့က ပြန်ချင်ပေမဲ့ သားက တားဦးမှာပေါ့ ဘကြီး"

(လူ) "ဘယ်လိုတားတော့ ကျုပ်တို့မနေနိုင်ပါဘူး မောင်ရင်။ လယ်သမားဆိုတဲ့လူမျိုးဟာ ရွှံ့ထဲမှာနေရမှ ပျော်နိုင်တယ်ဆိုတာကို လူကလေးလည်းသိပါတယ်"

(နုပ်) "မန္တလေးဆိပ်ကမ်းမှာတုန်းက လိုက်ပို့ကြတဲ့လူစုတွေဟာ ဘကြီးတို့ရွာကလား"

(လူ) "ဒါပေါ့ မောင်ရင်၊ အိမ်နီးပါးချင်းတွေပေါ့၊ ပုသိမ်ကြီးဆိုတာ နီးတဲ့ခရီး မဟုတ်ပါ ပေဘူး။ ညကြီးသန်းခေါင်မှာ လိုက်ပို့ရှာကြတာ အင်မတန်ခင်မင်ရှာကြလို့ပါပေပဲ။ ဒါတောင် တစ်ရွာလုံး လိုက်ပို့ကြမလို့ဟာ ဘုန်းကြီးပျံရှိနေလို့ ဘုန်းကြီးစိတ်ဆိုးနေရော့မယ် ဆိုပြီး

တောင်းပန်ထားခဲ့ရတယ်"

ထိုကဲ့သို့ ရှင်းလင်းပြောပြနေသည့်အခိုက်တွင် အဒေါ်ကြီးသည် အခန်းထဲမှ ထွက်လာ၍ ကုလားထိုင်တစ်လုံး၌ထိုင်ကာ လင်ယောကျ်ား၏မျက်နှာကို တပြုံးပြုံးနှင့် ကြည့်နေလေရာ လူကလေးအကြောင်းကို ပြောသောအခါများတွင်မူကား ပခုံးတွင်တင်ထားသော တဘက်ကလေးဖြင့် ၎င်း၏မျက်လုံးများကို မကြာခဏ ပွတ်ပေးလေ၏။

ကျွန်ုပ်တို့လင်မယားသုံးစုံသည် လူကြီး၏ရှင်းလင်းပြောပြသည်များကို ကြားကြရပြီးသောအခါတွင် ထိုလင်မယားနှစ်ယောက်အပေါ်၌ ကျေနပ်သည်ထက် ကျေနပ်သောစိတ် ဖြစ်ပေါ်လျက်ရှိကြလေရာ ဗိုလ်ကပြားလင်မယားတို့ကလည်း လူဘက်မဟုတ်ဆို၍ ရှောင်ကွင်းလိုခြင်း၊ နှာခေါင်းရှုံ့လိုခြင်းစသော အမူအရာမျိုး အလျှင်းမရှိတော့သည့်ပြင် အရာရှိစုံတွဲကလည်း ၎င်းတို့အတွက် ရက်ရမည်ဝေးစွ ဂုဏ်ယူချင်သောစိတ်မျိုးပင် ဖြစ်ပေါ်နေကြသည့်လက္ခဏာရှိ၏။ ကျွန်ုပ်တို့လင်မယားမူကား ပရိယာယ်ဟန်ဆောင်ခြင်းကင်း၍ လူချစ်လူခင် ပေါများဟန်တူသော ထိုလင်မယားအား ကြည်ညိုလေးစားခြင်းရှိလျက် အားလုံးသော မြန်မာတောသားများသည် ဤလင်မယားကဲ့သို့ အကင်းပါး၍ ရိုးသားကြလျှင် ကောင်းလေစွဟု အောက်မေ့မိ၏။

ကျွန်ုပ်တို့ခရီးသွားကြသော လမှာ တပေါင်းလနွေရာသီဖြစ်၍ မြစ်ရေနည်းလှသဖြင့် ရေကြောင်း အလွန်ကျပ်လှပေ၏။ သောင်ကုန်းများသည် တစ်မြစ်လုံးတွင် အနှံ့အပြားပေါ်ထွန်းလျက်ရှိရာ ဧရာဝတီအထက်မြစ်ညာတွင် အကြီးဆုံး၊ အလှဆုံးဖြစ်သော "တာပင်" သင်္ဘောကြီးသည် စည်းတိမ်သောင်တိမ်များကို လွတ်အောင် ခဲယဉ်းစွာ တိမ်းရှောင်ခုတ်မောင်းရလေ၏။ သို့နှင့် သင်္ဘောသည် တကောင်းမှခွာခဲ့၍ ၁၀ မိုင်ခန့် ရောက်လာသောအခါတွင် သင်္ဘောပေါ်၌ မတ်တတ်ရပ်လျက် နေမိသူအပေါင်းတို့ ဟပ်ထိုးလဲကျသွားတော့မတတ် ဖြစ်ကြပြီးလျှင် "ဘုရားကယ်တော်မူပါ"ဟူသော ယောင်ယမ်းအော်ဟစ်သံများဖြင့် ဆူညံသွားလေတော့၏။ အကြောင်းမူကား ... သင်္ဘောကြီးသည် မြစ်လယ်၌ရှိသော စည်းတိမ်တစ်ခုပေါ်သို့ ထိုးတင်လျက်ရှိပေသောကြောင့်တည်း။

သင်္ဘောသည် စက်ကို နောက်ပြန်ခုတ်၍ သောင်မှကျအောင် ကြိုးစားပါသော်လည်း မရဘဲရှိလေ၏။ မွန်းတည့်သည်တိုင်အောင် အနည်းနည်းစမ်းသပ်ခုတ်နှင်ပါသော်လည်း မရဘဲရှိရာတွင် လူကြီးလင်မယားတို့မှာ သားကိုတွေ့ရတော့အံ့ဟု နာရီကို လက်ချိုးရေတွက်နေခဲ့ကြရာမှ အချိန်ရွှေ့ဆိုင်းသွားပြန်သည့်အတွက် မျက်နှာမသာမယာ ရှိနေကြရှာလေသည်။ ရွှေလီဝသို့ ထိုနေရာမှ မည်မျှဝေးပါသေးသနည်းဟု ကျွန်ုပ်အား မေးကြသေးရာ ၎င်းတို့၏အကြံကို ရိပ်မိသဖြင့် လိုနေရာမှ သမ္ဗန်ဖြင့် ဆန်တက်ရန် ခရီးကွာလှမ်းလွန်သည့် အကြောင်း ပြောပြရ၏။ "တွေ့ရလုပါပြီ ရှင်မရယ်၊ ကြာလှတစ်ရက်ပေါ့"ဟု မယားဖြစ်သူကို အားပေးရသော်လည်း ၎င်း၏မျက်နှာမူကား မရွှင်လှရှာပေ။

ညနေစောင်းလုနီးအချိန်တွင် အစိုးရသင်္ဘောတစ်စင်းသည် အဆင်သင့်ရောက်လာ၍ စာပို့

သဘော်ကြီးကို ကြိုးနှင့်ချည်ပြီးလျှင် နှစ်စင်းလုံးတစ်ပြိုင်နက်တည်း စက်ကုန်ခုတ်နှင်ကြလေရာ အုန်းဆံကြိုးတစ်ချောင်းနှင့် သံနန်းကြိုးကြီးတစ်ချောင်း ပြတ်ပြီးသောအခါမှ လျှောကျသွားလေတော့သည်။ ထိုအခါ သဘော်ကြီးတစ်စင်းလုံးအနက်တွင် လူကြီးလင်မယားကဲ့သို့ ဝမ်းမြောက်ဝမ်းသာဖြစ်သောသူလည်း မရှိဟူ၍ ကျွန်ုပ်တို့ ယုံကြည်မိ၏။ သည်းလိုက်အူလိုက် အမူအရာမျိုးဖြစ်လုခဲသော အဒေါ်ကြီးပင်လျှင် တဘက်ကလေးကို ရောမွှောက်၍ ယမ်းလေ၏။

သဘော်သည် ထီးချိုင့်တွင် ဆိုက်ကပ်၍ ၎င်းအရပ်မှ ထွက်ခွာလာသော အချိန်တွင် မှောင်မိုက်နေပြီဖြစ်၍ ဆတ်(ချ်)လိုက်ဓာတ်မီးဖြင့် ခုတ်နှင်ရလေ၏။ နောက်ဆိုက်မည့် စခန်းမှာ ရွှေလီဝခေါ် အင်းရွာဆိပ်ကမ်းပင်ဖြစ်ရကား လူကြီးလင်မယားတို့မှာ အထုပ်အပိုးများ ပြင်ဆင်ကာ ဂနာမငြိမ် ရှိနေကြလေတော့၏။ ကျွန်ုပ်တို့လင်မယားမှာ ၎င်းဆိပ်ကမ်းမှာပင် ဆင်းကြည့်မည် ဖြစ်သော်လည်း ထိုည၌အဖို့တွင် သဘော်သည် အင်းရွာဆိပ်ကမ်း၌ပင် အိပ်ရမည့်အဖြစ်ကို သိပြီးဖြစ်သဖြင့် ခပ်အေးအေးပင် ထိုင်နေကြလေသည်။

သဘော်သည် အင်းရွာဆိပ်ကမ်းသို့ ချဉ်းကပ်လာရာတွင် ခပ်လှမ်းလှမ်းမှ ဆိပ်ကမ်းဆီသို့ ဓာတ်မီးနှင့် တည့်တည့်ထိုးလိုက်သဖြင့် ကမ်းပေါ်၌ စောင့်မျှော်လျက်ရှိကြသော လူများကို လှုပ်လှုပ်ရွရွ တွေ့မြင်နိုင်ကြပေ၏။ အချို့လူများ၏ အဝတ်အစားမှာ ဓာတ်မီးရောင်နှင့် ပနံမိသည့် အခိုက်အတန့်တွင် ဝင်းခနဲ အရောင်ကလေးများ ထွက်ပေါ်သည်ကိုလည်း မြင်ကြရ၏။

နောက်ဆုံး၌သဘော်သည် စက်ကိုလျှော့၍ ကမ်းဆီသို့ တဖြည်းဖြည်း ချဉ်းကပ်လျက်ရှိရာတွင် လူကြီးလင်မယားသည် သဘော်နံဘေးမှရပ်လျက် လည်ပင်းကို ဆန့်တန်းပြီးလျှင် ကုန်းပေါ်မှ လူတန်းကြီးကို ခေါက်တုံ့ခေါက်ပြန် စူးစိုက်ကာ လှမ်းမျှော်ကြည့်ရှုနေကြလေရာ ကျွန်ုပ်တို့လင်မယားသုံးစုံသည်လည်း အဘိုးကြီးလင်မယားကိုသာ အာရုံစူးစိုက်လျက် ကြည့်နေကြတော့သည်။ နောက်ဆုံး၌ ကုန်းပေါ်မှ လူတစ်ယောက်၏အသံဖြင့် "အမေတို့ အဖေတို့ ..."ဟု တုန်တုန်ရီရီခေါ်လိုက်သည်တွင် "ဟော့ ... ငါ့သား လူကလေးရေ"ဟု သံပြိုင်ထူးလိုက်ကြလေရကား၊ ကျွန်ုပ်တို့မှာ မိဘချင်း သားသမီးချင်း စာနာသောအားဖြင့် မျက်ရည်ကိုယ်စီဝိုင်းလျက်ရှိကြလေတော့သည်။

များမကြာမီအတွင်း တပည့်သုံးလေးယောက်တို့၏ ရှေ့မှ သပ်ရပ်စွာ ဝတ်စားဆင်ပြင်လျက် အလွန်တရာအဆင်ပြေသော မျက်နှာနှင့် မွန်ရည်သော ရုပ်လက္ခဏာရှိသည့် လူတစ်ယောက်သည် သဘော်ပဲ့ပိုင်းသို့ ပြေးဝင်လာ၍ "အမေတို့ အဖေတို့"ဟု ဟစ်အော်ကာ အဒေါ်ကြီးကို ရှေးဦးစွာ ပွေ့ဖက်လေရကား ကျွန်ုပ်တို့သည် အိမ်၌ကျန်ရစ်သော မိဘများကိုလည်းကောင်း၊ သားသမီးကိုလည်းကောင်း ဆိုင်ရာဆိုင်ရာ သတိရလာကြသည့် လက္ခဏာနှင့် သဘော်ပေါ်မှ ဆင်းလာခဲ့ကြလေသတည်း။

(ရှုမဝ၊ ၁၉၄၈)

ခက်ဆစ်များ

မိုးကျရွှေကိုယ် (န) 十全十美的人，超人

ဒိုင်ယာကီ (diarchy) (န) 两元制政制

ခေါက်တုံ့ခေါက်ပြန် (ကဝ) 来来往往地

စကြံလျှောက် (က) 走来走去

ရောပြွမ်း (က) 混杂，混合

ပေါက်ပန်းဈေး (ကဝ) 不加选择，随心所欲，胡乱地

ဒီစတြိတ် (district) (န) 县

ဗိုလ်ကပြား (န) 欧缅混血儿

ပလုံး (န) 一种小竹筐

နှာခေါင်းရှုံ့ (က) 皱鼻子；〈喻〉嗤之以鼻，厌恶

သွေးကြီးမွေးကြီး (ကဝ) 高傲；目空一切

ကျောခိုင်း (က) 背向；〈喻〉不理睬，不注意

တပိုတပါးသွား (က) 解手，上厕所

နိပ် (နဝ) 〈俚〉妙，好

ခပ်တန်းတန်း (ကဝ) 疏远地

စကားရောဖောရော (ကဝ) 含混其词，附和地（说）

ဟိန်း (နဝ) 远近驰名

ဒူးတုပ် (က) 跪坐，弯腿（坐）

ခရီးဆောင်မှန်ပြောင်း (န) 旅行望远镜，袖珍望远镜

ရေကြောမြေကြောရှုံ့ (က) 距离缩短

ခွကျ (က) 糟糕；难办

ပါးရည်နပ်ရည် (န) 精明能干，聪慧

ရှက်ကိုးရှက်ကန်း (ကဝ) 一时羞愧起来，臊得不知所措

ဇာချဲ့ (က) 挑剔，苛求，过于讲究

ပြည်နှင်ဒဏ် (န) 驱逐出境

ဘုန်းကြီးပျံ (န) 和尚圆寂火化仪式

အကင်းပါး (က) 机智，机灵

စည်းတိမ်သောင်တိမ် (န) 浅水中的沙滩

ဟထိုးလဲ (က) 摔了个大马趴

ယောင်ယမ်း (က) 下意识地干

သည်းလှိုက်အူလှိုက် (ကဝ) 内心激动地

ဆတ်(ချ်)လိုက်ခတ်မီး (searchlight) (န) 探照灯，聚光灯

ဂနာမငြိမ် (ကဝ) （情绪、心情）不平静，不镇定

မွန်ရည် (နဝ) 文雅，温文尔雅

စာဆိုအတ္ထုပ္ပတ္တိ

ရွှေဥဒေါင်း (၁၈၈၉–၁၉၇၃)

မန္တလေးမြို့ဇာတိ၊ အမည်ရင်း ဦးဖေသိန်း၊ ၁၉၀၈ခုနှစ်တွင် ကာလကတ္တားတက္ကသိုလ် အသိအမှတ်ပြု အင်းထရန့်စာမေးပွဲကို အောင်မြင်သည်။

ကျောင်းဆရာ၊ သစ်တောစာရေး၊ တောလိုက်စာရေး၊ သူရိယမဂ္ဂဇင်းအယ်ဒီတာ၊ မြန်မာဗျူဟာဂျာနယ်တွဲဖက်ထုတ်ဝေသူ၊ နယူးဘားမားသတင်းစာတိုက်စက္ကတေရီ(၁၉၂၆)၊ ဘာသာပြန်

ဆရာ(၁၉၃၀)၊ သူရိယသတင်းစာအယ်ဒီတာ(၁၉၃၆)၊ လူထုသတင်းစာအယ်ဒီတာချုပ်၊ လုပ်သား ပြည်သူ့နေ့စဉ်သတင်းစာ အယ်ဒီတာချုပ် စသည်ဖြင့် ဆောင်ရွက်ခဲ့သည်။

ပင်ကိုရေးအမှီးနှင့် ဘာသာပြန်ဝတ္ထုတိုရှည်များ၊ ဗုဒ္ဓဘာသာ၊ တွေးခေါ်မြော်မြင်ရေး၊ အတ္ထုပ္ပတ္တိ စာအုပ်များ ရေးသားခဲ့သည်။ အထူးသဖြင့် **ရန်ကြီးအောင်၊ စုံထောက်မောင်စံရှား** အမှီးဝတ္ထုများ၊ တစ်သက်တာမှတ်တမ်းနှင့် **အတွေးအခေါ်များ ဒီဌေးဒီဌမတ္တံ လက်တွေ့ကျင့်စဉ်** စာအုပ်များမှာ ထင်ရှားသည်။ မြန်မာစာပေနယ်တွင် အမှီးဝတ္ထုပုံစံကို ထူးချွန်ပြောင်မြောက်စွာ တိုးချဲ့ဆန်းသစ်ခဲ့သည်။ ရရှိခဲ့သည့် စာပေဗိမာန်ဆုများမှာ **မျှော်တလင့်လင့်** ဖြင့် ၁၉၅၂ခု ဘာသာပြန်ဆု၊ **သွေးစုပ်မြေ** ဖြင့် ၁၉၅၅ခု ဘာသာပြန်ဆု၊ **တစ်သက်တာမှတ်တမ်းနှင့် အတွေး အခေါ်များ** ဖြင့် ၁၉၆၁ခု သုတပဒေသာဆုများ ရရှိခဲ့သည်။

လေ့ကျင့်ခန်း

၁။ ဤဝတ္ထုအကြောင်းအရာ၏ ခေတ်နောက်ခံအကြောင်းကို ဆွေးနွေးကြပါ။

၂။ စာပို့သင်္ဘောကြီးဒုတိယတန်း စီးနင်းလိုက်ပါသော လယ်သမားအဘိုးကြီးလင်မယားတို့၏ မိသားစုအကြောင်းကို အကျဉ်းချုပ်ဖော်ပြပါ။ လယ်သမားကြီး၏ စရိုက်ကိုလည်းကောင်း၊ မိဘမေတ္တာကိုလည်းကောင်း ထိမိပိုင်နိုင်စွာဖွဲ့ဆိုထားပုံကို ဆွေးနွေးကြပါ။

၃။ အဘိုးကြီးလင်မယားတို့ ဒုတိယတန်းသို့ ဝင်လာကြသည်ကို တွေ့ရသောအခါတွင် ဗိုလ် ကပြားလင်မယားနှင့် အရာရှိလင်မယားနှစ်စုံတို့က မည်သို့သောမျက်နှာထားနှင့် အမူအရာ မျိုး ဖော်ပြသနည်း။ သူတို့၏အပြောအဆို အပြုအမူကို သင်မည်သို့ထင်မြင်ယူဆသနည်း။

သင်ခန်းစာ(၉) ရန်ကုန်မြို့ရဲ့ညတစ်ည

作品导读

八莫丁昂（1920—1978）是缅甸著名的进步作家，新闻工作者。战后积极参加新文学运动，在作品中大胆揭露政府的腐败、资产阶级的贪婪及资产阶级社会所造成的一切罪恶，描写劳动人民在资本家、封建地主盘剥下的痛苦生活。同时揭露国内战争给民族带来的灾难，发出了停止内战，实现国内和平的呼声。在揭露、抨击、申诉、批判中表达作者的反抗要求。《仰光的一个夜晚》（1949）正是当时缅甸社会的真实写照。都市夜晚的灯红酒绿掩盖不住战乱、贫困和饥饿。昔日为英殖民者效劳的显贵们依然花天酒地，享受着独立的果实，而生活在社会底层的贫苦民众却仍然挣扎在饥饿线上，煎熬在内战带来的水深火热之中。月亮是光明、美好的象征。而仰光的夜空没有月亮，只有通明闪烁的灯火将这座城市包裹在银色之中。这一意象的反复出现，传递出作者对缅甸社会的感受，这是一个看不到光明，只有资本主义文明下赤裸裸的金钱关系和贫富悬殊的社会。小说用富有画面感的语言描写出了资产阶级的奢靡，现代知识分子的苦闷，穷作家的潦倒，难民父女的遭遇等等。小说中那个不愿昧着良心为政府工作而愤然离职，全身心投入写作的穷作家吴丁吴正是作者的化身。在吴丁吴身上凝聚了作家的社会良知和正义感，真切地传达了作家对资产阶级社会的不满和对劳动人民的同情。

ရန်ကုန်မြို့ရဲ့ညတစ်ည

ဗန်းမော်တင်အောင်

(၁)

လမသာပေမဲ့လည်း ရန်ကုန်ရဲ့ညကတော့ ငွေရောင်တောက်နေပါသည်။

ဝင်းထိန်နေသော လျှပ်စစ်မီးပွင့် မီးခိုင်ပန်းများအောက်မှာ ဆန်းဆန်းသစ်လွင်နေသော

ပိုး၊ ဖဲတို့သည် တလက်လက် လှုပ်ရှားနေကြသည်။ နှုတ်ခမ်းနီ ပါးနီကလေးများရဲ့ တီးတိုး ရယ်မောသံ စကားပြောသံ ...

"မီတော့ ဘန်ကောက်တစ်ကွင်းကို ငါးဆယ့်ငါးကျပ်နဲ့ မှာလိုက်ပြီကွဲ့ မေ ... မင်းကော နိုင်လွန်ချုပ်ပြီးသွားပလား"

"ကနေ့ညနေ ပြီးဖို့ရာကွယ် ခါးက နည်းနည်းကလေး ရှည်သွားလို့ ပြန်ပြင်ခိုင်းနေရတယ် မီရယ် ... သြော် ဒါထက်၊ မင်း စီဇာနဲ့ ကလီယိုပတ္တရာ ကြည့်ပြီးပြီလားဟင် ..."

"ဘာနောက်ကျလိမ့်မလဲကွယ် ... ကိုယ်တော့လေ ကလောက်ဒီရိမ်းကို သိပ်သဘောကျ တာပဲ။ ဟင် ... မင်းကော မေ"

"အစစ်ပေါ့ ကိုလည်း ကလောက်ဒီရိမ်းရဲ့ သရုပ်ဖော်ပုံကို သိပ်သဘောကျတာပဲ"

နှစ်ယောက်သား တီးတိုးရယ်မောလိုက်သံသည် ညထဲသို့ တိုးဝင်၍သွားလေသည်။

ခံ့ညားသောပျော်ပွဲစားရုံကြီးများအတွင်းမှ နှုတ်ခမ်းနီ ပါးနီနှင့် အမောက်ရှင်ကလေးများ ကတော့ ကိုကိုကို အရက်ငှဲ့ပေးနေကြပေသည်။ သည်ဟာနှင့် မပြီးသေးဘဲ ကိုကိုများအတွက် သူတို့တောင့်တသော "ချစ်သူခေါ်သံ" သီချင်းကို ဆိုပြနေရပါသေးသည်။ တကယ်ဆိုတော့ သီချင်းဆိုနေခြင်းမဟုတ်ဘဲ အနုပညာတစ်ရပ်ကို အတင်းလုပ်နေရခြင်းပါ။

အသံဖမ်းစက်မှ အော်ခက်(စ်)တြာ သီချင်းတစ်ပုဒ်သည် သာယာစွာ ပျံ့လွင့်လာဆဲ။

Rose softly blooming နှင်းဆီပန်းကလေးရယ် ... သက်သောင့်သက်သာ ပွင့်လာ ပါပြီတဲ့ ...

ဒါပေမဲ့ ခပ်ထွေထွေကလေးနှင့်မို့ ဆူဆူကလေး ရယ်မောနေကြသော အသံများအကြားမှာ ချစ်သူခေါ်သံကိုလည်း မကြားနိုင်။ နှင်းဆီပန်းကလေးလည်း ကြွေကျသွားရှာပါပြီ။

"ဟေ့ မူးလို့ပြောနေတာ မဟုတ်ဘူးကွဲ့၊ ငါ့အလုပ်ပြုတ်ချင်လည်း ပြုတ်သွားပါစေ၊ ငါက ဘယ်ဝန်ကြီးသော ဘာသော ဂရုစိုက်တဲ့ အကောင်စားထဲက မဟုတ်ဘူးကွ"

"သိပါတယ် ဝန်မင်းရာ၊ တိုးတိုးလုပ်ပါ၊ လူကြားလို့လည်း မတော်ပါဘူး"

"ဟိုကပ်ဒီကပ်နဲ့ တက်လာတဲ့အစားထဲက မဟုတ်ဘူး၊ အောက်(စ)ဖို့(ဒ်)က ထွက်လာတဲ့ လူကွ"

"ကားပေါ်ရောက်အောင်သာ ကြည့်တင်ပေးလိုက်ကြစမ်းပါဗျာ"

အသံဖမ်းစက်မှ ဂီတသည် ပျံ့လွင့်နေတုန်းပင် ဖြစ်ပါသည်။

"နှင်းဆီပန်းကလေးရယ် သက်သောင့်သက်သာ ပွင့်လာပါပြီ"

လမ်းမကြီးများပေါ်မှ ခံ့ညားသစ်လွင်သော စတူဒီဘေကာ ကားကြီးများသည် ငွေရောင် ညလယ်ထဲမှာ တငြိမ့်ငြိမ့် စုန်ဆန်နေကြပေသည်။ တောက်ပသစ်လွင်သော အပြုံးများနှင့် ကားထဲမှ စည်းစိမ်ရှင်သည် ကားတွင် တပ်ဆင်ထားသော အသံဖမ်းစက်မှ ဂီတကို ချိုမြိန်စွာ

သုံးဆောင်၍ ယစ်မူးနေပုံပင် ထင်ရသည်။ တကယ်ဆိုတော့ ရန်ကုန်ညရဲ့ ထည်ဝါမှုကို သူတို့သည် မျက်နှာပြောင်ပြောင်နှင့် ကြွားဝင့်နေကြသလားပဲ ...

တကယ်ပါ ...

လမသာပေမဲ့လည်း ရန်ကုန်ရဲ့ညကတော့ ငွေရောင်တောက်နေပါသည်။

(၂)

ငွေရောင်တောက်နေသော ရန်ကုန်ရဲ့ ညပန်းချီကားချပ်ထဲသို့ အရောင်အဆင်းမရှိဘဲ မှေးမှိန်မွဲခြောက်နေသော လူတစ်ယောက်သည် ယောင်လည်လည်နှင့် ဝင်လာပေသည်။

တော်တော် မသိတတ်သော လူတစ်ယောက် ...

သူ့လို အရောင်အဝါမရှိသော လူတစ်ယောက်သည် လှပကြွားဝင့်သော ရန်ကုန်ရဲ့ ညပန်းချီကို ဘယ်လောက်ပျက်စီးသွားမည်ကို နည်းနည်းကလေးမှ ထိုသူသည် မစဉ်းစားမိရော့သလားဘဲ ထင်ရပေသည်။

ညရဲ့ နောက်ခံကားက ငွေရောင် ...

ပိုး၊ ဖဲ၊ နူတ်ခမ်းနီ၊ ပါးနီနှင့် အမောက် ... ပြီးတော့ အသံဖမ်းစက်၊ အောက်(စ)ဖို့(ဒ်) ကျောင်းထွက်၊ အပြုံးနှင့် စတူးဒီဘေကာ ... သည်ဟာတွေက ငွေရောင်နောက်ခံရှေ့မှ သရုပ်ကောင်များ ဖြစ်ကြသည်။

ထိုသူသည် အလိုက်မသိတတ်လွန်းစွာ ရန်ကုန်ရဲ့ညအလှကို ဘာကြောင့် ဖျက်ဆီးချင်ရပါသနည်း။ နှင်းဆီပန်းကလေး သူ့ဘာသာသူ သက်သောင့်သက်သာပွင့်နေတာ အကောင်းသားနှင့် ...

ထိုသူသည် သူ့တွင် ရတတ်သော ငွေတစ်ကျပ်ကို သူ့အိတ်ကပ်ထဲတွင် မကြာခဏ ဖမ်း၍ဖမ်း၍ ကြည့်နေသည်။ သူ့တွင် ရတတ်သော ထိုအသပြာငွေတစ်ကျပ် ပျောက်ဆုံးသွားမည်ကိုတော့ သူသည် များစွာ စိုးရိမ်ထိတ်လန့်ပုံရပေသည်။ သူသည် အိတ်ကပ်ထဲမှ ငွေတစ်ကျပ်ကို မကြာခဏစမ်းရင်း ရန်ကုန်ရဲ့ ညလယ်ထဲသို့ ဝင်လာသည်။ သူသည် ထိုငွေတစ်ကျပ်ဖြင့် သူ့အူထဲတွင် ဆူပူသောင်းကျန်းနေသော ပိုးမျိုးရှစ်ဆယ်အား ယနေ့တစ်ည အဖို့ နှိမ်နင်းရန် အပေါစားထမင်းဆိုင်တစ်ခုကို လိုက်လံရှာဖွေနေခြင်းဖြစ်သည်။ အပေါစား ထမင်းဆိုင်ဆိုရာ၌ သူသည် ပုပ်သိုးဟောင်းနွမ်းနေသော အစားအစာမျိုးကိုတော့ မရှာချင်ပါ။ တစ်ခါက သုံးမူးငါးမူးလောက်နဲ့ အဝစားရသော အပေါစားထမင်းဆိုင်ကို အားကိုးခဲ့သဖြင့် ဝမ်းကိုက်ရောဂါကို အလူးအလဲ ခံလိုက်ရပေသည်။ သူ ကြောက်ပါပြီ။

ညစာအတွက် သုံးမတ်လောက်တော့ သူအကုန်ခံနိုင်သည်။ ကျန်သော တစ်မတ်သည် သူမနေနိုင်သော ဆေးပေါ့လိပ် တစ်မူးဖိုးနှင့် အိမ်ပြန်ရန်အတွက် ကားခ တစ်မူး ...

စုစုပေါင်း ငွေတစ်ကျပ် ...

သူသည် အိတ်ကပ်ကို မကြာခဏ စမ်းရင်းစမ်းရင်းနှင့် ငွေရောင်ထဲမှာ လှုပ်ရှားနေပေသည်။ သူသည် တော်တော်လည်း နွမ်းနယ်ပင်ပန်း၍ ဆာလောင်နေပုံရပါသည်။ ဟုတ်ပါလိမ့်မည်။ သူသည် နံနက်အိပ်ရာထ လက်ဖက်ရည်တစ်ခွက်နှင့် နံပြားတစ်ချပ်ကို သူ့အိမ်ဘေးနားမှ အကြွေးယူနေကျ ကုလားဆိုင်မှ ခဲခဲယဉ်းယဉ်းပြောဆို၍ ဆို့သိပ်ခဲ့ရသော အာဟာရမှလွဲ၍ တစ်နေ့တာလုံး သူ့ဝမ်းထဲသို့ ဘာမျှမထည့်ခဲ့ရ။ သူသည် ပိုက်ဆံရဖို့ တစ်နေ့လုံး လမ်းလျှောက်ခဲ့သည်။ လမ်းလျှောက်ရအားကြီးသဖြင့် ပင်ပန်း၍လာတော့သည်။

ဆူးလေဘုရားလမ်းနှင့်အနော်ရထာလမ်းထောင့် ပလက်ဖောင်းပေါ်မှာ သူသည် နွမ်းနယ်စွာရပ်လိုက်သည်။

စတူဒီဘေကာ ကားကြီးတစ်စီးသည် သူ့ရှေ့နားမှ တငြိမ့်ငြိမ့်လိမ့်၍သွားနေသည်။ ကားရဲ့နောက်ခန်းထဲမှာ လှပသောအပျိုမကလေးတစ်ယောက်သည် ကူရှင်ကိုမှီရင်း မှိန်းနေပါသည်။

အသံဖမ်းစက်မှ ဂီတသည် ခပ်တိုးတိုးကလေး ဖွင့်နေသည်။

“လှေကလေးကို လှော်မည် ... ဘေးမသန်း အေးချမ်းတဲ့ဆီ”

သူသည်စတူဒီဘေကာကားတစ်ခုလုံးကို ငေးမော၍ ကြည့်နေမိသည်။

“ဦးတင်ဦး ...” တစ်စုံတစ်ယောက်က သူ့ပခုံးကိုပုတ်ရင်း သူ့နာမည်ကို ခေါ်လိုက်လေသည်။ ဘယ်သူများပါလိမ့်၊ သူ့လို အရောင်အဆင်းမရှိသော သူတစ်ယောက်အား ဦးတပ်၍ခေါ်လိုက်သည်မှာ ယခင် စာရေးဆရာဘဝသို့ သူ မဝင်ရောက်လာမီ အစိုးရအရာရှိတစ်ယောက်ဘဝနှင့်တုန်းက သိဟောင်းကျွမ်းဟောင်းထဲက တစ်ယောက်ယောက်များလား။

ရုတ်တရက်မို့ သူသည် အံ့သြသွားရာမှ

“သြော် ... ဒေါက်တာပါလား” သူသည် ပြန်၍ ပြုံးလိုက်သည်။

“ခင်ဗျားကြည့်ရတာ လူမမာနဲ့တူတယ်။ ပိန်လိုက်တာလည်းဗျာ”

ဒေါက်တာကို သူသည် ပြုံး၍သာပဲ ကြည့်နေသည်။

“သြော် ... ဒါထက် ခင်ဗျားရေးလိုက်တဲ့ *မုန်တိုင်းထဲကလူ* ဆိုတဲ့ စာအုပ်အတွက် ချီးမွမ်းပါရစေဦးဗျာ”

“ကျေးဇူးတင်ပါတယ်”

“ခင်ဗျားစာအုပ်ကိုတော့ တော်တော်ပဲ ချီးမွမ်းသံကြားရတယ်။ တော်တော်လည်း ခင်ဗျားကျေးဇူးခံစားရပါလိမ့်မယ် ထင်ပါရဲ့”

“ဟုတ်ကဲ့” သူသည် အလွယ်တကူပဲ လိမ်ပြောလိုက်လေသည်။

“အစိုးရအလုပ်နဲ့တုန်းကထက်စာရင် ခင်ဗျား ခုတော့ တော်တော်ကလေး စိတ်ချမ်းသာမှာပဲနော်”

အစိုးရအလုပ်နှင့် အင်မတန်စိတ်ဆင်းရဲ စိတ်မချမ်းသာဖြစ်ခဲ့ရသဖြင့် အလုပ်မှ အနစ်နာခံ၍ ထွက်ခဲ့ပေသည်။ စိတ်လည်းချမ်းသာမည် ဝါသနာလည်းပါသော စာရေးဆရာဘဝသို့ ကူးပြောင်းလာခဲ့သည်မှန်ပါသည်။ စိတ်တော့ ချမ်းသာပါသည်။ ပျော်မွေ့ပါသည်။

"ဟုတ်ကဲ့ စိတ်တော့ တော်တော်ကိုပဲ ချမ်းသာလာပါတယ်"

"လူချမ်းသာလာအောင်လည်း စာများများရေးပေါ့ဗျာ၊ ခင်ဗျားက တစ်နှစ်ကို တစ်အုပ်လောက် တောင်မှပဲ မရေးနိုင်ဘူး"

သူသည်ပြုံး၍သာပဲ နားထောင်နေပါသည်။

"သွားလိုက်ဦးမယ်ဗျာ ဦးတင်ဦး၊ ကျုပ်ဆီများလည်း တစ်ခါတလေတော့ အလယ်လာပါဦးဗျ"

ယခင်က မိတ်ဆွေဟောင်း ဆရာဝန်ထွက်သွားသည်ကို ငေးကြည့်ရင်း ကျန်ရစ်ခဲ့လေသည်။

သူသည် သူ့အား အထင်ကြီးသွားသော မိတ်ဆွေကို ငေးကြည့်ရင်း သူ့ဘဝကိုသူ ရယ်မောပြောင်ပစ်လိုက်ချင်သော စိတ်ဓာတ်များ ဖြစ်ပေါ်လာမိပေသည်။ သို့ရာတွင် ပြုံးရုံသာပဲ ပြုံးလိုက်ပါသည်။

"စာရေးဆရာ ရွှေဥဩပါတဲ့ ..." ကိုတင်ဦးသည် သူ့ကိုယ်ကို ခနဲ့လိုက်မိပေသည်။ ရွှေဥဩဟူသော ကလောင်အမည်ဖြင့် လူပြိန်းရော ပညာတတ်များပါ နှစ်သက်၍ လက်ခံနိုင်အောင် ရေးသားနိုင်သော စာရေးဆရာတစ်ယောက် ဖြစ်ပါသည်။ "မှန်တိုင်းထဲကလူ" ဝတ္ထုအတွက် ပညာတတ်ပိုင်းက သူ့ကို လေးစားသလောက် လူပြိန်းများကလည်း သူ့ကို ကြိုက်နှစ်သက်ခဲ့ကြပေသည်။

"မှန်တိုင်းထဲကလူကို တော်တော်ချီးမွမ်းကြတယ်။ ကျေးဇူးလည်းခံစားရမှာပဲ"တဲ့။

"ဟုတ်ကဲ့"ဆို၍ သူလိမ်ခဲ့ရပေသည်။

အမှန်မှာ သူ့အိတ်ကပ်ထဲတွင် ရှိသော ငွေတစ်ကျပ်မှာ မိတ်ဆွေတစ်ယောက်ထံမှ တောင်းယူလာရသော "လုပ်အား"ဖြစ်ပါသည်။ သူသည် သူ့ကိုယ်ကိုမှ မပြုံးနိုင်လျှင် ရန်ကုန်ရဲ့ ညသည် သူ့ကို ဘေးသို့ ကန်ထုတ်ပစ်လိုက်ပေလိမ့်မည်။ သူသည် သူ့ကိုယ်ကို ဟက်ဟက်ပက်ပက်ရယ်မောပစ်လိုက်နိုင်သော တစ်ည၌ ရန်ကုန်ညလယ်ထဲမှ နှုတ်ခမ်းနီ၊ ပါးနီနှင့် အမောက်ကလေးတို့သည် ချစ်သူခေါ်သံသီချင်းဖြင့် ဖျော်ဖြေ၍ ဒေါက်တာဘွဲ့ထူးကို သူ့အား ပေးအပ်ကြပေလိမ့်မည်။

သူသည် ပြုံးရုံသာပဲ ပြုံးလိုက်ပါသည်။

(၃)

"ဆရာ ..." ခပ်စာစာနှင့် လေအားနည်းသောအသံကို သူကြားရသဖြင့် သူ့အားဆရာဟု

ခေါ်တတ်သော ပုံနှိပ်တိုက်မှ စာစီသမားကလေးများထဲမှ တစ်ယောက်ယောက်လားဟု အသာ အယာ လှည့်ကြည့်လိုက်မိပေသည်။

မဟုတ်ပါ။

သူမသိသော လူတစ်ယောက် ဖြစ်ပါသည်။ သူမသိသောလူတစ်ယောက်က သူ့ကို အဘယ်သို့သော ရည်ရွယ်ချက်ဖြင့် အဘယ့်ကြောင့် ဆရာဟု ခေါ်နေရပါသနည်း။ ထိုသူကို ကြည့်ရသည်မှာ လယ်သမားတစ်ယောက်နှင့် တူပါသည်။ သူ့ကျောကုန်းထက်မှာလည်းပဲ အင်မတန်ပိန်ကြုံနေသော အသက်ခြောက်နှစ်ခန့် ကလေးမတစ်ယောက်ကို ပိုးထားပါသည်။ ထိုသူရဲ့ သမီးကလေး ထင်ပါရဲ့။ ထိုသူမှာလည်း အင်္ကျီပင်မရှိ။ လုံချည်မှာလည်း အစုတ်စုတ် အပြတ်ပြတ်နှင့် ချည့်နဲ့နေပါပြီ။

"ခင်ဗျာ ..." သူသည် ခပ်တိုးတိုးကလေးပဲ ပြန်ထူးလိုက်သည်။

"ထမင်းဖိုးကလေး အသနားခံပါရစေ ဆရာရယ်" ထိုသူ့အသံမှာ မွတ်သိပ်တုန်ရီနေရှာသည်။

"ထမင်းဖိုး ဟုတ်ကဲ့လား ခင်ဗျာ"

"ကျွန်တော်တို့ သားအဖနှစ်ယောက်စလုံး ထမင်းမစားရတာ ခုညအထိဆိုရင် ငါးနပ်ရှိသွားပါပြီ ဆရာရယ်။ ကျွန်တော့်အတွက်ကတော့ အရေးမကြီးပါဘူး ခင်ဗျာ၊ သမီးကလေးကို အင်မတန် ကျွေးချင်လွန်းလို့ပါ"

"ထမင်းမစားရတာ ငါးနပ်ရှိသွားပြီ" ကိုတင်ဦးသည် အံ့သြစွာ မေးလိုက်မိပေသည်။ သူသည် သူ့ကိုယ်ကို ငတ်လှပြီ၊ ဆင်းရဲလှပြီဟု အသိရှိခဲ့သမျှ ထိုသူနှင့်တွေ့တော့ကာမှ အရည်ပျော်ပေပြီ။

"ကျွန်တော် ညောင်တုန်းဘက်က ပြေးလာခဲ့ရတဲ့ ဒုက္ခသည်တွေပါ ဆရာရယ် ... ရန်ကုန်ကို တစ်ခါမှလည်း မရောက်ဖူးပါဘူး။ ရောက်တာလည်း နှစ်ရက်ပဲ ရှိပါသေးတယ် ခင်ဗျာ"

"ဩ ... ညောင်တုန်းဘက်က ပြေးလာရတယ်လား"

"ကျွန်တော့်မိန်းမနဲ့ သားအကြီးကလေးလည်း သေသလား ရှင်သလားလည်း မသိရပါဘူး ဆရာရယ်။ ကျွန်တော်နဲ့ သမီးကလေးသာ ပြေးမိပြေးရာ ပြေးရင်းက လွတ်ပြီး မော်တော်ကြုံနဲ့ ရန်ကုန်ရောက်ရင်တော့ မငတ်နိုင်ဘူးဆိုပြီး လိုက်လာခဲ့ရပါတယ်"

"သြော် ... ခင်ဗျားက ဒုက္ခသည်ပေကိုး"

"ကျွန်တော်တို့သားအဖ လည်ပြီးတောင်းလိုက်တာ နှစ်ရက်ရှိသွားပါပြီ ဆရာရယ်။ မနေ့က တစ်နေ့လုံး လျှောက်တောင်းတာမှလည်း သုံးပဲ ပဲရလို့ ကလေးကို မုန့်ဝယ်ကျွေးခဲ့ရတယ်။ ကနေ့လည်း တစ်နေကုန်လျှောက်တောင်းတာ မနက်ဆယ်နာရီလောက်က တစ်မူးပဲရလို့ ကလေး ကို မုန့်ကလေးပဲ ဝယ်ကျွေးနိုင်ပါတယ်ဆရာရယ်။ သနားပါခင်ဗျာ ကျွန်တော်တို့သားအဖဟာ

ဒုက္ခသည်တွေပါ”

“ဒုက္ခသည်တွေမို့ သနားပါခင်ဗျာ”တဲ့။ ဘယ်လောက်များ ဝမ်းနည်းဖို့ကောင်းလိုက်ပါသလဲ။

ဒါပေမဲ့ ရန်ကုန်ရဲ့ညကတော့ ငွေရောင်တောက်နေပါသည်။ စတူဒီဘေကာ ကားသစ်ကြီးများသည် ငွေရောင်ညလယ်ထဲမှာ တငြိမ့်ငြိမ့် စုန်ဆန်ပြေးလွှားကာ ပိုး၊ဖဲတို့သည် တလက်လက်တောက်ပြောင်နေကြပါပြီ။

ကိုတင်ဦးသည် ထိုသားအဖအား မတုန်မလှုပ် ကြည့်နေပေသည်။

သူသည်ပင် ငတ်တစ်လှည့် ပြတ်တစ်လှည့် နေရသူဖြစ်သည်။ သူသည် သူ့ထက်အဆပေါင်းများစွာ အခြေအနေဆိုးနေသော ဒုက္ခသည်သားအဖနှစ်ဦးကို ရင်ဆိုင်နေရပေပြီ။ သည်အငတ်ပြဿနာကို သူသည် ဘယ်သို့ဘယ်ပုံ ဖြေရှင်းရပါလိမ့်မလဲ ...

စုစုပေါင်းလိုက်ပါမှ ငွေကလေးတစ်ကျပ်ရယ် ...

ထမင်းဖိုး သုံးမတ်၊ လမ်းစရိတ်တစ်မူး ဆေးလိပ်တစ်မူး၊ ဩော် ... ငွေတစ်ကျပ် ကုန်ပါရောလား ...

ပြီးတော့ အကြွေးသောက်စားလာခဲ့ရသော နံနက်ခင်းမှ လက်ဖက်ရည်နှင့် နံပြားတို့သည် သူ့ဝမ်းထဲမှ ထွက်ပြေးသွားသည်မှာ ကြာပြီဖြစ်သဖြင့် သူ့အူသည် လိမ်လျက် ပူနေသည်။ သူသည် အင်မတန်ပဲ ထမင်းဆာနေသည်။

ကိုတင်ဦးသည် ဒုက္ခသည်သားအဖကို သနားပါသည်။ ဒါပေမဲ့ သူ့ကိုယ်ကိုသူ သနားသည်ထက် ပို၍ သနားနိုင်ပါ့မလားဆိုတာကိုပဲ စဉ်းစားရင်း ထိုသားအဖအား မတုန်မလှုပ် ကြည့်နေမိပေသည်။

ထိုသူသည် မျက်နှာငယ်ကလေးဖြင့် လေးကန်စွာ ထွက်သွားသည်ကိုပင် သူသည် မတုန်မလှုပ် ကြည့်နေမိတုန်း ဖြစ်လေသည်။

ပျော်ပွဲစားရုံအတွင်းက အသံဖမ်းစက်မှ အော်ခက်(စ်)တြာ သီချင်းတစ်ပုဒ်သည် သာယာစွာ ပျံ့လွင့်နေတုန်းပင် ဖြစ်ပါသည်။

rose softly blooming-

နှင်းဆီပန်းကလေးရယ် သက်သောင့်သက်သာနဲ့ပဲ ပွင့်လာပါပြီတဲ့ ...။

(၄)

ကိုတင်ဦးသည် သူ့နားကို လက်နှစ်ဖက်ဖြင့် ဒေါသကြီးစွာ ပိတ်လိုက်မိပေသည်။

“တောက်” သူသည် အံသွားကို ကြိတ်လိုက်သည်။

“ငတ်နေရတဲ့ အကြားထဲ နှင်းဆီပန်းက သက်သောင့်သက်သာနဲ့ပဲ ပွင့်လာနေရသေး

သလား၊ တောက် ...”

သူသည် ငွေရောင်ညလယ်က အနုပညာကို ကျိတ်ဆဲလိုက်ပေသည်။ သူသည် တစ်စုံတစ်ရာကိုလည်း ဆုံးဖြတ်ပြီးသွားသည်။

လေးကန်စွာ လျှောက်သွားနေသော သားအဖနှစ်ယောက်နောက်သို့ အပြေးအလွှား သူ လိုက်သွားသည်။

“ဘာဘူကြီးရယ် ထမင်းဖိုးကလေးများ စွန့်ကြပါလားခင်ဗျာ” ထိုဒုက္ခသည်သည် ဘာဘူကြီးအား ထမင်းဖိုးကလေး စွန့်ကြပါမည့်အကြောင်း အသနားခံလျက် ရှိနေသည်။

ဘာဘူကြီးကား အခြားဘာဘူတစ်ယောက်နှင့် စကားပြောနေမြဲ ပြောနေသည်။

“သနားပါ ဘာဘူကြီးရယ်” ထိုဒုက္ခသည်သည် အနီးသို့ ကပ်သွားကာ ဆက်လက်၍ အသနားခံနေပါသည်။

“ဘာလဲ ခင်ဗျား မြန်မာလူ ... ခင်ဗျား မြန်မာလူအချင်းချင်း ရန်ဖြစ်တယ်၊ ဒုက္ခဖြစ်တယ်၊ သနားပါ ဘာသနားပါလဲ၊ အားလုံးအရူးလူ ရှိတယ်၊ သွား ... သွား ... မရှိဘူး” ဘာဘူကြီးက ငေါက်ပစ်လိုက်သည်။

ထိုသူသည် မျက်နှာငယ်ကလေးနှင့် ခေါင်းငုံ့ကာ ထွက်သွားမည်အပြု ကိုတင်ဦးသည် ထိုသူ၏လက်ကိုဖမ်း၍ ကိုင်ထားလိုက်သည်။

“ခင်ဗျားတို့သားအဖ ကျုပ်နောက်ကိုလိုက်ခဲ့ကြဗျာ” သူသည် ရှေ့မှလျှောက်၍ ထွက်လာခဲ့သည်။

ထိုသားအဖသည် ကိုတင်ဦးအား ထူးဆန်းသလို ကြည့်ပြီးနောက် သူ့နောက်မှ လိုက်ပါသွားလေသည်။

သူသည် ရှေ့မှ ဒိုက်စိုက်ဒိုက်စိုက်နှင့် ထွက်သွားပေသည်။ သားအဖနှစ်ယောက်က သူ့နောက်မှ မျက်ခြည်မပြတ် လိုက်လာကြပေသည်။ သူသည် ထမင်းဆိုင်များရှိရာသို့ ထိုဒုက္ခသည် သားအဖအား ရှေ့ဆောင်ခေါ်လာစဉ် တစ်ခုသောလမ်းဘေး ပိုးတိုက်ကြီးအတွင်းမှ နှုတ်ခမ်းနီ၊ ပါးနီကလေးများ၏ တခစ်ခစ်ရယ်မောသံကိုပင် မကြားလိုက်မိပေ။

“ထမင်းစားမလား မောင်ရင်၊ ပူပူနွေးနွေး ရှိပါတယ်ကွယ်”

သူသည် အသံကြားရာသို့ ခေါင်းကိုမတ်၍ ကြည့်လိုက်သည်။

ထမင်းဆိုင် ...

ဟင်းတွေကလည်း ခင်းကျင်းထားလိုက်သည်မှာ ကြက်သား၊ ဝက်သား၊ ငါး၊ ဘဲဥ၊ အို ... စုံလို့ပါပဲ ...

သားအဖနှစ်ယောက်သည် သူ့အနီးသို့ ရောက်လာလေသည်။

“ဘာဟင်းနဲ့ပြင်ရမှာလဲ မောင်ရင်” ထမင်းဆိုင်ရှင်အဒေါ်ကြီးသည် အပူတပြင်း မေးနေ

ပါသည်။

"ဒီက သားအဖနှစ်ယောက်ကို ထမင်းကျွေးစမ်းပါ ခင်ဗျာ" သည်ဟာပဲ သူပြောလိုက်သည်။

ထမင်းဆိုင်ရှင် အဒေါ်ကြီးသည် သွက်လက်စွာ ထမင်းနှစ်ပွဲကို ချလာသည်။ တို့စရာ၊ ဟင်းချိုနှင့် ငံပြာရည်ချက်တို့သည်လည်း အဆင်သင့် ရှိနေပေပြီ။

"ဘာဟင်း ထည့်ပေးရမှာလဲ ဟင်– မောင်ရင်"

"ကြည့်ပြီး ထည့်တာပေါ့ခင်ဗျာ"

ဆိုင်ရှင်အဒေါ်ကြီးသည် ကြက်သားနှင့်ငါးဟင်း တစ်ခွက်စီကို သွက်လက်စွာထည့်၍ ချပေးလိုက်လေသည်။ သားအဖနှစ်ယောက်သည်လည်း ထမင်းပွဲများရှေ့တွင် ဆောင့်ကြောင့် ထိုင်ကာ ကိုတင်ဦးကို မော့၍ ကြည့်လေသည်။

"စားကြဗျာ၊ စားကြ" သည်ဟာပဲ သူပြောသည်။

ငတ်လာကြသည်မှာလည်း ကြာပြီပင် ထင်ရတော့သည်။ ချပေးထားသော ထမင်းနှင့် ဟင်းများကို ပလုတ်ပလောင်းစားလိုက်ကြသည်မှာ ဆယ်မိနစ်ပင် မကြာမီ တက်တက်ပြောင် ပေတော့သည်။

ကိုတင်ဦးသည် သူ၏ဆာလောင်ခြင်းကို မျိုသိပ်၍ ဒုက္ခသည်သားအဖတို့ ပလုပ်ပလောင်း စားနေသည်ကို အားရ ဝမ်းနည်း ကြည့်နေမိပေသည်။

ဆိုင်ရှင်အဒေါ်ကြီးသည် စေတနာသန့်သန့်နှင့် နောက်ထပ်လိုက်ပွဲများကို ချလာသည်။ ငတ်လာသော သားအဖနှစ်ယောက်ကလည်း မရုက်မကြောက် စား၍စား၍ပစ်လိုက်လေရကား မကြာမီပင် ပြောင်၍ ပြောင်၍သာ သွားပေတော့သည်။ သည်လို ချလာလိုက် စားလိုက်နှင့် သားအဖနှစ်ယောက်လည်း ဝသွားခဲ့ပေပြီ။

စောစောက ညှိုးငယ်နွမ်းနယ်သော သားအဖနှစ်ယောက်၏ မျက်နှာငယ်ကလေးများမှာ ပြည့်ဖြိုးကြည်လင်၍ ရွှင်ပျလာသယောင်ယောင်ပင် ထင်ရပေသည်။

"ကျေးဇူးကြီးလိုက်ပါဘိ ဆရာရယ်" ထိုသူသည် ကျေးဇူးစကားကို လေးလေးနက်နက်ကြီး ပြောနေရှာသည်။

"မလိုပါဘူးခင်ဗျာ၊ တစ်ယောက် ဒုက္ခဖြစ်နေတဲ့အခါ တစ်ယောက်က တတ်နိုင်သလောက် စောင့်ရှောက်ဖို့ တာဝန်ရှိပါတယ်"

ထမင်းဆိုင်ရှင်အဒေါ်ကြီးသည် ဒုက္ခသည် မြန်မာနှစ်ဦး၏ ကြေကွဲဖွယ်ရာ ဝတ္ထုတိုတစ်ပုဒ် ကို စိတ်ဝင်စားပုံတော့မရ ...

"နှစ်ကျပ်တစ်မတ်ကျတယ်ကွဲ့ မောင်ရင်" သူမအတွက် အရေးကြီး၍ အကျိုးစီးပွားကိစ္စ အတွက်သာပဲ ပြောလိုက်သည်။

"ခင်ဗျာ ... နှစ်ကျပ် တစ်မတ် ..." သူသည် ရုတ်တရက် ကြောင်သွားပုံပင် ရပေသည်။

“ဟင်းသုံးခွက်ကတစ်ကျပ်ခွဲ၊ ထမင်းကသုံးမတ် အားလုံး နှစ်ကျပ်တစ်မတ်ကျတယ်လေ”

ကိုတင်ဦးသည် ခေါင်းကြီး၍သွားမိပေတော့သည်။

“နှစ်ကျပ်တစ်မတ်ကျတယ် ဟုတ်လားခင်ဗျာ”

“နှစ်ခါ တွက်မပြနိုင်ဘူးဟေ့ မောင်ရင်”

သူသည် မျက်လုံးအပြူးသားနှင့် ဆိုင်ရှင်အဒေါ်ကြီးကို ကြောက်ရွံ့စွာ ကြည့်လိုက်ရင်း ဘာပြော၍ ဘာလုပ်ရမည်ကို မေ့သွားပေပြီ။

“ဟေ့ မောင်ရင် နှစ်ကျပ်တစ်မတ် ကျတယ်ကွဲ့ နားရှင်းပြီလား”

သူသည် ကယောင်ကတန်းနှင့် သူ့အိတ်ကပ်အတွင်းမှ ငွေတစ်ကျပ်ကိုထုတ်ယူ၍ ဆိုင်ရှင် အဒေါ်ကြီးအား ပေးနေသည်။ အဒေါ်ကြီးသည် ငွေတစ်ကျပ်ကို ဖတ်ခနဲ လှမ်းယူလိုက်ပြီး နောက်–

“ဒါကဘာလဲကွဲ့ မင့်တစ်ကျပ်က” အဒေါ်ကြီးသည် ပြူးတူးပြဲတဲနှင့် မေးလိုက်သည်။

ဒုက္ခသည် သားအဖသည် ကိုတင်ဦးနှင့် ဆိုင်ရှင်အဒေါ်ကြီးအကြားမှာ ပါးစပ်အဟောင်း သားနှင့် ငေးကြည့်နေကြလေသည်။

“ဒီ ငွေကလေးတစ်ကျပ်ပဲ ပါလို့ပါခင်ဗျာ၊ ကျန်တဲ့ငါးမတ်ကို မနက်ဖြန်ခါမှ ကျွန်တော် လာပေးပါရစေလား ဒေါ်ဒေါ်ရယ်”

“ဘာ ကျန်တဲ့ငွေ ငါးမတ် မနက်ဖြန်ခါမှပဲ မင်းက ဘာကောင်မို့လို့ ငါက ယုံရမှာလဲ ဟင်–ပြောစမ်းပါဦး”

“အကျိုးအကြောင်း ပြောပြပါရစေဦးခင်ဗျာ”

“ဘာအကျိုးအကြောင်းလဲ ငါနားမလည်ဘူး။ မင်းထမင်းပြေအောင် ရှင်းမလား မရှင်းဘူး လား ဒါပဲပြော၊ ငါပုလိပ်ခေါ်လိုက်မယ်” ဆိုင်ရှင်အဒေါ်ကြီးသည် အင်္ကျီလက်မောင်းကို ပင့်ပေပြီ။

“တောင်းပန်ပါရစေဦး ဒေါ်ဒေါ်ရယ်၊ ကျွန်တော့်မှာလည်း ဒီငွေကလေးတစ်ကျပ်ပဲ ပါပါ တယ် ခင်ဗျာ”

“ဟေ့ မောင်ရင် မင်းသိပ်စကားရှည်မနေနဲ့ကွယ်၊ မင်းထမင်းဖိုးပြေအောင် ရှင်းနိုင်ရင် ရှင်း၊ မရှင်းနိုင်ရင်တော့ မင်းအပေါ်အင်္ကျီ ချွတ်ထားခဲ့ပေတော့။ ဒီလိုမှမဟုတ်ရင် ငါ ပုလိပ် ခေါ်တိုင် ရလိမ့်မယ်”

ကိုတင်ဦး၏ခေါင်းသည် ငိုက်စိုက်ကျ၍သွားပေပြီ။

သူသည် ဝမ်းနည်းကြေကွဲသော မျက်လုံးကြီးများဖြင့် ဒုက္ခသည် သားအဖအား တစ်ချက်မျှ လှမ်း၍ကြည့်လိုက်ပြီးနောက် သူ့အပေါ်အင်္ကျီကို ချွတ်လိုက်ရပေသည်။

ထမင်းဆိုင်ကလေးနှင့်တကွ ဒုက္ခသည်သားအဖတို့အား ကျောခိုင်း၍ သူထွက်လာသော အခါ လမသာပေမဲ့လည်း ရန်ကုန်မြို့ရဲ့ညကတော့ ငွေရောင်တောက်နေပါသည်။

ငွေရောင်ညလယ်ထဲက နှုတ်ခမ်းနီ ပါးနီကလေးများရဲ့ ရယ်မောသံ တီးတိုးစကားပြောသံ–
တငြိမ့်ငြိမ့် ပြေးလွှားနေသော စတူဒီဘေကာ ကားသစ်ကြီးများ ...
အမောက်ကလေးများရဲ့ ချစ်သူခေါ်သံကို ကြားသည်။
ပြီးတော့ အသံဖမ်းစက်မှ သက်သောင့်သက်သာပွင့်လာနေသော နှင်းဆီပန်းကလေးရယ် ...
တကယ်ပါပဲ ...
လမသာပေမဲ့လည်း ရန်ကုန်ရဲ့ညကတော့ ငွေရောင်တောက်နေပါသည်။

(၅)

ငွေရောင်ညလယ်သည် တဖြည်းဖြည်း ဝေး၍ဝေး၍ ကျန်ခဲ့ပေပြီ။

အလံပြဘုရားလမ်းအတိုင်း သူသည် လျှောက်လာခဲ့လေသည်။ သူသည် အိမ်သို့ပြန်နေခြင်း ဖြစ်ပါသည်။ ရန်ကုန် ညလယ်ထဲမှာ ခပ်သန့်သန့် အပေါစားထမင်းဆိုင်သည်လည်း မဲ့ပျောက် ကျန်ရစ်နေခဲ့ပြီ။

သူနေထိုင်ရာ အခန်းကလေးသို့ ရောက်အောင်ပြန်ပြီးသည့်နောက် အိပ်ရာထက်မှာ ခွေ အိပ်ဖို့သာပဲ ရှိတော့သည်။ တစ်နေ့တာရဲ့ တိုက်ပွဲကား ပြီးဆုံးသွားခဲ့ပေပြီ။ သို့ရာတွင် သူသည် သူ့တစ်ယောက်အနေဘဝဖြင့် အရှုံးပေးခဲ့ရသော်လည်း လူ့သမိုင်းရဲ့ ထောင့်ကြားထဲတွင် လူတွေ ကြည့်ချင်မှလည်း ကြည့်တတ်မည်ဖြစ်သော ပန်းချီကားတစ်ချပ်ထဲမှာတော့ သူသည် ငတ်ပြတ် ပင်ပန်းနေသော ဒုက္ခသည်များရဲ့အကြားမှာ အဘိုးမဖြတ်နိုင်သော ကျောက်မျက်ရွှဲတို့ဖြင့် တန်ဆာ ဆင်ထားသော သရဖူကို ဆောင်းနေရပါသည်။

သူသည် လေးကန်သော ခြေလှမ်းများကို သယ်ယူလာစဉ် ရန်ကုန်ရဲ့ညကို ဝမ်းနည်း ပက်လက် ဖြစ်နေမိပေသည်။ ဒါပေမဲ့တော့ ရန်ကုန်ညထဲက ပိုး၊ ဖဲတို့သည် သူ့ဝမ်းနည်း၍ လဲသေသေ အမှတ်ထင်မည်မဟုတ်။

ငွေအရင်းကို ဘုရားသခင်ကဲ့သို့ ကိုးကွယ်သော ယဉ်ကျေးခြင်းရဲ့ ရန်ကုန်ညသည် စစ်ပြေး ဒုက္ခသည်အား သူကိုယ်တိုင် အငတ်ခံကာ ကျွေးမွေးသော လူတစ်ယောက်အား အသိအမှတ် ပြုလိမ့်မည်မဟုတ်။

အသံဖမ်းစက်မှ သူတို့ရဲ့ယဉ်ကျေးမှုကို တည်တံ့ခိုင်မြဲနေအောင် သီချင်းရေးစပ်သော အနု ပညာသည်အား မင်းပရိသတ်အလယ်မှာ ရွှေဒင်္ဂါးကိုပေးအပ်ပေမည်။ ချီးမြှောက်တာတဲ့လား ...

မဟုတ်ပါ၊ ဝယ်ယူခြင်းသာဖြစ်ပါတယ်။

သူသည် ကျောက်တိုင်ဘက်သို့ ချိုး၍ဆင်းလာသည်။ ခြေလှမ်းများမှာ လေးကန်သည် ထက် လေးကန်လာသည်။ အူထဲမှာလည်းပဲ တဂျုတ်ဂျုတ်နဲ့ ပိုးမျိုးရှစ်ဆယ်တို့သည် သူ့အား တော်လှန်ပုန်ကန်နေကြပေသည်။

သူသည်ဗိုက်ကို အသာအယာနှိပ်၍ ထောက်ရင်း ကြိုးစား၍ လျှောက်လာရပေသည်။

သူ့အခန်းသို့ တော်တော်ကလေး လျှောက်ရပေဦးမည်။ ခုလောက် လျှောက်လာရသည်ပင် နွမ်းနယ်ပင်ပန်းလှပါပြီ။

သမာဒေဝါ နတ်ကောင်းနတ်မြတ်များ စာရေးဆရာကိုတင်ဦးကို သည်လိုပဲ ကြည့်နေကြတော့မလား … ဇနက္ကမင်းသားအား ပင်လယ်ဗွေ၊ ငါး၊ ငါးမန်းများအကြားမှ မိထိလာကျောက်ဖျာထက်သို့ မေခလာအား ပို့ဆောင်စေခဲ့သော် ကိုတင်ဦးတစ်ယောက်ကိုတော့ ယုတ်စွအဆုံး လမ်းမပေါ်မှ ပိုက်ဆံတစ်မူးလောက် ကောက်တွေ့လိုက်ပါစေတော့လား … ထိုပိုက်ဆံတစ်မူးနှင့် ကားစီး၍ အိမ်သို့ ပြန်နိုင်ပေမည်။

လေးကန်စွာ လျှောက်လာရာမှ သူသည် ပိုးမျိုးရှစ်ဆယ်တို့၏ တော်လှန်မှုကို မခံမရပ်နိုင်တော့သည့်အဆုံးမှာ ရပ်နေလိုက်ရပေတော့သည်။ သူသည် ဗိုက်ကိုထောက်ထားရပေသည်။

"ကျွတ်–ကျွတ်–ကျွတ် …" ခံရခက်၍ သူ တိုးတိုးကလေး ညည်းညူနေသည်။

ထိုစဉ် လမ်းဘေးခပ်လှမ်းလှမ်း တောင်ကုန်းကလေးတစ်ခုပေါ်မှ တိုက်အတွင်းက ရေဒီယိုသံသည် ပြန့်လွင့်လာပေသည်။

"ရွှေဘုန်းတော် တိုးပါလို့ ငွေမိုးတွေရွာ"

ဗိုက်ကိုထောက်ထားသောလက်ကို ရုပ်၍ သူသည် နားနှစ်ဖက်ကို လျင်မြန်စွာပိတ်ထားလိုက်ရပေသည်။

ငွေအရင်းရဲ့ယဉ်ကျေးခြင်းညလယ်မှ ပဒေသရာဇ်ဘုန်းရှင် ကံရှင်များကို လွမ်းဆွတ်တသနေသေးတုန်းပဲလား …

ထိုအခိုက် မီးနှစ်ပွင့်သည် ရုတ်တရက် ဝင်းခနဲ လက်၍သွားကာ ကျွီခနဲ အသံတစ်ခုကို စူးခနဲ ကြားလိုက်ရပြီးနောက် ကိုတင်ဦးသည် နားနှစ်ဖက်ကိုပိတ်၍ ရပ်နေရာမှ ခပ်လှမ်းလှမ်းသို့ လွင့်စဉ်ကာ လဲကျသွားလေသည်။

"ကျွတ်–ကျွတ်–ကျွတ် …" ဘေးထဲကလည်း ခပ်အောင့်အောင့်–

ကားရှေ့ခန်းမှ ဒရိုင်ဘာသည် ဆင်းလာသည်။

"ဟွန်း ဒါလောက်ပေးတာကိုမှ မင်းမကြားဘူးလား" ဒရိုင်ဘာသည် သူ့အား ကြိမ်းဝါးလိုက်ပေသည်။

သူသည် ဒရိုင်ဘာအား ထူးဆန်းစွာပဲ လဲကျနေရာမှ မော်၍ကြည့်နေသည်။

"မင်း မကြားဘူးလား"တဲ့။ ဘယ်လောက်များ စော်ကားနှိပ်ကွပ်လိုက်သလဲ…

"မင်း"ဟူသော နာမ်စားကို ဘာ့ကြောင့်များ သုံးနေရပါလိမ့်။ "ခင်ဗျား"ဆိုရင်ကော ဘာဖြစ်သွားဦးမှာမို့လဲ …

သူရဲ့ မွဲခြောက်မှေးမှိန်နေသော အပေါ်ယံ ကာရန်နှစ်ပိုဒ်မှ တြိချိုး၏ နိဂုံးအပိုဒ်ကို

ဒရိုင်ဘာသည် မိုက်မဲစွာ အုပ်ထည့်လိုက်ခြင်းနှင့် တူပါသည်။

"မင်းတို့လိုလူမျိုးတွေကြောင့် တို့ဒရိုင်ဘာတွေ နံမည်ပျက်ရတာ" ဒရိုင်ဘာက ဆက်လက်ကြိမ်းဝါးနေပေသည်။

သည်အထိလည်း ကိုတင်ဦးသည် လဲရာမှ မထ၊ ဘာမှလည်း ပြန်၍မပြောသေးပါ။

ကားနောက်ခန်းတံခါးသည် ပွင့်၍လာကာ အသက်အစိတ်နှင့်၃၀ခန့် မိန်းမပျိုတစ်ယောက်သည် လက်ထဲမှ ဝတ္ထုစာအုပ်တစ်အုပ်ကိုကိုင်ရင်း ဆင်းလာလေသည်။ မိန်းမပျိုမှ တော်တော်ပြေပြစ်ချောမော၍ ကျက်သရေရှိလှသည်။ ပိုး၊ ဖဲ၊ စိန်၊ ရွှေတို့သည် တလက်လက် တဖိတ်ဖိတ်တောက်နေပေသည်။

"ဘာတဲ့လဲကွဲ့ မောင်ဝင်းရယ်" မိန်းမပျိုက ဒရိုင်ဘာ့နောက်မှနေ၍ မေးလေသည်။

"ဘယ်လိုကောင်စားမှန်းလဲ မသိပါဘူး မမလေးရာ" ဒရိုင်ဘာသည် သူ့မမလေးအား ကားတိုက်ခံရသူကို နှိပ်ကွပ်ပြောဆို၍ သံတော်ဦးတင်လိုက်ပေသည်။

"ဘယ်မှာတိုက်မိသွားသေးသလဲကွဲ့၊ ဒဏ်ရာကော ဘယ်မှာရသွားသလဲ" မိန်းမပျိုသည် လဲနေသော ကားတိုက်ခံရသူအား တစ်ချက်မျှ လှမ်းကြည့်ရင်း မေးလိုက်လေသည်။

သတိရလာသကဲ့သို့ လဲကျနေရာမှ ကိုတင်ဦးသည် အားယူ၍ ထလိုက်သည်။ သူသည် ဒရိုင်ဘာနှင့် မိန်းမပျိုကို တစ်ချက်မျှစီ ကြည့်ပြီးနောက် စတူဒီဘေကာကားသစ်ကြီးကိုလည်း တစ်ချက်မျှလှမ်း၍ ကြည့်လိုက်သည်။

"ရွှေဘုန်းတော် တိုးပါလို့ ငွေမိုးတွေရွာ" တောင်ကုန်းပေါ်က တိုက်အတွင်းမှ ရေဒီယိုသံသည် ပဒေသရာဇ်ခေတ်ဟောင်းကို တစ်ပတ်ကျော့၍ နေလေသည်။

"မင်း ဘာပြောချင်သေးလဲဟေ့" အလုပ်အကျွေးဒရိုင်ဘာက သူ့အား ငေါက်ဆတ်ဆတ်မေးလိုက်ပေသည်။

ကိုတင်ဦးသည် တကယ့်ပညာတတ်ပီသစွာ ယဉ်ကျေးမှုရဲ့ အပြုံးသစ်ကို သူ့မျက်နှာတွင် ဖော်ပြလိုက်သည်။

"ကျွန်တော် တောင်းပန်ပါတယ်ခင်ဗျာ" သည်ဟာပဲ သူကပြောလေသည်။

ဒရိုင်ဘာသည် မျက်စောင်းထိုး၍ သူ့ကိုကြည့်နေသည်။ ဒါပေမဲ့တော့ ဘာမျှမပြော ...

"ဘယ်မှာများ ထိသွားပါသေးသလဲ" မိန်းမပျိုသည် ဒရိုင်ဘာရှေ့သို့ ကျော်တက်လာပြီးနောက်၊ သူ့ကိုမေးလေသည်။ မ သတ္တဝါဖြစ်သဖြင့် ကြင်နာသော အမူအရာမှာ စိုးရိမ်မှုဖြင့်ရောယှက်ပေါ်လွင်နေပါသည်။

"ကိစ္စမရှိပါဘူး ခင်ဗျာ" မိန်းမပျိုကို အငေးသားကြည့်ရင်း သူက ပြောလိုက်ပေသည်။

မိန်းမပျိုသည် ကိုတင်ဦးအား အထူးအဆန်းသဖွယ် ကြည့်နေရင်းက တစ်စုံတစ်ခုကို သတိရလာသကဲ့သို့ ကားဆီသို့ ချာခနဲလှည့်သွားပြီး ကားထဲမှ ပိုက်ဆံအိတ်ကိုဖွင့်ကာ ငွေစက္ကူတစ်ကျပ်တန်တစ်ချပ်ကို ထုတ်ယူလိုက်သည်။

မိန်းမပျိုသည် ကိုတင်ဦးဆီသို့ လျှောက်လာသည်။

"ရော့ ရှင်သုံးချင်တာသုံးဖို့" မိန်းမပျိုသည် သူ့အား ငွေတစ်ကျပ်ကို ပေးနေသဖြင့် သူကလည်း ဘာကြောင့်မှန်းမသိဘဲနှင့် မိန်းမပျိုလှမ်းပေးနေသော ငွေတစ်ကျပ်ကို အမှတ်တမဲ့ လှမ်းယူကာ မိန်းမပျိုရဲ့မျက်နှာကို လှမ်းကြည့်နေမိပါသည်။

"သွားမယ်ဟေ့ မောင်ဝင်း" မိန်းမပျိုသည် ဒရိုင်ဘာအား အမိန့်ပေးပြီးနောက် ကားဆီသို့ ချာခနဲလှည့်ကာ တက်သွားလေသည်။ ဒရိုင်ဘာကလည်း သူ့အား မျက်စောင်းတစ်ချက် ထိုးကြည့်ကာ ကားပေါ်သို့ တက်သွားလေသည်။

ကိုတင်ဦးသည် ငွေတစ်ကျပ်ကို အထူးအဆန်းသဖွယ် ကြည့်နေရာမှ ကားရဲ့နောက်ခန်း ထဲမှ မိန်းမပျိုကို လှမ်း၍ ကြည့်လိုက်မိပေသည်။ မိန်းမပျိုသည် ကားရဲ့နောက်ခန်းထဲမှာ ဝတ္ထု စာအုပ်ကို စူးစိုက်ဝင်စားစွာ ဖတ်နေပါပြီ။

သူသည် ကားအနီးသို့ ဖြည်းညင်းစွာ လျှောက်လာပြီး မိန်းမပျိုဖတ်နေသော ဝတ္ထုရဲ့ အဖုံးကို အမှတ်မဲ့ ကြည့်လိုက်သည်။

"ရွှေဥဒေါင်း" ရေး "မုန်တိုင်းထဲကလူ"

ကိုတင်ဦးသည် သူ့ဘဝကို အသာအယာပဲ ပြုံးလိုက်မိပေသည်။

"မုန်တိုင်းထဲကလူ ... ပါတဲ့၊ ရွှေဥဒေါင်း ... ရေး" တိုးတိုးပင် သူပြောနေလေသည်။

ထိုစဉ် စတူဒီဘေကာ ကားကြီးသည် စက်နှိုးကာ "မုန်တိုင်းထဲကလူ" ဝတ္ထုကို စူးစိုက် ဝင်စားစွာ ဖတ်နေသော မိန်းမပျိုကို ခေါ်ဆောင်၍ သွားပေသည်။ ကိုတင်ဦးသည် စတူဒီဘေကာ ကားကြီးကို မျက်စေ့တစ်ဆုံး ငေးမျှော်ကြည့်ရင်း ကျန်ရစ်ခဲ့ရာ ကားကြီးကို မမြင်ရတော့မှ ဦးခေါင်းကို ဖြည်းညင်းစွာ ခါလိုက်ရင်း သူ့လက်ထဲမှ ငွေကလေးတစ်ကျပ်ကို ငုံ့ကြည့်မိလေ သည်။

ငွေကလေးတစ်ကျပ်ကို ဝမ်းနည်းပက်လက် ကြည့်ရင်း သူပြုံးလိုက်ပါသည်။

"ရှင် သုံးချင်တာသုံးဖို့" ပါတဲ့၊ တိုးတိုးကလေး သူပြောနေသည်။

သူသည် ငွေကလေးတစ်ကျပ်ကို ဝမ်းနည်းပက်လက် ငုံ့ကြည့်နေရာမှ ကြေမွသွားအောင် ဆုပ်ကိုင်လိုက်ပြီးနောက် တစ်ယောက်တည်း ဟက်ဟက်ပက်ပက် ရယ်မောပစ်လိုက်လေသည်။

"သုံးချင်တာ သုံးဖို့တဲ့လား" သူသည် ငွေတစ်ကျပ်တန်ကို လွှင့်ပစ်လိုက်ရင်း ရယ်မော နေတုန်းပင် ဖြစ်သည်။

ဘယ်သူပဲ ဝေ်လို့သေသေ၊ ကားတိုက်လို့ပဲ သေသေ၊ ဘာဖြစ်တာလိုက်လို့ ...

အို ... နောက်ဆုံး လမသာလည်းနေပါစေ ...

ရန်ကုန်ရဲ့ညကတော့ ငွေရောင်တောက်နေပါလိမ့်မည်။ ။

(ပဒေသာ၊ ၁၉၄၉)

ခက်ဆစ်များ

လျှပ်စစ်မီးပွင့်မီးခိုင်ပန်း (န) 形形色色的电灯
ပျော်ပွဲစားရုံ (န) 餐厅，酒吧间，餐馆
အလုပ်ပြုတ် (က) 被解雇，失业
သက်သောင့်သက်သာ (ကဝ) 轻松地，舒舒服服地
စည်းစိမ် (န) 财物；享乐，荣华富贵
ယစ်မူး (က) 陶醉，醉
မှေးမှိန်မွဲခြောက် (နဝ) 暗淡，无光泽，颜色灰暗
ပုပ်သိုး (နဝ) （食物等）坏，馊，臭
အလူးအလဲ (ကဝ) 痛苦地，难以忍受地，死去活来地
သိဟောင်းကျွမ်းဟောင်း (န) 老朋友，老相识，老交情
အစုတ်စုတ်အပြတ်ပြတ် (ကဝ) 穿着褴褛，破破烂烂地
ချည့်နဲ့ (နဝ) 虚弱，薄弱
အရည်ပျော် (က) 融化，熔化
ဒုက္ခသည် (န) 难民，灾民，贫民
ဘာဘူကြီး (န) （印度人尊称）先生，老爷
ငိုက်စိုက်ငိုက်စိုက် (ကဝ) 低着头，耷拉着
ဆောင့်ကြောင့်ထိုင် (က) 蹲着
ပလုတ်ပလောင်းစား (က) 大口大口地吃，狼吞虎咽
တက်တက်ပြောင် (က) 精光，穷尽
ခေါင်းကြီး (က) 吓得不知所措，头嗡地一下发胀
မျက်လုံးအပြူးသား (ကဝ) 瞪着眼
ကယောင်ကတမ်း (ကဝ) 胡言乱语
ပြူးတူးပြဲတဲ (ကဝ) 目瞪口呆，瞪着大眼地
ပဒေသရာဇ် (န) 封建
ဘုန်းရှင်ကံရှင် (န) 有福者，德高望重者
စော်ကား (က) 侮辱，凌辱；亵渎
နှိပ်ကွပ် (က) 镇压，惩罚

စာဆိုအတ္ထုပ္ပတ္တိ

ဇန်းမော်တင်အောင် (၁၉၂၀–၁၉၇၈)

ဆရာဇန်းမော်တင်အောင်၏ အမည်ရင်းမှာ ဦးတင်အောင်ဖြစ်သည်။ ၁၉၂၀ပြည့်နှစ် ဇွန်လ ၉ရက်နေ့တွင် အဖကျောင်းဆရာဦးနေ၊ အမိဒေါ်စောမြိုင်တို့မှ ပဲခူးမြို့တွင် ဖွားမြင်သည်။

ဇန်းမော်တင်အောင်သည် စစ်ကြိုခေတ်က ဂျာနယ်ကျော် မဂ္ဂဇင်းတွင် မဟာအောင် ကလောင်အမည်ဖြင့် ဝတ္ထုများရေးသားခဲ့သည်။ ဇန်းမော်တင်အောင် ကလောင်အမည်ဖြင့် ပထမဦးဆုံး ထုတ်ဝေသော လုံးချင်းဝတ္ထုမှာ **ဘုန်းမောင်တစ်ယောက်တည်းရယ်**(၁၉၄၇) ဖြစ်သည်။ တာရာမဂ္ဂဇင်း တွဲဖက်အယ်ဒီတာ၊ လင်းယုန်ဂျာနယ်၊ လင်းယုန်သတင်းစာ အယ်ဒီတာနှင့်

ထုတ်ဝေသူ၊ ဗမာစာပေမဂ္ဂဇင်း ထုတ်ဝေသူနှင့် အယ်ဒီတာတာဝန်များ ထမ်းဆောင်ခဲ့သည်။

ကမ္ဘာ့ငြိမ်းချမ်းရေးကွန်ဂရက်(မြန်မာနိုင်ငံ) အမှုဆောင်လူကြီး၊ မြန်မာနိုင်ငံစာရေးဆရာအသင်းအမှုဆောင်၊ ပြည်တွင်းငြိမ်းချမ်းရေးအဖွဲ့ အတွင်းရေးမှူးအဖွဲ့ဝင်၊ စာရေးဆရာ စာပေကလပ် အမှုဆောင်၊ ပြည်ထောင်စုမြန်မာနိုင်ငံ စာရေးဆရာသမဂ္ဂဥက္ကဋ္ဌ တာဝန်တို့ကို ယူခဲ့သည်။

၁၉၅၂ခုနှစ်မှ ၁၉၅၇ခုနှစ်အထိ လေးနှစ်ခွဲခန့်ကာလအတွင်း နိုင်ငံရေးအကျဉ်းခံနေရစဉ် **မြန်မာနိုင်ငံတော်သမိုင်း** စာအုပ်ကိုလည်းကောင်း၊ ၁၉၅၈ခုနှစ်မှ ၁၉၆၀ပြည့်နှစ်အထိ ဒုတိယအကြိမ် အကျဉ်းခံစဉ် **ကိုလိုနီခေတ် မြန်မာနိုင်ငံသမိုင်း** ကိုလည်းကောင်း ရေးသားခဲ့သည်။ သူ၏စာပေများသည် နိုင်ငံရေးနှင့် ငြိစွန်းသဖြင့် အကျဉ်းထောင်နှင့် ကျွန်းဒဏ်များ ထောင်ဒဏ် ၁၃နှစ်ကျခံခဲ့ရသည်။

၁၉၅၉ခုနှစ်တွင် **မြိုင်** ဝတ္ထုဖြင့် စာပေဗိမာန်ဝတ္ထုရှည်ဆုကိုလည်းကောင်း၊ ၁၉၆၁ခုနှစ်တွင် **မမကြီး**ဝတ္ထုဖြင့် စာပေဗိမာန်ဝတ္ထုရှည်ဆုကိုလည်းကောင်း ရရှိခဲ့သော်လည်း တိုဆုများကို လက်ခံရယူခြင်း မပြုခဲ့ပေ။

လွမ်းရစ်တော့သက်လှယ်ရယ်(၁၉၄၈)၊ **ဒေါက်တာရေချမ်း** (၁၉၅၀)၊ **သူပုန်ကြီး**(၁၉၅၂)၊ **ပြည်တော်သာခင်ခင်ဦး**(၁၉၅၇)၊ **ငသြ**(၁၉၆၁)၊ **ပါမောက္ခအုန်းကျော်**(၁၉၆၂)၊ **ချစ်အဏ္ဏဝါဗွေ**(၁၉၆၂)၊ **မုန်တိုင်းထဲကလူ**(၁၉၆၃)၊ **ရိုးမတိုက်ပွဲ**(၁၉၆၃)၊ **ရွှေပြည်တော်မျှော်တိုင်းဝေး**(၁၉၇၂)၊ **ပုဂံရွှေပြည်**(၁၉၇၄)၊ **သူ့ဇာတ်ကောင် သူ့ဝတ္ထုနှင့် သူ့စာရေးဆရာ**(၁၉၇၇) စသည့် လုံးချင်းဝတ္ထု ၄၅အုပ်နှင့်၊ **ဆိုရှယ်လစ်အဘိဓာန်**(၁၉၆၄)၊ **အိန်စတိုင်းနှင့် သူ၏ဓမ္မတရား** (၁၉၇၅) စသည့် သိပ္ပံ၊ နိုင်ငံရေး၊ သမိုင်း၊ သဘောတရားကျမ်းစာအုပ်များ စသည်ဖြင့် စာအုပ်ပေါင်းများစွာ ရေးသား ခဲ့သည်။

၁၉၇၈ခုနှစ် အောက်တိုဘာလ ၂၃ရက်နေ့တွင် အဆုတ်ကင်ဆာရောဂါဖြင့် ရန်ကုန်ဆေးရုံကြီး၌ ကွယ်လွန်ခဲ့သည်။

လေ့ကျင့်ခန်း

၁။ ရန်ကုန်မြို့ရဲ့ညတစ်ည ဝတ္ထုအကြောင်းအရာနှင့် စာရေးသူ၏ရည်ရွယ်ချက်ကို စဉ်းစားပြီး ဆွေးနွေးကြပါ။

၂။ "လမသာပေမဲ့လည်း ရန်ကုန်ရဲ့ညကတော့ ငွေရောင်တောက်နေပါသည်။" ဟူသောစကား ထပ်ခါတလဲဖော်ပြထားသည်မှာ မည်သည့်အဓိပ္ပာယ်ဖော်ဆောင်သနည်း။ ဤဝတ္ထုတို၏ ရေးဟန်ကို သုံးသပ်ပါ။

သင်ခန်းစာ(၁၀) မိုးဦးကျ

作品导读

杰尼（1922—1974）是“新文学”运动时期步入文坛的现实主义作家，他通过对下缅甸三角洲地区渔民生活的细致观察和深入了解，以渔民哥当盛、玫盛夫妇为中心人物，创作了系列短篇小说《渔夫》，真实反映渔村的生产关系和渔民的艰辛生活。《初雨时节》（1951）是《渔夫》系列之一，该篇着重描写哥当盛、玫盛和其他渔民们在雨季之初，冒着暴风雨随时来袭的危险，抓紧暴风雨的间歇时机捕鱼为生的情景。通过对渔民们的捕鱼工具、方法以及他们娴熟的捕鱼技艺的细节描写，将渔民们的劳动生活状态真切地展现出来。从中可以体验到渔民们艰苦的生产生活环境，也能感受到他们乐观向上的生活态度。

မိုးဦးကျ

ကြယ်နီ

ဝါဆိုလဆန်း ၁၃ ရက်၏ နေ့လယ်အချိန် ဖြစ်သည်။

မိုးက အုံ့၍ လေက ထန်နေသည်။ ရေဖွေးဖွေး ကွင်းပြင်ကြီးထဲဝယ် လေသံ လှိုင်းသံတို့ဖြင့် ဆူညံနေသည်။ စည်းလုံးမှုမရှိ၍ အထီးကျန်ဖြစ်နေသော ဗေဒါပင်ကလေးများနှင့် အတွယ်အတာကင်းမဲ့နေသော ဒိုက်ဖောင်ကလေးများမှာ လေနှင့် လှိုင်းခေါ်ဆောင်ရာနောက်သို့ ကောက်ကောက်ပါအောင် လိုက်နေသည်။ မြေကြီးကို အမြစ်တွယ်လျက်ရှိသော ဒိုက်ပင်ကလေးများနှင့် ဗေဒါပင်အုပ်ကြီးများမှာမူ ယိမ်းယိုင် လှုပ်ရှားလျက် ရှိသော်လည်း အနိုင်မခံ အရှုံးမပေးဘဲ ကြံ့ကြံ့ခိုင်ခိုင်တည်နေကြ၏။

ကိုဒေါင်းစိန်၊ ကိုလူမောင်နှင့် ငါးထိုးသမားတစ်စုတို့သည် ဗေဒါပင်အုပ်ကြီးများကို အကာအကွယ်ယူ၍ လေအငြိမ်ကို စောင့်နေကြ၏။ တစ်ရှူးလပြည့်ကျော် တစ်ရက်နေ့မှစ၍ တော်သလင်းလပြည့်နေ့အထိ ကွင်းကို အစိုးရပိုင်သည်ဖြစ်ရာ “အစိုးရပိုင်သည့်ရက်တွင် ဆင်းရဲသားများ

သည် ဆောင်းတစ်လုံး၊ မိုန်းတစ်လက်၊ ငါးမျှားတံတစ်ချောင်းဖြင့် ကွင်းထဲ၌ ရှာဖွေ စားသောက်နိုင်၏”ဟူသော အစိုးရမင်းများ၏ ကြီးမားသော မဟာကရုဏာနှင့် ခွင့်ပြုပေးသနားတော်မူ သောခြွင်းချက်အရ သူတို့သည် မိုန်းတစ်လက်ဖြင့် ငါးထိုးရန် ကွင်းထဲသို့ ရောက်ရှိလာကြရာ လေထန်သည်နှင့် ကြုံနေ၍ ဗေဒါပင်အုပ်ကို အကာအကွယ်ယူကာ လေအငြိမ်ကို စောင့်နေကြခြင်းဖြစ်သည်။

သူတို့သည် ငါးကို မျက်မြင်ထိုးရသည် မဟုတ်ဘဲ ရေအောက်၌ လှုပ်ရှားသွားလာလျက်ရှိသော ငါးများ၏ အရိပ်အခြည်ကို ရေပေါ်တွင် တစ်ထွာခန့်၊ တစ်တောင်ခန့် မြင့်တက်နေသော ဒိုက်ပင်များ၏ လှုပ်ရှားခြင်းဖြင့် စူးစမ်းကြည့်ရှုကာ ထိုးရသည်ဖြစ်၍ လေရောရေပါ ငြိမ်သက်ပါမှ ဖြစ်နိုင်ပေမည်။

ငါးထိုးရာ၌ “မြက်ထိုး”၊ “မြက်ကိုက်”ဟူ၍ နှစ်မျိုးရှိ၏။ ကမ်းဘက်နီး၍ ရေတိမ်သောနေရာ၌ မြက်တိုးငါးကို ထိုးရ၍၊ ကွင်းလယ်ကျပြီး ရေနက်သောနေရာတွင်မူ မြက်ကိုက်ငါးကို ထိုးရ၏။ မြက်တိုးငါးဆိုသည်မှာ မြက်ပင်များစု၍ ပေါက်ပွားနေသော ရေ၏ အောက်ခြေမှ ငါးသည် တိုးဝှေ့ဖြတ်ကျော်သွားလျှင် ရေပေါ်မြင့်တက်နေသော မြက်ပင်များမှာ လှုပ်လှုပ်ရှားရှားဖြစ်သွား၍၊ ငါးတိုးဝှေ့ ဖြတ်ကျော်သွားရာ လမ်းကြောင်းတစ်လျှောက် တစ်ဖက်တစ်ချက် ကွဲကွာသွားသည်။ ဒါကိုကြည့်ပြီး ရေအောက်ရှိ ငါးသည် မြက်ပင်များထဲတွင် တိုးဝှေ့နေကြောင်း သိရကာ မှန်းဆထိုးရသည်။ ကွင်းလယ်ကမူ ငါးသည် ဒိုက်ပင်ကလေးများ၊ ကန်စွန်းဖောင်များ၊ ကညွတ်ပင်များကို လိုက်ကိုက်စားသောက်တတ်သည်ဖြစ်ရာ ဤသို့ ကိုက်သည့်အတွက် လှုပ်ယမ်းနေသော ဒိုက်ပင်များ၊ ကန်စွန်းဖောင်များ၊ ကညွတ်ပင်များကို ကြည့်ကာ မှန်းဆထိုးရသည်။ ဒါကိုတော့ မြက်ကိုက်ငါးဟု ခေါ်ကြ၏။

ယခု သူ့တို့သည် မြက်ကိုက်ငါးကို ထိုးရန် ရေနက်သော ကွင်းလယ်သို့ ထွက်ခဲ့ရာ လေထန်နေသည်နှင့် ကြုံနေ၍ ဗေဒါပင်အုပ် အကွယ်၌ ရပ်နားကာ လေအငြိမ်ကို စောင့်ရင်း စကားဝိုင်းဖွဲ့နေကြ၏။

“တောက် … ငါးရစ်က ရလိုက်တဲ့ ငွေသုံးရာနဲ့ ဖွားသက်ကို တင့်တင့်တယ်တယ် ယူနိုင်ပြီဟဲ့ ဆိုပြီး စောင်၊ ခြင်ထောင်၊ ခေါင်းအုံး၊ ဖျာက စပြီး အိုးခွက်ပန်းကန်ပါမကျန် အသစ်ထူထောင်လိုက်ရတာ ငွေတစ်ရာကျော်လောက် ကုန်သွားတယ်ကွ၊ ဒါနဲ့တောင် တင့်တင့်တယ်တယ် မဖြစ်ဘဲ ခိုးယူရတဲ့ဘဝ ရောက်ခဲ့ရတယ်၊ တို့ ချစ်ကံဟာ အဲဒီအထိ ခေတာကွ”

ကိုလူမောင်က ဆူညံလျက်ရှိသော လှိုင်းသံလေသံကို လွှမ်းမိုးသွားအောင် အသံခပ်ကျယ်ကျယ်ဖြင့် ပြောဆိုလိုက်၏။ ကိုလူမောင်၏ လေ့ပဲ့ကိုင်အဖြစ် လိုက်ပါလာသော မဖွားသက်ကမူ ဤအတွက် မည်သို့မျှ ဝမ်းမနည်းသလို မျက်နှာပေးဖြင့် ကိုလူမောင်အား လှမ်းကြည့်လိုက်ကာ–

“အို … တော်၊ ဘယ်လိုပဲ ယူရယူရ ပေါင်းရတာသာ ပဓာနပါ၊ တစ်ခုတော့ ရှိသပေါ့လေ၊

ကလေးမဟုတ် သူငယ်မဟုတ်နဲ့ ခိုးရာလိုက်ပြေးရတယ်ဆိုတဲ့ အဖြစ်မျိုးကတော့ ဘယ်ကောင်းမလဲ။ ဒါပေမဲ့ ဘယ်တတ်နိုင်မလဲလေ၊ ကိုယ်ရေးကြုံတော့ သက်လုံကောင်းရမှာကိုး၊ နို့မဟုတ်ရင် ဝါဝင်သွားမှာတော့"

ကိုဒေါင်းစိန်နှင့် ငါးထိုးသမားများကား ကိုယ့်ဘဝကိုယ် ကျေနပ်ကြည်နူးနေသော ညားခါစ ဇနီးမောင်နှံအားသာ ပြုံးကြည့်နေကြ၏။ ကိုဒေါင်းစိန်ကတော့ ငဲ့ကွက်စရာ သံယောဇဉ်မရှိ၍ ထင်တိုင်းကြဲနေသော ကိုလူမောင်တစ်ယောက် ယခုကဲ့သို့ သားနှင့်မယားနှင့် အတည်တကျ ဖြစ်သွားသည့်အတွက် အတော်ပင် ဝမ်းမြောက်နေ၏။ သို့သော် တင့်တင့်တယ်တယ်ဖြစ်အောင် စီမံထားသမျှ အလဟဿ ဖြစ်ရသည့်အတွက်လည်း တစ်ဖက်မှ စိတ်မကောင်းဖြစ်လိုက်ရသေး၏။

မယ်စိန် ခနေဖြူသို့ အဝယ်အခြမ်းထွက်စဉ်က ကိုလူမောင်သည် သူတို့မင်္ဂလာကိစ္စအတွက် ရည်မှန်း၍ စောင်၊ ခြင်ထောင်၊ ခေါင်းအုံး စသော ပစ္စည်းများတစ်ပါတည်း မှာကြားလိုက်၏။ မယ်စိန် ခနေဖြူမှ ပစ္စည်းများဝယ်ခြမ်းပြီး၍ ပြန်ရောက်လာသောအခါ လိုလူမောင်သည် မပြားကြီးနှင့်တကွ အခြားသူနှင့်ရင်းနှီးသော မိန်းမကြီးအချို့ကို မဖွားသက်၏ အစ်မကြီးဖြစ်သူ မဖွားခက်ထံသို့ စေလွှတ်ကြောင်းလမ်းခိုင်း၏။ မဖွားသက်၌ မိဘမရှိသောကြောင့် အစ်မကြီးကို အမိအရာထား၍ ကြောင်းလမ်းခိုင်းရခြင်းဖြစ်သည်။

သို့သော် မဖွားသက်၏ အစ်မကြီး မဖွားခက်မှာ မာနကြီးသလောက် ဇီဇာကြောင်သော သဝန်တို အပျိုကြီးတစ်ဦး ဖြစ်၍ ကြောင်းလမ်းချက်ကို လက်မခံရုံသာမက မဖွားသက်ကိုလည်း လင်သေတာ မကြာသေးဘဲနှင့် ဤမျှလောက် နန့်ရမည်လောဟု ဆူပူကြိမ်းမောင်းကာ ကော့ကော်ကံကား လုပ်လိုက်သဖြင့် မပြားကြီးတို့မှာ ဆက်မပြောသာဘဲ အောင်မြင်စွာ ဆုတ်ခွာခဲ့ကြရ၏။ မဖွားသက်ကား အပျိုကြီး မဖွားခက်၏ဩဇာကို ငယ်စဉ်ကပင် နာခံခဲ့ရသူ ဖြစ်သောကြောင့် သူမ၏ ဩဇာအာဏာကို အတိအလင်းတော်လှန်ရဲသူ မဟုတ်ပေ။

ဝါဝင်သွားမည်ကို စိုးရိမ်နေသော ကိုလူမောင်ကား ကြာရှည်စွာ ဆိုင်းငံ့မနေတော့ဘဲ ထိုညတွင်ပင် သွားခိုး၏။ မဖွားသက်ကလည်း အလွယ်တကူပင် လိုက်လာခဲ့သည်။ သို့သော် တစ်အိမ်စီနေသော အပျိုကြီးမဖွားခက် သိသွားသည့်အခါ၌ကား ကိုလူမောင်အိမ်ရှေ့သို့ လာရောက်ကာ ရှန့်ရင်းကြမ်းတမ်းသော စကားလုံးများဖြင့် ခနှစ်သံချီ၍ ဆဲဆိုရေရွတ်နေတော့၏။ ကိုလူမောင်နှင့် မဖွားသက်တို့ကား မကြားသလို တုတ်တုတ်မျှ မလှုပ်ဘဲ ငြိမ်သက်နေကြ၏။

အရပ်လူကြီးများ တောင်းပန်၍လည်း မရ၊ မပြီးနိုင် မဆုံးနိုင်အောင် လေရှည်ဆွဲ၍ ဆဲဆိုနေသဖြင့် နောက်ဆုံးတွင် ကိုလူမောင်က အိမ်ပေါ်မှ ဆင်း၍ "ခင်ဗျား သူတစ်ပါးအချစ်ကို ကဖျက် ယဖျက် လုပ်တတ်လို့ ခင်ဗျားလည်း အခုထိ လင်မရနိုင်ဘဲ အပျိုကြီးဖြစ်နေရတာပဲ၊ ခင်ဗျားဟာ ဟိုဖတ်စာအုပ်ထဲမှာပါတဲ့ အမြီးပြတ်တဲ့မြေခွေးလို ခင်ဗျားလင်မရနိုင်တာနဲ့ တခြား

လူတွေကိုပါ မနာလိုမရှုဆိတ်ဖြစ်ပြီး လင်မရအောင် လိုက်ရှုပ်နေတယ်။ စိတ်ချပါ၊ ခင်ဗျားလို ဇီဇာကြောင်တဲ့ အပျိုကြီးမျိုးတော့ သေတဲ့အထိ လင်မရဘဲ ငှက်ပျောတုံး ဖက်သေရမှာပါ”ဟု ဝင်ပြောလိုက်ရာ အိမ်အနီးအနားမှ လူငယ်များ ပွဲကျသွားသလောက် သနားစရာကောင်းလှသော မဖွားခက်မှာ မင်းသမီး ကင်းကိုက်လိုက်သလို၊ သို့မဟုတ် အိမ်မြှောင် အမြီးပြတ်သလို၊ ဒါမှ မဟုတ် သူတို့ အင်းသူအင်းသားများ ဥပမာပေးသလိုဆိုလျှင် ငါးပြေမ ဆားနှင့် ပက်သလို ထိုးထိုးထွန့်ထွန့်ဖြစ်သွားပြီး သူမ၏နှုတ်မှ ဖရုသဝါစာများမှာလည်း စက်သေနတ်နှင့်ပစ်လိုက်သလို အဆက်မပြတ် ထွက်လာတော့၏။

နောက်ဆုံးတွင် သူကြီးမင်းကိုယ်တိုင် လာရောက်၍ အာဏာနှင့်တားမြစ်မှ သူမ ရပ်နားတော့၏။ ကိုလူမောင်ကား သူ့ချစ်သူ မဖွားသက်အား ခန်းဝင်ပစ္စည်းအသင့်အတင့်နှင့် တင့်တင့်တယ်တယ် တင်တောင်းနိုင်ပါလျက် မဖွားခက်ဝင်ရှုပ်သည့်အတွက် ကျော်မကောင်း ကြားမကောင်း ဖြစ်ခဲ့ရ၏။ သို့သော် ဘာပဲဖြစ်ဖြစ် ကိုလူမောင်ကား သားနှင့်မယားနှင့် အတည်တကျဖြစ်နေလေပြီ။ ဟုတ်သည်၊ မဖွားသက်၌ ခြောက်နှစ်သားကလေးတစ်ယောက် အဆစ်ပါလာသေးသည် မဟုတ်လော။

ကိုဒေါင်းစိန်သည် ကိုလူမောင်တို့အတွဲကို ကြည့်ရင်း ပြုံးလိုက်ပြန်၏။ နောက် သူသည် သူနှင့် အတော်ဝေးဝေးရှိ တစ်ဖက်ကွင်းပြင်ဆီသို့ မျှော်မှန်း၍ ကြည့်လိုက်၏။ သို့သော် မယ်စိန်တို့ ငါးသံချိတ်မျှားသူတစ်စုအား အရိပ်အယောင်မျှပင်မတွေ့ရပေ။ လေပြင်း၍ လှိုင်းထန်နေသဖြင့် တစ်နေရာ၌ တွယ်ကပ်ရပ်နားနေပြီဟု ယူဆလိုက်၏။ ကိုလူမောင်ကား သူ့မိန်းမ မဖွားသက်ကို လှေပဲ့ကိုင်အဖြစ် ခေါ်လာနိုင်သော်လည်း သူ့မှာတော့ မယ်စိန်ကို ခေါ်မလာနိုင်။ သူလည်း တစ်ဖက်တစ်လမ်းမှ ငါးသံချိတ်မျှားမည်ဟု ဆိုသောကြောင့် သူ့သား ဒီလုံးကိုသာ လှေပဲ့ကိုင်အဖြစ် ခေါ်ခဲ့ရ၏။

“ဗျို့ … ကိုလူမောင်၊ အခု ဒီကမြော့ကွင်းထဲက ငါးဟာ ဘယ်ကပြောင်းလာတာမှတ်သလဲ၊ သံလွင်ငုပ်တိုကွင်းက ပြောင်းလာတာဗျ၊ ပထမ ကျုပ်တို့ စထိုးတုန်းက စံကပင်ကွင်းမှာ၊ နောက် မိုန်းပူတော့ (ငါးထိုးသမားများက အဆက်မပြတ် လိုက်ထိုးနေသည့်အတွက်ဟု ဆိုလိုသည်) ငါးအုပ်ဟာ ပေါက်ဒိန်းကွင်းကို ပြောင်းသွားတယ်၊ တစ်ခါ ပေါက်ဒိန်းကွင်းမှာ နှစ်ရက်လောက်လည်း ထိုးပြီးရော သံလွင်ငုပ်တိုကွင်းကို ရောက်သွားပြန်ရောဗျ၊ သံလွင်ငုပ်တိုမှာ သုံးရက်လောက်ကြာပြီး ပျောက်သွားပြန်ရော၊ ပထမတော့ ကျုပ်တို့လည်း ဟိုလိုက်ဒီလိုက်နဲ့ နောက်ယောင်ခံပြီး လိုက်တာ ဘယ်မှာမှ မတွေ့ဘဲ မျက်ခြည်ပြတ်သွားတယ်၊ အင့်ဟင်း ဒီငါးတွေ ဘယ်ရောက်ကုန်ပါလိမ့်လို့ အတွေးရ ကျပ်နေတာ လက်စသတ်တော့ ကိုယ်တော်မြတ်တွေက ဒီကမြော့ကွင်းထဲ ရောက်နေတာကိုး၊ ကျုပ်လည်း မနေ့ကမှ သိရတယ်”

ကွင်းမြုပ်ကတည်းကပင် ငါးလိုက်ထိုးနေသော လူငယ်တစ်ဦးက ယနေ့မှ ငါးစထိုးမည်

ဖြစ်သော ကိုလူမောင်နှင့် ကိုဒေါင်းစိန်အား ရှင်းပြလိုက်ခြင်းဖြစ်သည်။ ဟုတ်သည်၊ ငါးများကား ငါးထိုးသူ မှိန်းသမားများ၏ရန်ကို ကြောက်၍ တစ်ကွင်းတစ်ကွင်း၌ ကြာရှည်မနေဘဲ ခဏခဏ ကွင်းပြောင်းတတ်သည်။ ငါးထိုးသူ မှိန်းသမားများကလည်း သားကောင်ကို ခြေရာခံလိုက်နေသော မုဆိုးကဲ့သို့ ရေ၏အနေအထား၊ ဒိုက်ပင်များ၏ အနေအထားကို ကြည့်ရှုမှတ်သားကာ မတွေ့တွေ့အောင် နောက်ယောင်ခံ လိုက်သည်။ ဤကဲ့သို့ ခဲရာခဲဆစ် လိုက်ထိုးရသည့် အချက်ကိုပင် သူတို့အား ငါးထိုးခြင်း၌ ပို၍ စိတ်ဝင်စားစေသည်။ တစ်ခါတစ်ရံ ငါးအုပ်များသည် သူတို့နှင့် အလှမ်းဝေးဝေးနေရာသို့ ပြောင်းပြေးတတ်သည်ဖြစ်ရာ၊ သူတို့ မျက်ခြည်ပြတ် ကျန်ရစ်ခဲ့သည့် အခါနှင့်လည်း ကြုံရလေသည်။ သို့သော် နောက်ဆုံးတွင် သူတို့၏ စိတ်၊ ဖွဲ့နှင့် သူတို့၏ ကျွမ်းကျင်မှုကြောင့် ငါးအုပ်ရှိသည့်ကွင်းကို ရှာဖွေတွေ့ရှိသည်ချည်း ဖြစ်၏။

နောက် တစ်ယောက်တစ်ပေါက်ဖြင့် ငါးများ မြက်ကိုက်ပုံကို ပြောဆိုနေကြပြန်၏။ ဒိုက်ပင်ကို ငါးကိုက်ရာ၌ ငါးမြစ်ချင်းက ဘယ်လိုကိုက်သည်၊ ငါးကြင်းက ဘယ်လိုကိုက်သည်၊ ငါးသိုင်းက ဘယ်လိုကိုက်သည်၊ ဘယ်ငါး ဘယ်ငါးက အကိုက်ကြမ်း၍၊ ဘယ်ငါး ဘယ်ငါးက အကိုက်ယဉ်သည် စသည်ဖြင့် ပြောဆိုနေကြရာမှ တစ်ချီ တစ်ချီတွင်လည်း တစ်ယောက်နှင့် တစ်ယောက် အငြင်းပွားနေလိုက်ကြသေး၏။

အတော်ကလေး ကြာသောအခါ လေငြိမ်သွားပြီဖြစ်သဖြင့် လှေအုပ်ကိုလည်း ခွဲထွက်ခဲ့ကြ တော့၏။ ကိုဒေါင်းစိန်သည် ပဲ့ကိုင်ဒီလုံးအား သူတို့နှင့်မနီးမဝေးရှိ ဒိုက်ပင်များ ထူထပ်ပေါများ သော နေရာသို့ လှော်ရန် ညွှန်ကြားလိုက်ပြီး သူကိုယ်တိုင်လည်း လှေဦးမှ မတ်တတ်ရပ်ကာ လှော်လေ၏။ ဒိုက်ပင်များအနီးသို့ ရောက်သောအခါ လှေကို ရေသံမကြားအောင် တဖြည်း ဖြည်းနှင့် ကျိတ်၍ လှော်ရန် အချက်ပေးလိုက်ပြီးနောက် သူကိုယ်တိုင်ကတော့ ရေပေါ်၌ တစ်ထွာခန့် မြင့်တက်နေသော ဒိုက်ပင်ကလေးများအား လျှင်မြန်ဖျတ်လတ်သော မျက်လုံးအစုံ ဖြင့် လွှမ်းခြုံ ကြည့်ရှုနေ၏။

လှေကား ရေသံမကြားရအောင်ပင် ညင်သာစွာ ရွေ့လျားနေ၏။ လေငြိမ်နေသဖြင့် ပတ်ဝန်းကျင်မှ ဒိုက်ပင်ကလေးများမှာလည်း လုံးဝ လှုပ်ရှားခြင်းမရှိဘဲ ပကတိ ငြိမ်သက်နေ၏။ ကိုဒေါင်းစိန်၏ စူးရှသော မျက်လုံးအစုံမှာ ဤငြိမ်သက်နေသောဒိုက်ပင်များအပေါ်ဝယ် လွှမ်းခြုံ ကျက်စားကာ လှုပ်ရှားလျက်ရှိသော ဒိုက်ပင်ကို ရှာဖွေနေ၏။ အရှေ့မှသည် အနောက်သို့ အစုန်အဆန် အပြန်အလှန်၊ တစ်နေရာတွင် သူ့မျက်လုံးသည် တန့်သွား၍ သူ့ရင်ထဲ၌လည်း ဖိုခနဲဖြစ်သွား၏။ အလို ... အို ... သည်မှာ ဟောလေဗျာ ကြည့်စမ်းပါ။ သူ့ရှေ့ ၁၀ ကိုက်ခန့် အကွာရှိ ဒိုက်ပင်တစ်ပင်မှာ လှုပ်ယမ်းနေသည် မဟုတ်လား။

ကိုဒေါင်းစိန်၏ ပျံ့လွင့်နေသော စိတ်အာရုံမှာလည်း တန့်ခနဲ ရပ်သွားကာ သူ့မျက်စိ စူးစိုက်ရာ ဒိုက်ပင်၌သာ တစ်ချက်တည်း တည်ငြိမ်သွား၏။ သူ့နှလုံးမှာလည်း အခုန်ရပ်ဆိုင်း

သွား၏။ အသက်ကိုပင် မရှူမိဘဲ အောင့်ထားလိုက်မိသည် ဖြစ်၍ အသက်ရှူပင် မှားသွား၏။ တကယ်ဆိုတော့ လှုပ်ယမ်းလျက်ရှိသော ဒိုက်ပင်ကလေးဝယ် ပြင်းထန်သောဇောဖြင့် စူးစူးစိုက်စိုက် အာရုံဝင်စားလိုက်ခြင်း၏ လက္ခဏာရပ်များသာ ဖြစ်သည်။

နောက်သူသည် ဒိုက်ပင်မှ မျက်လုံးကို မခွာဘဲ "ကျွတ် ... ကျွတ်"ဟူ၍ စုတ်သပ်ကာ ဒီလုံးအား လက်ဝါးကာပြလိုက်၏။ သဘောမှာ ဒိုက်ပင်ကို ကိုက်နေသော ငါးကိုတွေ့ပြီး၊ လှေလှော် ရပ်လိုက်ဟု အချက်ပေးလိုက်ခြင်းဖြစ်သည်။ အရိပ်ပြလျှင် အကောင်ထင်အောင် လျင်ပြီးသားဖြစ်နေသော ဒီလုံးကလည်း လှေကို ရေသံမကြားအောင် အရှိန်သတ်၍ ရပ်လိုက်၏။ ကိုဒေါင်းစိန်သည် လှေကန့်ပေါ်တွင် တက်ချလျှင် အသံမမြည်အောင် ခံထားသော ကန်စွန်းစည်းပေါ်သို့ တက်ကို အသာအယာ ချလိုက်၏။ တစ်ဆက်တည်း လှေကန့်ပေါ်မှ ကန်စွန်းစည်းပေါ်တွင်ပင် တင်ထားသော "ဆောင်ပုံ"ကို လှမ်းယူလိုက်၏။ "ဆောင်ပုံ"ဆိုသည်ကား အရင်းသိမ်၍ အဖျားတွင် ကားတက်သွားသော မှိန်းသွား ၆ ချောင်း၊ တချို့လည်း ၇ ချောင်းကို ခွ၍ တပ်ထားသော ငါးထိုးသည့် လက်နက်ကိရိယာပင်ဖြစ်သည်။

ဒိုက်ပင်လှုပ်ယမ်းပုံမှာ တစ်ဖက်စောင်းလှုပ်ယမ်းခြင်း၊ သို့မဟုတ် ရှေ့တိုးနောက်ငင် လှုပ်ယမ်းခြင်းမျိုး မဟုတ်ဘဲ ဆန်ကောဝိုင်း ဝှေ့ယမ်းနေခြင်းဖြစ်၍ ဒိုက်ပင်ပတ်လည်ရှိ ရေမှာလည်း ဝဲကတော့ထိုးနေ၏။ ဒါကိုထောက်၍ ရေအောက်ရှိငါးသည် "ငါးအုံတုံ"ဖြစ်ကြောင်း သူသိနိုင်သည်။ အကြောင်းကတော့ သည်လိုငါးမျိုးသည် အမြီးကို အပေါ်ထောင်ကာ ခေါင်းအောက်စိုက်ပြီး ဒိုက်ပင်ကို ဇောက်ထိုး ကွယ်ကပ်၍ ဒိုက်ပင်ပတ်လည်းတစ်လျှောက် လှည့်လည် ကိုက်ဖြတ်စားသောက်တတ်သည်။ ထို့ကြောင့်ပင် ဒိုက်ပင်ကို ပတ်လည်လှည့်ရာ၌ သူ့အမြီးဖြင့် ယက်လိုက်သော ရေသည် ရေမျက်နှာပြင်ပေါ်၌ ဝဲကတော့ ထိုးနေပြီး ဒိုက်ပင်မှာလည်း ဆန်ကောဝိုင်း ဝှေ့ယမ်းနေခြင်းဖြစ်သည်။

သူသည် ငါးကိုထိုးရန် အနည်းငယ်ဝေးနေသေးသဖြင့် "ဆောင်ပုံ"ဖြင့် ရှေ့သို့ ဆတ်ခနဲ ဆတ်ခနဲ နှစ်ချက်သုံးချက်လောက် ပြလိုက်၏။ ဒါက အနည်းငယ် ဝေးနေသေးသည်၊ ရှေ့ကို နည်းနည်းဆက်လှော်ဟု ပဲ့ကိုင်ဒီလုံးအား အချက်ပေးလိုက်သော သဘောဖြစ်သည်။ သည်လို အချိန်အခါမျိုး၌ နှုတ်မှ ထုတ်ဖော်ပြောကြားလျှင် ငါးလန့်ပြီး ပြေးမည်ဖြစ်၍ အချက်ပေး ပြောဆိုရ၏။

ကိုဒေါင်းစိန်၏ အရိပ်အကဲကိုသာ မျက်ခြည်မပြတ် စောင့်ကြည့်နေသော ဒီလုံးကလည်း ဆိုလိုရင်း အနက်အဓိပ္ပာယ်ကို နားလည်သည်ဖြစ်၍ ရေသံမကြားအောင် ရှေ့သို့ အနည်းငယ် လှော်ပေးလိုက်၏။ လက်လှမ်းမီလောက်သည့် နေရာသို့ ရောက်သောအခါ ကိုဒေါင်းစိန်သည် "ဆောင်ပုံ" ကို သေချာစွာ ချိန်၍ လက်လွှတ်ထိုးချလိုက်၏။

ကိုဒေါင်းစိန်၏ နားသောတအာရုံ၌ "ခွပ်"ခနဲ မြည်သွားသော အသံကို ကြားလိုက်ရ

သည်ဟု ထင်မိ၏။ စင်စစ်အားဖြင့် ဝုန်းခနဲ ရေသံမှတစ်ပါး အခြား မည်သည့်အသံမှ ထွက်ပေါ်လာခြင်းကား မရှိပါ။ သို့သော် စူးရှသော သူတို့၏ အာရုံဝယ် ငါးကို ထိသည် မထိသည်ဟု ခွဲခြားနိုင်လောက်အောင် အသံ တစ်စုံတစ်ခုကိုတော့ ကြားရမြဲဖြစ်သည်။ ဤကဲ့သို့ "ခွပ်"ခနဲ မြည်သွားသော အသံကို ကြားရသလိုလို ရှိသည့်အခါတိုင်း ချက်ကောင်းဖြစ်သော ငါး၏ခေါင်းကို ထိတတ်သည်နှင့် ချည်းကြုံရသည်ဖြစ်၍ ယခုလည်း ခေါင်းကိုပင် ထိမည်ဟု ယုံကြည်ထား၏။

ဟုတ်ပါသည်၊ ရေပေါ်တွင် ပေါ်လျက်ရှိသော "ဆောင်ပုံ"လက်ကိုင်ရိုးကို ကြည့်ပါ။ အနည်းငယ်မျှ လှုပ်ယမ်းခြင်းမရှိဘဲ ငြိမ်နေ၏။ တကယ်လို့ အမြီးဖျားကလေး ခတ်ထိသွားသည်ဖြစ်စေ၊ ဝမ်းပိုက်ဖျားကလေး ရှပ်ထိသွားသည်ဖြစ်စေ၊ ပါးဟက်ဖျားကလေးကို ကပ်ထိသွားသည်ဖြစ်စေ အထိမနာသည့်အမျိုး၌ ငါးသည် ရုန်းကန်သည်ဖြစ်၍ "ဆောင်ပုံ"လက်ကိုင်ရိုးမှာလည်း လှုပ်ယမ်းနေတတ်သည်။ ယခုတော့ ဆောင်ပုံလက်ကိုင်ရိုးမှာ အနည်းငယ်မျှပင် လှုပ်ယမ်းခြင်းမရှိပါ။ သို့မဟုတ် လုံးဝမထိ၍ လှုပ်ယမ်းခြင်းမရှိဟုလည်း ယူဆနိုင်ပါသည်။ ဤယူဆချက်ကိုတော့ ကိုဒေါင်းစိန် လက်မခံနိုင်ပါ။ သူ့လက်ကိုသူ ယုံပြီးဖြစ်သည်။ သူ့ နားသောတ အာရုံ၌လာ၍ ကြားသော "ခွပ်"ခနဲ အသံကို သူ သံသယကင်းသည်။

သူ ငါးကိုထိုးပြီးသည်နှင့်တစ်ပြိုင်နက် ဒီလုံးက လှေကို "ဆောင်ပုံ"ရှိရာသို့ ခပ်သွက်သွက် လှော်ပို့လိုက်သဖြင့် သူသည် "ဆောင်ပုံ"လက်ကိုင်ရိုးကို လက်နှင့်လှမ်းကိုင်ကာ အနည်းငယ် မ၍ ဆကြည့်၏။ ဟုတ်သည်။ "ဆောင်ပုံ"သည် မူလအလေးချိန်ထက် ပို၍လေးနေသဖြင့် မှိန်းသွားခြောက်ချောင်းတွင် တစ်ချောင်း၌ ငါးကို မလှုပ်နိုင်အောင် ထိုးမိထားသည်မှာ သေချာပေပြီ။

သူ "ဆောင်ပုံ"ကို ဆွဲဖော်လိုက်သောအခါ သူ ကြိုတင်တွက်ဆထားသလို ငါးအုံတုံပင် ဖြစ်၍ ခေါင်းကိုပင် ထိုးမိထားပါသည်။ သူသည် "ဆောင်ပုံ"မှ ငါးကို ဖြုတ်၍ ဒီလုံးအား ရှေ့သို့ လှော်စေပြန်၏။ သူကိုယ်တိုင်ကတော့ မတ်တတ်ရပ်၍ ပတ်ဝန်းကျင်ရှိ ဒိုက်ပင်များကို လှမ်းခြုံစူးစမ်းရင်း လိုက်ပါလာ၏။ ၁၅မိနစ်၊ ဟော ... တွေ့ပြန်ပြီ၊ လှုပ်ယမ်းနေသော ဒိုက်ပင်တစ်ပင်။

သူသည် ထုံးစံအတိုင်း "ကျွတ် ... ကျွတ်"ဟု စုတ်သပ်၍ လက်ဝါးကာပြလိုက်သဖြင့် ဒီလုံးကလည်း လှေကို အရှိန်သတ်၍ ရပ်လိုက်၏။ သည်တစ်ခါတော့ ဒိုက်ပင်သည် တစ်ဖက်စောင်း လှုပ်ယမ်းခြင်းမျိုးဖြစ်ပါသည်။ ဒိုက်ပင်တစ်ဖက်သို့ ကိုင်းညွတ်သွားလိုက်၊ မူလအတိုင်း ပြန်မတ်လာလိုက်ဖြင့် တစ်ဖက်စောင်း လှုပ်ယမ်းနေပါသည်။ ဒါကိုထောက်၍ ရေအောက်ရှိ ငါးသည် ငါးမြစ်ချင်းနှင့် ငါးကြင်း တစ်ကောင်ကောင် ဖြစ်ရမည်ဟု သူ သိနိုင်ကာ၊ ငါးသည် မှိန်းသမားများနှင့် တွေ့ကြုံဖူး၍ ပါးနပ်နေသော ငါးဖြစ်ကြောင်းလည်း သူခွဲခြားသိရှိနိုင်ပါသည်။ အကြောင်းမူကား သည်ငါးမြစ်ချင်းနှင့် ငါးကြင်းသည် ဒိုက်ပင်ကို တွယ်ကပ် တက်စီး၍ ဒိုက်ဖတ်ကလေးများနှင့် ဒိုက်ပင်၌ တွယ်ကပ်နေသော ရေညှိကလေးများကို စားသောက်တတ်

သည်ဖြစ်ရာ၊ သူတို့ စီးလိုက်သော အရှိန်ကြောင့် ဒိုက်ပင်မှာလည်း တစ်ဖက်သို့ ယိုင်ဆင်း သွားရပြီး ပြန်ခွာလိုက်သောအခါ မူလအတိုင်း ပြန်မတ်လာခြင်းဖြင့် တစ်ဖက်စောင်း လှုပ်ယမ်းနေ ရခြင်း ဖြစ်သည်။ မိုန်းသမားနှင့် မတွေ့ဖူးသော ငါးမှာ အရိုင်းဖြစ်၍ ဒိုက်ပင်ကို တစ်ရှိန်တည်း တွယ်ကပ်တက်စီး၍ ဒိုက်ပင်အောက်မှ အထက်တစ်လျှောက် တွယ်ကပ်နေသော ရေညှိများကို တစ်ဆက်တည်း စားတက်လာခြင်းဖြင့် ရေမျက်နှာပြင် အထက်နားသို့ ရောက်လေ အလေးချိန် အားကောင်းလေဖြစ်ပြီး ဒိုက်ပင်များ အလေးချိန်ကို မခံနိုင်ဘဲ ရေထဲသို့ နစ်မြုပ်သွားရသည့်တိုင် ကိုင်းညွတ်သွားတတ်သော်လည်း၊ မိုန်းသမားနှင့် ကြုံဖူး၍ ပါးနပ်သွားသော ငါးမှာကား ဒိုက်ပင် ကိုစီး၍ စားလိုက်၊ ပြန်ခွာလိုက်ဖြင့် အခြေအနေကို အကဲခတ်ရင်း စားသောက်တတ်သည်ဖြစ်ရာ ဒိုက်ပင်မှာလည်း ကိုင်းညွတ်သွားလိုက်၊ ပြန်မတ်လာလိုက် ဖြစ်နေရသည်။ ဒါကြောင့် သူခွဲခြား သိရှိနိုင်ခြင်းဖြစ်သည်။

တစ်ချီတစ်ချီတွင် ဒိုက်ပင်ဘေး၌ ရေပလုံစီကလေးများ တက်လာကာ ဒိုက်ဖတ် အစ အနကလေးများလည်း ထို ရေပလုံစီကလေးများနှင့်အတူ ရေမျက်နှာပြင်ပေါ်သို့ ပေါ်တက်လာ သည်။ ဒါက ငါးသည် သူ့ပါးစပ်ဖြင့် ကိုက်ဖြတ်ပြီးသော ဒိုက်ဖတ်အစအနကလေးများအနက် သူ မနှစ်သက်သော ဒိုက်ဖတ်ကလေးများကိုပါ ပါးဟက်မှ ပြန်ထုတ်လိုက်ရာ ထိုထုတ်လိုက်သော လေအရှိန်ဖြင့် ရေပလုံစီကလေးများ ဖြစ်သွားကာ ဒိုက်ဖတ်အစအနကလေးများနှင့်အတူ ရေပေါ်သို့ ပေါ်တက်လာရခြင်းဖြစ်သည်။

သူသည် ကျေနပ်စွာ ပြုံးလိုက်ကာ ငါးမြစ်ချင်းနှင့် ငါးကြင်း ခွဲခြားနိုင်ရန်အတွက် ဒိုက်ပင်ကို သေချာစွာ ကြည့်နေပြန်၏။ အရှိန်နှင့်စီးလိုက်၍ တစ်ဖက်သို့ ကိုင်းညွတ်သွားသော ဒိုက်ပင်မှာ လေးလေးနှင့်မှန်မှန်သာ လှုပ်ယမ်း၍ အချိန်အတော်ကြာသည့်တိုင်အောင် ငါးသည် ဤဒိုက်ပင်မှ မခွာသေးဘဲ ရှိသည့်အတွက် မုချ ငါးမြစ်ချင်း ဖြစ်ရမည်ဟု တွက်ဆလိုက်၏။ အကြောင်းမူကား ငါးမြစ်ချင်းမှာ ဤသို့ပင် လေးလေးနှင့် မှန်မှန်သာ ကိုက်လေ့ရှိ၍ ဒိုက်ပင် တစ်ပင်တည်း၌လည်း အချိန်အတော်ကြာအောင် နေတတ်သည်။ ငါးကြင်းမှာမူကား အရှိန်နှင့် စီးလိုက်၍ တစ်ဖက်သို့ ကိုင်းညွတ်သွားသော ဒိုက်ပင်သည် တဆတ်ဆတ် ယိမ်းထိုးလှုပ်ရှားနေ အောင် ခပ်ပျာပျာ ခပ်သွက်သွက် ကိုက်တတ်၍ ဒိုက်ပင်တစ်ပင်တည်း၌လည်း ကြာရှည်မနေဘဲ အခြားတစ်ပင်သို့ ကူးပြောင်းသွားတတ်သည်။

ကိုဒေါင်းစိန်ကား ချက်ကောင်းကို ထိုးနိုင်ရန် အခွင့်ကောင်းကို ချောင်းနေ၏။ ယခု အချိန်တွင် ငါးသည် သူ့ဘေးကို သူစိုးရွံ့သဖြင့် ရေမျက်နှာပြင် အထက်နားသို့ ရောက်အောင် တက်မစားဘဲ ဒိုက်ပင်အောက်ခြေတွင်သာ တွယ်ကပ်၍ စားလိုက်၊ ပြန်ခွာလိုက်ဖြင့် သွေးတိုးစမ်း နေသော်လည်း အတန်ကြာသောအခါ စိတ်ချလက်ချ ဖြစ်သွားပြီး ရေအောက်မှတစ်ဆင့် ရေ မျက်နှာပြင်အထက်နားအထိ တက်စားပေလိမ့်မည်။ ရေနှင့် တစ်ထွာကွာလောက် ရောက်လာလျှင်

သူထိုးဖို့ အချက်ကောင်းဖြစ်၍ ကိုင်းညွတ်လှုပ်ယမ်းနေသော ဒိုက်ပင်ကလေးကိုသာ မျက်ခြည်မပြတ် ကြည့်နေရ၏။ ငါးသည် ရေမျက်နှာပြင်အထက် ဒိုက်ပင်အဖျားပိုင်းသို့ နီးကပ်လာလေလေ၊ သူတွယ်ကပ်တက်စီးထားသော အလေးချိန်မှာ ပိုလာလေလေ ဖြစ်သဖြင့် ဒိုက်ပင်အဖျားမှာလည်း တစ်ဖက်သို့ ပို၍ပို၍သာ ကျလာလေလေ ဖြစ်လာလိမ့်မည်။ ထို့ကြောင့် ဒိုက်ပင်ကိုင်းညွတ်ခြင်း၏ အနည်းအများကို ကြည့်၍ ရေအောက်ရှိ ငါး၏ ရေမျက်နှာပြင်နှင့် အကွာအဝေးကို သူ ခန့်မှန်းချင့်တွက်နိုင်သည်ဖြစ်ရာ ဒိုက်ပင် အဘယ်မျှလောက်အထိ ကိုင်းညွတ်မှ ငါးသည် သူ အလိုရှိသော ရေမျက်နှာပြင်နှင့် တစ်ထွာကွာခန့် ရောက်မည်ဆိုတာကိုလည်း သူ သေချာစွာ တိုင်းထွာတွက်ချက်နိုင်ပါသည်။ လက်တွေ့မှ တတ်သိထားသော သင်္ချာပညာ။

သိပ်မကြာပါ၊ ငါးသည် စိတ်ချလက်ချ ဖြစ်သွားဟန်ဖြင့် ဒိုက်ပင်အောက်ခြေမှသည် ဒိုက်ပင်အဖျားပိုင်းတစ်လျှောက် တွယ်ကပ်နေသော ရေညှိကလေးများကို စားတက်လာပြီဖြစ်ရာ ဒိုက်ပင်အဖျားမှာလည်း ညိတ်ခနဲ ညိတ်ခနဲဖြင့် ပို၍ပို၍သာ ကိုင်းညွတ်ကျလာ၏။

လျှပ်တစ်ပြက် အချိန်အတွင်း သူသည် သတိအနေအထားဖြင့် "ဆောင်ပုံ"ကို အသင့်ချိန်ရွယ်ကာ ငါးသည် သူနှင့် "ရင်ဆိုင်"လား၊ "ကုပ်ပိုး"လားဟုလည်း လျင်မြန်စွာ စူးစမ်းလိုက်သေး၏။ ဒိုက်ပင်သည် သူ့ဘက်သို့ ကိုင်းညွတ်ကျလာခြင်း ဖြစ်ရာ ငါးသည် သူ့ကိုမျက်နှာမူ၍ ရင်ဆိုင်တွယ်ကပ် တက်စီးကိုက်ဖြတ်ခြင်းကြောင့်သာ ဒိုက်ပင်သည် သူ့ဘက်သို့ ကိုင်းညွတ်လာခြင်း ဖြစ်ကြောင်း သူသိရသည်။ အကယ်၍ သူ့ကို ကျောပေး၍ (ဝါ) နောက်ခိုင်း (ဝါ) ကုပ်ပိုးတွယ်ကပ် စားသောက်လျှင် ဒိုက်ပင်သည် သူ့ဘက်သို့ မညွတ်ဘဲ အခြားတစ်ဖက်သို့သာ ညွတ်ကျသွားပေမည်။

ရင်ဆိုင်ထိုးရမည်ဖြစ်ကြောင်း ကွဲပြားပြီး မရှေးမနှောင်းပင် တဖြည်းဖြည်းနှင့် တိုး၍တိုး၍ ညွတ်ကျလာသော ဒိုက်ပင်၌ စူးစိုက်ထားသော သူ့အာရုံဝယ် ငါးသည် ရေနှင့် တစ်ထွာကွာခန့် ရောက်လာပြီဟု ထင်လာသည်နှင့် တစ်ပြိုင်နက် ငါး၏ ဝမ်းဗိုက်တည့်တည့်လောက်ဆီသို့ မှန်းဆကာ လက်လွှတ်ထိုးချလိုက်၏။ သို့သော် ထိုးခါနီးမှ လေ့အနည်းငယ် လှုပ်သွားသဖြင့် ဝမ်းဗိုက်တည့်တည့်၌ မဟုတ်ဘဲ အနည်းငယ်စောင်းသွားကာ ဝမ်းဗိုက်ကိုရှပ်၍ ထိမည်ဟု သူ့အာရုံက ချက်ချင်းသိလိုက်၏။ မမှားပါ၊ "ဆောင်ပုံ"လက်ကိုင်ရိုးသည် အထိမနာသော ငါး၏ ရုန်းကန်မှုကြောင့် သွက်သွက်ခါအောင် လှုပ်ယမ်းနေသည် မဟုတ်လား။

ပဲ့ကိုင်ဒီလုံး တအားကျုံးလှော်၍ "ဆောင်ပုံ"လက်ကိုင်ရိုးကို လက်လှမ်းမီသည်နှင့် တစ်ပြိုင်နက် လှမ်းကိုင်ကာ ရေအောက်မြေကြီးဆီသို့ တအားထိုးစိုက် ဖိကပ်ထား၏။ သည်ငါးကိုတော့ ချက်ကောင်းထိသည့် ငါးကဲ့သို့အပေါ်မှ ဆောင်ပုံကို ဆွဲဖော်ယူ၍ ဖြစ်လိမ့်မည်မဟုတ်၊ လွတ်သွားလိမ့်မည်။ သူသည် ဒီလုံးကိုခေါ်ကာ ဆောင်ပုံလက်ကိုင်ရိုးကို ကိုင်ဖိထားစေပြီး သူက ရေထဲဆင်းငုပ်ကာ ရုန်းကန်နေသော ငါး၏ဇက်ကို ကိုင်ဖမ်းပြီး ငါးရော၊ "ဆောင်ပုံ"ပါ

ဖော်တင်လာ၏။ တစ်ပိဿာခန့်ရှိ ငါးမြစ်ချင်းကြီးတစ်ကောင် ... ။

နောက်ထပ် နာရီဝက်ခန့်အကြာတွင် လှုပ်ယမ်းနေသော ဒိုက်ပင်ကို တစ်ချီတွေ့ပြန်၏။ သည်တစ်ကြိမ် လှုပ်ယမ်းခြင်းမှာတော့ ရှေ့တိုးနောက်ငင် လှုပ်ယမ်းခြင်းမျိုး ဖြစ်ပါသည်။ ပြီးတော့လေးလေးမှန်မှန် မဟုတ်ဘဲ သွက်သွက်ခါအောင် လှုပ်ယမ်းနေသည်။ ဒါကိုထောက်၍ ငါးသိုင်းအုပ်ဖြစ်ကြောင်း သူသိရသည်။ ငါးသိုင်းများမှာ အုပ်လိုက်ချီတက်သည်ဖြစ်၍ ဒိုက်ပင်ကိုလည်း ငါးသိုင်းအုပ်က ဝိုင်း၍ တောင်က ကိုက်၊ မြောက်က ကိုက်ဖြင့် ဝိုင်းကိုက်သောကြောင့် ဒိုက်ပင်မှာ တောင်ယိမ်း မြောက်ယိမ်း ရှေ့တိုးနောက်ငင်နှင့် ဂနာမငြိမ်ဘဲ သွက်သွက်ခါနေရခြင်း ဖြစ်သည်။ သည် ငါးသိုင်းအုပ်ထဲမှလည်း ငါးသိုင်းတစ်ကောင်ကို သူ ရမိလိုက်သည်။

ဤသည့်နောက်၌ကား ငါးများသည် မှိန်းလန့်သွားကြပြီဖြစ်၍ မြက်ကိုက်ခြင်း မရှိတော့ဘဲ ပျောက်ကွယ်ကုန်၏။ ကိုဒေါင်းစိန်သည် မြက်ကိုက်ငါးထိုးဖို့ လမ်းကုန်နေပြီဖြစ်သဖြင့် မြက်တိုးငါးထိုးရန် ဒီလုံးအား ကမ်းစပ်ရေတိမ်ရာဘက်ဆီသို့ လှော်စေ၏။ ရေတိမ်ရာ ကမ်းစပ်ဘက်တွင် အတန်ကြာ လူးလာခေါက်ပြန် ရှာဖွေကြည့်ရှုနေရာမှ တစ်နေရာတွင် မြက်ပင်လှုပ်ယမ်းနေသည်ကို တွေ့၍ လှေကို တန့်ရပ်လိုက်၏။

ဆန်းသည်၊ အတော့်ကိုဆန်းသည်။ မြက်တိုးငါးများမှာ မြက်တောကို ဖြတ်ကျော်တိုးဝှေ့သွားသည့်အခါ၌ မြက်သည် တစ်ဖက်တစ်ချက် ကွဲကွာသွားကာ ငါးသွားရာလမ်းကြောင်း တစ်လျှောက်လုံး လှုပ်ရှားသွားရမည်ဖြစ်သော်လည်း ယခုတော့ တစ်နေရာတည်း ကွက်၍ လေးလေးနှင့်မှန်မှန် လှုပ်ရှားနေ၏။ ပြီးတော့ မြက်ပင်တစ်ပင်တည်း လှုပ်ရှားခြင်း၊ သို့မဟုတ် မြက်ပင် လေးငါးဆယ်ပင် တကွဲတပြား လှုပ်ရှားနေခြင်းမျိုး မဟုတ်ဘဲ မြက်ပင်ဆယ်ပင်ခန့်ကို ကြိုးနှင့် စုစည်းထားသကဲ့သို့ အစည်းလိုက် ထူးဆန်းစွာ လှုပ်ရှားနေသည်။

ဒါကိုကြည့်ပြီး ကိုဒေါင်းစိန်သည် ဟစ်၍ဟစ်၍ ရယ်လိုက်၏။ အားရပါးရ ရယ်လိုက်၏။ အူလှိုက်သည်းလှိုက် ရယ်လိုက်၏။ လှေပဲ့မှ ဒီလုံးပင် သူ့အမူအရာကို နားမလည်သလို ငေးကြည့်နေ၏။ အမှန်ကတော့ ကိုဒေါင်းစိန်သည် သူ့လို ငါးထိုးဝိဇ္ဇာတစ်ယောက်ကို လှည့်စားရန် ကြံနေသော ရေအောက်မှ သက်ရှိသတ္တဝါတစ်ကောင်အား သရော်၍ ရယ်လိုက်ခြင်းသာ ဖြစ်သည်။

တကယ်ဆိုတော့ မြက်ပင်များကို အစည်းပြု၍ လှုပ်ယမ်းနေသော ရေအောက်မှ သတ္တဝါသည် ငါးသတ္တဝါမဟုတ်ဘဲ မြွေတစ်ကောင်သာလျှင် ဖြစ်သည်ကို သူ့ အတွေ့အကြုံများမှ သူက သိထားပြီးဖြစ်နေပါသည်။ ထို့ကြောင့် မဟုတ်လော၊ ရေအောက်ရှိ မြွေသည် မည်သည့်အရာဝတ္ထုကို မဆို လှည့်လည်ပတ်ရစ်ထားတတ်သော သူ့ဝါသနာအတိုင်း မြက်ပင်ဆယ်ပင်ခန့်ကို စုစည်းပတ်ရစ်ထားခြင်းအားဖြင့် မြက်ပင်များမှာ အစည်းလိုက် လှုပ်ယမ်းနေပြီး လှုပ်ယမ်းပုံမှာလည်း လေးလေးနှင့်မှန်မှန်သာ လှုပ်ယမ်းနေခြင်းဖြစ်သည်။

“ဟော့ မင်း ကိုဖိုးငွေကိုသာ လှည့်စားလို့ရမယ်ကွ။ ငါ့ကိုတော့ မရဘူး”

သူက မာနလျှမ်းသော အသံဖြင့် ဝင့်ကြွားစွာ ဆိုလိုက်၏။ ဟုတ်သည်။ တစ်ခါက ကိုဖိုးငွေဆိုသူသည် ဤအချက်ကို သတိမထားဘဲ ငါးအမှတ်ဖြင့် ထိုးလိုက်၍ ရေထဲငုပ်ပြီး ဆင်းဖမ်းရာ မြွေကိုက်၍ သေဆုံးခဲ့ရဖူး၏။ သို့သော် ယနေ့ သူ မာနသံဖြင့် ကြွားနိုင်လောက်အောင် ဘေးအန္တရာယ်မှ ရှောင်ကွင်းနိုင်ခဲ့ခြင်းမှာ ကိုဖိုးငွေ အသက်ပေး၍ ပြသသွားသော လက်တွေ့သင်ခန်းစာမှ ထုတ်နုတ်ယူထားလိုက်ရသော အသိတရားကြောင့်သာ ဖြစ်သည်ဆိုတာကိုတော့ သူရိုးသားစွာ ဝန်ခံပါမည်။

နောက် သူသည် ဒီလုံးဘက်သို့လှည့်၍ သူ သဘောပေါက်သမျှ ရှင်းပြနေ၏။ ဘာ့ကြောင့် မြက်ပင်ကလေးများသည် အစည်းလိုက် ဖြစ်နေရသည်၊ ဘာ့ကြောင့် လေးလေးနှင့်မှန်မှန်သာ လှုပ်ယမ်းနေရသည် စသော အချက်များကို တစ်ခုစီ တစ်သတ်စီ ကျကျနန ရှင်းပြ၏။ အရွယ်ရောက်၍ ကိုယ့်ဝမ်းကိုယ်ကျောင်းရသည့်အခါ အသုံးပြုနိုင်ရန်အတွက် မမေ့အောင် မှတ်သားထားဖို့လည်း သတိပေးလိုက်သေး၏။

မြက်တိုးငါးကို တစ်ကောင်မျှမထိုးရသဖြင့် သူနှင့် ဒီလုံးတို့သည် မယ်စိန်တို့ ငါးသံချိတ်မျှားနေရာဆီသို့ လှော်ထွက်ခဲ့၏။ မယ်စိန်တို့ မိန်းမတစ်စုကား ဗေဒါပင်အုပ်ကြီးများ၏နံဘေး၌ လှေကလေးများကို တွယ်ကပ်ကာ ရေပြောင်တွင် ငါးသံချိတ်မျှားနေကြ၏။ မယ်စိန်ကား သူ့အလုပ်၌သာ လုံးဝ စိတ်ဝင်စားနေသဖြင့် ကိုဒေါင်းစိန်နှင့် ဒီလုံးကိုပင် မမြင်မိဘဲ အပ်ကိုကွေး၍ ပြုလုပ်ထားသော အပ်ငါးမျှားတွင် အစေးပေါက်အောင် နယ်ထားသောထမင်း၊ နုပ်နုပ်ပါအောင် စဉ်းထားသော ငါးပိနှင့် ဖွဲနုတို့ကို ရောပွမ်းသမထားသည့် ငါးစာကို ချိတ်နေ၏။ နောက် ရေထဲ ပစ်ချလိုက်ရာ ငါးမျှားအထက်နားရှိ ကြိုး၌ တပ်ဆင်ထားသော ခဲသီးကလေးကြောင့် ငါးမျှားသည် ရေထဲသို့ စုပ်ခနဲ မြုပ်သွား၏။ ငါးမျှားကြိုး အလယ်လောက်ဆီရှိ တပ်ထားသော ဖော့ကလေးဆီသို့ ရောက်သောအခါ တန့်ခနဲ ရပ်သွား၍ ဖော့ကလေးသာလျှင် ပေါလောပေါ်နေ၏။ နောက် ဖော့ကလေးသည် ရေအောက်သို့ ညိတ်ခနဲ ညိတ်ခနဲ နှစ်ချက်သုံးချက် အမြုပ်တွင် မယ်စိန်သည် ငါးမျှားတံကို ဆွဲသုတ်လိုက်၏။ ကြိုးအဆုံးမှ အပ်ငါးမျှားဝယ်ချိတ်လျက် ပါလာသော ငါးသံချိတ် တစ်ကောင်။

မယ်စိန်သည် ငါးသံချိတ်ကို ဖြုတ်ပြီးသောအခါ အာရုံစူးစိုက်ရလွန်း၍ အနည်းငယ် ငြီးငွေ့လာဟန်ဖြင့် ခေါင်းကို ဘယ်ညာဆတ်ခနဲ ဆတ်ခနဲ ခါလိုက်ရင်း ပတ်ဝန်းကျင်ကို အာရုံပြောင်းလိုက်ရာ ဤတွင်မှ ကိုဒေါင်းစိန်နှင့် ဒီလုံးကို သွားတွေ့၏။

“ဟင် ... တော်တို့သားအဖ ဘယ်တုန်းက ဒီအနား ရောက်နေသလဲ၊ ငါးကော ဘယ်နှစ်ကောင် ထိုးလို့ရပြီလဲ”

မယ်စိန်၏အမေးကို ကိုဒေါင်းစိန်က နှုတ်ဖြင့် ပြန်မဖြေဘဲ ထိုး၍ရလာသော ငါးသုံးကောင်

ကိုသာ ကိုင်မြှောက်ပြလိုက်၏။ နောက် သူသည် မယ်စိန်၏ လှေဝမ်းထဲမှ ငါးသံချိတ်များကို လှမ်းကြည့်ပြီး မယ်စိန်၏ မျက်နှာကို တစ်ဖန် ပြန်ကြည့်လိုက်ကာ ...

"ပြန်ကြစို့ မယ်စိန်၊ နေလည်း အတော်ကျသွားပြီ၊ ငါးလည်း အတော်ကလေးရနေမှပဲ"

"အို ... ပြန်နိုင်သေးပါဘူးတော်၊ အခုမှ ငါးမျှားလို့ကောင်းတုန်း ရှိသေးတယ်"

ပြောပြောဆိုဆိုနှင့်ပင် မယ်စိန်သည် ငါးမျှား၍ ငါးစာကောက်ချိတ်ပြီး ငါးဆက်မျှားနေသဖြင့် ကိုဒေါင်စိန်လည်း သူ၏ အလျှော့ပေးနေကျ ထုံးစံအတိုင်း "အေး ဒါဖြင့်လည်း မျှားပေါ့ကွာ၊ တို့စောင့်နေမယ်၊ ကွင်းထဲက ထိုးငါးတွေတော့ လန့်ဖျပ်ပြီး ပြေးကုန်လို့ တို့အလုပ်တော့ မရှိတော့ဘူး"ဟု ပြောကြားလိုက်၏။

လေငြိမ်နေသဖြင့် ကွင်းရေမှာ လှိုင်းကြက်ခွပ်ကလေးပင် မထဘဲ ရေသင်ဖြူးခင်းကာ ပကတိ ငြိမ်သက်နေ၏။ ငါးမျှားနေသော မိန်းမတစ်စု၏ တစ်ယောက်နှင့်တစ်ယောက် ရောက်တတ်ရာရာ ပြောဆိုနေကြသော အသံနှင့် အချို့မိန်းမများ၏ သီချင်းဆိုသံတို့သည်သာလျှင် ပတ်ဝန်းကျင်ကို လွှမ်းမိုးနေသည်။

ကိုဒေါင်းစိန်သည် တောင်ဘက် ကောင်းကင်ဆီသို့ မော်ကြည့်လိုက်၏။ ညို့မှိုင်းညစ်ကျုသော မိုးသားအစိုင်အခဲများသည် အလိပ်လိပ် ကြွတက်လာကာ မကြာမီ လေရောမိုးပါ ရွာချမည်ဟူသော အဓိပ္ပာယ်ကို ဆောင်နေ၏။

"မယ်စိန်ရေ တောင်ထောင့်က မိုးသက်မုန်တိုင်း ဆင်လာပြီဟေ့ ... ပြန်ကြပါစို့ကွယ်"

မယ်စိန်သည် တောင်ထောင့်ဆီသို့ မျှော်ကြည့်လိုက်ပြီးနောက် ကိုဒေါင်းစိန်၏စကားကို လက်ခံအတည်ပြုကာ ငါးမျှားသော ကိရိယာတန်ဆာပလာများကို အလျင်အမြန် ပြင်ဆင်သိမ်းဆည်းနေ၏။ ပြီးသောအခါ လှေနှစ်စင်းသည် ယှဉ်၍ ရွာဘက်သို့ ဦးတည်လှော်ထွက်ခဲ့ကြ၏။ ။

(ရှုမဝ၊ ၁၉၅၁)

ခက်ဆစ်များ

မိုးဦးကျ (န) 雨季开始时期

(က) 雨季开始

ဗေဒါပင် (န) 凤眼莲，小浮莲

ဒိုက်ဖောင် (န) 浮聚在水面的杂物、垃圾

အမြစ်တွယ် (က) 扎下根；站稳脚跟

ဆောင်း (န) 捕鱼用的鱼罩

မှိန်း (န) 渔叉

ငါးမျှားတံ (န) 钓鱼竿

ဂရုဏာ (န) 怜悯，同情

အရိပ်အခြည် (န) 动静，动态

စကားဝိုင်းဖွဲ့ (က) 叙谈，聚谈

ငါးရစ် (န) 产卵的鱼

ကံခေ (က) 倒霉，倒运，命苦

သက်လုံကောင်း (နဝ) 耐力好；有毅力，遇事沉着

ကြောင်းလမ်း (က) 订婚

ဇီဇာကြောင် (က) 爱挑剔，挑三拣四，挑肥拣瘦

နန့် (က) 放荡，轻浮

ကော့ကော်ကံကား (ကဝ) 故意作梗

ရုန့်ရင်းကြမ်းတမ်း (နဝ) 粗鲁，粗野，粗俗

မနာလိုမရှုဆိတ် (က) 妒忌，嫉妒

အင်းသူအင်းသား (န) （鱼塘的）渔民

ငါးပြေမ (န) 攀鲈

ဖရုဿဝါစာ (န) 粗鲁之言，粗俗话

အဆစ်ပါ (က) 饶上，外加

ငါးသံချိတ် (န) 一种小鱼

သားကောင် (န) 猎物，被捕食的动物

လှေကန့် (န) 木船舱上的横隔板

ဆောင်ပုံ (န) 渔叉

ဆန်ကောဝိုင်း (န) 用筛子筛糠似地摇动状

ဝဲကတော့ (န) 旋涡

ရေပလုံစီ (န) 气泡

ဖော့ (န) （钓鱼用）浮标

လှိုင်းကြက်ခွပ် (န) 逆浪，横浪

မိုးသက်မုန်တိုင်း (န) 暴风雨

စာဆိုအတ္ထုပ္ပတ္တိ

ကြယ်နီ (၁၉၂၂–၁၉၇၄)

ခနေဖြူမြို့နယ် ဗျင်းဘွဲ့ရွာဇာတိ၊ အမည်ရင်း ဦးမြင့်ဆွေ။ မြန်မာစာ ပထမလတ်၊ တရုတ်စာ တစ်ဆယ့်သုံးတန်းအောင်သည်။ ၁၉၅၀ပြည့်နှစ် ဧပြီလထုတ် ရှုမဝမဂ္ဂဇင်းတွင် ပါ သည့် "ကိုတံငါ"ဝတ္ထုတိုဖြင့် စာပေနယ်သို့ ဝင်ခဲ့သည်။ "ကိုဒေါင်းစိန်၊ မယ်စိန်"တို့ကို ပင်တိုင်ဇာတ်ဆောင်ပြု၍ ရေလုပ်သားဘဝ သရုပ်ဖော်ဝတ္ထုတိုများကို ပထမဆုံးနှင့် အစဉ်တစိုက်ရေးဖွဲ့ခဲ့သူ ဖြစ်သည်။ ထို့ပြင် ခေတ်ပြိုင်ကျေးလက်ဘဝ၊ ဓလေ့ထုံးတမ်းနှင့် ရေမြေရှုခင်းတို့ကို "ပီတိရိပ်" ဝတ္ထုတိုများဖြင့် သရုပ်ဖော်ခဲ့သည်။ "စာဖတ်ပရိသတ်၏ စိတ်နှလုံးကို ယူကျုံးနိုင်သည်အထိ ကလောင်စွမ်းထက်လှသည်"ဟူ၍ သုံးသပ်ခဲ့ကြသည်။ ကြယ်နီဝတ္ထုတိုပေါင်းချုပ် (၂၀၀၁)သည် ထင်ရှား၏။

လေ့ကျင့်ခန်း

၁။ ကြယ်နီ၏ မိုးဦးကျနှင့် အခြားကိုတံငါဝတ္ထုတိုများတွင် ကိုဒေါင်းစိန်၊ မယ်စိန်တို့ကို အဓိကဇာတ်လိုက်အဖြစ်ဖန်တီး၍ အင်းတံငါရေလုပ်သားကြီးများ၏ ဆင်းရဲမွဲတေလှသောဘဝနှင့်

လူမှုဆက်ဆံရေးဓလေ့ စသည်တို့ကို သရုပ်ဖော်ထားသည်။ သူ၏ ဘဝဓလေ့သရုပ်ဖော်ဝတ္ထုတိုများသည် ဘဝအားမာန်ကိုပေး၏။ လေးနက်သော ခံစားမှုကိုပေး၏။ ကြယ်နီ၏မိုးဦးကျဝတ္ထုတိုကို သုံးသပ်ပါ။

၂။ သရုပ်ဖော်ဝတ္ထုများသည် စင်စစ်အားဖြင့် ပုံတူကူးယူဖော်ပြသော ဝတ္ထုများလား။ ပုံတူကူးကာဖော်ပြလျှင် စာပေအနုပညာဆိုနိုင်သလား။ သင့်ထင်မြင်ယူဆချက်ကိုဖော်ပြပါ။

သင်ခန်းစာ(၁၁) မုန်း၍မဟူ

作品导读

加尼觉玛玛礼（1917—1982）青年时代伴随着整个东方社会反对封建礼教的时代潮流和妇女解放、男女平等、婚姻自主的呼声步入文坛。在近40年的文学生涯中，她创作了十余部中长篇小说和两部短篇小说集。《不是恨》（1955）的社会背景是二次世界大战前殖民统治时期的缅甸社会。稻谷商的女儿薇薇爱上了英国稻谷公司的代办吴苏汉。吴苏汉是一个受殖民主义奴化教育熏陶、西服革履、从内到外完全西洋化了的缅甸人。薇薇感怀于吴苏汉温柔的注视、斯文的仪表谈吐，羡慕并暗暗效仿他讲究的西方生活方式，由崇拜敬仰发展成为无怨无悔的爱情。这种神奇的魔力般的力量使薇薇不顾家人反对投入了吴苏汉的怀抱。但婚后不久她就发现，她并不真正了解吴苏汉。吴苏汉鄙夷自己的民族、同胞，对祖国前途、民族命运漠不关心，自私冷漠，缺乏最起码的人情味。他对薇薇的爱也极为自私，要求一切顺从他的意志，甚至不让薇薇与近在咫尺的娘家亲人来往。生活的现实让薇薇无法再忍受吴苏汉“爱情”的折磨了，她想跳出鸟笼呼吸自由空气。而就在她决定随当尼姑的母亲上实皆山长住时，却发现自己已怀有身孕，而且患上了肺病，这使她陷入身不由己的境地，不得不又回到吴苏汉身边，最后在精神忧郁和病痛中结束了年轻的生命。她在总结自己的悲剧命运时说：“我不恨他，只恨自己爱上了他。”这句话确实发人深省，寓意深刻。小说描写的时代，正是西方文化全面渗透缅甸社会的时代，是西方资产阶级生活方式、道德观念与缅甸传统的古朴生活方式、道德观念冲突和并存的时代。在这样的时代里，一些缅甸人完全被西方文化所奴化，丢失了自己的民族精神和民族性格以及传统文化中最有价值的东西。也有一些缅甸人对西方文化盲目崇拜，模仿效颦，终因不可消融而痛苦，落入可悲的深渊。小说中的薇薇，作为女性，她是男性专制家庭和痛苦婚姻的牺牲品；作为缅甸人，她又是西方文化的牺牲品。加尼觉玛玛礼以其独特的女性视野和敏锐的洞察力揭示了当时缅甸社会生活的本质，使作品起到了生活教科书的作用。同时在艺术创作上，通过细腻生动的心理刻画塑造人物性格，运用对比、陪衬、渲染、烘托等技巧，达到强烈的悲剧效果，表现了作家运用和驾驭语言的能力。

မုန်း၍မဟူ （节选）

ဂျာနယ်ကျော်မမလေး

(အခန်း ၁၄)

ဒေါ်သက်သည် အိမ်ရှေ့၌ရပ်သောကားကို ပြူးစိုက်၍ ကြည့်နေလေသည်။

ဝေဝေသည် ခေါင်းကိုငုံ့ကာ ကားပေါ်မှဆင်းလာ၏။ လက်ကိုင်ပုဝါနှင့် သူ့မျက်နှာတစ်ဝက်ကို အုပ်လျှောက်လာသည်။ သန်းသန်းနှင့်မယ်အေးမှာ အိမ်ပေါ်သို့ မော့၍မျှော်ကြည့်ကြပြီးနောက် ပစ္စည်းများ သယ်ချနေကြသည်။

"သမီးကောလို့ မေးတာ ... မင်းသမီးလေး လာပါပြီကွဲ့-မောင်ဘိုးသိန်းရဲ့"

ဒေါ်သက်သည် အိမ်ဝကဆီး၍ ကုန်းအော်ဟစ်ငိုလိုက်သည်။ ဒေါ်သက်၏ရင်ထဲက မချည့်မဆန့် ထွက်လာသည့်အသံကြောင့် ဝေ့မှာ အသဲထဲ၌ ဆတ်ဆတ်ခါသွားသည်။

အိမ်ပေါ်ဆင်ဝင်တွင် အလောင်းပြင်ထားသည်ကို လမ်းကပင်မြင်ရ၍၊ လေ့ကားကို တန်းတက်သွားလေသည်။ ဒေါ်သက်မှာ ဝေ့နောက်က ငိုယိုလိုက်သည်။ အိမ်ပေါ်ထပ်ဆင်ဝင်၌ ဖခင်၏ရုပ်ကလာပ်ကို မြင်လျှင်၊ ကုတင်နားသို့ ပြေးသွားကာ မျက်နှာပေါ်၌ လွှမ်းထားသော ပုဝါစကို ဆွဲလှပ်လိုက်သည်။ ရုပ်ပျက်ဆင်းပျက်ဖြစ်နေသော ဖခင်၏ မဲပြာပြာမျက်နှာကို အံကြိတ် စိုက်ကြည့်လျက် ရတ်တရက်အသံလည်း မထွက်နိုင်၊ မျက်ရည်များသာ သွင်သွင်စီးကျကာ ရင်ထဲ၌ဆို့နေလေ၏။

မသာကုတင်နှင့် မနီးမဝေး၌ ကိုသက်နှံနှင့် ထိုင်နေကြသည့် ကိုနေဦးမှာ မျက်နှာပျက်ပျက်နှင့် ဝေ့ကို ငေးကြည့်နေကြသည်။

ထားထားသည် ကုတင်ခြေရင်း၌ ကုတင်တိုင်ကို အားပြုကိုင်ရပ်လျက် ရှိုက်ငင်နေလေ၏။ လေးငါးလအတွင်း ဖခင်အား မအိပ်မနေပြုစုရ၍၊ မျက်တွင်းချိုင့်ချိုင့်နှင့် ပိန်ချုံးနေသည်။ ဒေါ်သက်သည် ဝေ့တဘက်တွင် ရပ်ကာ၊ သူ့မောင်အား ကြားကြား မကြားကြား ငိုကြီးချက်မဖြင့် ကုတင်ပေါ်မှ စိတ်လိုက်မာန်ပါ အတင်းထခိုင်းနေလေ၏။

"မင်းသမီးကို ထကြည့်ပါဦး ... မောင်နေဦးလာတော့ သမီးကောလို့ မောနေတဲ့ကြားက တငင်ငင်မေးတာလေ ... မင်းမြင်ချင်တွေ့ချင်လှတဲ့ သမီးကို ထကြည့်စမ်းပါဦး ..."

ဦးဘိုးသိန်းမှာ ဆုံးမည့်မနက်၌ ရှိုက်မောနေသည့်အတွင်းမှ သားတွေသမီးတွေ စုံညီတွေ့ချင်ဖော ပြင်းပြနေရှာပေသည်။ နံနက်၅-နာရီခန့်ကစ၍ မရှူနိုင် မရှိုက်နိုင်အောင် မောနေသော်လည်း၊ သတိကောင်းစွာရသေးသည်။ ကိုနေဦးမှာ ၈-နာရီလောက် သင်္ဘောက တက်လာ၏။ ကိုနေဦးကို မြင်မြင်ချင်းရှိုက်မောလျက်ပင် "သမီးကော ... သမီး ..." ဟု အသက်

ပါသွားမလောက် ပီသအောင် ကြိုးစားအားယူပြီး မေးရလေ၏။

ကိုနေဦးက ဖခင်ဘေးတွင် ဝင်ထိုင်ပြီး ရင်ကိုလက်နှင့် အုပ်ပေးလျက် ဖခင်၏ နှုတ်ခမ်း လှုပ်သည့် လေသံကို ဖမ်းကာ "ဝေဝေ နေမကောင်းလို့ နက်ဖြန်မှ လိုက်လိမ့်မယ် ဖေဖေ"ဟု ကြည့်ကောင်းအောင် ပြောလိုက်ရပေသည်။ ပြောတာကို ကြားသကဲ့သို့ ခေါင်းကို ညိတ်လျက် မျက်လုံးကြီးများ ဝိုင်းလည်လျက် မောနေလေသည်။ နောက်ဆုံးအသက် မထွက်ခင် စကားပြော သေး၏။ နှုတ်ခမ်းလှုပ်တာသာ တွေ့ကြရတော့လျက်။ လေသံမှာ ဘာမှ မသဲကွဲတော့သဖြင့် ဘာမှာသွားမှန်း မသိလိုက်ကြပေ။

ဖခင်က "သမီးကော ... သမီး ..."ဟု မေးသွားတာလောက် ဝေ့အသဲခိုက်တာ မရှိ၊ မတွေ့ လိုက်ရလေခြင်းဟု များစွာယူကျုံးမရဖြစ်ကာ သည်းထန်စွာရှိုက်၍ "ဖေဖေရေ..."ဟု တခေါ်လျက်၊ အလောင်းဘေး၌ ခေါင်းမှောက်ချလိုက်သည်။ ဖခင်၏ရင်ပေါ်က လက်အေးအေးကြီးကို အားရှိ ပါးရှိ လှမ်းဆုတ်ထား၏။ ငိုသံကား မထွက်တော့၊ ကိုယ်ကို သိမ့်ခါအောင် ရှိုက်လျက် ရှိုက်လျက် ပင် ကြိတ်မှိတ်ပူဆွေးနေပေသည်။

ထားထားသည် ဝေ့အနားသို့လာကာ ထူမည်လုပ်၍ "သူကသာဆိုးတာပေါ့... တွေ့မှ မတွေ့လိုက်ရတာ။ နေချင်သလို နေပါစေအုန်းဟာ"ဟု ကိုနေဦးက တားထားလိုက်သည်။ ဝေ့မှာ ဖခင်နား၌သာ သည်လိုပဲ နေချင်တော့သည်။ ဖခင်အနားမှ မခွာဘဲ သည်လိုနေရမှ ကျေနပ် နိုင်မလို ဖြစ်နေသည်။ အကြာကြီး နေလိုက်ချင်သည်။ အကြာကြီးဆိုသည်မှာ ရက်အကန့် အသတ်မရှိ။

ကြာတော့ ထားထားက လာချော့သည်။

"ညီမရယ် ... စိတ်ကိုသာ ဖြေပါတော့၊ အကြောင်းဆိုတာ ဒီလိုပဲဟာ–ကိုယ်ကြံသလို မဖြစ်ဘူး၊ ကိုယ်ကြံတိုင်း၊ ကိုယ်ဖြစ်ချင်တိုင်း ဖြစ်ရတယ်လို့ ဘယ်သူမှ၊ မရှိပါဘူးဟာ– လာပါ–ထပါ"

အသံလည်းမထွက်၊ ကြိတ်မှိတ်ဆွေးရှိုက်နေခြင်းကို မကြည့်ရက် မမြင်ရက်ကြ၍ အော် ဟစ် လူးလိမ့်လျက် ငိုလိုက်တာကမှ သူ့အဘို့ သက်သာလိမ့်မယ်ဟု တွေးထင်ကြသည်။

ဒေါ်သက်မှာ မီးကုန်ယမ်းကုန် အော်ငိုပြီးနောက်၊ ဆွမ်းကိစ္စတွေရှိသေး၍ ငိုခြင်းကို ရပ်ကာ အလုပ်ရှိရာသို့ ထသွားလေသည်။ မယ်အေးသည် အားရအောင် ငိုပြီး၍ ဒေါ်သက် နောက်သို့ ထပ်ချပ်လိုက်ကာ လူကွယ်ရာ၌ သူကြုံခဲ့ သိခဲ့သည့် အဖြစ်အပျက်များကို တဆင့် မဲ့မဲ့ရွဲ့ရွဲ့နှင့် ဓာတ်ကြောင်းပြန်လေသည်။

"မမလေးက သိပ်လာချင်တာအကြီးရဲ့၊ အစ်ကိုက မလွှတ်ဘူး။ ဘဘကြီး အသက်ထွက်မဲ့ အချိန်လောက်ပါပဲ။ ဘုရားစင်ရှေ့မှာ မမလေး မှောက်ပြီး ငိုနေလိုက်တာလေ ...၊ ကျွန်မက ချောင်းကြည့်တာပေါ့ အခုလာတာတောင် ဆေးထိုးလာရတာ"

မယ်အေးသည် ခရေစေ့တွင်းကျ၊ နိုက်နိုက်ချွတ်ချွတ်နိုင်လွန်းလှ၍ ပြောသမျှအကြောင်းတို့မှာ ဒေါ်သက်နား၌ ခါးနေလေသည်။

တောက်ခေါက်လျက် "ထားထားများသိယင်အေ ..."ဟုဆိုကာ အံကြိတ်ထားလေ၏။

ထားထားက ဝေ၏အိမ်ထောင်ရေး အဆင်မပြေခြင်းကို အတွင်းကျကျ မသိသော်လည်း၊ သိသလောက်သိလေသည်။ ဝေမလိုက်လာကတည်းက ဝေအတွက် ရင်လေး၍သွားမိသည်။

မိမိအထင်နှင့်အမြင် မကွာလှဘဲ၊ ဘယ်လောက် စိတ်ဒုက္ခရောက်ရှာပုံကို တွေ့မြင်နေရသည်။

"ဝေရယ် ... ထပါဟယ်– အားလုံးနှင့်အတွက် သိပ်စိတ်မကောင်း ဖြစ်နေကြတာ၊ နင်ဒီလိုပဲနေယင်– ပိုစိတ်ဆင်းရဲကြတော့မယ် ထပါဟ..."

ဝေသည် မှောက်ထားသောခေါင်းကို ပြောင်း၍ ဘေးသို့လှည့်လိုက်သည်။ မျက်စိများမှာ မှိတ်နေကာ မျက်နှာလေးမှာ နွမ်းယော်နေသည်။ မျက်လုံးများ တဖြည်းဖြည်းပွင့်လာသည်။ လေးလံနေ၍ မနဲအားယူပြီး ဖွင့်ရဟန်တူသည်။ နွမ်းလျနေသော အကြည့်ဖြင့် ထားထားအား လှမ်းကြည့်လိုက်သည်။ ထိုနောက် ဝေ၏မျက်လုံးထဲမှ ပါးပြင်ပေါ်သို့ မျက်ရည်ပေါက်ကြီးနှစ်ပေါက် ယိုစိမ့်လိမ့်ဆင်းလာလေသည်။

ထားထားသည် ဖခင်လက်ကို ဆုပ်ထားသောဝေ့လက်ကို ဖြည်ကာ ပွေ့ထူယူသည့်အခါ၊ ဝေ့မှာ ခွန်အားကုန်ခမ်းလျက် ပျော့နေလေပြီ။

ဝေ့ကို အိပ်ခန်းထဲသို့ သန်းသန်းနှင့်အတူ တွဲပို့ကြသည်။ ကုတင်ပေါ်တွင် ဝေ့ကို တင်ကာ ထားထားမှာ ဘေးမှထိုင်လျက် ဖြောင်းဖြပြောဟောနေ၏။ ဟောပြောယင်း ဝေ၏ မှိတ်ငြိမ်နေသော မျက်နှာကလေးကို မျက်ရည်စမ်းစမ်းဖြင့် ငေး၍ကြည့်သည်၊ မျက်နှာမှာ ဝေဒနာမျှဉ်းမျှဉ်းခံစားနေရသော လူမမာ့ မျက်နှာနှင့် တူပေသည်။ စိတ်ဝေဒနာသည် မျက်နှာ၌ထင်ဟပ်ထားပေ၏။

"ဦးစောဟန် မလွတ်လို့ဆိုတာတော့ အစ်ကိုကြီးပြောလို့ ငါသိရတယ်၊ မလွတ်တာတော့ အကြောင်းရှိချင်ရှိရမယ်လေ မလာလို့ နင်က ဖေဖေ့ပေါ်မှာ ပျက်ကွက်တယ် မဆိုနိုင်ပါဘူး၊ ဦးစောဟန်ကသာ ပျက်ကွက်တာ ဖြစ်ရမယ်။ ပြီးခဲ့တာလဲ ပြီးခဲ့ပါပြီဟယ်– ဒါတွေကို မေ့ဖျောက်ပြီးတော့ ဖေဖေ့အတွက် ကုသိုလ်ကောင်းမှု ပြုကြဘို့ အာရုံသာပြောင်းပါ၊ စိတ်ထောင်းတော့ ကိုယ်ကျေ ဆိုတာ အမှန်ပဲ ရှေ့လဲ အဆင်မပြေတာ တွေ့ချင်တွေ့အုန်းမယ်၊ စိတ်ကို ခိုင်ခိုင်ထားပြီး ရင်ဆိုင်တာပေါ့ဟာ ..."

ထားထားသည် ပြောဟောပြီး သက်ပြင်းကို မှူဉ်းချလိုက်သည်။ ထိုနောက် ငြိမ်သက်လျက်နေကာ၊ သူ့အတွေးမှာ လွင့်နေလေသည်။

ဦးစောဟန်မှာ ချစ်ရုံကလွဲ၍ ဘာမှမသိတတ်သူသာ ဖြစ်သည်၊ ဝေ့ကို အေးချမ်းစေမည့်

သူမဟုတ်၊ ဝေ့အလိုကို စိတ်ဖြူဖြောင့်နှင့် လိုက်လျောနိုင်မည့်သူမဟုတ်၊ ဝေ့ကိုခွင့်လွှတ်မည့် သူမဟုတ်ဘဲ၊ ဝေကသာ ခွင့်လွှတ်ရမည့်သူပါတကား ...။

ထားထားသည် သူ၏အတွေးဖြင့် ငေးနေရာမှ ဝေ့ကိုကြင်နာစွာ ပြန်စိုက်ကြည့်နေလေ၏။

ဝေနှင့်သူမှာ စကားပြောနေကြခြင်း မဟုတ်၍၊ ဝေ့ထံမှ စကားပြောရန် မမျှော်လင့်ပေ၊ သူပြောတာတွေကို ဝေကြားပြီး အသင့်အတင့် ဆင်ခြင်နှလုံးသွင်းနိုင်ယင် သွင်းဘို့ရန်သာ ရည်ရွယ်ပြီး ပြောနေပုံရှိသည်။

ဝေ့မှာ ထားထားပြောတာတွေကို လက်ခံနှလုံးသွင်းကြည့်မည့် အခြေမျိုးနှင့် ကွာဝေးနေ သေး၏။ အနာတက်နေသော လူနာ၌ ဆေးချက် မတိုးနိုင်ဘဲ၊ အနာ၏နှိပ်စက်ခြင်းကို အလူးအလဲ ခံနေရတုန်းကဲ့သို့ပင်၊ အနာတက်တုန်း ဖြစ်နေသေး၏။

ထားထားသည် ဝေ့အားလွတ်လွတ်လပ်လပ် သက်သာသလို နေပါစေရန် အခန်းထဲ၌ တစ်ယောက်တည်းထားခဲ့ကာ၊ အိပ်ခန်းတံခါးကို အပြင်က ဆွဲစေ့ထားလိုက်သည်။

ဝေသည် တံခါးစေ့လိုက်သံကို ကြားမိပြီးနောက်၊ ဤအတောအတွင်း– အချိန်ကာလ မခန့်မှန်းနိုင်သလောက်အရှိ၌ တံခါးဖွင့်သံလိုလို ကြားမိပြန်သည်။

ဝေသည် ကုတင်ပေါ်၌ ကိုယ့်လက်ကိုယ့်ခြေကိုပင် မသယ်ချင်အောင် ဖြစ်နေသည်။ မျက်စိလည်း မဖွင့်ချင် အသံဗလံတွေလည်း မကြားချင်၊ တတ်နိုင်လျှင် ယင်ကောင်ကလေးပင် လာမနားပါလေနှင့် ... ။

"သမီးရယ် ..."

သည်အသံကြား၍ ရင်ထဲအသဲထဲ အေးကနဲဖြစ်ရတာမျိုး ဘယ်သူမှခံစားဘူးမည် မထင်၊ ဝေသည် မျက်ရည်လျှံသောမျက်လုံးဖြင့် အားယူကြိုးထလေသည်။

"မေမေ" ဟု တခေါ်ကာ ဖက်မိဖက်ရာ လှမ်းဖက်ထားပြီး ချုံးချငိုတော့လေသည်။

မိခင်၏ရင်ကို တိုးဝှေ့လျက် ရှိုက်ငင်ငိုနေခိုက် မိခင်က ကြင်နာစွာ ပြန်ဖက်ထားပေသည်။

သီလရှင်မိခင်၏ သိမ်မွေ့နေသောမျက်နှာ၌ မျက်လုံးများသည် မျက်ရည်ရောင် တောက် လက်နေသည်။ သူ၏ဆင်ခြင်တုံတရားနှင့် သစ္စာ ၄ ပါး နယ်နိမိတ် အတွင်းမှ ရုန်းကန် ထွက်လာသော မျက်ရည်ကို ကြိတ်မှိတ်ထိန်းသိမ်းယင်းမှလည်း၊ သူ၏လုပခန့်ညား၍ မြတ်နိုး ဖွယ်ရာတည်ကြည်သော မျက်နှာမှာ ပုံပန်း အနည်းငယ် ပျက်နေသည်။

ထားထားမှာ ကုတင်နားတွင် ရပ်လျက် ကျောက်ရုပ်လိုပင် ထိပ်လန့်ဘွယ်ရာကောင်း အောင် ငြိမ်သက်စွာ ငေးကြည့်နေ၏။

သီလရှင်သည် ဝေဝေအား နူးညံ့သောအကြည့်ဖြင့် အချိန်ကြာကြာကြီး ငုံ့စိုက်ကြည့် စဉ်းစားနေလေသည်။ နောက်မှ ဝေဝေ၏ကျောကို အသာတယာ ပုတ်လျက် ...

"သမီး ငြိမ်းချမ်းမှုဆိုတာ ဘယ်မှာမှ မတွေ့နိုင်ပါဘူး။ ဘယ်သူမှ မဖန်တီးနိုင်ဘူး။

တကယ့်ငြိမ်းချမ်းမှုအစစ်ဟာ ကိုယ်နှလုံးသားထဲမှာ ရှိတယ်”

ဝေသည် မော့၍ သီလရှင်၏မျက်နှာနှင့် မျက်နှာချင်း အပ်လိုက်သည်။

သီလရှင်သည် သူ့ဘဝကို မြင့်မြတ်သည့်ဘဝနှင့် လဲထားပြီးပြီကို မမေ့သော်လည်း၊ မျက်နှာပေါ်၌ အနည်းငယ် ညိုရောင်သန်းသွားသည်။ သူ့ရင်ထဲ၌ ဘာဖြစ်နေသည်ကို မမြင်စေလို။

ဝေ၏ဆံပင်ကလေးများကို သပ်တင်ပေးသည်။ လက်ထဲဆုပ်ထားသော လက်ကိုင်ပုဝါနှင့် မျက်ရည်များကို ယုယုယယ တို့သုတ်ပေးလျက် “ အင်း … လောကကြီးဟာ စက်ဆုပ်စရာပါ၊ သံသရာက မလွတ်မခြင်း သုခမရှိဘူး။ စွဲလမ်းတွယ်တာသမျှ ဒုက္ခချည်းပဲ …” ဟု ပြောသည်၊ ထိုသို့ပြောခြင်းဖြင့်၊ သူ့ကိုယ်သူလည်း သတိပေးရာရောက်လေသည်၊ သီလရှင်မှာ ဣန္ဒြေကို ပီသစွာ ပြန်ထိန်းထားနိုင်လျက်ရှိသည်။ သူ့မျက်လုံးထဲ၌ တရားရသည့် အရိပ်အရောင်များပင် ပေါ်ပေါက်လာသည်။

ထားထားသည် ပြန်၍ထိန်းထားသော မိခင်၏ ဣန္ဒြေကို မမှိတ်မသုန် ကြည့်နေလျက်၊ ပူလောင်နေသော ပရိဒေဝမှ အတန်ငယ်သက်သာရာ ရသလို ရှိမိသည်။ သစ်ခေါက် ဆိုးထားသော ဝတ်ရုံ၏အဆင်းနှင့်၊ တည်ငြိမ်ထားသည့် ဟဒယမှ ဣန္ဒြေအကြည်ဓာတ်သည် ပူပန်မှုကို ယုတ်လျော့သွားစေသလိုပင် … ။

မိခင်ကို ကြည့်နေရာမှ ဝေ့ဝေ့ကို ကြည့်ပြန်လေသည်။

ဝေဝေ၏မျက်နှာမှာ ဆွတ်ဆွတ်ဖြူနေသည်။ တုန်ရီနီကြောင်သော မျက်လုံးတွင် နာကြည်းချက်၊ ပူဆွေးတမ်းတချက်များ ရောပြွမ်းနေသော အဓိပ္ပါယ်ကို ဆောင်လျက်၊ မျက်ရည်ဥများ တွဲလောင်းခိုနေကာ နှုတ်ခမ်းကို တင်းကြပ်စွာ စေ့ထားလေသည်။

“သမီး အသက်မမှီလိုက်ဘူးဆို …”

အသက်မမှီရ၍ ဝမ်းနည်းခြင်းနှင့် “ကို”ကမလွတ်၍ “ကို့”အပေါ်၌ ဝမ်းနည်းရခြင်း နှစ်မျိုးသည် ရင်ထဲတွင်ရှုပ်ထွေးလျက်၊ သူ့တကိုယ်လုံးသည် မီးကဲ့သို့ ပူပြင်းသွားကာ မျက်ရည်ကို အုပ်လျက် ခေါင်းညိတ်ပြီး ရှိုက်နေလေ၏။

သီလရှင်သည် ဝေ့ဘေးတွင် ကုတင်အစပ်နား၌ ထိုင်ကာ “သမီးက ဘာ့ကြောင့် မောင်နေဦးနဲ့ မလိုက်ခဲ့သလဲ …”ဟု ဆက်မေးနေသည်။ ဝေ့မှာ မီးလောင်ရာ လေပင့်သလိုပင် အဖြေမပေးနိုင်၊ ရှိုက်ကာသာ ငိုနိုင်လေသည်။

ထားထားမှာ အနားသို့ရောက်လာသည်။ မပြေပြစ်သောဝေ့ဘဝကို မိခင်သိ၍လည်း အကျိုးမထူးတော့သဖြင့် “အကြောင်းမညီညွတ်တဲ့ကိစ္စနှင့်မို့ မလိုက်တာပါ”ဟု ဝေ့ကိုယ်စား ဝင်ဖြေလေသည်။

သီလရှင်သည် ရှေ့ဆက်မမေးပေ။ လောကကြောင်းတွေ အဆင်မပြေတာများ မှန်းသိ

သဖြင့် သည်အဖြေလောက်နှင့်ပင် လုံလောက်နိုင်လေသည်။

"ဖေဖေ့ပေါ်မှာ မေမေစိမ်းကားရာကျတယ်လို့ အစကဒီလိုပဲ ထင်နေတယ်၊ အခုတော့လေ သမီးလဲ စိမ်းကားရာကျပါတယ် မေမေရဲ့ ..."

သီလရှင်မှာ မျက်နှာညှိုးသွား၏။ သီလရှင်သည် ခဏမျှငြိမ်သက်နေပြီးနောက် သူ့အသံကို ပြင်ပြီး ညင်သာသာနှိမ့်၍ ပြောလိုက်သည်။

"စိမ်းကားကြတယ်တော့ ဘယ်ဟုတ်ပါ့မလဲ၊ သမီးဖခင် အသည်းအသန်ဖြစ်နေပြီဆိုတဲ့ သံကြိုး မိခင်လဲရတာပဲ။ သံကြိုးရတော့ မိခင်လိုက်လာချင်တဲ့စိတ် ဖြစ်တာပေါ့၊ မိခင်အဘို့က ဘာမှမလာနိုင်စရာ မရှိဘူး၊ ကိုယ်ရဲ့ကျေးဇူးရှင်ပဲ၊ အနားမှာလာပြီး ပြုစုချင်တယ်ဆိုတာ မငြင်းလိုပါဘူး၊ မိခင်လာတဲ့အတွက် မိခင်ကိုမြင်ပြီး အနှောက်အယှက် ဖြစ်သွားမလား ဆင်ခြင်ရတယ်၊ သီလရှင် မဝတ်ခင်က ပြောဘူးတယ်၊ မင်းသီလရှင်ဝတ်ယင်၊ ဒီအဝတ်ကြီးနဲ့ ဘယ်တော့မှ မမြင်ပါရစေနဲ့ ပြောဘူးတော့၊ သူ့အတွက် အနှောက်အယှက် မဖြစ်အောင် လာချင်ပေသိလဲ– တမင်မလာဘဲ အဝေးကနေပြီး မေတ္တာပို့ရတော့တယ် ..."

ထားထားသည် ဝမ်းနည်းပက်လက် ငိုရှိုက်နေသော ဝေ့ကို ငေးလျက် မျက်နှာတပြင်လုံး ညှိုမဲသွားကာ ကိုယ်ပါ ငိုချင်သလိုလို ဖြစ်လာမိသည်။ သီလရှင်ကြီးသည် ဣန္ဒြေရရပင် ကုတင်ပေါ်မှထ၍ သွားသည်။

ဝေရောက်ပြီး နောက်တစ်နေ့ မသာချလေသည်။

ဖခင်မသာချသည့်နေ့၌၊ သီးလရှင်နှင့်ဝေ စီးသောကားမှာ မသာကားနောက်မှ ကပ်လိုက် မောင်းသွားလေသည်။ ဝေသည် မျက်ရည်မဆည်နိုင်အောင် ရှိသည်၊ ရင်ထဲမှ ဆို့လာသော အလုံးကြီးကို မျိုမချနိုင်ဘဲ ရှိလေသည်။ ဖခင်မှာ လူ့ဘဝနှင့် ဝေးကွာလေပြီ။ သူ့အလောင်းကို သီလရှင်က လိုက်ပို့သည်မှာ ကြေကွဲစရာ ကောင်းနေပေ၏။

ဝေသည် ရှေ့မှတရွေ့ရွေ့သွားနေသော မသာကားကို ကြေကွဲလှစွာ စိုက်ကြည့်လျက် သူ့မှာလည်း တနေရာနှင့် တရွေ့ရွေ့ခွါနေသည်နှင့် တူလိုက်လေသည်၊ သုသာန်၌ တွင်း ဖို့ပြီးသည့်အတူ စောင့်ကြည့်၏။

ဖခင်၏ခေါင်းပေါ်သို့ မြေစိုင်မြေခဲများ ကျသံကြားလိုက်ရသောအခါဝယ် အသဲကွဲ မတတ် ဆတ်ဆတ်ခါနာသွားလေသည်။

ထားထားမှာ တွင်းဘေး၌ ဒူးထောက်လျက် ရှိုက်ကြီးတငင် ငိုနေလေသည်၊ တွင်း ခေါင်းရင်းတွင် ရပ်နေသော ကိုသက်နှံမှာ ထားထားအား ကြင်နာစွာ လှမ်းကြည့်လျက်နေ၏၊ ဝေသည် အသံလည်းမထွက်၊ မျက်ရည်ဖြိုင်ဖြိုင်ကျနေကာ သီလရှင်၏လက်ကို တအား ဆုပ်ကိုင်ညှစ်ထားမိ၏။

သုသာန်ဝင်းထဲက နောက်ဆုံးမှ ထွက်လာကြသည်၊ ကားနားသို့ ရောက်၍ ကားပေါ်သို့

မတက်ခင် မိခင်သီလရှင်၏မျက်နှာကို ရှိုက်ငိုကြည့်လျက်–

"သမီး မော်လမြိုင်ကျွန်းကို မပြန်ချင်ဘူး ဖေဖေမရှိတဲ့နေရာကို မသွားပါရစေနဲ့အုန်း၊ မေမေနဲ့စစ်ကိုင်းကို လိုက်ခဲ့ပါရစေ–ခေါ်ပါနော်"ဟု ကတုန်ကရင် ပြောလိုက်လေသည်။

ဈာပနရက်မလည်ခင်အတွင်း၊ မိသားတစ်စု စုစုဝေးဝေးနေကြရခိုက်၊ ဝေ့မှာ တစ်မျိုးတစ်ဖုံ ဖြစ်နေလေသည်၊ လှောင်ချိုင့်ကလေးထဲမှ လွတ်လာရပြီး၊ ကိုယ့်အသိုက်ဝန်းထဲကိုယ် ပြန်ရောက်လာသလိုပင်၊ ဝမ်းသာသလိုလို ... စိတ်အားတက်သလိုလို ...

အထူးသဖြင့်၊ ထားထား၏ယောကျ်ား ကိုသက်နှံကို သတိပြုမိလျက် မျက်စိအေးရသည်၊ ကိုသက်နှံမှာ အရပ်မြင့်မြင့် နဖူးကျယ်ကျယ်၊ စကားနဲနဲ ပညာရှိရုပ်မျိုးဖြစ်သည်၊ လေးနက်တည်ကြည်သော အကြည့်ဖြင့် နူးညံ့ညင်သာစွာ စကားပြောသည်၊ နူးညံ့သိမ်မွေ့စွာ နေထိုင်သည်၊ သူ့အိုးသူ့အိမ်ဟူ၍ ရဲရဲတင်းတင်း အမူအရာမရှိဘဲ၊ ဧည့်သည်တဦးကဲ့သို့ပင်– အားနာနေဟန် ခပ်ကြုံ့ကြုံ့ ဖြစ်နေပေသည်၊ မာန်မာနမရှိ၊ ရိုးသားလျက်၊ နှိမ့်ချသောစိတ်ဖြင့်၊ သူ့ခေါင်းမှာ အမြင့်နေပေသည်။ သူ၏အမူအရာမှာ မည်သူ့ကိုမဆို အထူးပင် လေးလေး စားစားရှိသည်။ သူ၏နှလုံးသား၌ ကိန်းဝပ်သော မေတ္တာဓာတ်သည် ထားထား တဦးတည်း ခံယူ ချမ်းမြေ့ရသည်မဟုတ်၊ တစ်အိမ်သားလုံး၏ ရင်ထဲသို့ ပျံ့နှံ့အေးမြစေအောင် အားကောင်းလှပေ၏။

ဝေသည် ကိုသက်နှံကို ခပ်ငေးငေးကြည့်တတ်ကာ ရင်ထဲတွင် အေးမြသွားသောအသိကို ခံစားရသည်။

ရန်ကုန်ရောက်၍ ၃–ရက်အတွင်း မော်လမြိုင်ကျွန်းမှ သံကြိုး ၂–စောင်နှင့် စာတစောင် ရသည်၊ သံကြိုးများမှာ ဆေးမှန်မှန်သောက်ရန်၊ ကျန်းမာရေးဂရုစိုက်ရန်၊ အချိန်နှင့်အိပ်ရန်၊ နေ့စဉ် တစ်နေ့တစ်မျိုး ရိုက်မှာနေသော သံကြိုးများဖြစ်သည်။

စာထဲ၌ ရက်လည်ဆွမ်းသွတ်ပြီး၊ ထိုနေ့ညသင်္ဘောနှင့် ဆက်ဆက်ပြန်ခဲ့ရန် အဓိက မှာကြားသည်၊ ဝေမရှိ၍ မနေတတ် မထိုင်တတ်ဖြစ်ရပုံများလည်း ပါ၏။

"ဒါပဲနော်–ချာတိတ် ... ပြန်ယင်ပိန်လာတာ မတွေ့ချင်ဘူး၊ ပိန်မလာနဲ့"ဟု စာဆုံးလိုက်သည်။

သံကြိုးနှင့်စာတွေကို ဖတ်လျက် ဦးစောဟန်၏ သွန်းဖျန်းသောမေတ္တာရေမှာ ရင်ထဲတွင် မစိုစွတ်ဘဲ စိတ်အိုက်ဘွယ်ရာ အဝေးကပင် အနေကြုံ့နေသည်။

ညဘက်ဆိုလျှင် ကိုနေဦးသည် အပြင်သို့ထွက်သွားတတ်ပြီး၊ ည၉နာက်မှ ပြန်လာတတ်သည်၊ သူပြန်လာလျှင် တရုပ်တန်းက ခေါက်ဆွဲ၊ သို့မဟုတ် မင်္ဂလမ်းကပလာတာ၊ လက်တဘက် အထုပ်လေးငါးထုပ် တဘက်စီဆွဲပြီး၊ ပြန်လာတတ်သည်။ အိပ်နေသူမှန်သမျှ အကုန်လှျောက်နှိုးကျွေး၏။ စားပွဲခုံကြီးပေါ်တွင် ဖက်ထုပ်တွေဖြည်ကြကာ ဖက်ထဲတွင် ပေပေရေရေ တစ်ယောက်တစ်လုပ် ဝိုင်းနှိုက်စားကြစဉ် ဝေ့မှာ "ကို"ကို ပြေးသတိရလေသည်၊

ခုနေများမြင်စမ်းချင်တယ် ဘယ်လောက်ဒေါသူပုန်ထလိုက်မလဲ ...

ကိုနေဦးသည် ကိုသက်နှံကို ဆွဲခေါ်ချလာကာ၊ မစားမနေရ အတင်းကျွေးတတ်၏။ ကိုသက်နှံမှာ ငြင်းပယ်၍ မရသဖြင့် ပြုံး၍ အားနာနာနှင့် နှိုက်နေရာ –ခင်ဗျားက တယ်လက်နှေးတာကိုးဗျ၊ ကျုပ်က မျှိုမကျဘူး၊ ကျုပ်မျှိုကျအောင် စားစမ်းပါဗျာဟု ဆိုကာ သူ့အပုံထဲမှ များများယူခွဲပေးနေသည်။ ကိုသက်နှံသည် ပြုံး၍နေပေသည်။ သူ့အပြုံးမှာ အင်မတန် အေးချိုသော အပြုံးဖြစ်သည်။

ဝေသည် စိတ်ကူးထဲ၌ ကိုသက်နှံနေရာတွင် "ကို"ကိုအစားထိုး၍ ကြည့်မိသည်။ ကို့မှာသည်လူအုပ်နှင့် ရောနှောပေါင်းစပ်ကြည့်၍ မရ၊ စိတ်ကူးထဲသို့ပင် မဝင်ဘဲ၊ ဘေးဖယ်၍ ခပ်ဝေးဝေးက ခပ်စိမ်းစိမ်းနေသည်သာ မျက်စိထဲမြင်နေရ၏။ ဝေ့ရင်မှာ လှိုက်ဖို့သွားသည်။ ဝေသည် "ကို"အကြောင်းကို မစဉ်းစားမိရန် စိတ်ကို ချုပ်ထိန်းထားလိုက်ရသည်။

သွေးသားတွေနှင့် ရောနှောစား ရောနှောနေရတာလောက် ရင်ထဲ၌ နှစ်သိမ့်လာတာလည်း မရှိ၊ အစ်မနှင့်စပ်မှ အကိုတော်ရပေသော ကိုသက်နှံ၏ မေတ္တာလက္ခဏာ၊ မေတ္တာအမှတ်အသားများနှင့် နီးကပ်တွေ့ထိရတာလောက် ရင်ထဲ၌ ချမ်းမြေ့တာလည်းမရှိ၊ ဖခင်အတွက် ပူလောင်နေသော ပူပူလောင်လောင်ထဲမှာပင် အေးမြသောအရိပ်တွေကို လှမ်းမြင်နေရသည်။

ဘာသိဘာသာ နေတတ်ကာ စကားနည်းသော ကိုသက်နှံက ဝေ၏အစဉ်အမြဲ ညိုးငယ်လျက်ရှိနေသော မျက်နှာကလေးကို သတိမူကာ "ဝေဝေ စိတ်ကောင်းအောင် အားပေးပါထားရယ် ... " ဟု ဂရုဏာဖြစ်စွာ ပြောမိသည်။

ဝေထမင်းမစားဘူးသိလျှင် ... ။ "နဲနဲဖြစ်ဖြစ် စားပါဝေဝေ"ဟု လာပြောနေသည်။ ဝေမှာ မစားချင်ဘဲနှင့် ကိုသက်နှံကို အားနာ၍ "စားမယ် အစ်ကို"ဟု ပြောလိုက်ရကာ ဝင်စားရသည်။

ရန်ကုန်ရောက်မှ ဦးစောဟန်ထံသို့ စာတစောင်ရေးထည့်လိုက်သည်။ စာရေးယင်း မျက်ရည်ကျလာသည်။

"ငါးကြီးဆီ မှန်မှန်သောက်ပါတယ်၊ ဝမ်းချုပ်မခံပါဘူး၊ ညဉ့်နက်အောင် မနေဘဲ စောစောအိပ်ပါတယ်။ တွေ့ကရာမုံ့တွေ မစားဘဲ၊ ပေါင်မုံ့နဲ့ထောပတ်ဘဲ စားပါတယ်၊ ကြက်ဥလဲ သောက်ပါတယ်၊ လေကောင်းလေသန့်နေရာမှာ ရွေးနေပါတယ် ... ။"

ဝေ့မှာ တဘက်သား စိတ်ကြိုက်ကိုလိုက်၍ ရေးရန် သူ့လက်ကို သူတိုက်တွန်း၍ ရနိုင်သော်လည်း၊ သူ့စိတ်ကိုတိုက်တွန်း၍ မရသလောက် နှောင့်နှေးနေခြင်းကို တွေ့ရှိရသဖြင့် စာရေးနေယင်း မျက်ရည်များ ကျနေလေသည်။

ထားထားသည် မီးရောင်အောက်တွင် ဝေအကြာကြီး ထိုင်စာရေးနေခြင်းကို အမှတ်တမဲ့ ကြည့်နေသည်။ စာရေးခြင်းထက် ငေးငိုင်ခြင်းက အချိန်ကြာသည်။ မျက်ရည်များစီးကျနေသည်ကို မြင်လျှင် မျက်နှာလွှဲလိုက်ကာ၊ တိမ်မရှိသော မိုးထဲမှ ကြယ်ပွင့်ကလေးများကို

ကြည့်နေလေသည်။

ဝေသည် ပြူတင်းနားသို့ ထလာကာ "မမထား မအိပ်သေးဘူးလား" ဟု မေးလိုက်သည်။

"ဟင်အင်း ... အိုက်တာနဲ့ တံခါးဝလာထိုင်နေတာ" ဝေ့မျက်နှာတွင် တစ်ခုခု ပြောလိုမှန်း ထားထားသိရလေသည်။ သူပြောလိုက်သည့်စကားကို အပြောရခက်နေပုံ ပေါ်သည်၊ ဝေပြောရန် အတိအကျ ဆုံးဖြတ်ပြီးသည့် အချိန်အထိ အလိုက်သိစွာပင် စောင့်နေလေသည်၊ အတန်ကြာမှ ဝေက ရုတ်တရက်ပြောလိုက်သည်။

"ဝေတော့ မေမေနဲ့ စစ်ကိုင်းလိုက်တော့မယ်"

ထားထားသည် ဝေ့ကိုတွေ၍ကြည့်နေလေသည်။ ဝေဝေ့ကို သူမဝေခွဲနိုင်ဘဲ ရှိလေသည်။ ထားထား၏အကြည့်မှာ ကြောင်ကြည့်နေသောအကြည့် ဖြစ်လေသည်။

"နင် ... ဦးစောဟန်ကို–စိတ်နာနေသလား ...၊ မုန်းနေသလား ဝေဝေ"

"သူ့ကို မမုန်းပါဘူး"ဟု ပြောပြီး ခဏရပ်နေသည်။ အတန်ကြာမှ ဆက်၍ "ဝေကိုသာ ဝေမုန်းပါတယ်"ဟု ထူးဆန်းသောအသံလေးဖြင့် ပြန်ပြောလေသည်။

ထားထားမှာ ဝေ့စကားကို စဉ်းစားယင်း– နွမ်းလျှလျှ ဖြစ်လာလေသည်။ သူ ဘယ်လို အဓိပ္ပါယ်နဲ့ ဒီလိုပြောတာလဲ ... ထားထားက ဝေ၏ ဖြူရော်ရော် မျက်နှာကို တစ်ကြိမ် မော်ကြည့်လိုက်သည်။

"နင့်ကိုယ်နင် ဘာပြုလို့မုန်းရတာလဲ ..."

ဝေဝေသည် ကောင်းကင်ကို မော့ကြည့်ယင်း– စဉ်းစားနေလေသည်။ စဉ်းစားယင်းမှ ပန်းလျစွာ သက်ပြင်းချလိုက်သည်။

"ဘာဖြစ်လို့လဲဆိုတော့ သူ့ကို ချစ်ခဲ့မိလို့"ဟု အတန်ကြာမှ ဖြေလိုက်သည်။ ထားထားမှာ ဝေ့ကို မှိုင်းမှိုင်းမှုန်မှုန် မော့ကြည့်နေသည်။

"စစ်ကိုင်းမှာ ဘယ်လောက်ကြာမှာလဲ၊ စိတ်ပြေလက်ပျောက် ကောင်းတော့ ကောင်းသားပဲ"

"မပြောတတ်သေးဘူး မမထားရယ် ..." ဟု ဆွေးဆွေးမြွေမြွေအသံနှင့် ပြောနေသည်။

ဝေဝေ၏စိတ်မှာ ပတ်ဝန်းကျင်၌ မရှိပေ။ သူသည် မမြင်သော အကြည့်ဖြင့်သာ မော့ ကြည့်ယင်း ငြိမ်သက်စွာရပ်နေလေသည်။ သူ့စိတ်ထဲ၌ ဖခင်အသည်းအသန်ဖြစ်၍ လာရန် သံကြိုးရောက်သောနေ့က အဖြစ်အပျက်များကိုသာ တရေးရေး မြင်မိလျက် ရှိလေသည်။ စကားတွေကိုသာ တစိမ့်စိမ့်ကြားမိလျက် ရှိလေသည်။ ချစ်သူ ... ချစ်သူ ... အသဲကွဲအောင် လုပ်တဲ့ချစ်သူ ...။

"ခုနစာရေးတာ စစ်ကိုင်းသွားမယ်လို့ ရေးနေတာလား"

"ဘယ် ... ခုကြိုရေးလို့မသွားရဘဲ နေအုန်းမယ်။ သွားတဲ့နေ့မှ စာထည့်လိုက်တော့မယ် ..."

ထားထားသည် မျက်နှာကို ကွယ်လိုက်သည်။ သူ့မျက်နှာ၌ မျက်ရည်များ ဝဲနေသည်ကို ဝေမြင်မှာ စိုးလေသည်။

ရက်လည်ဆွမ်းသွတ်ရောက်သည့်နေ့တိုင် ထားထားသည် ဝေ့ကို မျက်နှာချင်း ကြာကြာ ဆိုင်မကြည့် … ဝေသည် သီလရှင်အပါး၌သာ အနေများနေပေသည်။

ထည်ဝါတောက်ပြောင်သော အဆင်းတန်ဆာတို့ဖြင့် ဆင်မြန်းထားသည့် အရုပ်ကလေး တစ်ရုပ်ကို မြတ်နိုးစုံမက်လာခဲ့ရာမှ ထိုအရုပ်ကလေးသည် ကောက်ရိုးတို့ဖြင့်သာ ပြုလုပ် ထားသည်ကို တွေ့ရသောအခါ၌ အရုပ်ကို အပြစ်တင်စရာ မတွေ့ဘဲ၊ ကိုယ်ကိုယ့်ကို ပြန် အပြစ်တင်နေသောသူနှင့် တူနေပြီဟု ထားထားက တွေးနေသည်။

(၁၉၅၅ ခုနှစ်)

ခက်ဆစ်များ

မချည့်မဆန့် (ကဝ) 痛苦不堪，难以忍受

ဆတ်ဆတ် (ကဝ) 颤抖

ဆင်ဝင် (န) 廊檐，门廊

အလောင်း (န) 尸体

ငိုယို (က) 哭泣

ရုပ်ကလာပ် (န) 遗体，遗容

လှပ် (က) 打开，使露出

ရုပ်ပျက်ဆင်းပျက် (က) 破旧；不成样

ရင်ဆို့ (က) 胸口憋闷；心酸

ရှိုက်ငင် (က) 抽泣

ငိုကြီးချက်မ (န) 痛哭

စိတ်ဖြေ (က) 使之宽心，解除烦恼

မဲ့မဲ့ရွဲ့ရွဲ့ (ကဝ) 撇着嘴；哭丧着脸

မှောက် (က) 俯伏，趴

နွမ်းယော် (နဝ) 枯萎；虚弱

နွမ်းလျ (နဝ) 精疲力尽

မျှဉ်းမျှဉ်း (ကဝ) 一点点地，悠着劲儿

ဆေးချက် (န) 药的疗效

သီလရှင် (န) 尼姑，比丘尼

ဆင်ခြင်တုံတရား (န) 理智，明智，理性

သစ္စာလေးပါး (န) 四谛，即：苦谛、集谛、灭谛、道谛

တရားရ (က) 深刻领悟佛法；悔悟

မမိုတ်မသုန် (ကဝ) 坚定不移

ပရိဒေဝ (န) [巴]悲怨，悲苦

ဟဒယ (န) [巴]心

အကြည်ဓာတ် (န) （器官对刺激的感受和辨别）觉，包括视觉、听觉、味觉、嗅觉、触觉等

စိမ်းကား (နဝ) 冷淡，无情，薄情

အသည်းအသန် (ကဝ) （病情）很严重

မသာချ (က) 送葬

သုသာန် (န) [巴]坟地，公墓
ဈာပန (န) [巴]丧事
ရက်လည် (က) 满七天了，满一周
လှောင်ချိုင့် (န) 笼子
ပလာတာ(ပရာတာ) (န) [印] 油烙千层饼
ငါးကြီးဆီ (န) 鱼肝油
ပန်းလျ (က) 疲倦，劳累
ဆွမ်းသွတ် (က) 为超度死者而施斋

စိတ်ထောင်းကိုယ်ကြေ (ဆိုရိုးစကား)-- စိတ်ပင်ပန်းမှု၊ စိတ်ပူပန်မှုများ ဖြစ်ပေါ်ခံစားနေရပါက ခန္ဓာကိုယ်သည်လည်း အင်အားဆုတ်ယုတ်ကာ ပိန်ချုံးလာသည်။

(心境不好会把身体搞垮。)

မီးလောင်ရာလေပင့် (စကားပုံ)-- မီးလောင်ရာတွင် မီးအရှိန် ပိုမိုအားကောင်းစေရန် ကူပင့်တိုက်ခတ်ပေးတတ်သည်။

(火上加油，火上浇油。)

စာဆိုအတ္ထုပ္ပတ္တိ

ဂျာနယ်ကျော်မမလေး (၁၉၁၇–၁၉၈၂)

ဂျာနယ်ကျော်မမလေး၏ အမည်ရင်းမှာ မတင်လှိုင်ဖြစ်သည်။ ဧရာဝတီတိုင်း ဖျာပုံခရိုင် ဘိုကလေးမြို့နယ် ကမာမလှကျေးရွာ၌ ဒေါ်ဆင်ဘဏ် မန်နေဂျာ ဦးပုပ္ပားချို၊ ဒေါ်ကြွီတို့မှ ၁၉၁၇ ခုနှစ် ဧပြီလ ၁၃ ရက် သောကြာနေ့တွင် မွေးဖွားသည်။ မွေးချင်းငါးယောက်အနက် စတုတ္ထ မြောက် သမီး ဖြစ်သည်။ ၁၉၂၂ခုနှစ် ဖျာပုံ အေဘီအမ်ကျောင်း၌ ကျောင်းစနေခဲ့သည်။ ဘိုကလေးမြို့ အစိုးရကျောင်းမှ ၁၉၂၇ ခုနှစ်တွင် သတ္တမတန်းအောင်သည်။ ထို့နောက် ရန်ကုန်မြို့မ အမျိုးသမီးကျောင်း၌ နဝမတန်းအထိ ပညာသင်ကြားခဲ့သည်။

သတင်းစာ၊ ဂျာနယ်၊ မဂ္ဂဇင်းတွင် စိတ်ဝင်စားသူပီပီ မိန်းကလေးများ ထိုခေတ်က ကြက်တောင်ရိုက်သည်ကို မောင်းသတင်းစာက ကဲ့ရဲ့လှောင်ပြောင်သည့်အတွက် ဒေါ်တင်လှိုင်က ပြန်လည်ချေပရှင်းလင်းသော ဆောင်းပါး ရေးခဲ့သည်။ **အမျိုးသမီးများ ဏကြီးသတ်ညဏ်ရှိကြရန်** ရေးသူ ရဝေလှိုင် အမည်ဖြင့် မြန်မာ့အလင်း သတင်းစာတွင် ဖော်ပြခဲ့ရာမှ စပြီး အယ်ဒီတာ ဦးချစ်မောင်နှင့် သိကျွမ်းလာခဲ့သည်။ ၁၉၃၈ခုနှစ်တွင် မြန်မာအလင်းသတင်းစာ အယ်ဒီတာချုပ် ဦးချစ်မောင်နှင့် လက်ထပ်သည်။ ၁၉၃၉တွင် ဂျာနယ်ကျော် ထုတ်ဝေသောအခါ ထုတ်ဝေသူအဖြစ် တာဝန်ယူပြီး ဂျာနယ်ကျော်မမလေး အမည် စတင်ခံယူ၍ ဝတ္ထု၊ ဆောင်းပါးများ ရေးသည်။

ဘိုကလေးမြို့ တို့ဗမာအစည်းအရုံး အဖွဲ့ဝင်နှင့် တက်ခေတ် အမျိုးသမီးအဖွဲ့ ဥက္ကဋ္ဌ၊ ဂျာနယ်ကျော်နှင့် ပြည်သူ့ဟစ်တိုင် သတင်းစာတို့၏ အယ်ဒီတာ၊ အမျိုးသမီး ကလောင်ရှင် အသင်း ဒုတိယဥက္ကဋ္ဌနှင့် ကလောင်ရှင်မဂ္ဂဇင်း တာဝန်ခံအယ်ဒီတာ၊ မြန်မာနိုင်ငံ စာရေးဆရာ အသင်း ဥက္ကဋ္ဌ (၁၉၄၈–၄၉)၊ မြန်မာနိုင်ငံ စာရေးဆရာ စာပေကလပ် အတွင်းရေးမှူး (၁၉၆၀–၆၂) စသည့် တာဝန်များ ထမ်းဆောင်ခဲ့သည်။

ထင်ရှားသော စာအုပ်များမှာ **သူမ** (၁၉၄၅)၊ **သူလိုလူ** (၁၉၄၇)၊ **သူလိုမိန်းမ** (၁၉၄၈)၊ **ရှုမငြီး** (၁၉၄၈)၊ **စိတ်** (၁၉၅၁)၊ **ကမ္ဘာမြေဝယ်** (၁၉၅၂)၊ **မုန်း၍မဟူ** (၁၉၅၅)၊ **တွေးတစိမ့်စိမ့်** (၁၉၅၈)၊ **ရင်နှင့်အောင်မွေး** (၁၉၆၇)၊ **ရင်မှာတရှိုက်** (၁၉၇၀)၊ **သွေး** (၁၉၇၄) တို့ ဖြစ်သည်။ မုန်း၍မဟူ ဖြင့် ၁၉၅၅ ခုနှစ်တွင် စာပေဗိမာန်ဆု၊ တွေးတစိမ့်စိမ့် ဖြင့် ၁၉၆၃ခုနှစ် အနုပညာ စာပေဆု (ဝတ္ထုတိုပေါင်းချုပ် တတိယဆု) ရရှိခဲ့သည်။

၁၉၈၂ခုနှစ် ဧပြီလ ၆ရက်နေ့တွင် ရန်ကုန်မြို့၌ ကွယ်လွန်သည်။

လေ့ကျင့်ခန်း

၁။ "မုန်း၍မဟူ"ဝတ္ထု၌ ဖော်ပြသော ခေတ်နောက်ခံအကြောင်းနှင့် ဆရာမကြီး ဂျာနယ်ကျော် မမလေး ဖော်ပြလိုသော ဦးတည်ချက်ကို ဖော်ပြပါ။

၂။ ဂျာနယ်ကျော်မမလေးသည် ဇာတ်ဆောင်များ၏သရုပ်ကို ဖော်ရာ၌ ပေါ်လွင်ပီပြင်သည် ဟူသောအဆိုကို ဆွေးနွေးတင်ပြပါ။

သင်ခန်းစာ(၁၂) အရှေ့ကနေဝန်းထွက်သည့်ပမာ

作品导读

吴登佩敏（1914—1978）是缅甸著名政治活动家、新闻工作者和作家。20世纪30年代就以《摩登和尚》、《罢课学生》、《新时代恶魔》等作品蜚声文坛。独特的经历和地位，丰富的生活积累，开阔的创作视野和深厚的文学功底，使他的很多作品具有高度现实意义和鲜明的时代性。《旭日冉冉》（1958）是吴登佩敏的代表作。小说以反帝民族解放为主题，用纪实和艺术虚构相结合的风格再现1936年至1942年缅甸独立斗争史。从1936年大学学潮、我缅人协会领导的德钦运动、1938年的工农学联合运动、借助日本人的力量驱逐英殖民主义者的青年运动，到1942年为反戈日本法西斯做准备，波澜壮阔的历史风云和浩瀚的社会生活尽收卷中，历历在目。小说中塑造了大学生、德钦党人、政治家、教师、商人、土地丈量员、报社领班、退休官员、卖油炸瓠瓜饼的小贩、马车夫、算命先生、理发员、刻图章工匠、失业者等各阶层的人物数十个，通过人物的命运折射时代风云和社会变迁。小说主人公丁吞是一位普通大学生，在反帝的时代激流和社会熔炉中，从幼稚、单纯走向觉醒、成熟，最后历练成为民族独立斗争中的中坚力量。

အရှေ့ကနေဝန်းထွက်သည့်ပမာ （节选）

သိန်းဖေမြင့်

(အခန်း ၁၀)

သခင်ပေါက်စ ထောင်ခြောက်လ

ထိုနှစ်တွင် ဝါထပ်၏။ ပထမဝါဆိုလထဲမှာ တနင်္ဂနွေနေ့တစ်နေ့ နံနက်ခင်းတွင် ကျွန်တော်သည် ဝင်နီဖေတို့နှင့်အတူ ရွှေတိဂုံဘုရားသို့ လိုက်သွားလေ၏။ ထိုနေ့နံနက်ခင်းတွင် မိုးတိတ်လျက်ရှိလေ၏။ တိမ်ဖြူများသည် နေဝန်းကြီးကို ကန့်လန့်ကာ ကာထားသလို ကာထားကြ၏။ ရွှေတိဂုံစေတီတော်ကြီးကား ကန့်လန့်ကာဆီးသည့် နေရောင်တွင်လည်း တစ်မျိုး အားဖြင့်

သပ္ပာယ်တင့်တယ် ကြည်ညိုဖွယ်ပင်ဖြစ်ပေသည်။

ဦးဖေ၊ ဒေါ်ဒေါ်၊ ဝင်နီနှင့် သူ့ညီမတို့သည် မြောက်ဘက်တန်ဆောင်းတွင် ဘုရားဆွမ်းကပ်ပြီး ဝတ်ပြုလျက်ရှိကြ၏။ ကျွန်တော်ကား တန်ဆောင်းပြင်ဘက် ရင်ပြင်တော်မှာပင် ဝတ်ပြုလျက်ရှိလေသည်။ ကျွန်တော်သည် ရင်ပြင်တော်ပေါ်တွင် ဘုရားရှိခိုးရခြင်းကို ပို၍နှစ်သက်၏။ ရင်ပြင်တော်ကျယ်ပြန့်သလောက် ကျွန်တော့်သဒ္ဓါတရား ကျယ်ပြန့်သွားသည်ဟု ထင်မိသည်။ ဟာလာဟင်းလင်း ဖြစ်သော ကောင်းကင်ကို ကျောခံလျက် တည်ငြိမ်စွာ ကျွန်တော့်ရှေ့မှာ ထီးတည်းကြီး တည်နေသော စေတီတော်ကြီးသည် ကျွန်တော့်အာရုံကို တန်ဆောင်းတွင်းမှ ပုံသဏ္ဍာန်အမျိုးမျိုးဆောင်သော ဆင်းတုတော်များ၊ ပန်းအိုးများ၊ ညှော်သင်းလျက်ရှိသော ဖယောင်းတိုင်များ၊ အသံအမျိုးမျိုးဖြင့် ဆူညံလျက်ရှိသော ဘုရားရှိခိုးသံများထက် ပို၍ တည်ငြိမ်စုစည်းစေနိုင်သည်ဟု သဘောရပေသည်။

တစ်ကြိမ်၊ နှစ်ကြိမ်၊ သုံးကြိမ် ဝတ်ချ၍ ပြီးခါရှိသေး–

"ဝင်နီတို့နှင့်အတူတူ ဘုရားမဖူးချင်လို့ ဒီမှာလာပြီး ဖူးနေတာပေါ့နော်၊ ရေစက်မဆုံချင်လို့ ထင်ပါရဲ့ ဟဲဟဲ"

လှည့်ကြည့်လိုက်သောအခါ ပြုံးနေသောဝင်နီကို မြင်ရလေသည်။ ဝင်နီ၏ နီမြန်းသော နှုတ်ခမ်း၊ ဆံထုံးမှ နှင်းဆီနီနှင့် လည်တိုင်မှ တကျော့နှစ်ကျော့ရစ်ပြီး လျော့ကျလွင့်ပျံနေသော ယောဂီပဝါကလေးများကို အထူးသတိပြုလိုက်မိသည်။ သူနှင့်ပခုံးချင်းယှဉ်ကာ ရပ်လိုက်ပြီး–

"မဟုတ်ပါဘူး မသိန်းဝင်းရယ်၊ ဒီနေရာမှာ ပိုကြည်နူးတယ်၊ ပိုပြီးအာရုံရတယ်၊ ဒါကြောင့် ဒီကနေပြီး ဘုရားဖူးတာပါ။ နေရာခွဲပြီး ဘုရားဖူးပေမယ့် ဝင်နီတို့နဲ့ စိတ်ဝမ်းကွဲရစေသားလို့ဆု မတောင်းပါဘူး။ ဒီအချိန်ထဲမှာ ဒီဘုရားကိုပဲ အတူတူဖူးတယ်။ တစ်ယောက်နဲ့ တစ်ယောက်လည်း အမျှအတန်းဝေတယ်ဆိုရင် ကုသိုလ်ရတော့လည်း အတူတူပဲဖြစ်မှာပေါ့ မသိန်းဝင်းရဲ့"

"ကဲပါ စကားတတ်တိုင်း ရှည်မနေပါနဲ့တော့။ ဒက်ဒီတို့ မာမီတို့တောင် ဟိုဘက် လျှောက်နှင့်ကြပြီ။ ဝင်နီက ကိုတင်ထွန်းအတွက် အစောင့်ကျနေရစ်ခဲ့တယ်။ လာ လာ လိုက်ကြစို့"

ကျွန်တော်တို့နှစ်ယောက်သည် ယှဉ်တွဲ၍ ကုန်းတော်ကိုပတ်ကြလေသည်။ ဦးဖေတို့ကား ကျွန်တော်တို့ရှေ့က လျှောက်နေကြလေသည်။ သို့ကလို ယှဉ်တွဲသွားရင်း ကျွန်တော်က ဝင်နီဘက်သို့ မကြာခဏ ငဲ့၍ငဲ့၍ ကြည့်မိလေသည်။ ယင်းသို့ကြည့်သည်ကို ဝင်နီက သဘောကျသလိုလို၊ မကျသလိုလိုဟန်ဖြင့်–

"ဘာကြည့်တာလဲ ကိုတင်ထွန်းရဲ့၊ ဘာများ အဆန်းတွေ့နေလို့လဲ"

"မသိန်းဝင်းက ယောဂီအဖွဲ့ဝင်ထဲကလား"

"ဟင့်အင်း၊ ဘယ်ယောဂီအဖွဲ့မှ မပါဘူး"

"ဒါဖြင့် မိုးညှင်းတရားပွဲသွားပြီး တရားနာဖူးသလား"

"ဟင့်အင်း၊ တစ်ခါမှ မရောက်ဖူးဘူး။ ဘာဖြစ်လို့လဲဟင်"

"ဘာမှတော့ မဖြစ်ပါဘူး။ လည်ပင်းက ယောဂီပဝါကလေးကြောင့် မေးတာပါ"

"အို ကိုတင်ထွန်းကလည်း မသိဘူးလား။ ယောဂီပဝါဟာ ယောဂီအဖွဲ့ဝင်မှ၊ မိုးညွင်းတရားပွဲသွားမှ ဆင်ရတာမဟုတ်ပါဘူး။ ဘုရားသွား ကျောင်းတက်အတွက် စပါယ်ရှယ်အရောင်လည်းဖြစ်တယ်။ လှလည်းလှတယ်။ ဒါကြောင့် ဝင်နီတို့ ဝတ်ဆင်ကြတာပေါ့"

"ဩ ဒီလိုကိုး၊ ကောင်းတယ် ကောင်းတယ်။ လှလည်းလှပါတယ်"

ကုန်းတော်ကို တစ်ပတ်ပတ်ပြီးနောက် သွေးဆေးကန်ဘက်သို့ ဆင်းကြလေ၏။ သွေးဆေးကန်ဘက်မှာ ဦးဖေတို့၏ ကိုယ်ပိုင်ကားသည် စောင့်လျက်ရှိ၏။ ကားမှာ အာရ်အေ နံပါတ်ထဲကဖြစ်ပြီး ဆေးသုတ်၊ ပေါင်းတင်၊ အိုဗာဟော အကြိမ်ကြိမ် လုပ်လင့်ကစား ဟောင်းမြင်းသောအရောင်အဆင်း အသွင်အပြင် အမူအရာမပျောက်။ ထွက်ခါနီးဆိုလျှင် သံကောက်ကြီးနှင့် တကျောင်းကျောင်း လှည့်ရသည်။ ထွက်ပြန်သောအခါ ဖင်ပိုင်းမှ မီးခိုး တထောင်းထောင်း ထွက်တတ်သည်။ ခေတ်ဆီတိုင်ကီပိုက်ကို နို့ဆီဘူးခွံနှင့် ပိတ်ထားရာ မကြာခဏ ပြုတ်ကျလေ့ရှိသဖြင့် ဒရိုင်ဘာသည် နို့ဆီဘူးခွံအပိုကလေးများ ဆောင်ထား၏။ ထိုကား၏အဆိုးဆုံးသော ညဉ်တစ်ခုကား ပုလိပ်လက်ပြတိုင်ရှေ့ ကားတွေ စီတန်းရပ်နေချိန်တွင် စက်ရပ်သွားတတ်ခြင်း ဖြစ်သည်။ ထိုအခါမျိုး၌ ဒရိုင်ဘာသည် ပျာလောင်ခတ်နေတတ်၏။ ဝင်နီစသော မိန်းမသားများမှာ–

"ငါတို့ကို လူလယ်ကောင်အရှက်ခွဲတဲ့ သောက်ကားပဲ"ဟု ငြူစူကာ ခေါင်းငုံ့၍ နေတတ်လေသည်။ ဦးဖေကား အခြေမပျက်၊ ခပ်ခုံ့ခုံ့ပင် အခံ့သားထိုင်နေသည်။ တွေ့သမျှ လန်ချားကုလားတွေခေါ်ပြီး အတွန်းခိုင်းကာ တစ်ကျပ်စ၊ နှစ်ကျပ်စ ဆုတောင်းကောင်းချလေ့ရှိသည်။

ကျွန်တော့်စိတ်ထင်အားဖြင့် ဝင်နီ(ခေါ်)မသိန်းဝင်းသည် ဤကားပေါ် ထိုင်လိုက်တိုင်းမျက်နှာအိုသွားသည်။ အပူထိသောပန်း ညှိုးကျသွားသလို ဝင်နီ၏ လတ်ဆတ်သောအလှမှာ ညှိုးသွားသည်ဟု ထင်ရ၏။ မိခင်လုပ်သူလည်း ထို့အတူပင်။ ကားပေါ်တွင်ထိုင်သည်နှင့် တစ်ပြိုင်နက် ကားကို သူမကမစီး၊ သူမကိုသာ ကားကစီးနေဟန်တူသည်။ ကားသည် ဟောင်းလှပါသည်တကား ဟူသော အသိသည် ဖိစီးချက်ကောင်းလှပါသည် တကား။ သို့ရာတွင် မိခင်လုပ်သူသည် သမီးတွေထက် စိတ်ကို ဖြေတတ်သည်။

"မောင်တင်ထွန်းရဲ့၊ အန်တီတို့ ကားသစ်ထုတ်တော့မယ်။ ဟောဒီကားကို ရောင်းလို့ဈေးမတည့်သေးတာနဲ့ ကြန့်ကြာနေတာ၊ ခုတော့ ရဈေးနဲ့ပဲ ရောင်းလိုက်မယ် အောက်မေ့တယ်"ဟု ပြည်လမ်းအကွေ့တွင် ကျွန်တော့်အား လှမ်းပြောလိုက်လေသည်။

ကျွန်တော်သည် သူတို့စိတ်ကို တော်တော်သိနေလေပြီ။ ပင်စင်နှင့် ရှိပစ္စည်းများကိုထိုင်စားနေကြသော အထည်ကြီးပျက်များ ဖြစ်သည်။ အလုပ်သစ် အကိုင်သစ် မလုပ်နိုင်သလို၊ အိမ်သစ်မဆောက်နိုင်။ ကားသစ်မဝယ်နိုင်။ သို့ရာတွင် အလုပ်သစ်ကိုစိတ်ကူးသလို အိမ်သစ်၊

ကားသစ်ကို စိတ်ကူးကောင်းနေကြလေသည်။ အထည်ကြီးပျက်များ ဓမ္မတာအတိုင်း အဖာအထေးမည်မျှပင် ထည့်ရစေတော့၊ အထည်ကြီးကို မစွန့်နိုင်။ ဖာရထေးရပုံကို လူမြင်တိုင်း အသစ်ဆောက်မည်၊ အသစ်ဝယ်မည်ပြော၍ ဖုံးဖိပေ၏။ သို့ကလို ဓာတ်သိဖြစ်လာခြင်းကြောင့် ကျွန်တော်သည် သူတို့အားမမုန်း၊ မစက်ဆုပ်၊ သနား၍သာနေမိသည်။ ထို့ပြင် သူတို့၏ အထည်ဟောင်းနောက်ကွယ်မှ တကယ့်စေတနာနှင့် စိတ်ကောင်း နှလုံးကောင်းတို့ကို ကျွန်တော် ကြည်ညိုသည်။ သူတို့မှာ 'မရဒသကချိုင်' ဆိုသော လောဘမျိုးမရှိသည့်အတွက် ချီးကျူးလိုသည်။ သူတို့က အဖာအထေးကို ဖုံးရန် ကြိုးစားသည်ကိုတွေ့တိုင်း ကျွန်တော်ပါ ရော၍ ဖုံးပေးတတ်နေလေပြီ။

"ဒေါ်ဒေါ်ရယ်၊ ကားသစ်တွေဘာတွေ ဝယ်မနေပါနဲ့တော့။ အပိုကုန်တာပဲ။ လူစီး ဘတ်စ်ကားတို့လို၊ ကုန်တင်လော်လီတို့လိုအတွက် ကုန်တာကိုတော့ ကုန်သင့်တယ် ဆိုရမယ်။ ကိုယ်ပိုင်ကားဆိုတာကတော့ ဇိမ်ခံပစ္စည်းသဘောမျိုးမို့ ဝယ်တာကို ကျွန်တော်ဖြင့် အားမပေးချင်ဘူး။ တစ်နေ့က သတင်းစာမှာ စာရင်းတစ်ခုတွေ့တယ်။ ၁၉၃၈ခု မေလ ၃၁ရက်နေ့အထိ၊ ကုန်ခဲ့တဲ့တစ်နှစ်အတွင်းမှာ ဗမာပြည်ထဲကို ကားအစီး ၂၀၀၀ ဝင်လာပြီး နိုင်ငံခြားသို့ ကားဖိုးငွေ ၆သန်း ကျော်ကျော် ပို့ပေးရတယ်တဲ့" သို့ကလို ကျွန်တော်က ဂဃနဏတိကျသော စကားတို့ဖြင့် သူတို့မလုပ်နိုင်မည့်အလုပ်ကို မလုပ်ရန် ဖျက်လိုက်သောအခါ ဒေါ်ဒေါ်၏မျက်နှာသည် ဝင်းသွား၏။ စိတ်သက်သာရာ အတော်ရသွားဟန်တူ၏။ သို့သော် ကျွန်တော့်အကြံပေးချက်ကို မကျေနပ်ဟန်ပြုလိုက်ပြီး–

"မဟုတ်သေးဘူး မောင်တင်ထွန်းရဲ့၊ ကားဆိုတာ ဇိမ်ခံပစ္စည်းမဟုတ်ဘူး၊ ဝယ်မှ ဖြစ်မယ်" ဟု ဆိုလိုက်လေသည်။

ကျွန်တော် စကားမပြန်တော့ချေ။ အန်ကယ်လ်ကြီးဦးဖေက ဝင်ပြီး " အိုင်ဆေး နိုင်ငံခြားကို ငွေတွေမရောက်အောင်လုပ်တာ အင်မတန်ကောင်းတယ်၊ အန်ကယ်လ်တောင် အခု ပင်နီဝတ်တော့မယ် အောက်မေ့တယ် မောင်ရ"

"ကောင်းတာပေါ့ ဦးရယ်၊ တစ်အိမ်လုံးပင်နီဝတ်ရင်တောင် ကောင်းဦးမယ်"

ဒေါ်ဒေါ်က ကျွန်တော့်အား မျက်စောင်းထိုးကြည့်လိုက်ပြီး–

"မောင်တို့ တူဝရီးသာ ဝတ်ကြမောင်၊ အန်တီတို့တော့ မဝတ်ပါရစေနဲ့၊ အန်ကယ်လ်လည်း မောင်တင်ထွန်းနဲ့ပေါင်းမှ သခင်ဖြစ်ခါနီးနေပြီ ဟဲ ဟဲ"

အန်ကယ်လ်ဦးဖေက တဟားဟား ရယ်လိုက်သည်။ ကျွန်တော်ကလည်း ရယ်လိုက်သည်။ နောက်ဒေါ်ဒေါ်က–

"သခင်ပေါက်စ ထောင်ခြောက်လတဲ့နော်"

သို့ဖြင့် အိမ်သို့ရောက်ကြလေ၏။ ဒေါ်ဒေါ်နှင့် ဝင်နီတို့သည် သူတို့အခန်းများသို့

ဝင်သွားကြလေသည်။ ကျွန်တော်နှင့်ဦးဖေသည် အိမ်ရှေ့ဝရန်တာတွင် ထိုင်၍ စကားပြောနေကြလေ၏။

ဦးဖေကား ကြိမ်ပက်လက်ကုလားထိုင်ကြီးပေါ်မှာ လှဲလျက်၊ ဗိုက်ပူကြီးပေါ်တွင် လက်နှစ်ဖက်ကို ပတ္တာဆက်သလိုဆက်ကာ တင်ထားလျက်၊ ကျွန်တော်ကား ထိုင်ကုလားထိုင်ပေါ်မှာ ထိုင်လျက် ခြေနှစ်ဖက်ကို ကားထားလျက်–

ဦးဖေမှာ 'သခင်ပေါက်စ ထောင်ခြောက်လ' စကားအရှိန်မကုန်သေး။

"အိုင်ဆေး မောင်တင်ထွန်း၊ သခင်ဝါဒဆိုတာ ဘာလဲ၊ ဦးကို သေသေချာချာ ပြောပြစမ်းပါဦး။ တို့ဗမာဝါဒနဲ့ ဘယ်လိုခြားနားသလဲ"

"သခင်ဝါဒနဲ့ တို့ဗမာဝါဒ အတူတူပေါ့ဦးရဲ့"

"အေး အေး ရှင်းပြစမ်းပါဦး၊ ဦးတို့ဖတ်ရတဲ့သတင်းစာထဲမှာလည်း ဒီဟာတွေမပါ၊ သခင်တရားပွဲလည်း ဦးတို့တစ်ခါမှ မရောက်ဖူးဘူး"

ကျွန်တော်သည် သိကြပြီးဖြစ်သည့်အတိုင်း သခင်ခေါင်းဆောင်တစ်ဦး မဟုတ်၊ သခင်အစစ်ပင် မဟုတ်သေး။ 'သခင်ပေါက်စ ထောင်ခြောက်လ' စခန်းသို့ပင် မရောက်တတ်ပေသေး။ သို့ရာတွင် သခင်ကို ကြည်ညို၏။ သခင့်အကြောင်း အတော်အတန်လေ့လာ၏။ ကြားဖူးနားဝရှိ၏။ သခင့်အကြောင်းကိုလည်း ရောက်လေရာအရပ်မှာ ပြောပြလို၏။ မမြင့်ဦးက စာကလေး ရေး၍ နိုင်ငံရေး ပြဿနာများ မေးသောအခါ နိုင်ငံရေးသမားလုပ်တမ်း ကစားပြရာ၌ နှစ်ခြိုက်ပျော်ပိုက်သလို ဦးဖေက သခင့်အကြောင်းမေးသဖြင့် သခင်လုပ်တမ်း ကစားပြရာ၌ ပျော်ပိုက်ပေသည်။ သခင့်အကြောင်း လက်သီးလက်ရုံးတန်း၍ ပြောနေလေတော့သည်။

"ဦးတို့ဗမာသီချင်း နားထောင်ဖူးသလား"

"နားမထောင်ဖူးဘူး၊ ဆိုပြစမ်းပါဦး"

"ဆိုပြဖို့မဟုတ်ဘူး။ တို့ဗမာသီချင်းဟာ တို့ဗမာဝါဒကို ကောင်းကောင်း ဖော်ပြနိုင်တဲ့ သီချင်းဖြစ်တယ်၊ ၁၂၉၂ခုနှစ်ထဲမှာ ရေးခဲ့တာ။ ကျွန်တော် ရိုးရိုးအသံနဲ့ ဆိုပြမယ်၊ ဦး နားမလည်ဘူး ထင်တဲ့နေရာမှာ အဓိပ္ပာယ်ရှင်းပြမယ်"

"အင်း ကောင်းသားပဲ"

(တကောင်း အဘိရာဇာ၊ တို့ဗမာ သာကီမျိုးဟာမို့၊ မညှိုးဂုဏ်တေဇာ၊

ယိုးဒယားနဲ့ ကုလားကိုပါ၊ တိုက်ခိုက်ကာ အောင်ခဲ့တာ၊ တို့ဗမာ ...)

"ဒီအပိုဒ်ကတော့ တို့ဗမာတွေဟာ မျိုးရိုးစဉ်လာအားဖြင့် မညံ့တဲ့အကြောင်း၊ သာကီဝင်မင်းမျိုးက ဆင်းသက်ကြောင်း၊ ဗမာ့ရာဇဝင်အစ တကောင်းက ဖြစ်တဲ့အကြောင်း၊ ဗမာတွေဟာ ယိုးဒယားနဲ့ ကုလားတွေကိုတောင် နိုင်ခဲ့ဖူးကြောင်း ဗမာတို့ရဲ့ ကြီးကျယ်ခဲ့တဲ့အတိတ်ကို ပြန်ဖော်လိုက်တာကိုး ဦးရဲ့"

"ဟုတ်တာပေါ့ အိုင်ဆေး၊ ထမင်းလည်းဝေးသေးတယ်။ ကာဖီသောက်ပါဦးလား။ ဟော့–ဝင်နီရေ ဒက်ဒီတို့အတွက် ကာဖီနှစ်ခွက်ယူခဲ့ပါကွယ်"

(စိန်မှန်ကင်းစစ်၊ အဖြစ်ကြီးဖြစ်ရဲ့၊ ထင်းတစ်လှည့်ကြုံရထုံးနှင့် မသွေ၊ လောကဓမ္မတာပေ၊ ငါတို့ကံခေ၊ ဖြစ်ရပြန်သလေ၊ သို့သော်အရင်းကိုစစ်လျှင် ဗမာပြည် ငါတို့ ငါတို့ပြည်)

"မှန်ကင်းတစ်လှည့်၊ ထင်းတစ်လှည့် ဆိုတဲ့စကားရှိတယ်မဟုတ်လား။ စိန်ဖူးမှန်ကင်းဖြစ်ရာကနေပြီး ထင်းလည်းဖြစ်တတ်တာပဲ။ ဒါဟာဓမ္မတာ၊ အဲဒီဓမ္မတာအတိုင်း တို့ဗမာတွေဟာ ကံဇာတာညှိုးမှိန်လို့ ကျွန်ဖြစ်နေရတယ်။ ဗမာပြည်ဟာ ကျွန်တိုင်းပြည်ဖြစ်နေရတယ်။ သို့ပေမယ့် အရင်းစစ်ကြည့်လိုက်ရင် ဗမာပြည်ဟာ တို့ဗမာတွေရဲ့ပြည်ပဲ၊ သခင်တိုင်းပြည်ပဲ။ မှန်ကင်းတစ်လှည့် ထင်းတစ်လှည့်ဖြစ်သလိုပဲ၊ သခင်ဖြစ်ခဲ့ရာက ကျွန်ဖြစ်လာရတယ်။ လောက ဓမ္မတာမို့ အားငယ်စရာမရှိဘူး။ အရင်းစစ်လိုက်ရင် တို့ဟာ သခင်ပြန်ဖြစ်ရဦးမယ်လို့ ဆိုပြီး ကိုယ့်ကိုကိုယ် အားတင်းလိုက်တဲ့ သီချင်းပိုဒ်ဖြစ်တယ်"

"ဒါကြောင့် သခင်ခေါ်တာကိုး"

"ဟုတ်တယ်"

(နောင် ဥဒါန်း ဘယ်မကျေစရာ၊ ရာဇဝင်တင်ထား၊ မျိုးရိုးနွယ်လာ ကမ္ဘာတစ်ခွင်မှာဖြင့် ဗမာ အထင်အရှား၊ တို့ခေတ်တွင်မှ ညံ့ကြတော့မှာလား၊ တို့ဗမာ၊ တို့ဗမာမဟုတ်လေသလား၊ တို့ဗမာ ငါတို့ဗမာ၊ တို့ဗမာ ငါတို့ဗမာ၊ ဒါငါတို့ဗမာ၊ ဒါငါတို့ဗမာ)

"ကမ္ဘာမှာ ဗမာရယ်လို့ ရာဇဝင်တွင်ထင်ရှားခဲ့တယ်၊ တို့ခေတ်ကျမှ ညံ့ကြတော့မှာလား။ တို့ဟာ ဗမာမဟုတ်ဘူးလား။ ဗမာမှ ဗမာအစစ်၊ တို့ဗမာ၊ ငါတို့ဗမာ၊ ဒါငါတို့ဗမာဖြစ်တယ်။ ဇာတိသွေးဇာတိမာန်တွေ ဖော်ပြလိုက်တာ၊ လက်ခမောင်းခတ်လိုက်တာပဲ"

(အားလုံးညီညီ၊ ယောကျ်ားဘသား၊ တို့ဗမာ၊ နောင်လာနောက်သား ကောင်းစားဖို့ရာ၊ တို့ကိုယ်ကျိုး လုံးလုံးမပါ၊ ရဲရဲဗမာပီပီ၊ ဗမာပြည် တို့ဗမာဖို့ပါ၊ သခင်ကျင့်ကို ကျင့်ကြပါ၊ သခင်မျိုးဟေ့ တို့ဗမာ၊ မိုးအောက်မြေပြင်မှာ၊ အထက်တန်းစိတ်နဲ့ စာမရီသွေး တို့ဗမာ)

"တို့ဗမာတွေအားလုံးဟာ ညီကြ၊ ယောကျ်ားဘသားပီကြ၊ တို့ကိုယ်ကျိုး လုံးလုံးမဖက်ဘဲနှင့် နောင်လာနောက်သားတွေ ကောင်းစားဖို့ လုပ်ကြ၊ ဗမာပြည်ကို တို့ဗမာတွေပိုင်ရအောင် ဗမာပီပီ ကြိုးစားကြ၊ တို့ဗမာတွေဟာ သခင်မျိုးတွေ။ ဒါကြောင့် သခင်ကျင့် ကျင့်ရမယ်၊ အထက်တန်းစိတ်မွေးမြူရမယ်၊ တို့ဗမာတွေဟာ စာမရီငှက်လို မဟုတ်မခံ ခုခံစိတ် ရှိကြရမယ်၊ အဲဒီလို တက်ကြွလာအောင် လှုံ့ဆော်တဲ့သီချင်းပိုဒ်ဖြစ်တယ်၊ နောက်အပိုဒ်ကျတော့ သံပြိုင် ဆိုရတာ ဦးကြားစေချင်တယ်၊ သံပြိုင်ဆိုတဲ့အခါမှာ ကြက်သီးမွေးညင်းတွေတောင် ထလာတယ်"

ထိုအတွင်း ဝင်နီသည် ကော်ဖီနှစ်ခွက်ကို လင်ပန်းကလေးပေါ်မှာ တင်၍ ယူလာလေသည်။

အငြိုးပြေဝါးဖို့ မြေပဲဆားလှော် တစ်ပန်းကန် ပါလာသေးသည်။ ဝင်နီကား ဘာမျှ မပြောဘဲ လင်ပန်းကို ကျွန်တော်တို့ရှေ့မှာ ချထားပါသည်။ သူ့ကိုကြည့်နေသော ကျွန်တော့်အား မျက်လွှာပင့်၍ ကြည့်လိုက်သည်။ ပါးစပ်စေ့၍ ပြုံးပြသွားသည်။ ထိုအပြုံးကား သရော်တော်တော် အပြုံးဖြစ်၏။ ဧကန္တ ကျွန်တော်ဟောနေသော တို့ဗမာတရားကို သရော်ပြုံး ပြုံးတာဖြစ်မည်ဟု ကျွန်တော်ယူဆလိုက်သည်။ သို့သော် ကျွန်တော် သူ့အားမမုန်းပါ။ နားမလည်လို့သာ သရော်ခြင်း ဖြစ်ရမည်ဟု ကျွန်တော်က သူ့အားနားလည်ပြီး သနားလိုက်မိပါသည်။

ဦးဖေသည် ကော်ဖီတစ်ခွက် ယူသောက်နေလေပြီ။ ကျွန်တော်က သံပြိုင်အပိုဒ်ကို ရွတ်ပြနေလေသည်။

(ကမ္ဘာမကြေ၊ ဗမာတွေ၊ ဒါတို့ပြည်၊ ဒါတို့မြေ၊ ဒါငါတို့ပြည်၊ ကမ္ဘာမကြေ၊ ဗမာတွေ၊ ဒါတို့ပြည်၊ ဒါတို့မြေ၊ ဒါငါတို့ပြည်၊ ဒါတို့ပြည်၊ ဒါတို့မြေ၊ ဒါငါတို့ပြည်၊ တို့ဗမာ တို့ဗမာပြည်ကို တိုင်းရင်းသားအကုန်အစင်၊ တို့ပြည်လို့မှတ်ထင်၊ တို့ဝတ္တရားပင်၊ တို့ဗမာသခင်။)

"ဒီအပိုဒ်ကတော့ အထူးအဓိပ္ပာယ်ရှင်းဖို့ မလိုပါဘူးဦးရယ်၊ တို့ပြည်၊ တို့မြေဖြစ်တယ်ဆိုတာ ကြုံးဝါးပြီးပြတာ။ တို့ပြည်မှန်းသိပြီး တို့ပြည်ကို ချစ်ကြပါလို့ တိုက်တွန်းတာ ဖြစ်တယ်"

"အိုင်ဆေး မောင်တင်ထွန်း၊ ကာဖီသောက်လိုက်ဦးလေ"ဟု ဦးဖေသည် သူ့ကော်ဖီပန်းကန်ကို ချထားပြီး ပြောလိုက်သည်။ ဦးဖေသည် မြေပဲစေ့များကို ကောက်စားနေပြန်၏။

(အမျိုးသားရေး ကြိုးပမ်းကြပါ။ တို့ဗမာဟေ့ တို့ဗမာ၊ ဩော်-အမျိုးသားရေး ကြိုးပမ်းကြပါ၊ တို့ဗမာဟေ့ တို့ဗမာ၊ အရှေ့ကနေဝန်းထွက်သည့်ပမာ၊ တို့ခေတ်ကိုတော့ ရောက်ရမည်မှာ မလွဲပါ၊ တို့ဗမာဟေ့ တို့ဗမာ၊ ဗမာပြည်အဝှမ်းအကုန်၊ တို့အိမ်မှတ်ပါ၊ တို့ရာမှတ်ပါ၊ အဲဒါတို့ဗမာ။)

"အဲဒီအပိုဒ်ပြီးတော့ သံပြိုင်ထပ်ကောက်တာပဲ။ တို့ဗမာသခင်အပေါင်းဟာ အမျိုးသားရေးကြိုးပမ်းကြဖို့၊ တို့ဗမာတွေဟာ ငါ့အိမ်မှ ငါ့အိမ်၊ ငါ့ရွာမှ ငါ့ရွာ၊ ငါ့မြို့မှ ငါ့မြို့၊ ငါ့နယ်မှ ငါ့နယ်လို့ ကျဉ်းမြောင်းစွာသတ်မှတ်ပြီး ဒေသစိတ် မထားကြပါနဲ့။ တစ်ပြည်လုံးကို တို့အိမ်မှတ်ပါ။ တို့အိမ်တို့ချစ်သလို၊ တို့အိမ် တို့ကာကွယ်စောင့်ရှောက်သလို၊ တို့တစ်ပြည်လုံးကို လည်းချစ်ပါ။ စောင့်ရှောက်ကာကွယ်ပါ။ တိုင်းစိတ်ပြည်စိတ် မွေးကြစမ်းပါလို့ တိုက်တွန်း နှိုးဆော်သံဖြစ်တယ်။ ပြီးတော့ အရှေ့ကနေဝန်းကြီးထွက်တာဟာ ဓမ္မတာဖြစ်သလို၊ မလွှဲမရှောင်သာသလို တို့ခေတ် သခင်ခေတ်ရောက်ရမည်မှာ ဓမ္မတာပဲ။ မလွှဲမရှောင်သာဘူး ဆိုပြီး အားတက်စရာ သီဆိုထားတယ်။ မကောင်းဘူးလား ဦး၊ ဒီသီချင်း မကောင်းဘူးလား"

ဦးဖေသည် ထိုခဏ၌ အနည်းငယ်စိတ်လေနေသည်ဟု ထင်ရ၏။ အကြောင်းမူကား-

"အင်း အင်း၊ ကောင်းတယ်၊ ဒီမြေပဲ တော်တော်ကောင်းတယ်၊ အိုင်ဆေး ကာဖီသောက်လိုက်လေ"

ကျွန်တော်သည် တရားဟောရ၍ မောလှသည့်အထဲ ဦးဖေစိတ်လေသည်ကို တွေ့ရသော အခါ အလုံးဆို့မတတ် ဖြစ်သွားလေသည်။ ကော်ဖီကိုယူသောက်ပြီး အမောဖြေနေလိုက်သည်။ အတန်ကြာလျှင် ဦးဖေက ဝင်နီကို လှမ်းခေါ်လိုက်ပြန်လေသည်။ ဝင်နီရောက်လာသောအခါ သူ့ခေါင်းတွင် နံနက်ကပန်လာသော နှင်းဆီနီရဲရဲကြီးကို မတွေ့ရတော့ချေ။ နှုတ်ခမ်းကလေး နီရဲရဲကိုသာ တွေ့ရ၏။ နှင်းဆီနီရဲရဲကြီးကို ဘယ်သူ့ဖြုတ်ပေးလိုက်သနည်း။ နောက်ဖေးက ချောင်းဝင်တဲ့ ရည်းစားကိုများ ဖြုတ်ပေးလိုက်တယ်ဆိုရင် အိမ်ရှေ့မှာ တို့ဗမာတရား ဟောနေတဲ့ ငါ့မှာကော မကျန်ရစ်ပေဘူးလား စသည်ဖြင့် တစ်ခဏအတွင်း ရောက်တတ်ရာရာ စဉ်းစားပစ်လိုက်သည်။

ဝင်နီက ကော်ဖီလင်ပန်းကို သိမ်းယူနေစဉ် သူ့ခေါင်းကို သေသေချာချာ ကြည့်လိုက်ရာ နံနက်ကဆံထုံးကို ဖျက်၍ ဘီးပျံစိုက်လေယာဉ်ပျံဆံထုံး ထုံးထားသည်ကို တွေ့ရလေ၏။

ဩော်–ခေါင်းလျှော်မယ်လို့ ထင်ပါရဲ့၊ ဒါကြောင့် နှင်းဆီနီရဲရဲကြီး ဖြုတ်ချထားခဲ့တာ ဖြစ်မှာဘဲ။

ကျွန်တော့်စိတ်မှာ သက်သာရာရသွားပေသည်။

"ဝင်နီ ထမင်းစားဖို့ အဆင်သင့်မဖြစ်သေးဘူးလား"

"မဖြစ်သေးဘူး ဒက်ဒီ၊ ဘဲပေါင်းထားတာ မနူးသေးဘူး၊ ဝက်သားနှပ်ကလည်း မနူးတတ်သေးဘူး"

"အေး အေး၊ အဆင်သင့်ဖြစ်တော့ ခေါ်လိုက်နော်"

ဝင်နီထွက်သွားသည်။ ဦးဖေသည် ကျွန်တော့်ဘက်လှည့်ပြီး–

"ဘယ့်နှယ်–တို့ဗမာတရားက ပြီးပြီလား။ လုပ်ပါဦး၊ ဆက်ပါဦး မောင်တင်ထွန်းရဲ့"

"ပြီးတော့ မပြီးသေးပါဘူး ဦးရဲ့" ဟု ကျွန်တော်က အားမလိုအားမရလေဖြင့် ဖြေလိုက်ရာ ဦးဖေက အားတက်လာဟန်ဖြင့်–

"မပြီးသေးရင် လုပ်ပါဦးကွဲ့"

"ခုနင်က ပြောပြခဲ့တဲ့ တို့ဗမာဝါဒက တည်ထောင်ခါစ မူလဝါဒအတိုင်း ဖြစ်တယ်။ ခု ၁၃၀၀ပြည့်ရောက်လို့ ရှစ်နှစ်ကြာတဲ့အခါမှာ အဓိပ္ပာယ်တိုးတက်လာတယ်။ မူလဝါဒကို ပစ်ပယ်တာတော့ မဟုတ်ဘူး။ တို့ဗမာအစည်းအရုံးကြီးဟာ တို့ဗမာအလုပ်သမား၊ လယ်သမား၊ ဈေးရောင်းခေါင်းရွက်၊ လုပ်စားကိုင်စား ဆင်းရဲသားအများဆုံးပါဝင်တဲ့ အစည်းအရုံးကြီး ဖြစ်တဲ့အတိုင်း ကမ္ဘာလောကကြီးအတွင်းရှိတဲ့ ဒုက္ခိတအများ၊ ဆင်းရဲသားပိုက်ဆံမဲ့ လုပ်စား ကိုင်စား တောင်သူလယ်သမားတို့ရဲ့ အရေးကိစ္စဟူသမျှကို ရှေ့ဆောင်မယ်။ ပစ္စည်းဥစ္စာရှိသူ အရင်းအနှီးရှိသူ၊ ဓနရှင် သူဌေး သူကြွယ်တို့ရဲ့အကျိုးကို အဓိကထားပြီး မတရား အုပ်စိုး ချုပ်ချယ်တဲ့ အရင်းအနှီးစနစ်ကြီး တည်နေတဲ့အတွက် ပစ္စည်းဥစ္စာရှိသူနဲ့ ပစ္စည်းဥစ္စာမဲ့သူ၊ ပိုက်ဆံရှိသူနဲ့

ပိုက်ဆံမဲ့သူ၊ သူဌေးနဲ့ဆင်းရဲသား၊ အထက်တန်းစားနဲ့ အောက်တန်းစား အဆင့်အတန်း မမျှတခြင်း ရှိနေရတယ်။ ဓနရှင် ကိုယ်ကျိုးရှာသမားတွေက အရင်းအနှီးအားဖြင့် အမြတ်ယူပြီး သူတို့လက်ထဲမှာ ပစ္စည်းဥစ္စာ ပိုမိုတိုးပွားလေလေ၊ ဆင်းရဲသားပစ္စည်းမဲ့တွေ ပိုမိုကျပ်တည်း ဆင်းရဲလေလေ ဖြစ်တယ်။ 'ဖွတ်မိကျောင်းဖြစ်၊ မြစ်မချမ်းသာ' ဆိုတာလိုပဲ 'တစ်ယောက် ချမ်းသာ၊ ကိုယ်ဖို့ရှာမှု၊ သတ္တဝါအပေါင်း၊ ပျက်စီးကြောင်းတည်း' ဆိုတာလို ဖြစ်တယ်။ ဒါကြောင့် အဲဒီဓနရှင်စနစ်ကို ပယ်ဖျက်ပစ်ရမယ်။ လူနည်းစု ဓနရှင်သူဌေးတို့ရဲ့ ကိုယ်စားလှယ် အစိုးရ ကင်းမဲ့ရေး၊ ဓနရှင်အာဏာရှင် အုပ်ချုပ်ရေးပပျောက်ရေး ..."

ကျွန်တော် စိတ်ပါလက်ပါ ပြောနေစဉ် ဦးဖေက ကြားဝင်၍–

"ဘယ့်နှယ် ဘယ့်နှယ်၊ လက်သစ်တို့ဗမာဝါဒက သူဌေးတို့ ဓနရှင်တို့ မလိုချင်ဘူး ဟုတ်လား။ အစိုးရလည်း မလိုချင်ဘူး ဟုတ်လား"

"ဟုတ်တယ်၊ ဓနရှင်စနစ် မလိုချင်ဘူး။ ဓနရှင်တွေက အာဏာရှင်လုပ်နေတဲ့ အစိုးရ လည်း မလိုချင်ဘူး။ လူတိုင်းလူတိုင်း၊ ဗမာတိုင်း ဗမာတိုင်း အခွင့်အရေးအားလုံးကို ညီတူညီမျှ ပိုင်ဆိုင်ကြတဲ့ စနစ်သစ်၊ ပြည်သစ်၊ ဗမာသစ် တည်ထောင်ရမယ်လို့ တို့ဗမာဝါဒက ဆိုတယ်။ ဗမာပြည်နဲ့တကွ လက်အောက်ခံနိုင်ငံတို့ရဲ့ လွတ်လပ်ရေးကို တို့ဗမာအစည်းအရုံးကြီးက လိုလားတယ်။ ကမ္ဘာမှာရော၊ ဗမာမှာရော ကြီးပွားချမ်းသာချင်ရင် လူများစုဖြစ်တဲ့ အောက် တန်းစား ဆင်းရဲသား တောင်သူလယ်သမား အလုပ်သမားတို့ရဲ့ ကိုယ်ပိုင်အစိုးရအစစ်ရှိမှ ဖြစ်မယ်လို့ တို့ဗမာဝါဒသစ်က ယုံကြည်တယ်"

"ဟ မောင်တင်ထွန်းရေ၊ ဆင်းရဲသားတွေ အစိုးရတက်လုပ်လို့ ဖြစ်ပါ့မလား၊ စာမှ မတတ်ဘဲနဲ့။ အစီရင်ခံစာမရေးတတ်၊ စီရင်ချက်မရေးတတ်၊ ဥပဒေမဖတ်တတ်နဲ့ ဘယ့်နှယ့် လုပ်ဖြစ်မလဲ"

ကျွန်တော့်မှာ စကားအစဉ်ပျက်သွားပြီး ကြောင်နေသေးသည်။ ၎င်းပြင် တရားဟော အကျင့်ရှိသူ မဟုတ်သဖြင့် ဖြတ်ထိုးမေးလိုက်သည့် မေးခွန်းကို ဘယ်လိုဖြေရမည်မသိ ဖြစ်သွား လေသည်။ ထို့ကြောင့် အချိန်ယူစဉ်းစားနိုင်ရန် မြေပဲဆေ့ကလေးများကို ကောက်၍ ဝါးနေ လေသည်။ အတန်ကြာမှ–

"ဆင်းရဲသားထဲမှသော်လည်းကောင်း၊ ဆင်းရဲသားအကျိုးလိုလားတဲ့ ပညာတတ်ထဲက သော်လည်းကောင်း စာတတ်သူကို ဆင်းရဲသားတွေက ကိုယ်စားလှယ်အဖြစ်ရွေးပြီး အုပ်ချုပ် ခိုင်းမှာ ဖြစ်တယ်။ တစ်ဖက်ကလည်း ဆင်းရဲသားအစိုးရ ဖြစ်တာနဲ့တစ်ပြိုင်နက် စာမတတ်သူ အလုပ်သမား လယ်သမားတွေကို စာအမြန်ဆုံး တတ်အောင် လုပ်ပေးရမှာပဲ ဦးရဲ့" ဦးဖေသည် ပက်လက်ကုလားထိုင်မှာ အစန့်သား ကျောခင်း၍ ထိုင်လိုက်ကာ နောက်ထပ် အတွန့်တက်လို သော ဆန္ဒ လုံးဝမပြတော့ချေ။ ကျွန်တော်လည်း များစွာကျေနပ်သွားပေ၏။ ငါဖြေလိုက်တာ

ချက်ပိုင်သွားလို့ ဗြူရိုကရက်ဟောင်းကြီး ပြန်မချေပနိုင်တော့ဘူး။ ကျွန်တော်သည် မျက်နှာမော့၍ အပြင်ဘက်သို့ ငေးကြည့်ရင်း ဆက်ပြန်၏။

"အောက်ဆုံးတန်းမှာရှိတဲ့ ပိုက်ဆံမဲ့ တောသူတောင်သား လုပ်စားကိုင်စား အလုပ်သမား လယ်သမားတွေ၊ နင်းပြားတွေဟာ အရာရာမှာ ရှေ့ဆောင်ရမယ်လို့ တို့ဗမာအစည်းအရုံးကြီးက ထုံးနည်းဥပဒေ အခြေခံချမှတ်ထားတယ်။ အထက်တန်းစား၊ အောက်တန်းစား၊ သူဌေး ဆင်းရဲသား အတန်းအစား ခွဲခြားမှုမရှိစေရဘူးလို့လည်း ချမှတ်ထားသေးတယ်။ ငွေပင်ငွေရင်း စိုက်ထုတ်ပြီး အများသောသူတို့အပေါ်မှာ အညွန့်ခူးတဲ့နည်းစနစ်ဟာ နိုင်ငံချဲ့စနစ်ရဲ့ အမြစ် မူလအခြေခံဖြစ်တယ်။ လူနည်းစုဓနရှင်တွေရဲ့ အကျိုးအတွက် စစ်မက်တိုက်ခိုက်တယ်။ လောဘရမ္မက်ကို ရှေးရှုတယ်။ နိုင်ငံချဲ့တယ်။ ဒီစနစ်ပပျောက်ပြီးတော့ အပြတ်ပြတ် အလပ်လပ်နဲ့ ငတ်မွတ်ခေါင်းပါးနေတဲ့ဒုက္ခ၊ မျက်နှာငယ်တဲ့ဒုက္ခ၊ အောက်တန်း နောက်တန်းကျတဲ့ ဒုက္ခ၊ ဒုက္ခခပ်သိမ်းချုပ်ငြိမ်းရာဖြစ်တဲ့ လောကီနိဗ္ဗာန် ဆိုတဲ့ လူတိုင်းလူတိုင်း အယဉ်အရိုင်းမရွေး လူ့အခွင့်အရေးကျပ်ပြည့်တင်းပြည့် ခံစားရေးဟာ တို့ဗမာဝါဒပဲဖြစ်တယ်။ တို့ဗမာတွေ ခုလို ဆင်းရဲဒုက္ခရောက်ရတာဟာ နိုင်ငံချဲ့စနစ်ကြီးကြောင့် ဖြစ်တယ်။ ဒါကြောင့် နိုင်ငံချဲ့စနစ်ကို ပယ်ဖျက်ပစ်ရမယ်။ တို့ဗမာတွေ နိုင်ငံချဲ့စနစ်ကြီးအောက်က လွတ်လပ်ရမယ်။ လွတ်လပ်ရေး ရှေးရှုပြီး တို့ဗမာအစည်းအရုံးကြီးက နည်းထုံးဥပဒေသ မူလအခြေခံတွေ ချမှတ်ထားတယ်။ အဲဒါတွေက–

ဗမာပြည်သည် တို့ပြည်။

ဗမာလူမျိုးသည် တို့လူမျိုး။

ဗမာစာသည် တို့စာ။

ဗမာစကားသည် တို့စကား။

ကျွန်တော်သည် ထိုဆောင်ပုဒ်လေးရပ်ကို တစ်ပုဒ်စီ လေးလေးမှန်မှန်နှင့် ခပ်မြည်မြည်ရွတ်ဆို၏။ ထို့နောက် မျက်နှာမော့၍ အပြင်ဘက်ကြည့်ရင်း ကြီးစွာသော သမာဓိဖြင့် ဟောပြောနေရာမှ အနားယူသောအားဖြင့် ဟောပြောမှု ရပ်လိုက်ပြီး ဦးဖေဘက်သို့ ကြည့်လိုက်ပေ၏။ ဦးဖေကား အိပ်ပျော်လျက်ရှိလေသည်။

ဦးဖေအိပ်ပျော်နေခြင်းသည် ကျွန်တော့်အား အိပ်မောကျနေရာမှ လှန့်နှိုးလိုက်သကဲ့သို့ ရှိပေ၏။ ကျွန်တော်ကား ပင်စင်အငြိမ်းစားဝန်ထောက်ကြီးအား သခင်တရားဟော၍ အကျိုးရှိမည်ထင်ခြင်းတည်းဟူသော အိပ်မောကျလျက် နေခဲ့သည် မဟုတ်ပါလော။

ရတ်တရက်သော် ရှက်ခြင်းကြောင့် ဒေါသဖြစ်မိသည်။ ငါ့မှာဖြင့် ဟောလိုက်ရ ပြောလိုက်ရတာ မောလို့။ အိပ်ပြီး ငါ့ကို သက်သက်အရှက်ခွဲတာ၊ ငါ့ကို စော်ကားတာ၊ သခင်တွေကို စော်ကားတာ စသည်ဖြင့် တွေးမိ၏။ နောက်ပြီး ငါကမှားတာပါ၊ ဦးဖေလို လူစားမျိုးက ဒီဝါဒတွေ နားဝင်နိုင်ပါ့မလား စသည်ဖြင့် တန်ပြန်တွေးပြီး ဒေါသကို ချွန်းနှင့် အုပ်ထိန်းလိုက်ရလေသည်။

သို့တစေထားဦးတော့၊ ဤလိုတန်ပြန်မတွေးမိဘဲရှိပြီး ဒေါသကို မထိန်းနိုင်သည့် တိုင်အောင် ကျွန်တော်သည် ဦးဖေအပေါ်မှာ တာရှည်ကား ဒေါသပွားများနိုင်မည် မဟုတ်ပေ။

အကြောင်းမူကား ဦးဖေသည် ကျွန်တော်ပြောသမျှ ဟောသမျှကို နားထောင်နိုင်လျှင် ထောင်၏။ မထောင်နိုင်လျှင် အိပ်၏။ ကျွန်တော့်အား ဘယ်တော့မျှ ပြင်းပြင်းထန်ထန် အတိုက် အခံမလုပ်။ ၎င်းပြင် အခါခပ်သိမ်း ကျွန်တော့်အား စင်ကြယ်သော မေတ္တာနှင့် ထက်သန်သော စေတနာတို့ဖြင့် လွှမ်းခြုံထားပေသည်။

(၁၉၅၈ ခုနှစ်)

ခက်ဆစ်များ

သခင် (န) 主人；(缅甸争取独立斗争时期)德钦党人

ပေါက်စ (န) 小不点儿(人或动物)

သခင်ပေါက်စ (န) 德钦党的小党员

ဝါထပ် (က) 缅历四月闰月

ကန့်လန့်ကာ (န) 屏风，帷幕

ထီးတည်းကြီး (က၀) 单独，孤零零

ညှော်သင်း (က) 散发油烟味

ရေစက်ဆုံ (က) 有缘相会

လည်တိုင် (န) (较细的)脖颈

ယောဂီ (န) 瑜伽教徒

ယောဂီပဝါ(ယောဂီတဘက်) (န) 女瑜伽教徒常用的棕色围巾

စပါယ်ရှယ် (န၀) (special)特殊

အိုဗာဟော (န) (overhaul)彻底检修，大修

သံကောက် (န) 撬棍

ဉာဉ် (န) 性情，脾气；灵魂

ပျာလောင်ခတ် (က) 忙乱，慌乱，慌忙

သောက် (န) 〈粗〉妈的(从စောက် 字转变而来)

ငြိုးရှု (က) 忌恨

မျက်နှာအိုို (က) 脸色不悦

အထည်ကြီးပျက် (န) 〈喻〉破落户

ဓာတ်သိ (က) 知道底细，知根底

ဂဃနဏ (က၀) 详尽，仔仔细细，一五一十地

တူဝရီး (န) 叔侄；甥舅

ဝရန်တာ (န) 阳台，晒台，廊子

ပတ္တာဆက် (က) 将两物用燕尾榫相接

လက်သီးလက်ရုံးတန်း (က) 伸臂攥拳，〈喻〉慷慨激昂

တကောင်း (န) 太公(王朝)

သာကီ (န) 释迦(族)

ဂုဏ်တေဇာ (န) [巴]声望，声誉，威望

မှန်ကင်း (န) 缅甸宫殿楼阁屋顶的装饰；〈喻〉高贵者

ထင်း (န) 柴

ဓမ္မတာ (န) [巴]自然

ကံခေ (က) 倒霉，倒运，命苦

ကံဇာတာ (န) 命运，运气

ဥဒါန်းမကျေ (က) 青史长存，永不磨灭

ဇာတိသွေး (န) 为国为民敢于牺牲的精神

ဇာတိမာန် (န) （民族）自豪感；民族自尊心，爱国心

လက်ခမောင်းခတ် (က) 以手拍臂膀（表示高兴、胜利、示威或挑战）

စာမရီ (န) 凤凰

ကြက်သီးမွေးညင်းထ (က) 起鸡皮疙瘩

အငြိုးပြေ (က) 消闲，解闷

မျက်လွှာပင့် (က) 抬起眼皮

သရော် (က) 讥笑，讥讽，嘲笑，讽刺

စိတ်လေ (က) 心不在焉，心神不定

အလုံးဆို့ (က) （悲哀和着急时）胸口堵塞

အစီရင်ခံစာ (န) 书面报告

စီရင်ချက် (န) 判决书，判决

အတွန့်တက် (က) 争辩；（为了使对方接受）作进一步的说明

ချက်ပိုင် (က) （说话）抓住要领

ဗြူရိုကရက် (န) 官僚；官僚主义者

နင်းပြား (န) 〈喻〉被压迫者

ငွေပင်ငွေရင်း (န) 投资，资金，本钱

အညွန့်ခူး (က) 〈喻〉敲骨吸髓，剥削别人

သမာဓိ (န) [巴]精神集中

ချွန်း (န) 赶象用的带尖铁钩的木棒

အုပ်ထိန်း (က) 控制

မှန်ကင်းတစ်လှည့်၊ ထင်းတစ်လှည့် (စကားပုံ)

သစ်သားသည် ပြာသာဒ်၏ အထွတ်အမြတ် နေရာ၌ မှန်ကင်း ဖြစ်ရသည့် အခါ ရှိသကဲ့သို့ မီးဖို၌ ထင်းဖြစ်ရသည့် အခါလည်း ရှိသည်။ ထိုအတူ ဘဝတွင် လောကဓံ တရားအရ အထွတ်အထိပ် ခံစားရသည့် အလှည့် ရှိသကဲ့သို့ နိမ့်ပါးရသည့် အလှည့်လည်း ရှိသည်။

（今朝金殿顶，他日变柴薪。/ 十年河东，十年河西。）

ဖွတ်မိကျောင်းဖြစ်၊ မြစ်မချမ်းသာ (စကားပုံ)

ဖွတ်ကြီးလျှင် မိကျောင်းဖြစ်လာသည်ဟု အချို့က ထင်မြင်ယူဆကြသည်။ လျှာမဲ့သော မိကျောင်းကိုပင် ရေသတ္တဝါများ ထိတ်လန့်ကြောက်ရွံ့နေကြရသည်။ ကုန်းသတ္တဝါဖြစ်သည့် လျှာရှိသောဖွတ်သည် မိကျောင်း ဖြစ်လာပါက ကုန်းပေါ်၌သာမက ရေထဲ၌ပါ ကျက်စားနိုင်မည် ဖြစ်သည့်အတွက် မြစ်အတွင်းရှိ ရေသတ္တဝါများ ပို၍ ဒုက္ခရောက်ဖွယ်ရှိသည်။ ထို့အတူ စိတ်ထားညံ့ဖျင်းသူ၊ အဆင့်အတန်းမရှိသူတို့ အရှိန်အဝါ ကြီးမြင့်လာ

သောအခါ ပတ်ဝန်းကျင် တစ်ခုလုံး ဒုက္ခရောက်ရသည်။

（小人得志便猖狂。）

တစ်ယောက်ချမ်းသာ၊ ကိုယ်ဖို့ရာမူ၊ သတ္တဝါအပေါင်း၊ ပျက်စီးကြောင်းတည်း။ (ဆိုရိုးစကား)

ကိုယ့်တစ်ယောက်တည်း ချမ်းသာအောင် အားထုတ်ခြင်းသည် တစ်ခါတစ်ရံ အခြားသူတို့ကို ပျက်စီးစေတတ်သည်။

（一人得利，众人遭殃。）

စာဆိုအတ္ထုပ္ပတ္တိ

သိန်းဖေမြင့် (၁၉၁၄–၁၉၇၈)

စစ်ကိုင်းတိုင်း မုံရွာခရိုင် ဘုတလင်မြို့၌ အဖ မြေတိုင်းစာရေး ဦးဘ၊ အမိ ဒေါ်မြင့်တို့မှ ၁၉၁၄ခု ဇူလိုင် ၁၀ ရက် သောကြာနေ့တွင် မွေးဖွားသည်။ ငယ်မည်မှာ ဘုတလင်ကျောင်းတွင် မောင်မြမောင်၊ အင်္ဂလိပ်–မြန်မာကျောင်းတွင်မူ မောင်သိန်းဖေ ဖြစ်သည်။

ဘုတလင်မြို့ ဦးဖိုးညဏ်ကျောင်းတွင် မူလတန်းပညာ၊ မုံရွာမြို့ အမျိုးသားကျောင်းနှင့် ဗုဒ္ဓဘာသာကျောင်းတို့တွင် အထက်တန်းပညာ သင်ယူခဲ့သည်။ ၁၉၃၂တွင် မုံရွာ ဗုဒ္ဓဘာသာ အထက်တန်းကျောင်းမှ ဒသမတန်းကို မြန်မာစာနှင့် သင်္ချာဂုဏ်ထူးဖြင့် အောင်သည်။ မန္တလေး ဥပစာကောလိပ် (၁၉၃၂–၃၃)၊ ရန်ကုန်တက္ကသိုလ် (၁၉၃၃–၃၅)တွင် ဆက်လက်ပညာသင်ရာ ၁၉၃၅တွင် ဝိဇ္ဇာဘွဲ့ ရရှိသည်။ ကလကတ္တား တက္ကသိုလ်တွင် ဥပဒေပညာနှင့် မဟာဝိဇ္ဇာ(ပါဠိ) (၁၉၃၈)ကို ဆည်းပူးသည်။

ရန်ကုန်တက္ကသိုလ် နေ့ကျောင်းသားများ ကိုယ်စားလှယ် (၁၉၃၃–၃၄)၊ အမှုဆောင် (၁၉၃၄–၃၅)၊ တို့ဗမာအစည်းအရုံး တွဲဖက်အတွင်းရေးမှူး (၁၉၃၆– ၃၇)၊ နဂါးနီစာအုပ်အသင်း ပညာရေးအဖွဲ့ငယ် အမှုဆောင် (၁၉၃၇–၃၈)၊ ဖက်ဆစ်ဆန့်ကျင်ရေး အင်အားစုများ၏ စည်းရုံးရေးမှူး (၁၉၄၁–၄၂)၊ ဖဆပလအဖွဲ့ချုပ် တွဲဖက်အတွင်းရေးမှူး (၁၉၄၆)၊ ဗိုလ်ချုပ် အောင်ဆန်း ခေါင်းဆောင်သော ကြားဖြတ်အစိုးရအဖွဲ့တွင် ခေတ္တတာဝန်ယူ (၁၉၄၆)၊ ပြည်သူ့ ညီညွတ်ရေး ပါတီ (၁၉၅၂)၊ ဘုတလင်မြို့နယ် ပမညတ အမတ် (၁၉၅၆)၊ မြန်မာနိုင်ငံ စာရေးဆရာအသင်း ဥက္ကဋ္ဌ (၁၉၅၆–၅၇၊ ၁၉၅၇–၅၈၊ ၁၉၆၂–၆၃)၊ ဗိုလ်တထောင်သတင်းစာ အယ်ဒီတာချုပ်နှင့် အုပ်ချုပ်မှုဒါရိုက်တာ (၁၉၅၈ မှ) စသည် တာဝန်ယူခဲ့သည်။ ကမ္ဘာ့ ငြိမ်းချမ်းရေးကွန်ဂရက်၊ မြန်မာ–တရုတ် မိတ်ဆွေဖြစ်အသင်းတို့တွင်လည်း ပါဝင်ခဲ့သည်။

စာရေးဆရာ၊ သတင်းစာဆရာနှင့် နိုင်ငံရေးသမားအဖြစ် အိန္ဒိယနိုင်ငံသို့ (၁၉၃၆၊ ၁၉၄၂၊ ၁၉၅၆)၊ တရုတ်နိုင်ငံသို့ (၁၉၄၂၊ ၁၉၅၂၊ ၁၉၅၆)၊ အီဂျစ်နိုင်ငံနှင့် အင်္ဂလန်သို့ (၁၉၅၇)၊ ဂျပန်၊

ဗီယက်နမ်နှင့် တရုတ်နိုင်ငံများသို့ (၁၉၆၁)၊ အမေရိကန်သို့ (၁၉၆၁)နှင့် ရုရှား၊ အရှေ့ဂျာမနီ၊ ရူမေးနီးယားသို့ (၁၉၆၂) သွားရောက်ခဲ့၏။

ဇန်နဝါရီ ၁၉၃၃ သူရိယသတင်းစာပါ "မန္တလေး အင်တာမီဒီယိတ် ခေါ် ဥပစာကျောင်း၌ အပိုမြန်မာစာ သင်ပြပို့ချသင့်ခြင်း" ဆောင်းပါးသည် ပထမပုံနှိပ်စာမူ ဖြစ်သည်။ ဝတ္ထုတို ရှည်၊ ဆောင်းပါး၊ ခရီးသွားစာပေ၊ အတ္ထုပ္ပတ္တိ၊ နိုင်ငံရေးစာပေနှင့် စာပေရေးရာ များစွာရေးခဲ့သည်။ ထင်ရှားသော စာအုပ်များမှာ **ဆရာလွန်းအတ္ထုပ္ပတ္တိ** (၁၉၃၇)၊ **တက်ဘုန်းကြီး** (၁၉၃၇)၊ **တက်ခေတ်နတ်ဆိုး** (၁၉၄၀)၊ **ဦးစောဗိလပ်သွားပြဇာတ်** (၁၉၄၁)၊ **ဇာတ်ဆရာဦးဖိုးစိန်** (၁၉၅၂)၊ **စစ်အတွင်းခရီးသည်** (၁၉၅၃)၊ **တော်လှန်ရေးကာလ နိုင်ငံရေးအတွေ့အကြုံများ** (၁၉၅၆)၊ **အရှေ့ကနေဝန်းထွက်သည့်ပမာ** (၁၉၅၈)၊ **ကျော်ငြိမ်း** (၁၉၆၁)၊ **ဝတ္ထုတိုပေါင်းချုပ်** (၁၉၆၆)၊ **ဝိသေသတိုင်းသမိုင်းအစ** (၁၉၆၇)၊ **သီတာပြုံး** (၁၉၆၈)၊ **တစ်ခုသော ငွေရတုသဘင်** (၁၉၇၃)နှင့် **ဖဝကျော်မှ ရေးသောဝတ္ထုများ** (၁၉၇၈)တို့ ဖြစ်သည်။ "အရှေ့ကနေဝန်း ထွက်သည့်ပမာ" ဖြင့် စာပေဗိမာန် ဝတ္ထုရှည်ဆု (၁၉၅၈)၊ "ဝိသေသတိုင်းသမိုင်းအစ" ဖြင့် အမျိုးသားစာပေ စာပဒေသာ ပထမဆု (၁၉၆၇)၊ "သီတာပြုံး" ဖြင့် အမျိုးသားစာပေ ဝတ္ထုရှည် တတိယဆု (၁၉၆၈) ရရှိခဲ့သည်။

သိန်းဖေမြင့် ကလောင်အမည် အပြင် စနေငဖေ၊ သိန်းနေနွယ်၊ တက္ကသိုလ်အကျော်၊ တစ်ကောင်ကြွက်၊ ဦးကျောက်လုံး၊ သိန်းဖေ၊ တက်ဘုန်းကြီးသိန်းဖေ၊ မောင်တူ စသည်တို့ကိုလည်း အသုံးပြုရေးဖွဲ့သည်။

လေ့ကျင့်ခန်း

၁။ "အရှေ့ကနေဝန်းထွက်သည့်ပမာ"ဝတ္ထုကြီး၏ အဓိကအကြောင်းအရာနှင့် အရေးအဖွဲ့ကို ဝေဖန်သုံးသပ်ပါ။

၂။ ဤဝတ္ထုကြီး၌ လူ့သဘော လူ့စရိုက်အဖွဲ့များနှင့် ပတ်သက်၍ ဝတ္ထု၏ အဓိကဇာတ်ဆောင် တင်ထွန်းအဖွဲ့ကို ဆွေးနွေးတင်ပြပါ။

သင်ခန်းစာ(၁၃) ထွက်ပေါက်

作品导读

德都（1913—2003）是缅甸文坛享有盛名的作家、文学翻译家。德都不主张功利主义的文艺观，曾提出“文学是为了文学”的观点，这并不等于否认文学与人生的关系。他的名著《人生与文学》（1961）是一部关于小说理论、文学翻译理论和外国文学评论的先导性的著作，在缅甸文坛产生了深远影响。他的作品往往表现社会生活的方方面面，以客观、真实、超然的态度实现改良社会，净化心灵的作用。短篇小说《出路》（1959）讲述这样一个故事：名誉镇长、市政委员会主席、经纪行老板吴达钦事业成功，家庭美满，在当地德高望重，备受尊崇。吴达钦自己也十分珍惜和在意这份荣誉，尤其是自己在公众中的形象，时刻想着自己的言行举动，甚至一颦一笑是否符合自己的身份，任何时候都刻意保持着严肃庄重的面目表情和他特有的招牌笑容。这对于他的同龄人来说，感觉就像双肩挑着寺院门口的两尊石狮。而对于他来说，这已经成为一种习惯，又习惯成自然。然而，荣誉和地位对吴达钦来说又何尝不是一副无形的枷锁呢？终日为名誉所累的他，已经完全失去了生活的本真，久违了普通人的轻松愉快和潇洒自在。这种无形的压力紧张到一定程度，必然要寻找缓解和释放的出路，于是便出现了小说结尾的那一幕……

ထွက်ပေါက်

တက်တိုး

အသက် ငါးဆယ်ကျော်စမျှ ရှိသေးသော်လည်း တစ်ရပ်ကွက်လုံးက သူ့ကို ရိုသေကြသည်။ ဦးသာခင်ဆိုလျှင် ဘယ်ဦးသာခင်လဲဟု မေးသူမရှိ၊ တစ်ရပ်တစ်ကျေးကလာ၍ နေသူများပင်လျှင် ဦးသာခင်၏ သိက္ခာသမာဓိကို သိကြသည်။ မသိဘဲနေ၍လည်းမဖြစ်။ လူတိုင်းက အကြောင်းကြုံတိုင်း ပြောနေကြသောကြောင့်ပင်၊ မြင်းလှည်းသမားလှတင်က သဘောင်္မှ ဆင်းလာသော သူစိမ်းဧည့်သည်များကို သူ့မြင်းလှည်းပေါ်တွင်တင်၍ သူတို့လိုရာ မိတ်သင်္ဂဟများ၏ အိမ်များ

သို့ ပို့သည့်အခါ၊ နဂိုက စကားခပ်များများ ဖြစ်သည့်အလျောက် ဦးသာခင်၏ သိက္ခာသမာဓိ အကြောင်းကို ပြောပြလေ့ရှိသည်။ "သြော်... နောင်ကြီးတို့ အစ်မကြီးတို့ ပြောတာ စာရေးကြီး ဦးရှိန်ရဲ့အိမ် မဟုတ်လား။ သိပါတယ်၊ သိပါတယ်။ သမာဓိမြို့ဝန် ဦးသာခင်အိမ်နဲ့ မျက်စောင်း ထိုးအိမ်ပါ" ဟု ပြောလိုက်ပြီးလျှင် စကားစမပြတ်ဘဲ၊ "အဲဒီဦးသာခင်ဟာ အင်မတန် သိက္ခာ သမာဓိရှိတာပဲ၊ ပွဲစားကြီးပေါ့။ ဣန္ဒြေသိပ်ရှိတာပဲ။ ပြီးတော့ ရုပ်ရှာနဲ့ အင်မတန်တည့်တယ်။ မျက်နှာ ဘယ်တော့မျှ မလိုက်ဘူး။ သွေးကြီးဖို့ ဝေးရော၊ ကလေးကလေးကအစ ခင်ခင် မင်မင်ရှိတယ်။ အင်မတန် ကြည်ညိုစရာကောင်းတဲ့ လူကြီးပါပဲ"ဟု ဆိုလေသည်။ ဦးရှိန်၏ အိမ်သို့ သွားလိုသော ဧည့်သည်များမှာ မြင်းလှည်းသမားက သူတို့မသိသော ဦးသာခင်အကြောင်း ကို ဘာကြောင့် ရှည်ရှည်လျားလျား ပြောနေပါလိမ့်ဟု စိတ်ထဲက အောက်မေ့ကြမည် ဖြစ် သော်ငြားလည်း သူတို့မသိသော ဦးသာခင်အကြောင်းကို သိလိုက်ကြရလေသည်။

အကယ်၍သာ အငြိမ်မနေတတ်သော ဧည့်သည်တစ်ယောက်ယောက်သာ မြင်းလှည်း သမားကို သိက္ခာသမာဓိဆိုသော စကားလုံးကြီးများ၏ အဓိပ္ပာယ်ကို ရယ်သလိုမောသလိုနှင့် မေးလိုက်လျှင် လှတင်ကဲ့သို့ မြင်းလှည်းသမားမျိုးက ပြုံးဖြီးဖြီးလုပ်ကာ "အို ... လူကြီးပီပီ နေတာမျိုးပေါ့ဗျ။ ဦးသာခင်ဟာ ငယ်ငယ်ကလေးကတည်းက တစ်ခါမှ နောက်တီးနောက် တောက် မလုပ်ဘူးတဲ့။ သူ့သူငယ်ချင်းတွေက သူ့ကို ကျောင်းသားဘဝကတည်းက ဦးသောဘိတ လို့ ခေါ်ကြတယ်။ သိပ်ရိုးတဲ့လူပဲတဲ့။ ဘာဖြစ်လို့ ဘုန်းကြီးမဖြစ်တာလဲတော့ မပြောတတ်ဘူး။ အို...နောင်ကြီး ကိုယ်တိုင် ဦးသာခင်ကိုမြင်ရင် ကြည်ညိုမှာပါ"ဟု စကားတံရှည်ပေမည် မုချပင်။

ဦးသာခင်ကို ရပ်ရွာက သမာဓိရှိသူတစ်ဦးအဖြစ် အလွန်ကြည်ညိုကြသည်။ အချို့က သူနှင့်ရင်းနှီး၍ သူ့အကြောင်းကို ကောင်းကောင်းသိ၍ ကြည်ညိုကြသည်။ အချို့က ကြည်ညို သူပြောပြချက်ကို မှီ၍ ကြည်ညိုကြသည်။ အချို့ကမူ ဦးသာခင်အကြောင်း အနည်းအကျဉ်းမျှ သာ သိကြသော်လည်း လူတကာကြည်ညိုနေကြောင်း သိသဖြင့် ရောနှော၍ ကြည်ညိုလိုက် ကြသည်။

ဦးသာခင်သည် ထိုရပ်ရွာသားဖြစ်သည်။ ငယ်စဉ်ကတည်းက မျက်နှာထားတည်ကြည် သဖြင့် လူကြီးများက ချီးမွမ်းကြသည်။ ရွယ်တူလူငယ်များက ပထမ၌ သူ့ကို ရူးပေါပေါဟု ထင်ကြသော်လည်း သူ၏ဆက်လက်တည်ကြည်ရိုးသားမှုကြောင့် တဖြည်းဖြည်း သူ့တည်ကြည် မှုကို အသိအမှတ်ပြုလာကြသည်။ "အို...သာခင်ကိုတော့ မခေါ်ပါနဲ့ကွာ။ ဒီလိုအရက်ပွဲမျိုး လိုက်မှာလည်း မဟုတ်ပါဘူး" ဟု ဆိုကြသည်။ "ဟာ...ဘာရမလဲ ၊ ဒီဘုန်းကြီးမျိုးကို ချွတ်ရမှ ဖိမ်ရှိတာ။ ငါတော့ အတင်းတိုက်မှာပဲ" ဟု တစ်ယောက်က မလျော့ချင်သည့်အလျောက် ပြောလျှင် အများက ဝိုင်း၍ "အို...မင်းက ဒီလိုလုပ်လို့ရမယ်ထင်သလား။ မရသေးဘူးမောင်။ သာခင်က ဖျက်ဆီးလို့ရတဲ့ လူမျိုးမဟုတ်ဘူးကွာ။ ဒီပြင်နေရာတွေတော့ သူလိုက်သားပဲ။ ဒီကောင် ခွစာမှ

မဟုတ်တာ၊ နေပါစေ။ သူ့ဝါသနာနဲ့ သူနေပါစေ” ဟု တားဆီးကြလေသည်။

သူသည် ငယ်စဉ်ကတည်းကပင် လူတိုင်းနှင့် တည့်အောင် ပေါင်းတတ်သည်။ သူတစ်ပါး ပေါင်းရခက်သည်ဆိုသော သူများကိုလည်း သူလေပေးဖြောင့်အောင် ဆက်ဆံတတ်သည်။ နေရာ တကာ စွာကျယ်စွာကျယ်လုပ်သူတို့နှင့် အခြားသူများ တစ်ခါမဟုတ် တစ်ခါဆိုသလို ရန်ဖြစ် တတ်ကြသော်လည်း သာခင်နှင့် အမြဲတမ်းတည့်ကြသည်။ သူတစ်ပါးအပေါ် စီးပိုးသောသူများ လည်း သာခင်နှင့်တည့်ကြသည်။ သူသည် ဆက်ဆံမှု၌ စံပြုအပ်သော ပုဂ္ဂိုလ်တစ်ဦးဖြစ်သည့် အလျောက် အားလုံးကခင်ကြသည်။ သူ့တည်ကြည်သော မျက်နှာထားနှင့် ပြတ်သားသော်လည်း နားဝင်မဆံ့မဟုတ်သော စကားအပြောအဆိုတို့ကို အကြောင်းပြု၍ သူ့ကို ရွယ်တူအချင်းချင်းက ပင် လေးစားလာကြသည်။

သာခင်သည် ခေတ်ပညာ အသင့်အတန်တတ်၍ ခေတ်ဗဟုသုတနှင့် အတော်ပင် ပြည့်စုံ လေသောကြောင့် လူလတ်အရွယ်သို့ ရောက်သောအခါ သူ့နေရင်း မြေလတ်မြို့ကလေးတွင် ပွဲစားအဖြစ် လူတစ်လုံးသူတစ်လုံး ဖြစ်လာလေသည်။ မြို့ကလေး၌ သိက္ခာသမာဓိရှိသည်ဟု အမှတ်ပြုခံရသူသည် မြို့ရေးရွာရေးတို့၌ လွတ်လွတ်ကင်းကင်းမနေသာပေ။ အသက်သုံးဆယ် ခန့်သာရှိသော သာခင်သည် မြူနီစီပယ်လူကြီး၊ နောက်မြူနီစီပယ်ဥက္ကဋ္ဌ၊ တစ်ချိန်တည်း၌ သမာဓိ မြို့ဝန်စသည့် ရပ်ရွာလူကြီးရာထူးများကို အများက ကြည်ဖြူစွာ တင်မြှောက်နှင်းအပ်သဖြင့် ဦးသာခင်အဖြစ် လူကြီးလုပ်ရလေသည်။

ဦးသာခင်အဖို့ မွေးကတည်းက လူကြီးလုပ်ဖို့ ဇာတာပါလာသူဖြစ်သည်ဟု သူကိုယ်တိုင် ကပင် ယူဆလေသောကြောင့် လူကြီးလုပ်ရန် ဝန်မလေးလှပေ။ မျက်နှာထားတည်ကြီးနှင့် လူ လယ်ကောင်တွင် ဣန္ဒြေကြီးစောင့်ထိန်းနေရခြင်းသည် သူနှင့်ရွယ်တူလူလတ်တို့အဖို့ ဘုရားကြီး မုခ်ဝက ခြင်္သေ့ကြီးနှစ်ကောင်ကို ပခုံးတစ်ဖက်စီပေါ်တွင် ထမ်းထားရသကဲ့သို့ ဖြစ်ကောင်း ဖြစ်မည်။ သူ့အဖို့ ဝန်လေးသည်ဟု မမှတ်ပေ။ တည်ကြည်ရန် ကျင့်သားရနေပေပြီ။ ဣန္ဒြေ အထူးစောင့်ထိန်းစရာမလို။ ဦးသာခင်နှင့် ဣန္ဒြေတို့သည် ဒွန်တွဲလျက်နေလေသည်။

ဦးသာခင်သည် သူ့ဣန္ဒြေ၏ တန်ဖိုးကို သူ ကောင်းစွာသိသည်။ သမာဓိမြို့ဝန်အဖြစ်နှင့် ပါးရိုက်မှု ဆဲမှုစသော အသေးအဖွဲ့အမှုများကို ထုံးစံအတိုင်း မြို့အုပ်က မစစ်ချင်သည့် အလျောက် လွှဲပေးလိုက်၍ စစ်ဆေးရသောအခါ တရားလို တရားခံတို့သည် ဦးသာခင်၏ ဣန္ဒြေကို လေးစား သည့်အားလျော်စွာ အမှန်ကို ထွက်ဆိုကြသည်။ ဦးသာခင်၏ မျက်နှာထားမှာ တည်ကြည် သော်လည်း ခက်ထန်ခြင်းမရှိ။ ကြည်လင်၍ မြင်သူတို့၌ ချစ်ခင်ကြည်ညိုစိတ် ပေါ်လာစေသည်။ အမှုသည်များသည် ထိုမျက်နှာမျိုးရှေ့တွင် မုသားပြောဆိုဖို့ခက်ကြသည်။ မပြောရက်သလို ဖြစ်နေကြသည်။ ဦးသာခင်သည် အသက်သုံးဆယ်မပြည့်ခင် သူ့ကိုယ်ရေးကိုယ်တာအတွက် အလုပ်နှစ်ခုလုပ်လေသည်။ ပထမအလုပ်မှာ နွားတစ်ခမ်းမွေးထားခြင်း ဖြစ်သည်။ သူသည် သူ့

ဦးလေးကြီးကို အမြဲတမ်း အထင်ကြီးခဲ့သည်။ အထင်ကြီးသည့် အကြောင်းရင်းမှာ သူ့ဦးလေးကြီးတွင် အလွန်ကျက်သရေရှိသော နှုတ်ခမ်းမွေးရှိခြင်းပင် ဖြစ်သည်။ အလွန်ကျက်သရေ ရှိသည်ဆိုသောစကားမှာ သူ့စကားမျှသာ ဖြစ်သည်။ မည်သူကမျှ သူ့ဦးလေးကြီး၏ နှုတ်ခမ်းမွေးကို ချီးကျူးသည်ဟူ၍ မရှိခဲ့သော်လည်း သူကမူ ကိုးနှစ်ဆယ်နှစ် အရွယ်လောက်ကတည်းကပင် သူ့ဦးလေးကြီး၏ နှုတ်ခမ်းမွေးကို နှစ်သက်ခဲ့လေသည်။ ကျက်သရေရှိသည်ဟု စွဲထင်မိခဲ့လေသည်။ ထို့ကြောင့် သူသည် အသက်သုံးဆယ်မပြည့်ခင်တွင် နှုတ်ခမ်းမွေးထားလေသည်။ နှုတ်ခမ်းမွေးတိရန် ကပ်ကျေးပါးကလေးဆောင်ထားလေသည်။ နံနက်ထမင်းစားပြီးနောက် သမာဓိမြို့ဝန်ရုံးတက်ခါနီးတွင် သူသည် ခေါင်းပေါင်းမပေါင်းခင်တစ်ခါ၊ ပေါင်းပြီးမှတစ်ခါ နှစ်ကြိမ်နှစ်ခါတိတိ နှုတ်ခမ်းမွေးကို သာယာညင်းပျောင်းယုယစွာ ကပ်ကျေးကလေးနှင့် တိပေးလေ့ရှိသည်။ သူ့နှုတ်ခမ်းမှာ သူ့ဦးလေးကြီး၏ နှုတ်ခမ်းမွေးနမူနာအတိုင်းပင်လျှင် အပေါ်နှုတ်ခမ်းပေါ်တွင် ခပ်ထူထူ ခပ်သိပ်သိပ်ကလေး အလယ်နှုတ်ခမ်းချိုင့်ကလေးခြားကာ နှစ်မြွှာင်း ယှဉ်တန်းလျက် ရှိပြီးလျှင် အစွယ်နှစ်ဖက်မှာ အရှည်ချင်းတူလျက် အဖျားကော့တက်၍နေလေသည်။ ဦးသာခင်သည် နှုတ်ခမ်းမွေးကို ကပ်ကျေးနှင့် တိပြီးတိုင်း လေးလေးတွဲ့တွဲ့ အပြုံးကလေးပြုံးကြည့်လေ့ရှိသည်။ သူ့အပြုံးကို ဣန္ဒြေပြုံးဟု ခေါ်ချင်ခေါ်နိုင်ပေသည်။ ကြည်လင်ဝိုင်းစက်သော သူ့မျက်လုံးကြီးများ၏ အောက်မျက်ကွင်းများမှာ နှာတံဘေးနှစ်ဖက်မှ အောက်သို့နှာခေါင်းဝအစွန်းနားမှ ယှဉ်တန်းနေသော နှုတ်ခမ်းမွေးနှစ်သွယ်ထဲသို့ ယိုဆင်း၍ နှုတ်ခမ်းစွန်းနှစ်ဖက်ကို တဖြည်းဖြည်းပြန့်၍ ကုပ်သွားသော အပြုံးကလေးပေတည်း။

ထိုအပြုံးကလေးကို မည်သူက နှစ်သက်ပါသနည်းဟု မေးလာပါမူ၊ ပထမဦးဆုံးနှစ်သက်သူမှာ ဦးသာခင်ပင် ဖြစ်သည်။ နောက်နှစ်သက်သူတစ်ယောက် ရှိပါသေးသည်။ ထိုဒုတိယနှစ်သက်သူမှာ နှစ်သက်ရုံနှင့် မတန်သေးဘဲ စွဲနေလေတော့သည်။ ယင်းသည်ကား ဆရာမမတင်မေပင် ဖြစ်ပါသည်။ မတင်မေသည် မြူနီစီပယ်ကျောင်းက အောက်တန်းဆရာမကလေးဖြစ်သည်။ အသက်သုံးဆယ်နီးပါးရှိ၍ အပျိုကြီးဘဝနှင့် ဘဝစခန်းသိမ်းရမည့်ပုံလိုလိုဖြစ်နေချေသည်။ သူလည်း ဣန္ဒြေရှိသောမိန်းမအဖြစ်နှင့် အတော်ပင် ကျော်စောလေသည်။ သူ့ဣန္ဒြေရပုံကလေးမှာ ချစ်စရာကောင်းလှပါသည်။ မျက်လုံးကလေး ကြည်လင်ပြုံးကျယ်၍ နှာတံပေါ်သဖြင့် အတော်ပင် ချစ်စဖွယ်ဖြစ်ပါ၏။ သို့သော် ဣန္ဒြေရလွန်း၍ပင်လျှင် သူ့သူငယ်ချင်းမများ အသီးသီး အိမ်ထောင်ကျသွားသော်လည်း သူ့မှာ အပျိုကြီးဖြစ်ကျန်ခဲ့လေသည်။ သူအိမ်ထောင်ပြုမည် ဆိုလျှင် ပြုနိုင်ကောင်းပါ၏။ သူ့ရုပ်ရည်ကို စွဲမက်သူမရှိ၍မဟုတ်။ သူ့ဣန္ဒြေကို နှစ်သက်သူ မရှိ၍လည်းမဟုတ်။ သို့ရာတွင် သူက ဣန္ဒြေရှိသူကိုမှ အချစ်တုံ့ပြန်လိုသောဆန္ဒ ရှိသောကြောင့် အပျိုကြီးဖြစ်နေခဲ့ခြင်း ဖြစ်သည်။

ဣန္ဒြေရှင် သမာဓိမြို့ဝင် ဦးသာခင်နှင့် ဣန္ဒြေရှင်ဆရာမ မတင်မေတို့အဖို့ လူလယ်တို့

ဘာဝ ချစ်ကြိုက်သွားကြသည်ဟု ဆိုရန်ခဲခက်လှ၏။ ဣန္ဒြေရှင်များသည် အသက်ငယ်သည် ဖြစ်စေဦးတော့၊ လူငယ်များမဟုတ်နိုင်။ ဦးသာခင်သည် အသက်သုံးဆယ်မျှမပြည့်ခင်ပင် လူရွယ် လူလတ်ဘဝ မလွတ်လပ်နိုင်ရှာဘဲ လူကြီးလုပ်နေရလေသည်။ မတင်မေမှာလည်း ဆရာမလည်း ဖြစ် ဣန္ဒြေရှင်လည်း ဖြစ်သဖြင့် ဆရာမဒေါ်တင်မေအဖြစ်နှင့် နေရရှာလေသောကြောင့် ရည်းစား ထားဖို့ကိစ္စမှာ မဖြစ်နိုင်သောကိစ္စ ဖြစ်နေချေသည်။

နောက်ဆုံး၌ ဦးသာခင်က ဒေါ်တင်မေကို ရုပ်ရည်လှပသည့် အရည်အချင်းနှင့် ဣန္ဒြေ ရှိခြင်းတို့ကြောင့် နှစ်သက်သည့်အလျောက် သူ့ဦးလေးကြီးကို ပြောပြသဖြင့် ဦးလေးကြီးက ဒေါ်တင်မေ၏ အဒေါ်နှင့် တိုင်ပင်၍ စီစဉ်ပေးလေသည်။ ထို့ကြောင့် ဦးသာခင်သည် အသက် သုံးဆယ်မပြည့်ခင် နှုတ်ခမ်းမွေးထားပြီးသည့်နောက် ဒေါ်တင်မေနှင့် အိမ်ထောင်ပြုလေသည်။

နှုတ်ခမ်းမွေးထားသော်လည်း ဗိုလ်ကေကို မဖြုတ်ပေ။ သို့ရာတွင် အရပ်လူကြီးဖြစ်နေသော ကြောင့် အမြဲလိုလို ခေါင်းပေါင်းထားရသဖြင့် ကြည့်၍ ခွကျသည်ဟု ဆိုနိုင်သည့်အကွက် မဆိုက်ခဲ့ပေ။ ဦးသာခင်သည် သမာဓိမြို့ဝန်တစ်လျှောက်လုံး ဖြစ်ခဲ့လေသည်။ အခြားလူကြီးများမှာ သက်တမ်းစေ့သောအခါ သမာဓိမြို့ဝန်ရာထူးမှ ထွက်သွားရသော်လည်း ဦးသာခင်ကိုမူ သက် တမ်းပြည့်လျှင် သက်တမ်းသစ်ပေး၍ ဆက်လက်ခန့်ထားခြင်းခံရလေသည်။

သမာဓိမြို့ဝန်နှင့် ဓာတ်တူနံ့တူဖြစ်သော မြူနီစီပယ်ဥက္ကဋ္ဌရာထူးကိုလည်း ဦးသာခင် အဖို့ အမြဲတမ်း သီးသန့်ထားရသကဲ့သို့ ဖြစ်သည်။ သူက မလုပ်ပါရစေနှင့်ဟု ငြင်းပယ်သည့် တိုင်အောင် အများကပင် “အို...ဦးသာခင်ပဲ ဆက်လုပ်ပါ။ ဦးသာခင်က လူအကြည်ညိုများပါ တယ်”ဟု ဆို၍ သူ့အား အတင်ပေးကြလေသည်။ ဦးသာခင်သည် လူအများကြည်ညိုသည် ဆိုသော စကားကို ကြားရတိုင်း၊ သူ့ဣန္ဒြေကို သူကျေးဇူးတင်မိ၏။ ဣန္ဒြေသိက္ခာကြောင့် သမာဓိ ရှိသည်ဟု ဆိုကြသည်။ သမာဓိကြောင့် ကြည်ညိုကြသည်။ ထို့ကြောင့် သူသည် သမာဓိ၏ ပြယုဂ်ဖြစ်သော ဣန္ဒြေကို အမြဲတမ်း ကိုးကွယ်လေသည်။ သူ၏ထီးချက်စောင့် နတ်သားမှာကား၊ ရမည်းသင်းစား သီလဝပင် ဖြစ်ပေတော့သည်။ သူသည် ငယ်စဉ်ကတည်းက သီလဝကို သဘော ကျခဲ့လေသည်။ သူ့ကိုယ်သူ သီလဝဖြစ်အောင် ကြိုးစားမည်ဟု ပိုင်းဖြတ်ခဲ့လေသည်။ ယခု သီလဝကျင့် ကျင့်သောကြောင့်လည်း မြို့မျက်နှာဖုံးတစ်ဦး ဖြစ်ရပေပြီ။

ဦးသာခင်သည် အသက်လေးဆယ်ကျော် ငါးဆယ်တွင်းသို့ ရောက်သောအခါ သူ့မြို့ ကလေးတွင် ထိပ်တန်းသို့ ရောက်လေသည်။ သူ့ပွဲရုံမှာ မြို့ပေါ်တွင် အကြီးဆုံးဖြစ်သည်။ သူ့ လုပ်ငန်းမှာ အအောင်မြင်ဆုံးဖြစ်သည်။ သူသည် မြို့ပေါ်တွင် အချမ်းသာဆုံးဖြစ်သည်။ အမြဲတမ်း သမာဓိမြို့ဝန်၊ အမြဲတမ်းမြူနီစီပယ်ဥက္ကဋ္ဌဖြစ်၍ အချမ်းသာဆုံး မြို့နေပုဂ္ဂိုလ်ကြီးအဖို့ အင်္ဂလိပ် လက်ထက်က တီပီအက်စ် (တိုင်းကျိုးပြည်ကျိုးဆောင်) ဘွဲ့တံဆိပ်ရခြင်းမှာ အံ့ဖွယ်မဟုတ်ပေ။ ထုံးတမ်းစဉ်လာသဘောမျှသာဖြစ်သည်။ အရေးပိုင်မင်းက ဦးသာခင်လို ပုဂ္ဂိုလ်မျိုးကို ဘွဲ့ပေး

သနားရန် ထောက်ခံရမည်သာ ဖြစ်ပေတော့သည်။

လောကီအောင်မြင်မှုအမျိုးမျိုး ရရှိပြီဟု ဦးသာခင်အဖို့ ဆိုရပေမည်။ အောင်မြင်မှုများတွင် သားသမီးပွါးစီးမှုကိုလည်း ထည့်သွင်းဖေါ်ပြရန်လိုသဖြင့် ဖေါ်ပြရသော် ဦးသာခင်၌ သားခင်မောင်ကြည်နှင့် သမီးညိုညိုယဉ်တို့ ထွန်းကားလေသည်။ ခင်မောင်ကြည်မှာ မက်တရစ်စာမေးပွဲအောင်၍ တက္ကသိုလ်တွင် ပညာဆက်၍ သင်ကြားနေလေသည်။ ညိုညိုယဉ်မှာ ခုနစ်တန်းအောင်ပြီးကတည်းက ကျောင်းထွက်၍ ဖခင်၏အလုပ်ကို ကူညီလုပ်ကိုင်ပေးလာခဲ့ရာ ယခု၌ သူတို့အားအကိုးကြီး ကိုးရပေပြီ။ ငွေကိုင်စာရင်းကိုင်အဖြစ် လိမ္မာဖျတ်လတ်စွာ ဆောင်ရွက်ရုံသာမက စီမံအုပ်ချုပ်မှုကိုပါ ဆောင်ရွက်နိုင်လာသဖြင့် ဦးသာခင်သည် အသက်ငါးဆယ်ကျော်ခါမျှ ရှိသေးသော်လည်း လုပ်ငန်း၌ အပင်ပန်းခံ၍ မဆောင်ရွက်ရတော့ပေ။

စီးပွါးရေး၌ စိတ်ချရသည့်အဖြစ်သို့ ရောက်သည်နှင့်တစ်ပြိုင်နက် သူသည် ရပ်ရေးရွာရေးမှတစ်ဆင့်တက်၍ နိုင်ငံရေးကို ဆက်လက်ဆောင်ရွက်လာလေသည်။ နိုင်ငံရေးထဲဝင်မှန်းမသိဝင်သော ရပ်ရွာလကြီးတို့ ထုံးစံအတိုင်း အများက တိုက်တွန်းတောင်းပန်ချက်ကို ငဲ့၍ ဆောင်ရွက်ရသည်ဟု ဆိုပေသည်။ ထိုအဆိုသည် မမှားပေ။ "ဦးပဲ နာယကအဖြစ် ဆောင်ရွက်ပါ။ နိုင်ငံရေးမှာ သမာဓိရှိတဲ့လူတွေ အများကြီးလိုနေပါတယ်"ဟု လူငယ်များက ဝိုင်း၍ တောင်းပန်ပြီးလျှင် သူတို့လူငယ်များ အစည်းအရုံး နာယကအဖြစ် တင်မြှောက်ကြသည်။ ရန်ကုန်ဌာနချုပ်မှ ရောက်လာသော ပါတီစည်းရုံးရေးတာဝန်ခံကလည်း အများထံမှ စုံစမ်းရရှိထားသော အကြောင်းရပ်များကို မူတည်၍ ဦးသာခင်အား ပါတီဥက္ကဋ္ဌအဖြစ် ရွေးကောက်တင်မြှောက်ကြရာတွင် "ကျွန်တော်တို့ပါတီမှာ လူတော်လူကောင်းတွေ အများကြီးလိုနေပါတယ်။ သိက္ခာသမာဓိရှိတဲ့သူတွေ ရပ်ရွာမှာ ခေါင်းဆောင်လုပ်ကြမှ ပါတီကို လူထုက ကြည်ညိုကြပါလိမ့်မည်။ ဦးသာခင်ဆိုတာကတော့ မြို့နယ်မှာလူတိုင်းက အသိအမှတ်ပြုရတဲ့သမာဓိရှင် ပုဂ္ဂိုလ်ကြီး ဖြစ်ပါတယ်။ ဦးသာခင်တို့လို သိက္ခာသမာဓိရှိတဲ့သူတွေ ရှေ့ဆောင်ပါမှ ကျွန်တော်တို့တိုင်းပြည်ကြီးမှာ နိုင်ငံရေးသမားတွေ ညစ်ပတ်တယ်၊ ခြစားတယ်ဆိုတာမျိုး အစွပ်အစွဲမခံရတော့ဘဲ ကျွန်တော်တို့ မျှော်မှန်းတဲ့ ပြည်တော်သာစခန်းကို မျှော်မှန်းနိုင်ပါလိမ့်မယ်။ ဒါကြောင့်မို့ ဦးသာခင်ကို မြို့နယ်ဥက္ကဋ္ဌ တင်မြှောက်ကြပြီး ဦးသာခင်က ဥက္ကဋ္ဌရာထူးကို လက်ခံတာကို ကျွန်တော်က ဌာနချုပ်ကိုယ်စား ဝမ်းမြောက်ကျေးဇူးတင်ကြောင်း ပြောလိုပါတယ်" ဟု ဆိုလေသည်။

ဦးသာခင်သည် ယင်းသို့ သူ့မျိုးစဉ်ဆွေဆက်၌ တစ်ခါမျှမရောက်ခဲ့ဖူးသော ထိပ်တန်းသို့ သူ့လက်ထက်ကျခါမှ ရောက်ရသည့်အတွက် အလွန်ကျေနပ်ဝမ်းမြောက်နေလေသည်။ ပါတီစည်းရုံးရေးမှူး၏ ချီးကျူးသောစကားသည် စကားလုံးတိုင်း ရွှေတစ်ကြက်ဥ အလေးချိန်မျှ လေးနက်အဖိုးတန်သည်ဟု ဆိုရပေမည်။ အကြောင်းကား ထင်ရှားလှပေသည်။ ပါတီစည်းရုံးရေးမှူးမှာ စင်စစ်သော်ကား နောင်မကြာမီ ဝန်ကြီးဖြစ်မည့် ပါလီမန်အတွင်းဝန် ဖြစ်လေ

သည်တည်း။

ဦးသာခင်သည် ချီးကျူးသံနှင့် ယင်း၏နောက်ဆွယ်က ပါလာသော တစ်ခဲနက် ဩဘာသံကြီးကို ကြားရသောအခါ သူနှင့်သူသာ နှိုင်းယှဉ်သာသော သူ၏ထူးခြားသော ဣန္ဒြေပြုံးကြီးကို ပြုံးပြလိုက်လေသည်။ ထိုအပြုံးကြီးမှာ ပြုံးတာရှည်ကြီး ဖြစ်ပေသည်။ မြို့နယ်ခေါင်းဆောင်ဖြစ်သည့်အလျောက်၊ မကြာမီ ကျင်းပမည့် ရွေးကောက်ပွဲကြီးတွင် ပါလီမန်အမတ်အဖြစ် အရွေးခံရတော့မည်။ ဦးသာခင်သည် သွားလေသူ သူ့ဖခင်ကြီးနှင့် မိခင်သာ ရှိလျှင် အဘယ်မျှလောက် ကျေနပ်ဝမ်းမြောက်လေမည်နည်းဟု တွေးမိလေသည်။ မိခင်ဖခင်တို့မှ ကျော်လွန်၍ ဘိုးဘေးဘီဘင်တို့ဆီသို့ လှမ်းကြည့်ကာ သူတို့လည်း သူ့ကို အကြောင်းပြု၍ ဂုဏ်တက်ကြပေမည်ဟု သူယုံကြည်လေသည်။ ထိုသို့သော မျိုးစဉ်ဆွေဆက်ကို လှမ်း၍ကြည့်သော ရာဇဝင်အကြည့်ဖြင့် ပြုံးတာရှည်ကြီး ဖြစ်ပေါ်လာလေသည်။ သူသည် သူ့ကျေနပ်ဝမ်းမြောက်မှုကို သူ့ပါရမီဖြည့်ဖက် ဒေါ်မေတင်အား အိပ်ရာဝင်ရာတွင် အားရပါးရ မျှဝေလေသည်။ ဒေါ်တင်မေသည်လည်း အပျိုကြီးဘဝမှ သီသီကလေးလွတ်လာရာမှ သားသမီးပစ္စည်းပစ္စယနှင့် ပြည့်စုံရသည့် ဘဝသာယာသို့ ရောက်ရချိမ့်မည်ဟု မျှော်တွေး၍ ပြုံးရှာလေသည်။

ယင်းသို့ အကျေနပ်ကြီး ကျေနပ်နေခိုက်တွင်ပင် သီတင်းကျွတ်လေတော့သည်။ သီတင်းကျွတ်သည် လွတ်တွတ်ကျွတ်ကျွတ်ပျော်သော အခါသမယဖြစ်ပေသည်။ သီတင်းကျွတ်လပြည့်နေ့၌ ဦးသာခင်ခေါင်းဆောင်သောပါတီက ခေါင်းဆောင်၍ ရပ်ရွာရှိ ဆွမ်းလောင်းအဖွဲ့များစုပေါင်းကာ မြို့လုံးကျွတ်ဆွမ်းဆန်စိမ်းပွဲကြီး ကျင်းပလေသည်။ ညနေလေးနာရီလောက်တွင် ဆွမ်းဆန်စိမ်းလောင်းပွဲကြီးမှာ စည်ကားသိုက်မြိုက်လှပေသည်။ မြို့ပေါ်ရှိ သံဃာကုန် ခုနစ်ရာကျော်သည် ဝါစဉ်အလိုက် စီတန်းကြွလာပြီးလျှင် မြို့လယ်မဏ္ဍပ်ကြီးရှေ့တွင် ဆွမ်းဆန်မှစ၍ ပစ္စည်းများစွာတို့ကို အလှူခံကြလေသည်။ ခေါင်းဆောင်ကြီးဦးသာခင်သည် ပိတ်စ လက်ကန်တော့ထိုးကာ မဏ္ဍပ်ထိပ်မှာနေ၍ ခေါင်းဆောင်၍ ဆွမ်းဆန်စိမ်းလောင်းလေသည်။ သူ့အနီးတွင် သူ့ဇနီးနှင့် သမီးတို့ ရှိကြသည်။ သူတို့က သူ့အား လှူဖွယ်ပစ္စည်းများကို လှမ်းပေး၍ ကူညီကြသည်။ မြို့နယ်သတင်းထောက်များသည် ခေါင်းဆောင်ကြီးကို ထောင့်အဖက်ဖက်မှနေ၍ တဖျတ်ဖျတ်ဓာတ်ပုံရိုက်လျက် ရှိကြလေသည်။

နေဝင်ခါနီးတွင် ဆွမ်းလောင်းကိစ္စပြီးသွားလေရာ အရပ်ရပ်မှ လာကြသော အတီးအမှုတ်အကဝိုင်းတို့သည် ခေါင်းဆောင်ကြီးနှင့်တကွ လူကြီးမင်းများရှေ့တွင် အစွမ်းကုန် အပြိုင်အဆိုင်ကခုန်သီဆိုကြလေသည်။ အလှကသော အမျိုးသမီးကလေးများသည် မြို့ပေါ်တွင် အလှဆုံးမယ်ကလေးများဖြစ်သည်။ အပျော်ကသော ဒိုးပတ်ဝိုင်း အိုးစည်ဝိုင်းများသည် မြိုင်ဆိုင်လှပေသည်။ ဦးသာခင်သည် သူ့မူပိုင်အပြုံးကြီးပြုံးလျက် အမျိုးသမီးကလေးများကို ရှုစားလေသည်။ ထို့နောက်အိုးစည်ဝိုင်း၊ ဒိုးပတ်ဝိုင်း စသည့် အပျော်ကများကိုလည်း ကြည့်လေသည်။

အပျော်ကများတွင် အိုးစည်တစ်ဝိုင်းမှာ အတော်ပွဲကျပေသည်။ ကြည့်သူအားလုံးပင် အူနှိပ်နေကြရသည်။ ဦးသာခင်သည်လည်း ရယ်ချင်လွန်း၍ အူလိပ်၍လိပ်၍ တက်လာလေသည်။ သို့ရာတွင် သမာဓိနတ်က တားသဖြင့် သူ့မူပိုင်အပြုံးကြီးဖြင့်သာ ပြုံးလိုက်ရလေသည်။

ညဉ့်ဦးတွင် ပွဲပြီး၍ မဏ္ဍပ်မှ ဇနီးနှင့်သမီးတို့နှင့်အတူ အိမ်သို့ ပြန်လေသည်။ သူ့အိမ်ဝိုင်းတစ်ဝိုင်းလုံးမှာ မီးနီ မီးဝါ မီးစိမ်းစသည်ဖြင့် မီးပဒေသာဆင်ယင်လျက်ရှိသည်။ ဦးသာခင်သည် အဝတ်အစားလဲပြီးနောက် အသင့်ပြင်ထားသော ညစာစားလေသည်။ ညိုညိုယဉ်က ထမင်းထပ်ထည့်ပေးရင်း သူ့ဖခင်ကို မော့ကြည့်ကာ "ဖေဖေ ညီတို့မီးပွဲထွက်ကြည့်ချင်တယ်၊ ဖေဖေကော လိုက်ဦးမှာလား" ဟု မေးလေသည်။

ဦးသာခင်က ထမင်းလုတ်ကို လက်နှင့်ပြင်နေစဉ် "မလိုက်ပါဘူးကွယ်၊ သမီးမေမေနဲ့ သွားပါ၊ ဖေဖေရေမိုးချိုးပြီး ဘုရားအာရုံပြုလိုက်ဦးမယ်၊ ကားနဲ့သွားလေ၊ ပုစူးမတို့ကိုလည်း ဝင်ခေါ်သွားပေါ့" ဟု ဆိုလေသည်။

"မမမြင့်တို့ကို မှာထားပြီးပါပြီ၊ မေမေနဲ့သွားမှာပေါ့"

"အေး … အားလုံးသွားကြ၊ ရွှေခင်တို့ကိုလည်း ခေါ်သွား၊ ငါတစ်ယောက်တည်း နေခဲ့မယ်"

ဦးသာခင်သည် ဇနီးနှင့် သမီးနှင့် အိမ်စေမတို့ ထွက်သွားကြသည်ကို ကြည့်ငေးနေလေသည်။ အိမ်ဝင်းတစ်ဝင်းလုံး မီးထိန်ထိန်လင်းနေသော်လည်း အိမ်တွင် မည်သူမျှမရှိချေ။ ဝင်းမြောက်ဘက်စွန်း ဂိုဒေါင်ဘက်ဆီက ထန်းရည်တမြမြနှင့် သီချင်းတအေးအေးနေသော ယံကနားနှင့် အပွနားတို့ နှစ်ယောက်အသံကို လှမ်းကြားရသည်။ အိမ်အောက်ထပ်တွင် အိပ်သော ပွဲရုံစာရေးဖိုးခွေးနှင့် ကတ္တားချိန်ပေးရသော တပည့်လှသော်တို့လည်း ပွဲကြည့်ထွက်သွားနှင့်ကြလေသည်။

ဦးသာခင်သည် အိမ်ရှေ့လသာခန်းတွင် ပက်လက်ကုလားထိုင်တွင် လဲလျောင်းရင်း စီးကရက်တစ်လိပ်ကုန်အောင် ဖွာနေလေသည်။ သူသည် ညနေက ပျိုမေတသင်းတို့၏ ရုပ်ပုံကို မျက်စိထဲတွင် တဝဲလည်လည်ဖြစ်နေသည်။ ဖျတ်ဖျတ်လတ်လတ်နှင့် အားရပါးရ အိုးစည်ကကသော အရုပ်မင်းသားမောင်မာဒင်ကိုလည်း မြင်ယောင်နေလေသည်။ ဆေးလိပ်လက်တစ်ဆစ်အဖြစ်သို့ ရောက်သည်နှင့်တစ်ပြိုင်နက် အနီးရှိပြာခွက်တွင် လက်နှစ်ချောင်းဖြင့် ထိုးချေလိုက်ပြီးလျှင် ပက်လက်ကုလားထိုင်မှ ထလိုက်လေသည်။

မကြာမီပင်လျှင် သူသည် နံငယ်ရေလဲပိုင်းကလေးဝတ်လျက် ရေချိုးခန်းထဲတွင် ရောက်နေလေသည်။ ရေချိုးခန်းတံခါးကို ပိတ်ထားရုံနှင့် အားမရသေးဘဲ ပြတင်းပေါက်ကိုလည်း ပိတ်လိုက်လေသေးသည်။ ပြတင်းပေါက်ပေါ်ရှိ မှန်လယ်ပေါက်မှ လေတဟူးဟူးဝင်နေလေသည်။ ဦးသာခင်သည် အလွန်လုံခြုံသော အခန်းထဲ၌ တစ်ကိုယ်တည်း ရောက်နေသည်ကို ကျေနပ်နေသည်။ လွတ်လပ်သလိုလိုဖြစ်နေမိသည်။ သူသည် ရေအိုးထဲမှ ကြေးဖလားကြီးနှင့် ခပ်ပြီး

ပခုံးမှလွဲ၍ ရေလောင်းချလိုက်သည်။ ထို့နောက် အထက်သို့ မျက်စောင်းတစ်ချက် ထိုးလိုက်ပြီးလျှင် အနီးရှိ ဘုံပိုင်ခေါင်းကို လှည့်လိုက်ရာ၊ သူ့ကိုယ်ပေါ်သို့ ရေပန်းဖွာကျလာနေသည်။ သူသည် တဖွားဖွားကျလာသော ရေပန်းအောက်တွင် တစ်မိနစ်ခန့်ငြိမ်ရပ်နေပြီးမှ လက်တွင်ရှိသော ကြေးဖလားကြီးကို မှောက်၍ ညာလက်မောင်းနှင့် ပတ်ထားပြီးလျှင် ဖလားကြီးအောက်ခံကို ဘယ်လက်သီးဖြင့်ထုကာ "ရွှေအိုးစည် လွယ်သလေလေ့ လွယ်သလေလေ့ လိမ်ဖယ်ဖယ်တီးပါ့ မောင်ရယ်" ဟု အသံကလေး ခပ်အုပ်အုပ်ဆိုကာ အိုးစည်က ကလေသည်။

အစ၌ အသံခပ်အုပ်အုပ်၊ ခြေလက်ခပ်ဆိုင်းဆိုင်းဖြစ်သော်လည်း သုံးလေးမိနစ်အတွင်း၌ အသံကျယ်လာသည်နှင့်အမျှ မောင်မာဒင်နည်းအတိုင်း ရေတဖွားဖွားအောက်တွင် ခုန်ပေါက်၍ နေလေသည်။

သူသည် လူမမည်အရွယ်က ကိုယ်တုံးလုံးနှင့် မိုးရွာထဲလျှောက်ပြေးရသကဲ့သို့ လွတ်လပ်ပျော်ရွှင်နေလေသည်။ တစ်ချီကပြီးသည်နှင့်တစ်ပြိုင်နက် ဆပ်ပြာစင်ပေါ်၌ရှိသော ထောက်မှန်ကလေးကို လှမ်းယူ၍ သူ့မျက်နှာကိုကြည့်ပြီးလျှင် အားရပါးရ ရယ်လိုက်လေသည်။ ။

(ရှုမဝ၊ ၁၉၅၉)

ခက်ဆစ်များ

တစ်ရပ်တစ်ကျေး (န) 外地，异乡；远方

သိက္ခာ (န) 荣誉，威信

သမာဓိ (န) 正直，正义感

သမာဓိမြို့ဝန် (န) 名誉市长，名誉镇长

မိတ်သင်္ဂဟ (န) 朋友

မျက်စောင်းထိုး (န) 斜对面

စကားစ (န) 话题；尚未说完的话

ဣန္ဒြေ (န) 端庄，严肃

မျက်နှာလိုက် (က) 看情面，徇私

အငြိမ်မနေ (က) 好动，没个安静的时候

နောက်တီးနောက်တောက် (ကဝ) 诙谐，开玩笑

ရူးပေါပေါ (ကဝ) 傻呵呵，疯疯癫癫

ခွစာ (န) 爱顶牛的人，喜欢与人作梗的家伙

လေပေးဖြောင့် (က) 说话投机

စွာကျယ်စွာကျယ် (ကဝ) 撒泼地，盛气凌人，神气地，(说话)蛮横

စီးပိုး (က) 欺负，压迫

လူတစ်လုံးသူတစ်လုံး (န) 像样的生活

နှင်းအပ် (က) 授以，赋予

ဇာတာပါ (က) 命里注定

ကျင့်သားရ (က) 习惯于

ဒွန်တွဲ (က) 并存，伴随

တရားလို (န) 原告

တရားခံ (န) 被告；犯人，罪人

ထွက်ဆို (က) 出庭陈述，出庭说明（案情）

အမှုသည် (န) 案件的当事人（包括原告和被告）

မုသား (န) 谎话

နှုတ်ခမ်းမွေး (န) 小胡子

စွဲထင် (က) 显现，萦绕

ဓာတ်တူနံတူ (န) 秉性、脾气相同，生辰属相相同

သီလဝ (န) ရမည်းသင်း侯的名字，此人少言寡笑；少言寡笑的人，严肃的人

ပါလီမန်အမတ် (န) 议员

ပါရမီ (န) 嗜好，习性

ဆွမ်းဆန်စိမ်း (န) 布施用的米和其他物品

လက်ကန်တော့ထိုး (က) （一种穿僧衣的方法）将僧衣一边披在肩上另一边夹在另一只手臂下

အူနှိပ် (က) 〈喻〉捧腹大笑

အူတက် (က) 〈喻〉捧腹大笑

ကတ္တားချိန် (က) 秤，过磅

နံငယ်ရေလဲပိုင်း (န) 男子洗澡时穿的筒裙

ဘုံဘိုင်ခေါင်း (န) 水龙头

စာဆိုအတ္ထုပ္ပတ္တိ

တက်တိုး (၁၉၁၃–၂၀၀၃)

တက်တိုး၏ အမည်ရင်းမှာ ဦးအုန်းဖေဖြစ်သည်။ အင်္ဂလိပ်–မြန်မာအထက်တန်းကျောင်းတွင် ဆယ်တန်းအောင်သည်အထိ ပညာသင်ကြားခဲ့သည်။ ၁၉၂၈တွင် ဂန္ထလောကဘာသာပြန်ဆုရ “**ကညာလော၊ ကျားကြီးလော**”ကို “ဗစ်တာ”ကလောင်အမည်ဖြင့် စတင်ရေးခဲ့သည်။ ရန်ကုန်တက္ကသိုလ်တွင် ပညာဆည်းပူးခဲ့ရာ ဝိဇ္ဇာတွဲ(၁၉၃၈–၃၉)ကို ရရှိခဲ့သည်။ ၁၉၄၀ပြည့်နှစ်တွင် တက္ကသိုလ်အင်္ဂလိပ်စာဌာန၌ နည်းပြဆရာအဖြစ် ဆောင်ရွက်သည်။ ထို့နောက်စုံထောက်မင်းကြီးရုံးတွင် ဘာသာပြန်အရာရှိ၊ ပြန်ကြားရေးဌာနဘာသာပြန်ဌာနခွဲတွင် စာတည်းအဖြစ် တာဝန်ထမ်းဆောင်သည်။

ထို့နောက် အစိုးရအလုပ်မှထွက်ကာ မြန်မာနိုင်ငံ ကမ္ဘာ့သတင်းဌာနမှူး၊ အမေရိကန်သတင်းမဂ္ဂဇင်း “တိုင်း”၏ မြန်မာနိုင်ငံသတင်းထောက်၊ တော်လှန်ရေးကောင်စီအစိုးရလက်ထက်တွင် မြန်မာ့သတင်းစဉ်(နိုင်ငံခြား)အယ်ဒီတာချုပ်၊ ပြန်ကြားရေးဌာနခွဲညွှန်ကြားရေးမှူးအဖြစ် ဆောင်ရွက်ပြီး အငြိမ်းစားယူသည်။ ထို့နောက် ပညာရေးဝန်ကြီးဌာနတွင် အတိုင်ပင်ခံပုဂ္ဂိုလ်အဖြစ် ဆောင်ရွက်သည်။

စာပေဝန်ထမ်းအဖြစ် ဂန္ထလောက အယ်ဒီတာအဖြစ် ဆောင်ရွက်ခဲ့သည်။ **မင်းမှုထမ်း** လုံးချင်းဝတ္ထုဖြင့် ၁၉၅၀ပြည့်နှစ် စာပေဗိမာန်ဝတ္ထုရှည်ဆု ချီးမြှင့်ခြင်းခံရသည်။ စာရေးဆရာ၊

ဘာသာပြန်ဆရာအဖြစ် ဝတ္ထုတိုများ၊ ဆောင်းပါးများ များစွာရေးသားခဲ့သည်။ “**အရမ်း ဘာသာမပြန်နဲ့**”၊ “**စာပေသည် စာပေအတွက်**” ဟူသည့်စကားများကြောင့် ထင်ရှားခဲ့သည်။

လေ့ကျင့်ခန်း

၁။ ဤဝတ္ထုတို၏အမည်နှင့် ဝတ္ထုဦးတည်ချက်တို့ ဆက်စပ်မှုရှိပါသလား။

၂။ ဝတ္ထုတိုတွင် ဇာတ်လမ်းထက် လူ့သဘာဝအဖွဲ့ကိုသော်လည်းကောင်း၊ ဘဝပြဿနာအဖွဲ့ကို သော်လည်းကောင်း အဓိကထား၍ ရေးဖွဲ့သည်ကို သင်နှစ်သက်ပါသလား။

သင်ခန်းစာ(၁၄) ဆည်းဆာ၏ အားမာန်အလှ

作品导读

貌龙景（1938—1992）最初以诗人身份进入文坛，继而开始小说创作。擅长生活情感题材，笔法清新秀逸，文雅庄重。《黄昏的魄力》（1977）讲述退休校长吴巴棉在妻子病故一周年祭日，到妻子墓碑前撒下了她生前最喜爱的黄玉兰。从墓地回家途中，吴巴棉遇到几位学生、熟人和朋友，打招呼中有人夸他年富力强，有人劝他续弦，这触动了吴巴棉一直以来没有打开的一扇心门。小说描写男主人公在扫墓归来一路上的所遇所思所想，结构看似简单，实则巧妙。作品通过人物的简单对话和途中不同的景致，不断调节主人公的思绪和心情，将对往事的追思、未来的憧憬、眼前的打算融会贯通，深入细致地表现了人物的思想和情感活动。最后当主人公作出决定并准备立即付诸行动时，黄昏时分一抹美丽的晚霞正把天空映得通红，它象征主人公新的人生阶段的开始。作者以画家的眼睛、作家的头脑，把文中的景色描摹得如油画一般。庄严肃穆的墓地，广袤无垠的田野，与人物内心形成自然的互动，发出真实生活的回响。

ဆည်းဆာ၏ အားမာန်အလှ

မောင်လွန်းကြင်

“ဒေါ်သက်ခင်
၁၃၃၅ခုနှစ်၊ တပို့တွဲလဆုတ် ၈ရက်နေ့
အနိစ္စရောက်သည်။”

အငြိမ်းစားကျောင်းအုပ်ကြီး ဦးဘမြိုင်သည်၊ အုတ်ဂူခေါင်းရင်းထိပ်၊ စကျင်ကျောက်ပြားပေါ်တွင် ထွင်းထုထားသော ကမ္ပည်းစာတမ်းကို စိတ်ထဲတွင် ခပ်ဖြည်းဖြည်းဖတ်လိုက်လေသည်။

အုတ်ဂူပြုလုပ်ပြီးစီးသည့်နောက် တော်တော်နှင့် ဤနေရာသို့ ပြန်မရောက်ခဲ့။ ဤနေရာသို့

ရောက်၍ ဤအုတ်ဂူကို မြင်လေတိုင်း၊ အဟောင်းတွေ အသစ်ဖြစ်ရမှာ စိုးမိသည်။ လွန်ခဲ့သည့် တစ်ပတ်ကျော်ကမူ အုတ်ဂူပတ်ဝန်းကျင် သန့်ရှင်းစေရန်နှင့် အုတ်ဂူကို ထုံးအသစ်သုတ်ရန် အလုပ်သမားများအား စီမံခိုင်းစေရန် ရောက်ခဲ့ရသည်။ အုတ်ဂူအနီးရှိ ပေါင်းမြက်ချုံနွယ်များကို မိမိကိုယ်တိုင် သုတ်သင်ရှင်းလင်းခဲ့သည်။ ကျောက်ပြားမှ ကမ္ပည်းစာသားကို ထင်ရှားပီသ ညီညာစေရန် မိမိကိုယ်တိုင် ဆေးရောင်အနက်ဖြင့် ထပ်၍ရေးခြယ်ခဲ့သည်။

သက်တမ်းရှည်ကြာခဲ့ပြီဖြစ်သော ကုက္ကိုပင်အိုကြီးများ၊ ညောင်ချဉ်ပင်ကြီးများနှင့် ခမောင်းပင်များ အုပ်ဆိုင်းကာ ဤသုသာန်မြေပတ်ဝန်းကျင်သည် တိတ်ဆိတ် ငြိမ်သက်လျက်၊ သေခြင်းတရား၏ အနက်အဓိပ္ပာယ်ကို သင့်တင့်လျောက်ပတ်စွာ ဆောင်နေသလို ရှိ၏။ သစ်ရွက်သစ်ခက်များ လေတိုးသံ၊ တောငှက်ငယ်များ၏ တေးဆိုမြည်ကျူးသံ၊ မြို့နှင့် သုသာန်မြေကို ခွဲခြားထားသည့် စမ်းသာသာ ချောင်းငယ်လေးဆီမှ ရေစီးဆင်း ပလုံပွက်သံများကို ပီပီသသကြားနေရသည်။ နိမ့်လျှော ကျဆင်းစပြုနေပြီဖြစ်သော ဆောင်းနှောင်းနေခြည်ဖျော့သည် သစ်ရွက်သစ်ကိုင်းများအကြားမှ ထိုးဖောက်ကာ အုပ်ဂူမြေပုံများပေါ်တွင် ဆန်းကြယ်သော ပန်းကွက်ပန်းခက် အပြောက်အမွှမ်းကို ထင်စေပြန်၏။

ဦးဘမြိုင်သည် စိမ်းလဲ့သော ငှက်ပျောညွန့်ဖက်ကတော့ဖြင့် တရိုတသေ ထုတ်ယူလာခဲ့သည့် ပေါ်ဦးပေါ်စ စကားဝါပန်းပွင့်ကလေးများကို ဇနီးသည်၏ အုတ်ဂူခေါင်းရင်းထက်တွင် ညင်သာစွာ ဖြန့်ခင်းတင်ထားလိုက်သည်။

နံနက်စျေးမှ သမီးဖြစ်သူ ဝယ်ယူလာခဲ့ပြီး၊ ရေခဲသေတ္တာထဲတွင် ထည့်ထားခဲ့သည့် စကားဝါပွင့်ငယ်များသည် ယခုတိုင် လတ်ဆတ်စိမ်းလန်းဆဲပင်။ ညိုရွှေရောင် ကတ္တီပါသွေးဖျော့ ရိုးညှာနှင့် ဝင်းဝါကော့ညွတ်သော ပွင့်ဖတ်ပွင့်လွှာများအကြား၌ ရေစက်ငယ်များ သီးဥလျက်၊ စိမ်းဆတ်မွှေးထုံဆဲပင်။ စကားဝါပွင့်များမှ ရေသီးရေဥငယ်များသည် ထုံးသုတ်ပြီးစ အုတ်ဂူဖြူဖြူဖွေးဖွေးတွင် စွန်းကွက်ပြန့်သွားကြသည်။

သြော် ... မသက်ခင် ... မသက်ခင်။ ပန်းတကာပန်းထဲတွင် စကားဝါပန်းကိုမှ နှစ်သက်မြတ်နိုးလှသည်။ စကားဝါပန်းများ လှိုင်လှိုင်ပေါ်သည့်ရာသီဆိုလျှင် အိမ်ရှေ့ဘုရားစင်သည် စကားဝါပန်းရနံ့ဖြင့် မပြတ် မွှေးကြိုင်ခဲ့သည်။ ပန်ရသည်ကို အားမရနိုင်းသေး၍ ညအိပ်ရာဝင်တိုင်း ခေါင်းအုံးနံဘေးတွင် စကားဝါပန်းများ အမြဲထား၍ အိပ်တတ်သည်။ စကားဝါနံ့သင်းထုံသော နုပျိုသည့် အတိတ်ညများကို လွမ်းဆွတ်မိသေးသည်။ စကားဝါပန်းများ ပေါ်စပြုခဲ့ပြန်ပြီ။ ယခုအချိန်မှာတော့ စကားဝါပန်းချစ်သူသည် ဘယ်နေရာ၊ ဘယ်ဒေသ၊ ဘယ်ကမ္ဘာ၊ ဘယ်ဘဝကို ရောက်ရှိနေမည်လဲ မသိပြီ။

စကားဝါပန်းကိုမှ ကြိုက်နှစ်လှသည့် ဇနီးသည်ကို ရည်စူး၍ စကားဝါပင်ပေါက်ကို

ချင်းအမျိုးသား ဗုဒ္ဓဘာသာဝင်များ နေထိုင်ရာ "ရှင်အောင်ရွာ" ရှိ တပည့်ဖြစ်သူ မူလတန်းပြ ဆရာတစ်ဦးထံ ရှားရှားပါးပါး မှာယူခဲ့ပြီး အုတ်ဂူခေါင်းရင်းတွင် မိမိကိုယ်တိုင် စိုက်ထား ခဲ့သည်။ လွန်ခဲ့သည့် မိုးဦးကျက စိုက်ပျိုးခဲ့သော စကားဝါပင်ပျိုငယ်သည် ယခု ဆောင်းနှောင်း ရာသီတွင် စိမ်းဖတ်နုဝေသော မြရိပ်ဆင်ကာ လူတစ်ရပ်သာသာ ရှင်သန်ကြီးထွားလာခဲ့ပြီ။

ဩော် ... ဘာလိုလိုနှင့် ဇနီးသည် ကွယ်လွန်ခဲ့သည်မှာ ယနေ့ဆိုလျှင် တစ်နှစ်တင်းတင်း ပြည့်မြောက်ခဲ့ပြီ။ သွားလေသူအဖို့ မတွေးမထင်တတ်တော့သော်လည်း ကျန်ရစ်သူအဖို့တော့ သတိရဆဲ၊ အမှတ်ရဆဲ၊ အသစ်ဖြစ်ဆဲပင်။

ဇနီးသည် ကွယ်လွန်ခဲ့သည့် တစ်နှစ်စေ့မြောက်သော နှစ်လည် အထိမ်းအမှတ်အဖြစ် နံနက်ကပင် အဣ္ဍကဝါသီ "သိမ်းကုန်း" ကျောင်းတိုက်ဆရာတော် ဦးပညိန္ဒြယကို အိမ်သို့ ပင့်ဖိတ်ကာ ဒံပေါက်ဆွမ်းကျွေးခဲ့သည်။ ဇနီးသည်အကြိုက် ရခိုင်မုန့်ဟင်းခါးကို ငါးဓားလွယ် များများ၊ ငရုတ်ကောင်း၊ ကြက်သွန်ဖြူကဲကဲနှင့် ချက်ကာ၊ ဆရာတော်အား ကပ်လှူခဲ့သည်။ သည်ကောင်းမှု ကုသိုလ်ကံ စေတနာအကျိုးအတွက် တမလွန်မှ ဇနီးသည် သာဓုခေါ်နိုင်ရန် မေတ္တာပို့ အမျှပေးဝေခဲ့သည်။

ဦးဘမြိုင်သည် ဖြည်းညှင်းစွာ သက်ပြင်းချလိုက်ပြီး အုတ်ဂူမှ မျက်နှာလွှဲကာ မြို့ဘက် ဆီသို့ ငေးမျှော်ကြည့်လိုက်သည်။

လယ်ကွင်းများကို ဖြတ်ကျော်ကာ မြို့အနောက်ဘက်ပိုင်း အိမ်ခြေရာခြေ တစ်စိတ် တစ် ဒေသကို သစ်ပင်များအကြားမှ တွေ့မြင်ရသည်။ စိမ်းညို့သော ကုက္ကိုပင်တန်းကို နောက်ခံထား ကာ အဝါနုရောင် ပြည်သူ့ဆေးရုံအဆောက်အအုံ၊ ပုပုနိမ့်နိမ့်ကို ရှေ့နှစ်ဖာလုံသာသာ ကွင်းစပ် တွင် တသီးတခြား မြင်တွေ့နိုင်သည်။ မှိုင်းပြာသော တောင်တန်းတောင်ကုန်းများ ပတ်လည် ဝန်းရံသည့် ရခိုင်ရိုးမတောင်ခြေရင်းမှ မိမိမွေးဖွားရာဇာတိ ဤတောင်ကြား မြေပြန့် မြို့ကလေး ကား၊ အမှန်တကယ် စိတ်ကြည်နူးချမ်းမြေ့ဖွယ် ဖန်တော့သည်။

မိမိရောက်ရှိနေရာ သုသာန်မြေပတ်ဝန်းကျင်ကို ကြည့်မိပြန်၏။ ဤသင်္ချိုင်းသုသာန်မြေ သည် မြို့အနောက်ဘက်ရှိ "နံတော်" တောင်ခြေရင်း မြေပြန့်မှ သည်တောင်စောင်း တောင်ကုန်း များအထိ အစီအရီအဆင့်ဆင့် တည်ရှိနေကြသည့် အထိမ်းအမှတ် မြေပုံမှတ်တိုင်များ၊ ပုံသဏ္ဌာန် အမျိုးမျိုး အုတ်ဂူဖြူဖြူဖွေးဖွေး ညိုညိုညစ်ညစ်များ တောင်ခါးပန်းမှ ချိန်နဲ့သော ကမ္ဘဋ္ဌာန်း ကျောင်းဝါးတဲငယ်။ တောင်ခြေ ညောင်ညိုရိပ်မှ မဲညစ်သော ဇရပ်အိုအို ကုပ်ကုပ်ကြီး။ သုသာန် အဝင်ဝမှ မိုးကြိုးခထားသည့် တစ်ဝက်တစ်ပြက် မီးကျွမ်းနေသော ပိတောက်ပင် ခြောက် ကိုင်းကိုင်းကြီး။

ဤဝန်းကျင် ဤဒေသ၌ မြင်မြင်သမျှ ဝတ္ထုပစ္စည်း အစုအဝေးသည် ဇရာ၊ ဗျာတိ၊ မရဏာ

တည်းဟူသော အိုနာသေခြင်း၏ နိမိတ်လက္ခဏာ၊ အနိစ္စတရား၏ မတည်မြဲခြင်းသဘောကို ဖော်ညွှန်းဟန်ရှိ၏။ ဤမတည်မြဲသောတရားကို ကိုယ်ပိုင်ဉာဏ်ဖြင့် သိမြင်ဖို့ လိုလှသည်။ ထို့ကြောင့်ပင် "အနိမိတ္တာနုပဿနာဝေဟိ"ဟု ရှင်တော်မြတ်ဘုရားဟောကြားခဲ့သည်။ အမြဲတည်နေဟန် သဏ္ဌာန်နိမိတ်ကင်းသော အနိစ္စာနုပဿနာဉာဏ်ကို ပွားများရပေမည်။ ဦးဘမြိုင်သည် တဒင်္ဂပဟာန်အားဖြင့် အနိစ္စာနုပဿနာဉာဏ်စဉ်ကို ရလိုခြင်း ပြင်းပြမိသည်။

ခပ်ဝေးဝေး တောင်ခြေတောစပ်မှ အိပ်တန်းတက်ရန် တာစူနေဟန်တူသည့် တောကြက်ဖ တစ်ကောင်၏ စူးစူးလွင်လွင် တွန်မြည်သံကို ကြားလိုက်ရသည်။ နေတောင် အတော်စောင်းခဲ့ပြီ။ အိမ်ပြန်ချိန်သင့်ပြီ။

ဦးဘမြိုင်သည် အနီးရှိခမောင်းပင်စည်တွင် မှီတောင်ထားသည့် ယင်းတိုက်သားအနှစ် လက်ကိုင်တုတ်ကောက်ကို ဆွဲယူလိုက်သည်။ ဇနီးသည်၏ အုတ်ဂူဆီသို့ လှည့်ကြည့်ပြန်ကာ "မသက်ခင်ရေ အမျှ... အမျှ... အမျှ... ရောက်ရှိရာ ဘုံဘဝက သာဓုခေါ်လှည့်ပါ"ဟု အသံမထွက်ဘဲ နှုတ်မှ ရွတ်ဆိုလိုက်သည်။ "သွားတော့မယ်"ဟု နှုတ်ဆက်လိုက်ပြီး တုတ်ကောက်ကို အားပြုကာ တောင်ကုန်းဆင်ခြေလျှောမှ ဆင်းခဲ့သည်။ တောင်ခြေကိုကပ်၍ ဖောက်လုပ်ထားသည့် ကျောက်တုံးကျောက်ခဲ ထိုးထောင်သော လမ်းကလေးအတိုင်း မြို့ဘက်သို့ လျှောက်လာခဲ့သည်။

မိမိ၏နောက်မှ ခလောက်ဖြူသံ တည်ညံနှင့် နွားအုပ်တစ်အုပ်၏ အသံကို ကြားရ၍ လမ်းနံဘေး မြက်ခင်းစပ်သို့ ဆင်းရှောင်ရင်း နွားအုပ်ကျော်လွန်သွားသည်ကို စောင့်ဆိုင်းနေလိုက်ရသည်။ နွားအုပ်နောက်မှ မြက်ထုပ်နှစ်ထုပ်ကို ထမ်းပိုးနှင့် ရှေ့နောက်လျှိုထမ်းလိုက်ပါလာသည့် ကျောပြောင်ပြောင်နှင့် လူတစ်ဦးက လှမ်း၍နှုတ်ဆက်လိုက်သည်။ "ဆရာကြီးပါလား အဝေးက လှမ်းမြင်ရတော့ ဆရာကြီးလို့တောင် မထင်မိဘူး၊ ဆရာကြီးက အတော့်ကို နုပျိုခဲ့တာပဲ"

မိမိအား နှုတ်ဆက်စကားပြောသူကို မိမိကောင်းစွာမမှတ်မိ။ တစ်နှစ်က မိမိမစလိုက်၍ မြေတိုင်းရုံးတွင် အလုပ်ရသွားသည့် နွမ်းပါးသော တပည့်ကျောင်းသားတစ်ဦး၏ ဘကြီးလား၊ ဦးလေးလား၊ ကောင်းစွာ မမှတ်မိ။ ထိုသူအား အလိုအလျောက် စကားပြန်ပြောလိုက်ပြီး နွားအုပ် အတော်လေး လွန်သွားပြီး ဖုန်မှုန့်များ လွင့်ပါး ပျောက်ကွယ်သွားမှ နောက်မှခပ်ဖြည်းဖြည်း လျှောက်လာခဲ့သည်။

ဦးဘမြိုင်သည် ထိုသူပြောသွားသည့်စကားထဲမှ "ဆရာကြီးက အတော့်ကို နုပျိုနေတာပဲ" ဟူသော စကားကိုတွေး၍လျှောက်ခဲ့သည်။

မိမိမှာ ငယ်စဉ်ကပင် အရက်သေစာ အသောက်အစားကင်းခဲ့သည်။ လူပျိုပေါက်အရွယ် လောက်တုန်းကတော့ စီးကရက်သောက်မှ ဂိုက်ဟန်ပိုကောင်းလှသည် အထင်နှင့် စီးကရက် သောက်ကျင့်ခဲ့သည်။ သို့သော် ကျောင်းသားကြီးဘဝ ရောက်သောအခါ လုံးဝမသောက်တော့ပေ။

ကွမ်းယာတောင် မစားဖြစ်တော့။ အားကစားဘက်၌မူ ငယ်ငယ်ကပင် ဝါသနာထုံ လိုက်စားခဲ့သည်။ မိမိတို့ခေတ်တုန်းက မိမိမကစားဖူးသော အားကစားမျိုးဟူ၍ မရှိသလောက်ပင်။ ထင်ရှားထူးချွန်ခဲ့သည်မှာတော့ ဘောလုံးကစားခြင်း၌တည်း။ ကျောင်းအသင်း၏လက်ရွေးစင် ဆယ့်တစ်ဦးထဲမှ ဘယ်တောင်ပံကစားသူ မောင်ဘမြိုင်ကို လူသိများခဲ့ကြသည်။ လူပျိုလူရွယ်ဘဝ မိန်းမနှင့်ပတ်သက်သော အပျော်အပါးလိုက်စားခဲ့သည့်အဖြစ်ကို ယခုပြန်လည်စဉ်းစားလျှင် ကောင်းစွာမပေါ်နိုင်လောက်အောင် အကြိမ်အခါအရေအတွက် အလွန်နည်းပါးခဲ့သည်။

ဤသို့ အရက်သေစာ အပျော်အပါးကင်းခဲ့ပြီး အားကစား လိုက်စားခဲ့၍လည်း မိမိမှာ ယခုအချိန်တွင် အရွယ်တင် ပျိုမျစ်နေခြင်းဖြစ်မည်။ ပြီးတော့ ဦးဘမြိုင်သည် အသားအရေ ဖြူစင်ကာ အနေတော် အရပ်မမြင့်မနိမ့်နှင့် အရိုးအဆက်မရှည်လှသူမို့ အိုစာသည့်ရုပ် တယ်မပေါ်သည်လည်း ဖြစ်နိုင်သည်။ ထို့ပြင် ငယ်ရွယ်စဉ် ကျောင်းသားဘဝမှစပြီး အဝတ်အစားနှင့်ပတ်သက်၍ ရွှေဖလားနုရောင်၊ ပန်းသွေးဖျော့ရောင်၊ အပြာနုရောင်၊ အသွေးမျိုးကိုမှ ရွေးချယ်ဝတ်ဆင်လာခဲ့သည်မှာ ယနေ့ထက်တိုင်ပဲ ဆိုပါစို့။ ပင်စင်မယူမီ သုံးလေးနှစ်ခန့်ကမှ နားသယ်ဆံစပ်တစ်ဖက် တစ်ချက်တွင် ဆံပင်ဖြူအနည်းငယ် ကျိုးကျဲပေါ်လာသည်ကို သတိထားမိခဲ့သည်။ သွားလည်း တစ်ချောင်းမှ မကျိုးသေး။ မျက်စိလည်း မှုန်သီခြင်းမရှိသေးဟု ဆိုနိုင်သည်။ စာရေးစာဖတ်ချိန် မှလွဲ၍ မျက်မှန်တပ်လေ့မရှိ။ ရုပ်ရှင်ကြည့်လျှင်တောင် မျက်မှန်မပါဘဲကြည့်၍ရသည်။

မိမိအသက်ထက် ၄–၅နှစ်မျှ ငယ်သည့်ဇနီးသည်နှင့် အတူတွဲ၍လမ်းထွက်တိုင်း ဇနီးသည်ကသာ မိမိထက် အသက်များစွာ ကြီးသည်ဟု လူတိုင်းလိုလိုက ထင်မြင်ခန့်မှန်းခဲ့ကြဖူးသည်။ ဒါကတော့လည်း ဇနီးသည်၏ အရွယ်နှင့်မလိုက်အောင် အိုစာခြင်းကြောင့် တစ်ကြောင်း ဖြစ်ပေလိမ့်မည်။ ငရုတ်သီးမပါလျှင် ထမင်းမမြိန်လှဘူးဟု ဆိုတတ်သည့် အစပ်၊ အငန်၊ အချဉ် ကြိုက်လှသူ ဒေါ်သက်ခင်သည် မိန်းမတို့ ဓမ္မတာ သွေးဆုံးပြီးစကတည်းက မီးယပ်ရောဂါ ယောင်ယောင် တရှောင်ရှောင်နှင့် နေထိုင်မကောင်း ဖြစ်ခဲ့ပြီး၊ ငယ်စဉ်က တစ်ခါတစ်ခါ ဖြစ်ပေါ်ဖူးသည့် အစာအိမ်ရောဂါသည် နောက်ဆုံး အခြေတကျ စွဲကပ်ခဲ့ရတော့သည်။ နှစ်လကြာရှည်စွာ ထိုရောဂါဝေဒနာ ဖိစီးနှိပ်စက်ခြင်းဖြင့် အသက်အရွယ်နှင့် မမျှအောင် အိုစာသွားခဲ့သည်။ သေဆုံးသောအခါမှာလည်း ထိုအစာအိမ်ရောဂါနှင့်ပင် သေဆုံးသွားခဲ့ရသည်။

ဦးဘမြိုင်သည် တဖြည်းဖြည်းနှင့် သုသာန်သွားလမ်း ကျောက်ခင်းလမ်းကလေးမှ (မြို့တွင်းသို့ရောက်လျှင် ကမ်းနားလမ်းဟု အမည်တွင်မည့်) မြို့ပြင်ရှိ ကတ္တရာခင်း ပေတစ်ရာလမ်းသို့ တက်လာခဲ့သည်။

လူရွယ် ဇနီးမောင်နှံနှစ်ဦး၊ လေးနှစ်သားအရွယ် ကလေးငယ်တစ်ဦးကို လက်ဆွဲကာ လမ်းလျှောက်လာကြသည်ကို မြင်ရသည်။ မိမိ၏ တပည့်ဟောင်းများပင်။ အနီးသို့ ရောက်သောအခါ လူရွယ်အမျိုးသားက "နေကောင်းပါရဲ့လား ဆရာကြီး"ဟု နှုတ်ဆက်၏။ ဇနီးဖြစ်သူ

အမျိုးသမီးက “ဆရာကြီးကို နေကောင်းသလား မေးစရာတောင် မလိုပါဘူး၊ ဆရာကြီးက သိပ်ကျန်းမာတာပဲ၊ မနက်တိုင်း မနက်တိုင်း ကျွန်မတို့အိမ်ရှေ့က ဖြတ်ဖြတ်ပြီး ဆရာကြီး လမ်းလျှောက်သွားတိုင်း ကျွန်မက ကိုစိုးမြင့်ကို အမြဲတမ်း ပြောနေရတယ်၊ ဆရာကြီးဟာ လူငယ်လူရွယ်လေးတစ်ယောက်လို ဖျတ်ဖျတ်လတ်လတ် သွက်သွက်လက်လက် ရှိတာ တွေ့ရတယ်၊ အရွယ်လည်း သိပ်တင်တာပဲနော်၊ ဆရာကြီးကို ဒီလိုမြင်ရတာ ကျွန်မတို့ အများကြီး ဝမ်းသာပါတယ်”ဟု ပြောပြန်သည်။

ဦးဘမြိုင်သည် ခဏမျှရပ်သည်ဆိုရုံမျှ ရပ်၍ တပည့်ဇနီးမောင်နှံကို စကားအနည်းငယ် ပြောပြီး ဆက်လက်လျှောက်လာခဲ့သည်။ သူတို့ ပြောသွားသကဲ့သို့ပင် မိမိ၏ ကျန်းမာရေးမှာ အမှန်တကယ်ကောင်းလှသည်။ ယခုအချိန် အသက်ခြောက်ဆယ်ကျော်ခဲ့သည့်တိုင် မည်မည်ရရ ဘာဝေဒနာမှ စွဲကပ်သည်ဟု မရှိဖူးပေ။ နေထိုင်မကောင်းလည်း ဖြစ်ခဲလှသည်။ ဇနီးသည် မကွယ်လွန်မီ သုံးလေးလအချိန်ကတော့ လူမမာအား အမြဲစောင့်ရှောက် ကြည့်ရှုနေရ၍ အိပ်ရေး ပျက်ကာ ညညများတွင် ဆီးမကြာခဏသွားပြီး၊ အာခြောက်ချင်သလိုလိုမို့ ဆီးချိုရောဂါများ ဖြစ်ပေါ်ချင်သလားဟု ဆေးရုံသို့သွားကာ ဆီးချက်စစ်ဆေးကြည့်ခဲ့၏။ အနည်းငယ် စိမ်းဝါချင် သယောင်မို့ အတတ်နိုင်ဆုံး အချိုကို လျှော့စားခဲ့သည်။ ကုန်ခဲ့သည့် ခြောက်လခန့်က ပြန်လည် စစ်ဆေးကြည့်တော့ ပြာကြည်သော ဆီးအရောင်ကို မြင်တွေ့မှ စိတ်ချသွားသည်။ သည်တစ်ခုပဲ ရောဂါဝေဒနာရယ်ဟု ပြောနိုင်တော့သည်။

ကျန်းမာရေးနှင့် ပတ်သက်၍ မိမိကိုယ်ကို အထူးဂရုစိုက်ခဲ့သည်။ နွေ၊ မိုး၊ ဆောင်း၊ ရာသီ မရွေး နံနက်တိုင်းလိုလို ငါးနာရီခန့်တွင် အိပ်ရာမှ မှန်မှန်ထကာ မြို့ကိုတစ်ပတ်ပတ်၍ လမ်း လျှောက်သည်။ ညနေ ရေမချိုးမီ ဆယ်မိနစ်ခန့် ကိုယ်လက်လှုပ်ရှားမှု မှန်မှန်လုပ်သည်။ အဆီကို ပွားစေတတ်သည့် အစားအစာကို တတ်နိုင်သလောက် လျှော့စားသည်။ ဇနီးသည် မကွယ်လွန်မီ ရှစ်လခန့်က မိမိမှာ အသက်ခြောက်ဆယ်ပြည့်ခဲ့၍ ဥပဒေစည်းမျဉ်းအရသာ ကျောင်းအုပ်ကြီး ဘဝမှ အငြိမ်းစားယူခဲ့ရသည်။ အမှန်တကယ် မိမိသည် နောက်ဆယ်နှစ် လောက် အလုပ်လုပ်နိုင် သေးသည် မဟုတ်ပါလား။ သည်လို ကျန်းမာရေးကို ဂရုတစိုက်ရှိ၍ လည်း အသက်အရွယ်နှင့် မမျှအောင် ကျန်းမာနုပျိုခြင်း ဖြစ်သည်။

ဦးဘမြိုင်သည် မိမိကျန်းမာရေးနှင့် အရွယ်တင် နုပျိုခြင်းတို့ကို တသီတတန်းကြီး စဉ်းစား လျှောက်လာခဲ့၍ ဘေးဘီသို့ပင် ဂရုမစိုက်မိဘဲ မိမိအတွေး၌ နစ်မျောလာခဲ့သည်။

“စိုက်စိုက်စိုက်စိုက်နဲ့ ဘယ်ကများလာခဲ့သလဲ ကိုဘမြိုင်ရဲ့” ဟူသော အသံကိုကြားမှ ခေါင်းမော့ကြည့်မိသည်။ မိမိရှေ့တူရူ ပေတစ်ရာလမ်းပေါ်တွင် လမ်းလျှောက်လာသော အမျိုး သမီးကြီးတစ်ဦးကို တွေ့လိုက်မှ ရပ်တန့်လိုက်ပြီး “မထွေးပါလား၊ ကျုပ် မသက်ခင်ရဲ့ အုတ်ဂူက ပြန်လာတာ၊ မသက်ခင် ကွယ်လွန်တာ ဒီနေ့ဆို တစ်နှစ်တိတိ ပြည့်ပြီလေ” ဟု ပြောလိုက်သည်။

ဒေါ်ထွေးခင်မှာ မိမိနှင့် အသက်အရွယ် တစ်တန်းတည်း၊ တစ်မြို့တည်းနေ တစ်ရေတည်း သောက်ကြသည့် ကစားဖော်ကစားဖက် ရင်းနှီးသော သူငယ်ချင်းများ ဖြစ်ကြသည်။ ယခုအချိန်မှာ သူ့တွင်လည်း သားကြီး၊ သမီးကြီး၊ မြေးကြီးများနှင့် ရှိခဲ့ပြီ။

"မသက်ခင်ဆုံးတာ တစ်နှစ်တောင်ပြည့်ပြီနော်၊ ဒါတောင်ကြာတယ် မထင်လိုက်ဘူး၊ အင်း ... သေလူလည်း သေပြီပေါ့လေ၊ ကျန်သူအဖို့လည်း တင့်တောင့်တင့်တယ်ဖြစ်ဖို့ လိုသေးတာပေါ့ရှင်" ဟု ဒေါ်ထွေးခင်ကပြော၏။

"ဘာကို ဆိုလိုတာလဲ မထွေးရဲ့"

"ဩော် ... ရှင့်ကြည့်ရတာ သိပ်အရွယ်တင်တာပဲ၊ မသက်ခင်ဆုံးပြီးမှ ပိုလို့တောင်ဝပြီး နုပျိုလာသလို ထင်မိတယ်၊ ရှင် ဒီအတိုင်းပဲ နေတော့မလား၊ ခုတော့ နေလို့ရပေမဲ့ ဒီထက်အသက်ကြီးလာရင်တော့ ဆေးပေးမီးယူ၊ ကူဖော်လောင်ဖက် မကျန်းရေးမမာရေးမှာ ပြုစုမယ့်သူလိုတာပေါ့ရှင့်၊ တစ်ပင်လဲမှတစ်ပင်ထူဆိုတဲ့ စကားလည်း ရှိတယ် မဟုတ်လား"

သည်တော့မှ ဦးဘမြိုင်က မသိမသာပြုံးကာ "ကျုပ်ဒုက္ခမရှာချင်တော့ပါဘူး"ဟု ပြောလိုက်ရတော့သည်။

"အိမ်ထောင်ပြုတာဟာ ဒုက္ခမဟုတ်ပါဘူးရှင့်၊ သုခပဲမဟုတ်လား၊ အဝေးက မြင်ရတော့ ရှင်က လူပျိုလေးအတိုင်းပဲမို့ တိုက်တွန်းရတာ၊ ဒီထက်မအိုခင် အချိန်ရှိခိုက် လုံ့လစိုက်လိုက်ပါဦး"

ဒေါ်ထွေးခင်သည် ငယ်ငယ်က ဝါသနာအတိုင်း အရွှန်းကလေး ဖောက်ပြောရင်း ဆက်လက် လျှောက်သွားမှ ဦးဘမြိုင်လည်း မြို့ဘက်သို့ ဆက်လက်လျှောက်လာခဲ့သည်။

နောက်အိမ်ထောင်ပြုရန် ရည်ညွှန်းပြောဆိုသွားသည့် ဒေါ်ထွေးခင်၏စကားကို စဉ်းစားမိပြန်သည်။ ဒေါ်ထွေးခင်သည် မိမိအား နောက်ပြောင်ပြောသည်ထားဦး၊ သူပြောသွားသည်မှာ သဘာဝတော့ကျသည်။ တကယ်တမ်း အိမ်ထောင်ပြု မပြုဆိုသည်ကိုတော့ မိမိဘာသာ စဉ်းစားရန်သာ ရှိသည်။

မိမိကိုယ်တိုင်လည်း ဇနီးသည် ကွယ်လွန်ပြီး ခြောက်လကျော်ကျော် အချိန်ကြာမြင့်ခဲ့သည့် နောက်ပိုင်းတွင် ဤအတွေးမျိုးဖြစ်ပေါ်ဖူးသည်။ အိပ်မပျော်သည့် တိတ်ဆိတ်သော ညဥ့်ယံမျိုးနှင့် တစ်ကိုယ်ထီးတည်း ပျင်းရိငြီးငွေ့စိတ်ပေါ်သောအခါမျိုးတွင်တော့ တစ်ခါတစ်ရံ ဖြစ်တတ်ဖူးသည်။ သည်အတွေးမျိုးသည် ရေးရေးမှိန်မှိန် ဖြစ်ပေါ်လာတတ်ကာ ငုပ်ချည်ပေါ်ချည် ရှိ၏။ သို့သော် မိမိ၏ စိတ်သန္တာန်၌ သည်အရေးကို ကြာရှည်တွေးခွင့်မပေးခဲ့၊ တွေးမိသည်နှင့် ဖျောက်ဖျက်နှင်ထုတ်ပစ်ခဲ့သည်။ သင့်တော်ပါမည်လားဟု ဝေခွဲမရခြင်းလည်း ဖြစ်၏။

ဦးဘမြိုင်သည် ဇနီးမယားအပေါ်၌ လင်ဝတ္တရားကျေပွန်သော၊ သစ္စာရှိသော လင်သည် ဖြစ်ခဲ့သည်။ နာတာရှည်ရောဂါသည် ဇနီးကို မငြိုမငြင် ပြုစုယုယခဲ့သည်။ ဇနီးအတွက် ငွေကြေး

များစွာ အကုန်အကျခံ၍ အလိုရှိသော နိုင်ငံခြားဆေးများကို မရရအောင် ရှာဖွေဝယ်ခိုင်းခဲ့သည်။ မိမိမှာ ကျန်းမာသန်စွမ်းပါလျက်၊ ကမ္ဘဋ္ဌာန်းရုပ်သာသာ ပိန်ခြောက်ခြောက်ဇနီးသည်ကို ကြည့်၍ စိတ်ပျက်ခြင်းမျိုး မဖြစ်ချင်ခဲ့။ မသက်ခင် ကျန်းမာနုပျိုစဉ်က မိမိအပေါ် ချစ်မြတ်နိုးခဲ့ပုံ၊ မယား ဝတ္တရား ကျေပွန်ခဲ့ပုံများကို မြင်ယောင်ကာ ဇနီးသည်ကို ကြင်နာစိတ်သာ ပိုမိသည်။

တကယ်တော့လည်း မိမိနှင့် မသက်ခင်သည် တစ်ဦးအပေါ်တစ်ဦး ချစ်ကြိုက်လှ၍ အခက် အခဲအမျိုးမျိုးကို တွန်းလှန်ကျော်လွှားကာ ပေါင်းသင်းနေထိုင်ခဲ့ကြသည့် ငယ်လင် ငယ်မယားဖြစ် ကြသည် မဟုတ်ပါလား။ သာမန်စာရေးတစ်ဦး၏ သားမျှသာ ဖြစ်သော မောင်ဘမြိုင်ကို မသက် ခင်၏ မိခင်ဝန်ထောက်ကတော်ကြီးက အလိုမတူခဲ့၍ ခိုးပြေးခဲ့ရသည် မဟုတ်ပါလား။ သမီးမိုက် ကို မိဘနှစ်ပါးက ပစ်ထားခဲ့ကြပြီး မိမိတို့တွင် တစ်ဦးတည်းသော သမီးလေး ဖြူဖြူကို မွေးပြီး နောက်မှ သူတို့အသိုင်းအဝိုင်းနှင့် ရောနှောဆက်ဆံခွင့်ရခဲ့သည် မဟုတ်ပါလား။

ဦးဘမြိုင်သည် အတွေးတွင် ဆက်မပြတ် တွေးတောလာခဲ့ရင်းက မြို့အဝင်ဝရှိ ခြံဝင်း ကျယ်နှင့် တိုက်ခံအိမ်ကြီးတစ်အိမ် ရှေ့နားသို့ ရောက်လာခဲ့၏။ ယခင်က စက်ရှင်တရားသူ ကြီး၊ ယခု အငြိမ်းစားယူကာ ရှေ့နေလိုက်နေသော ဦးကျော်ခိုင်၏အိမ်ဖြစ်သည်။ ဦးကျော်ခိုင်မှာ မိမိထက် အသက်လေးငါးနှစ်မျှ ကြီးသော်လည်း ကျောင်းတုန်းက တစ်တန်းတည်း နေခဲ့ကြ သည်။ မိမိတို့မိသားစုနှင့် ရင်းနှီးကျွမ်းဝင်သူ ဖြစ်သည်။ အိမ်ရှေ့ပန်းခြံမြက်ခင်းတွင် လမ်း လျှောက်နေသော ဦးကျော်ခိုင်သည် မိမိကိုမြင်သောအခါ ခြံတံခါးဝသို့လျှောက်လာသောကြောင့် မိမိသည်လည်း လမ်းပေါ်မှ ဝင်းတံခါးအနီးသို့ ကပ်သွားကာ ရပ်လိုက်ရတော့သည်။

"အိမ်ထဲမဝင်တော့ဘူးလား"ဟု ဦးကျော်ခိုင်က စတင်မေးသည်။ မိမိတစ်ခါတစ်ခါ လမ်း လျှောက်ရင်း ဦးကျော်ခိုင်ထံဝင်ကာ စကားစမြည်ပြောတတ်သည်။

ဦးဘမြိုင်က "မဝင်တော့ဘူး ကိုကျော်ခိုင်၊ နေတောင် ဝင်တော့မယ်"ဟု ပြန်ပြောလိုက် သည်။

"ဒါထက် မောင်ကျော်ညွန့် ရာထူးတိုးပြီး နယ်ပြောင်းရမလိုလို၊ ဟိုတစ်နေ့က ရုံးမှာ ငါကြားလာခဲ့တယ်၊ ဟုတ်ရဲ့လား"ဟု ဦးကျော်ခိုင်က မေးပြန်သည်။

မောင်ကျော်ညွန့်ဆိုသူမှာ မိမိသမီးဖြူဖြူ၏ ခင်ပွန်း၊ တရားရေးဦးစီးဌာနမှ တရားရေး ဝန်ထမ်းအဆင့်(၃)ခေါ် မြို့နယ်တရားရေးဦးစီးဌာနမှူး ဖြစ်သည်။

"အဲဒီလိုတော့ မောင်ကျော်ညွန့်တစ်ရက်တုန်းက ပြောတယ်၊ ချက်ချင်းတော့ မဟုတ်သေး ဘူး ထင်ပါတယ်"

"သူတို့နယ်ပြောင်းရင် မင်းလည်းလိုက်သွားရတော့မှာပေါ့"

"ကျွန်တော်မလိုက်ချင်ပါဘူး၊ ဒီအိမ်ကြီးလည်း အိမ်ငှားနဲ့မထားခဲ့ချင်ဘူး"

ဦးကျော်ခိုင်က ဦးဘမြိုင်ဘက်သို့ တိုးကပ်လာကာ အနည်းငယ် အသံကိုနှိမ့်၍ ...

“အဲဒီတော့ မင်းနောက်အိမ်ထောင်ယူပြီး ကျန်ခဲ့ပေါ့ကွ၊ မင်းအဖို့ အဆင်ပြေသွားမှာပေါ့၊ မင်းကြည့်ရတာ အသက်ငါးဆယ်အရွယ်လောက်ပဲထင်ရတယ်၊ အိမ်ထောင်ကောင်းကောင်း ပြုနိုင်သေးတယ်”ဟု ပြောကာ အဓိပ္ပာယ်ပါပါရယ်လိုက်၏။

ဦးဘမြိုင်သည်လည်း ရောယောင်ရယ်သွေးလိုက်ရင်း “ကဲ ... ကိုကျော်ခိုင်၊ ကျွန်တော်သွားလိုက်ဦးမယ်၊ အိမ်ဘက်ရောက်ရင် ဝင်ခဲ့ဦးလေ”ဟု ပြောရင်း ဆက်လက်လျှောက်လာခဲ့သည်။

သုသာန်မှ ဦးကျော်ခိုင် အိမ်ရှေ့ ရောက်သည်အထိ နာရီတစ်စိတ်မျှသော အချိန်ကာလအတွင်း လူလေးငါးဦးခန့်နှင့် မိမိစကားပြောခဲ့သည်။ သူတို့ပြောသည့်စကားများ၏ အချုပ်မှာ တစ်သဘောတည်းလိုလို ဖြစ်သည်။ မိမိမှာ အရွယ်တင် နုပျိုလှကြောင်း၊ ကျန်းမာရေးကောင်းမွန်ကြောင်း၊ နောက်အိမ်ထောင်ပြုရန်သင့်ကြောင်းများပင်။

သူတို့သည် သည်အချိန် သည်အခါတွင် မိမိအား တညီတညွတ်တည်း သည်စကားမျိုးပြောကြရန် အချင်းချင်း ညှိနှိုင်းတိုင်ပင်ထားကြသည်လည်း မဟုတ်။ ကိုယ့်ကိစ္စနှင့် ကိုယ့်လမ်းကိုယ် သွားရင်း သူနှင့် ကြုံဆုံခိုက်မှာ သူတို့၏ကိုယ်ပိုင်ထင်မြင်ချက်များကို ပြောကြားသွားခြင်းမျှသာ ဖြစ်၏။

မိမိသည် တကယ်ပဲ သူတို့ပြောသလို နုပျိုသလားဆိုတော့ နုပျိုသည် မှန်၏။ ကျန်းမာရေးကောင်းသလား ဆိုပြန်တော့လည်း ကောင်း၏။ နောက်အိမ်ထောင် ပြုသင့်သလားဆိုတာကတော့ မိမိအဖို့ စဉ်းစားစရာဖြစ်ပြီလေ။ မိမိမတွေးချင်၊ မသိချင်သည်ကို သူတို့က အစဖော်ပေးပြန်တော့ မိမိတွေးသင့်သည် မဟုတ်ပါလား။

ဦးဘမြိုင်သည် မိမိအိမ်ရှိရာသို့ ရောက်ရန် အနည်းဆုံး သုံးလေးဖာလုံသာသာခန့် လျှောက်ရဦးမည်။ ဤကတ္တရာလမ်းကြီးအတိုင်း လျှောက်သွားလျှင် ယခုလိုညနေစောင်း လမ်းလျှောက်ချိန်မျိုးတွင် လူအများနှင့် ရင်ဆိုင်ရဦးမည်။ လူဦးရေမများလှသော ဤတောမြို့ကလေးတွင် မိမိအားမသိမကျွမ်းသူ မရှိသလောက်မို့ သူတို့နှင့် နှုတ်ဆက်စကား ပြောရဦးမည်။ သူတို့နှင့်တွေ့လျှင် စောစောက စကားမျိုးပဲ ပြောရဦးမည်ထင်၏။ မိမိသည် တစ်ကိုယ်ထီးတည်း လွတ်လွတ်လပ်လပ် စိတ်လက်အေးအေးနှင့် တွေးစရာဖြစ်ခဲ့ရသည်ကို ဆက်လက်တွေးချင်သေးသည်။ ထို့ကြောင့် လူသူနှင့် တွေ့ရန် ခဲယဉ်းသည့် မြစ်ကမ်းစပ်မှ ဆင်းလျှောက်တော့မည်ဟု စိတ်ဆုံးဖြတ်လိုက်တော့သည်။

ဦးဘမြိုင်သည် ကတ္တရာလမ်းမှ ဖဲ့ဆင်း၍ ဆယ်နှစ်ကျော်ကျော် အချိန်ကြာမျှ ကျောင်းအုပ်ဆရာကြီးဘဝဖြင့် အုပ်ချုပ်သင်ကြားလာခဲ့သည့် အထက်တန်းကျောင်းကြီးနံဘေးမှ ဖြတ်ကာ၊ ဖုန်ထူသော လှည်းလမ်းကြောင်းအနီး၊ မြက်ခင်းစပ်မှ မြစ်ကမ်းခြေဘက်သို့ လျှောက်ခဲ့၏။

ပြောင်းပင်၊ ခရမ်းပင်၊ ငရုတ်ပင်၊ သခွားပင်၊ ဖရဲပင်၊ ဂုန်လျှော်ပင်တို့ဖြင့် စိမ်းစိုလန်းဆန်း

သော ကိုင်းခင်း၊ ယာခင်းများကို လွန်လာသောအခါ ကျွန်းနုသဲသောင်မြေသို့ ရောက်လာခဲ့သည်။ နှစ်စဉ်နှစ်တိုင်း မိုးရာသီ ရေလျှံသောအခါ တစ်ဖက်ကမ်း 'ကရော်တောရွာ'ကမ်းပါးကို ရေစွယ်ထိုးတိုက်စားပြိုပျက်ခဲ့သလောက် မြို့ဘက် သဲသောင်ပြင်သည် ပိုမိုကျယ်ပြန့်စွာ ဆန်းထွန်းလာခဲ့ရသည်။ ယခုလို ရေစစ်ချိန်ဆိုလျှင် သဲမြေကျွန်း သောင်ပြင်ကြီးသည် တစ်မျှော်တစ်ခေါ် ရှုမဆုံးအောင် ကျယ်ပြန့်လှသည်။

ဦးဘမြိုင်သည် ယာခင်းများအဆုံး သဲမြေသောင်စပ်မှ မြစ်နှင့် အလျားလိုက်ယှဉ်၍ ခပ်ဖြည်းဖြည်းလျှောက်လာခဲ့သည်။ မြစ်တစ်ဘက်ကမ်း မြေစေးကမ်းပါးယံမြင့်ကြီးကို နေရောင်ခြည်ထိုးဟပ်နေသည်မှာ နီနီစွေးစွေးနှင့် ကြည့်ကောင်းလှသည်။ မြစ်တစ်ဖက်ကမ်းရှိ လယ်ကွင်းများအဆုံးတွင် မှိုင်းပျသော ရခိုင်ရိုးမတောင်တန်းများကို နောက်ခံထားလျက် 'အံတော်' စေတီကို ကြည်ညိုဖွယ်ဖူးတွေ့ရသည်။ ယာနံ့သင်းသော ဆောင်းလေပြည်သည် ညင်းညှံ့စွာ တသုန်သုန် သွေးလျက်ရှိသည်။

စောစောက မိမိရောက်ရှိခဲ့သည့် သုသာန်မြေသည် အနိဋ္ဌာရုံများ၊ တရားကျစရာ ဝတ္ထုအဆောက်အအုံများနှင့်သာ ပတ်လည်ဝိုင်းရံနေ၍ စိတ်ဓာတ်ကျဆင်းသလိုလို၊ တရားကျချင်သလိုလို၊ စိတ်ညစ်ညူးချင် သလိုလို ရှိခဲ့သည်။ ယခုလို ကျယ်ပြန့်သာယာလှသော ရှုမြင်ကွင်းကို ပြောင်းလဲမြင်တွေ့လိုက်ရသောအခါ စိတ်ထဲတွင် လွတ်လွတ်လပ်လပ် ခံစားရကာ ကြည်နူးရွှင်ပျလာခဲ့မိတော့သည်။ ငယ်ရွယ်စဉ်ကျောင်းသားဘဝက အိမ်မှ မိဘမသိဘဲ သူငယ်ချင်းများနှင့် ဤမြစ်ကမ်းခြေသို့လာကာ ရေကူးကစားခဲ့ကြပုံ၊ ရေစစ်ချိန်တွင် မြစ်တစ်ဖက်ကမ်းသို့ ကူး၍ ရွှံ့စေးမြေကို သယ်ယူကာ လောက်စလုံးလုံးခဲ့ကြပုံများကို ပြန်လည်မြင်ယောင်လာမိ၏။ ဦးဘမြိုင်၏စိတ်သည် လူငယ်လေးတစ်ယောက်လို မြူးမြူးကြွကြွ လွတ်လပ်ရွှင်ပျလာမိတော့သည်။ သည်လိုအချိန်၊ သည်လိုစိတ်ရွှင်လန်းနေစဉ်မှာ စောစောက တွေးလက်စအတွေးကို ဆက်တွေးဦးမှပဲ၊ ဘယ်သူမှလည်း သိနိုင်တာမဟုတ်ဘူးဟု စဉ်းစား၏။

အမှန်လည်း မိမိသည် အများသိကြသည့်အတိုင်း အသက်ခြောက်ဆယ်ကျော်ပြီ ဖြစ်သော်လည်း၊ နုပျိုလန်းဆန်း ကျန်းမာတောင့်တင်းသေးသည်။ အိမ်ထောင်ပြုနိုင်သေးသည်။ ဖွဲတစ်ဆုပ်သာမက ဖွဲတစ်တင်းထက် လေးသောအချိန်ကိုပင် ထမ်းပိုးချီမနိုင်သည့် အားအန် ရှိသေးသည်။ ထို့ပြင် ဇနီးသည် အစာအိမ်ရောဂါ စွဲကပ်ခဲ့သည့် အချိန်ခန့်မှစ၍ မိမိသည် အိမ်ထောင်သည်တို့၏ စည်းစိမ်ချမ်းသာကို တင်းပြည့်ကျပ်ပြည့် မခံစားခဲ့ရရှာတော့။ ဇနီးသည် မကွယ်လွန်မီ ခြောက်နှစ်ကျော်ကျော် အချိန်မှာမူ အိပ်ရာချင်းခွဲ၍ပင် အိပ်ခဲ့ကြတော့သည်။ ကျန်းမာ သန်စွမ်းသေးသော ဦးဘမြိုင်သည် သဘာဝကျလှစွာ တစ်ခါတစ်ရံ သွေးသားတောင့်တပူဆာခဲ့သည်။ သို့သော် မမာသည့် ဇနီးသည်အပေါ်၌ သစ္စာစောင့်သိကာ မိမိ၏ ရင်တွင်းပူဆာမှုကို တခြား၌ မဖွေရှာဘဲ တရားနှင့် ဖြေသာချုပ်ထိန်းခဲ့သည်။ ယခုတော့ ဇနီးသည်

ကွယ်လွန်ခဲ့ သည်မှာ တစ်နှစ်ကာလပင် အချိန်ကြာမြင့်ခဲ့ပြီ။ သို့တိုင်အောင် မိမိ အိမ်ထောင်သစ်ပြုလျှင် လျော်ကန်သင့်မြတ်ပါမလား။ ပြီးတော့ မိမိမှာ လူအပေါင်း လေးစားကြည်ညိုခြင်း ခံရသည့် ကျောင်းဆရာကြီးမဟုတ်ပါလား။ လူ၌ အရေးကြီးဆုံးဖြစ်သော ကိုယ်ကျင့်တရား ကောင်းမွန် စေရန် တပည့်များကို အမြဲတမ်း ဆုံးမပဲ့ပြင်လာခဲ့သူ မဟုတ်ပါလား။

နောက်အိမ်ထောင်ပြုလျှင် မိမိတပည့်များကအစ၊ လူအများက မိမိကို ဘယ်လိုထင်မြင်ကြလိမ့်မလဲ။ သမီးဖြစ်သူကရော။ မိမိအပေါ် ဘယ်လိုသဘောထားလေမလဲ။

ပတ်ဝန်းကျင်၏ ဝေဖန်ထင်မြင်ချက်ကိုတော့ မိမိ ထည့်တွက်စဉ်းစားစရာ မလိုဘူးဟု တွေး၏။ ပတ်ဝန်းကျင်ဆိုသည်မှာ ချီးမွမ်းခုနှစ်ရက်၊ ကဲ့ရဲ့ခုနှစ်ရက်ပါပဲ။ မိမိထက် အသက်ဆယ်နှစ်ကျော်မျှကြီးသော အသက်၇၀ အရွယ် ကန်ထရိုက်တာ ဦးဘအေးပင်လျှင် ဇနီးသေလွန်၍ တစ်နှစ်ပင်မပြည့်မီ၊ သမီးအရွယ်ကို တစ်လောက လက်ထပ်ယူခဲ့သည်။ ကဲ့ရဲ့ချင်သူများသည် ခုနှစ်ရက်ထက်တိုး၍ မကဲ့ရဲ့နိုင်ခဲ့။ ယခုတော့ ဇနီးသစ်ကလေး၏ အပြုအစုအယုအယဖြင့် ဦးဘအေးသည် ဝဖြိုးစိုပြည်လျက် စိတ်ရွှင်လန်းဟန် မြင်တွေ့ရသည်။

မိမိအိမ်ထောင်သစ် ထူထောင်ခြင်းသည် ဆရာကြီး ဂုဏ်သိက္ခာကို ဘယ်လိုများ ညှိုးနွမ်းထိခိုက်စေနိုင်သလဲဟု တွေးပြန်၏။ ဤအမှုသည် မေထုန် ကျူးလွန်သော ကာမေသုမိစ္ဆာစာရလည်း မဟုတ်ပေ။ မိမိသည် ယောကျ်ားများ မသွားမလာအပ်ကောင်းဟု သတ်မှတ်ထားသော မိန်းမအပြား၂၀မှ အဘယ်အစောင့်အရှောက်မကင်းသော မိန်းမမျိုးကို ပြစ်မှားကျူးလွန်မှာမို့လဲ။ လွတ်လပ်သင့်လျော်သော မိန်းမမျိုးကို တရားဝင် လက်ထပ်ယူလျှင် ဘယ်သူကမသင့်လျော်ဘူး ဝေဖန်ကြမလဲ။ ပြီးတော့ “ဆရာကြီး” ဆိုသူကရော။ တစ်ပါးသူတွေထက် ဘယ်လောက်များ မြင့်မြတ်သန့်စင်လိုက်ပါသလဲ။ (သူတော်စင်တွေ အမြင်မှာတော့ အန္ဓပုထုဇဉ်ဘဝမှာအားလုံး အတူတူချည်းပါပဲတဲ့) အသွေး၊ အသား၊ အရိုး၊ အရေတို့ဖြင့် ဖွဲ့စည်းအပ်သော ဆရာကြီး၏ ဤခန္ဓာငါးပါး အစုအဝေး အတ္တဘောကြီးသည်လည်း ကာမဘုံထဲက ပုပုရွရွ မြင်မြင်သမျှသော ပုရိသအပေါင်းနှင့် မခြားမနားပါဘူး။ ဤခန္ဓာငါးပါး အစုအဝေးပိုင်ရှင် ဆရာကြီးဆိုသူသည် လည်း အများသူငါလိုပင် အလှဆုံးကိုမှ ကြည့်မြင်လိုသည်။ အမွှေးဆုံးကိုမှ နမ်းရှိုက်ချင်သည်။ အနူးညံ့ဆုံးဆိုတာကိုမှ ထိတွေ့ချင်သည်။ အသာယာဆုံးအသံကိုမှ ကြားနာလိုသည်။ အရသာ အရှိဆုံးအစာကိုမှ စားမြိန်လိုသည်။ သို့ပေမဲ့ အချိုဆုံး အစာကိုတော့ မိမိမစားချင်ပေ။ ဆီးချို ရောဂါ ပြန်ပေါ်လာမှာ ကြောက်သည်ဟု ပြက်ချော်ချော် တွေးမိသေးတော့သည်။ မကောင်းမှု၌သာ ပို၍ မွေ့လျော်ပျော်ပိုက်တတ်သည့် ဤကာမဘုံသားများ (မိမိလည်း အပါအဝင်)ကို ဟိရီနှင့် ဩတပ္ပဆိုသည့် ရှက်ခြင်း၊ ကြောက်ခြင်းတရားနှစ်ပါး အချုပ်အချယ် ထားရှိ၍သာ တော်တော့သည်။ သို့မဟုတ်လျှင် ဘယ်လောက်များ ဖောက်ပြန်လော်လီလိုက်မလဲဟု တွေးမိပြန်၏။

သို့လျှင် လျှော်တေသကန်းဆင်မြန်းကာ ဆိတ်ငြိမ်ရာ သစ်တစ်ပင် ဝါးတစ်ပင်အောက်၌ တရားရှာမှီးနေသူ ဗြဟ္မစာရီလည်းမဟုတ်၊ အာသဝေါကုန်ခန်းသည့် အရိယာသူတော်စင်လည်း မဟုတ်သော၊ ဇနီးသည် ကွယ်လွန်ခဲ့သည်မှာ တစ်နှစ်ကာလ အချိန်ကြီးများတောင် ကြာခဲ့ပြီ ဖြစ်သည့် မုဆိုးဖိုဆရာကြီးတစ်ယောက်၊ နောက်အိမ်ထောင်ပြုခဲ့လျှင် ကဲ့ရဲ့သဂြိုဟ်မည့်သူ မရှိနိုင်ဘူးဟု အခိုင်အမာ သတ္တုချလိုက်တော့သည်။ ကဲ့ရဲ့မည့်သူ ပေါ်ပေါက်လာလျှင်လည်း ကျောင်းဆရာဘဝက အကျင့်ဝသီအတိုင်း ကြိမ်နှင့်သာ နာနာနှက်လိုက်ချင်တော့သည်။

ဦးဘမြိုင်သည် ဘယ်သူ့ကိုမှန်းမသိ၊ အနည်းငယ် ဒေါသဖြစ်ချင်သလိုလို မကျေမချမ်း ဖြစ်ချင်သယောင်ယောင်၊ စိတ်ထဲ ခပ်ရှုပ်ရှုပ်ဖြစ်လေ၏။ ထို့ကြောင့် မြစ်ကမ်းခြေရှုခင်းကို လှမ်း မျှော်ကြည့်လိုက်ပြန်သည်။ ဆည်းဆာ၏ ပတ္တမြားအသွေးအရောင်သည် တောင်ရိပ်၊ ကမ်းရိပ်၊ ရေရိပ်များအပေါ်သို့ ဖိတ်လျှော့ကျဆင်းနေသည်ကို ကြည်နူးဖွယ် မြင်ရ၏။ စိတ်အတန်ငယ် ရှင်းလင်းအေးငြိမ်းသွားပြန်၏။ ထို့ကြောင့် အရသာတွေ့ချင်သလိုလို ဖြစ်ပေါ်လာနေသော စော စောက တွေးလက်စကို လမ်းလျှောက်ရင်း ဆက်လက်တွေးမိပြန်သည်။

မိမိမတွေးချင်သည့် နောက်အိမ်ထောင်ကိစ္စကို အားပေးအားမြှောက်ပြုနေသည့် အကြောင်း အချက်တစ်ခုမှာ စောစောက ဦးကျော်ခိုင်ပြောခဲ့သည့် မိမိသမက်ဖြစ်သူ၏ အလုပ်ကိစ္စ အပြောင်း အရွှေ့ပင် ဖြစ်၏။ သမီးနှင့်သမက်တို့ တစ်ရပ်တစ်ရွာသို့ ပြောင်းရွှေ့သွားရလျှင် မိမိနှင့် ခယ်မ ဖြစ်သူတို့ ဤအိမ်ကြီးတွင် နှစ်ယောက်တည်း သည်အတိုင်းနေ၍ မသင့်တော့ပေ။ မိမိ တစ်ယောက်တည်းလည်း နေ၍မဖြစ်ပေ။ စားရေးသောက်ရေးက လိုသေးသည်။ သမီးတို့ ပြောင်းရမည့် မြို့ရွာသို့လည်း မိမိလိုက်၍ မနေနိုင်ပေ။ မိမိမွေးဖွားရာ၊ ဇနီးသည် ခေါင်းချရာ ဤမြို့ ကလေးမှလွဲ၍ ဘယ်မြို့ဘယ်ဒေသမှာမှ မိမိကြာရှည်နေနိုင်လိမ့်မည်မဟုတ်။ သည်တော့ သမီးနှင့် သမက်တို့ ဤမြို့မှ ပြောင်းရွှေ့သွားလျှင် ဤအိမ်ကြီးတွင် မိမိအား စားရေးသောက်ရေး ကအစ၊ ဝတ်ကြီးဝတ်ငယ် ပြုစုကူညီနိုင်ရန် အမြဲတမ်း အဖော်တစ်ဦး လိုနေလိမ့်မည် မဟုတ် ပါလား။

အနီးကပ်ဆုံး တွေးရသည့်အဖော်ကတော့ မသက်တင်ပါပဲဟု မဆိုင်းမတွ တွေးမိလေ၏။ ဘယ်သူမှ မသိနိုင်သော မိမိစိတ်ထဲက အတွေးကိုပင် တစ်စုံတစ်ယောက်များ ကြားသိသွားလေ မလားဟု မလုံမလဲဖြစ်ကာ ရက်ကိုးရက်ကန်းနှင့် ဘေးဘီသို့ ရမ်းယောင်ကြည့်မိသေး၏။

မသက်တင်ဆိုသူမှာ ဇနီးသည် မသက်ခင်၏ ညီမအငယ်၊ အသက်ငါးဆယ် မပြည့်ချင် သေးသည့် အပျိုကြီးဖြစ်၏။ ဇနီးသည် မသေဆုံးမီ လေးငါးလခန့်ကပင် အစ်မဖြစ်သူကို နောက်ဆုံး ပြုစုရန် မိမိတို့အိမ်မှာ လာနေခဲ့ခြင်းဖြစ်၏။ မသက်တင်မှာ မောင်အငယ်ဆုံး မိသားစု နှင့်အတူ ရှမ်းနယ်ဘက်မှာ နေထိုင်ခဲ့၏။ ယောက်မလုပ်သူက တစ်နှစ်တစ်ယောက် မှန်မှန် မွေးပေးသည့် ကလေးများကို ဒိုင်ခံထိန်းပိုးစောင့်ရှောက်ခဲ့သည်။ ယောက်မနှင့် တည့်အောင်

နှစ်ရှည် လများ နေထိုင်နိုင်သော မသက်တင်၏ စိတ်သဘောထားကို အထူးဖွဲ့နွဲ့စရာမလိုတော့ပေ။ မသက်ခင်ထက်ပင် စိတ်သဘောထားနူးညံ့၍ ရိုးအေးလှသည်။ ထို့ကြောင့်လည်း အပျိုကြီး ဖြစ်နေခြင်းပဲဟု ဦးဘမြိုင် တွေးခဲ့ဖူးသည်။

သမီးဖြူဖြူ ကိုးနှစ်အရွယ်၊ မိမိမှာ ပညာအုပ်ဘဝဖြင့် ဘားအံဘက်သို့ ပြောင်းရွှေ့ခဲ့စဉ်က မသက်တင်မှာ မိမိတို့ မိသားစုနှင့် သုံးလေးနှစ်ခန့် အတူလိုက်နေခဲ့ဖူး၏။ အိမ်မှုကိစ္စ၌ စိတ်ဝင်စား ကျွမ်းကျင်သည်မှာ ပြောဖွယ်ရာမရှိပေ။ မိမိကိုလည်း ခဲအိုတစ်ဦးအနေနှင့်ရော၊ အစ်ကိုကြီး တစ်ဦးအနေနှင့်ပါ ရိုသေလေးစား ချစ်ခင်ခဲ့သည်။ အစားအသောက်ကအစ၊ မိမိအကြိုက်ကို အားလုံးသိနေသူဖြစ်၏။ ရုပ်အဆင်းအင်္ဂါမှာတော့ မသက်ခင်ကို မမီဘူးထင်သည်။ မသက်တင်မှာ အနည်းငယ် အသားညိုချင်သည်။ သို့သော် သည်လောက်ကိုတော့ မိမိလို အသက်ခြောက်ဆယ်ကျော် မုဆိုးဖိုတစ်ဦးက ထည့်တွက်စရာ မလိုဘူးဟု မသက်တင် ကလေးဘက်မှ သက်ညှာစွာ တွေး၏။ ယခုအချိန်တွင် မသက်တင်သည် မိမိတို့အိမ်မှာပင် ရှိနေသေးကာ မီးဖိုချောင်တာဝန်ကို ထမ်းဆောင်နေဆဲဖြစ်၏။ ဇနီးသည်ကွယ်လွန်ပြီးနောက် သားသမီး မထွန်းကားသေးသော သမီးဖြစ်သူဖြူဖြူက စိတ်ပြေလက်ပျောက်ဆိုကာ သူ့ဒေါ်လေးကို ရှမ်းပြည်သို့ မပြန်စေသေးဘဲ သူတို့နှင့် တစ်လှည့်တစ်ပဲ့နေပေါရန် တားထားခဲ့သည်။ ထို့ကြောင့် ယခုအချိန် မိမိ အိမ်ထောင်ပြုမည် ဆိုလျှင် အနီးကပ်ဆုံး၊ အသင့်တော်ဆုံး၊ အဖြစ်နိုင်ဆုံးသော သူမှာ မသက်တင်ပါပဲဟု ဦးဘမြိုင် တွေးမိခြင်းဖြစ်၏။

ထိုအခိုက် ကိုင်းစပ် ကြောင်ပန်းချုံရိပ်မှ တစ်တီတူးငှက်တစ်ကောင် လူရိပ်မြင်၍ လန့်ဖျပ်သွားဟန်တူ၏။ ရုတ်တရက် ထပျံကာ “တစ် ... တစ် ... တစ် ... တစ်တီတူး”ဟု အော်မြည်လျက် မြစ်တစ်ဖက် အံတော်ရွာ လယ်ကွင်းများဆီသို့ ပျံသွား၏။

ဦးဘမြိုင်သည် ရုတ်တရက် အတွေးပြတ်သွားကာ တစ်တီတူးငှက်ပျံသွားရာကို လှမ်းမျှော်ကြည့်မိ၏။ တစ်တီတူး၏ မြည်သံကို နဘောကာရန်လိုက်ကာ “ဖြစ်ချည်ဘူး ဖြစ်ချည်ဘူး”ဟု မိမိအား လှောင်ပြောင်အော်မြည်နေသလို ကြားယောင်မိပြန်၏။

အို ... ဘာကြောင့် မဖြစ်နိုင်ရမှာလဲ။ ဖြစ်နိုင်ပါတယ်၊ သိပ်ကို ဖြစ်နိုင်တယ်။ မဖြစ်နိုင်စရာ ဘာမှ မရှိဘူး။ ငါက ဖွင့်ပြောလိုက်ဖို့ပဲ လိုတယ်။ ငါ့ကို မသက်တင်ဟာ ဘယ်နည်းနဲ့မှ ငြင်းဆန်မှာတော့ မဟုတ်ဘူး။ ငြင်းဆန်ရအောင်လည်း ငါဟာမုဆိုးဖိုဆိုတဲ့ နာမည်လေး တစ်လုံးကလွဲလို့ မသက်တင် လက်မခံနိုင်စရာ ဘာအပြစ် အနာအဆာရှိလို့လဲ။ ဓာတ်မသိသူတွေက ဆိုရင် မသက်တင်နဲ့ သက်တူရွယ်တူလို့တောင် ထင်စရာ။ ငါဟာ နုပျိုကျန်းမာဆဲပဲ။ ပြီးတော့ တခြားမိန်းမကို ယူမှာထက် မသက်တင်ကို ယူရင် သမီးဖြူဖြူက သဘောတူမှာ အမှန်ပဲ။ အစ်မ သေဆုံးလို့ ညီမကိုယူတာ၊ ညီမသေဆုံးလို့ အစ်မကို ယူတာတွေကလည်း အစဉ်အလာလိုလို ရှိနေကြတာပဲ မဟုတ်လား။ ဆွေမျိုး အသိုင်းအဝိုင်းကလည်း သဘောမတူနိုင်စရာ မရှိဘူး။ ငါ့

အဖို့လည်း တင့်တောင့်တင့်တယ် ဣန္ဒြေရသွားမယ်။ မသက်တင်အဖို့လည်း ကိုယ့်အိုး ကိုယ့်အိမ်နဲ့ တည်တည်တံ့တံ့ ဖြစ်သွားမယ်လေ။ သမီးကလည်း ငါ့အတွက် စိတ်ချလက်ချ ရှိမယ်။ အားလုံးအတွက် အဆင်ပြေသွားမယ်။

ဦးဘမြိုင်၏ စိတ်သည် အတော့်ကို ရွှင်မြူးသွက်လက်လာ၏။ ဒီလောက်သင့်လျော်ကောင်းမြတ်လှသည့် အရေးကို ခုမှပဲ အစီအစဉ်နှင့် ကျကျနနတွေးမိရသည့် မိမိကိုယ်ကိုတောင် အပြစ်တင်ချင်သလိုလို ရှိ၏။ တစ်ခု သတိရပြန်၏။ ယခုတလော မသက်တင်သည် မိမိတို့အိမ်တွင် နေထိုင်လာခဲ့သည်မှာ တစ်နှစ်ကျော်ကျော် ကြာမြင့်ခဲ့သည်ဖြစ်၍ ရှမ်းနယ်ရှိ တူ၊ တူမများကို လွမ်းဆွတ်အောက်မေ့သည်ဆိုကာ ပြန်တော့မလိုလို လေသံသဲ့သဲ့ကြားမိသည်။ ဟိုတစ်နေ့ကပင် လေကြောင်းပို့ဆောင်ရေးရုံးမှ စာရေးလေး မောင်ကျော်ဝင်းကို ရန်ကုန်လေယာဉ်လက်မှတ်လွယ်သလားဟု မေးနေသံ ကြားမိလိုက်သည်။ သည်တော့ မိမိပြောစရာရှိသည်ကို အချိန်မီပြောမှ ဖြစ်မည်။ မသက်တင် ရှမ်းနယ်ပြန်သွားပြီးမှတော့ ဒီကိစ္စသည် တော်တော်နှင့် မဖြစ်နိုင်ပြီဘူး။ စောစောက လမ်းလျှောက်လာစဉ် ဒေါ်ထွေးခင် ပြောလိုက်သည့် "အချိန်ရှိခိုက်လုံ့လစိုက်ပါ" ဆိုသော စကားကို သတိရမိပြန်၏။

ဟုတ်တယ်။ အချိန်ရှိခိုက် လုံ့လစိုက်ရမယ်။ မိမိအဖို့တော့ အရွယ်ရှိခိုက်ဆိုရင် ပိုမှန်လိမ့်မယ်။ ဒီတော့ ပြောမယ်ဆို မြန်မြန်ပြောမှ။ မြန်မြန်ပြောရင် ကိစ္စမြန်မြန်ပြီးသွားမှာပဲ။ မြန်ဆို ခုအိမ်ရောက်ရင် ပြောလိုက်တော့မယ်။ အို ... ခုနေ ငါ့အနီးအနားမှာ မသက်တင် ရှိနေရင်တောင် ခုကို ဖွင့်ပြောလိုက်ချင်တယ်ကွယ်။ ပြီးတော့ ခုအချိန် အိမ်မှာ မသက်တင် တစ်ယောက်တည်းပဲ ရှိမယ်။ ဖြူဖြူနဲ့ မောင်ကျော်ညွန့်တို့က ငပလီကမ်းခြေကို ရောက်နေကြတဲ့ သူတို့မိတ်ဆွေတွေဆီ အလည်သွားနေကြတယ် မဟုတ်လား။ နေမှောင်မှ သူတို့ပြန်ရောက်ကြမယ်လေ။ သူတို့အိမ်ပြန်မရောက်ခင် ငါအရောက်သွားပြီး မသက်တင်ကို အကျိုးအကြောင်းပြောမှ။ သမီးကိုတော့ ဖြည်းဖြည်းမှပဲ ခပ်ရှက်ရှက်နဲ့ ဖွင့်ပြောရတော့မယ်။ အင်း ... သွားမှ။ သွားမှ။ အို ... သွားဆို ခပ်မြန်မြန်လေး။ ခုပဲသွားမှ။

ကျောင်းသားဘဝမှသည် ယခုအချိန် အငြိမ်းစားကျောင်းအုပ်ကြီးဘဝအထိ "Do It Now" ဟူသော ဆောင်ပုဒ်ကို လက်ကိုင်ထား ကျင့်သုံးခဲ့သူ ဦးဘမြိုင်သည် ဘယ်အရာမဆို လုပ်စရာကိုင်စရာရှိလျှင် အကြွေးမထားဘဲ အမြဲတမ်း ချက်ချင်းလက်ငင်း လုပ်လေ့ရှိခဲ့သည် မဟုတ်ပါလား။

ဦးဘမြိုင်သည် သောင်စပ်မှ ခွာခဲ့၍ မြို့မအားကစားကွင်းကြီး နံဘေးမှ ဖြတ်ကာ ကတ္တရာလမ်းမပေါ်သို့ တက်လာခဲ့သည်။ ကမ်းနားလမ်းမပေါ်သို့ ရောက်သည်နှင့် တုတ်ကောက်ကို ဟန်ပါပါ လွှဲယမ်းကာ မဝေးတော့သော မိမိအိမ်ရှိရာသို့ ရင်ခပ်ဖိုဖိုနှင့် သွက်လက်စွာ လှမ်းလျှောက်သွားလေသည်။

အနောက်ဘက် ကောင်းကင်တစ်ခွင်၌ ကုန်ဆုံးချုပ်ငြိမ်းလုဆဲ ဆည်းဆာ၏ နောက်ဆုံး အားမာန်အလှအဖြစ် ရဲရင့်နီစွေးသော ပတ္တမြားရောင် အသွေးကို မြင်တွေ့နိုင်ပါသေးသည်။

(ရှုမဝ၊ ၁၉၇၇)

ခက်ဆစ်များ

ဆည်းဆာ (န) 黄昏
အုတ်ဂူ (န) 用砖砌成的陵墓
စကျင်ကျောက် (န) 一种白色大理石（因产于曼德勒附近စကျင်山而得名）
ကမ္ပည်းစာတမ်း (န) （墓碑上刻的）文字
ပေါင်းမြက်ချုံနွယ်များ (န) 杂草丛
ကုက္ကိုပင် (န) 山合欢树
ညောင်ချဉ်ပင် (န) 斑点榕，雀榕树
ခမောင်းပင် (န) 紫薇，百日红
ပလုံပွက်သံ (န) 水中冒气泡的声音
ပန်းကွက်ပန်းခက်အပြောက်အမွမ်း (န) （建筑物上的）雕花，镂花，雕饰
ငှက်ပျော့ညွန့်ဖက်ကတော့ (န) 卷成漏斗状的嫩绿叶子
ရိုးညှာ (န) 花梗，叶柄
ရေသီးရေစဉ် (န) 水珠，露珠
စိမ်းဖပ်နဝေ (နဝ) 嫩绿，青翠
သွားလေသူ (န) 亲属朋友中的已故者，死者
ငါးခားလွယ် (န) 一种鲇鱼
တမလွန် (န) 来世，后世
မိုးကြိုးခ (က) 遭雷击
ဇရာ၊ ဗျာဓိ၊ မရဏ (န) 衰老、病痛、死亡
အနိစ္စတရား (န) 无常；去世
ယင်းတိုက်သား (န) 乌木木料
ဘယ်တောင်ပံ (န) 足球左边锋
အရွယ်တင် (က) 长得年青，不显老
ဓမ္မတာသွေး (န) 月经，例假
မီးယပ်ရောဂါ (န) 妇女病
အစာအိမ်ရောဂါ (န) 胃病
ဆီးချိုရောဂါ (န) 糖尿病
ကမ္မဋ္ဌာန်း (န) 【佛】业处，禅定
ငယ်လင်ငယ်မယား (န) 结发夫妻，元配夫妻
အားအန် (န) 力量
အန္ဓ (န) 傻子，白痴
ပုထုဇဉ် (န) 凡夫，俗子
အတ္တဘော (န) 躯体
ကာမဘုံ (န) 【佛】欲界
ပုရိသ (န) 男人
ကာမဘုံသား (န) 凡夫，俗子
လျှော်တေသင်္ကန်း (န) 麻布袈裟
ဗြဟ္မစာရီ (န) 梵行僧
အာသဝေါ (န) 【佛】贪、爱、疑、痴等烦恼
ခယ်မ (န) （男用）小姨子
ခဲအို (န) （女用）姐夫
တစ်တီတူးငှက် (န) 凤头麦鸡（鸟）

စာဆိုအတ္ထုပ္ပတ္တိ

မောင်လွန်းကြင် (၁၉၃၈–၁၉၉၂)

မောင်လွန်းကြင်၏ အမည်ရင်းမှာ ဦးအုန်းလွင်ဖြစ်သည်။ ၁၉၃၈ခုနှစ် အောက်တိုဘာလ ၂၄ရက်နေ့တွင် သံတွဲမြို့၌ အဖ ဝဏ္ဏကျော်ထင် ဆရာဝန်ဦးညီညီ၊ အမိဒေါ်အေးရှင်တို့မှ ဖွားမြင်သည်။

၁၉၇၂ခုနှစ်တွင် ရန်ကုန်တက္ကသိုလ်မှ မဟာဝိဇ္ဇာဘွဲ့ကို မြန်မာစာအဓိကဖြင့် ရယူခဲ့သည်။ ကျောင်းသားဘဝမှစ၍ ကွယ်လွန်ချိန်အထိ မဂ္ဂဇင်းများတွင် ကဗျာများ၊ ဝတ္ထုတိုများ၊ ဝတ္ထုရှည်များနှင့် ဆောင်းပါးများ ရေးသားခဲ့သည်။

'လွမ်းမြိုင်ကျေးရဲ့ အဝေးတစ်နေရာဆီမှာ' နှင့် **မေတ္တာမြနှင်းရည်နှင့်အခြားဝတ္ထုတိုများ** စာအုပ် ထုတ်ဝေခဲ့သည်။

မောင်လွန်းကြင်ကွယ်လွန်ပြီးနောက် မောင်လွန်းကြင်အမှတ်တရ အထိမ်းအမှတ်အဖြစ် မောင်လွန်းကြင် မဟာဝိဇ္ဇာဘွဲ့အတွက် တင်သွင်းခဲ့သည့် 'ဒဂုန်တာရာ၊ သူ့ကဗျာနှင့် သူ့ကဗျာစာပေ သဘောတရားကျမ်း'ကို စာအုပ်အဖြစ် ရိုက်နှိပ်ထုတ်ဝေခဲ့သည်။ ၁၉၉၂ခုနှစ် ဇွန်လ ၁၆ ရက်နေ့တွင် ကွယ်လွန်သည်။

လေ့ကျင့်ခန်း

၁။ "ဆည်းဆာ၏ အားမာန်အလှ"သည် အငြိမ်းစားကျောင်းအုပ်ကြီး ဦးဘမြိုင်၏ဘဝနှင့် မည်သည့်ဆက်စပ်မှုရှိပါသနည်း။ ဝတ္ထုရေးသူရည်ရွယ်ချက်သည် အဘယ်နည်း။

၂။ ဤဝတ္ထုတွင် သဘာဝရှုခင်းအလှနှင့် ဇာတ်ကောင်၏ စိတ်လှုပ်ရှားမှုတို့ကို မည်သို့ပေါင်းစပ်ပြီး တင်ပြထားသနည်း။ ဝတ္ထုအရေးအသားပိုင်းကို သုံးသပ်ပါ။

သင်ခန်းစာ(၁၅) စွန့်ခွာရသည့်နွေညများ

作品导读

德格多蓬内（1930—2002）是缅甸著名学者、作家。仰光大学毕业后曾赴美国哥伦比亚大学深造，回国后任仰光大学心理学讲师。他的小说侧重对心理和精神方面的描写，并采用推理小说的手法，在缅甸文坛独树一帜。《别了，夏日之夜》（1980）通过一对青年男女的爱情线索，揭开了一些“文学新秀”靠剽窃和冒名顶替等卑劣手段，在竞争中击败崇高的对手，迅速成名的“秘诀”，描绘了一场真善美与假恶丑的斗争。当美丽、善良、秀外慧中的女大学生玛纽腊发现自己已经深深爱上了的青年作家梭伦纽（内宁貌）原来是一个窃取他人创作成果的卑鄙小人时，她从玫瑰色的爱的梦幻中惊醒，用事实彻底揭开了他的伪装，毅然决然地离开了他。让他们之间的一切犹如已去的“夏日之夜”，伴随着心灵的创伤永远结束。

စွန့်ခွာရသည့်နွေညများ （节选）

တက္ကသိုလ်ဘုန်းနိုင်

(အခန်း ၂၄)

မှန်ရှေ့တွင် စိုးလွင်ညွန့်ကရပ်လျက် ခေါင်းကို နောက်ဆုံးသသည်။ နဖူးဆီ ခွေဝဲကျလာနေသည့် ဆံပင်ကို အနည်းငယ်လေး အပေါ်ပြန်တင်လိုက်ပြီးသောအခါ စိတ်တိုင်းကျသွား၏။

ရေမွှေးပုလင်းကို ကိုယ်မှ ခပ်ခွာခွာထား၍ ထိပ်ဖုံးခလုတ်ကို နှိပ်လိုက်သောအခါ ရေမွှေးမှုန်၊ ရေမွှေးငွေ့များက သူ့ရင်ဘတ်ဆီသို့ တိုးဝင်ဖျန်းပက်လာ၏။

ရွှေဝါရောင်ဖျော့ဖျော့ စပို့ရှပ်ဝတ်ထားသော သူ့ကိုယ်ကို လှည့်၍ မှန်တွင်း၌ ပေါ်လာသည့် အရိပ်ကို ကြည့်ပြီးနောက် စိုးလွင်ညွန့်သည် အခန်းတွင်းမှ ထွက်လာခဲ့၏။

လေလေးချွန်ပြီး စိုးလွင်ညွန့်က ပေ့ါပါးသွက်လက်စွာဖြင့် လှေကားမှ အောက်သို့ ဆင်း

လာခဲ့၏။

ဧည့်ခန်းတွင်းမှ တယ်လီဖုန်းမြည်သံက စိုးလွင်ညွှန့်ကို ဆီးကြိုနေသည်။

သွက်သွက်လေးပင် လှမ်းသွားပြီး စိုးလွင်ညွှန့်က တယ်လီဖုန်းကို ကောက်ကိုင်သည်။

"ဟဲလို ...."

"ဟော့ကောင်၊ မင်းပြန်ရောက်နေပြီလား"

တဘက်မှအသံက မြင့်အောင်၏ အသံဖြစ်သည်။

"အေး .... ငါမနက်က ရောက်တယ်"

"ဒါဖြင့် အတော်ပဲ၊ ညနေမှာ ဝိုင်းလေးတစ်ခုရှိတယ်၊ မင်းပြန်ရောက်လို ပြန်ရောက်ငြား ဆို ငါလှမ်းဆက်ကြည့်တာ"

"အား .... ညနေ ငါလာချင်မှလာနိုင်မယ်၊ ညိုလတ်ဆီ အခုသွားမလို့"

"ညိုလတ်ဆီ အခုသွားတာနဲ့ ညနေက ဘာဆိုင်လို့တုန်း"

"ဆိုင်တယ်လေ၊ ဟိုရောက်ရင် ဘာကိစ္စရှိဦးမလဲမသိဘူး၊ ဥပမာ .... ညနေမှာ ညိုလတ်က တစ်နေရာသွားချင်တယ် ဆိုပါတော့"

"မင်း အခုဖုန်းဆက်မေးကြည့်ထားပါလား"

"အာ .... အာ .... အာ .... ဖုန်းဆက်ချင်လွန်းတာကို တမင်အောင့်ထားရတာ"

"ဘာကွ"

"ငါပြန်ရောက်တာကို ညိုလတ်မသိသေးဘူး၊ ဘွားကနဲ ငါက မျက်နှာသွားပြမယ်၊ အဲဒီ အခါမှာ ခွဲခွာရတဲ့နေ့ညများအတွင်း သူ့ရင်ထဲ ဘာခံစားရတယ် ဆိုတာ သူ့မျက်နှာလေး ငါစာဖတ်ကြည့်ချင်တယ်"

"မြတ်စွာဘုရား၊ ဟတ်ချိုး"

"မင်းကိစ္စ ဒါပဲလား"

"အေး .... ဒါပဲ"

"ဒါဖြင့်ရင်ပြီးရော၊ လာဖြစ်ရင် ငါဖုန်းပြန်ဆက်မယ်"

"ဒုက္ခမရှာပါနဲ့တော့ကွာ"

"ဘာ ...."

"သြော် .... ဒုက္ခမရှာပါနဲ့လို့၊ အဟဲ"

မြင့်အောင်က ခနဲ့ပြီး တယ်လီဖုန်းကို တဘက်မှချသွား၏။

စိုးလွင်ညွှန့်ကလည်း သူ့တယ်လီဖုန်းကို ချလိုက်ပြီးပြုံး၏။

မြင့်အောင်နောက်သည်ကို သဘောကျ၍လည်း ပြုံးသည်။ မိမိကိုယ်ကို သဘောကျ၍ လည်း ပြုံးသည်။

ခွဲခွာရသည့် နွေညများ။ သည်စကားလေး နှုတ်မှာပေါ်လာသည့်အတွက်လည်း မိမိကိုယ်ကို မိမိချီးမွမ်းမိ၏။

သည်ညများအတွင်း ညိုလတ် မည်သို့ရှိမည်နည်း။ မိမိကတော့ လွမ်းသည်။ မလွမ်းစဖူး လွမ်းခဲ့ရသည်။ နွေညများမှာ လွမ်းခဲ့ရသည်။

ဩော် .... သည်စကားလေးကိုပင် ညိုလတ်ရှေ့မှာ ပြောရမည်။

လက်ဆောင်ပစ္စည်းလေးများကို ယူရန် နေရာမှအထ၌ ခြံတွင်းသို့ ဝင်လာသော ကားဖြူလေးကို ပြတင်းမှ ရိပ်ကနဲတွေ့လိုက်ရ၏။

စိုးလွင်ညွန့်ရင်မှာ ခုန်သွား၏။ ကြည့်စမ်း။ ညိုလတ်က ဦးပြီ။ ဦးပြန်ပြီ။

စိုးလွင်ညွန့်က အိမ်ရှေ့ဆီ ပြေးထွက်သည်။

ကားနောက်ခန်းတွင် ညိုလတ်ကို မမြင်။ ကားရှေ့ခန်းမှ ကိုအောင်ဒင် ဆင်းလာသည်။

"ကျွန်တော် တိုက်ကိုဖုန်းလှမ်းဆက်ကြည့်တော့ ဆရာပြန်ရောက်ပြီဆိုတာ သိလို့ လာခဲ့တာ"

"ဟုတ်လား၊ ဘာကိစ္စလဲ"

မေးရင်းက ကိုအောင်ဒင် လက်တွင်း၌ ကိုင်ထားသော ပစ္စည်းများကို စိုးလွင်ညွန့် ကြည့်မိသည်။

"မညိုလတ်က ဟောဒါတွေ ပေးခိုင်းလိုက်လို့ပါ၊ ဆရာနဲ့ ကိုယ်တိုင်တွေ့မှ ဆရာ့လက်ထဲကို ထည့်ခဲ့ဖို့ အထပ်ထပ် မှာသွားလို့"

"မှာသွားလို့ ...."

"ဟုတ်ပါတယ်၊ ဒီမနက်ပဲ မညိုလတ် တောင်ငူကို ပြန်သွားပါပြီ"

စိုးလွင်ညွန့် မောသွား၏။ ခဲလေသမျှ အင်း .... မောရပြီ။

စိုးလွင်ညွန့်က ကိုအောင်ဒင် လှမ်းပေးသောပစ္စည်းများကို ယူသည်။

ကော်ကပ်ပိတ်ပြီး ကြိုးစည်းထားသော စာအိတ်ကြီးက တစ်အိတ်။ လှပသော ကြိုးနီနီလေးဖြင့် သပ်ရပ်စွာ ပတ်ရစ်ချည်နှောင်ထားသော စက္ကူဗူးလေးက တစ်ခု။ သီးသန့်စာအိတ်လေးက တစ်အိတ်။

"သွားမယ် .... ဆရာ"

"အင်း .... အင်း"

စိုးလွင်ညွန့်လည်း ဖြည်းလေးစွာနှင့် ဧည့်ခန်းသို့ ပြန်လာပြီး ဆိုဖာပေါ်၌ထိုင်၏။

ညိုလတ်က မပြောမဆိုနှင့် တောင်ငူသို့ ဘာကြောင့် ပြန်သွားရသနည်း။ မိမိအပြန်ကိုပင် မစောင့်နိုင်ဘူးလော။

စိုးလွင်ညွန့်က စာအိတ်လေးကို ကြည့်သည်။

ညိုလတ်၏ လက်ရေးလေးများ ဖြစ်သည်။ စာအိတ်လေးဆီမှ ရင်းနှီးခဲ့ပြီဖြစ်သော သင်းရနံ့လေးပင် မွှေးပျံ့လာနေ၏။

စိုးလွင်ညွန့်၏မျက်နှာ ကြည်လင်သွားသည်။

အရေးကြီးသောကိစ္စရှိ၍ ပြန်သွားမည်။ သို့ရာတွင် မိမိအတွက် ဂရုတစိုက် စာလေး ရေးချန်ထားရစ်သည်။

ဟိုပစ္စည်းတွေက ဘာတွေနည်း။ ကိစ္စမရှိ။ ညိုလတ်သည် ထူးဆန်းသော မိန်းကလေးတစ်ဦးပါ။ စိုးလွင်ညွန့်၏ ထူးဆန်းသော မိန်းကလေးတစ်ဦးပါ။

စိုးလွင်ညွန့်က စာကိုမဖတ်သေးဘဲ ကက်ဆက်ဒက်(ခ်)ဆီသို့ သွား၏။ သူ့အဆင်သင့်အလွယ်တကူထားသော ညိုလတ်၏သီချင်းတိပ်ခွေကို ထည့်သွင်းဖွင့်သည်။

"ငွေလသာသော .... နွေညပြာပြာဆီ ....။
မြူလွှာမှုန်ရီ ....။ သရဖီသင်း ....။ နှင်းကလဲ့စီ
ဝါရွက်တို့ ကြွေပြလေပြီ ...."

စိုးလွင်ညွန့်က စာအိတ်လေးကို ယုယရိုသေစွာ ဖောက်ပြီး ဆိုဖာ၌ ပြန်ထိုင်သည်။ ညိုလတ်၏ တေးသံကို နားဆင်ရင်း ညိုလတ်၏စာလေးကို ဖတ်သည်။

"ဆရာ ....

ညိုလတ် ဒီစာကိုရေးတော့ အပြင်မှာ ဝါရွက်တွေကြွေနေကြတယ်။ ငွေလသာတဲ့ .... နွေညပြာပြာမှာ .... မြူတွေမှုန် .... လို့။ ဝေ .... လို့။ ညိုလတ် မျက်လုံးတွေလဲ မျက်ရည်တွေနဲ့ .... မှုန် .... လို့ ....။ ဝေ .... လို့။ ဒီမျက်ရည်တွေဟာ .... ဘာအတွက် မျက်ရည်တွေလဲလို့ .... ညိုလတ်မသိပါဘူး။ မသိလဲမသိလိုဘူး။

မျက်ရည်တွေသုတ်ပြီး ညိုလတ် အတတ်နိုင်ဆုံး ရှင်းလင်းရေးပြပါမယ်။ ဆရာလည်း စိတ်ရှည်လက်ရှည်နဲ့ ဖတ်ပါ။

ညိုလတ်မော်လမြိုင်ကို သွားခဲ့တယ်။ ဦးထွန်းခိုင်လို့ ညိုလတ်သိခဲ့ဖူးတဲ့ ညိုလတ်ရဲ့ ချစ်လှစွာသော အဘဆီကိုပဲပေါ့။ ညိုလတ်ရဲ့အဘဟာ စာရေးဆရာကြီး သုယဉ်ညို့ဆိုတာကိုတော့ အခုဆရာ့ကို ညိုလတ်ရှင်းပြဖို့ မလိုတော့ပါဘူး ထင်ပါတယ်နော်။

ဟိုးတုန်းကတော့ ညိုလတ် မသိခဲ့ပါဘူး။ ညိုလတ်သိခဲ့တာကတော့ အဘပဲပေါ့။ ညိုလတ်ကို နိုင်ငံကျော်စေတဲ့ သီချင်းလေးကို ရေးပေးခဲ့တဲ့ မော်လမြိုင် ခြံကျယ်ကြီးထဲက အညတရ အဘအိုတစ်ဦးပေါ့။ အဲဒီအဘအိုက အမှတ်မထင် ပြောပြလိုက်တဲ့ စိန်ပန်းဘဝ အမြင်လေးကြောင့်

ညိုလတ်ဟာ နိုင်ငံကျော် စာရေးဆရာမလေး နေ့ချင်းညချင်း ဖြစ်လာခဲ့ရပြန်တယ်။ အဲဒီဝတ္ထု နိုင်ငံကျော်သွားလို့ပဲ ဆရာပြောသလို သမိုင်းပစ္စည်းဖြစ်နေတဲ့ သုယဉ်ညိုဟာ အသက်ပြန်ရှင် လာခဲ့တယ်။ အနည်းဆုံး ညိုလတ်အတွက် အသက်ပြန်ရှင်လာခဲ့တယ်။

မော်လမြိုင်ရောက်လို့ အဘဆိုတာဟာ ရှင်နေသေးတဲ့သုယဉ်ညိုမှန်း ညိုလတ်လည်း သိ ရော တစ်ယောက်ဟာ သေသွားတယ်။

အဲဒီတစ်ယောက်ကတော့ နွေနှင်းမောင်တဲ့။ သြော် .... ညိုလတ်ရဲ့ တစ်ပါး ချစ်လှစွာသော နွေနှင်းမောင်။ သူ့ကိုတော့လေ သေလေတယ်လို့တောင် ပြောလို့ရရဲ့လား မသိဘူး။ ဘာဖြစ်လို့လဲ ဆိုတော့ အစကတည်းက သူမှမရှိခဲ့တာ။ သူက သုယဉ်ညိုရဲ့ခန္ဓာကိုယ်မှာ တုယောင်လာမှီ နေတဲ့ "အပ"လေးကိုး။

ညိုလတ်ရဲ့ဥပမာက ရင့်သီးများသွားမလား မသိဘူး။ ညိုလတ်ကို ခွင့်လွှတ်ပါ။ ဒီစကား အပြင် တခြား ညိုလတ်စဉ်းစားမရလို့ပါ။

နွေနှင်းမောင်ဟာ စာပေအကုသိုလ် နှစ်ရပ်ကို ကျူးလွန်သွားခဲ့တယ်။

စာရေးဆရာတွေရဲ့ လုပ်အား၊ ဉာဏ်အားတွေအပေါ်မှာ အမြတ်ထုတ်ခဲ့ကြတာ ကြာပါပြီ။ ဒီလောက်နဲ့ အားမရသေးကြဘဲ ကျော်ကြားမှုကိုပါ အမြတ်ဝင်ထုတ်ရဲကြပြီပေါ့နော်။ ကိုယ် မဖန်တီးတဲ့စာကို ကိုယ်ပိုင်လုပ်ဝံ့ကြတယ်ပေါ့။ နိုင်ငံရယ်၊ ပြည်သူရယ်၊ သမိုင်းရယ်က အဲဒီ အကုသိုလ်ကို လက်ပိုက်ကြည့်နေမယ်လို့ ထင်ရဲတဲ့ဒီလူတွေဟာ သိပ်မိုက်မဲကြတယ်။

နွေနှင်းမောင်ဟာလဲ မိုက်မဲတယ်။

ပြီးတော့ ဒီနေ့၊ ဒီခေတ်မှာ ကိုယ့်အားကိုယ်ကိုးပြီး ကိုယ်စွမ်းကိုယ်စနဲ့ စာရေးနေကြတဲ့ ကလောင်သစ်တွေ အများကြီးရှိတယ်။ အဲဒီကလောင်သစ်တွေဟာ မြန်မာ စာပေရဲ့သွေးသစ် တွေပါ။ မြန်မာ့စာပေဘဝကို ထာဝရ စွမ်းသန်နေအောင် အားဖြည့်ပေးနေတဲ့ သွေးသစ်တွေပါ။ မြင့်မြတ်တဲ့ အဲဒီကလောင်သစ်တွေကို မတရားနည်းနဲ့ ယှဉ်ပြီး နွေနှင်းမောင်က အနိုင်ယူခဲ့တယ်။ ဒီအကုသိုလ်ကလဲ ကြီးပါတယ်။

မွေးကင်းစ နွေနှင်းမောင်လေး ရှိခဲ့ဖူးတာ ညိုလတ်သတိမမေ့ပါဘူး။ သူ့မှာ ကိုယ်ပိုင် အရည်အသွေးလေး ရှိသင့်သမျှရှိတယ်။ ဓမ္မတာအတိုင်းဆို သူဟာ ဖွံ့ဖြိုးတိုးတက်လာနိုင်သူ ပါ။ ဒါပေမဲ့ သူက ဖြတ်လမ်းက လူလားမြောက်ချင်တော့ နတ်ရေကန်လို့ သူထင်တဲ့ ဝိသမလောဘ နွံအိုင်ကြီးထဲ ခုန်ဆင်းခဲ့တယ်။

ဝိသမလောဘဆိုတဲ့ နွံဟာ ညစ်ရုံမကဘူး။ လောင်တတ် ကျွမ်းတတ်ပါသေးတယ်။ ဘယ်သူ့ကိုမှ ချမ်းသာမပေးဘဲ လောင်တတ်ကျွမ်းတတ်တဲ့ ဝိသမလောဘဇာတ်လမ်း တစ်ပိုဒ်ကို အခု ညိုလတ်ပြောပြမယ်။ ဝတ္ထုတစ်ပိုဒ်လို့ပဲ မှတ်ပေါ့။ ဝတ္ထုဆိုတာကလဲ အမှန်တရား လောကက တစစီနေတဲ့ အပိုင်းလေးတွေကို ချောအောင် ဆက်စပ်ဖွဲ့ပေးထားတာ မဟုတ်လား။

ညိုလတ် အဲဒီလိုဆက်စပ်ဖွဲ့ပေးပြမယ်။

ဟိုး .... ရှေးရှေးတုန်းက စာပေနဲ့အနုပညာနယ်မှာ ရန်းကန်ကူးခတ်စ သုယဥ်ညို ဆိုတဲ့ စာရေးဆရာလေးတစ်ဦး ရှိခဲ့တယ်။ သုယဥ်ညိုရဲ့ ချစ်သူကတော့ မန္တလေးရွှေမြို့တော်က သဌေးသမီးလေး တစ်ဦးပေါ့။

ချစ်တာကို ပဓာနပြုကြပြီး သုယဥ်ညိုနဲ့ သူဌေးသမီးလေးဟာ ရန်ကုန်ဆီ ထွက်ပြေးပြီး ပေါင်းသင်းနေထိုင်ခဲ့ကြတယ်။ ဒါပေမဲ့ ငတ်တလှည့် ပြတ်တလှည့် တဲအိုပျက်မှာ သဌေး သမီးလေး ကြာကြာမနေနိုင်ပါဘူး။ သောက်စားတဲ့ သုယဥ်ညိုရဲ့ အမှားတွေလဲ ပါခဲ့သပေါ့လေ။ သဌေးသမီးလေးဟာ မိဘဆီပြန်ပြေးသွားခဲ့တယ်။ ဒီတုန်းက သုယဥ်ညိုရော သဌေးသမီးလေး ရော မသိခဲ့တာက သဌေးသမီးလေးမှာ သုယဥ်ညိုရဲ့ရင်သွေးပါသွားတယ် ဆိုတာပါပဲ။ အချိန် တန်လို့ အထုပ်အထည်ပြလာတဲ့ အခါကျတော့ မိဘတွေက သဌေးသမီးလေးကို မော်လမြိုင်မှာ အရာရှိကြီးဖြစ်နေတဲ့ သူ့အစ်ကိုဆီ ပို့လိုက်တယ်။ သဌေးသမီးဟာ အဲဒီမှာပဲ သားလေးတစ်ဦး မွေးပြီး မကြာမီမှာ ကွယ်လွန်သွားခဲ့ရှာတယ်။

အဲဒီအချိန်လောက်မှာပဲ သုယဥ်ညိုဟာ သူ့ဘဝတပိုင်းတစကို ပြတဲ့ ပန်းဖြစ်မှတော့ ပွင့်ပါ သည် ဆိုတဲ့ဝတ္ထုကို အသည်းနင့်နင့် ရေးခဲ့ရှာတယ်။ သူပြောပြတာကို သူအမိက နားထောင် စေချင်တဲ့ သူ့ချစ်သူဟာ ဒီဝတ္ထုကို ဖတ်သွားရှာလား .... မသွားရှာလားတော့ ညိုလတ်လဲ မသိဘူး။ ဇနီးနှင့်သား အကြောင်းကိုလဲ သုယဥ်ညိုမသိဘူး။

စာပေအနုပညာ ခရီးလမ်းကြမ်းမှာ ရသေ့စိတ်ဖြေစန်းလို့ သူခေါ်တဲ့ ‘အခြေအနေ’တွေ မကောင်းခဲ့လို့ သုယဥ်ညိုဟာ အသက်ကြီးတဲ့အထိ ဆင်းရဲတုန်း၊ မွဲတုန်း၊ ငတ်တုန်း၊ ပြတ်တုန်း ပဲ။ အဲဒီအချိန်မှာ လူငယ်တစ်ဦးနဲ့ သုယဥ်ညိုတွေ့ခဲ့တယ်။ ဒီလူငယ်ကို သုယဥ်ညိုက မြင်မြင်ချင်း သနားသတဲ့။ ချစ်သတဲ့။ သိလား။

အကြံသမားလေးလူငယ်က သုယဥ်ညိုကို အပိုင်စီးပြီး မော်လမြိုင်က သူ့ဘကြီးခြံကြီး ထဲမှာ ဝှက်ထားလိုက်တယ်။ ခန့်မှန်းရတာတော့ အကြံတူသူတကာတွေပေးတဲ့ ကြေးနဲ့ အခွင့် အရေးတွေထက် ပိုပေးပြီး သုယဥ်ညိုကို ဒီလူငယ်က သူ့အိတ်ထဲ အပိုင်ထည့်ထားလိုက်ပုံ ရပါတယ်။

မော်လမြိုင်ခြံကြီးထဲမှာ နေရတဲ့ သုယဥ်ညိုဟာ ခြံပိုင်ရှင်သဌေးဟာ ဘယ်သူဆိုတာ တစ တစနဲ့ သိလာခဲ့တာပေါ့။ သဌေးဟာ တခြားလူ မဟုတ်ဘူး။ ကွယ်လွန်သွားပြီဖြစ်တဲ့ သုယဥ်ညိုရဲ့ ဇနီးရဲ့အစ်ကို။ ပင်စင်စားအရာရှိကြီး။ တခါ လူငယ်ကို အစ်အောက်မေးတာကနေ လူငယ်ရဲ့အမေ ဘယ်သူဆိုတာ သုယဥ်ညို သိခဲ့ပုံရတယ်။ တစ်နဲ့နှစ်ပေါင်းတော့ သုံးပေါ့။

ဒီလူငယ်ဟာ သုယဥ်ညိုရဲ့သားပါ။ သားအရင်းပါ။

ဒီအချိန်ကစပြီး သုယဥ်ညိုရဲ့ဘဝအမိပ္ပာယ်က ပြောင်းသွားတော့တယ်။

သုယဉ်ညိုဟာ သူ့ရုပ်ကို ပုံပျက်သထက်ပျက်အောင် နေတယ်။ သင်္ဘေးဆိုတဲ့ အရာရှိကြီး လာရင် ရှောင်နေတယ်။ လူ့လောကနဲ့ အဆက်ပြတ်သထက် ပြတ်အောင်နေတယ်။ ပိုင်လိုက်တဲ့ လူငယ်ကလဲ သုယဉ်ညိုဟာ ဘယ်သူဖြစ်တယ်ဆိုတာ သူ့ဘကြီးမပြောနဲ့ ရန်ကုန်က သူ့ ဦးလေး ကိုတောင် အသိပေးမထားဘူး။ သူတို့အလွန်ဆုံးသိတာက စာရေးဆရာအိုကြီး တစ်ဦး။ နာမည်က ဦးထွန်းခိုင်။ အဲဒီနာမည်ကလဲ သုယဉ်ညိုရဲ့ ငယ်ငယ်တုန်းကနာမည် မဟုတ်ဘူး။

သုယဉ်ညိုဟာ သူ့ဘဝသစ်မှာ စိတ်ချမ်းသာနေပုံရတယ်။ စိတ်ချမ်းသာပါတယ်လို့လဲ ပြောခဲ့ပါတယ်လေ။ စိတ်ချမ်းသာမှာပေါ့။ အခုသူက ပိုက်ဆံအတွက် ရေးနေတယ် မဟုတ်ဘူး။

အမွေပေးဖို့ စာရေးနေတာ။ သူ့သားကို သူ့အမွေရစေချင်လွန်းလို့ စာရေးပြနေတာ။ ကွပ်ပျစ်လေးပေါ်မှာ ထိုင်ရင်း ဝတ္ထုအကြောင်း ဆွေးနွေးသလိုလိုနဲ့ သူ့သားကို သူနည်းပညာတွေ ဘယ်လောက် ပြောပြသွားရှာသလဲ မသိဘူး။

အလှအယဉ်တွေကနေ ဘဝနဲ့ယှဉ်တဲ့ ဝတ္ထုရေးနည်း တဆင့်တက် သူသင်ပေးချင်တယ် ထင်တယ်။ ဒါကြောင့် သူက နောက်ဆုံး 'ပျဉ်းကတိုးတောမှ အရိပ်များ' ကို ရေးတယ်။

ဒီဝတ္ထုကြီးကို စစ်အတွင်း သေမင်းရထားလမ်းကြီး ဖောက်ချိန်က စတယ်။ အဲဒီရထား လမ်းကြီးရှိရာမှာက ပျဉ်းကတိုးတောတွေ ရှိတာကိုး။ အဲဒီဘက်သွားရင်း ကြောက်မက်ဖွယ် ကောင်းတဲ့ ငှက်ဖျားရောဂါကို သူရခဲ့တာပဲ။

သူဝတ္ထုကြီးကို သူအဆုံးသတ် မသွားနိုင်ခဲ့ပါဘူး။

သူ ကွယ်လွန်သွားပါပြီ။ သုယဉ်ညို ကွယ်လွန်သွားပါပြီ။

ညိုလတ်ပြောပြခဲ့တဲ့ ဒီဇာတ်လမ်းလေးဟာ ယုတ္တိရှိရဲ့လား .... ဟင် .... ဆရာ။ ယုံ ကော ယုံနိုင်ရဲ့လား။

ယုံနိုင်အောင် အထောက်အထားလေးတွေကို ဒီစာနဲ့အတူ ညိုလတ် ပို့လိုက်ပါတယ်။

တစ်ခုကတော့ သုယဉ်ညိုရဲ့ မပြီးဆုံးသေးသော ဝတ္ထုလက်ရေးမူပါ။

အဲဒီဝတ္ထုကြီးကိုတော့ အင်း .... ညိုလတ်ဆက်ပြီး အဆုံးသတ်ပေးချင်ပါတယ်။ ဒါပေမယ့် ကလောင်နာမည်ကတော့ ပြောင်းရမယ်။

သုယဉ်ညို၏ .... ပျဉ်းကတိုးတောမှအရိပ်များ .... လို့။

နွေနှင်းမောင် မဟုတ်ဘူး။ သုယဉ်ညို။

နွေနှင်းမောင် မရှိတော့ဘူး။ ဒီလောကမှာလဲ မရှိတော့ဘူး။ ညိုလတ်ရဲ့ရင်နဲ့ ဘဝထဲမှာလဲ မရှိတော့ဘူး။

နောက်အထောက်အထားတစ်ခုကတော့ ပစ္စည်းလေးတစ်ခုပါ။

သေရာညောင်စောင်းပေါ်က အဘဟာ ဒီပစ္စည်းလေးကို ဖျောက်ပစ်ဖို့ ညိုလတ်ကို အတန်တန် မှာသွားရှာတယ်။ ညိုလတ်လဲ ဖျောက်ပစ်ပေးပါ့မယ်လို့ ကတိပေးခဲ့တယ်။ အဲဒီ

တုန်းက ဒီပစ္စည်းလေးဟာ ဘာပစ္စည်းမှန်း ညိုလတ်မသိဘူး။ အခုပြောပြတဲ့ ဇာတ်လမ်းကိုလဲ ညိုလတ်ဆက်မကြည့်ရသေးဘူး။ အင်းလေ .... ဒီပစ္စည်းလေးရမှပဲ ညိုလတ်လဲ ဒီဇာတ်လမ်းကို ပြည့်ပြည့်စုံစုံ ဆက်ကြည့်နိုင်တာပါပဲ။

အဘပေါ် ထားခဲ့တဲ့ကတိကို ဝမ်းနည်းစွာနဲ့ ညိုလတ်ဖျက်ရတယ်။ ဘာပြုလို့လဲဆိုတော့ အဲဒီကတိက ပုဂ္ဂလိကဆိုင်ရာကတိပါ။

စာပေနဲ့ လူ့လောကအတွက် ညိုလတ်စောင့်ထိန်းရမယ့် ကတိသစ္စာတွေ ရှိနေသေးတယ်။

လောင်တတ်၊ ကျွမ်းတတ်ပြီး သားနဲ့အဖကိုတောင် ချမ်းသာမပေးတဲ့ ဝိသမလောဘ ဆိုတာ ဒါပဲဟေ့လို့ ညိုလတ်ဆွဲထုတ်ပြနိုင်ဖို့ သက်သေအဖြစ် ဒီပစ္စည်းလေးကို လိုတယ်။ အထူးသဖြင့် နွေနှင်းမောင် တမျိုးတဖုံ ပြန်အသက်ရှင်မလာဝံ့အောင်လုပ်ဖို့ ဒီပစ္စည်းလေးကို လိုတယ်။ ဒါကြောင့် ဒီပစ္စည်းလေးကို ညိုလတ် ဖျောက်မပစ်ခဲ့ပါဘူး။

သြော် .... ဒီပစ္စည်းလေးနဲ့တင် အထောက်အထား မလုံလောက်သေးဘူး ထင်ရင် လပေါင်းတစ်ရာမြောက် သစ္စာကြေးမုံမဂ္ဂဇင်းကို ရှာပြီး အဲဒီထဲက သုယဉ်ညိုရဲ့ပုံကို ကြည့်ပါ။ ပြီးတော့ ဆရာ့မျက်နှာ ဆရာမှန်ထဲပြန်ကြည့်ပါ။

အပြီးသတ်ကျတော့ ညိုလတ်ကြုံခဲ့ရတာဟာ ညိုလတ်ဆိုခဲ့တဲ့ သီချင်းလိုပဲ စွန့်ခွာရသည့် နွေညများ ဖြစ်နေခဲ့ပါပကော။

နိစ္စာသာရ မဟုတ်တော့ စွန့်ခွာရမှာကို စွန့်ခွာရမှာပဲပေါ့။

ညိုလတ် ဘယ်သူ့ကိုမှ အပြစ်မတင်ပါဘူး။

ရင်ထဲမှာသာ မှတ်ထားလိုက်တယ်။ ညိုလတ်ရင်ထဲမှာ နင့်အောင် မှတ်ထားလိုက်တယ်။

နှုတ်ဆက်ခဲ့တဲ့ ....
ညိုလတ်"

စာကဆုံးသွားပြီ။ စိုးလွင်ညွှန့်က ကျောက်ရုပ်ကြီးပမာ ငြိမ်နေသည်။ သူ့နှလုံးပင် အခုန်ရပ်နေသည်ဟု သူထင်သည်။

စိုးလွင်ညွှန့်သည် ရုတ်တရက်လှုပ်ရှားလာပြီး ဗူးလေးကို ကောက်ကိုင်သည်။

ရစ်နှောင်ထားသော ကြိုးလေးများကို စိတ်မရှည်နိုင်တော့ဘဲ ဗလအားနှင့် ဆွဲဖြတ်ပစ်သည်။

ဗူးလေးကို ဖွင့်လိုက်သောအခါ ခြောက်လက်မခန့်ရှိ ဓာတ်ပုံဘောင်တစ်ခုကို တွေ့ရသည်။

ဓာတ်ပုံဘောင်ကို ယူပြီး ဓာတ်ပုံကို ကြည့်မိသည့်ခဏ၌ စိုးလွင်ညွှန့်၏ တစ်ကိုယ်လုံးမှာ ကျင်စက်နှင့် အတို့ခံရသကဲ့သို့ ဆတ်ဆတ်ခါသွား၏။

"မေ .... မေ"

ဟုတ်သည်။ ဟိုနံရံပေါ်မှ ဓာတ်ပုံတွင်းကအတိုင်း မေမေ့ပုံ။ စိုးလွင်ညွှန့်၏ မေမေ့ပုံ။

ပြင်းထန်သော စိတ်လှုပ်ရှားမှုကြောင့် ခေတ္တမကြားသယောင် ဖြစ်နေသော စိုးလွင်ညွှန့်၏ နားများတွင် ညိုလတ်၏ အသံလေးပေါ်လာသည်။

"မနှစ်ကနွေတုန်းက ပုရစ်ဖူးတွေလဲစီ။ ချစ်ဦးချိန်နဲ့ ကြုံရလေသည်....။ ချစ်.... ချစ်.... ချစ်သည်။ ချစ်လိုက်ကြသည်။ ချစ်ပါပြီကော ချစ်ပြီကောဟု....။ ဥသြသံညီ....။ ချစ်တေးပြိုင်ဖွဲ့သီ...."

စိုးလွင်ညွှန့်က မျက်မှောင်ကြုတ်သည်။

သည်သီချင်းက မဆုံးသေးဘူးလော ....။

ခဏဌပင် စိုးလွင်ညွှန့် ပြန်သတိရသည်။

သည်သီချင်းလေး တစ်ပိုဒ်တည်းကိုပင် တိပ်ခွေမျက်နှာ တစ်ဘက်လုံး ထပ်ကာထပ်ကာ မိမိသွင်းထားသည်။

အကြိုက်ဆုံးသီချင်း။ မပြတ်တမ်း ကြားချင်သည့်အသံ။

စိုးလွင်ညွှန့်သည် နေရာမှ ဝုန်းကနဲထပြီး ကက်ဆက်ခလုတ်ကို ပိတ်သည်။

ညိုလတ်၏အသံလေးက ပျောက်သွားသည်။

စိုးလွင်ညွှန့်သည် အမှတ်မထင် ပြတင်းဝ၌ သွားရပ်၏။

အပြင်ဘက်ရှိသစ်ပင်တချို့က ရွက်ကြွေပြနေသည်။ တချို့ကတော့ ရွက်နုလေးတွေနှင့် ဝေနေ၏။

မော်လမြိုင်တွင် အနေကြာ၍ ပိတောက်ကို သံယောဇဉ်ကြီးသော သူ့အဒေါ် အထူး စိုက်ထားသည့် အိမ်ရှေ့ခြံစည်းရိုးမှ ပိတောက်ပင်ပျိုတန်းတို့က ရွက်ဝါစင်အောင် ကြွေပြီးပြီ။ မြေပြင်ဝယ် ခြွေရွက်ဝါတွေ ပုံ့ကျဲကျနေသည်။

စိုးလွင်ညွှန့်က မြေခနေသော ရွက်ဝါတွေကို စိုက်ကြည့်သည်။

သုဉ်းသည်၊ ဆိတ်သုဉ်းသည်။

တစ်လောကလုံးသည် စိုးလွင်ညွှန့်အတွက် ဆိတ်သုဉ်းသည်။

အို .... ညိုလတ်၏ အသံလေးပင် သုဉ်းခဲ့ပါပြီပကော။

စိုးလွင်ညွှန့်သည် ကက်ဆက်ဒက်(ခ်)ဆီ ပြန်လာပြီး ခလုတ်ကိုနှိပ်၏။

ညိုလတ်၏ အသံလေး ပြန်ပေါ်လာသည်။

"ချစ်....ချစ်....ချစ်သည်။ ချစ်လိုက်ကြသည်။ ချစ်ပါပြီကော.... ချစ်ပြီကောဟု။ ဥသြသံညီ....။ ချစ်တေးပြိုင်ဖွဲ့သီ"

စိုးလွင်ညွန့်က ပြတင်းဝ၌ ပြန်လာရပ်သည်။

လောကကို ကြည့်မိသည်။ အင်း .... လောက။ သုဉ်းနေသော လောက။ ခြောက်နေသော လောက။ ရွက်ဝါရွက်သေတွေ ကြီးစိုးနေသောလောက။

မိမိအတွက် ဘာကျန်သနည်း။ ဘာများကျန်တော့သနည်း။

စိုးလွင်ညွန့်က မျက်နှာကို လက်ဝါးများဖြင့် အုပ်လိုက်သည်။

နားများကမူ ညိုလတ်၏အသံကို ဆက်ကြားနေရသည်။

"သံသာလေ....ဟိုမှာကမ်းဆီ...၊ ရွှေကျမ်းရွက်ချီ။ မသွေတန်းဆုရည်၊ ငွေလရောင်ခြည်၊ နွေညအိပ်မက်ရှည်× × "

ဟုတ်သည်။ အိပ်မက်ရှည်။ ဘာမျှမည်မည်ရရ အကောင်အထည် အနှစ်အသား မရှိတော့သည့် အိပ်မက်ရှည်။ နွေညအိပ်မက်ရှည်။

ဆက်ဆိုပါ ညိုလတ် ....။ အိပ်မက်ရှည်မှာသာ ကိုယ်နေရပြီ။

ညိုလတ်၏ အသံလေးသာ ကျန်ရစ်သည်။

မွန်မွန်မြတ်မြတ်ဟု ရင်တွင်းမှ စေတနာနှင့် ရှားရှားပါးပါး ကိုယ်လုပ်ခဲ့ဖူးသည့် ကြိုးပမ်းမှု တစ်ခု။

ညိုလတ်၏အသံ။ သည်တစ်ခုပဲ ထိုက်တန်ရာကျန်ရစ်ပြီ ထင်သည် ....။ ထင်သည်။ ။

(၁၉၈၀ ပြည့်နှစ်)

ခက်ဆစ်များ

သ (က) 打扮，修饰

စိတ်တိုင်းကျ (က) 如意，中意，满意

လေချွန် (က) 吹口哨

ခနဲ့ (က) 讥讽，讽刺

သရဖီ (န) 红厚壳(花)

အညတရ (န) 普通人，平凡的人

စိန်ပန်း (န) 凤凰木，凤凰花

ရင့်သီး (နဝ) (言语)粗鲁，不堪入耳

ကလောင်သစ် (န) 新作家

ဖြတ်လမ်း (န) 近路;〈喻〉捷径

ဝိသမလောဘ (န) 贪婪之心，损人利己的私欲

နွံအိုင် (န) 泥潭

ရသေ့စိတ်ဖြေ (ကဝ) 自得其乐，自我安慰

အကြံသမား (န) 阴谋家，奸诈的人，狡诈的人

အပိုင်စီး (က) 非法占有，劫持

အစ်အောက် (က) 诈唬，套(话)
ပျဉ်းကတိုး (န) 缅甸铁木
ယုတ္တိ (န) [巴]真实性，情理；证据
အထောက်အထား (န) 根据，依据
ညောင်စောင်း (န) 卧榻
ဖျောက် (က) 抹掉，去掉；弄丢
ကတိပေး (က) 承诺；许诺；保证
ကတိဖျက် (က) 违约，食言
စွန့်ခွာ (က) 遗弃；离开
နင့် (က) (心胸)感觉沉闷，沉痛
နိစ္စာသာရ (န) 永恒，永久，不变
ကျောက်ရုပ် (က) 石像
ရစ်နှောင် (က) 缠绕
ကျင် (န) 陀螺
ပုရစ်ဖူး (န) 幼芽，嫩芽
ဆိတ်သုဉ်း (က) 灭亡，消失，绝迹，泯灭
ကျမ်းရွတ် (က) 起誓，发誓

စာဆိုအတ္ထုပ္ပတ္တိ

တက္ကသိုလ်ဘုန်းနိုင် (၁၉၃၀–၂၀၀၂)

တက္ကသိုလ်ဘုန်းနိုင် ကလောင်အမည်ခံ ဦးခင်မောင်တင့်ကို ၁၉၃၀ပြည့်နှစ် ဇန်နဝါရီလ ၁၆ ရက်နေ့တွင် သန်လျင်မြို့၌ အဖဦးထွန်းဖေနှင့် အမိဒေါ်ကြင်မေတို့မှ မွေးဖွားခဲ့သည်။ မွေးချင်း ငါးဦးအနက် ဒုတိယမြောက်ဖြစ်ပြီး အကြီးဆုံး သားယောက်ျား ဖြစ်သည်။ ငယ်မည်မှာ မောင်ဖေသိန်း ဖြစ်သည်။

ပြည်ခရိုင် ပေါင်းတည်မြို့ မူလတန်းလွန်ကျောင်းမှ တက္ကသိုလ်ဝင် စာမေးပွဲ အောင်မြင်ပြီး ၁၉၄၈ခုနှစ်တွင် ရန်ကုန်တက္ကသိုလ်သို့ ရောက်ခဲ့သည်။ ရန်ကုန်တက္ကသိုလ် ဂုဏ်ထူးတန်း နောက်ဆုံးနှစ် ဓာတ်ခွဲခန်းတွင် လက်တွေ့လုပ်နေစဉ် မန္တလေးတက္ကသိုလ်ကောလိပ် ကျောင်းအုပ်ကြီး ဦးကိုကိုလေးက မန္တလေးတက္ကသိုလ်သို့ လာရောက်၍ စိတ်ပညာ စတင်သင်ကြားပေးရန် မေတ္တာရပ်ခံခဲ့သည်။ မိမိ၏ ပညာပြန့်ပွားသည်ကို နှစ်သက်သည်ကတစ်ကြောင်း၊ ဆရာကြီးဦးကိုကိုလေးအား လေးစားသည်ကတစ်ကြောင်းကြောင့် လာပါမည်ဟု ကတိပေးခဲ့သည်။

၁၉၅၅ခုနှစ်တွင် စိတ်ပညာဖြင့် ဝိဇ္ဇာ (ဂုဏ်ထူး)ဘွဲ့ကို ရန်ကုန်တက္ကသိုလ်မှ ပထမ အဆင့်ဖြင့် အောင်မြင်သည်။ တက္ကသိုလ်မှ ချီးမြှင့်သောဆုတံဆိပ်ရခဲ့သည်။ အောင်စာရင်း ရလျှင်ရချင်း မန္တလေး တက္ကသိုလ်ကောလိပ်တွင် အလုပ်ဝင်ပြီး စိတ်ပညာကို စတင် သင်ကြားပေးသည်။ မန္တလေး တက္ကသိုလ်ကောလိပ်မှ စိတ်ပညာဌာနကို ဿနိကဗေဒနှင့် ခွဲ၍ သီးခြားဌာနအဖြစ် ခွဲလိုက်သည်။ မန္တလေး စိတ်ပညာဌာန စတင်တည်ထောင်ကာ ဌာနမှူးအဖြစ် ထမ်းဆောင်သည်။

၁၉၅၅ခုနှစ်မှ ၁၉၆၂ခုနှစ်အထိ လက်ထောက်ကထိက တာဝန်များကို မန္တလေးတက္ကသိုလ်တွင် တာဝန်ထမ်းဆောင်သည်။ မဟာဝိဇ္ဇာဘွဲ့ကို ၁၉၆၁ခုနှစ် အမေရိကန်ပြည်ထောင်စု နယူး

ယောက်မြို့ ကိုလံဘီယာတက္ကသိုလ်မှ ရရှိသည်။

၁၉၆၂ခုနှစ်မှ ၁၉၇၂ခုနှစ်အထိ တောင်ကြီးကောလိပ် ကျောင်းအုပ်ကြီး၊ ၁၉၇၂ ခုနှစ်မှ ၁၉၇၇ခုနှစ်အထိ ပုသိမ်ကောလိပ် ကျောင်းအုပ်ကြီး၊ ၁၉၇၇ခုနှစ်မှ ၁၉၈၇ခုနှစ်အထိ မော်လမြိုင်ကောလိပ် ကျောင်းအုပ်ကြီး၊ ၁၉၈၇ခုနှစ်တွင် ဒုတိယ ပါမောက္ခချုပ်အဖြစ် တာဝန်ထမ်းဆောင်သည်။ ၁၉၈၈ခုနှစ်တွင် ပညာရေးတက္ကသိုလ် ပါမောက္ခချုပ်အဖြစ် တာဝန်ထမ်းဆောင်သည်။

၁၉၆၄ခု ပညာရေးစနစ်သစ် စတင်ချိန်မှစ၍ ၁၉၈၉ခုနှစ် ပင်စင်ယူသည့် အချိန်အထိ တက္ကသိုလ်ပညာရေးအဖွဲ့များ ကောင်စီ၏ အဖွဲ့ဝင်လူကြီးနှင့် တက္ကသိုလ်များ ဗဟိုကောင်စီ အဖွဲ့ဝင်လူကြီးအဖြစ် တာဝန်ယူခဲ့သည်။

၁၉၇၇ခုနှစ်တွင် ပညာရေးလေ့လာရေးအဖွဲ့ ခေါင်းဆောင်အဖြစ် ဂျပန်နိုင်ငံသို့ စေလွှတ်ခြင်းခံရသည်။

၁၉၈၀ပြည့်နှစ် နိုင်ငံတော်က ကြီးမှူးကျင်းပသည့် ပညာရေးနှီးနှောဖလှယ်ပွဲတွင် အခြေခံပညာ နှီးနှောဖလှယ်ပွဲ၏ သဘာပတိအဖြစ် ဆောင်ရွက်ခဲ့သည်။

၁၉၈၁ခုနှစ် ကျင်းပသော ပုံမှန်ရွေးချယ်တင်မြှောက်ပွဲကြီး၌ မွန်ပြည်နယ် ပြည်သူ့ လွှတ်တော်နှင့် ပြည်သူ့ကောင်စီအဆင့်ဆင့် ရွေးချယ်တင်မြှောက်ပွဲ ကျင်းပရေးကော်မတီ အဖွဲ့ခွဲ ဥက္ကဋ္ဌအဖြစ် ဆောင်ရွက်ခဲ့သည်။

၁၉၈၃ခုနှစ်တွင် ပညာရေးလေ့လာရေးအဖွဲ့ ခေါင်းဆောင်အဖြစ် တရုတ်ပြည်သူ့သမ္မတနိုင်ငံသို့ စေလွှတ်ခြင်းခံရသည်။

၁၉၈၆ခုနှစ်မှ ၁၉၈၈ခုနှစ်အထိ မော်လမြိုင်တက္ကသိုလ် ပညာရေးအဖွဲ့ ဥက္ကဋ္ဌနှင့် မော်လမြိုင်တက္ကသိုလ် စီမံခန့်ခွဲရေးအဖွဲ့ဥက္ကဋ္ဌ တာဝန်များကို ထမ်းဆောင်သည်။

စာပေဘဝ--

ရှစ်နှစ်သားအရွယ်ကပင် ဝါသနာအလျောက် စာတိုပေစများရေးခဲ့ရာ ဒဂုန်မဂ္ဂဇင်းခေတ်ဖြစ်၍ မိမိငယ်မည် မောင်ဖေသိန်းနှင့်တွဲ၍ ဒဂုန်ဖေသိန်းဟု အမည်တပ်ခဲ့သည်။ ၁၁နှစ်သားအရွယ်တွင် ဝတ္ထုများ စတင်ရေးသားခဲ့သည်။ ၁၅နှစ်သားအရွယ်တွင် ကဗျာသင်ရိုးကုန်၍ ကဗျာများပိုင်နိုင်စွာ ရေးစပ်နိုင်သည်။

တက္ကသိုလ်ကျောင်းသားဘဝတွင် တက္ကသိုလ်ဘုန်းနိုင် အမည်ဖြင့် ၁၉၄၉ ခုနှစ် ဇန်နဝါရီလထုတ် ရှုမဝမဂ္ဂဇင်း၌ **ဒွိဟ** ကဗျာရေးသားရာမှ စာပေနယ်သို့ စတင်ဝင်ရောက်ခဲ့သည်။ ပင်ကိုရေး မြန်မာဝတ္ထုရှည်ကြီးများကြောင့် အထူး ထင်ရှားသည်။ ပထမဆုံး ရေးသားသော ဝတ္ထုမှာ **လရောင်နှင့်အရိပ်** ဖြစ်ပြီး ၁၉၅၁ ခုနှစ်တွင်ရေးသည်။ ၁၉၅၈ခုနှစ်ဇန်နဝါရီလထုတ် မြဝတီမဂ္ဂဇင်းပါ **နှင်းရက်ကြွေစေ** ဝတ္ထုရှည်မှစ၍ တစ်ဟုန်ထိုး နာမည်ကြီးလာသည်။ **ညီမလေးရယ် စိုးရိမ်မိတယ်** (၁၉၅၈)၊ **သူ့ကျွန်မခံပြီ** (၁၉၅၉)၊ **သူငယ်ချင်းလို့ပဲ ဆက်၍ခေါ်မည်နိုင်**

(၁၉၆၄)၊ **ကမ္ဘာကုန်ကျယ်သရွေ့ဝယ်** (၁၉၆၆)၊ **နွေကန္တာဦး** (၁၉၆၈) တို့မှာ ထင်ရှားသည်။ ဝတ္ထုရှည်ကြီးအချို့ကို နိုင်ငံခြားဘာသာသို့ ပြန်ဆိုခဲ့ကြသည်။ **နှင်းငွေ့တစ်ထောင့် မိုးတစ်မှောင့်**ဖြင့် ၁၉၇၂ခု အမျိုးသားစာပေဆု ရရှိခဲ့သည်။

၁၉၉၈ခုနှစ် မြန်မာ့ရုပ်ရှင်ထူးချွန်ဆု ချီးမြှင့်ပွဲတွင် အကယ်ဒမီ(၄)ဆု ချီးမြှင့်ခြင်း ခံရသော သူ့ကျွန်မခံပြီ ဇာတ်ကားကြီးမှာ တက္ကသိုလ်ဘုန်းနိုင်၏ ဝတ္ထုကို ရုပ်ရှင်ရိုက်ကူးခြင်း ဖြစ်သည်။

လေ့ကျင့်ခန်း

၁။ စွန့်ခွာရသည့်နွေညများဝတ္ထုမှ ဆရာတက္ကသိုလ်ဘုန်းနိုင် တင်ပြသော စာပေနှင့် အနုပညာ နယ်မှ ပြဿနာတစ်ခုသည် အဘယ်နည်း။

၂။ နွေနှင်းမောင် စာပေအကုသိုလ်ကို ကျူးလွန်သွားခဲ့သည်နှင့် ပတ်သက်၍ ဝေဖန်သုံးသပ်ပါ။

သင်ခန်းစာ(၁၆) ဘိုးဘိုးဦးဘဖိုး

作品导读

达度（1918—1991）是缅甸知名作家、电影工作者。达度的作品擅长刻画人物，贴近生活。《爷爷吴巴坡》（1980）是其自叙传小说的一部分，开篇首先将故事时间拉回到作者七、八岁时的“过去”，同时也将叙事视角转换为儿童视角，从一个天真的孩子的视角来叙述爷爷的故事，使人物更加生动。通过当足球赛裁判、送礼、施斋等具体事例，将爷爷这一人物刻画得惟妙惟肖，入木三分。在单纯无知的孩子面前，爷爷可以毫无顾忌、毫不掩饰地坦露真实想法，孩子的“不解”给爷爷提供了更多“解释”和自我呈现的机会。作品运用恰到好处的人物对话和对话中人物的口吻声气表现人物的个性特点，从而将人物塑造得立体而丰满。其艺术感染力能够拉近读者与人物的距离，读来轻松愉悦，甚至会与人物一起“哈哈”地笑出声来。

ဘိုးဘိုးဦးဘဖိုး

သာဓု

သာဓု ငယ်စဉ်က ကျောင်းရက်ရှည်ပိတ်တိုင်း ပဲခူးမြို့ရှိ အဘိုးအဘွား၊ ဦးလေးအဒေါ်စသည့် ဆွေမျိုးရင်းချာများထံ သွားရောက်လည်ပတ်လေ့ရှိ၏။

ထိုစဉ်က သာဓုမှာ ခုနစ်နှစ်၊ ရှစ်နှစ်သားအရွယ်ခန့်သာ ရှိသေးစေကာမူ မည်သူမျှလိုက်ပို့ရန်မလို၊ ရန်ကုန်ပဲခူးဘတ်စ်ကားပေါ် တက်ထိုင်ပြီး ပိုက်ဆံငါးမူး (ပြား၅၀) ပေးလိုက်ရုံဖြင့် ဆိုက်ဆိုက်မြိုက်မြိုက်ရောက်၏။

ပဲခူးမြို့တစ်မြို့လုံးအတွက် ရေပိုက်ဆက်သွယ်ရေး ကန်ထရိုက်တာအဖြစ် လိုင်စင်ရသူဦးဖိုးစိန်ဆိုသူမှာ ဦးဘဖိုး၊ ဒေါ်စိန်၏ သားလတ်၊ သာဓု၏ဦးလေး။ သူအတော်အတန် ဝင်ငွေဖြောင့်နေသော်လည်း အဘိုးနှင့် အဘွားသည် ဈေးရောင်းမြဲရောင်း၏။ သာဓုတို့ အဘိုး အဘွားသည် အလွန်မာနကြီး၏။ လူမုန်းသော မာနမျိုးကား မဟုတ်။

မည်သူမျှ အားမကိုး။ သားသမီးများလည်း အားမကိုး။ ကိုယ့်ဝမ်းစာ ကိုယ်ရှာစားရမှ

မျို၍ကျသော အဖိုးတန်မာနဖြစ်၏။

ပိုက်မောင်စိန်၊ ရေပြွန်မောင်စိန်ဟူ၍ တရှိန်ရှိန် စီးပွားတက်နေသော ဦးလေးကိုဖိုးစိန်၏ ဝင်ငွေကို အဘွားအဘိုးတို့က တိုးတိုးလေးပင် စိတ်မဝင်စား။ လက်ငုတ်ဖြစ်သော လက်ဖက်ချင်းသုပ်ရောင်းရင်း အလုပ်မရှိသေးသော သားသမီးများကိုပါ ဒိုင်ခံကျွေးနေသေး၏။ အဘိုးနှင့် အဘွားတို့အသက်ကား နှစ်ဦးစလုံး ၇၀ ဝန်းကျင်။ ဘိုးဘိုးဦးဘဖိုးသည် အလွန်ပျော်တတ်၏။ အဘိုး၏ အပေါင်းအသင်း ရောင်းရင်းတို့ကား ၆၀ ရွယ် ၇၀ သို့မဟုတ် ၂၀ မှ ၄၀အတွင်း ကာလသားနှင့် လူလတ်ပိုင်းများသာ ဖြစ်ကြ၏။

"အဘိုး ဟား စွယ်တာတွေ၊ ခေါင်းစွပ်တွေ၊ ပုဆိုးသစ်တွေနဲ့ ဘယ်သွားမလို့လဲ"

"မအေပေးတွေ ဟင်း လိပ်ပြာကန်မှာ ချင်းမအောင်စိန်အငြိမ့် ရှိလို့ ငါ့ကိုလာခေါ်တာ မဟုတ်လား၊ ကဲ လာသွားကြစို့"

* * *

"အဘိုး"

"ဟေလကွာ"

"မလိုက်ဘူးလား၊ ဟိုဘက်ကမ်းက စိန်ရုံမှာ ထိပ်တင်လေးဇာတ်ကား ပြနေပြီ၊ အဘိုးကြီး အကြိုက် မင်းသားဘတင့်လေ"

"နက်ဖြန်မှ ကြည့်တော့မယ်ကွာ၊ ဒီနေ့မအားဘူး၊ တောင်ကျောင်းနဲ့ မြောက်ကျောင်း ဘောလုံးပွဲမှာ ဒိုင်လူကြီး လုပ်ပေးရဦးမယ်ကွ"

* * *

ထိုနေ့က သာစုပဲခူးတွင်ရှိ၍ ထိုဘောလုံးပွဲသို့ အဘိုးနှင့် လိုက်သွားရာ၌ တောင်ကျောင်းနှင့် မြောက်ကျောင်း ဆိုသည်မှာ ဘုန်းကြီးကျောင်းများ ဖြစ်သောကြောင့် ဘောလုံးကန်သည့် ကျောင်းသားများအရွယ်ကို သိကြပြီးဖြစ်ပေလိမ့်မည်။ ပွဲပြီးခါနီးအထိ မည်သည့်ဘက်မျှ ဂိုးမသွင်းနိုင်ရာမှ မြောက်ကျောင်းဂိုးရှေ့တွင် ရှုပ်ယှက်ခတ်သွားပြီးနောက် 'ဂိုး' ဟူသောအသံ ဆူညံသွား၏။ အဘိုးကလည်း ပီပီမှုတ်၍ ဂိုးပေးလိုက်သဖြင့် မြောက်ကျောင်းသားများ ဝိုင်းအုံလာကာ

"အဘိုး မဂိုးဘူး၊ ဟိုကောင် လက်နဲ့ပုတ်သွင်းတာ"

"အမယ် မင်းတို့ဒီလိုမပြောနဲ့၊ ငါဒူးနဲ့တိုက်သွင်းတာကွ"

အဘိုးကလည်း ဟုတ်မှန်ကြောင်း အတည်ပြုကာ တောင်ကျောင်းကို အနိုင်ပေးလိုက်စဉ် ပို၍မကျေနပ် ဆူဆူညံညံ ဖြစ်လာသောကြောင့်

"ကျွန်တော်မြင်တယ် ဘိုးဘိုး၊ ဟိုကောင် ဒူးနဲ့မဟုတ်ဘူး၊ လက်နဲ့ပုတ်သွင်းတာ" ဟု သာစုက ဝင်၍ သက်သေခံလိုက်မှ သရေပွဲဖြစ်သွားတော့၏။

ဘောပွဲပြီး၍ အိမ်အပြန်လမ်းတွင် လူလစ်သည့်ကွေ့ ရောက်သည်နှင့် အဘိုးသည် သာစု

လက်ကိုင်လျှောက်လာရာမှ လက်ဆွဲဖြုတ်ကာ

"ဒေါက်"

သာစုငယ်ထိပ် ရိပ်ခနဲထူပူသွား၏။ (အဘိုးက ခေါက်လိုက်ခြင်း။)

"ခွေးမသား၊ ဟိုကောင်လေး လက်နဲ့ပုတ်ပြီး ဂိုးသွင်းတာ မင်းကဘာလို့ ဝင်ပြောရတာလဲ"

"ကျွန်တော် မှန်တာပြောတာပဲဟာ၊ ဘိုးဘိုးကော မမြင်ဘူးလား"

"မြင်တာပေါ့ကွ"

"ဒါဖြင့် ဘိုးဘိုးက ဘာလို့မတရား အနိုင်ပေးချင်တာလဲ"

"အဲဒီကောင်လေးက ငါ့ငယ်ရည်းစားရဲ့မြေးကွ"

ထိုစကားအတွက် သာစုမျက်စိလည်သွားသည်နှင့် အဘိုးကိုမေး၏။ သူကလည်း သူ့ငယ်ရည်းစားဟူသည့် သဘောတရားကို စိတ်ရှည်လက်ရှည် ရှင်းပြ၏။ (ကြည်နူးစွာဖြင့်)။

"နောက်မှတ်ထား၊ မှန်တာပေမယ့် သူ့နေရာနဲ့သူ ပြောရတယ်ကွ၊ အေး အိမ်ရောက်ရင်လဲ ခုပြောတာတွေ ထပ်လျှာမရှည်နဲ့ဦး"

* * *

နောက်တစ်နေ့ အဘိုးက ဘုရားဈေးတန်းသို့ လိုက်ခဲ့ရန် ခေါ်၏။ မုန့်ဟင်းခါးကျွေး၏။ နောက် ကျောက်ဆင်းတု တင်ပလ္လင်ကိုယ်တော် တစ်ဆူဝယ်၍ ပြန်လာကြရာတွင် ဘုရားခြေရင်း ရောက်သည်နှင့်

"အလာတုန်းကလိုပဲ လမ်းလျှောက်နိုင်ပါ့မလားကွ ဟေ"

"လျှောက်နိုင်တာပေါ့၊ ကျွန်တော်က ပြေးတောင်ပြေးနိုင်သေးတယ်"

"အေး လန်ချားဆိုက်ကားစီးရင် တစ်မူး(၁၃ပြားခန့်) ပေးရမယ်၊ တစ်မူးဆို လက်ဖက်ရည် သုံးခွက်ရတယ်ကွ"

အဘိုးပွေ့ကိုင်ထားသော ကျောက်ဆင်းတုမှာ မှတ်မိသလောက် ဉာဏ်တော်ကိုးလက်မ နှင့် ၁၀လက်မအတွင်းလောက် ရှိမည်ထင်၏။

"ရော့ မင်းခဏကိုင်ခဲ့ဦးကွာ"

အဘိုးက သာစုအား လက်ဆင့်ကမ်းပြီး ပုဆိုးပြင်ဝတ်ရင်း ဆက်လျှောက်လာကြ၏။

"အဘိုးအိမ်မှာလဲ ဘုရားရှိသားနဲ့၊ ဒီဘုရားဘာလုပ်ဖို့လဲ"

"နက်ဖြန် ကိုပန်းသာသား မင်္ဂလာဆောင်ရှိတယ် မဟုတ်လား"

"အင်း"

ခေတ္တရပ်၍ အဘိုး ဆေးပြင်းလိပ်ညှိနေ၏။ ဦးပန်းသာဆိုသူမှာ အဘိုးတို့ အိမ်ခြေရင်းဘက်တွင်နေသည့် အဘိုးတို့နှင့်ရွယ်တူ ဆံပင်ဖြူနေသော အဘိုးကြီး။ အင်္ကျီချွတ်ထားသော အခါတွင် တစ်ကိုယ်လုံး ဆေးနီဆေးပြာများဖြင့် ပြည့်နေသည်ကို သတိထားမိဖူး၏။

"အဲဒါ ကိုပန်းသာသား မင်္ဂလာဆောင်မှာ လက်ဖွဲ့မလို့"

သာခု တွေသွားမိ၏။

"ဟိုတစ်ခါ ဒေါ်ဒေါ်နဲ့ မင်္ဂလာဆောင်လိုက်တုန်းက လက်ဖွဲ့တာတွေ စားပွဲပေါ်မှာ မြင်ဖူးပါတယ်ဗျာ၊ ဘုရားမပါပါဘူး"

"ဟ၊ မင်္ဂလာဆောင်ဆိုတာ အဲ အဲ မင့်ဘကြီးတွေ မောင်တင့်တို့ မောင်မြင့်တို့ သတ်သတ်နေတယ်၊ ဘုရားစင်လဲ သတ်သတ်စီရှိတယ် မဟုတ်လား၊ အေး ကိုပန်းသာသားလဲ သတ်သတ်နေတော့ ဘုရားစင် သတ်သတ်လုပ်တဲ့အခါ ဘုရားမဝယ်ရတော့ဘူးပေါ့ကွ၊ အဲဒါတစ်သက်လုံး အမှတ်တရ သူတို့ မင်္ဂလာဆောင်တုန်းက လက်ဖွဲ့ဆိုပြီး အဘိုးကိုလဲ မမေ့တော့ဘူး"

"ရော့ အဘိုး၊ ဘုရားခဏယူဦး၊ ကျွန်တော် လက်ညောင်းလာပြီ"

ဦးတန်ဘီ ရေအိုးစင်အနီးသို့ ရောက်လာသည်အထိ လမ်းတစ်ဝက်မျှ ခရီးပေါက်ခဲ့ သော်လည်း သာခုတွင် အဘိုးပြောသည့် သဘောတရားကို ရေလည်စွာ အဓိပ္ပာယ်မသိသေး။

"ပြီးတော့ ဒီဆင်းတုတော်ကို သူတို့ကြည်ညိုနေသရွေ့ လက်ဖွဲ့သူဟာ အမြဲကုသိုလ်ရနေတယ်၊ နောက်ပြီး ဘုရားအနေကဇာတင်တဲ့နေ့ တို့တစ်ခါစားရဦးမယ်ကွ၊ မုန့်ဟင်းခါးလား၊ ခေါက်ဆွဲလား၊ ကပ်စေးနဲ့တဲ့ ကိုပန်းသာတော့ ဟား ဟား"

အဘိုးက သူ့အဓိပ္ပာယ်နှင့်သူ ပြော၍ သဘောကျနေသလောက် သာခုတွင် တွေးလက်စပါ ပျောက်ပြီး ရှုပ်ကုန်ပါတော့၏။

"ဟေ့ မင်းတို့ သူငယ်ချင်းချင်းလေ မုန်းတဲ့အကောင်ရှိရင် ရန်မလုပ်နဲ့၊ ဓာတ်ပုံရိုက်တဲ့ ကင်မရာဘူးတစ်ခု ဝယ်ပေးလိုက် သိလား"

အဘိုးလုပ်ပြန်ပြီလေ။ သူဘာကို ဘယ်ရည်ရွယ်ချက်နှင့် ပြောနေသည်မသိ။ သာခု ငေးကြောင်ကြောင် မော့ကြည့်မိရာမှ

"မုန်းတာနဲ့ ကင်မရာဘူး ဝယ်ပေးရမလား အဘိုးရ"

"အေးပေါ့၊ အဲဒီဓာတ်ပုံရိုက်ဘူးဆိုရင် ခုနေခုနစ်ကျပ်ခွဲလောက်ပဲ ပေးရတယ်၊ အဲဒါ သူတော့ လိုက်လို့မဆုံးတော့ဘူးကွ၊ ဖလင်ဝယ်လိုက်၊ ရိုက်လိုက်ကူးလိုက်နဲ့ အနည်းဆုံး တစ်လ ခြောက်ကျပ်လောက် ကုန်မယ်၊ ၁၀လဆို ၆၀ မဟုတ်လား၊ အေး အဲဒီဓာတ်ပုံရိုက်ဘူး မပျက်မချင်း မင့်အကောင် ပိုက်ဆံကုန်နေမှာပဲ၊ သူငယ်ချင်းတို့ ဘာတို့ သောက်မြင်ကတ်ရင် ကပ်စေးနဲ့ရင် အဲဒီနည်းဟာ အကောင်းဆုံးပဲ ဟား ဟား"

ထိုအကြောင်းအရာကိုမူ သာခုအနည်းငယ် သဘောပေါက်သလိုလို ရှိ၏။ သာခုမုန်းသောသူ မည်သူရှိလေသနည်းဟုလည်း စဉ်းစားနေမိ၏။

"ဟေ့ တို့အိမ်ခေါင်းရင်း တစ်အိမ်ကျော်က ဦးကြူသိတယ် မဟုတ်လား"

"ဟုတ်ကဲ့"

"အေး ဒီလူကြီးလဲ ကပ်စေးနဲ့တာပဲကွ၊ အဘိုးသူ့ဆီသွားလည်ရင် သူလက်ဖက်ရည် သောက်တာနဲ့ကြုံပေမယ့် အဘိုးကို သောက်ပါဦးလားတောင် မမေးဘူး၊ ဗြောင်ကြည့်သောက် တယ်ကွ"

"ဟုတ်ကဲ့"

"အဲ အဘိုးဆီလာလည်ရင်တော့ အဘိုးတည်တဲ့ကွမ်းကို စားရုံတင်မစားဘူး၊ အိမ်ရောက် ရင် စားဖို့ပါ ယာပြီးယူသွားတယ်ကွ"

"ဒါဖြင့် အဘိုးသူ့ကိုကော ကင်မရာဘူး ဝယ်မပေးဘူးလား"

"ဟ သူကလူကြီးဆိုတော့ ဓာတ်စက်တစ်ခု လက်ဆောင်ပေးလိုက်တာပေါ့၊ ၂၈ ကျပ် ပေး ရတယ်"

သာခု ငိုင်သွားရပြန်၏။

"မင်း တစ်ခါတစ်ခါ ကြားတယ် မဟုတ်လား၊ သူဓာတ်စက်ဖွင့်တာ"

"ဟုတ်ကဲ့၊ မနေ့ကပဲ အဘိုးဖွင့်ခိုင်းသေးတယ် မဟုတ်လား"

"အေး ဓာတ်ပြားက တစ်လတစ်ခါ သုံးလေးချပ် အသစ်ပေါ်တယ်၊ တစ်ချပ်ကို နှစ်ကျပ် တစ်မတ်က သုံးကျပ်ခွဲထိကွ၊ ဓာတ်ထုပ်ဆို ဓာတ်ပြားလေးပြားတွဲ ငါးပြား၊ ခုလောက်ဆို ကိုကြူတော့ ငွေ ၁၅၀ လောက် ထိနေပြီ၊ ဓာတ်ပြားဝယ်ရ အပ်ဝယ်ရနဲ့ ဧည့်သည်လာတိုင်း ဓာတ်ပြားဖွင့်ပြီး ကြွားရတာအမော၊ ဟိုအိမ်ဒီအိမ်က ဦးကြူ ဓာတ်ပြားလေးများ ဖွင့်ပါဦးဆို ပြုံးပြုံးနဲ့ ဟား ဟား"

(ယခုထိသာ အဘိုးရှိနေချေက ခေတ်နှင့်အညီ ကက်ဆက်တို့၊ တယ်လီဗီးရှင်းတို့ လက် ဆောင်ပေးမည်လား မသိပါတကား။)

* * *

နောက်နေ့ မင်္ဂလာဆောင် ဦးပန်းသာကြီး ခေါင်းပေါင်းစ တထောင်ထောင်ဖြင့် သတို့သား ဖခင်ပီသစွာ တပြုံးပြုံးနှင့် အလုပ်ရှုပ်နေရှာ၏။ အဘိုးပြောသကဲ့သို့ ဘုရားအနေကဇာတင် မည့် နေ့တွင်လည်း ဤကဲ့သို့ ကြည်နူးနေမည်လော။ အဘိုးကိုပင် ဒေါပွနေမည်လော။ ဝေခွဲမရ။

ညနေဘက်တွင် အဘိုးကသာခုကို ရေချိုးပေး၏။ ငယ်စဉ်ကပင် သာခု အလွန်ညစ်ပတ် ၏။ ရေချိုးလျှင် ကြေးတွန်းလေ့မရှိ။ အဘိုး ရေချိုးပေးမည် ဟန်ပြင်သည်နှင့် သာခုအဝေးမှ ထွက်ပြေးလေ့ရှိ၏။ အကြောင်းသော်ကား အဘိုးရေချိုးပေးပြီဆိုပါက အုန်းဆံဖတ်ဖြင့် အထပ် ထပ် ကြေးချွတ်တိုက်သောကြောင့်။

"အဘိုး"

"ဟေလကွာ"

"မနက်ကလေ မင်္ဂလာဆောင်မှာ အဘိုးလက်ဖွဲ့တဲ့ ဘုရားဆင်းတုကို လူတွေ သိပ်ပြော

တာပဲ”

“ဘာတဲ့လဲ”

“သဘောကျတာပေါ့၊ ဦးဘဖိုးက ကြဲကြဲဖန်ဖန်လက်ဖွဲ့တယ်တဲ့၊ အကောင်းဆုံးတဲ့”

အဘိုး သဘောကျ ပြုံးနေချိန်။

“အဖေ ပိုက်ဆံတစ်မတ်လောက်”

သို့လာတောင်းသူမှာ အဘိုး၏သားထွေး (သာခု၏ ဦးလေးအငယ်ဆုံး) ကိုဘိုးရှိန် ဖြစ်၏။

“ဘာလုပ်ဖို့လဲ၊ တစ်မတ်တောင်”

“ရုပ်ရှင်ကြည့်ချင်လို့”

“ခွေးမသား၊ ငါ့ကိုမလိမ်နဲ့၊ မင်းဖဲသွားရိုက်မလို့ ဟုတ်လား”

“မရိုက်ပါဘူး၊ မိုးကြိုးပစ်၊ ရုပ်ရှင်”

“သွား သွား မပေးဘူး”

“ဒီနေ့ နောက်ဆုံးနေ့မို့ပါဗျ”

“ဘာဖြစ်ဖြစ် သွားကွာ သွား”

“တကယ်မပေးဘူးနော်”

အဘိုးသည် စောင်း၍ပင် မကြည့်ဘဲ ခေါင်းခါလိုက်၏။ ဦးလေး စိတ်ကောက်သွားချေ၏။

* * *

နောက်နေ့နံနက် ခြောက်နာရီခန့် အဘိုးသည် ထုံးစံအတိုင်း (သူ့အခေါ်) ပလိန်းတီး ဆိုသည့် အင်္ဂလိပ်လက်ဖက်ခြောက် ရေနွေးကြမ်းနှင့် သကြားကို ရောဖျော်နေ၏။ သာခုက အဘိုးကို နောက်မှဖက်၍ ဖင်ကိုနမ်းရင်း ပိုက်ဆံတစ်ပြား တောင်းနေ၏။ မုန့်ပစ်သလက် ဝယ်စားရန်။

“အဘိုး ဟိုမှာ ဘုန်းကြီးတွေ ကြွလာပြီ”

“ဟေ ဘာအတွက်”

စကားကို ရှေ့မဆက်ဘဲ အဘိုးထွက်သွား၏။ ကြွလာသည်မှာ မျက်နှာသိ တောင်ကျောင်း ဆရာတော်နှင့် သံဃာများ၊ စုစုပေါင်း၁၀ပါးခန့်။

အဘိုးသည် ပျာပျာသလဲ နေရာပေးသည်။

“အမိန့်ရှိပါဘုရား”ဟု အံ့အားသင့်စွာဖြင့် လျှောက်ထားလိုက်သည်၌ ဆရာတော်တွင် ပို၍ အံ့အားသင့်သွားရာမှ

“ဘယ့်နှယ်ဒကာကြီးပင့်ခိုင်းပြီး ဒကာကြီးမေ့နေပြီလား၊ မနေ့က ဘိုးရှိန် လာတယ်ကော၊ ဒကာကြီးက ဒီမနက် မုန့်ဟင်းခါး စားကြွပါဆိုလို့ ပင့်ခိုင်းတယ် ပြောတာနဲ့ ကျုပ်တို့ ကြွလာတာ”

"ဟာ ဒီကောင် တောက်"

သို့ရေရွတ်လိုက်သော အဘိုးကို သာခုစိုက်ကြည့်နေမိ၏။ အဘိုးနှာခေါင်းမှ ဒေါသအခိုးအငွေ့များ ထွက်နေသည်ဟုပင် ထင်ရ၏။

"ခေတ္တ သီတင်းသုံးနှင့်ပါ ဘုရား"

သို့လျှောက်ထားပြီး အုယာဖားယား အဘိုးထထွက်သွား၏။ ၁၅မိနစ်ခန့်အရတွင် အဘိုးနှင့်အတူ ခေါင်းရွက်မုန့်ဟင်းခါးသည် တစ်ဦးပါလာပြီး အလောတကြီး မုန့်ဟင်းခါး ဆွမ်းကပ်လိုက်ရသောဟူရာ၌ အဘိုးတွင် ငွေစနှစ်ကျပ်နီးပါး ထွက်သွားသည်၏အဆုံး၌

"တင်ပါ့ဘုရား၊ နောက်နောင်ကို ဘုရားတပည့်တော် ကိုယ်တိုင်လာပင့်မှ အတည်ပြုတော်မူပါဘုရား၊ ဒီကောင်ခွေးမသား မနေ့က ပိုက်ဆံတစ်မတ်တောင်းလို့ မရတာနဲ့"

ဆရာတော်များ တဝါးဝါး ရယ်သံကြောင့် နောက်ဆက်တွဲ အဘိုး၏စကားများ မကြားလိုက်ရတော့ပါဗျား။

(ရှုမဝ။ ။စက်တင်ဘာ၊ ၁၉၈၀)

ခက်ဆစ်များ

ဆွေမျိုးရင်းချာ (န) 亲戚

ကန်ထရိုက်တာ (န) 承包商

ဖြောင့် (နဝ) 放心，无后顾之忧

မာန (န) 傲气，骄傲

လက်ငုတ် (န) 祖业，(父母)遗业

ချင်းသုပ် (န) 拌姜丝(一种缅甸食品)

ဒိုင်ခံ (က) 〈喻〉全权负责

အငြိမ့် (န) 阿迎舞

ဂိုးသွင်း (က) (足球)射门

အတည်ပြု (က) 正式，肯定

သက်သေခံ (က) 证明，证实，作证

သရေပွဲ (န) (比赛、竞赛时)和局，平局

ငယ်ထိပ် (န) 囟门

ငယ်ရည်းစား (န) 青梅竹马；小时的情侣

မျက်စိလည် (က) 迷路，转向

သဘောတရား (န) 理论，学说，道理

လျှာရှည် (နဝ) 多嘴，罗嗦

တင်ပလ္လင်ကိုယ်တော် (န) 坐佛

ပွေ့ကိုင် (က) 搂抱

ဉာဏ်တော် (န) 佛塔或佛像的高度

ဘုရားစင် (န) 佛龛

သတ်သတ် (ကဝ) 单独地

လက်ညောင်း (က) 手酸

ရေအိုးစင် (န) 饮水罐架

ရေလည် (က) 明了，清楚

အနေကဇာတင် (က) 为初制好的佛像举行仪式(仪式后，该佛像便被赋予佛

的含义而正式受人们的朝拜）

ကပ်စေးနဲ (က) 吝啬，小气

ငေးကြောင်ကြောင် (က၀) 发呆地

ရိုက်ကူး (က) 拍照，拍摄

သောက်မြင်ကတ် (က) 不顺眼；讨厌

ယာ (က) 包（槟榔包）

ဓာတ်စက် (န) 留声机

ဓာတ်ပြား (န) 唱片

ဒေါပွ (က) 发火，发怒

အုန်းဆံဖတ် (န) 剥下的椰子外皮

ကြေးချွတ် (က) 去污，清除污垢

ဖဲရိုက် (က) 打牌，玩牌

မိုးကြိုးပစ် (က) 打雷

(န) （咒语）五雷轰顶

စိတ်ကောက် (က) 生闷气，（心里）闹别扭

မုန့်ပစ်သလက် (န) 一种缅甸点心

အမိန့်ရှိ (က) 〈敬〉指示，吩咐

လျှောက်ထား (က) 奏

ပင့် (က) 恭请（僧侣、佛、医生等）

အူယားဖားယား (က၀) 慌里慌张，慌手慌脚

ခေါင်းရွက်မုန့်ဟင်းခါးသည် (န) 卖鱼汤米线的小贩

စာဆိုအတ္ထုပ္ပတ္တိ

သာဓု (၁၉၁၈–၁၉၉၁)

သာဓု၏အမည်ရင်းမှာ ဦးဖေသန်း ဖြစ်ပါသည်။ ရုပ်ရှင်ဒါရိုက်တာ၊ စာရေးဆရာ သာဓုခေါ် သခင်ဖေသန်းကို အဖဦးမြမောင်၊ အမိဒေါ်ဖွားမျှင်တို့က ၁၉၁၈ ခုနှစ် စက်တင်ဘာလတွင် ပဲခူးမြို့၌ ဖွားမြင်ခဲ့သည်။ သာဓုသည် ရန်ကုန် ဟိုက်စကူးကျောင်းတွင် ကိုးတန်းအထိ ပညာသင်ကြားခဲ့သည်။ တို့ဗမာအစည်းအရုံးသို့ဝင်၍ ၁၃၀၀ပြည့် ရေနံမြေသပိတ်တွင် အသေခံဗိုလ်အဖြစ် ပါဝင်ချီတက်ခဲ့သည်။

၁၉၄၇–၁၉၄၈ခုနှစ်တွင် ပုတူတူးလေးပေါင်ဒါလုပ်ငန်း လုပ်ကိုင်ရင်း သွေးသောက် ဦးပြည့်စုံနှင့် တွေ့ရာမှ ဝတ္ထု၊ ဆောင်းပါးများ စတင်ရေးသားခဲ့သည်။ ၁၉၄၇ခုနှစ်တွင် "ဝန်ကြီးတမတ်" ဝတ္ထုတိုကို စတင်ရေးသားခဲ့သည်။ ၁၉၄၈ခုနှစ်တွင် "ဒါတွေပြင်" ပြုပြင်ရေးစာအုပ်ကို ထုတ်ဝေခဲ့သည်။ ၁၉၅၀ပြည့်နှစ်တွင် ပဒေသာမဂ္ဂဇင်း ထုတ်ဝေရာ၌ ပါဝင်ခဲ့သည်။

သာဓုသည် **ချစ်စံနမူနာ**(၁၉၄၉)၊ **တပ်ထဲကမြတ်ကိုကို**(၁၉၅၁)၊ **အသက်**(၁၉၅၁)၊ **အတာ**(၁၉၅၅)၊ **တဓောက်ကန်း** အစရှိသော လုံးချင်းဝတ္ထု (၂၀)ကျော်နှင့် **သာဓုလူဝါးဝတယ်** (၁၉၇၆) (ကိုယ်တိုင်ရေး ဝတ္ထုဟန် ကိုယ်ရေးအတ္ထုပ္ပတ္တိ စာအုပ်) နှင့် ဝတ္ထုရှည်ပေါင်း (၅၀၀) ခန့် ရေးသား ခဲ့သည်။

"**တပ်ထဲက မြတ်ကိုကို**" ဝတ္ထုဖြင့် ၁၉၅၁ခုနှစ်တွင် စာပေဗိမာန်ဆုကို ရရှိခဲ့သည်။ ၁၉၅၅

ခုနှစ်တွင် ထိုဝတ္ထုကို တက္ကသိုလ်ဝင် စာမေးပွဲအတွက် ပြဋ္ဌာန်းစာအုပ်အဖြစ် သတ်မှတ်ခဲ့သည်။

သာခုသည် ၁၉၅၉ခုနှစ်တွင် "ကကြီးရေက" ရုပ်ရှင်ဇာတ်ကား ရိုက်ကူးခဲ့ပြီး ထိုဇာတ်ကားဖြင့် အကောင်းဆုံး ဒါရိုက်တာ အကယ်ဒမီဆုကို ရရှိခဲ့သည်။ ၁၉၆၀ ပြည့်နှစ်တွင် "အငိုလွယ်သည်" ရုပ်ရှင်ဇာတ်ကားဖြင့် အကောင်းဆုံး ဒါရိုက်တာ အကယ်ဒမီဆုကို ဆက်လက်ဆွတ်ခူးခဲ့သည်။

ထို့ပြင် သာခုသည် မြန်မာ့လွတ်လပ်ရေး ကြိုးပမ်းမှုတွင် သခင်ဖေသန်းအဖြစ် ပါဝင်ဆောင်ရွက်ခဲ့သဖြင့် နိုင်ငံတော်က နိုင်ငံဂုဏ်ရည် (ဒုတိယဆင့်) ချီးမြှင့်အပ်နှင်းခြင်း ခံရသည်။

ညှော့သည်၊ အကယ်၍သာ၊ ဗိုလ်ကာတွန်း၊ အဖြေ၊ ဖတ်စ်ကလပ်၊ အကြင်တို့လင်မယား စသော ရုပ်ရှင်ကား (၁၀)ကားခန့် ရိုက်ကူးခဲ့သည်။

ဒါရိုက်တာ၊ စာရေးဆရာ သာခုအဖြစ် လူသိများခဲ့သော သခင်ဖေသန်းသည် "ကြိုး" ဇာတ်ကား ရိုက်ကူးဆဲ "ဒို့ကိုယ်ကျိုးလုံးလုံးမပါ" လုံးချင်းစာအုပ် ရေးသားဆဲ စာပေတာဝန်၊ အနုပညာတာဝန် ထမ်းဆောင်ဆဲ ၁၉၉၁ခုနှစ် ဧပြီလ ၇ရက်နေ့တွင် ရန်ကုန်မြို့၌ ကွယ်လွန်သည်။

လေ့ကျင့်ခန်း

၁။ စာရေးသူသည် လူ့သဘော လူ့စရိုက်ကို ရေးဖွဲ့ရာတွင် မည်သည့်ထူးခြားချက်ရှိသနည်း။

၂။ "ဘိုးဘိုးဦးဘဖိုး" ဝတ္ထုတွင် မည်သူ၏ ရှုထောင့်မှ ဇာတ်ကြောင်းကို ပြောသနည်း။

၃။ ဘိုးဘိုးဦးဘဖိုး၏ သဘောစရိုက်ကို ဆွေးနွေးတင်ပြပါ။

သင်ခန်းစာ(၁၇) စိတ္တဇည

作品导读

摩摩茵雅（1944—1990）是一位具有独特艺术个性的小说家。《心之夜语》（1982）中的独白者是一个疾病缠身、精神脆弱的女孩儿，母亲的早逝使她的心灵备受创伤，经常陷于忆母恋母的情绪中，而父女之间缺乏正常交流，更造成了她精神上的孤独。在冷风习习的圣诞节前夜，女孩儿孤身一人在家等待深夜不归的父亲，默默地用心跟父亲对话。孤寂、寒冷、焦虑、恐惧折磨着她，最后她在昏迷中倒在了冰冷的地板上。从叙述方法上可以看出，摩摩茵雅是一位善于从主观心理的角度去刻划人物性格的作家。注重人物的心理流程，不将太多的笔墨用于写景状物上，外部世界只作背景式的陪衬。通过作品中人物的视角去观察外部世界，将形神兼备的肖像描绘、敏感细腻的心理表达和内涵丰富的细节呈现融会贯通，给读者留下开放的想象空间。

စိတ္တဇည

မိုးမိုး(အင်းလျား)

သည်နှစ်ဆောင်းက သိပ်အေးတယ်။ ခါတိုင်းနှစ်ထက် ပိုအေးသလိုပဲ။ ဒါမှမဟုတ်လဲ နှစ်တိုင်း ဆောင်းရောက်လာရင် ခါတိုင်းနှစ်ထက် ပိုအေးတယ်လို့ ထင်တတ်ကြမြဲ ဖြစ်နေသလားတော့ မသိဘူး။ နွေးမယ့်အင်္ကျီလေးကို ရွေးပြီး ဝတ်ထားခဲ့တာတောင်မှ ရင်ထဲမှာ စိမ့်ပြီး အေးနေသလိုပဲ။ အပေါ်က ခေါင်းစွပ်ဆွယ်တာတစ်ထည်ကို ထပ်ပြီးစွပ်ချလိုက်ရတယ်။ ပြီးတော့ ဖွာဆန်ကြဲသွားတဲ့ ဆံပင်တွေကို လက်ငါးချောင်းနဲ့ သပ်ချလိုက်ရတယ်။ ဆံပင်တွေ သိပ်ရှည်နေပြီ။ သိပ်ရှည်နေပြီဆိုတာ ထားနေကျဆံပင်နဲ့စာရင် ပြောတာပါ။ သူများထက်စာရင် တိုတိုလေးပဲ။ ပခုံးကိုတောင်မှ ရောက်မှမရောက်ဘဲ။ ကုပ်က အရှည်ဆုံးဆံပင်ဟာ ဘလောက်စ်အင်္ကျီကော်လံကို ဘယ်တော့မှမထိဘူး။ သမီးလုပ်သမျှကို အမြဲထောက်ခံတတ်တဲ့ ဖေဖေက “ကောင်းတယ်၊ ဒါမှ သမီးမျက်နှာ ကြည့်ရတာ ပိုရှင်းသွားတယ်” တဲ့။

တကယ်တော့ ဖေဖေက သမီးစိတ်ချမ်းသာအောင် သွယ်ဝိုက်ပြီး ပြောတာ သမီးသိပါတယ် နော်။ သမီးက ရောဂါသည် မဟုတ်လား။ ဆံပင်တိုတိုထားတာ တာဝန်ပေ့ါတာပေ့ါ။ မေမေ ကတော့ ဆံပင်ဖြတ်ရင် သိပ်မကြိုက်ချင်ဘူး။ မေမေက သိပ်ရှေးဆန်တယ်နော်။ အဘွားကြီး ကျနေတာပဲ။ မေမေက ခေတ်ပညာတတ် အသိုက်အဝန်းမှာ ကြီးပြင်းလာပေမယ့် မိဘတွေက သိပ်စည်းကမ်းတင်းကျပ်ခဲ့လို့လား မသိဘူး။ သိပ်ပြီးတော့ ရှေးဆန်တယ်။ ဥပမာ ဆံပင်အဖျားကို တိလိုက်ရင် လူညွန့်တုံးတယ်ဆိုတာမျိုး၊ မီးဖိုထဲမှာ သီချင်းဆိုရင် မုဆိုးဖိုနဲ့ ညားတတ်တယ် ဆိုတာမျိုး မေမေသိပ်ပြောတယ်။ မေမေက တစ်ခါတစ်ခါ သိပ်ရယ်ရတယ်။ ဟားနေရတယ်နော်။ တစ်ခါတစ်ခါတော့လဲ သိပ်သနားစရာ ကောင်းတယ်။ အဆုတ်ရောဂါကို ဆေးရုံတက်မကုဘဲ ကြိတ်မှိတ်ပြီး အသေခံသွားတာမျိုးပေ့ါ။

သည်တုန်းက ဖေဖေ သိပ်စိတ်ဆိုးတယ်နော်။ “မကြည်မြ၊ မင်းဟာ မင်းကိုယ်မင်း သေအောင် သတ်နေရုံမကဘူး၊ ကျန်တဲ့လူတွေကိုပါ သေအောင် လုပ်နေတာနဲ့ အတူတူပဲ” တဲ့။ သည်တုန်းကတော့ မေမေက ဝမ်းနည်းလွန်းလို့ ငိုလိုက်တာ။ သမီးတောင် သိပ်သနားသွား ပြီး “မပြောပါနဲ့ ဖေဖေရယ်၊ မေမေ စိတ်ချမ်းသာသလို နေပါစေ”လို့ ပြောမိသေးတယ်။ မေမေကတော့ စိတ်ညစ်စရာလဲကောင်း၊ ဒေါသဖြစ်စရာလဲ ကောင်းတယ်။ သူ့အစားအသောက် အသုံးအဆောင်ပစ္စည်းတွေကို သီးသန့်ထားပေးတာလဲ မကြိုက်ဘူး။ သူ့ကိုမချစ်လို့၊ မကြင်နာ လို့လို့ ထင်တယ်။ မေမေ့အတွေးအခေါ်က ဘယ်တော့မှ ခေတ်မမီဘူး။

သည်နေ့ ဖေဖေ ဘယ်အချိန်ပြန်လာမှာလဲဟင်။

မြန်မာ့အသံက အင်္ဂလိပ်ပိုင်းအစီအစဉ် စလာနေပြီ။

ဝရန်တာကို ထွက်လာမိတော့ လေကလဲအေးလိုက်တာ စိမ့်နေတာပဲ။ လက်ကို ပိုက်ထား ရတယ်။ စောစောက အက်စ်သာက ကော်ဖီတစ်ခွက် ဖျော်တိုက်သွားတယ်။ ပြီးတော့ “တူးတူး တစ်ယောက်တည်း နေရဲရဲ့လား”တဲ့။ “နေရဲပါတယ်”လို့ သမီးက ပြောလိုက်တယ်။ အက်စ်သာ ကို သည်လိုနေ့မျိုးမှာ အပြင်ထွက်ခွင့်မပြုလို့ ဘယ်ကောင်းပါ့မလဲ ဖေဖေရယ်။ သည်ညဟာ ခရစ္စမတ် အကြိုညလေ။ သူ့သူငယ်ချင်းတွေနဲ့ သူပျော်ချင်မှာပေ့ါ။ သူ့ယောကျ်ားလေး မိတ်ဆွေ နဲ့ သူလည်ချင်မှာပေ့ါ။ သူကခေါ်ပါသေးတယ်။ “ဒီညခဝဲခြံမှာ သိပ်စည်တယ်၊ လိုက်ခဲ့ပါလား ကွယ်”တဲ့။ သမီးက ခေါင်းခါပြလိုက်တယ်။ ရှားရှားပါးပါး ပျော်ရတဲ့ ညမျိုးမှာ သမီးအတွက် တာဝန်မပိုစေချင်ပါဘူး။ “ဖေဖေ့ကို စောင့်ရဦးမှာ” ပြောလိုက်တယ်။ အက်စ်သာ စိတ်မချတချနဲ့ ထွက်သွားရှာတယ်။ “ပြတင်းပေါက်မှာ ထွက်ရပ်မနေနဲ့နော်၊ သိပ်အေးတယ်” လို့လဲ ပြောသွား သေးတယ်။ ကရင်အမျိုးသမီး ဝတ်စုံလေးနဲ့ အက်စ်သာထွက်သွားတာ သိပ်လှတာပဲ ဖေဖေ။

“ဖေဖေ ဒီနေ့နောက်ကျမယ်”လို့ ဖုန်းဆက်တော့ ထုံးစံအတိုင်းပဲ “ရပါတယ်ဖေဖေ”လို့ ပြန် ပြောခဲ့တယ်။ သမီးတစ်ယောက်တည်း ဖြစ်နေမယ့် သည်လိုညမျိုးမှာ ဖေဖေ့မှာ တကယ် အရေး

ကြီးတဲ့ အလုပ်ကိစ္စမရှိဘဲနဲ့ အိမ်ကို ပြန်မလာဘဲနေမှာ မဟုတ်ဘူးဆိုတာ သမီးယုံပါတယ် ဖေဖေရယ်။ ခါတိုင်းလို ဖေဖေစားသောက်ဆိုင် တစ်ခုခုမှာ အပေါင်းအသင်းတွေနဲ့ ဝိုင်းဖွဲ့နေမှာ မဟုတ်ဘူး။ ပြီးတော့ မမနွယ်ဆီမှာ အချိန်ဖြုန်းနေမှာလဲ မဟုတ်ဘူးဆိုတာ သမီးယုံပါတယ်။ မမနွယ်အကြောင်း သမီးသိနေတာ ဖေဖေအံ့သြသလား။ သမီးသိတာ မကြာသေးပါဘူး။ သမီးတို့က ဒေသ ၂ က သူငယ်ချင်းတွေနဲ့ ဂုဏ်ရုံမှာ ရုပ်ရှင်သွားကြည့်ကြတယ်လေ။ အဲသည်ကားထဲမှာ ကောင်မလေးက ကွဲကွာနေတဲ့ သူ့အဖေကို လိုက်ရှာတာ သိပ်သနားစရာကောင်းတာပဲ ဖေဖေ။ သမီးတို့ ရုပ်ရှင်ရုံက အထွက်မှာ ဆူးလေမီးပွိုင့်မှာ ရပ်ထားတဲ့ ဖေဖေ့ကားကို တွေ့ရတာပဲ။ ကားပေါ်မှာ မမနွယ်ပါတယ်။ သမီး မမနွယ်ကိုလဲ မသိစရာအကြောင်း မရှိပါဘူး။ ဖေဖေ့ရုံးက ဖေဖေရဲ့ အားထားရတဲ့ လက်ရုံးတစ်ဆူ မဟုတ်လား။ မမနွယ်ကို သမီး သဝန်တိုစရာလဲ မရှိဘူး ထင်ပါရဲ့။ မမနွယ်က လှတယ်။ သဘောကောင်းတယ်။ သမီးကိုလဲ ခင်တယ်။ ခင်တယ်လို့ ထင်တာပဲလေ။ မေမေရှိတုန်းကလဲ မေမေ့ကို အန်တီ အန်တီနဲ့ သိပ်ဂရုစိုက်တယ်။ မေမေ မရှိတော့ ဖေဖေ့ကို ပိုဂရုစိုက်တယ်။ ဟုတ်တယ် မဟုတ်လား။ မမနွယ်နဲ့ ဖေဖေနဲ့ ကားပေါ်မှာ ဘေးချင်းယှဉ်ပြီး ရယ်မောပျော်ရွှင်နေကြတာ ရုံးမှာအလုပ်ကိစ္စ ဆောင်ရွက်နေတာနဲ့မှ မတူတာဘဲ ဖေဖေရယ်။ သမီးသိတာပေါ့။ ဒါပေမယ့် ဖေဖေ့ကိုရော မမနွယ်ကိုရော သမီးခွင့်လွှတ်ပါတယ်။ ဖေဖေ တစ်ယောက်တည်း နေလာတာ ခြောက်နှစ်ကျော်ပြီလေ။

အေးလိုက်တာ ဖေဖေရယ်။ ဖေဖေ့အစည်းအဝေးက မပြီးသေးဘူးလား။ ဆယ်နာရီသံချောင်းခေါက်သံတောင် ကြားနေရပြီ။ သည်အချိန်ထိတော့ ဖေဖေ၊ အလုပ်ခန်းထဲမှာ နေရမယ် မထင်ပါဘူး။ ဖေဖေဘယ်သွားနေလဲ။ သမီးတစ်ယောက်တည်း နေရတာ မကြောက်ပါဘူး ဖေဖေ။ ဒါပေမယ့် စိတ်။ စိတ်က ဘာကိုမှမတွေးဘဲ နေလို့မရဘူး။ တစ်ခုခုကို တွေးနေချင်တယ်။ ဒါပေမယ့် သမီးအတွေးတွေက အဆက်အစပ်တော့ မရှိလှဘူး။ နောက် တစ်ခုက သမီးမအိပ်ရဲဘူး ဖေဖေ။

အိပ်ရင် လန့်နိုးမှာ ကြောက်တယ်။ မအိပ်ရင် လန့်နိုးမှာကို မကြောက်ရတော့ဘူးပေါ့။ မဟုတ်ဘူးလား။

ဒါကြောင့် သမီးမအိပ်ဘူး။

သမီးအိပ်ရင် အိပ်မက်မက်မှာ သေချာတယ် ဖေဖေ။ သမီးညတိုင်း အိပ်မက်မက်တယ်။ သမီးကို အိပ်မက်တွေက ညတိုင်းနှိပ်စက်တယ်။ အိပ်မက်မက်မှာ သမီးကြောက်တယ် ဖေဖေရယ်။ သမီးရဲ့ အိပ်မက်တွေဟာ အမြဲတမ်းပဲ ထိတ်စရာ လန့်စရာတွေနဲ့ ပြည့်နှက်နေတယ်။ အိပ်မက်ထဲက ရုန်းကန်အော်ဟစ်ပြီး ထွက်ပြေးရတယ်။ အိပ်မက်က လွတ်မြောက်တဲ့ အချိန်မှာ သမီးသိပ်မောနေပြီ။ တစ်ကိုယ်လုံးလဲ အေးစက်နေပြီ။ အသံမထွက်ဘဲ အော်ရလွန်းလို့ ရင်ထဲလဲ သိပ်တုန်နေပြီ။ အာခေါင်တွေလဲ ခြောက်နေပြီ။ ဘေးက တစ်ယောက်ယောက်ကသာ သမီးဆီ

ပြေးမလာရင် သမီးသေမလားဘဲ။ ခုလိုတစ်ယောက်မှ မရှိတဲ့ညမျိုးမှာ သမီးမအိပ်ရဲဘူး ဖေဖေ။ အိပ်မက်ထဲကနေ ဘယ်သူက သမီးကို ကယ်တင်မလဲ။

တစ်ခုတော့ရှိတယ် ဖေဖေရဲ့။ အိပ်မက်ထဲမှာ အမြဲတမ်း မေမေ့ကို တွေ့ရတယ်။ မေမေက ပြုံးပြုံးရွှင်ရွှင်ပဲ။ စကားတွေပြောလို့။ အိမ်မှုကိစ္စတွေ လုပ်လို့ပေါ့။ သမီးကိုလဲ "မိန်းကလေး ဆိုတာ လေမချွန်ရဘူး"တို့၊ "ခြေသံပြင်းပြင်း မနင်းရဘူး"တို့။ အို အသက်ရှင်နေတုန်းက အတိုင်း ပါပဲ။

အဲသည်လို မေမေနဲ့ အရင်တုန်းကအတိုင်း ရှိနေကြဆဲမှာ သမီးရုတ်တရက် သတိရလိုက် တယ်။ ဟင် မေမေက သေသွားပြီးပြီပဲ။ မေမေက ရှိမှမရှိတော့ဘဲ။ ဒါဟာ မေမေ မဟုတ်ဘူး။ ဒါအိပ်မက်လား။ အဲသည်လို သတိရလိုက်တာနဲ့ အိပ်မက်ထဲက ရုန်းထွက်ဖို့ ကြိုးစားရတော့ တယ်။ အသံကုန် ဟစ်ရတယ်။ ဒါပေမယ့် အသံက အပြင်ကို မထွက်ဘူး။ သိပ်ပင်ပန်းတယ် ဖေဖေရယ်။ နောက်ဆုံး တအားကြိုးအော်မှ အသံထွက်သွားတယ်။ သည်တစ်ခါမှ အက်စ်သာ အပြေးရောက်လာပြီး "တူးတူး၊ တူးတူး၊ နိုးပြီလားဟင်"လို့ လှုပ်နှိုးရတယ်။ သမီးဖျတ်ခနဲ လန့်နိုးပြီး မောလိုက်တာ ဖေဖေရယ်။

ဒါကြောင့် ခုလို အက်စ်သာ မရှိတဲ့ညမျိုးမှာ သမီးမအိပ်ရဲဘူး ဖေဖေ။

ဟိုဝေးဝေးက ခေါင်းလောင်းသံ သီကြွေးနေသံကို ကြားရတယ်။ ချမ်းအေး တိတ်ဆိတ်တဲ့ညမှာ ဘုရားသခင်ကို တိုင်တည်တဲ့ ခေါင်းလောင်းသံကို ကြားရတာ သိပ်နားထောင်လို့ ကောင်းတာပဲ။ ဖေဖေလဲ ပြန်မလာသေးဘူးနော်။ ဆယ့်တစ်နာရီ ထိုးတော့မယ်။ ဖေဖေ မမနွယ်ဆီ သွားနေ သလားဟင်။ သည်နေ့ အက်စ်သာ မရှိဘူး။ သမီးတစ်ယောက်တည်း ဖြစ်နေမယ်ဆိုတာ ဖေဖေ မေ့များနေပြီလားဟင်။ ဖေဖေက အလုပ်များတော့ မေ့ချင်မေ့နေမှာ။

သမီးအိပ်ချင်လှပြီ။ ဒါပေမယ့် မအိပ်ရဲဘူး ဖေဖေ။ အိပ်မပျော်ပေမယ့် အိပ်ရာထဲလဲ သွားမနေရဲဘူး။ ဖေဖေလာရင် လူခေါ်ခေါင်းလောင်းကို နှိပ်လိုက်မှာ စိုးတယ်။ မတော်တဆ မှေးခနဲ ငိုက်သွားတုန်း ခေါင်းလောင်းသံ မြည်လာမှာ စိုးတယ်။ တိတ်ဆိတ်တဲ့ ညလယ်မှာ ခေါင်းလောင်းသံ စူးစူးဝါးဝါး ရုတ်တရက် မြည်လာမှာကို သမီးသိပ်ကြောက်တယ်။ နား မထောင်ရဲဘူး။

ဖေဖေ မှတ်မိမလား။ သမီးကတော့ ဘယ်တော့မှ မေ့မရတော့တဲ့ အဖြစ်ဆိုးတစ်ခုပဲ။ သမီး မနိုးတစ်ဝက် နိုးတစ်ဝက်နဲ့ အိပ်ပျော်စ ညတစ်ညမှာလေ။ တံခါးက လူခေါ်ခေါင်းလောင်းသံ ရုတ်တရက်မြည်တယ်။ အကျယ်ကြီးပဲ၊ အကျယ်ကြီးလို့ ထင်ရတယ်။ လန့်လဲ လန့်သွားတာပေါ့။ အချိန်မတော်ကြီးမှာ။

သမီး အိပ်ရာက လူးလဲထပြီး တံခါးပေါက်ကနေ သွားချောင်းကြည့်တော့ ဒေါ်ဒေါ်လှကို တွေ့ရတယ်။ အို ရင်ထဲမှာ ဘယ်လိုဖြစ်သွားမှန်း မသိဘူး။ မေ့လဲသွားချင်သလိုပဲ။ မျက်စိတွေ

ပြာသွားတယ်။ အဲသည်တုန်းက ဒေါ်ဒေါ်လှဟာ မေမေ့ကို ဆေးရုံမှာ ညစောင့်အိပ်နေရတာ မဟုတ်လား။ မေမေလေ မတတ်သာတဲ့ အဆုံးမှာမှ ဆေးရုံတင်လိုက်ရတယ်။ ဒေါ်ဒေါ်လှ တစ်ယောက်တည်း အချိန်မတော်ကြီး ပြန်လာတာ ဘာကြောင့်လဲ။ သမီးသိပြီပေါ့။ ချက်ချင်းပဲ တစ်အိမ်လုံး မီးတွေလင်းလာပြီ။ ဒေါ်ဒေါ်လှက မျက်ရည်လဲကျရော သမီးတို့အိမ်လဲ ဝမ်းနည်းစရာကောင်းတဲ့ အသုဘအိမ် ဖြစ်သွားရော။ ဒါကြောင့် ညသန်းခေါင် ခေါင်းလောင်းသံကို သမီးသိပ်ကြောက်တယ် ဖေဖေ။

ဖေဖေ့ကားမီးရောင်ကို မြင်ရမလားလို့ ဝရန်တာကနေ သမီး ထွက်ကြည့်နေတာ၊ ဖေဖေလာရင် ခေါင်းလောင်းမတီးခင် တံခါးဖွင့်ပေးရအောင်ပေါ့။ ကားတစ်စီးတလေ ဖြတ်သွားတယ်။ ဒါပေမယ့် ဖေဖေ့ကား မဟုတ်ဘူး။

မေမေ မရှိတော့ သမီးတို့အိမ်ကြီးဟာ မထင်မှတ်လောက်အောင် ခြောက်သွေ့သွားတယ်နော်။ အစကတော့ မေမေဟာ အိမ်မှာ သည်လောက် အရေးပါမှန်း သမီးတို့ မသိခဲ့ကြဘူး မဟုတ်လား။ မေမေ့ကို ရှေးဆန်တဲ့ မိန်းမကြီး တစ်ယောက်လို့ပဲ ထင်ခဲ့ကြတယ်။ ဟော မေမေလဲ မရှိရော သမီးတို့ဘဝဟာ ဘာမှအဓိပ္ပာယ်မရှိတော့ဘူး။ ပျော်ရွှင်မှုရော ချမ်းသာမှုရော အားလုံး မေမေ့နောက်ကို ပါသွားကြတယ်။ ဆူညံဆူညံနဲ့ ရောက်တတ်ရာရာ ပြောတတ်တဲ့ မေမေ့အမျိုးတွေလဲ သိပ်မလာကြတော့ဘူး။ ဖေဖေ့ဘက်ကတော့ နဂိုကတည်းက အဝင်အထွက် နည်းတာကိုး။ အရင်ကတော့ ဖေဖေတို့အမျိုးတွေက ခေတ်မီတယ်။ မေမေ့အမျိုးတွေက စပ်စုတယ်လို့ ထင်မိခဲ့တာ။ အခုလို အထီးကျန် ခံစားရလာမှ ထစ်ခနဲဆို ရောက်လာတတ်တဲ့ ဒေါ်ဒေါ်လှတို့ မေမေ့ညီမဝမ်းကွဲကလေး တစ်ပုံကြီးနဲ့ မအေးခင်တို့ကို သတိရမိတယ်။ ခုတော့ သူတို့က ပြောတယ်။ မကြည်မြမရှိတော့ လာရမှာရှိုးတယ်တဲ့၊ အမေမရှိတာတောင် လာလာပြီး ဒုက္ခပေးတယ်လို့ ထင်မှာလဲစိုးတယ်တဲ့။

အရေးရှိလို့ခေါ်ရင် သူတို့တွေ ပြေးလာကြသားပဲ။ ဒါပေမယ့် အရင်လို ကြာကြာမနေကြတော့ဘူးလေ။ မေမေမှမရှိတော့တာကိုး။

ဟော ကားမီးရောင်မြင်ပြီ။ ဖေဖေများလား။ ဟင် မဟုတ်သေးဘူး။ ဟိုဘက်ခြံက ကားပဲ။ ညဉ့်နက်မှ ပြန်လာတတ်တဲ့ ဟိုဘက်ခြံက မမထွေး ယောကျ်ားလေ။ မကြာခင် သူတို့လင်မယား ရန်ဖြစ်သံ သဲ့သဲ့ကြားရမယ်။ ပြီးတော့လဲ မနက်ကျရင် မမထွေးက ဘာမှ မဖြစ်သလို ဈေးသွားမယ်။ ထမင်းချက်မယ်။ ယောကျ်ား အလုပ်သွားရင် ပြုံးပြုံးရွှင်ရွှင် တာ့တာလုပ်မယ်။

ဖေဖေ သည်ည ပြန်မလာတော့ဘူးလား။ သမီးစိတ်မောလှပြီ။ လက်ဖျားတွေလဲ အေးလာပြီ။ မောလဲမောတယ် ဖေဖေ။ မြန်မြန်ပြန်လာပါတော့။ ဖေဖေ ရောက်လာပါစေတော့။ ဆယ့်နှစ်နာရီ သံချောင်းခေါက်ပြီး၊ လမ်းမပေါ်မှာလဲ မှောင်လို့ပါလား။ တိတ်ဆိတ်တဲ့အသံကို သမီးကြားနေရတယ်။ တိတ်ဆိတ်တဲ့အသံလေ။ ဖေဖေသိလား။ တိတ်ဆိတ်ခြင်းမှာ အသံ

ရှိတယ် ဖေဖေရဲ့။ အဲသည်အသံဟာ သိပ်ချောက်ချားစရာ ကောင်းတယ်။ နားထဲမှာ ဝီဝီလို့ အနီးကပ် အော်နေသလိုပဲ။ တစ်ယောက်ယောက်က ခေါ်နေသလိုပဲ။ သိပ်မောတယ်။

မေမေ မရှိတော့ သမီးအတွက် အဖော်တစ်ယောက် ခေါ်ထားရတယ်။ ဖေဖေက အိမ်ကို အချိန်မှန် ပြန်မရောက်တတ်ဘူးလေ။ နေ့လယ်ဆိုလဲ သမီးက ကျောင်းသွားတော့ အိမ်မှာ ဘယ်သူမှမရှိဘူး။ မမကလဲ ဟိုအဝေးကြီးမှာ။ တစ်နှစ်တစ်ခေါက်တောင် အနိုင်နိုင်ပဲ။ ဒေါ်ဒေါ်လှ ခေါ်လာတဲ့ အက်စ်သာက သဘောကောင်းလို့ တော်ပါသေးရဲ့။ ဒါပေမယ့်လဲ အိမ်ဟာ ခြောက်သွေ့မြဲပါပဲ ဖေဖေရယ်။ ပြီးတော့ ဖေဖေက ကျော်ထူးအောင်ကိုလဲ မကြိုက်ဘူး မဟုတ်လား။

ကျော်ထူးအောင်က လူကောင်းပါ ဖေဖေ။ သမီးနဲ့ အထက်တန်းကျောင်းမှာကတည်းက ခင်ကြတာ။ မေမေကလဲ သူ့ကို သဘောကျပါတယ်။ ကောင်လေးက ရိုးတယ်တဲ့။ ဖေဖေ ကတော့ ယောကျ်ားဆိုတာ ရိုးရုံနဲ့မပြီးဘူး။ အရည်အချင်းလဲ ရှိရမယ်တဲ့။ ကျော်ထူးအောင်က ဖေဖေ လိုချင်တဲ့ အရည်အချင်းမရှိဘူး ထင်ပါရဲ့။ သူက သာမန်စာရေးကလေးပဲ။ ပြီး မောင်နှမ များ တယ်။ ကိုးယောက်တောင် ရှိတယ်။ အဲဒါကို ဖေဖေက သဘောမကျဘူး မဟုတ်လား။ သမီးကို ဘယ်ကောင်းကောင်း ထားနိုင်ပါ့မလဲတဲ့။ သူတို့က မောင်နှမတွေ အများကြီးနဲ့ အိမ်သေးသေး လေးမှာ နေရတာ။ ပြီးတော့ သမီးက ရောဂါသည်တဲ့။ သမီးတို့ အိမ်မှာ နေကြရင်လဲ ဖြစ်တာ ပဲနော်။ ဒါကိုတော့ သမီး မပြောရဲပါဘူး။ ဖေဖေက အိမ်မှာ မမနွယ်ကို ခေါ်ထားချင်သလားမှ မသိတာ။ ပြီးတော့ အချိန်ကလဲ စောပါသေးတယ်လေ။ သမီးက ကျောင်းနေတုန်းရှိသေးတာ။ ပြီးတော့သမီးရောဂါကိုလဲ ပျောက်အောင်ကုရဦးမယ်။ ခု သွေးတော့ မပါတော့ပါဘူး။ မောတာပဲ ရှိတယ်။ ဆေးရုံကလဲ ချိန်းတဲ့ရက်တိုင်း မှန်မှန်သွားပြနေသားပဲ။ မသွားရင်လဲ ဆေးရုံက "သင် ဆေးမှန်မှန်မစား၍ ဆရာဝန်နဲ့ လာတွေ့ပါ" ဆိုတဲ့ စာကြီး ရောက်လာမှာပဲ။

ဟော ကားသံကြားတယ်။

ဒါပေမယ့် လမ်းထဲကိုလဲဝင်မလာပါလား။

ညနေက ကျော်ထူးအောင် ဖုန်းဆက်တယ် ဖေဖေ။ "တူးတူး ဖားသားကြီး မရှိရင် ကိုယ် လာခဲ့ရမလား"တဲ့။ "ဟော့ ဟေ မလာနဲ့၊ ဒါမျိုးကို တို့မေမေကလဲ ကြိုက်တာ မဟုတ်ဘူးကွ၊ မေမေ မရှိပေမယ့် မေမေ့စကားကို နားထောင်ရမယ်၊ တို့အမေက သိပ်ရှေးဆန်တယ်၊ ယောကျ်ားလေး တွေနဲ့ ဆိတ်ကွယ်ရာမှာ နှစ်ယောက်ချင်း မတွေ့ရဘူးတဲ့။ ခရစ္စမတ်ရယ်၊ ကရင်နှစ်သစ်ကူးရယ်၊ တနင်္ဂနွေရယ်၊ ကျောင်းသုံးရက်ပိတ်ပြီးလို့ ပြန်ဖွင့်မှ ခါတိုင်း ဆုံနေကျနေရာမှာ ဆုံကြမယ်နော်" လို့ ပြန်ပြောလိုက်တယ်။ ကျော်ထူးအောင်ကို ဖေဖေမကြိုက်ပေမယ့် သမီးကတော့ သူ့ကိုပဲ ခင်တယ်။ သူက ငယ်ငယ်ကတည်းက ခင်လာခဲ့တဲ့ သူငယ်ချင်း။ ပြီးတော့ အခွင့်အရေးလဲ မယူတတ်ဘူး။ သမီးရဲ့ အနံ့အတာကိုလဲခံတယ်။ ဒါတစ်ခုတော့ ဖေဖေ ခွင့်လွှတ်နော်။

သမီးတို့က ခုချက်ချင်း ယူကြမှာလဲ မဟုတ်သေးဘူး ဖေဖေရာ။ သိပ်လဲ စိတ်ပူမနေပါနဲ့။ နှစ်ယောက်လုံး အလုပ်ရမှ အိမ်ခန်းသေးသေးလေး ငှားပြီး အတူတူနေကြမှာ။ ဖေဖေက သည် အိမ်မှာ မမနွယ်နဲ့ နေပေါ့။ ဖေဖေက သမီးကို ငဲ့ညှာလို့ မမနွယ်နဲ့ အတူတူ မနေဘူးဆိုရင် သမီးကလဲ ကျော်ထူးအောင်ကို မယူပါဘူး။ တကယ်။ ဒါပေမယ့် ဖေဖေ၊ သမီးကိုတော့ ခုလို တစ်ယောက်တည်း ခဏခဏ ပစ်မထားပါနဲ့ ဖေဖေရယ်နော်။

ရင်ထဲက အောင့်လာတယ် ဖေဖေ။ သိပ်လဲချမ်းနေပြီ။ သည်ည ဖေဖေပြန်မလာတော့ဘူး ထင်ပါရဲ့။ သမီးကို မေ့နေပြီလား ဖေဖေရယ်။ သမီးရဲ့ အတွေးတွေလဲ ပျံ့လွင့်နေပြီ။ ဘာကိုမှ စုစည်းလို့ မရတော့ဘူး။ မေမေရယ်၊ ဖေဖေရယ်၊ ကျော်ထူးအောင်ရယ်၊ သမီးချစ်ရတဲ့ လူတွေလဲ တကယ်တော့ သမီးအနားမှာ တစ်ယောက်မှ မရှိတော့ဘူး။ သမီးမှာ အိပ်စက်ခြင်းကိုလဲ ရင် မဆိုင်ရဲတဲ့ သည်လိုညမျိုးမှာ သိပ်ကိုရှည်လျားလွန်းပါတယ်။ သမီးကို ကယ်တင်မယ့်သူ မရှိပါ လား။ ဖေဖေရယ် ပြန်လာပါတော့ သမီးကြောက်လှပြီ။ မောလှပြီ။

သမီးတစ်ကိုယ်လုံး အေးစက်နေပြီ ဖေဖေ။ သိပ်မောတယ်။ မျက်စိထဲမှာ ဘာကိုမှ မမြင်ရတော့ပါဘူး။ အို ဖေဖေ။ သမီး ခြေထောက်တွေလဲ ယိုင်လာပြီ။ ဆက်ပြီးတော့ မရပ်နိုင်တော့ဘူး။

ဝရန်တာကို လှမ်းကိုင်ပေမယ့် မမီတော့ပါလား။ ကြမ်းပြင်က အေးလိုက်တာ။

ဖေဖေ

(ရုပ်ရှင်အောင်လံ။ ။ဖေဖော်ဝါရီ၊ ၁၉၈၂)

ခက်ဆစ်များ

စိတ္တဇ (န) 精神
ဖွာဆန်ကြဲ (က) 散乱，蓬松，蓬开
ဘလောက်စ်အင်္ကျီ (န) 无袖宽大的罩衫
သွယ်ဝိုက် (က) 间接，迂回
ရှေးဆန် (က) 保守
အသိုက်အဝန်း (န) 群，集体，团体
တိ (က) 切齐，割齐
လူညွန့်တုံး (က) 摧残(人)，断送了前途
ကြိတ်မှိတ် (က) 咬牙强忍着
ခရစ္စမတ် (န) 圣诞节
ခဝဲခြံ (န) 丝瓜园
သဝန်တို (က) 妒忌，嫉贤妒能
လက်ရုံး (န) 左右手，〈喻〉得力助手
ဘေးချင်းယှဉ် (က) 并排
အိပ်မက်မက် (က) 做梦
နှိပ်စက် (က) 虐待，折磨
လေချွန် (က) 吹口哨
သီကြွေး (က) 高唱
တိုင်တည် (က) 以……为主；控诉

အချိန်မတော် (န) 深更半夜；不合时宜的时间

မှေ့လဲ (က) 昏倒

ခြောက်သွေ့ (နဝ) 萧条，冷清

စပ်စု (က) 多管闲事，探听消息

အထီးကျန် (က) 孤独，举目无亲

ရွံ့ (က) 畏惧，害怕

အနွံအတာခံ (က) 任劳任怨，宽厚，忍让

ငဲ့ညှာ (က) 照顾，体谅

စာဆိုအတ္ထုပ္ပတ္တိ

မိုးမိုး(အင်းလျား) (၁၉၄၄–၁၉၉၀)

မိုးမိုး(အင်းလျား)၏ အမည်ရင်းမှာ ဒေါ်စန်းစန်းဖြစ်ပါသည်။ ဒိုက်ဦးမြို့ အထက်တန်းကျောင်းတွင် စတင်ပညာသင်ကြားပြီး ၁၉၅၆ခုနှစ်တွင် စတုတ္ထတန်း စကောလားရှစ်ဆုရသည်။ ၁၉၆၅ခုနှစ်တွင် ရန်ကုန်တက္ကသိုလ်တွင် သင်္ချာဘာသာအဓိကဖြင့် တက်ရောက် ပညာ သင်ကြားသည်။ ပညာသင်ကြားရင်း နေထိုင်ရာ အဆောင်အမည်ကိုအစွဲပြု၍ မိုးမိုး(အင်းလျား) ဟူသော အမည်ဖြင့် ကဗျာ၊ ဆောင်းပါးများ စတင် ရေးသားသည်။ ၁၉၇၂ခုနှစ် စက်တင်ဘာလထုတ် ငွေတာရီမဂ္ဂဇင်းတွင် **အိမ်နီးချင်း** ဝတ္ထုကို စတင်ဖော်ပြခြင်း ခံခဲ့ရသည်။ ဝတ္ထုတို အချို့ကို မြန်မာ့အသံမှ ဇာတ်လမ်းပမာ နားဆင်စရာအဖြစ် အသံလွှင့်ခဲ့သည်။ ပထမဆုံး လုံးချင်းဝတ္ထုရှည်မှာ ၁၉၇၄ခုနှစ်တွင် ထုတ်ဝေသော **ပျောက်သောလမ်းမှာ စမ်းတဝါး** ဖြစ်သည်။

ဝတ္ထုတို၊ ဝတ္ထုရှည်နှင့် ဆောင်းပါးများကို ကွယ်လွန်ချိန်အထိ အဆက်မပြတ် ရေးသားခဲ့ရာ ဝတ္ထုတိုနှင့် မဂ္ဂဇင်းဝတ္ထုရှည် (၁၀၁)ပုဒ်၊ လုံးချင်းဝတ္ထု (၂၄)ပုဒ်နှင့် ဆောင်းပါး (၅၅)ပုဒ် ခန့်ရှိသည်။

ပျောက်သောလမ်းမှာ စမ်းတဝါး လုံးချင်းဝတ္ထုရှည်ဖြင့် ၁၉၇၄ခုနှစ် အမျိုးသားစာပေ ဝတ္ထုရှည်ဆုကို လည်းကောင်း၊ **မဂ္ဂဇင်းဝတ္ထုရှည်များ**ဖြင့် ၁၉၈၀ပြည့်နှစ် အမျိုးသားစာပေ ဝတ္ထုတိုပေါင်းချုပ်ဆုကို လည်းကောင်း၊ **ဝတ္ထုတိုများ (၁)** ဖြင့် ၁၉၈၂ခုနှစ် အမျိုးသားစာပေ ဝတ္ထုတိုပေါင်းချုပ်ဆုကို လည်းကောင်း၊ **ဝတ္ထုတိုများ (၂)** ဖြင့် ၁၉၈၆ခုနှစ် အမျိုးသားစာပေ ဝတ္ထုတိုပေါင်းချုပ်ဆုကို လည်းကောင်း အမျိုးသားစာပေဆုကို လေးကြိမ်တိုင်တိုင် ဆွတ်ခူးရရှိခဲ့သည်။

ပျောက်သောလမ်းမှာ စမ်းတဝါး(၁၉၇၄) ဝတ္ထုကို ရုရှား၊ ဂျပန်ဘာသာများသို့ လည်းကောင်း၊ **ဘယ်သူလာကူပါ့မယ်**(၁၉၇၉) ဝတ္ထုကို ရုရှားဘာသာဖြင့် လည်းကောင်း၊ **မှတပါး အခြားမရှိပြီ**(၁၉၇၈) ဝတ္ထုကို ဂျပန်ဘာသာဖြင့် လည်းကောင်း ပြန်ဆိုထုတ်ဝေခဲ့ပြီး ဝတ္ထုတို အများအပြားကို အင်္ဂလိပ်၊ ဂျပန်ဘာသာများဖြင့် ပြန်ဆိုထုတ်ဝေခဲ့သည်။

မိုးမိုး(အင်းလျား)သည် ကွယ်လွန်ချိန်အထိ စံပယ်ဖြူမဂ္ဂဇင်းတွင် တာဝန်ခံစာတည်း အဖြစ်

ဆောင်ရွက်ခဲ့သည်။ စာပေတာဝန်ကို ထမ်းဆောင်ရင်း ၁၉၉၀ ပြည့်နှစ် မတ်လ ၁၃ ရက်နေ့တွင် ရန်ကုန်မြို့၌ ကွယ်လွန်သည်။ ကွယ်လွန်ချိန်တွင် ခင်ပွန်းဦးမျိုးညွန့်၊ သားနှစ်ယောက်၊ သမီးတစ်ယောက်တို့ ကျန်ရစ်သည်။

လေ့ကျင့်ခန်း

၁။ စိတ္တဇညဝတ္ထုတို၏ အကြောင်းအရာနှင့် အရေးအသားကို ခြုံငုံသုံးသပ်ပါ။

၂။ မိုးမိုး(အင်းလျား)၏ ရိုးရိုးပြေပြေဖြစ်သည့် ရေးဟန်နှင့် လူ့အတွင်းစိတ်သဘာဝ ရေးဖွဲ့ပုံကို ဆွေးနွေးတင်ပြပါ။

သင်ခန်းစာ(၁၈) ခုန်ခုန်နှင့်မုန်မုန်

作品导读

《空空和蒙蒙》(1984)描写了钦族山区独特的地域风情和生活习俗。为了家乡发展放弃公职毅然返乡的钦族知识青年昂林，美丽善良的支边女教师莱莱恺，活泼可爱的双胞小熊仔“空空”和“蒙蒙”，这些不同角色构成了一个不可分离的艺术整体。古朴的民族风情与山区发展的时代气息融汇交织，人与动物和平相处共生共存，传统民俗观念与现代生态保护意识的冲突以及不和谐因素的存在，等等这些使小说情节引人入胜。作者将一对不会说话的小动物置于小说叙述的中心，对生态环境的关注和动物保护意识的注入给作品带来一种张力。第一人称的娓娓讲述，人与动物之间的“对话”，主人公淳朴的情感表达，都给读者留下了想象空间，增加了艺术感染力。

ခုန်ခုန်နှင့်မုန်မုန်

ချင်းတောင်ကင်းမောင်

ကျွန်တော်သည် ထက်ပိုင်းကျိုးနေသော ပြောင်းပင်များကို ကြည့်ပြီး အတော်ပင် မခံမရပ်နိုင်ဖြစ်မိပါသည်။ အပင်တွင် အဖူးများ မရှိတော့ပါ။ မြေကြီးပေါ်တွင် ပြောင်းဖူးရိုးနှင့် ပြောင်းဖူးဖက်များ ပြန့်ကျဲနေသည်။ ပြောင်းပင်ငုတ်တိုများ၏ အခက်အလက်များကြားတွင် မည်းနက်သော ဝက်ဝံမွေး တစ်ပင်စ နှစ်ပင်စ ကပ်ကျန်ခဲ့၏။ အနီးအနား၌လည်း ဝက်ဝံမစင် အနည်းငယ် တွေ့ရသည်။ မစင်ထဲတွင် သစ်အယ်စေ့များ ပါနေ၏။

ဤပြောင်းများမှာ သာမန်ပြောင်းများ မဟုတ်ပါ။ သာမန်ပြောင်းထက် နှစ်ဆခန့် ပိုထွက်သော ဂွာတီမာလာ ပြောင်းများဖြစ်သည်။ ဤပြောင်းများကို စိုက်ရာ၌ ကျွန်တော့်တွင် မျှော်မှန်းချက်ရှိပါသည်။ ကျွန်တော်တို့၏ ချင်းဒေသမောဟိုက်နယ်တွင် ရွှေ့ပြောင်းတောင်ယာစနစ်ကို ကျင့်သုံးကြရပါ၏။ တောင်ယာလုပ်လျှင် ယာမီးရှို့ချိန်နှင့် ကောက်သိမ်းချိန်များမှာတော့ လွန်စွာပျော်စရာ ကောင်းပါ၏။ သို့သော် ကျန်သောအချိန်များမှာတော့ တောင်ယာ အလုပ်က

ကြမ်းလွန်းသည်ဟု ကျွန်တော်ထင်သည်။ တစ်နှစ်ပတ်လုံး မရပ်မနား လုပ်ကိုင်နေရသော်လည်း လုပ်သလောက် အမြတ်မထွက်ချေ။

"ဆယ်တန်းအောင်လျက်သားနဲ့ အစိုးရအလုပ်မလုပ်ဘူး"

ဤသို့လျှင် ကျွန်တော်၏ "လုံနူး"ရွာသား ဆွေမျိုးများက ကျွန်တော့်အား အပြစ်တင်ကြပါ၏။ သို့သော် ကျွန်တော့်တွင် ငယ်စဉ်ကတည်းက ခင်တွယ်လာခဲ့သော တောင်ယာလုပ်ငန်းကို စွန့်လွှတ်လိုစိတ် မရှိပါ။ ဤလုပ်ငန်းကို ပို၍တိုးတက်အောင်သာ ထွင်ပြီး လုပ်ကိုင်လိုစိတ် ရှိနေပါသည်။ ကြီးကျယ်သည်ဟု ဆိုချင်ဆိုကြမည်လားမသိ။ ကျွန်တော်ကတော့ လက်ဖက်၊ သနပ်ဖက်၊ ပိုးစာ၊ ပန်းသီး၊ လိမ္မော်စသော နှစ်ရှည်ခြံများကို တည်ထောင်သွားချင်ပါသည်။ သို့သော်ကြားကာလမှာတော့ နှစ်တိုပင်များကို လက်လွှတ်၍မဖြစ်။ ယင်းကို လက်လွှတ်သည်နှင့် တစ်ပြိုင်နက် ဝမ်းစာပြတ်ပေတော့မည်။ ထို့ကြောင့်ပင် ဤပြောင်းများကို ကျွန်တော် တီထွင်စိုက်ပျိုးခဲ့ဖြစ်၏။ ယခုတော့ ယာခင်း၏ အရှေ့ဘက်တောစပ်ရှိ ပြောင်းပင်များ မရှုမလှ ပျက်စီးရပြီ။

"တောက်"

ကျွန်တော်သည် ယာတဲသို့ ချက်ချင်းပြန်ပြေးကာ ထရံမှ နှစ်လုံးပြူးသေနတ်ကို ဖြုတ်ယူလိုက်သည်။ ဤသေနတ်ကား မနှစ်က ကျွန်တော် ပြောင်းဆန်ရောင်း၍ ရသောငွေကို အခြားမှ အနည်းငယ်ရှာကြံ ဖြည့်စွက်ပြီး ဝယ်ယူခဲ့သည့် သေနတ်ဖြစ်၏။ ကျွန်တော်သည် သေနတ်ကို ပြန်လည်တိုက်ချွတ်လိုက်သည်။ တစ်ခုသာလို၏။ ယမ်းတောင့်မှာ ယာစပ်၌ အမြဲလာရောက်နှောက်ပြောင်သော မျောက်များကို ခြောက်လှန့်ရသည်နှင့် ကုန်ပြီ။ သို့သော် ကိစ္စမရှိ။ ယမ်းတောင့်ခွံများ ရှိသေးသည်။ ကျွန်တော်သည် တူဆန်ဖင်ကို ပြန်သွေး၏။ ပြီးတော့ ယမ်းတောင့်ခွံတွင် ပြန်တပ်ကာ ယမ်းမှုန့်များထည့်၏။ ခဲလုံးများသွပ်ကာ အဆို့များ သေချာပြန်ပိတ်၏။ ပြီးတော့ ဒါတွေကို နေလှမ်းထားလိုက်သည်။

အစကမူ ကျွန်တော်သည် သေနတ်ထောင်ရန် စိတ်ကူးခဲ့မိ၏။ သို့သော် ဒါမျိုးက သေနတ်ထောင်၍မရ။ ဝက်ဝံဘယ်လမ်းမှ ဝင်လာမည်မှာ မသေချာ။ ထို့ကြောင့် ကျွန်တော်သည် ထိုညတွင် လင့်စင်ထက်မှ ထိုင်စောင့်ရပါတော့သည်။ တစ်ညလုံး အအေးမိခံ၊ အိပ်ပျက်ခံ၍ စောင့်သော်လည်း ဝက်ဝံကတော့ ပေါ်မလာ။ မနက်မိုးလင်း၍ ယာစပ်ကို လှမ်းကြည့်မှ ကျွန်တော်ပို၍ ဒေါသဖြစ်ရသည်။ ဝက်ဝံက ယာခင်း၏ အနောက်ဘက်မှ အပင်များကို စိမ်ပြေနပြေ ဖျက်သွားပြန်ပြီကော။

သည်အကောင်ကို အဘယ်ကြောင့် ရှာမတွေ့နိုင်ရမည်နည်း။ သစ်အယ်စေ့ စားလာသည့် အကောင်ဖြစ်ကြောင်း သူ့မစင်က ဝန်ခံပြီးဖြစ်သည်။ ဤအနီးအနား တစ်ဝိုက်၌လည်း သစ်အယ်ပင်က သုံးလေးပင်ထက် ပို၍မရှိ။ ဝက်ဝံဟူသည်မှာ သစ်အယ်စေ့ အလွန်ကြိုက်၏။

တောဝက်နှင့် အိမ်ဝက်သည်လည်း ထိုနည်းနှင်နှင်ပင်။ အိမ်ဝက်များသည် သစ်အယ်စေ့ကို ဘယ်လောက်ဝေးဝေး အရောက်သွား၍ ရှာစား၏။ ထိုသို့သွားရင်း တောကျွံ၍ ဝံပုလွေ၏အစာ ဖြစ်ရသည်မှာလည်း မကြာခဏပင်။ ဝံပုလွေဟူသည်မှာ သားကောင်ကို တွေ့လျှင် လိပ်ခေါင်းကို အလျင်နှိုက်ထုတ်တတ်မြဲဖြစ်ရာ ကံကောင်း၍ လွတ်လာသောဝက်များပင် စအိုဝကုတ်ခြစ် ခံရသည့်ဒဏ်ကတော့ မလွတ်ကြ။ စုတ်ပြဲသည့် ဒဏ်ရာများ ပါလာကြစမြဲ ဖြစ်၏။

ကျွန်တော်သည် ဘယ်ဘက်လက်မှ သေနတ်ကိုင်၊ ညာဘက်လက်မှ ဓားတိုတစ်လက် ကိုင်၍ ချုံနွယ်များကို အသာထွင်ရင်း တက်လာခဲ့သည်။ အမှန်တော့ ကျွန်တော်သည် ဝက်ဝံ၏ အသွားအလာကို အလျင်စူးစမ်းရန်သာ ထွက်လာခဲ့ခြင်းဖြစ်၏။ သို့သော် တွေ့မည့်တွေ့တော့ မမျှော်လင့်ဘဲ သွားတွေ့ရသည်။ ကုန်းပြတ်ကို အကျော်လိုက်တွင် ထင်းရှူးပင်ကို မှီ၍ တခေါခေါ အိပ်ပျော်နေသောဝက်ဝံကို ဘွားခနဲသွားတွေ့မိခြင်းဖြစ်၏။ ဝက်ဝံတို့၊ ကျားတို့ကား ဤသို့သာ ညဥ့်အစာရှာထွက်ကာ နေ့လည်နေ့ခင်း၌ ဂူများ၊ သစ်ခေါင်းများထဲတွင် တရေး တမော အိပ်တတ်ကြသည်။ ထို့ကြောင့် ကျွန်တော်တို့၏ ဒေသတွင် တောင်ယာလုပ်ငန်းခွင်သို့ နေမြင့်မှ ရောက်လာသူအား 'ကျားကြီးခုမှ ရောက်လာတယ်'ဟု ခနဲ့တတ်ကြသည်။

ကျွန်တော့်မှာ ဝက်ဝံကို တိုးရုံသွားတိုးမိခြင်းမဟုတ်။ သူ့ခြေထောက်ကိုပါ သွားနင်းမိ လျက်သား ဖြစ်သွားသည်။ ဝက်ဝံကြီးသည် လန့်နိုးကာ ဝုန်းခနဲ ထလာသည်။ ကျွန်တော်လည်း လန့်လန့်ဖျပ်ဖျပ်ဖြင့် သူ့ခေါင်းကို ခုတ်လိုက်မိပါ၏။ ဝက်ဝံမှာ အိပ်မှုန်စုံမွှားလည်းဖြစ်၊ ဒဏ်ရာ ကြောင့်လည်း ထူပူနေရာ သူ့ကိုကျော်၍ တောင်ထိပ်သို့ ပြေးတက်သွားသော ကျွန်တော့်အား မမြင်လိုက်ပါ။ သားရဲတို့တွင် မဖျောက်နိုင်သော အကျင့်ကိုယ်စီရှိကြ၏။ ကျားကို ပစ်လျှင် အပေါ်သို့ တစ်တောင်ခန့် မြောက်တက်သွားသည်။ ဝက်ဝံကို ပစ်လျှင်မူ ရန်သူကို တောင် အောက်သို့ စမ်းသွားတတ်၏။ ယခုလည်း ဝက်ဝံကြီးသည် တဝေါင်းဝေါင်း အော်မြည်ရင်း လက်နှစ်ဖက်ကို ဘယ်လွှဲညာရမ်းလုပ်ကာ အောက်ဘက်သို့ စမ်းသွားလေသည်။

ကျွန်တော့်မှာ ဝက်ဝံကမမြင်၍သာ တော်တော့သည်။ တောင်အောက်သို့ စမ်းသွားသည် ဆိုသည်မှာ ဝက်ဝံက လူကိုမမြင်သည့်အခါသာ ဖြစ်သည်။ လူကို မြင်မိလျှင်တော့ မလွယ်။ အပေါ်သော အောက်သော နားမလည်။ အတင်းသာ လိုက်၏။ သစ်ပင်ပေါ် တက်ပြေးလျှင်ပင် လွတ်ဖို့ခပ်ခက်ခက်။ ပင်စည်ပြောင်ချောဆိုမှသာ လွတ်နိုင်ဖွယ်ရှိသည်။ အခေါက်ကြမ်းသည့် ပင်စည်ဆိုလျှင်ကား သစ်ပင်ပေါ်အထိ လိုက်လာမည်မုချ။ စင်စစ်လည်း ဝက်ဝံမည်သည်မှာ သစ်ပင်များပေါ်၌ အုံဖွဲ့ပြီး ဖိမ်နှင့်အိပ်တတ်သော သတ္တဝါသာတည်း။ ကျွန်တော်တို့သည် တောင်ယာသို့ သွားသည့်အခါတွင် တစ်ခါတရံ ဝက်ဝံက သစ်ပင်ပေါ်၌ သစ်ကိုင်းများ တဘိုင်းဘိုင်းများ မြည်အောင် ချိုးဖဲ့၍ အုံဖွဲ့သည်ကို အဝေးမှ ကြားရတတ်ပါ၏။

ကျွန်တော် နောက်သို့ပြန်လှည့်ကြည့်ရာ ဝက်ဝံမှာ တောင်အောက်သို့ အတော်ဝေးသွား

လေပြီ။ သူမှီထားသော ထင်းရှူးပင်၏ အခေါင်းထဲမှ မမျှော်လင့်ဘဲ ဝက်ဝံကလေးနှစ်ကောင် ထွက်လာသည်ကို တွေ့ရသည်။ ကျွန်တော်ကား သားသည်မိခင်ကို ခုတ်မိချေပြီတကား။

မည်သို့ပင်ဖြစ်စေ ကျွန်တော်သည် အခွင့်ကောင်းကို လက်မလွှတ်။ ကျွန်တော်တို့ ချင်းအမျိုးသားများတွင် "ကောင်လှီးငွန်" (ဝါ) "ကျားသတ်သည့်ဂုဏ်" နှင့် "ငချန်းအေးငွန်" (ဝါ) "သစ်အယ်စားသတ်သည့်ဂုဏ်" တို့ကား လွန်စွာအဆင့်မြင့်၏။ (သစ်အယ်စားဆိုသည်မှာ သစ်အယ်စေ့စားသည့် သတ္တဝါဖြစ်သည်။ တောဝက်နှင့် ဝက်ဝံနှစ်မျိုးသာ သစ်အယ်စေ့ စား၏။) "ခူအေးငွန်" (ဝါ) "မြက်စားသတ်သူ" (ဥပမာ– သမင်၊ ရယ်၊ ချေငယ်၊ စိုင်၊ ဆတ် သတ်သူ) တို့ကား ဂုဏ်မရှိလှချေ။ လူတိုင်းထဲက လူဟုသာ သတ်မှတ်ခြင်းခံရသည်။ တောဝက်၊ ဝက်ဝံနှင့် ကျားကို သတ်သူတို့ကား လူမှုဆက်ဆံရေးနယ်ပယ်၌ အထက်လွှာတွင် ဂုဏ်တင်ခြင်းခံရ၏။ နတ်ပွဲ၊ အိမ်သစ်တက်ပွဲ စသည်တို့တွင် အိမ်ဦးခန်း၌ ခုံမြင့်များဖြင့် နေရာပေးခြင်း ခံကြရ၊ ခေါင်ဦးခေါင်ဖျား၊ စားဦးစားဖျား တည်ခင်းခြင်း ခံကြရသည်။ ရွာပေါ်တွင် သြဇာညောင်းကာ မည်သူကမျှ သူတို့အား မထီလေးစား မပြောဆိုရဲချေ။ ထို့ကြောင့် ကျွန်တော်ဆိုသည့် အညတရကောင်သည်လည်း ထိုဂုဏ်ကို အဘယ်မှာလျှင် မမက်မောဘဲ နေနိုင်ပါအံ့နည်း။ ထို့ကြောင့် ဝက်ဝံကလေးနှစ်ကောင်ကို ဖမ်း၍ စောင်ဖြင့်ထုပ်ပြီး ထမ်းယူ လာခဲ့ပါသည်။ ကျွန်တော့်အကြံကား ဤအကောင်များကို ခြံလှောင်ထားမည်။ အသား စား ကောင်းသည့် အရွယ်ရောက်သော် နှစ်ကောင်လုံးသတ်၍ အောင်သေအောင်သား စားမည်။ ကြက်သတ်၍ နတ်ပူဇော်ပြီး ပရိသတ်ကို အကြီးအကျယ် ကျွေးမွေးကာ အောင်ပွဲခံမည်။ တစ်ကောင်သတ်သူပင် ဂုဏ်ကြီးလျှင် နှစ်ကောင် တစ်ပြိုင်နက်သတ်သူကား အဘယ်ဆိုဖွယ် ရှိတော့အံ့နည်း။

* * *

သို့သော် အခြေအနေက တစ်မျိုးဖြစ်လာသည်။ ထိုနေ့တွင် ကျွန်တော်တို့ရွာသို့ မူလတန်း ကျောင်းအုပ်ဆရာမလေး ဒေါ်လွဲလွဲခိုင်ဆိုသူ ရောက်လာ၏။ ကျွန်တော်တို့ကလည်း အသစ် စက်စက်ရထားသည့်ကျောင်းကို လာဖွင့်ပေးမည့် ဆရာမဖြစ်သဖြင့် အထူးပင် လေးစားကြရ ပါ၏။

ရာထူးကြောင့်သာ "ဒေါ်"တပ်ရသည်။ အမှန်တော့ သူ့အသက်သည် နှစ်ဆယ့်တစ်နှစ် ခန့်သာ ရှိဦးမည်။ နောက်ပြီး သူ့ရုပ်ရည်လေးက ကျက်သရေရှိသည်။ သူ၏ ကိုယ်ဟန်လေးက ပျော့ပျောင်းနွဲ့နှောင်းသည်။ သည်တော့ သူ့ကို အဘယ်မှာလျှင် ကျွန်တော်တို့ "ဒေါ်"တပ်၍ ခေါ်ရက်ကြပါမည်နည်း။ "ဆရာမလေး" ဟုသာ အမြတ်တနိုး ခေါ်ကြရပါ၏။

ဆရာမလေးသည် ကျွန်တော့်အကြောင်းကို ကြားပြီးပုံရသည်။ သူသည် ကျွန်တော့် ဝက်ဝံ

ကလေးနှစ်ကောင်ကို မကြည်သာသည့် မျက်နှာဖြင့် ကြည့်သည်။ ညမှောင်ပြီဖြစ်၍ ဝက်ဝံကလေးများမှာ မီးရောင်တွင် ကလယ်ကလယ်။

"ရှင်ကလဲဟယ်၊ အမေကြီးကိုလည်း ခုတ်တယ်၊ သူ့ကလေးတွေကိုလည်း ဖမ်းလာတယ်၊ ပြီးတော့ ဒါလေးတွေကို သတ်ပြီး အောင်သေအောင်သား စားဦးမလို့တဲ့"

သူသည် ကျွန်တော့်ကို နားမလည်နိုင်သည့် မျက်နှာထားဖြင့် ကြည့်ပြီး ဤသို့ပြောနေပါသည်။ သူ့အကြည့်တွင် ရွံရှာသည့်အကြည့်မျိုး ပါနေသည်ဟု ကျွန်တော်ထင်မိ၏။

"ဒီညနေ ဆရာဦးဟာအောင်က တောကောင်တွေအကြောင်း ကျွန်မကို ပြောပြတယ်၊ ဝက်ဝံမတွေရဲ့ဘဝဟာ သိပ်သနားစရာကောင်းတာပဲတဲ့။ ကလေးမမွေးခင်တော့ ဝက်ဝံထီးက သူ့ကို ချစ်လိုက်တာလေ၊ အနားဖြတ်သွားဖြတ်လာ လုပ်မိတဲ့လူတောင် အသေကိုက်တယ်ဆိုပဲ၊ ဒါပေမယ့် ကလေးလည်း မွေးပြီးရော ဝက်ဝံထီးက သူ့ကိုလှည့်တောင် မကြည့်တော့ဘူး၊ ဝက်ဝံမကြီးဟာ ကလေးတွေကို သူ့ဘာသာ ရှန်းကန်ပြီး ပြုစုရရှာသတဲ့"

မှန်တော့လည်း မှန်ပါသည်။ ဝက်ဝံထီးများသည် လွန်စွာရက်စက်ကြပါ၏။ ဤနေရာမှာတော့ အောက်ချင်းငှက်သည် ဝက်ဝံနှင့် ဆန့်ကျင်ဘက်ဖြစ်သည်။ အောက်ချင်းငှက်ဖိုသည် ငှက်မကြီး ဥခါနီးပြီဆိုလျှင် အသိုက်များ ကောင်းစွာဆောက်လုပ်ပေး၏။ ဥဝပ်ပြီးဆိုလျှင်လည်း အသိုက်ထိပ်တွင် ခေါင်းတစ်လုံးပြူသာရုံ အပေါက်ဖောက်ကာ လုံခြုံစွာ ကာရံပေးခဲ့ပြီးနောက် အပြင်သို့ အစာရှာထွက်သည်။ ရလာသော အစားအစာများကို အသိုက်ထဲရှိ ငှက်မကြီးအား တယုတယ ကျွေးမွေးလေသည်။

"ဒီမှာ ဦးအောင်လင်း"

ကျွန်တော့်နာမည်ကို "ဦး"တပ်၍ ခေါ်သံကြားသောကြောင့် ကျွန်တော် လန့်သလိုပင် ဖြစ်သွားမိ၏။ ကျွန်တော့်ကို ယခုထိ မည်သူကမျှ ဦးတပ်၍ မခေါ်ဖူးသေးချေ။

"ဟုတ်ကဲ့၊ ပြောပါခင်ဗျာ"

"ကျွန်မတောင်းပန်ပါတယ် ဦးအောင်လင်း၊ ဒီဝက်ဝံလေးတွေကို မသတ်ပါနဲ့ရှင်၊ သူတို့ကို သတ်လို့ရမယ့်ဂုဏ်ထက် သူတို့ကို ချမ်းသာပေးလို့ရမယ့် ဂုဏ်ကပိုပြီး မြင့်မြတ်ပါလိမ့်မယ်"

ကျွန်တော်သည် အတော်ပင် စိတ်ပျက်သွားရပါ၏။ ထိုည၌ ကျွန်တော် အိပ်မပျော်ပါ။ ဆရာမလေး၏ စကားက ကျွန်တော့်နားထဲသို့ တစ်ဖန်တလဲလဲ ပြန်ဝင်လာသည်။ သူက "ဦးအောင်လင်းဟာ ပညာတတ်တစ်ယောက်ပါရှင်၊ ဒီနယ်မှာ ခေါင်းဆောင်ရမယ့်သူပါ"တဲ့။ အရင်းအဖျားမရှိ။ သူဘာကိုဆိုလိုပါလိမ့်။

မည်သို့ပင်ရှိစေ။ နောက်ဆုံးမှာတော့ ဆုံးဖြတ်ချက်တစ်ခု ချလိုက်သည်။ ကျွန်တော်သည် ဝက်ဝံကလေးနှစ်ကောင်အား အသက်ချမ်းသာပေးပါတော့မည်။ ထို့ပြင် ဒဏ်ရာရသော ဝက်ဝံမကြီး၏ နောက်သို့ လိုက်လိုသဖြင့် တမေးတည်း လာမေးနေကြသူများအားလည်း နေရာမှန်ကို

ပြောပြတော့မည် မဟုတ်ပါ။ အစကတော့ ကျွန်တော်သည် တစ်ယောက်တည်း ဆက်လိုက်လိုသော လောဘစိတ်ဖြင့် လျှို့ဝှက်ထားခဲ့သည်။ နောက်ပိုင်းတွင် ကျွန်တော့် စိတ်သည် တွေဝေယိမ်းယိုင်လာခဲ့၏။ ယခုတော့ သန့်ရှင်းသောစိတ်ဖြင့် ဆက်လက် လျှို့ဝှက်ရပေတော့မည်။

မနက်မိုးလင်းတော့ ကျွန်တော်သည် ဝက်ဝံကလေးတစ်ကောင်ကို ပိုက်၍ ဆရာမထံ သွားသည်။ ဆရာမလေး ဘုရားဝတ်ပြု၊ ပုတီးစိပ်နေသည်နှင့် ကြုံ၍ နာရီဝက်ခန့် စောင့်လိုက်ရသေး၏။ သူထွက်လာတော့ ကျွန်တော်သည် ဝက်ဝံကလေးကို သူ့လက်အပ်ပြီး ....

"ဆရာမလေးပြောတာကို ကျွန်တော် လက်ခံပါပြီ၊ ဝက်ဝံလေးတွေကို မသတ်တော့ပါဘူး၊ ဒီအကောင်ကို ဆရာမယူပါ၊ ကျွန်တော့် လက်ဆောင်ပေါ့ ဆရာမရယ်၊ ဟိုကျန်တစ်ကောင်ကိုတော့ ကျွန်တော်မွေးသွားပါ့မယ်"

* * *

"ခုန်ခုန်"

တစ်နေ့ ဆရာမအိမ်သို့ သွားတော့ ထိုအသံကိုကြား၍ ကြည့်လိုက်ရာ ဝက်ဝံကလေး ခုန်ဆွ ခုန်ဆွလုပ်နေသည်ကို တွေ့ရပါသည်။

"ဟာ .... ဆရာမပြောတာကို သူနားလည်တယ် ဟုတ်လား"

ဆရာမက ရယ်လျက် ....

"အေး .... ခုတော့ နားလည်လာသလိုပဲ၊ အစကတော့ သူခုန်ဆွခုန်ဆွ လုပ်လွန်းလို့ ဒီနာမည်ပေးထားတာ"

ကျွန်တော် သဘောကျသွားပါသည်။

"ဆရာမပေးတဲ့နာမည်က တစ်မျိုးချစ်စရာလေးပဲ၊ ဆရာမက ဒီနာမည်ပေးရင် ကျွန်တော်ကလည်း ဟိုအကောင်ကို 'မုန်မုန်' လို့ နာမည်ပေးမှာပေါ့၊ သူတို့က အမြွှာညီအစ်ကို မဟုတ်လား၊ သည်တော့ နာမည်ဆင်တူမှည့်မှ ကောင်းမှာ"

ကျွန်တော် ခုန်ခုန်ကို ဆွဲယူပွေ့ချီ၍ သူ၏ရင်ဘတ်ဖြူဖြူကလေး ပွတ်သပ်ပေးရင်း ဤသို့ ပြောလိုက်ပါသည်။

ဆရာမလေးမှာ ကျွန်တော့်စကားကို သဘောကျသလားမသိ။ ရယ်နေလေသည်။

ဆရာမလေးသည် ခုန်ခုန်အား များသောအားဖြင့် ငှက်ပျောသီး၊ ဂေါ်ရခါးသီးနှင့် ထမင်းကို ကျွေးလေ့ရှိကြောင်း သိရသည်။ ကျွန်တော်လည်း မုန်မုန်အား ထမင်းတော့ ကျွေးပါသည်။ သို့သော် ထမင်းသိပ်မစားပါ။ ထို့ကြောင့် ပြောင်းဖူးနှင့် ကျိတ်နနုများကိုသာ ကျွေးပါသည်။

ဆရာမလေးသည် ခုန်ခုန်အား သူ့အိမ်ပေါ်မှာပင် အခန်းတစ်ခန်း သီးသန့်ပေး၍ ကောင်း

မွန်စွာ ပြုစုထားပါ၏။ ကျွန်တော့်မှာ မုန်မုန်ကို ထိုသို့မထားနိုင်ပါ။ ယာတဲကျဉ်းသဖြင့် တဲအောက်၌သာ ခြံလှောင်ထားရပါသည်။။ ထို့ကြောင့် ကျွန်တော့်တဲသို့ ရောက်လာသူများက "ဟော့ကောင်၊ မင်းဝက်က ဘယ်နှစ်ဆုပ် ရှိပြီလဲကွ၊ နတ်တင်ဖို့ ငါ့ကိုပေးပါလား"ဟု နောက်တတ်ကြ၏။ အချို့ကမူ "မင်းက ဒါလေးမွေးထားပြီး ကြီးလာတော့ ဘယ်မှာခိုင်းမှာလဲ၊ ပျားဖွပ်ခိုင်းမှာလား"ဟုလည်း စတတ်ကြပါသည်။ ဝက်ဝံများ ပျားဖွပ်ရာတွင် လွန်စွာကျွမ်းကျင်ကြောင်း သူတို့သိသောကြောင့် ဖြစ်၏။ ဝက်ဝံသည် သစ်ပင်အမြင့်ရှိ သစ်ခေါင်းပျားများကိုလည်း တက်၍ဖွပ်နိုင်သည်။ လူများကို သေအောင်တုပ်နိုင်သော မြေခေါင်းပျား (ပျားကြီး)များကိုလည်း တွင်းယက်၍ ဖွပ်နိုင်သည်။ အမွေးကြမ်းတမ်းထူထဲသော နေရာ၌ ပျားတုပ်လျှင် ခံနိုင်သည် မှန်သော်လည်း အမွေးပါးသော တင်ပါးလို နေရာမျိုးကို တုပ်လျှင်မူ သူလည်း နာသောကြောင့် ရှေ့လက်ဖြင့် လှမ်း၍ ရိုက်သတ်တတ်၏။ ပျားကို လှမ်းရိုက်နေကျ ဖြစ်သောကြောင့် လူများက မြားဖြင့်ပစ်သည်ကိုပင် ပျားမှတ်၍ လှမ်းရိုက်ရာ မြားတံကို ရိုက်မိသဖြင့် ပိုပြီးစူးဝင်သွားတတ်သည်။

ခုန်ခုန်နှင့် ပတ်သက်၍မူ မည်သည့်ရွာသားကမျှ ဆရာမလေးကို သွားမနောက်ရဲကြပါ။ ဆရာမသည် မိန်းကလေးပီပီ ခုန်ခုန်ကို ညင်ညင်သာသာ ယုယုယယ ပြုစုတတ်သည်။ ထို့ကြောင့် ခုန်ခုန်သည် များစွာသိမ်မွေ့နူးညံ့၏။ ဆရာမ၏စကားကို သူနာခံသည်။ ဆရာမက "ခုန်ခုန်" ဟု ခေါ်လျှင် သူသည် အားရပါးရ ခုန်လေတော့သည်။

ကျွန်တော့်မုန်မုန်မှာ သိမ်မွေ့မှုမရှိပါ။ ရောက်လာသူတိုင်းက တုတ်ဖြင့်ထိုး၊ ခဲဖြင့်ပစ်၍ အမျိုးမျိုးစကြသဖြင့် စိတ်တိုလာသည်။ လူတွေကို စိမ်းစိမ်းကြည့်ကာ ရန်မူလိုစိတ်များ ပြလေ့ရှိ၏။ အသွားအလာလည်း ညင်ညင်သာသာ မရှိ။ ဝုန်းဝုန်းဒိုင်းဒိုင်း ပြေးလွှားကာ ဆောင့်ကြီးအောင့်ကြီး ပြုမူတတ်သည်။

မည်သို့ပင်ရှိစေ ကျွန်တော့်ကိုတော့ သူချစ်၏။ တဲပြင်၌ ထုတ်ထားသော ခြံထဲသို့ ကျွန်တော်ဆင်းပြီဆိုလျှင် သူသည် အပြေးကလေး ထွက်လာတတ်သည်။ ကျွန်တော်က လက်ဖျစ်တစ်ချက်တီး၍ လက်နှစ်ဖက် ဆန့်တန်းပေးလိုက်လျှင် သူသည် ကျွန်တော့် ရင်ခွင်ထဲသို့ လွှားခနဲ ခုန်ဝင်လာတတ်သည်။ ပြီးတော့ သူသည် ခေါင်းဖြင့် ကျွန်တော့် ရင်ဘတ်ကို ပွတ်သပ်လေ့ရှိသည်။ နွဲ့ဆိုးဆိုးခြင်းပေလား မသိ။

* * *

ဆရာမလေးသည် ခုန်ခုန်ကိုချစ်၏။ ထို့အတူ ခုန်ခုန်ကိုပေးသော ကျွန်တော့်အားလည်း ခင်မင်လာသည်။

ဆရာမသည် ကျွန်တော့်အား ယခင်ကလို "ဦး"တပ်၍ မခေါ်တော့ပါ။ တစ်ယောက်နှင့်

တစ်ယောက် ရင်းနှီးလာတော့ "ကိုအောင်လင်း"ဟု ခေါ်လာသည်။ တစ်ခါတလေတွင်မူ "အောင်လိန်း"ဟုပင် ခေါ်လာ၏။ နောက်ပြီး "ရှင်"တို့ဘာတို့လည်း သုံးမနေတော့။ မင်းနှင့်ငါ ပြောသည့်အခါ ပြောလာသည်။ ခိုင်းစရာရှိလျှင်လည်း အားမနာ၊ အချိန်မရွေး ခေါ်ခိုင်း၏။ ကျွန်တော်ဆိုသည့် ကောင်ကလည်း သူခိုင်းသမျှ ချက်ချင်းချက်ချင်း လုပ်ပေးသည်။ အမှန်ဝန်ခံရမည်ဆိုလျှင် ကျွန်တော်သည် သူခိုင်းတာလုပ်ရလျှင် ဘယ်လောက်ပဲ လုပ်ပေးရပေးရ ပျော်၏။

တစ်ခါတလေတော့လည်း ကျွန်တော်သည် တစ်ယောက်တည်း နေရင်း အတွေးနယ်ချဲ့မိသည်။ ဆရာမလေး ခင်မင်တာဟာ သာမန်ခင်မင်မှုပဲလား။ သာမန်ထက်များ ပိုလေသလား။

"အို .... မဖြစ်နိုင်ပါဘူး၊ အောင်လင်းရယ်၊ မင်းဟာ တော်တော့်ကို ကိုယ်လိုရာ ဆွဲတွေးတတ်တဲ့လူပဲ။" ကျွန်တော် သတိပြန်လည်လာသည့်အခါ အလျင်အမြန် ဘွာခတ်ကာ ဤသို့ ကိုယ့်ကိုကိုယ်ပြန်လည် သတိပေးရပါသည်။ သို့သော် လုံးဝမျှော်လင့်ချက် ကင်းသည်ဟုကားစိတ်နှလုံးဒုန်းဒုန်း မချလိုသေး။ သူ့စိတ်ကို သိရအောင် တစ်ခုခု စမ်းလုပ်ကြည့်မည်ဟုပင် စိတ်ပိုင်းဖြတ်လိုက်မိပါသည်။

ကျွန်တော်တို့၏ ဒေသတွင် ယောကျာ်းကလေးက မိန်းကလေးကို ခင်မင်လျှင် ဆေးတံပေးသောက်တတ်သည်။ အစမှာတော့ မိန်းကလေးက ရက်စနိုးဖြင့် ငြင်းပေမည်။ သို့သော် ပြန်၍ ခင်ရိုးမှန်လျှင် တစ်ဖြည်းဖြည်းနှင့် ဆေးတံကို လက်ခံလာရမည်သာ။ ဤသို့ဖြင့် ဆေးတံချင်း လဲသောက်သည့်အဆင့်သို့ပင် ရောက်သွားတတ်ကြ၏။ ကျွန်တော်တို့၏ ဒေသတွင် ဤနည်းဖြင့်သာ မြင်ရာမှခင်၊ ခင်ရာမှကြင် ဟူသော လေ့ကားထစ်ကလေးများကို တက်သွားကြရပါ၏။ ဆေးတံကို တောက်လျှောက် အငြင်းပယ်ခံရပြီ ဆိုလျှင်တော့ မျှော်လင့်ချက် ဆုံးပြီး မြန်မြန်နောက်ဆုတ်ပေရော့။ ကျွန်တော်တို့ ချင်းဒေသ၌သာ မဟုတ်။ မြန်မာများတွင်လည်း ဆေးတံဖြင့် အချစ်စမ်းသည့် ဓလေ့ရှိခဲ့ကြောင်းကို မယ်ခွေ၏ "ဆေးတံတို တစ်ညိုလောက်၊ ရော့ .... သောက်တော့ပေး၊ မယူလိုက် မိုက်လို့ထင်၊ ယူလိုက်ပြန်က ကြိုက်လို့ထင်၊ သောက်စေချင် ခုတင်တွင် ထောင်ခဲ့ကွယ်၊ ညိုနွဲ့ရဲ့လေး" ဟူသော ကဗျာလေးက အထင်အရှား သက်သေပြလျက်ရှိပါ၏။

တစ်နေ့တော့ ကျွန်တော်သည် ကွန်ပစ်၍ရလာသော ချောင်းငါးအနည်းငယ် သွားပို့ရင်း ဆရာမထံသို့ ရောက်သည်။

ကျွန်တော်သည် ကြေးဝါကြိုးကလေးများပတ်၊ ကျွဲချိုရိုးတပ်၍ထားသော ချင်းဆေးတံလှလှကလေးကိုလည်း ပလိုင်းထဲမှထုတ်၍ ဆေးထည့်ပြီး ....

"ရော့ .... ဆရာမ၊ ဆရာမ ချင်းတောင်ရောက်တာကြာပြီ၊ ချင်းဆေးတံ မသောက်ဖူးသေးဘူး ထင်တယ်၊ သောက်ဖူးတယ်ရှိအောင် သောက်ကြည့်ပါဦး" ဟု ပြောပြောဆိုဆို မရဲတရဲကမ်းလိုက်ပါသည်။ အမှန်တော့ ဆရာမလေးသည် ဆေးတံမပြောနှင့် ဆေးလိပ်ပင် သောက်သူ

မဟုတ်ပါ။ ကျွန်တော်သည် ဆရာမလေး ငြင်းများငြင်းလေမည်လား၊ ငြင်းရုံဆို တော်သေး၏။ ဆဲများဆဲလေမည်လားဟု အမျိုးမျိုး တွေးပူမိပါသည်။

ဆရာမလေးသည် ငြင်းလည်းမငြင်း ဆဲလည်းမဆဲပါ။ ဆေးတံကို အသာတကြည် ယူလိုက်ပါ၏။ သို့သော် ကျွန်တော်က မီးညှိပေးမည်ဟု မီးခြစ်ကိုင်၍ အနားကပ်သွားသော အခါ၌မူ သူကပြုံး၍ လက်ကာပြ၏။ ဆရာမလေး၏ အပြုအမူအပေါ် မည်သို့အဓိပ္ပာယ် ကောက်ရမည်ကို ကျွန်တော် မစဉ်းစားတတ်တော့ပါ။

"ဆေးတံ၊ ဆေးလိပ်သောက်တာ မကောင်းပါဘူးဟယ်၊ ရောဂါရတတ်တယ်"

ဆရာမလေးက ဤသို့ပြောလိုက်သောအခါ၌မူ ကျွန်တော့်မှာ ပို၍ပင် နားထွေးသွားမိပါတော့၏။

* * *

တစ်နှစ်ခန့် ကြာခဲ့ပြီ။

ခုန်ခုန်နှင့် မုန်မုန်တို့၏ ခန္ဓာကိုယ်မှာ အတန်ငယ် ကြီးထွားလာသည်။ အမွေးအမျှင်များလည်း သိသိသာသာ ကြမ်းတမ်းလာ၏။ အထူးသဖြင့် မုန်မုန်သည် ခြံကိုပင် မကြာခဏ တိုးလာ၏။ သို့သော် ခြံပွင့်သွားသည်အထိ တိုးနိုင်သော အင်အားကား သူ့တွင်မရှိသေးပါ။

ကျွန်တော်နှင့် ယာနီးချင်းဖြစ်သော "ထန်းလိန်း"ဆိုသူသည် ကျွန်တော့်တဲသို့ ရောက်လာတိုင်း ....

"အောင်လင်းရာ၊ မင်းဟာ မြွေပွေးခါးပိုက် ပိုက်တဲ့ကောင်ပဲ၊ ဒါကြီးကို မင်းက တယုတယလုပ်နေ၊ တစ်နေ့ မင်းကို ဒုက္ခပေးလိမ့်မယ်၊ တောတိရစ္ဆာန်ဟာ တောနဲ့ပဲတန်တယ်၊ အိမ်မှာမထားကောင်းဘူး၊ အေး .... တစ်ခုတော့ ရှိတယ်၊ မင်း ဒီလောက်မွေးလာပြီးမှတော့ အရှုံးမခံနဲ့၊ သူက စားကောင်းမယ့် အရွယ်လည်း ရောက်လာပြီပဲ၊ သတ်စားလိုက်ပေါ့ကွာ"

သူ့စကားကြားတော့ ကျွန်တော် စိတ်မကောင်းဖြစ်မိရသည်။ ယခုအချိန်တွင် မုန်မုန်သည် ကျွန်တော့်အား သူ့မိဘအရင်းလို ခင်တွယ်နေပြီဖြစ်ပါသည်။ ကျွန်တော် အပြင်သို့ ထွက်သွားလျှင် သူသည် ကျွန်တော့်နောက်သို့ လိုက်ချင်သောကြောင့် လူးလာခေါက်တုံ့ ပြေးလွှားကာ အပေါက်ရှာနေတတ်၏။ ကျွန်တော် တခြားမှ ပြန်လာသောအခါ၌မူ ဝမ်းသာသောကြောင့် ခေါင်းခါခါ လည်ခါခါဖြင့် ခုန်ဆွခုန်ဆွ လုပ်လေ့ရှိသည်။

တစ်နေ့နံနက်တွင် ကျွန်တော်သည် ထန်းလိန်း၏တဲဆီမှ ဆူညံသောအသံများ ကြားရသည်။ ကျွန်တော်တဲပြင်သို့ ထွက်ကြည့်ရာ အံ့အားသင့်သွားရ၏။ မုန်မုန်မှာ ထန်းလိန်း၏ တဲသို့ ရောက်သွားလေပြီ။ သူသည် ထန်းလုံးများကြားမှ တိုး၍လွတ်သွားတာဖြစ်မည်။ ထန်းလိန်းတို့မိသားစုသည် မုန်မုန်ကို ကြောက်၍ တဲတွင်းသို့ ပြေးဝင်သွားကြ၏။ သို့သော် မုန်မုန်မှာ

လူတွေကို ရန်ရှာပုံမရပါ။

ကျွန်တော် တစ်ဟုန်ထိုး ပြေးလိုက်သွား၏။ ကျွန်တော်ရောက်သွားချိန်တွင် မုန်မုန်သည် တဲရှေ့၌ အသင့်တွေ့ရသော ကြောင်တစ်ကောင်ကို ခုန်ဖမ်းကာ သူ့လက်သည်းများဖြင့် ဆုတ်ဖွဲ့ပြီး ဖြစ်လေပြီ။ ကြောင်သည် သူ့လက်ထဲ၌ သွေးစိမ်းရှင်ရှင် သေသွား၏။

ကျွန်တော်သည် ခါတိုင်းလိုပင် ဆောင့်ကြောင့်ထိုင်လိုက်သည်။ မုန်မုန်သည် ကျွန်တော့်ကို စိုက်ကြည့်နေသည်။ ကျွန်တော်သည် လက်ဖျစ်တစ်ချက်တီးပြီး နောက်လက်နှစ်ဖက်ကို ဆန့်တန်းပေးလိုက်သည်။ သို့သော် လက်နှစ်ဖက်ကို ယခင်လို ပူးထား၍ မဖြစ်တော့။ မုန်မုန်မှာ အတန်ငယ် ကြီးလာပြီဖြစ်ရာ သူ့ကို ယခင်လို ရင်ခွင်နှင့်ခံထားရန် မဖြစ်နိုင်တော့။ ထို့ကြောင့် လက်နှစ်ဖက်ကို ကားထားရပါ၏။ မုန်မုန်သည် လွှားခနဲခုန်လာသည်။ သူသည် ကားထားသော လက်နှစ်ဖက်ကြားသို့ ဝင်လာကာ ကျွန်တော့်ကို တအားဖက်လိုက်၏။ ကျွန်တော်လည်း သူ့ကို တင်းတင်းကျပ်ကျပ်ကြီး ပြန်ဖက်လိုက်မိပါသည်။

ထိုအခါမှ ထန်းလိမ်းသည် တဲတံခါးပေါက်မှ မရဲတရဲ ပြူထွက်လာသည်။ သူ့လက်ထဲတွင် လေးနှင့်မြားမြင်ရ၏။ သူသည် ကျွန်တော်နှင့် မုန်မုန်အား မြားဖြင့် ချိန်ရွယ်ကာ “ဒီ ကောင် ငါပစ်ထည့်လိုက်ရ”ဟု မြည်တွန်တောက်တီးနေပါသည်။ ကျွန်တော်သာ လိပ်ပြာငယ်ရ၏။ မုန်မုန်ကတော့ ဘာမျှမသိရှာ။ သူကြောင်တစ်ကောင် သတ်လာနိုင်သည်ကိုပင် ဂုဏ်ယူ သကဲ့သို့ ကျွန်တော့်ကို တောက်ပသော မျက်လုံးများဖြင့် မော့ကြည့်နေပါသည်။

“မလုပ်လိုက်ပါနဲ့ ထန်းလိမ်းရာ၊ သူ့မထိဘဲ ငါ့ထိနေပါဦးမယ်”

ထန်းလိမ်းသည် ကျွန်တော်တို့အား ချိန်မြဲချိန်ရွယ်သော်လည်း ပစ်တော့ မပစ်ပါ။ ကျွန်တော်သည် သူ့ကို ဂရုမစိုက်တော့။ မုန်မုန်ကိုသာ တဲသို့အမြန်ဆုံးခေါ်၍ ခြံထဲ ပြန်သွင်းရ၏။ နောက်တစ်ခါ ပြန်လွတ်လျှင် အလွယ်နှင့် ပြန်ဖမ်းနိုင်ရန်အတွက်လည်း သူ့လည်ပင်းတွင် သံကြိုးတစ်ခု ခွေထားလိုက်ပါသည်။

* * *

ခုန်ခုန်လည်း မည်သို့ပင် သိမ်မွေ့သည်ဟု ဆိုရစေကာမူ အတန်ကြီးလာတော့ ဇာတိ ပြချင်လာသည်။ ယခုအချိန်တွင် သူလည်း အိမ်ပေါ်၌ နေခွင့်မရတော့ပါ။ အိမ်နောက်ဖေး ခြံထဲသို့ရောက်သွားရပါပြီ။ သူသည် အိမ်ပေါ်သို့သာ ပြန်တက်ချင်လာ၏။ ခြံထဲအပို့ခံရသည်ကို သူနားမလည်နိုင်အောင် ဖြစ်နေသည်။

ခုန်ခုန်သည် အနား၌ ကြက်များဖြတ်သွားလျှင် ရိုးတိုးရွတ ဖြစ်လာသည်။ ဖမ်းချင်သည်မှာ လက်ယားနေပုံရ၏။ ဆရာမလေးသည် မုန်မုန်က ကြောင်တစ်ကောင် သတ်ကြောင်း လည်း ကြားထားခဲ့သဖြင့် မိန်းမသားဘာဝ စိုးရိမ်စိတ်များ ကြီးထွားလာ၏။ ထို့ကြောင့် သူသည်

ရှိသည့်ငွေကလေးဖြင့် စရိတ်ခံ၍ ခုန်ခုန်ကို ထင်းရှူးသေတ္တာဖြင့် ရိုက်ထည့်ကာ ရန်ကုန် တိရစ္ဆာန်ရုံသို့ ပေးပို့ လှူဒါန်းလိုက်တော့၏။

ငွေကြေးမတတ်နိုင်သော ကျွန်တော်မှာ မုန်မုန်ကို မည်သို့လုပ်ရမှန်းမသိ။ မွေးလက်စဖြင့် ဆက်၍သာ မွေးနေရသည်။

* * *

ဘာလိုလိုနှင့် ဆရာမလေး ဤရွာသို့ ရောက်သည်မှာ ယခုဆိုလျှင် နှစ်နှစ်ရှိလာပြီ။

တစ်ခါတလေတော့ ဆရာမသည် ခုန်ခုန်ကိုသတိရဟန်ရှိ၏။ ကျွန်တော့် မုန်မုန်ကို အလွမ်းပြေလာကြည့်တတ်သည်။ ထိုအချိန်တွင် မုန်မုန်မှာ အတော်ပင် ကြီးလာပါပြီ။ သို့သော် သူနှင့် ကျွန်တော်၏ အမူအကျင့်မှာ ရှေးကအတိုင်း မပြောင်းလဲ။ ကျွန်တော်က လက်ဖျစ်တီး၍ ခေါ်လိုက်လျှင် သူ့မျက်လုံးများ တောက်ပလာသည်။ ခေါင်းတစ်ချက်ဆတ်၍ ဝမ်းသာကြောင်း ပြသည်။ ပြီးတော့ ကျွန်တော့်အား တအားပြေးဖက်သည်။ သူဖက်တာ ကြမ်းသောကြောင့် ကျွန်တော်ကလည်း အတင်းပြန်ဖက်ကာ လုံ့ပစ်ရ၏။ ဆရာမလေးသည် မုန်မုန်နှင့်ကျွန်တော် နပမ်းလုံးတမ်း ကစားသကဲ့သို့ဖြစ်သည်ကို မချိမချဉ်မျက်နှာဖြင့် ကြည့်နေရာမှ ....

“နင်တို့ ကစားတာကလည်း ကြမ်းလွန်းပါတယ်ဟယ်၊ မုန်မုန့်ကို အရင်ပိစိကွေးမုန်မုန် လို သဘောထားလို့ မဖြစ်တော့ဘူး၊ နင့်ကို သူတစ်နေ့ ဒုက္ခပေးလိမ့်မယ်၊ သည်တော့ ငါအပြန်မှာ သူ့ကိုသေတ္တာနဲ့ ရိုက်ထည့်လိုက်၊ ငါတိရစ္ဆာန်ရုံကို သွားလှူလိုက်မယ်၊ ခုန်ခုန် လည်း အဖော်ရ သွားအောင်ပေါ့၊ ဘယ့်နှယ်လဲ၊ မကောင်းဘူးလား”

ထိုစကားကိုကြားတော့ ကျွန်တော်ရင်လေးမိသည်။ ဤအရွယ်ထိ ပြုစုပျိုးထောင်လာပြီး မှတော့ သူ့ကိုမခွဲချင်။ သို့သော် ဝက်ဝံကို ဆက်မွေးနေ၍ ဘာလုပ်မည်နည်း။ နောက်ပြီး ဆရာမလေး၏ စကားကို ကျွန်တော်မငြင်းပယ်လိုပါ။ အမှန်လည်း သူ့ဆန္ဒကို ကျွန်တော် ဘယ်သောအခါကမျှ မငြင်းပယ်ဖူးခဲ့။ အထူးသဖြင့် ယခုဆိုလျှင် သူနှင့်ခွဲခွာရတော့မည်။ သူပြည်မသို့ ပြန်ရတော့မည်။ သူသည် ကျွန်တော့်အပေါ်တွင် များစွာ စေတနာထားခဲ့သူ ဖြစ်သည်၊ ဇီဇကပင် သူသည် ဘုရားတရားကြည်ညို၏။ စိတ်နှလုံးနူးညံ့၏။ သို့သော် ပြောစရာ ရှိလျှင်တော့ အားမနာတမ်း ပြောတတ်၏။ ယခု သူပြန်ရတော့မည် ဆိုတော့ ကျွန်တော် စိတ်မကောင်း။ ကျွန်တော်သာ မဟုတ်။ သူ့တပည့်လေးများလည်း မျက်နှာညှိုးငယ်ကြရသည်။ ရွာထဲမှ သူအရေးအဖတ် သင်ပေးခဲ့သော ကာလသမီး၊ ကာလသားများကလည်း သူ့ကို တစ်နှစ်လောက်တော့ ဆက်နေပါဦးဟု တားကြ၏။ သို့သော် သူ့ကိုလည်း ပြန်၍ စာနာကြရမည်။ သူ့ခမျာ အားနွဲ့သူမိန်းမသား ဖြစ်လျက်နှင့် နှစ်နှစ်ကြီးများတောင် လာကူညီပြီးပြီပဲ။

ကျွန်တော်သည် ဆရာမလေးပြန်လျှင် မုန်မုန်ကို ထည့်ယူသွားနိုင်ရန်အတွက် ထင်းရှူး

သေတ္တာတစ်လုံးကို အသင့်ရိုက်ထားလိုက်သည်။ မုန်မုန်သည် ဆရာမလေးအဖို့ ကျွန်တော်၏ ဒုတိယ လက်ဆောင်ဖြစ်ရပါမည်။ ဆရာမလေး ရောက်ရာအရပ်မှ ကျွန်တော့်ကို မမေ့ရန် အတွက် ဖြစ်သည်။ စင်စစ်လည်း ဆရာမလေးနှင့် ကျွန်တော် ရာသက်ပန် ခွဲရတော့မည်ဟု မယူဆမိ။ ကျွန်တော်သည် မိမိ၏ စိုက်ခင်းကလေးကို ဂွတီမာလာအဆင့်မှသည် ပန်းသီး လိမ္မော်အဆင့်သို့ ရောက်အောင် မြှင့်တင်တက်လှမ်းမည်။ ပြီးတော့ ဆရာမလေးနှင့် တစ်နေ့နေ့၊ တစ်ချိန်ချိန်၊ တစ်နေရာရာ၌ ....။

* * *

နောက်သုံးရက်ဆိုလျှင် ဆရာမလေး ပြည်မသို့ ပြန်ရတော့မည်။ ဆရာမလေးသည် ထီးလင်းဇာတိဖြစ်၏။ ထို့ကြောင့် ထီးလင်းမြို့ အထက်တန်းကျောင်းသို့ ပြန်ပြောင်းရမည် ဖြစ်သည်။ သို့သော် သူ့တွင် မိဘများ မရှိတော့။ လောလောဆယ် နွေရာသီမှာတော့ သူသည် အစ်ကိုကြီးအမှုထမ်းရာ မြိတ်မြို့သို့ သော်လည်းကောင်း၊ အစ်ကိုလေး အမှုထမ်းရာ ရန်ကုန်မြို့သို့ သော်လည်းကောင်း ခေတ္တသွားနေမည်ဟု ဆိုပါ၏။ ကျွန်တော်တို့သည် ဆရာမလေး အတွက် နှုတ်ဆက်ပွဲလေး လုပ်ပေးကြပါသည်။ ချင်းတောင်တန်းကြီးကို မှတ်မှတ်ရရ ဖြစ်သွားစေရန် အတွက်လည်း ရင့်ပေ့ဆိုသည့် ခေါင်တစ်လုံးကို ထိပ်ပေးကြပါ၏။ သို့သော် ကျွန်တော်တို့သာ မူးရ၏။ ဆရာမလေးကတော့ နှုတ်ခမ်းဆွတ်ရုံသာ။

ထိုနေ့ညတွင် မမျှော်လင့်သော ဖြစ်ရပ်တစ်ခု ပေါ်ပေါက်လာ၏။ ကျွန်တော်သည် တဲနားသို့ ရှူးရှူးရှားရှားဖြင့် ဆဲဆို၍ ရောက်လာသော ထန်းလိန်း၏ အသံကို ကြားသောကြောင့် တဲပြင်သို့ အလောသုံးဆယ် ထွက်လာခဲ့သည်။ သို့သော် ကျွန်တော် နောက်ကျသွား၏။

"ငါ့ဝက်ကလေးကို နင်ကိုက်ပြန်တယ်ပေါ့လေ ဟုတ်လား၊ ဟား .... ဟား .... နှစ်ခါရှိပြီ၊ နှစ်ခါရှိပြီ"

ထန်းလိန်းသည် အရူးတစ်ယောက်လို ဟားတိုက်ရေရွတ်ရင်း မုန်မုန်ကို မြားဖြင့်ပစ်ပြီး လေပြီ။ သို့သော် မြားမှာ ခပ်ပြင်းပြင်း မဟုတ်ဟု ယူဆရသည်။ ထို့ပြင် ချိုင်းစပ်သို့ ချိန်ရွယ် ခဲ့ဟန်မတူ၊ တင်ပါးကိုသာ သွားမှန်သည်။ အပြင်၌ ယိုင်နဲ့နဲ့ပေါ်နေသော မြားတံကို ကြည့်ရခြင်းအားဖြင့် မဆိုစလောက် တစ်လက်သစ်ခန့်သာ စူးဝင်မည်ဟု ခန့်မှန်းရသည်။

အခြေအနေ ကြည့်ရသည်မှာ အလည်လွန်ရင်း ကျွန်တော့်တဲအောက်သို့ အစာရှာ ရောက် လာသော ဝက်ကလေးကို မုန်မုန်က ကိုက်သတ်လိုက်ဟန် ရှိသည်။ ဝက်ကလေးကို လိုက်ရှာ နေသည့် ထန်းလိန်းသည် ထိုအဖြစ်ကို လှမ်းမြင်သောကြောင့် အတင်းပြေးလာပြီး မုန်မုန်ကို ပစ်လိုက်ခြင်းဖြစ်သည်။

တုတ်ဖြင့်ပင် ပြောပလောက်အောင် အရိုက်မခံခဲ့ရသော မုန်မုန်အဖို့ တစ်လက်သစ်မျှ

စူးဝင်သော မြားဒဏ်သည် အထိနာလှချေပြီ။ သူသည် ခြံကို တစ်ဟုန်ထိုး ဆောင့်တိုးသည်။ ခြံလည်း ပွင့်ထွက်သွား၏။ မုန်မုန်လည်း ယာခင်းကို မြားပစ်သလို ဖြတ်ပြေးကာ တောတွင်းသို့ ဝင်သွားလေသည်။

ကျွန်တော့်မှာ ထန်းလိပ်းကိုပဲ လက်စားချေရမည်လား၊ မုန်မုန်နောက်သို့ပဲ ပြေးလိုက်ရမည်လား။ ခဏမျှ မဝေခွဲတတ်ဖြစ်ရာမှ မုန်မုန်၏ နောက်သို့ လိုက်ဖြစ်သည်။ သို့သော် တောစပ်တစ်ဝိုက်၌ ခြေရာထပ်အောင် ရှာပါသော်လည်း မတွေ့။ မိုးသာ မကြာမီ ချုပ်လာသဖြင့် ပြန်ခဲ့ရ၏။ ဆရာမလေးထံသွား၍ ထန်းလိပ်း၏အပေါ် လက်စားချေလိုကြောင်း ပြောရာ ဆရာမသည် ကျွန်တော့်အား စူးစူးရဲရဲဖြင့် ကြည့်ရင်း ...

"ငါတစ်ခုပဲမေးမယ်၊ နင်ရှိစုမဲ့စု မွေးထားတဲ့ဝက်ကို သူအားရှိတိုင်း မွေးထားတဲ့ ဝက်ဝံက လာကိုက်ရင် နင့်စိတ်ထဲဘယ်လိုနေမလဲ"

ကျွန်တော် မဖြေတတ်တော့ပါ။

"မုန်မုန်ကို သနားပါတယ်ဟာ၊ နင်သူ့ကိုပြန်ဖမ်းပါ၊ နင်ဖမ်းရင် ရမှာပါ၊ ငါသူ့ဒဏ်ရာကို ဆေးထည့်ပေးမယ်၊ ပြီးတော့ တိရစ္ဆာန်ရုံယူသွားမယ်၊ သူ့ကို တောထဲ ဒီအတိုင်းထားရင် မြားဆိပ်တက်ပြီး သေလိမ့်မယ်"

* * *

ကျွန်တော်သည် နောက်တစ်နေ့တွင် တောအနှံ့ တောင်အနှံ့ မုန်မုန်ကို ရှာသော်လည်း အစအနမျှပင် မတွေ့ရတော့ပါ။

ထိုအခိုက် ရွာသားအချို့ မုန်မုန်ကိုပစ်ဖို့ လိုက်နေကြကြောင်း ကြားရသည်။ "လူတွေကို အန္တရာယ်ပြုမှာစိုးလို့"ဟု အကြောင်းပြကြကြောင်း သိရ၏။ သို့သော် သူတို့၏ ရည်ရွယ်ချက်မှာ ထိုသို့မဟုတ်ပါ။

မုန်မုန်ကို ကျွန်တော်သာမတွေ့၊ တွေ့သူကတော့ တွေ့နေ၏။ ရွာထဲမှ "ဟာရွှီး"ဆိုသူမှာ မုန်မုန်၏လက်ချက်ကို အတော်ခံလိုက်ရသည်။ သူသည် ရွာသို့ ယိုင်တိယိုင်တိုင်သာ ပြန်ရောက်လာနိုင်၏။ သူ့ခြံစောင်မှာ အဆွဲအကုတ်ခံရ၍ စုတ်ပြဲကုန်သည်။ သူ့ တစ်ကိုယ်လုံးမှာ အထုအထောင်း အဆွဲအဆောင့် ခံရ၍ နာကျင်သည်။ သို့သော် ကံကောင်းသဖြင့် သွေးထွက်သံယိုတော့ ဖြစ်မလာပါ။ ဩော် .... မုန်မုန်၊ သူ့ကို မုန်မုန်ဟု နာမည်မှည့်ခဲ့ခြင်းကပင် မှားလေပြီလား၊ ပညတ်သွားရာ ဓာတ်သက်ပါဟူဘိသကဲ့သို့ ယခုသူသည် မုန်ယိုသည့် ဆင်နှယ် ဖြစ်ရပါလေပြီ။

တစ်ခုတော့ ကျွန်တော် အံ့သြရပါ၏။ ဝက်ဝံသည် လူကိုတွေ့လျှင် မျက်ခမ်းပြဲအောင်လည်း ကုတ်ခြစ်တတ်၏။ ပါးရေလန်အောင်လည်း ခွာပစ်တတ်၏။ မေးရိုးပြုတ်အောင်လည်း

ဆွဲပဟတတ်၏။ ပွဲချင်းပြီးသေအောင်လည်း လည်မျိုကို ကိုက်ဖြတ်တတ်၏။ တစ်ခါက မူ "ရှိန်းရှယ်" ဆိုသူ တောလည်သွားရာမှ ပြန်မလာသဖြင့် ရွာသားများက ပြန်ရှာကြသည်။ သူတို့သည် တစ်နေရာ၌ ပါးမှအရေခွံတစ်ခု ကျကျန်ခဲ့သည်ကို တွေ့၍ ဆက်ရှာကြရာ မြေကြီးပေါ် လဲကျနေသော ရှိန်းရှယ်ကို ပြန်တွေ့ကြ၏။ သူ၏ ပါးတစ်ဖက်မှာ အရေခွံ မရှိတော့ဘဲ အရိုးငေါငေါထွက်နေသည်။ သူသည် မလှုပ်နိုင်တော့။ မျက်လုံးနှစ်ဖက်ပြူး လျက်သာ ရွာသားများအား စိုက်ကြည့်နေ၏။ ပြီးတော့ ယင်းမျက်လုံးများပင်လျှင် မကြာမီ မျက်ဖြူလန် သွားရပါသည်။ ဝက်ဝံဟူသည်ကား လူတွေအပေါ် ဤမျှ ရက်စက်သူတည်း။ (ဝက်ဝံ၏ အတိုက်အခိုက် ခံရပြီဆိုလျှင် မှောက်လျက်လဲပြီး သေချင်ဟန်ဆောင်မှ လွတ်သည် ဟု ဆိုကြသည်။ ထိုသို့ လဲသည်ကိုပင် ဝက်ဝံသည် အတန်ကြာအောင် ထိုင်စောင့်နေတတ်သည်။ ဖြတ်ကိုက်လျှင်လည်း မလှုပ်ရ။ ခေါင်းလှုပ်လျှင် ခေါင်းလာဟပ်၊ ခြေလှုပ်လျှင် ခြေလာဟပ် သည်။ အတန်ကြာအောင် ငြိမ်နေရ၏။ ထိုအခါမှ ဝက်ဝံသည် တကယ် သေမသေ သိရအောင် ခြေဆုံးခေါင်းဆုံး နမ်းကြည့်ပြီးနောက် ထွက်ခွာသွားတတ်သည်။) သို့ပါလျက် ယခု မုန်မုန်သည် ဟာရှီးကို သွေးထွက်သံယို မလုပ်လိုက်ပါချေ။ ကျွန်တော် အကြောင်းရှာ၏။ အဖြေတစ်ခုသာ ရသည်။ ဤကား အခြားမဟုတ်။ မုန်မုန်သည် ဘဝပေး မကောင်း၍ တောပုန်းကြီးဘဝသို့ ရောက်ရသော်လည်း ငယ်စဉ်ကတည်းက လူနှင့်ယဉ်ပါးခဲ့သူ ဖြစ်သောကြောင့် လူတွေကို အတတ်နိုင်ဆုံး သက်ညှာလိုက်ဟန်ရှိပေသည်။ သို့သော် လူတွေကတော့ သူ့ကို ပြန်ညှာကြ ပါမည်လား မသိရ။

* * *

နက်ဖြန်ဆိုလျှင် ဆရာမလေး ပြန်ရတော့မည်။ သူသည် အထုပ်ပိုးများ ပြင်ထားရုံမက အထမ်းသမားများပင် အသင့်စီစဉ်ထားပြီးဖြစ်၏။ ကျွန်တော်သာ မုန်မုန်ကိုဖမ်း၍ရပါက ယနေ့ ပင် သူညနေပိုင်းထွက်ခွာ၍ လမ်း၌သွားအိပ်ချင်သည်ဟု ဆိုသည်။

ကျွန်တော်သည် လိုရမည်ရ သေနတ်ယူ၍ ထွက်လာခဲ့သည်။ ဟာရှီးနှင့် မုန်မုန်ကို တွေ့ကြသောနေရာမှာ ရွာမြောက်ဘက် သုံးမိုင်ခန့်အကွာ၌ ဖြစ်သည်။ သို့သော် ကျွန်တော်သည် ထိုနေရာတွင် မုန်မုန်ကိုမတွေ့ရပါ။ နေကလည်း တစ်ဖြည်းဖြည်း မြင့်လာပြီ။ ကျွန်တော့် ကိုယ်၌လည်း ချွေးများရွှဲလာသည်။

ထိုအခိုက် အနောက်ဘက် တောင်ခါးပန်းဆီမှ တောတိုးသံလိုလို ကြားရသောကြောင့် နီးရာကျောက်ဆောင်ကွယ်မှ ချောင်းကြည့်လိုက်သည်။ ကျွန်တော့် စိတ်ထဲမှာတော့ မုန်မုန်ကို တွေ့ပြီဟု ဝမ်းသာမိ၏။ မရေးမနှောင်းမှာပင် မည်းမည်းသဏ္ဍာန်ကြီးတစ်ခု ခပ်ဝေးဝေးမှ ဖြတ်ပြေးသွားသည်ကို မြင်ရပါသည်။ ကျွန်တော်ထင်သော မုန်မုန်မဟုတ်ပါ။ သစ်စိမ်းခြမ်း ဖြူဖြူကြီး ကိုက်ချီထားသလား အောက်မေ့ရအောင် အစွယ်နှစ်ဖက် ဖွေးဖွေးပေါ်နေသော

တောဝက်ကြီးတစ်ကောင်သာ ဖြစ်ပါ၏။

မကြာမီ လူသုံးလေးယောက် သူ့နောက်သို့ လိုက်လာကြ၏။ ထိုအချိန်တွင် ကျွန်တော့်မှာ ကျောက်ဆောင်အကွယ်မှ ထွက်လာပြီဖြစ်ရာ သူတို့က ကျွန်တော့်ကို လှမ်းမြင်ကြ၏။

"ဒီမှာ အစ်ကိုလေး တောဝက်တစ်ကောင် မတွေ့လိုက်ဘူးလားဗျ"

သူတို့သည် ကျွန်တော့်ဘက်သို့ လျှောက်လာရင်း လှမ်းမေးကြသည်။ ထိုသူတို့မှာ ဤဒေသမှ ဟုတ်ဟန်မတူပါ။ ဤဒေသမှာတော့ အားလုံးက ခေါင်းကို ဗိုလ်ကေညှပ်ထားကြပြီး ဖြစ်၏။ ယခုလာသူတွေကား သျှောင်ထုံးကြီးတွေနှင့် ဖြစ်သည်။ လုက်လှောင်းချောင်းနယ်မှ ဖြစ်မည်။ လုက်လှောင်းချောင်းသားများက ဗိုလ်ကေညှပ်ထားသော ကျွန်တော်တို့ဒေသ (မောဟိုက်နယ်)မှ ရွာသားများကို ကြည့်ကာ "ကျောင်းသားလေးတွေ"ဟု ခနဲ့တတ်ကြ၏။

လုက်လှောင်းချောင်းနယ်သည် ကျွန်တော်တို့ရွာမှ နှစ်ရက်ခန့်သွားမှ ရောက်သည့် ခရီး ဖြစ်၏။ ဤသည်ကို ထောက်သော် တောဝက်နောက်သို့ သူတို့ ဘယ်နှစ်ရက် လိုက်ကြပြီ မသိ။

"ကျွန်တော် မြင်လိုက်ပါတယ်၊ အဲဒီနားကပဲ ဖြတ်ပြေးသွားတယ် ခင်ဗျ၊ ခုလောက်ဆို အရှေ့ဘက် ယာစပ်ဆီ ရောက်ရော့မယ်"

သူတို့ထဲမှ ထိပ်ပြောင်ပြောင် နှုတ်ခမ်းမွေးကားကားနှင့် အသက်ကြီးကြီးလူက သူ့ နှစ်လုံးပြူးသေနတ်ကို မြေမှာထောက်ရင်း ....

"ဟုတ်လား၊ ဟွှီး .... ပင်ပန်းလိုက်တာဗျာ၊ သူ့နောက်လိုက်တာ သုံးရက်ရှိပြီ၊ ဆတ်လောက် သမင်လောက်ဆို ခုလောက် ဒုက္ခခံမလိုက်ပါဘူး၊ တောဝက် ဆိုတော့လည်း နာမည်က အကြီးသားကိုးဗျ၊ နောက်ပြီး ဒီကောင်က လူတစ်ယောက် အသေပက်ထားခဲ့တယ်လေ၊ တို့က လည်း သူ့ကို လက်ဦးအောင် ပစ်ထားပြီးသား၊ သည်တော့ သူများလက် အရောက်မခံချင်ဘူး ပေါ့ဗျာ"

ဤတွင် ခါးချိုးသေနတ် ကိုင်ထားသော ဗလကောင်းကောင်းလူရွယ်က ဝင်၍ ....

"ဒီကောင်ကတော့ကွာ ဟိုဘက်ယာတဲမှာလည်း လူနှစ်ယောက်နဲ့တိုးမိပြီး နှစ်ယောက်လုံး ပက်ထားခဲ့တယ်၊ ဒဏ်ရာက တော်တော်ကြီးတာ၊ လက်သည် ဖြစ်နေတော့ ဒီလူတွေကိုလည်း ကျွန်တော်တို့ပဲ လျော်ကြေးပေးရဦးမယ်"

အခြားလူပုပုတစ်ယောက်မှာ ဝန်စည်စလယ်ဟု ထင်သော အလေးအပင်ကို ထမ်းထားသည်။ သူသည် ဘာမျှဝင်မပြောသော်လည်း ကျွန်တော့်သေနတ်ကို ကြည့်နေ၏။ သူ့ အကြည့်တွင် အဓိပ္ပာယ်တစ်မျိုး ပါနေသည်ဟု ကျွန်တော်ထင်သည်။ ထို့ကြောင့် ....

"ကျွန်တော်လည်း သေနတ်တော့ ပါတယ်ခင်ဗျာ၊ ဒါပေမယ့် ကျွန်တော် ရှာနေတာက တခြား၊ ပြေးလာတာက တလွဲဆိုတော့ ခပ်အမ်းအမ်းဖြစ်ပြီး မပစ်လိုက်နိုင်ဘူးဗျာ"

ဤတွင် အသက်ကြီးကြီးလူက ယဉ်ကျေးစွာပင် ....

"အေးဗျာ၊ ခုလို လမ်းညွှန်ပေးတာပဲ ကျေးဇူးတင်လှပါပြီ၊ နောက်မှာလည်း လူအုပ်ကွဲပြီး တချို့ကျန်ခဲ့တယ်ဗျ။ တွေ့ရင် တဆိတ်ညွှန်ပေးလိုက်ပါဦး"

"ဟုတ်ကဲ့ ဦးလေး၊ စိတ်ချပါ"

သျှောင်ထုံးအဖွဲ့သည် ကျွန်တော့်အား လက်ပြနှုတ်ဆက်ပြီးနောက် အရှေ့ဘက် တောင်စောင်းဆီသို့ ဆင်းသွားကြပါ၏။

* * *

ကျွန်တော်သည် တောင်ကြောအတိုင်း မြောက်ဘက်သို့ ဆက်၍တက်ခဲ့သည်။ မိုင်ဝက်ခန့် တက်သော ကုန်းထိပ်မြေညီတစ်ခုသို့ ရောက်လာ၏။ ထိုတစ်ဝိုက်တွင် ကျောက်ဆောင်များ ထူထပ်သည်။ ကျောက်ဆောင်များ၏ ကြားတွင် မြက်ပင်မရှိ။ ပြောင်တလင်းခါနေ၏။ ကျွန်တော်သည် ကျောက်ဆောင်များ၏ ကြားတွင် ဖြည်းညှင်းစွာ ဖြတ်လျှောက်လာသည်။

ဟော .... တွေ့ပါပြီ။ မုန်မုန်သည် ကျောက်ဆောင်ငယ်တစ်ခု၏ ဘေး၌ ဝပ်နေသည်။ သူလည်း ကျွန်တော့်ကို ချက်ချင်းပင် လှမ်းမြင်၏။ ကျွန်တော်သည် ဆောင့်ကြောင့်ထိုင်လိုက်သည်။ ဘယ်လက်မှ သေနတ်ကို မြေသို့ အသာချထားသည်။ ပြီးတော့ ညာလက်ကို ထောင်၍ လက်ဖျစ်တစ်ချက် တီးလိုက်သည်။ ထို့နောက် လက်နှစ်ဖက်ကို ခပ်ကားကား ဆန့်တန်းပေးလိုက်၏။ မုန်မုန်သည် ခေါင်းကိုမော့လိုက်သည်။ သူ၏မျက်လုံးများ ဝင်းလက်လာ၏။ သူသည် နေရာမှထကာ ခေါင်းကို ဆတ်ခနဲ တစ်ချက်ခါလိုက်သည်။ ဤကား သူဝမ်းသာသည့်အခါ ပြုနေကျ အမူအရာတည်း။ ပြီးမှ သူသည် ကျွန်တော့်ထံသို့ လွှားခနဲ ခုန်လာပါသည်။ ကျွန်တော်ကလည်း သူ့ကို လှမ်းဖက်ရန် အသင့်ပြင်ထား၏။

သို့သော် ....

"ဒိုင်း ...."

သေနတ်သံတစ်ချက် ကြားရပြီး မုန်မုန်သည် ကျွန်တော့်ရှေ့တွင် မြေသို့ ခေါက်ခနဲ ကျသွားပါသည်။ ဘယ်သူပစ်လိုက်ပါလိမ့်။ ကျွန်တော့်ခေါင်းထဲတွင် ထန်းလိန်း၏ မျက်နှာသည် လျှပ်စီးလက်သလို ပေါ်လာသည်။ မုန်မုန်ကို လိုက်ရှာနေသူများတွင် ထန်းလိန်းလည်း ဖွဲနပဲဖြင့် ပါဝင်နေကြောင်း ကျွန်တော် ကြားခဲ့ရ၏။ ကျွန်တော်သည် အသံလာရာသို့ လှမ်းကြည့်လိုက်သည်။ ကျွန်တော့်အထင်များ ပါစင်အောင်လွဲရပြီ။ တူမီးကိုင်ထားသည့် လူတစ်ယောက်။ ကျောက်ဆောင်အကွယ်၌ ကိုယ်တစ်ပိုင်းပေါ်အောင် ရပ်နေသည်ကို တွေ့ရသည်။ သူ့မျက်နှာမှာ ပြုံးနေသည်။ သူသည် ထန်းလိန်းမဟုတ်ပါ။ ကျွန်တော် မမြင်ဖူးသော လူစိမ်းဖြစ်၏။ သူ့ခေါင်းမှာတော့ သျှောင်ထုံးကြီးတွေ့ရသည်။ "ကျုပ်ရှိလို့ပေါ့ဗျာ၊ နို့မဟုတ်ရင် ခင်ဗျားအသေပဲ"

ထိုလူက ဝင့်ကြွားစွာပင် လှမ်းအော်လိုက်သေးသည်။ သူ၏ သေနတ်ပြောင်းဝမှာတော့

ယမ်းခိုးတွေ ဝေနေဆဲရှိ၏။

"ခင်ဗျား၊ ဘယ်လိုလုပ်လိုက်တာလဲ"

ကျွန်တော် ဤမျှသာ ပြန်အော်နိုင်၏။ ဤလူသည် စောစောက လူအုပ်ထဲမှ ကွဲထွက်လာသူပေလောဟု တစ်ချက်စဉ်းစားလိုက်မိသည်။ သို့သော် ကြာကြာ စဉ်းစားမနေနိုင်။ ကျွန်တော်သည် သွေးအိုင်ထဲတွင် လဲနေသော မုန်မုန်ကို ပွေးထူရန် ပြင်လိုက်သည်။ သို့သော် မုန်မုန်သည် ကျွန်တော့်ကို အကိုင်မခံပါ။ ဘေးသို့ ဆတ်ခနဲ လိမ့်ပစ်လိုက်သည်။ ပြီးတော့ သူသည် ကျွန်တော့်အား စိန်းစိန်းကြီး ကြည့်နေ၏။ မုန်မုန်သည် ကျွန်တော့်အား တစ်ခါမှ ဤသို့ မကြည့်ဖူးပါ။ သူဆိုချင်သည့် အဓိပ္ပာယ်ကို သူ့မျက်လုံး၌ အထင်းသား တွေ့ရသည်။

"သခင်အပေါ် ငါယုံသလောက် သခင်က သစ္စာမရှိဘူး၊ ငါ့ကိုတောင် ပစ်လိုက်ပါပကောလား"

ဤသို့ ပြောနေသည့်နှယ် ကျွန်တော်ထင်ရသည်။ ကျွန်တော်စိတ်ထိခိုက်မိ၏။ မဟုတ်ရကြောင်း သူ့ကိုပြောချင်သည်။ သို့သော် သူဘယ်လိုနားလည်မည်နည်း။ ထိုစဉ်မှာပင် သူလည်း ဇိဝိန်ချုပ်သွားပြီ။

စောစောက လူစိမ်းသည် ကျွန်တော်ထံ လျှောက်လာသည်။ ယခုတော့ သူလည်း အခြေအနေ ရိပ်မိသွားဟန်တူ၏။

"ကျွန်တော်မှားသွားပြီထင်တယ်၊ ခင်ဗျားကို ခုန်အုပ်တယ်ထင်ပြီး ပစ်လိုက်တာ"

* * *

လူစိမ်းသည် ကျွန်တော့်ကို အကူအညီပေး၏။ သူနှင့် ကျွန်တော်သည် မုန်မုန်ကို ရွာသို့ ထမ်းလာကြသည်၊ သူ့ကိုတော့ နက်ဖြန်မှပဲ သူ့အဖော်တွေနှင့် ပြန်ဆက်ပေးရမည်။ သူ့အဖော်တွေကလည်း ဒီညတော့ အရှေ့ဘက်တောင်ယာမှာပဲ အိပ်ကြမည့်အခြေအနေရှိသည်။

ကျွန်တော်နှင့် အဖော်သည် ခပ်သုတ်သုတ်ပြန်လျှောက်လာခဲ့ကြသည်။ ဆရာမလေးအား ဝက်ဝံအရှင် မအပ်နိုင်သည့်တိုင်အောင် ဝက်ဝံသားများကိုတော့ လက်ဆောင်ပေးမည်ဟု ကျွန်တော် ကြံရွယ်၏။

ရွာပြန်ရောက်တော့ ဆရာမလေးကို မတွေ့ရပါ။ မုန်မုန်ကို အရှင်ပြန်ရမယ် ထင်ပြီး အကြာကြီး စောင့်နေသေးသည်ဟု ရွာသားများက ပြောကြသည်။ သူသည် ကျွန်တော်တို့အား အမှတ်မထင် ကျော်တက်သွားသူတစ်ယောက်ထံမှတစ်ဆင့် သတင်းရသွားခြင်းဖြစ်၏။ မုန်မုန်သေပြီဟု ကြားတော့ "သူက အသေကောင်ကို မစောင့်တော့ပါဘူး၊ မသေစေနဲ့လို့ သေချာမှာရဲ့သားနဲ့"ဟု ပြောပြီး အတင်းထွက်သွားကြောင်း သိရသည်။ သူကပါ ကျွန်တော့်ကို အထင်လွဲသွားလေပြီ။ ကျွန်တော့်မှာ သူ့ကို နှုတ်ပင်ဆက်ခွင့် မရလိုက်တော့ပါ။

ထိုညတွင် ရွာသားများသည် ဝက်ဝံသား အလှျံပယ်ဖြင့် အောင်သေအောင်သားကို စားကာ ဆူညံစွာ ပျော်ပါးနေကြသည်။ ထိုစဉ်၌ ထန်းလိန်းတစ်ယောက် လူအုပ်ထဲမှ ထွက်လာသည်ကို တွေ့ရသည်။ သူသည် ခေါင်အနည်းထွေနေပုံရ၏။

"ဟေ့ကောင် အောင်လင်း၊ မင်းငါ့တောင် အထင်လွဲသေးတယ်ဆို၊ ငါဒီလောက် မရိုင်းပါဘူးကွာ၊ ဟား .... ဟား"

ကျွန်တော် ဘာမှပြန်မပြောနိုင်ပါ။

ရွာသားများသည် ထုံးစံအတိုင်း ဝက်ဝံသားကို အပြန်အလှန် ခွဲကြ၏။ ကျွန်တော့်ကိုလည်း လာခွဲကြရာ ကျွန်တော် ငြင်းပါသည်။ ခေါင်လာတိုက်သည်ကိုလည်း ကျွန်တော် မသောက်ဖြစ်ခဲ့။

* * *

တစ်လခန့်အကြာတွင် ကျွန်တော်သည် မျိုးသန့်ပြောင်းများဝယ်ရန် ရန်ကုန်သို့ ဆင်းခဲ့သည်။ ရန်ကုန်သို့ ရောက်ရောက်ချင်း ဆရာမလေး ပေးထားသော လိပ်စာအတိုင်း သွားတွေ့၏။ သို့သော် တံခါးကို သော့ခတ်ထားသည်နှင့်သာ ကြုံတွေ့ရပါသည်။ သူ့ အိမ်နီးချင်းများကို မေးကြည့်တော့လည်း မသိကြောင်းသာ ပြောကြသည်။ ကျွန်တော်သည် အိမ်ရှေ့ ဗာဒံပင်အောက်မှာ ထိုင်ရင်း အိမ်ကြီးကို ငေးမျှော်ကြည့်မိသည်။ ကျွန်တော်သည် တိုက်နံရံဖြူဖြူပေါ်၌ ဆရာမလေး၏ မျက်နှာကို မြင်ယောင်သကဲ့သို့ ရှိလာသည်။ ဤမျက်နှာလေး မြင်ရတော့ သူ၏ ယဉ်ကျေးသိမ်မွေ့သော အမူအကျင့်ကလေးများကိုလည်း ပြန်လည် သတိရလာမိပါ၏။ ကျွန်တော်ဖတ်ဖူးသော အင်းဝစာဆို နန်းတွင်းမိညို၏ "မှောင်ကိုပယ်လင်၊ ဆီမီးဝင်းသို့၊ အဆင်းငါးမည်၊ သီလတည်လျက်၊ ညက်ကြည်ချောထွေ၊ သရေသုံးထပ်၊ စောင့်ကြပ်မကွာ၊ ရှိသေစွာသာ" အစရှိသည့် ကဗျာလေးမှာ သူနှင့် လိုက်ဖတ်လှသည်ဟု ကျွန်တော် ယူဆမိပါတော့သည်။

သြော် .... အခုတော့ ဆရာမလေးတစ်ယောက် ဘယ်ဆီဘယ်ဝယ် ရောက်လေပြီနည်း။

ကျွန်တော်သည် လေးလံသော ခြေလှမ်းများဖြင့် တိရစ္ဆာန်ရုံသို့ လျှောက်လာခဲ့၏။ ခုန်ခုန်ကို ဝက်ဝံရုံတွင် အခြားဝက်ဝံများကြား၌ တွေ့ရပါ၏။ သူသည် ကျွန်တော့်ကို မြင်သော် မှတ်မိပုံရသည်။ ချက်ချင်းပြေးလာ၏။ ကျွန်တော်က 'ခုန်ခုန်'ဟု ခေါ်သည်နှင့်တစ်ပြိုင်နက် သူသည် မတ်တတ်ရပ်၍ သံတိုင်များကို ဖမ်းကိုင်ကာ ခုန်ဆွခုန်ဆွ လုပ်နေပါတော့သည်။ ဘေးမှလူများသည် ကျွန်တော်နှင့် ခုန်ခုန်ကို အထူးအဆန်းလို ကြည့်နေကြ၏။

ကျွန်တော်က ငှက်ပျော်သီးတစ်လုံးကို ထိုးပေးရာ ခုန်ခုန်က အခွံနွှာစား၏။ သူ့အနီး၌ အခြား ဝက်ဝံကလေးတစ်ကောင်က လာကြည့်သဖြင့် "သူ့လည်း တစ်ဝက်ပေးလိုက်လေ"ဟု ကျွန်တော်ကပြောရာ ခုန်ခုန်က အခွံသာပစ်ပေးလိုက်သောကြောင့် ဘေးလူများ ရယ်ကြ၏။

“ဆရာမလေး အခုဘယ်မှာလဲ”

ကျွန်တော့်စကားကို သူနားလည်ဟန် မတူပါ။ ငူတူတူကြီးသာ လုပ်နေသည်။ အမှန်တော့လည်း ဆရာမလေး ဘယ်ရောက်နေသည်ကို သူသိမည်မဟုတ်။ ထို့ပြင်မက မှန်မှန်အဖြစ်ကိုလည်း သူသိမည်မဟုတ်ပါပေ။

(၁၉၈၄။ အောက်တိုဘာလ၊ ရှုမဝမဂ္ဂဇင်း)

ခက်ဆစ်များ

ပြောင်းပင်ငုတ်တို (န) 玉米茬

ဝက်ဝံ (န) 熊

မစင် (န) 粪便，屎

သစ်အယ် (န) 榛子；板栗

ဂွာတီမာလာပြောင်း (န) 危地马拉传入的硬粒种玉米

ယမ်းတောင့် (န) 子弹

အဆို့ (န) 寨子

လင့်စင် (န) 嘹望台，高处搭的架子

စိမ်ပြေနပြေ (ကဝ) 慢吞吞地，不慌不忙，从容不迫

ထိုနည်းနှင်နှင် (ကဝ) 同样

တောကျွံ (က) 在森林中走路超出了规定的地域

ဝံပုလွေ (န) 狼

လိပ်ခေါင်း (န) 痔疮

စအိုဝ (န) 肛门

အိပ်မှုန်စုံမွှား (ကဝ) 睡眼惺忪地，睡眼朦胧

အုံဖွဲ့ (က) 群集，结群

ဩဇာညောင်း (က) 影响，威慑

အညတရ (န) 普通人，平凡的人

မက်မော (က) 酷爱，迷恋

အောင်သေအောင်သား (န) 庆功宴；〈喻〉战利品，胜利果实

ပျော့ပျောင်း (နဝ) 柔软；文雅

အောက်ချင်းငှက် (န) 斑犀鸟，角殖鸟

ဂေါ်ရခါးသီး (န) 佛手瓜

ကျိတ် (န) 薏米

ပျားဖွပ် (က) 取蜜，从蜂窝中采蜜

သစ်ခေါင်းပျား (န) 栖居树洞中的一种蜂

မြေခေါင်းပျား (န) 一种较大的蜂

တွင်းယက် (က) 扒洞

ပျားတုပ် (က) 被蜜蜂蛰

တင်ပါး (န) 臀部，屁股

ဆောင့်ကြီးအောင့်ကြီး (ကဝ) 甩甩搭搭，没好气地，跺着脚地

လက်ဖျစ်တီး (က) 打榧子

နွဲ့ဆိုးဆိုး (က) 撒娇

ကွန်ပစ် (က) 撒网

ကျွဲချိုရိုး (န) 牛角骨

နားထွေး (က) 听不明白

အမွေးအမျှင်(=အမွေး) (န) （动物、植物的）毛，羽毛，翎毛

မြွေပွေးခါးပိုက်ပိုက် (စကားပုံ) 将蝮蛇抱在怀中。〈喻〉怜悯恶人，必将害己

လူးလာခေါက်တုံ့ (ကဝ) 来回地，往返地

သွေးစိမ်းရှင်ရှင် (ကဝ) 鲜血淋漓地

လိပ်ပြာငယ် (က) 胆怯

ဇာတိပြ (က) 露原形，露出本性

ရိုးတိုးရွတ (ကဝ) 跃跃欲试

အလွမ်းပြေ (က) 悲愁消失

နပန်းလုံး (က) 摔交

မချိုမချဉ် (ကဝ) （表情）不严肃地，嬉皮笑脸地

ပိစိကွေး (န) 极小的东西，小不点儿

ဗီဇ (န) 禀性，本性

စာနာ (က) 同情

အားနွဲ့ (က) 纤弱

ရာသက်ပန် (ကဝ) 永久性，终身

ခေါင်(=ခေါင်ရည်) (န) （缅甸克耶、克钦等少数民族用糯米细糠等酿的）米酒

အလောသုံးဆယ် (ကဝ) 匆匆忙忙地，急切地，紧急地

ဟားတိုက် (က) 大笑

မြားဆိပ်တက် (က) 中箭毒

သွေးထွက်သံယို (န) 流血

မုန်ယို (က) 雄象发情

ဟပ် (က) 鱼吞食；狗咬

သက်ညှာ (က) 体谅

တောတိုးသံ (န) 林中自然发出的声音

မရှေးမနှောင်း (ကဝ) 几乎同时地

သစ်စိမ်း (န) 新砍下的木材

ထိပ်ပြောင် (နဝ) 秃顶的

ခါးချိုးသေနတ် (န) 枪筒能摺后装弹的后膛枪，如：气枪、双筒枪等

လက်သည် (န) 当事人；凶手，主犯

ဝန်စည်စလယ် (န) 行李，包裹，包袱

အမ်း (က) 发愣，惊呆

ပြောင်တလင်းခါ (က) 〈喻〉一扫而光，搞得精光

ပါစင် (ကဝ) 〈喻〉完全，彻底

ဓိဝိန်ချုပ် (က) 死亡，灵魂出窍

အလျှံပယ် (ကဝ) 大量，丰富，充足

ထွေ (က) 酒醉

ဗာဒံပင် (န) 巴旦杏，扁桃；榄仁树

ငူတူတူ (ကဝ) 呆呆地

စာဆိုအတ္ထုပ္ပတ္တိ

ချင်းတောင်ကင်းမောင် (–)

ချင်းတောင်ကင်းမောင်၏ "ခုန်ခုန်နှင့်မုန်မုန်" ဝတ္ထုကို ဖတ်ရာတွင် အသိအမြင်သုတ အသစ်ကို ရရှိသည်။ ထိုအသိအမြင် ဗဟုသုတသစ်တို့ကို သီးခြားမဖြစ်စေဘဲ ဝတ္ထုနှင့် တစ်သားတည်း ဖြစ်နေအောင် ရေးဖွဲ့ထားသည်။

ဤဝတ္ထုမှတစ်ဆင့် တွေ့သိလိုက်ရသော သုတသစ်တို့မှာ ချင်းအမျိုးသားတို့၏ ဓလေ့ထုံးတမ်းများ၊ သူတို့၏ ဘဝကိစ္စများနှင့် ဝက်ဝံစသော သားကောင်တို့၏ သဘာဝများ ဖြစ်ပါသည်။ ရသအားဖြင့် နှစ်သက်မိသည်မှာ ချင်းလုလင်ကလေးအောင်လင်း (အောင်လိန်း) က ဆရာမလေး လဲ့လဲ့ခိုင် အပေါ် တွယ်တာနေမိသည့် မေတ္တာနှင့် ဝက်ဝံကလေး ခုန်ခုန်နှင့် မုန်မုန် တို့၏ သနားဖွယ် ဘဝကလေးပင် ဖြစ်သည်။ ချင်းလုလင်ကလေး အောင်လင်း၊ ဆရာမလေး လဲ့လဲ့ခိုင်၊ ဝက်ဝံကလေး ခုန်ခုန်နှင့် မုန်မုန်တို့ လေးဦးကို ခွဲခြားမရအောင် ဖွဲ့စည်းထားသော ဇာတ်လမ်းကလေး ဖြစ်ပါသည်။

စာရေးသူ ချင်းတောင်ကင်းမောင်သည် ဝတ္ထုကို ဖွင့်ပုံမှစ၍ သယ်ဆောင်သွားပုံ၊ အဆုံးသတ်လိုက်ပုံအထိ သပ်သပ်ရပ်ရပ်ရှိအောင် ရေးနိုင်သည်ဟု ဆိုရပါမည်။ ယနေ့ ဝတ္ထုတိုများ၏ ယေဘုယျ ပမာဏနှင့် နှိုင်းယှဉ်လျှင် အတော်လေး ရှည်သည်ဟု ဆိုရပါမည်။ သို့သော် ငြီးငွေ့ခြင်း မရှိအောင် ရေးဖွဲ့နိုင်သည်ဟု ဆိုသင့်ပါသည်။

ရေးဖွဲ့ပုံမှာ ရိုးရိုးလေးပင် ဖြစ်ပါသည်။ ပြောသူနာမ်စား ရှုထောင့်နှင့် ရေးဖွဲ့ထားရာ ထိုကဲ့သို့သော ရေးဟန်ကြောင့်ပင်လျှင် ချင်းအမျိုးသားလေး၏ ရိုးစင်းသော စရိုက်ကို ပိုမိုပီပြင်လာစေသည်ဟု ထင်မိပါသည်။

လေ့ကျင့်ခန်း

၁။ ဤဝတ္ထုမှတစ်ဆင့် တွေ့သိလိုက်ရသော ချင်းအမျိုးသားတို့၏ ဓလေ့ထုံးတမ်းများကို ဆွေးနွေးတင်ပြပါ။

၂။ ချင်းဒေသ မောဟိုက်နယ် လုံနူးရွာသားဖြစ်သူ ချင်းလုလင်ကလေး အောင်လင်းသည် ဆယ်တန်းအောင်သော်လည်း အဘယ်ကြောင့် အစိုးရအလုပ် မလုပ်ဘဲ မိဘရိုးရာ တောင်ယာကိုပင် ဆက်လက်လုပ်ကိုင်ခဲ့သနည်း။ သူသည် တောင်ယာလုပ်ငန်းကို မည်သို့ စိုက်ပျိုးရန် ကြံရွယ်ထားသနည်း။

၃။ ထိုအချိန်တွင် ရွာရှိ မူလတန်းကျောင်းအသစ်စက်စက်ကို လာဖွင့်ပေးသည့် ကျောင်းအုပ်ဆရာမလေး ဒေါ်လဲ့လဲ့ခိုင် ဆိုသူ၏ အကြောင်းကို ဖော်ပြပါ။

သင်ခန်းစာ(၁၉) နှလုံးသားတိုက်ပွဲ

作品导读

《心脏的战斗》(1984)是融知识性与情感性为一体的小说。无论是小说开篇那浓浓的地道缅甸味儿，还是小说结尾“谨以此文纪念1982年6月5日去世的大姐”的文字，都让人相信这是一个真实的故事。心脏病无情地夺去了这个普通缅甸家庭一条鲜活的生命，给亲人们留下不尽的思念和悲伤。大姐生前与病魔作斗争的顽强精神和乐观态度，不愿拖累家人的善良和内疚，一家人相互关爱扶持的融融亲情，都深深打动着读者。其家庭成员之一的小妹是刚从医学院毕业的医生，通过她的叙述，将大姐病情的发展变化与心脏病的相关病理知识有机结合，让读者在欣赏文艺作品，体验别样人生况味，汲取情感滋养的同时，也能获得有益的医学和防病知识。作者纽明威曾就读于曼德勒医学院，专业特长、亲身经历和文学素养的结合使他的作品水到渠成。

နှလုံးသားတိုက်ပွဲ

ညိုမင်းဝေ (ဆေး-မန်း)

နံနက်ချိန်ခါ တေးသံသာကို နားထောင်လေ့မရှိသည်မှာ ကြာခဲ့ပေပြီ။ ရေဒီယိုသံ၊ ကက်ဆက်သံ ဆိတ်သုဉ်းခဲ့သည်မှာ တစ်နှစ်နီးပါး ရှိပေတော့မည်။

“ဒူဝေ .... ဒူဝေ .... ”

ကြေးစည်လက်ခတ်နှင့် ကြေးစည်၏ အဖျားစွန်း ရိုက်ခတ်မိသော အသံသည် သာယာနာပျော်ဖွယ် ထွက်ရှိလာသည်။ ကြေးစည်သံသည် သာယာနာပျော်ဖွယ်အပြင် သတိရဖွယ်လည်း ကောင်းနေပေသည်။

“တပည့်တော်မတို့ ကြာသပတေး၊ သောကြာ၊ စနေ မိသားစုသုံးဦး ပြုသမျှ ကုသိုလ်ကောင်းမှုအစုစုကို အထက်ကိုဘဝဂ် အောက်ကိုအဝီစိ ရှိရှိသမျှ ဝေနေယျ သတ္တဝါ အပေါင်းတို့အား ....”

အမေသည် ယခင်ခါတိုင်း ရွတ်ဆိုနေကျ တပည့်တော်မတို့ တနင်္လာ၊ ကြာသပတေး၊ သောကြာ၊ စနေ မိသားစုလေးဦး ပြုသမျှဟု ထည့်ဆိုရေရွတ်ခြင်း ပြုနေရာမှ ပြောင်းလဲ ရွတ်ဆို နေရသည်မှာ တစ်နှစ်ရှိပေတော့မည်။ အမေ၏ ပြောင်းလဲသော အမျှဝေသံသည်ပင် အသားကျ နေပေပြီ။ သို့သော် ....

"တပည့်တော်မတို့ မိသားစုသုံးဦး ပြုသမျှ ကုသိုလ်ကောင်းမှုအစုစုကို လွန်ခဲ့သော နယုန် လဆန်း ဆယ့်လေးရက်နေ့က ကွယ်လွန်ခဲ့ရှာသော သမီးကြီး မကျော့ကျော့စိုးအား"ဟု အမျှဝေ လိုက်သော အမေ၏အသံသည် ယနေ့တိုင် ဆို့နင့်ဆဲပင် ရှိပေသည်။ တစ်နှစ်တင်းတင်း ပြည့်ခဲ့ သည့်တိုင်အောင် ကျန်ရစ်သူတို့၏ နှလုံးသားသည် နာကျင်ကြေကွဲဆဲ ရှိလေသည်။

စိတ်ကိုထိန်းချုပ်လျက် တုန်ယင်သောလက်များနှင့် ဆေးပုလင်းဖွင့်သံများ၊ သေးသွယ် သော လက်မောင်းသားလေး၏ အကြောထဲသို့ အမိုင်နိုအကြောဆေးများ သွင်းခဲ့ရပုံများ၊ ဆေး သွင်းပြီး ခဏအကြာ "ငါသက်သာသွားပြီ၊ မမောတော့ဘူး"ဟု ပြောသံကလေးနှင့် ရွှင်ကြည်သော မျက်နှာကလေး၊ တောင်ငူဆေးရုံ ဓာတ်မှန်ခန်းတွင် ထရော်လီပေါ်မှ လူတွဲ၍ ကြိုးစားဆင်းရင်း ဓာတ်မှန်အရိုက်ခံပုံများ၊ "နှလုံးကြီးနေပေမယ့် ကျွန်တော် မသေနိုင်ပါဘူး အမေရဲ့၊ ဆရာဝန် ကြီးက ကိစ္စမရှိဘူးလို့ ပြောတယ်"ဟု အမေ့ကိုပင် သူကပြန်၍ အားပေးနေပုံများ။

ပုံရိပ်များသည် ကျန်ရစ်သူတို့၏ နှလုံးသားဝယ် သက်ဝင်လှုပ်ရှားဆဲ ရှိလေသည်။ ဆရာဝန်တစ်ယောက်ဖြစ်သော တိုးတိုးသည် သေးသွယ်သော ခန္ဓာကိုယ်နှင့်မမျှ အတတ်နိုင်ဆုံး ဆယ်နှစ်တိတိ နှလုံးသားစစ်မျက်နှာ တိုက်ပွဲများမှ အလူးအလဲ ပြန်ထနိုင်အောင် ကြိုးစားခဲ့သော သူ့ကို သူရဲကောင်းအဖြစ် ချီးကျူးမိလေသည်။ တစ်ဖက်တွင်မူ မိသားစု၏ နှလုံးသည်းပွတ်ကို ကြေကွဲစေခဲ့သော၊ တစ်နည်းအားဖြင့် ချစ်လှစွာသော အစ်မကြီးအား အနိုင်ယူခဲ့သည့် နှလုံးသား တိုက်ပွဲ၏ သေနင်္ဂဗျူဟာမှူးဖြစ်သည့် နာတာရှည် လေးဘက်နာ အဆစ်အမြစ်ကိုက် နှလုံး ရောဂါကို နာကျည်းမိလေသည်။

စိတ်သည် လွန်ခဲ့သော ဆယ်နှစ်ခန့်ဆီသို့ ပျံ့လွင့်ခဲ့လေသည်။

* * *

"ဂူးဂူးရှူးဂူး၊ ဒရပ်ရပ်ဂူးဂူး၊ ဒရပ်ရပ်"

တိုးတိုးသည် သူ၏ရင်ဘက်ဆီမှ နားကျပ်ခွက်ကို ခွာလိုက်သည်။ နှလုံးသည် လူကောင်း တစ်ယောက်တွင် ကြားရမည့် လဗ်ဒဗ်ဟု မဟုတ်တော့ပေ။ ဂူးရှူးအသံသည် နှလုံးဦးစွန်းရှိရာ ဝဲဘက်နံရိုးအောက်ဘက်ဆီမှ ချိုင်းအောက်ဆီထိ တစ်ဆက်တည်း ကြားရလေသည်။ ဒရပ်ဒရပ် မြည်သံသည် မိုးခြိမ်းသံလိုလို၊ ပီပါများအား လှိမ့်ချလိုက်သလို မြည်နေလေသည်။ ၎င်းအသံ သည် ကျဉ်းမြောင်းသော နှလုံး၏အဆို့ရှင်အား အရှိန်ပြင်းပြင်းဖြင့် တိုးဝှေ့၍ ဖြတ်သန်းမှုကြောင့်

ကြားရသောအသံ။ နှလုံး၏ ဝဲဘက်အပေါ်ခန်းနှင့် အောက်ဘက် ခန်းမကူးရာ အဆို့ရှင်သည် ကျဉ်းရာမှကျယ်သွား၍ နှစ်ခုပူးတွဲရှိခြင်းဒဏ်ကို ခံစားရပေသည်။

တိုးတိုး နောက်ဆုံးနှစ် "ခ"စာမေးပွဲ ဖြေဆိုရမည်ဖြစ်သဖြင့် အိမ်သို့မပြန်ဘဲ စာဖတ်နေစဉ် လူကြုံများက "အစ်မကြီး သိပ်ပိန်တာပဲ"ဟု ပြောသည်ကိုလည်းကောင်း၊ အမေဖြစ်သူက "ချောင်းဆိုးတော့ သွေးပါတယ်"ဟု စာရေးခဲ့သည်ကို လည်းကောင်း သတိရလိုက်သည်။ သူသည် စာမေးပွဲ နီးကပ်နေပြီ ဖြစ်၍ နီးစပ်ရာ ဆရာဝန်ပြပါ။ သလိပ်စစ်ပါ။ ညွှန်ကြားတဲ့ အတိုင်း လိုက်နာပါဟု ရေးခဲ့လေသည်။ ဤကဲ့သို့ ကြောက်မက်ဖွယ်ကောင်းသော နာတာရှည် လေးဘက်နာ၊ အဆစ်အမြစ်ကိုက်၊ နှလုံးရောဂါဟု မထင်မှတ်ခဲ့မိပေ။ အမေ့ကို သူ၏ရောဂါ အခြေအနေကို ပြောပြရသော နောက်ဆုံးနှစ် (ခ)အောင်ပြီးခါစ ဆရာဝန်ပေါက်စ တိုးတိုး၏ ဟန်ပန်သည် ရုပ်ရှင်ထဲက လူနာတစ်ယောက်၏ အခြေအနေကို ပခုံးပေါ်မှာ နားကျပ်တင်၍ ရှင်းပြရသော သရုပ်ဆောင် ဆရာဝန်တစ်ယောက်လို အမူအရာ မကောင်းနိုင်ပေ။

"အမေ အစ်မကြီးမှာ နှလုံးရောဂါဖြစ်နေပြီ၊ သူ့နှလုံးပေါက်ဟာ ကျဉ်းပြီးကျယ်သွားပြီ၊ သာမန်လူကောင်းတွေလို သူမလုပ်နိုင်တော့ဘူး၊ သူ့ကို အတတ်နိုင်ဆုံး စိတ်ချမ်းသာအောင် ထားရမယ်၊ သူဟာ ဆေးတွေအပေါ်မှီပြီးမှ အသက်ရှင်ရမှာပဲ"

အမေသည် ထိုညများက တိတ်ဆိတ်စွာ ငိုရှိုက်ခဲ့လေသည်။ တစ်ဖက်တွင်မူ တိုးတိုးသည် ....

"မမကြီး ဘာမှမကြောက်နဲ့နော်၊ အငြိမ်းစားနေဖို့ကံပါလို့ နှလုံးရောဂါ ရလာတာသိလား၊ ဒီတစ်ခါ ညီမတွေက လုပ်ကျွေးရမယ့် အလှည့်ပဲ၊ ဇိမ်နဲ့သာ ထိုင်နေပေတော့၊ အမောတော့ ခံလို့မဖြစ်ဘူးနော် သိလား"ဟု ပေါ့ဆပေါ့ဆဟန်နှင့် သူမရိပ်မိအောင် ပြောရလေသည်။ တစ်ဖက်တွင်မူ "ဩော် .... သူ့ဟိုတုန်းက အဆစ်အမြစ်ကိုက်တယ်လို့ပြောတော့ အမေတို့က လင်နမင်လိမ်း၊ မိတ်သလင်လိမ်း၊ ထင်းရှူးဆီလိမ်းနှင့် ပေါ့ပေါ့တန်တန် တွေးခဲ့ကြတာကိုး၊ သူလည်းချောင်းနာတယ်လို့ ပြောဖူးမှာပဲ ထင်တယ်၊ ဖုန်ဝင်လို့ဆိုပြီး အမှတ်မထင် တွေးခဲ့ကြမှာပါပဲ၊ ပင်နင်စလင်စားဆေးနှင့် ကာကွယ်ရတယ် ဆိုတာလည်း သိခဲ့ကြမှာ မဟုတ်ပါဘူး"ဟု တွေးမိလေသည်။

သူတို့ငယ်စဉ်က နေမကောင်းသောအခါ ကွမ်းရွက်ပြုတ်ရည်၊ လျှာပွတ်ဆေးဖြင့် ပြီးခဲ့ကြသည်။ မသက်သာသောအခါ ဆေးတစ်ရက်၊ နှစ်ရက် ထိုးကြလေသည်။ ဆရာဝန်များကလည်း အများအားဖြင့် နိုင်ငံခြားဆရာဝန်များသာ။ ရှင်းလင်းမပြောကြားကြချေ။ ဆေးထိုးပြီးသောအခါ ဘောင်းဘီဖြူထဲ ငွေစက္ကူများကို ခေါက်ထည့်လိုက်ကြသည်။ လူထုဆက်သွယ်ရေး ဆေးပညာနည်းပါးမှုကို ဆရာဝန်ပေါက်စဖြစ်သော သူ့မိသားစုထဲမှ ခံစားလိုက်ရပါပြီကောဟု တိုးတိုး တွေးမိသည်။

လည်ချောင်းနာလျှင် လျက်ဆားလျက်မည်။ အဆစ်အမြစ်ကိုက်လျှင် လူးဆေးလူးမည် လောက်သာ နားလည်ခဲ့သော သူ့မိသားစုသည် လည်ချောင်းနာခြင်း၊ အာသီးရောင်ခြင်းသည် ဩဳတာဟီမိုလစ်တစ် စထရက်ပတိုကော့ကိုင်ပိုးများ၏ မူလမြစ်ဖျားခံရာ ရောဂါအစဆိုသည်ကို သိနားလည်မည် မဟုတ်ခဲ့ပေ။ ၎င်းကို ပင်နင်စလင် စားဆေး၊ ထိုးဆေးတို့ဖြင့် ထိရောက်စွာ ကုသခြင်းဖြင့် ၎င်းရောဂါပိုး၏ နောက်ဆုံး အနှစ်ခြိုက်ဆုံး နေရာဇဟိုပစ်မှတ်ဖြစ်သော နှလုံး၏ အတွင်းခန်းများ မိုက်တရယ်အဆို့ရှင်များနှင့် အဆစ်အမြစ်ရှိ တွယ်ဘက် တစ်ရှူးများသို့ သွားရောက် တိုက်ခိုက်ခြင်းကို ကာကွယ်နိုင်၊ တားဆီးနိုင်သည်ကိုလည်း မသိခဲ့ကြပါချေ။ ထိုအချိန်ကာလများအတွင်း ယင်းစထရက်ပတိုကော့ကိုင်ပိုးများသည် နှလုံး၏ အတွင်းခန်း များတွင် နေရာယူ တိုက်ပွဲဖြစ်ပြီး နောက်ဆုံးတွင် နှလုံး၏ဝဲဘက် အပေါ်ခန်းနှင့် အောက် ခန်းမကြီးအကူးရှိ တံခါးရွက်ကလေးများတွင် ပူးကပ်သွားခြင်းဖြင့် အနာရွတ်တတ် ထူထပ်ကာ အပေါက ကျဉ်းသွားလိမ့်မည်။ နှလုံးပေါက် ကျဉ်းသွား၍ အဆုတ်ဆီသို့ သွေးများ ပြန်၍ သွေးကြောကလေးများ ပေါက်ကာ ချောင်းဆိုးသည့်ထဲတွင် သွေးပါပေလိမ့်မည်။

ပခုက္ကူဆေးရုံပေါ်သို့ ညတွင်းချင်း ကသောကမျော ထမ်းစင်ဖြင့် တင်ခဲ့ရသော ကာလ များကို တိုးတိုးသည် သတိရမိနေသည်။ သူ၏လည်ပင်းသွေးပြန်ကြောများ ဖောင်းပွ လှုပ်ရှား နေသည်ကိုလည်း မြင်ယောင်မိသည်။ နှလုံး၏ ဘယ်ဘက်ခန်းမမှ အလုပ်မလုပ်နိုင်မှုသည် သူ၏ ညာဘက်ခန်းမသို့ ကူးစက်နေရာယူခဲ့ပေပြီ။ နှလုံးဆီမှ ပြန်သောသွေးတို့သည် အဆုတ်၏ အောက်ခြေဆီသို့ လည်းကောင်း၊ အသည်းဆီသို့လည်းကောင်း သွားရောက်စုအိုင်နေခြင်း သဘောကို ပြနေပေပြီ။

နှလုံးခုန်နှုန်းမှန်ဆေး၊ ဆီးဆေး၊ စိတ်ငြိမ်ဆေးတို့ဖြင့်လည်းကောင်း၊ ပို၍ထက်မြတ်သော စိတ်ဓာတ်ခွန်အားဖြင့် လည်းကောင်း သူသည် နှလုံးသားစစ်မြေပြင်မှ လဲကထူ လဲကထ အနိုင်ရခဲ့ပြန်သည်။ မည်သို့ဆိုစေ အနောက်တိုင်းဆေးတို့၏ သံပတ်ရုပ်ဖြစ်သော သူသည် တဖြည်းဖြည်း ပိန်လာသည်ကို ဆရာဝန်တစ်ယောက်ဖြစ်သော တိုးတိုးသည် သတိထားမိလေ သည်။ သူ၏နှလုံးထုတ် သွေးပမာဏသည် လူသာမန်တစ်ယောက်၏ စံချိန်အောက် များစွာ ကျနေပြီပဲ။

သူ၏ တတ်နိုင်သမျှ ရောဂါကို မေ့ထားနိုင်ခြင်း၊ ပုတီးစိပ်ခြင်း၊ ဝတ္ထုဖတ်ခြင်း၊ ကြောင် ကလေးများကို အစာကျွေးခြင်း စသော သဏ္ဍာန်များကို တိုးတိုးမြင်ယောင်မိလေသည်။ ယင်း အချက်များသည်လည်း အရေးကြီးသော စိတ်၏စွမ်းအင် ဆေးတစ်မျိုးဖြစ်ခဲ့ပေမည်။

"တိုးတိုး ထ .... ထ၊ မမကြီး နိုးလို့မရဖြစ်နေတယ်"

တစ်ညအိပ်ပျော်နေတုန်း အစ်မလတ်က လာရောက်နှိုးလေသည်။ သူသည် မီးရောင် အောက်ဝယ် သတိမရတစ်ချက်၊ ရတစ်ချက် ဖြစ်နေပေသည်။ ခြေလက်တို့သည် အကြော

ဆွဲသလို ဆန့်ငင်ဆန့်ငင် ဖြစ်နေလေသည်။ သွေးပေါင်ချိန်က မှန်သော်လည်း နှလုံးခုန်နှုန်းမှာ မူမမှန်ပေ။ နှလုံးအခန်းထဲမှ သွေးခဲဖတ်သည် သွေးလှည့်ပတ်အတိုင်း လိုက်ပါခဲ့ပြီး ဦးနှောက်သွေးကြောတစ်နေရာသို့ သွားရောက်ပိတ်ဆို့မှု ဖြစ်ခဲ့လေပြီ။ ညာဘက်ဦးနှောက်ခြမ်းသို့ သွားရောက်ပိတ်ဆို့မှုကြောင့် ခန္ဓာကိုယ် ဘယ်ဘက်အခြမ်း မသန်မစွမ်းဖြစ်သို့ သူ့ခမျာ ရောက်ခဲ့ရပြန်သည်။ သတိရပြီး နောက်တစ်နေ့တွင် သူသည် မှန်တစ်ချပ်ကို ထောင်ကာ အနည်းငယ်ရွဲ့သွားသော ပါးတစ်ဖက်ကိုကြည့်၍ ဝမ်းနည်းစွာငိုလေသည်။

"အစ်မကြီး၊ ဝမ်းမနည်းနဲ့နော်၊ ပြန်နေကောင်းအောင် တိုးတိုးနေ့တိုင်း သံပရာသီး လိုမ့်ပေးမှာပေါ့"

တိုးတိုးက ရယ်မော အားပေးရလေသည်။ နောက်တစ်နေ့ တိုးတိုး ဆေးရုံမှ ပြန်လာလျှင် သံပရာသီးလုံးလေး ပါးပေါ်လိုမ့်နေသော သူ့ကို တွေ့ရလေသည်။

"တိုးတိုး၊ ငါ့မျက်နှာတည့်သွားပြီ သိရဲ့လား၊ မရွဲ့တော့ဘူး၊ ဒီမယ် ကြည့်ပါဦး၊ ညီသွားပြီ နော်"

နေကောင်းစဉ်အခါက အလွန်လှချင်ခဲ့သော သူသည် မျက်နှာရွှင်ကြည်စွာ ပြောခဲ့လေသည်။ ထို့နောက်တွင်မူ သူသည် မသန်သော ခြေထောက်တစ်ဖက်က နောက်သို့ အနည်းငယ်ဆွဲနေသော်လည်း ကြိုးစားလမ်းလျှောက်လေသည်။ ဝတ္ထုငှားဖတ်မြဲ၊ ကက်ဆက် နားထောင်မြဲ၊ ကြောင်ကလေးငယ်ငယ်နှင့် သားကလေးနှစ်ကောင်ကို ထမင်းကျွေးမြဲ၊ ပုတီးစိပ်မြဲ၊ တိုးတိုး၏ ညနေဆေးခန်းတွင် လူနာများလျှင် "အဲဒါ ငါဆုတောင်းလို့ရတာ၊ ပေး .... ငါ့ကို မုန့်ဖိုးငါးကျပ်" ဟု လက်ဖြန့် တောင်းတတ်မြဲ။

တစ်နှစ်သော သင်္ကြန်တန်ခူးလတွင် ဆေးရုံမှ အနားရသောရက်တွင် ပုပ္ပားသို့ မိသားစု ပျော်ပျော်ပါးပါး ခရီးထွက်ခဲ့ဖြစ်လေသည်။ သည်ခရီးသည် သူ၏နောက်ဆုံး အပျော်ခရီး ဖြစ်သည်ကိုမူ ဘယ်သူမှ မတွက်ဆနိုင်ခဲ့ပေ။ သူသည် သူများတကာတွေလို ပစ္စည်း မသယ်နိုင်သော်လည်း ကြောင်ကလေးထည့်သောခြင်းကို ဆွဲလျက် တဲကျောင်းဆီသို့ ဖြည်းညင်းစွာ လျှောက်လာလေသည်။

"ငါရင်ကျပ်တယ်၊ တိုးတိုးရဲ့၊ အမိုင်နိုနဲ့ တက်ထရာ တိုက်စမ်းပါဦး"

သူသည် သူ့ကိုယ်သူ ဒေါက်တာတစ်ယောက်ကဲ့သို့ ယုံကြည်စိတ်ချခဲ့ဟန်များကို မြင်ယောင်မိသည်။ ရောဂါနှင့် ကုသမှုကိုပါ ပူးတွဲလျက် ဖော်ညွှန်းတတ်ပေသည်။

"တက်ထရာက မပျောက်ပါဘူး၊ အမ်ပီစီလင် ပြောင်းတိုက်ပါ"ဟု သူကပင် သမားတော် ဖြစ်နေတတ်ပြန်သည်။

"တိုးတိုး၊ ငါ့ရင်ဘတ်အောင့်တယ်၊ အသက်ရှူမဝဘူး"ဟု တစ်နေ့နံနက် အစောကြီးတွင် အိပ်ရာမှအထ ပြောလေသည်။ တိုးတိုးသည် "ဘယ်နေရာကလဲ၊ ပြပါဦး"ဟု မေးသော

အခါ "နှလုံးနေရာက မဟုတ်ဘူး၊ အဆုတ်နေရာက"ဟု ဖြေလေသည်။ နားကျပ်နှင့် နားထောင်ကြည့်သောအခါ အဆုတ်ထဲရှိ လေပွန်ကလေးများထဲတွင် အရည်တို့ဖြင့် ပြည့်သော အသံကို နေရာအနှံ့အပြား ကြားရလေသည်။ သွေးချိန်ကောင်းသည်။ ခြေလက်များပြာခြင်း၊ အေးစက်ခြင်းမရှိပေ။ လုပ်နေကျ စိတ်ငြိမ်ဆေးနှင့် နှလုံးခုန်မှန်သော ဆေးများ အဆုတ်ထဲရှိ အရည်များ လျော့နည်းစေသော ဆီးဆေးကို ပေးထားဆဲမှ သွေးခဲဖတ်များ ပါလာလေသည်။ အဆုတ်သွေးကြောများ ဖောင်းပွ၍ သွေးလျှံခြင်း သို့မဟုတ် နှလုံးသွေးခန်းထဲမှ သွေး ခဲဖတ်သည် အဆုတ်သွေးလှည့်ပတ်သို့ သွားရောက်ပိတ်ဆို့ခြင်း တစ်ခုခုဖြစ်နိုင်မည်ဟု တိုးတိုးခန့်မှန်း မိသည်။ ထွေးခံထဲတွင် သွေးခဲများ တွေ့သောအခါ လန့်သွားသည်။

တိုးတိုးသည် သူ့လက်များကို ဆုပ်ကိုင်လျက် အားပေးရသည်။ သို့သော်လည်း အားပေး သော သူ၏ရင်ထဲမှာ မချိပါပေ။ နောက်တစ်ချီ သွေးပါပြီး၍ သူမောသွားချိန်တွင် သူငယ်ချင်း ဆရာဝန်က ....

"တိုးတိုး၊ ခင်ဗျားလူနာကို မကြည့်နဲ့တော့၊ သိပ်စိတ်လှုပ်ရှားနေပြီ၊ ကျွန်တော် ပွဲပြီး ဆေးရုံကို ခေါ်သွားမယ်"

သူသည် စတုတ္ထအကြိမ်မြောက် ဆေးရုံရောက်ရပြန်သည်။

* * *

"ဓာတ်ဆရာ နိုးပြီလား"

သူ၏မျက်နှာ လန်းဆန်းနေပုံကို မနေ့ကလိုပဲ သတိရနေမိသည်။ သူသည် အမြဲတစေ ကလေးတစ်ယောက်လို ဂရုစိုက်သော တိုးတိုးကို ဓာတ်ဆရာဟု ချက်ချင်း အမည်တပ်လိုက် သည်။

"မေမေ၊ သမီးမသေတော့ပါဘူး၊ ညတုန်းက အိပ်မက်ထဲမှာ မြတ်စွာဘုရားကို ဖူးလိုက် ရတယ်လို့ မက်တယ်"

ဒီတုန်းက အားလုံးသည် လငပုပ်ဖမ်းသလို ညှိုးငယ်နေရာမှ သူ့မျက်နှာ ရွှင်ကြည် သကဲ့သို့ ဝမ်းမြောက်ရပြန်ပေသည်။ ဤတစ်ချီ သေမင်းနှင့် စစ်ခင်းကစားရာတွင် သူနိုင်လိုက် ပေပြီဟု တွေးရပြန်သည်။ တိုးတိုး၏ သိစိတ်ထက်ဝက်က သူနှင့်အတူ ပျော်ရွှင်နေမိသော်လည်း မသိစိတ်ကမူ သူ၏နှလုံးရောဂါအရှိန်သည် တစ်ဖြည်းဖြည်း လွှမ်းမိုးလာပြီကို သတိထားမိ လေသည်။

တိုးတိုးသည် ဆရာဝန်တစ်ယောက်နှင့် မတူစွာပင်။

"တိုးတိုးတော့ သူပြန်ကောင်းတော့မယ် မထင်တော့ဘူး ကိုမောင်မောင်ရယ်"

"ဟာဗျာ မဟုတ်တာ၊ ခင်ဗျားကလည်း၊ အရင်ကလိုပဲ ပြန်ကောင်းလာမှာပေါ့၊ ဘာမှ

တွေးမပူပါနဲ့”

သူငယ်ချင်းဆရာဝန်များက နှစ်သိမ့်ကြလေသည်။ သို့ရာတွင် တိုးတိုး မျှော်လင့်ခဲ့သည့် အတိုင်းပင် ဆေးရုံမှဆင်း၍ တစ်ပတ်အကြာ သူခြေထောက်ကလေးများ ရောင်အမ်းလာသည်ကို တွေ့ရလေသည်။ ဤအချက်သည် နာတာရှည် နှလုံးရောဂါကျွမ်းမှု၏ လက္ခဏာများဖြစ်သည့် လည်ပင်းသွေးကြော ပွရောင်းဖိအားတက်မှု၊ အဆုတ်အောက်ခြေများ အရည်ဖြင့် ပြည့်၍ ဖောင်းပွမှု၊ အသည်းတွင် သွေးပြန်ကြောများအိုင်၍ ကြီးမားမှုနှင့် ခြေကျဉ်းဝတ်များ ရောင်ရမ်းမှုများထဲမှ တစ်ခုဖြစ်လေသည်။ နောက်ပိုင်းတွင် အစာမစားနိုင်ဘဲ ဗိုက်ထဲတွင် တင်းကျပ်နေသည်ဟု ပြောလာပြန်သည်။ လောကငရဲဆိုသည်မှာ ဒါပဲထင်ပါရဲ့ဟု တိုးတိုးသည် တွေးတောမိလေသည်။ အထူးကုဆရာဝန်ကြီးရှိရာ တောင်ငူသို့ ပြေးခဲ့ရပြန်သည်။

မြတ်စွာဘုရားထံပါးသို့ သားသေကို အသက်ပြန်သွင်းပေးပါရန် အသနားခံ လျှောက်ထားသော ကိသာဂေါတမီ၏ ပရိဒေဝကို တိုးတိုးကိုယ်ချင်းစာမိလေသည်။ တို့များဘဝလည်း ကိသာဂေါတမီနှင့် ဘာထူးသေးလို့လဲဟု တွေးမိပြန်လေသည်။ သူ့ခမျာ ခံစားနေရသော ကာယိကဒုက္ခလိုပင် ကျန်မိသားစုများ၏ ရင်ထဲဝယ် နှလုံးကျွမ်းမှုခံစားနေရသော နေ့များကား ကြေကွဲလွမ်းဆွတ်ဖွယ်ရာပင်။ တောင်ငူဆေးရုံတွင် ဓာတ်မှန်ရိုက်ရန်သွားစဉ်က သူ့ခမျာ လမ်းပင် ကောင်းကောင်းမလျှောက်နိုင်ရှာ။ တိုးတိုးနှင့် အစ်မလတ်က သူ့ထရော်လီဘေးမှ လိုက်ရသည်။

အနောက်တိုင်း ဆေးပညာစွမ်းဖြင့် သူသည် နာလန်ထူခဲ့ပြန်သည်။

“သမီး နေကောင်းပါပြီ၊ မနေ့ညက အိပ်မက်ထဲမယ် လူရှည်ရှည်ကြီး နှစ်ယောက်က သစ်တော်သီးတွေ ငွေလင်ပန်းနဲ့ ထည့်ပြီး သမီးကိုလာပေးတယ်၊ သခင်မလေး လာပါတော့၊ နန်းတော်ထဲမှာ အုပ်ချုပ်ဖို့ သခင်မလေး အချိန်ကျပါပြီလို့ ပြောပြီးလာခေါ်တယ်၊ သမီးက ငါအခု မလာသေးဘူး၊ အသက်လေးဆယ် ရှိမှ လာခဲ့မယ်လို့ ပြောလိုက်တယ်”

သူသည် သူနေကောင်းသောရက်များတွင် တစ်ပါးသူများကိုလည်း စိတ်ချမ်းသာစေသည်။ သူ့ကိုယ်သူလည်း စိတ်ချမ်းသာအောင် နေလေသည်။ “တောင်ငူတုန်းက ငါက အသက်အောင့်ထားတာ၊ ပျဉ်းမနားရောက်မှ ငါသေချင်သေပါစေ၊ သူများမြို့မှာ ငါမသေချင်ဘူး ဆိုပြီး ငါကကြိုးစားပြီး အတင်းနာလန်ထူအောင်နေတာ”ဟု ပြောလေသည်။ အာဂအံ့သြဖွယ် စိတ်စွမ်းအင်ပါပေ။ မနက်မိုးလင်းလျှင် “ဗုဒ္ဓံ သရဏံ ဂစ္ဆာမိ၊ နာမရူပံ အနိစ္စံ၊ ဒုက္ခံ၊ အနတ္တံ” အစရှိသည့် ရှင်အရဟံပုတီးကို သက်စေ့စိပ်နေလေသည်။ တစ်နေ့ တိုးတိုးက သူ့ကို အမှတ်မထင် လှည့်ကြည့်ရာ သူသည် တိုးတိုးကို ကန်တော့နေသည်ကို တွေ့ရလေသည်။ သူသည် တိုးတိုးကို မြင်၍ ရှက်သွားသည်။

“ငါက နင်မသိအောင် ကန်တော့တာ၊ တိုးတိုးက ငါ့ရဲ့ အသက်သခင် ကျေးဇူးရှင်မို့လား၊ မိသွားတာ ငါရှက်တာပေါ့”

"မလိုပါဘူး မမကြီးရယ်၊ မကန်တော့ပါနဲ့၊ တိုးတိုးက အငယ်ပဲ၊ လုပ်ရမှာပေါ့၊ အစ်မကြီး နေကောင်းတာမြင်ရရင်ပဲ တိုးတိုးတို့ဝမ်းသာပါတယ်၊ တိုးတိုး ကျောင်းနေတုန်းကရော၊ မမကြီးက ကျောင်းပြန်ခါနီး အဝတ်တွေ မီးပူတိုက်ပေးတာတွေ၊ ဟင်းချက်ပေးတာတွေကို တိုးတိုးက ကျေးဇူးပြန်ဆပ်တာပေါ့"

ရင်ထဲဝယ် များစွာ စိတ်မကောင်း ဖြစ်မိလေသည်။ ငယ်စဉ်ဘဝတုန်းက မာလကာသီး လုရင်းရန်ဖြစ်ကြ၊ ရိုက်ကြရာတွင် အကြီးပီပီ အနစ်နာခံခဲ့သော အစ်မကြီး၏ဘဝကို ပြန်လည် သတိရမိလေသည်။ တစ်နေ့ အိမ်တွင်မွေးထားသော ခွေးလိမ္မာဂုတ်ကျား နေမကောင်း၍ သေဆုံး သောအခါ ....

"အဲဒါ မမကြီး နေကောင်းတော့မယ့် သဘောပေါ့၊ ဂုတ်ကျားကလည်း တနင်္လာနံ၊ မမကြီးကလည်း တနင်္လာနံသမီး ကျိန်းကျေသွားပြီ"ဟု ညီမလတ်က ပြောလေသည်။

"ငါ့ကြောင့် ဘယ်သူမှ မသေစေချင်ပါဘူး"ဟု စိတ်မကောင်းစွာ ပြောလေသည်။ တစ်ခါ တရံ မေမေ့ကို "သမီးမရှိတဲ့အခါငယ်ငယ်ကို ကျွေးချိန်တိုင်း ကျွေးလိုက်ပါ အမေရယ်"ဟု ပြောတတ်လေသည်။

"မဟုတ်တာဘဲ၊ သမီးကြီးကလည်း၊ ညည်းမှာ ညီမဆရာဝန်ရော၊ သူငယ်ချင်းဆရာဝန် တွေရော၊ အထူးကုဆရာဝန်ကြီးဆီတောင် သွားပြီးကုထားတာ၊ ငါ့သမီး အသက်ရှည်ရမှာပေါ့"

အမေက နှစ်သိမ့်လေသည်။

"ငါတော့ ခုနေ အိုဗာတင်းတို့၊ ဟောလစ်တို့၊ ကြက်သားတို့ မစားချင်တော့ဘူး၊ ငါးပိချက်နဲ့ ဗူးရွက်ပြုတ်သာ စားလိုက်ရရင် ဘယ်လောက် ထမင်းမြိန်လိုက်မလဲ"

အငန်ကို ရှောင်ရသော ဘဝကို ငြီးငွေ့ဟန်နှင့် ပြောခဲ့လေသည်။

"အဲဒါဆိုရင် အစ်မကြီး ကားစီးနေရလိမ့်မယ်"

တိုးတိုးက နိမိတ်မရှိစွာ နောက်ပြောင်ခဲ့သော်လည်း သူသည် ပြုံးရွှင်စွာ "ဒါဆိုရင် တိုးတိုးက ပေါက်တူးကိုင်ပြီး လိုက်ခဲ့ပေါ့"ဟု ပြောဆိုခဲ့သေးသည်။

* * *

ကံ့ကော်ပန်းခြောက်၊ နှင်းဆီပန်းခြောက်နှင့် ဒေါနပန်းခြောက်တို့သည် ဘူမိအရပ်၌ တောင်ပုံရာပုံ ဖြစ်နေလေသည်။ ဆေးပညာရှင်တစ်ယောက်ဖြစ်၍ လူနာတစ်ယောက်၏ အခြေ အနေကို သိသော်လည်း ရေနစ်သူနှင့်တူသော ဘဝမှာ ဗေဒင်ယတြာကို ကောက်ရိုးတစ်မျှင်ပမာ ဖက်တွယ်သလို ယုံကြည်မှုနှင့် မပြုဘဲ စွန့်ပစ်ခဲ့သော ဘုရားတင် ပန်းခြောက်တို့မှာ ကားတစ်စီး တိုက်စာမျှ ရှိပေမည်။

အရုဏ်ဦး၏ နံနက်ချိန်ခါ တေးသံသာ ကက်ဆက်ဇာတ်လမ်း တိပ်ခွေသံများသည် နေ့ခင်းဝယ် လွှမ်းမိုးမြဲ။ လည်ပင်းသွေးကြောကလေးများ တဆတ်ဆတ် တုန်၍ ဖိုကျင်ထိုးထား

သကဲ့သို့ ရင်ဘက်ဖိုလှိုက်ဖိုလှိုက်နှင့် အမောညများ၊ လက်မောင်းသွေးကြောထဲသို့ အမိုင်နိုဆေးများ တစ်စက်ချင်းသွင်းရသော ညများ။ ရင်မောညများနှင့် သာယာသောနေ့များကို အသူရာဘုံသဖွယ် ဖက်တွယ်ထားခဲ့သော ကာလများကား ပြန်လည်အောက်မေ့ လွမ်းဆွတ်ဖွယ်ရာပင်။ ဘယ်လောက် ညမောပါစေ။ ဥရောပဆေးများ အစွမ်းဖြင့် တစ်ညတာ နှလုံးသား စစ်မြေပြင်ကို ကျော်ဖြတ်ပြီးသော နံနက်တိုင်း "အိုကေရဲ့လား မမကြီးရေ"ဟု မေးသောအခါ သူသည် "အိုကေပါတယ်"ဟု တစ်ဖက်သား စိတ်ချမ်းသာအောင် ဖြေကြားသံကို တိုးတိုး ကြားယောင်မိလေသည်။

စွန့်ခွာခါနီး နံနက်ကပင် သူသည် "အိုကေပါတယ်"ဟု ပြောခဲ့သေးသည်။ နာတာရှည် အဆစ်အမြစ်နာ နှလုံးရောဂါ၏ အတိုင်းအတာသည် နှလုံး၏ မိုက်ထရာယ်အဆို့ကို ကျဉ်းမြောင်းစေရာမှ ကျယ်လာခဲ့ပေသည်။ မိုက်ထရာယ်အဆို့ဝ ကျယ်လာမှုကြောင့် နှလုံးသည် သွေးလွှတ်ကြောမကြီးဆီသို့ သွေးပို့တိုင်း နှလုံးခန်းမကြီးဆီသို့ လည်းကောင်း၊ ထိုမှတစ်ဆင့် အဆုတ်ဆီသို့ လည်းကောင်း သွေးပြန်ဝင်လေသည်။ ဝင်လေသော သွေးထုထည် ပမာဏကို ခုခံနိုင်အောင် နှလုံးသည် ကြိုးစားလုပ်ရင်း လုံးပါးပါးခဲ့လေပြီ။ နှလုံး၏နံရံသည် ပါး၍ နှလုံးသည် ကြီးလာလေပြီ။

သို့သော် သူ၏မျက်နှာကား ပြုံးယောင်သန်းမြဲ။ မိသားစု သံယောဇဉ်စိတ်၏ စွမ်းအင်တို့ဖြင့် သူသည် နှလုံးရောဂါကို အံတုနိုင်သူပါပေ။

ဆေးရုံမှ အပြေးပြန်လာသော တိုးတိုး၏ ခြေလှမ်းသည် အိမ်ထဲသို့ မည်သို့ပြေးဝင်ခဲ့သည်ကို သတိမရမိတော့။ "ဒေါက်တာ၊ အစ်မကြီး သတိမရဖြစ်နေလို့ လာခေါ်တာ"ဟု ဆေးရုံကို ကလေးတစ်ယောက်လာပြော၍ ဆရာမတစ်ယောက်နှင့် အပြေးလိုက်ခဲ့ရသည်။

"ဒေါက်တာ စိတ်သိပ်မလှုပ်ရှားပါနဲ့ သတိထားပါနော်"ဟု ဆရာမက အားပေးသည်။ "သတိထားနိုင်ပါတယ်"ဟု ဖြေကြားရင်း သွေးကြောရှာသောလက်သည် တုန်ယင်နေလေသည်။ နောက်ဖေးသွားသော ကုလားထိုင်ပေါ် မေ့မြောနေသော သူ့ကို ပွေ့ယူကြသည်။ နောက်ဖေးအသွား ညှစ်အားပေးရာတွင် နှလုံးမှ အလုပ်ပိုလုပ်မှုဒဏ်ကို မခံနိုင်သောကြောင့် အမောဆို့သွားခြင်း ဖြစ်လေသည်။ ဦးနှောက်တွင် အောက်ဆီဂျင် မရသဖြင့် ခြေလက်များသည် တုန်ယင်၍ အကြောဆွဲနေပေသည်။ သည်တစ်ခါ သူ့အသက်ကို ကယ်ဖို့အတွက် အလိုအပ်ဆုံး အောက်ဆီဂျင်ဘူးမှာ သည်မြို့နယ်ဆေးရုံတွင် လုံးဝမရှိ။ အပြေးအလွှား ရောက်လာသော သူငယ်ချင်းဆရာဝန်များက မိမိကိုယ်စား သူ့အား အတတ်နိုင်ဆုံး ပြုစုကြလေသည်။

နှလုံးသားစစ်မြေပြင် တိုက်ပွဲအတွက် သူရဲကောင်းများ ရောက်ရှိခဲ့ပေပြီ။ သို့သော်လည်း သည်တစ်ခါ နှလုံးသားတိုက်ပွဲတွင် စစ်ဦးစီးမှူးဖြစ်ခဲ့သူ ကိုယ်တိုင်မှာ အရှုံးပေးရတော့မည့် နောက်ဆုံးတိုက်ပွဲ ဖြစ်တော့မည်ကို တိုးတိုး နားလည်လိုက်ပါသည်။ ငြိမ်းခါနီး ဆီမီးတိုင်လို ယခင်နေ့များက လူကောင်းပမာ နေပြခဲ့ဟန်တူပါသည်။

နှလုံးခုန်သံသည် မြင်းခွာသံများ တပ်နှင့်ချီလာသကဲ့သို့ ဆူညံကာ မှုမမှန်တော့ပေ။ မရဏ၏ စစ်သည်တို့သည် အောင်စည်အောင်မောင်းတီးကာ အောင်လံလွှင့်၍ လာခဲ့ချေပြီ။

သတိရလာခဲ့သော သူသည် စကားမပြောနိုင်တော့ပေ။

သူသည် မျက်ရည်ဝိုင်းသော မျက်လုံးများဖြင့် အမေ့ကို ကြိုးစားလက်အုပ်ချီ ကန်တော့သည်။ သံယောဇဉ်ကြီးမားသော ညီမများကို လှည့်ကြည့်သည်။ မသဲကွဲသော လေသံဖြင့် စကားပြောဟန် ရှိလေသည်။ သည်တစ်ချီတွင်တော့ နှလုံးသားတိုက်ပွဲကို သူအရှုံးပေးလိုက်ရပြီ ဖြစ်ကြောင်း ပြောဟန်တူပါသည်။

"ဒူဝေ .... ဒူဝေ .... ဒူဝေ .... မမကြီးရေ၊ အမျှ .... အမျှ .... အမျှ ...."

နောက်ဆုံးထွက်သက်တွင် တိုးတိုးသည် ကပျာကယာ ကြေးစည်ရိုက်ခတ်၍ အမျှဝေလိုက်သည်။ ဆယ်နှစ်ကျော်မျှ အံတုတိုက်ခိုက်ခဲ့ရသော လေးဘက်နာ နှလုံးရောဂါသည် တစ်ယောက်၏ အသက်ကို စွန့်လွှတ်ခဲ့ရသော နှလုံးသားတိုက်ပွဲသည် နိဂုံးသတ်ခဲ့ပေပြီ။ ကျန်ရစ်သူမိသားစု၏ နှလုံးသားများကို တစ်စစီဖွဲ့ယူလိုက်သလို ခံစားရလေသည်။

တိုးတိုးသည် တမလွန်၏ ဟိုမှာဘက်တွင် သူ့ခမျာ နှလုံးသားတိုက်ပွဲများ ဆက်လက်မရှိပါစေနှင့်။ သူ့ဘဝ ငြိမ်းအေးပါစေဟု ဆုတောင်းမိသည်။ ဆရာဝန်တစ်ယောက်အနေနှင့်မူ လေးဘက်နာ နှလုံးရောဂါ တိုက်ပွဲများ မဖြစ်ပွားအောင် လူထုကြားတွင် ပညာပေးရန် သူ့မှာ တာဝန်ရှိလေသည်။

(၅-၉-၈၂နေ့က ကွယ်လွန်ခဲ့ရှာသော မမကြီးသို့ အမှတ်တရ)

(၁၉၈၄၊ ဇန်နဝါရီလ၊ မိုးဝေမဂ္ဂဇင်း)

ခက်ဆစ်များ

ဆိတ်သုဉ်း (က) 灭亡，消失，绝迹，泯灭

သာယာနာပျော် (နဝ) 悦耳，动听

ကြေးစည် (န) 铜磬

ဘဝဂ် (န) 梵世界(佛教谓三十三天中最高的一层天)

အဝီစိ (န) 地狱最深一层，无间地狱

ဝေနေယျ (န) 易感化的众生，可超度的众生

အမျှဝေ (က) 同喜(将自己所积的功德分给众生，以便共享善果)

အသားကျ (က) 习惯

ဆို့နင့် (က) 哽塞，噎住

တင်းတင်း (ကဝ) 整整

အမိုင်နိုအကြောဆေး (န) 氨基静脉注射剂

ဓာတ်မှန်ရိုက် (က) X光透视

ပုံရိပ် (န) 映像，影响；图象

အလူးအလဲ (ကဝ) 痛苦地，难以忍受地，死去活来地

နှလုံးသည်းပွတ် (န) 心肝；生命线

သေနင်္ဂဗျူဟာ (န) 战略

လေးဘက်နာ (န) (人)四肢关节痛

အဆစ်အမြစ်ကိုက် (က) 关节痛

အဆစ်အမြစ်နာ နှလုံးရောဂါ (န) 风湿性心脏病

ပျံ့လွင့် (က) 扩散，散开；(思绪等)不集中

နားကျပ်ခွက် (န) 听诊器，听筒

ပီပါ (န) 大铁桶

သလိပ် (န) 痰

လင်နမင် (န) 驱风油，松节油

မိတ်သလင် (န) 鬈毛姜

လျှာပွတ်ဆေး (န) 缅甸一种治食欲不振、感冒等的药丸

လျက်ဆား (န) 一种助消化的药盐

လျက် (က) 舔

လူးဆေး (န) 外敷药

အာသီး (န) 小舌两侧凸出的肌肉

မြစ်ဖျားခံ (က) 河流发源于……；〈喻〉起源于

တစ်ရှူး (က) 组织，细胞组织

ဟီမိုလစ်တစ်စထရက်ပတိုကော့ကိုင်ပိုး (န) 溶血性链球菌

စထရက်ပတိုကော့ကိုင်ပိုး (န) 链球菌

ကသောကမျော (က၀) 匆匆，急急忙忙

သွေးပြန်ကြော (န) 静脉

သံပတ်ရုပ် (န) 装有发条的玩具

သွေးပေါင်ချိန် (န) 血压

သံပရာသီး (န) 枸橼，酸柑

လိမ့် (က) 翻滚，碾压，擀

အဆုတ် (န) 肺

လငပုပ်ဖမ်း (က) 脸色阴郁

သိစိတ် (န) 自觉性，觉悟

မသိစိတ် (န) 下意识

ရောဂါကျွမ်း (က) 病入膏肓，不可救药

ပရိဒေဝ (န) 悲怨，悲苦

ကာယိကဒုက္ခ (န) 自身的痛苦

နာလန်ထူ (က) 病初愈，康复

အာဂ (န၀) 非凡的，特别的，了不起

သက်စေ့ (န) 与年龄相等的数

ကျိန်းကျေ (က) 灾难消除，转危为安

မာလကာသီး (န) 番石榴

အိုဗာတင်း (န) "欧万丁"麦乳精

ဟောလစ် (န) "好力克"乳制饮料

ဘူးရွက်ပြုတ် (န) 煮瓠瓜叶

ကံ့ကော်ပန်း (န) 铁力木花

နှင်းဆီပန်း (န) 玫瑰，月季

ဒေါနပန်း (န) 洋艾，艾草

ဘူမိအရပ် (န) 土地

တောင်ပုံရာပုံ (က၀) 一大堆，堆积如山

ဗေဒင်ယတြာ (န) 为消灾或实现某一愿望而做的善行

ဖိုကျင် (န) 装有风箱的火炉

အသူရာဘုံ (န) 阿修罗界

မိုက်ထရာယ်အဆို့ (န) 二尖瓣

လုံးပါးပါး (က) 一天天削弱，逐渐毁坏

နောက်ဖေးသွား (က) 解手，大便

ညှစ် (က) 挤出

စစ်ဦးစီးမှူး (န) 参谋长

မရဏ (န) 死神，死

အောင်စည်အောင်မောင်း (န) 庆祝胜利的锣鼓

တမလွန် (န) 来世，后世

စာဆိုအတ္ထုပ္ပတ္တိ

ညိုမြင်းဝေ(ဆေး–မန်း) (–   )

"နှလုံးသားတိုက်ပွဲ"သည် ရသမြောက်သည်။ ရသစာပေတစ်ပုဒ် ဖြစ်သည်။ ဆေးပညာဆိုင်ရာ ဗဟုသုတပေးဝတ္ထုလည်း ဖြစ်သည်။ ဤဝတ္ထုတိုကလေးကို ရသစာပေစာရင်းတွင် ထည့်သွင်းထိုက်သည်၊ သုတစာပေအဖြစ် ဆေးပညာစာရင်းတွင်လည်း ထည့်သွင်းထိုက်သည်ဟု ယူဆမိပါသည်။

ဆေးပညာ၊ စိတ်ပညာစသော ပညာရပ်ဆိုင်ရာ ပညာပေးဝတ္ထုများ၊ ရှမ်းပြည်နယ်၊ ရခိုင်ပြည်နယ်၊ ကချင်ပြည်နယ်စသော ဒေသန္တရဗဟုသုတပေး ဝတ္ထုများ၊ ရေလုပ်ငန်း၊ မုဆိုး လုပ်ငန်း၊ သစ်ဖောင်ဝါးဖောင်လုပ်ငန်း စသော လုပ်ငန်းခွင်ဆိုင်ရာ ဗဟုသုတပေး ဝတ္ထုများကို ဝတ္ထုဆရာတို့ ကြိုးစားပမ်းစား ရေးဖွဲ့လေ့ရှိကြပါသည်။

ဤသို့ ရေးဖွဲ့ကြရာတွင် ကိုယ်တိုင်ကိုယ်တွေ့ ဘဝအဖြစ် တွေ့ကြုံခံစားပြီး ရေးဖွဲ့သူ၊ တမင်သွားရောက် လေ့လာပြီး ရေးဖွဲ့သူဟူ၍ နှစ်မျိုးကွဲပါသည်။ ညိုမြင်းဝေသည် နှလုံးသားတိုက်ပွဲတွင် သက်ဆိုင်ရာသုတကို ဇာတ်အိမ်ဇာတ်ကွက်နှင့် ရောပြီး တစ်သားတည်း ဖြစ်သွားအောင် ရေးဖွဲ့နိုင်စွမ်း ရှိပါသည်။ ဤဝတ္ထုတို နိဂုံးသတ်ပြီးနောက် "၅–၆–၈၂ နေ့က ကွယ်လွန်ခဲ့ရှာသော မမကြီးသို့ အမှတ်တရ" ဟူသော ညွှန်းချက်ကို ထည့်ထားပါသည်။ ထို့ကြောင့် ကိုယ်တွေ့ဖြစ်ရပ်တစ်ခု ဖြစ်ကြောင်း ထင်ရှားပါသည်။ သို့သော် ထိုညွှန်းချက် မပါစေဦးတော့ ဝတ္ထုအစပိုင်းလောက်ကို ဖတ်လိုက်ရုံနှင့်ပင် တကယ့်ဖြစ်ရပ်တစ်ခု ဖြစ်ကြောင်း (သို့မဟုတ် တကယ့်ဖြစ်ရပ်တစ်ခုကို အခြေခံ၍ ရေးဖွဲ့ထားကြောင်း) သိသာလှပါသည်။

ညိုမြင်းဝေသည် ကိုယ်တိုင်ကိုယ်တွေ့ ဘဝအဖြစ် တွေ့ကြုံခံစားရပြီး အရေးအဖွဲ့ အနုပညာ၌လည်း လိမ္မာသူ ဖြစ်သဖြင့် အလွန်လှပသော ရသစာပေ ဖြစ်လာအောင် ရေးဖွဲ့နိုင်စွမ်း ရှိပါသည်။

လေ့ကျင့်ခန်း

၁။ "နှလုံးသားတိုက်ပွဲ" ဝတ္ထု၏ ဇာတ်လမ်းအကျဉ်းကို ဖော်ပြပါ။

၂။ ဤဝတ္ထုတိုတွင် လွှမ်းမိုးနေသော အချက်နှစ်ခု ရှိသည်။ ပထမအချက်မှာ နှလုံးရောဂါ၏ လက္ခဏာနှင့် ဖြစ်ပွားပုံများ ဖြစ်သည်။ ဒုတိယအချက်မှာ မိသားစုတို့၏ ချမ်းမြေ့ ကြည်နူးဖွယ် ကောင်းလှသော မေတ္တာဖွဲ့ ဖြစ်သည်။ ပထမအချက်မှာ သုတဖြစ်၍ ဒုတိယ အချက်မှာ ရသဖြစ်သည်။ ဤအချက်နှစ်ခုကို ဝတ္ထုထဲတွင် မကွဲမပြား တစ်သားတည်း ဖြစ်နေအောင် စာရေးသူ ညိုမြင်းဝေ မည်ကဲ့သို့ ဖွဲ့သနည်း။ လေ့လာတင်ပြပါ။

သင်ခန်းစာ(၂၀) ရေခဲခြစ်နှင့်ရေခဲချစ်

作品导读

女作家玛珊达（1947—）擅长市民题材，观察敏锐，作品充满生活气息。《刨冰和爱冰》（1985）反映了下层市民的生活境况和他们不同的生活态度。小说没有完整的情节，也没有悬念伏笔，大部分篇幅由人物对话构成，但写得很精彩，甚至有几分讥诮幽默，人物性格跃然纸上。哥耶凯与玛盛妙成家七年，已有四个儿女，玛盛妙又有了四、五个月的身孕，靠哥耶凯的微薄工资维持一家人的生活，孩子生病都没钱看医生。同一题材，换个作家可能会写得沉重而压抑，但玛珊达的笔调是轻松快捷的，有时会让人发出一声苦笑。作家对下层市民生活的艰辛状貌并无嘲讽之意，而是冷静地展现生活的真实状态，让人从中咀嚼人生的酸甜苦辣。小说中的哥耶凯不喝酒、不赌牌，每天所挣虽少但都一个子儿不留地交给老婆，可谓安分守己。但在作者笔下，他并不是一个好丈夫、好父亲。他人如其名（“耶凯”意为“冰块”），对家人及周围的人和事冷冷冰冰，回到家就知道倦怠在床，小孩子因吃了不卫生的刨冰而发高烧他都无动于衷。而妻子玛盛妙的性格正好相反，她风风火火，心直口快，粗糙的生活把她的语言磨蚀得有些粗俗，但细腻的母爱丝毫没有褪色。她宁愿丈夫有点喝酒打牌的毛病，也不愿他对生活毫无热情，对孩子们及家里的大事小情漠不关心。她多么希望家里遇到难事时丈夫能与她热热乎乎地共同商量着解决，“光不该做的不做是不够的，还要做该做的。”这是玛盛妙的心声，也是作家在作品中的声音。

ရေခဲခြစ်နှင့်ရေခဲချစ်

မဆန္ဒာ

“ကိုရေခဲ”

မစိန်မြက မာဆတ်ဆတ်ခေါ်သည်။ အိမ်ခါးပန်းကို ခေါင်အုံးပြီး အိပ်နေသော လင်တော်မောင် ကိုရေခဲအား ခပ်စူးစူး ကြည့်သည်။

“ဘာလဲဟ”

ကိုရေခဲက သူ့လက်ထဲမှ ဆေးလိပ်တိုကို နို့ဆီခွက်လွတ်ထဲ လှမ်းထည့်ရင်း ပျော့နဲ့နဲ့ ထူးသည်။

“ဒီအကောင် ဖျားနေတာ ကြာလှပြီတော့”

“ဟုတ်လား”

“ချောင်းကလဲ တဟွတ်ဟွတ်နဲ့”

“အေး”

“လည်ပင်းကလဲ နာတယ်တဲ့”

“ဟုတ်လား”

“တစ်ခုခုလုပ်မှ ဖြစ်မယ်”

“ဟေ ဘာလုပ်ချင်လို့လဲ”

“ဆေးခန်းလေး ဘာလေးသွား ဆရာဝန်လေး ဘာလေး ပြကြည့်ဦးပေါ့”

“သွားလေကွာ”

“ဟင်း သွားတာက လွယ်လိုက်တာ၊ ဘယ်မလဲပိုက်ဆံ”

“ဟင် မနေ့က အစိတ်ကရော”

“ဆန်ဝယ်ရတယ်၊ ဆီဝယ်ရတယ်၊ အကြီးကောင်ကြီး စာအုပ်ဖိုးပေးရတယ်၊ တော်ပြန်ယူသွားတာက ငါးကျပ်၊ မနက်က ဟင်းချက်ဖို့ ငါးဝယ်ရတာက ခြောက်ကျပ်၊ အခု ကျုပ်လက်ထဲမှာ သုံးဆယ့်ငါးပြားပဲ ရှိတော့တယ်။”

“ဒါဆိုရင်လဲ နက်ဖြန်ကျမှပဲ သွားတော့ပေါ့ကွာ”

ကိုရေခဲ ခပ်အေးအေး ပြောကာ မီးငြိမ်းခါနီးနေသော ဆေးလိပ်တိုကို ပြန်၍ ကောက်ယူသည်။ မျက်စိကို မှေးပြီး ဆက်တိုက် ဖွာရှိုက်သည်။

“ကိုရေခဲနော် ရှင်က ဖအေသိရဲ့လား၊ ဖအေဆိုတာ ဖအေစကားပြော၊ အဖျားအနာဆိုတာ နက်ဖြန်သန်ဘက် စောင့်လို့ရသလား၊ တော်ကြာ ဆိုးသည်ထက် ဆိုးလာတော့ ဘယ့်နှယ့် လုပ်မလဲ”

“သြော် မိန်းမရယ်၊ ငါလဲ ဘယ်တတ်နိုင်ပါ့မလဲ၊ ငါရှာလို့ရသမျှ တစ်ပြားမကျန်၊ အကုန်အပ်နေတာဘဲ၊ ဒီကြားထဲက မလောက်ဘူး၊ ဆေးတိုက်သွားစရာ ပိုက်ဆံမရှိဘူးဆိုတော့ ငါဘာလုပ်ရမလဲ၊ ဓားမြထွက်တိုက်ရမှာလား”

ကိုရေခဲ စိတ်ညစ်ညူးစွာ ပြောသည်။ သူ့ကိုမျက်စောင်းကြီး ခဲ၍ ကြည့်နေသော မိန်းမအား ခပ်စွေစွေ လှမ်းကြည့်ရင်း သက်ပြင်းချသည်။

“တော့ကို ပြောလိုက်ရင် ဒါမျိုးချည်းပဲ၊ တော်ရှာလို့ ရသမျှ ပိုက်ဆံလေး တစ်ပဲ

ခြောက်ပြားကို မှန်မှန်အပ်နေတိုင်း တော့်ကိုတော် တကယ့် လင်ကောင်း လင်မြတ်ကြီး ထင်မနေနဲ့”

မစိန်မြက အော်သည်။ သူ့ပေါင်ပေါ် ဖက်တက်နေသော အငယ်ဆုံးကောင်ကို လက်နှစ်ဖက်ဆွဲပြီး ကြမ်းပြင်ပေါ်သို့ ဆောင့်ချလိုက်သည်။

“ငါ့မှာ ပေါ့ပေါ့ပါးပါး မဟုတ်ဘူးဟဲ့၊ ဗိုက်ထဲမှာ တစ်ကောင်ရှိသေးတယ်၊ အား တိုင်း ယားတိုင်း ကုတ်ကတ်တက်မနေကြနဲ့၊ တကတည်း”

ဟူသော အသံနှင့်အတူ ဖင်ညှောင့်ရိုးအောင့်သွားသော အငယ်ကောင်၏ အသံကပါ ပြိုင်ပြီး ထွက်လာသည်။

“တော်ကြီးကြောင့် လူဖြစ်လာတဲ့ သတ္တဝါတွေကြည့်စမ်း၊ အပြင်မှာက လေးကောင်၊ ဟောဒီက ဗိုက်ထဲမှာ တစ်ကောင်၊ တော်ကြီးရတဲ့လခက တစ်လမှသုံးရာရယ်၊ ကဲ ဒီပါးစပ် ပေါက်တွေကို ဝအောင် ဘယ်လိုကျွေးရမှာလဲ”

ကိုရေခဲ သက်ပြင်းချမိပြန်သည်။

“ဒါကတော့ မင်းစီမံသမျှပဲ မဟုတ်လား မိန်းမရယ်၊ ငါလဲ အပိုတစ်ပြား မသုံးပါဘူး၊ မင်းကန်စွန်းရွက်နဲ့ ကျွေးလဲ မျိုချလိုက်တာပဲ၊ ငါးပိရေနဲ့ ကျွေးလဲ မျိုချလိုက်တာပဲ၊ အသား စားမယ် ငါးစားမယ်ပြောဖူးသလား၊ ငါသိပ်ကြိုက်တဲ့ ဝက်ခေါင်းသုပ်တောင် ငါးမူးဖိုးလောက် ဝယ်စားဖူးသလား”

ကိုရေခဲ သူ့ပုံစံအတိုင်း ခပ်ပျော့ပျော့ ပြောသည်။ သူ့ကို စူးစူးဝါးဝါး ကြည့်နေသော မိန်းမအား ပြန်မကြည့်ပဲ သူ့မိန်းမ၏ စွဲချက်အတိုင်း သူ့ကြောင့် လူဖြစ်လာသော သတ္တဝါ လေးကောင်ကို လှမ်းကြည့်သည်။

ငါးနှစ်ခွဲအရွယ် အကြီးဆုံးကောင်က စာရွက်လွတ် တရွက်ပေါ်တွင် ခဲတံတို တစ်ချောင်းနှင့် အရုပ်ရေးနေသည်။ သူ့အနားတွင်ဖျားနေသည်ဆိုသော နို့ညှာကောင်က ထိုင်နေသည်။ ခန္ဓာ ကိုယ် အပေါ်ဘက်တွင် ဖလန်နယ်အင်္ကျီလေးကို ဝတ်ထားသော်လည်း အောက်ဘက်တွင်တော့ ဘောင်းဘီတိုလေးပင် မပါ။ အလတ်မလေးကတော့ လေးနှစ်ကျော်ကျော်ပင် ရှိသေးသော်လည်း မိန်းကလေးမို့ သိတတ်သည်။ ငိုနေသော နောင်အငယ်ဆုံးလေးကို လာပြီး ချော့နေသည်။ မနိုင့် တနိုင်နှင့် ဆွဲ၍ချီသည်။

“အင်း နောက် လေးငါးလဆိုရင် နောက်တစ်ကောင် ရောက်လာဦးမယ်။ ဘာတတ်နိုင် ပါ့မလဲကွာ၊ ဘုရားပေးတာ မတားကောင်းပါဘူး။ ဒီမိန်းမကလဲ လူမဟုတ်ပဲ ဝက်သာဆိုရင် ဘယ်လောက် အဖိုးတန်မလဲမသိပါဘူး။ သားပေါက်က ကောင်းလိုက်တာ တစ်သားနဲ့ တစ်သား ကလဲ နီးလိုက်တာလွန်ရော၊ နောက်ပြီး ငါ့ကိုချည်းပဲ၊ တော်ကြီးကြောင့် တော်ကြီးကြောင့်နဲ့ လက်ညှိုးထိုးတော့တာပဲ”

သူက တွေးရင်း ပြုံးမိသည်။ ထို့နောက် လက်ဝဲနံတောင်းမှ လက်ယာနံတောင်းသို့ ပြောင်း၍အိပ်ရန် ဟန်ပြင်သည်။ သို့သော် မိန်းမက "အဲဒါဘယ်လိုလုပ်မတုန်းတော့"ဟု ခပ်ဆောင့်ဆောင့် အော်လိုက်တော့ သူလန့်သွားသည်။ ဘာကို ဘယ်လိုများ လုပ်ချင်လို့ပါလိမ့်ဟု အပြေးအလွှား စဉ်းစားရင်း မျက်တောင်ကို တဖျတ်ဖျတ်ခတ်သည်။

"ဒီအတိုင်းထားရင်တော့ ကာလနာ တိုက်သွားမှာပဲ၊ ဖျားနေတာ သုံးရက်ရှိပြီ၊ ဟဲ့ ကောင်လေး လာစမ်းဒီကို"

မစိန်မြက နို့ညှာကောင်ကို လှမ်းဆွဲကာ၊ ခန္ဓာကိုယ် အောက်ပိုင်းအား ပုဆိုးဟောင်းတစ်ထည်နှင့် ပတ်ပေးသည်။

"ကွမ်းယာဆိုင်က ဆေးလေး၊ ဘာလေးဝယ်တိုက် မကြည့်ဘူးလား၊ ပါရာစင်တီမောလေး၊ ဘာလေးပေါ့"

"တိုက်တုန်း ခဏချွေးထွက်ပြီး၊ နောက်တော့ အဖျားပြန်တက်တာပဲတော့၊ လည်ချောင်းကလဲ နာသတဲ့"

"ဒီလိုဆိုလဲ ခေါင်းရင်းခန်းက ဒေါ်ဒေါ်အေးဆီမှာပဲ ချေးပါတော့လားကွာ"

ဒေါ်ဒေါ်အေးက ငွေတိုးချေးစားသူ ဖြစ်သော်လည်း အပေါင်ပစ္စည်း မပါလျှင် သိပ်ချေးချင်သူမဟုတ်။

"ကိုရေခဲ သွားလိုက်မလား"

"ဟာကွာ မင်းပဲ သွားလိုက်ပါ"

"တော်ကတော့ အမြဲခေါင်းရှောင်ဖို့ပဲ"

မစိန်မြ၏ မျက်စောင်းကို ရင်ဆိုင်ရပြန်သည်။

ပိုက်ဆံလိုချင်သော်လည်း ဒေါ်ဒေါ်အေးဆီသို့ မစိန်မြမသွားချင်ပေ။ အေးအေးနေချင်သော ကိုရေခဲကတော့ မစိန်မြထက် နှစ်ဆပိုပြီး မသွားချင်ပေ။

"ဒီမိန်းမကြီးဆီမှာ အပေါင်ပစ္စည်း မပါပဲ၊ ပိုက်ဆံသွားချေးမယ့်အစား ကျားဖင်ပဲ ပြေးနှိုက်ချင်သေးတယ်"

"ဘာလို့လဲမေမေ၊ ကျားဖင်ထဲမှာ ပိုက်ဆံရှိလို့လား"

အရုပ်ရေးနေသော အကြီးကောင်က ခေါင်းထောင်လာပြီး၊ အူတူတူနှင့် မေးသည်။ ကိုရေခဲက အတီးအတနိုင်လှသော သူ့သားကြီးကို လှမ်းကြည့်ရင်း "အင်း အကြီးဆုံးဆိုတော့ နည်းနည်းတော့ ပေါတာပဲ ထင်တယ်" ဟု တွေးမိစဉ် မစိန်မြက "သေမင်းရှိတယ်ဟဲ့ သေမင်း" ဟု ခပ်ဆောင့်ဆောင့် အော်လေသည်။ ထို့နောက် ကြမ်းပေါ်မှ ဖန်ဂေါ်လီလုံးကို ကောက်ပြီး ပါးစပ်ထဲထည့်မည်ပြင်သော အငယ်ကောင်ကို လှမ်းဆွဲသည်။ လက်ကို အတင်းဖြည်ကာ ဂေါ်လီလုံးကို လုယူသည်။

"ဒီဂေါ်လီလုံးကို ဟိုပစ် ဒီပစ်နဲ့နော်၊ ကလေးနားမှာ မထားနဲ့ဆိုလဲမရဘူး၊ ငါလွှင့်ပစ်မိမယ် သိလား"

ပါးစပ်ကသာ လွှင့်ပစ်မယ်ဟု ပြောသော်လည်း လက်ကတော့ တကယ်ပင်လွှဲပြီး အိမ်အပြင်ဘက်သို့ လွှင့်ပစ်လိုက်သည်။ ငိုမဲ့မဲ့ဖြစ်သွားသော အကြီးကောင်ကို မျက်နှာထားတင်းတင်းနှင့် ကြည့်သည်။ "ငိုရဲငိုကြည့်၊ ကျောကော့သွားမယ်" ဟု အသံတိတ် ပြောလိုက်ခြင်းဖြစ်၍ အကြီးကောင်က အော်ပြီးမငိုရဲရှာပေ။ ဂေါ်လီလေးကျသွားရာ အိမ်ရှေ့ ရေဘုံဘိုင်အနီးမှ ငွေပန်းပင် အုပ်အုပ်နေရာကို အမောတကော လိုက်ကြည့်ရင်း နက်ဖြန်ကျမှပြန်ရှာမယ်ဟု အားတင်းလိုက်ရဟန်ရှိသည်။

ပေါ်ပေါက်လာသော အခွင့်အရေးကို ကိုရေခဲက အပြည့်အဝ အသုံးချလိုက်နိုင်သည်၊ မစိန်းမြ၏မျက်လုံး သူ့အပေါ်မှ လွှဲဖယ်သွားသည်နှင့် လက်ဝဲနံတောင်းမှ လက်ယာနံတောင်းသို့ အလျင်အမြန်ပြောင်းလိုက်သည်။ နံရံဘက်ကို ဘေးကင်းရန်ကင်း မျက်နှာမူပြီးပြီမို့ မျက်စိတော်တော်အေးသွားသည်။ မစိန်မြ၏မျက်စောင်းကို ရင်ဆိုင်စရာမလိုတော့။ သူ့ကျောမှာ မျက်စိပါမလာလေတော့ ကျောဘက်မှနေပြီး ကြည့်ချင်သလိုကြည့်၊ အခိုးထွက်အောင် ကြည့်ကြည့်၊ သူမှုစရာမလို၊ အမျိုးစပ်ချင်းစပ်လျှင် ဝက်နှင့်သာစပ်နိုင်ပြီး နဂါးသွေး တစ်စက်တလေပင် ပါမည် မဟုတ်သည့် မစိန်မြ၏ မျက်စောင်းကြောင့် ပြာမကျ၊ မီးမလောင်နိုင်သည်ကလည်း သေချာသည်။

ဆူညံ၊ ဆောင့်သံ၊ ဆဲသံ၊ ဆိုသံ၊ ကလေးငိုသံများကိုလည်း ထည့်တွက်စရာမလို။ မည်မျှဆူညံသောအသံ ဖြစ်ပါစေ၊ နားထဲသို့မဝင်ပဲ လျှံထွက်သွားအောင် နားထောင်တတ်သော အကျင့်ကို ရခဲ့ပြီကား ကြာချေပြီ။

ထို့ကြောင့် ကိုရေခဲသည် မကြာမီမှာပင် အိပ်ပျော်ခြင်းသို့ ရောက်သွားလေတော့သည်။

* * *

မထွေးစိန်ကမ်းပေးသော တစ်ဆယ်တန် လတ်လတ်ကလေးကို ဆတ်ကနဲဆွဲယူကာ အထက်ဆင်ကြားထဲ လိပ်ထည့်လိုက်သည်။

"ပြန်တော့ရွေးနော် အစ်မ"

"အေးပါဟယ် ငါ့ထဘီက ငါးဆယ်လောက် တန်တာ၊ အဆုံးမခံပါဘူး"

"ဒါကတော့ အသစ်ဈေးကိုး အစ်မရဲ့၊ အမဝတ်ထားလို့ ဟောင်းနေတာလဲကြည့်ပါအုံး"

ဟုတ်တော့လည်း အဟုတ်သားပင်၊ သူဖန်တရာတေအောင် ဝတ်ထားသဖြင့် ပါတိတ်ထဘီက အဆင်အသွေးပင်မှိန်နေချေပြီ။

"ငါပြန်ရွေးမှာပါဟယ် စိတ်ချ၊ ငါ့ထဘီကို တစ်ဆယ်နဲ့အဆုံးမခံပါဘူး တကတည်း"

မစိန်မြက ခပ်ဆောင့်ဆောင့်ပြောပြီး ခပ်သုတ်သုတ်ပြန်သွားသည်။ တော်ကြာ ဆေးခန်း

ပိတ်သွားလျှင် ဆရာဝန်မပြဖြစ်ပဲဖြစ်နေချေဦးမည်။

"မစိန်မြ ဘယ်က ပြန်လာတာတုန်း"

"ဒီနားကပဲ"

မျက်စောင်းထိုးအိမ်မှ လုလုက နှုတ်ဆက်သည်။ အိမ်လှေကားထစ်တွင် ငုတ်တုတ်ထိုင်ရင်း လမ်းမဘက်ကိုမျှော်ကြည့်သည်။

"လင်တော်မောင် မလာသေးဘူးလား"

"ထုံးစံအတိုင်းပဲ မစိန်မြရေ သန်းခေါင်သန်းလွဲကျမှ၊ မူးရူးပြီးပြန်လာမယ် ထင်ပါရဲ့၊ စိတ်ညစ်ပါတယ်။"

လုလုချစ်က အသံနွမ်းနွမ်းလေးနှင့် ပြောသည်။

"ကိုရေခဲတို့များကတော့ အေးလိုက်တာနော်၊ အသောက်အစား၊ အပျော်အပါး၊ လောင်းကစား ဆိုတာဘာမှမရှိဘူး၊ တကယ့်ကိုရေခဲတုံးပဲ"

တဆက်ထဲချီးကျူးတော့ မစိန်မြ စိတ်တိုသွားသည်။ သူ၏အိမ်ထောင်သက် ခုနှစ် နှစ်တာ အတွေ့အကြုံအရတော့ မစိန်မြသည် ကိုရေခဲအရက်သောက်ချင် သောက်ပါစေ၊ ဖဲရိုက်ချင် ရိုက်ပါစေ။ သို့သော် သားရေး၊ သမီးရေး၊ နေရေး၊ ထိုင်ရေး၊ အိမ်မှုကိစ္စ အသေးအဖွဲလေးတွေကို "မင်းကြည့်လုပ်လိုက်လေးကွာ"ဟု လွှဲကာ နံရံဘက်လှည့်ပြီး တခူးခူးဟောက်ကာ အိပ်တတ်သူမဟုတ်ပဲ တိုင်တိုင်ပင်ပင် ဖြေရှင်းတတ်သူ ဖြစ်လျှင်တော်ပါပြီဟု မကြာခဏ စိတ်ကူးမိသည်။

"ကျုပ်ကတော့ ဒီရေခဲတုံးကြီးကို ရေခဲတိုက်ထဲတောင် ပို့ပစ်ချင်နေပြီ တော်ရေ့"

မစိန်မြက မကြည်မသာ ပြောပြီးထွက်လာခဲ့သည်။ ခြေရင်းအိမ်က လင်မယားရန်ဖြစ်ကြတုန်း "မင်းကိုတစ်သက်လုံး အိမ်ဦးခန်းတင်ပြီး ဆီဦးထောပတ်ကျွေးပါ့မယ်လို့ ငါကတိပေးခဲ့ဖူးလို့လား" ဟူသော ယောကျ်ား၏စကားကို သတိရမိသည်။ ထို့နောက် တဆက်တည်း မှာပင် သူနှင့်လက်မထပ်ခင်က "ကိုက အေးအေးဆေးဆေး နေချင်တာပါပဲကွာ၊ အရက်သောက် ဖဲရိုက်တာလဲ ဝါသနာမပါဘူး၊ နောက်ပြီးဒီတစ်သက်မှာ မင်းတစ်ယောက်ထဲကိုပဲ ချစ်ခဲ့ဖူးတာပါ၊ အိမ်ထောင်သည် ဘဝရောက်ရင်လဲ ပွေပွေရှုပ်ရှုပ်၊ မလုပ်သင့်တာတွေ ဘယ်တော့မှ မလုပ်ဘူး ဆိုတာ၊ ဟောဒီ ကမ္ဘာမြေကြီးကိုတောင် သက်သေတည်ပြီးပြောရဲပါရဲ့ကွာ" ဟု ကိုရေခဲပြောခဲ့ဖူးသော စကားကို သတိရမိသည်။

"မလုပ်သင့်တာ မလုပ်တာနဲ့ မပြီးသေးဘူးတော်ရေ၊ လုပ်သင့်တာလဲ လုပ်ရဦးမယ်"

မစိန်မြက စိတ်ထဲမှ အော်ပြောနေမိသည်။

စိတ်ထဲမှ မဟုတ်ပဲ ပါးစပ်မှ အော်ပြောလျှင်လည်း ကိုရေခဲက ကြားမည်မဟုတ်၊ တခူးခူးနှင့်ဟောက်ကာ နှစ်နှစ်ခြိုက်ခြိုက် အိပ်ပျော်နေသောကြောင့် ဖြစ်လေသည်။

* * *

"ကဲ နောက်တစ်ယောက်လာ"

ဆရာဝန်ကလေး၏ အသံကြားတော့၊ မစိန်မြသည် အငယ်ဆုံးကောင်ကိုချီရင်း ဆေးခန်းထဲသို့ ဝင်ခဲ့သည်။ တအီအီငိုနေသော နို့ညှာကောင်က သူ့ထဘီစကို တန်းလန်းဆွဲပြီး နောက်မှ ပါလာသည်။ နို့ညှာကောင်၏ နောက်တွင်တော့ လေးနှစ်ရွယ်သမီးနှင့် ငါးနှစ်ခွဲ ရွယ်သားတို့က ဆုတ်ကန်ကန်လိုက်ပါလာကြသည်။

"ဟ အင်အား ကောင်းလှချည်ကလား"

ဆရာဝန်က မျက်လုံးပြူးသွားသည်။ သားအကြီးက နှာရည်တွေ တရွှဲရွှဲရှိုက်သွင်းသည်။ အလတ်မလေးက ချောင်းတဟွတ်ဟွတ်ဆိုးသည်။ နို့ညှာကောင်က ငိုနေသည်။ အငယ်ဆုံးကောင်ကလေးကလည်း ရွှင်ရွှင်လန်းလန်း မရှိလှ၊ ကိုယ်လေးလက်ဝန်ကြီးနှင့် အမေကလည်း ဖြူတူတူဖျော့တော့တော့မို့ ဆရာဝန်၏ အမြင်တွင်တော့ သူတို့အားလုံး လူမမာပုံပေါက်နေလေတော့သည်။

"ကိုင်း နေမကောင်းတာက ဘယ်သူလဲ"

ဆရာဝန်က မေးတော့ မစိန်မြသည် ညာဘက်လက်နှင့် ချီထားသောကလေးကို ဗယ်ဘက်လက်နှင့် ပြောင်းချီသည်။ ထိုနောက် သူ့ထဘီစကို ဆွဲထားသော နို့ညှာကောင်အား လှမ်းဆွဲသည်။ နို့ညှာကောင်က အဆွဲမခံ၊ ထဘီထဲသို့ ပိုပြီးတိုးဝင်လာရင်း "ဆေးထိုးဘူး ဆေးထိုးဘူး"ဟု အော်လေသည်။

"လာ လာ ဦးဦးက ဆေးမထိုးပါဘူးကွာ"

ဆရာဝန်၏ အသံကြားတော့ နို့ညှာကောင်က ပိုပြီးငိုလေသည်။ မစိန်မြက လက်ပေါ်မှ ကလေးကို ခါးထစ်ခွင် ချီလိုက်ပြီး ကြမ်းပေါ်တွင် ဖင်ဒရွတ်ဆွဲထိုင်ချနေသော နို့ညှာကောင်ကို ကုန်း၍ဆွဲသည်။ ဆရာဝန်ဆီသို့ တွန်း၍ပို့သည်။ ဆရာဝန်ကလှမ်းဆွဲပြီး နဖူးကိုစမ်းကြည့်တော့ ချောင်းတဟွတ်ဟွတ်ဆိုးနေသော နို့ညှာကောင်က ပဋိသန္ဓာရ စကားကို ယဉ်ယဉ်ကျေးကျေးလေး ဆိုလိုက်သည်။ "အေရိုးကြီး" တဲ့။

"ဟ ဒီပုဂ္ဂိုလ်လေးက တော်တော်ကြမ်းပါလား"

သူတို့ရပ်ကွက်ထဲတွင် ဆေးခန်းလာဖွင့်ထားသည်မှာ တနှစ်ခန့်ရှိပြီဖြစ်၍ ထုသားပေသား ရနေပြီးဖြစ်သော ဆရာဝန်ကလေးက ခပ်ပြုံးပြုံးမှတ်ချက်ချသည်။

"ကိုယ်က တော်တော်ပူနေတာပဲ၊ ဖျားနေတာ ဘယ်နှစ်ရက်ရှိပြီလဲ"

"သုံးရက်လောက်ရှိပြီ"

"စောစောက ဘာလို့ မလာတာလဲဗျာ"

"လာချင်တာပေါ့ ဆရာရယ်၊ ဒါပေမဲ့ ပိုက်ဆံကရှာရသေးတာ"

မစိန်မြက ခပ်ရှင်းရှင်းပင် ပြောသည်၊ ခြိုးခြံရတာ၊ ချွေတာရတာ များလာတော့ ကျပ်တည်းဆင်းရဲသည်ကို မရှက်ချင်တော့၊ လူကြားထဲတွင် အော်ပြီးပြောချင်စိတ်ပင် ပေါက်တတ်သည်။ ထို့အပြင် ရိုးရိုးသားသားဝန်ခံရလျှင် ဆရာဝန်ကလေးသနားပြီး ပိုက်ဆံလျှော့ယူလေမလားဟူသော မျှော်လင့်ချက်လည်းပါလေသည်။

"လည်ချောင်းလဲ နာတယ်ပြောတယ်ဆရာ"

"ဟုတ်လား ကဲသား သား ပါးစပ်ဟစမ်း"

"ဟ ဘူး"

"ခဏလေးပါကွာ နော်"

"ဟ ဘူး"

"ဦးဦးက ဘာမှမလုပ်ပါဘူး၊ သားသားအာခေါင်မှာ အရိုးစူးနေလားလို့ ကြည့်ပေးမလို့၊ တွေ့လားဟောဒီမှာ လက်နှိပ်ဓာတ်မီး"

နို့ညှာကောင်က ဆရာဝန်ကို မယုံမရဲကြည့်ပြီး သူ့ပါးစပ်ကို မဟချင် ဟချင်နှင့် ဟပေးသည်။

"ဟာ နည်းတဲ့အာသီးကြီး မဟုတ်ဘူး၊ ဒါကြောင့်မို့ ဖျားတာ"

ဆရာဝန်ကလေးက နို့ညှာကောင်၏ အာခေါင်ကို လက်နှိပ်ဓာတ်မီးလေးနှင့် အသေအချာထိုးကြည့်သည်။

"ဟေ့ ချာတိတ်၊ မင်း ဘာစားသလဲ၊ ဦးဦးကို ပြောစမ်း"

"ထ မင်း"

"ပြီးတော့ရော"

"ချုံပြုတ်"

"အေး ဆန်ပြုတ် ပြီးတော့ရော"

"ရေဒဲခြစ်"

"ရေခဲခြစ် ဟုတ်လား၊ နေ့တိုင်းစားလား"

နို့ညှာကောင်က ခေါင်းညိတ်သည်။

"ကျွန်မတို့ လမ်းထိပ်မှာ ရေခဲခြစ်ဆိုင် ရှိတယ်ဆရာ၊ သူတို့တတွေ အဲဒီမှာပဲ သွားမော့နေကြတာ"

မစိန်မြက ဝင်ဖြေသည်။ သူတို့လမ်းထိပ်က ကိုလှမောင်တို့ လင်မယားက ရေခဲခြစ်၊ ရေခဲသုပ် ရောင်းသည်။ ကလေးသားငယ် မရှိ၍ ကလေးလည်း ချစ်တတ်သည်။ အိမ်က သတ္တဝါလေးများသည် ထိုဆိုင်နားတွင် တဝဲလည်လည်နှင့် တမော့မော့ ရှိတတ်သည်။ ကိုလှမောင်တို့က ရေခဲခြစ်ကို အလကား မကျွေးနိုင်သော်လည်း ရေခဲခြစ်ပြီး ပါး၍လွှာသွားသော ရေခဲခြစ်

ကလေးများကိုကား အလကားကျွေးတတ်သည်။ နို့ညှာကောင်က ရေခဲခြစ် စုပ်ရလျှင် စုပ်၊ မစုပ်ရလျှင် ထိုရေခဲများ ငုံနေရမှ ကျေနပ်သည်။

"ကလေးတွေကို ရေခဲမစားပါစေနဲ့ အစ်မကြီးရဲ့၊ ရေခဲလုပ်တဲ့ရေတွေက သန့်တာ မဟုတ်ဘူး၊ နောက်ပြီး ရေခဲခြစ်ဆိုင်တွေမှာက ဖွဲထဲက ရေခဲတုံးကိုထုတ်ပြီး ရေကလေး တစ်ချက်နှစ်ချက်လောက်သာ ပက်ဆေးတာ"

ဆရာဝန်ကလေးက နို့ညှာကောင်၏ ရင်ဘတ်ကို နားကြပ်နှင့် ထောက်စမ်းသည်။ အသက်ပြင်းပြင်းရှူဟူ၍ ရှူခိုင်းတော့ နို့ညှာကောင်က အသက်ပြင်းပြင်း ရှူသည်။ လမ်းတစ်လျှောက်လုံး တရှုံ့ရှုံ့နှင့် ရှုံ့သွင်းကာ တယုတယ ထိန်းသိမ်းလာသော နှပ်များက ရှူးကနဲထွက်ကျလာသည်။ မစိန်မြက ကမန်းကတန်းလှမ်း၍ လက်ညှိုးနှင့် လက်မကို အသုံးပြုကာ ညှစ်ယူလိုက်သည်။ အကျင့်ပါနေသည့်အတိုင်း ဘေးဘက်သို့ ပက်တော့မည်ပြင်မိသည်။ ဆရာဝန်ကလေး တွန့်ကနဲ ဖြစ်သွားသည်ကိုမြင်မှ သူ့လက်ကို တင်ပါးမှထဘီစနှင့် ပွတ်သုတ်လိုက်သည်။

"ကလေးရဲ့ အာခေါင်ထဲက အာသီးက ရေခဲနဲ့တွေ့ရင် ရောင်လာတတ်တယ်။ အာသီး ခဏခဏရောင်ရင်လဲ နှလုံးတို့ဘာတို့ကို ထိခိုက်တတ်တယ်"

ဆရာဝန်ကလေးက မစိန်မြနားလည်စေရန် အရှင်းဆုံးပြောသည်။ တို့နောက် ဆုတ်ကန်ကန် ရပ်နေသော အကြီးကောင်နှင့် အလတ်မကို လှမ်းခေါ်သည်။

"သူတို့က နေကောင်းပါတယ် ဆရာ"

"ဟုတ်ကဲ့ ဒါပေမယ့်၊ တလက်စထဲ သူတို့ရဲ့ အာသီးကိုကြည့်လိုက်ချင်လို့ပါ"

ဆရာဝန်လေးက အကြီးကောင်၏ ပါးစပ်ကို ဟခိုင်းသည်။ လက်နှိပ်ဓာတ်မီးနှင့် ထိုးကြည့်သည်။

"သူတို့တွေ အားလုံးကို ဘာလို့ခေါ်လာသလဲ၊ အိမ်မှာထားခဲ့လို့မရဘူးလား"

"မရဘူးဆရာ၊ သိပ်ဆော့တယ်၊ ဟိုတစ်ခါတုန်းက ထားခဲ့သော နောက်ဖေးက စည်ပိုင်းပြတ်ထဲမှာ စောက်ထိုးနစ်နေတာ၊ ကံကောင်းလွန်းလို့ မသေတာ ဆရာရေ့"

"ကိုယ်ခွဲမရှိတော့လဲ ခက်တယ်ဗျာ၊ ကလေးတွေအဖေကရော"

"သူတို့အဖေကတော့ မပြောနဲ့တော့ ဆရာရေ့၊ နာမည်ကလဲကိုရေခဲတဲ့၊ ကိုရေခဲဆိုတဲ့တိုင်း အေးလိုက်တာစက်လို့ အိမ်မှာဘာဖြစ်ဖြစ် သူက အေးအေးပဲ၊ အခုလဲအိပ်ကျန်ခဲ့တယ်လေ"

"သြော်"

မစိန်မြက ဆရာဝန်လေးနှင့် ချက်ချင်းရင်းနှီးသွားသည်။ ဒီလိုဖော်ရွေရင်းနှီးစွာ ဆက်ဆံတတ်သော ဆရာဝန်ကလေးဆီသို့ ပိုက်ဆံသာရှိလျှင် နေ့တိုင်းလာပြီး ဆေးကုခံချင်သည်။

"ဒီတော့ အစ်မကြီးပဲ တဖားဖား ဖြစ်နေရတာပေါ့ဟုတ်လား"

"ဟုတ်ပါ့ရှင်"

ဆရာဝန်လေးက အငယ်ကောင်ကလေး၏ အာခေါင်ကိုပါ စပ်ကြည့်သည်။

"သူတို့အားလုံး အာသီး နည်းနည်းစီတော့ ရောင်နေကြတယ်၊ ဟိုနို့ညှာကလေးကတော့ အဆိုးဆုံးပေါ့၊ အိမ်ရောက်ရင် ရေနွေးထဲဆားရည်ထည့်ပြီး ဆားရည်နဲ့ ပလုတ်ကျင်းခိုင်းပါနော်၊ ဆေးလဲပေးလိုက်မယ်၊ သူတို့ကို တိုက်ပေးပါ"

မစိန်မြက စိတ်ထဲမှနေပြီး ဘုရားတလိုက်မိသည်၊ လေးယောက်စာဆေး ပေးမယ်ဆိုလျှင် ငွေတစ်ဆယ်နှင့်လောက်မှ လောက်ပါတော့မည်လားဟု တွေးမိသောကြောင့်ဖြစ်သည်။

"ငွေ–အဲငွေကတော့ တစ်ဆယ်ပဲပါတယ်ဆရာ" မစိန်မြက စောစောစီးစီး ကြိုပြောသည်။ ဆေးယူပြီးမှ ငွေမပေးနိုင်လျှင် ပိုပြီးရှက်စရာ အားနာစရာကောင်းမည်ဟု ထင်သည်။ ဆေးလုံးကလေးများကို ရေတွက်ပြီး စာအိတ်ဖြူကလေးတစ်လုံးစီထဲ ခွဲထည့်ပေးနေသော ဆရာဝန်ကလေးက မသိမသာ ပြုံးသည်။

"ဆေးထိုးဘူးနော်"

"အေး ထိုးပါဘူးကွ"

နို့ညှာကေင်က အခုမှ ပြုံးလာသည်။

"ဒါပေမယ့် ရေခဲခြစ်တော့ မစားရဘူးနော် ရေခဲလဲမငုံရဘူး၊ ဟုတ်လား"

"ဘာ ဖစ် ရို့"

"အာသီးရောင်တတ်တယ်ကွ၊ နောက်တစ်ခါ အာသီးရောင်ရင်တော့ အပ်အကြီးကြီးနဲ့ ဆေးထိုးရမယ် သိလား"

"အင်း ရေခဲခြစ်ကို ငုံမိတော့ အာသီးရောင်ပြီး ဖျားတတ်တယ်တဲ့၊ ငါကတော့ ရေခဲအချစ်ကို ယုံမိလို့ ထဘီပေါင်ပြီး စားရတာပေါ့ဟယ်"

ဆရာဝန်ကလေး၏ နောက်ဘက်နံရံတွင် ချိတ်ထားသော ကလေးဝဝ လှလှကလေးများ၏ ပုံကို ငေးကြည့်နေရင်း မစိန်မြက စဉ်းစားမိသည်။ နံရံဘက်လှည့်ကာ ကွေးကွေးကလေးအိပ်ရင်း တခူးခူးဟောက်နေမည့် ကိုရေခဲ၏ အသွင်သဏ္ဌာန်ကို တွေးထင်မြင်ယောင်မိတော့ ဆရာဝန်ကလေးက ဆေးထုပ်များ ကမ်းပေးသည်ကို မမြင်မိတော့ချေ။

"ခြောက်ကျပ်ပဲပေးပါ အစ်မကြီး"

ထိုအသံကိုလည်း မကြား၊ တင်ပါးတဘက်စောင်းကာ၊ ကလေးကို ခါးထစ်ခွင်ကာ ရပ်ရင်း စဉ်းစား၍ ကောင်းနေသည်။

"သူတို့ ရေခဲခြစ်က ခဏပဲဖျားတာ၊ ငါ့ရေခဲချစ်ကြီးကတော့ တဘဝလုံးဖျားတာ ဟွန်း ပြောလိုက်ချင်ဘူး ဖားဖားကိုလန်လို့တော်ရေ့"

(၁၉၈၅၊ ဖေဖော်ဝါရီလ၊ ကလျာမဂ္ဂဇင်း)

ခက်ဆစ်များ

ရေခဲခြစ် (န) 刨冰

မာဆတ်ဆတ် (ကဝ) 声调生硬地，板着面孔地

မီးငြိမ်း (က) (烟头儿)火灭了

အဖျားအနာ (န) 疾病

ဓားပြတိုက် (က) 抢劫

စိတ်ညစ်ညူး (က) 烦恼，闷闷不乐

မျက်စောင်းကြီးခဲ (က) 斜眼看

ကုတ်ကတ် (က) 艰难，竭尽全力

ဖင်ညှောင့်ရိုးအောင့် (က) 尾骨疼痛

စွဲချက် (န) 控告书，罪状

နို့ညှာကောင် (န) 因有弟弟或妹妹而断奶的小孩

ဖလန်နယ်အင်္ကျီ (န) 棉绒布上衣

သားပေါက် (က) 下仔，产崽

နံတောင်း (န) 人的体侧

ခပ်ဆောင့်ဆောင့် (ကဝ) 发脾气地，气呼呼地，没好气地

မျက်တောင်ခတ် (က) 眨眼

ကာလနာတိုက် (က) 染上瘟疫

အူတူတူ (ကဝ) 莫名其妙地

အတီးအတ (ကဝ) 愚蠢地，笨头笨脑地，傻乎乎地

အထက်ဆင် (န) 女筒裙的裙腰

ရွေး (က) 赎回

ပါတိတ်ထဘီ (န) (马来亚、印度尼西亚产)蜡染筒裙

ဆုတ်ကန်ကန် (က) 挣扎，挣脱

ပဋိသန္ဓာရစကား (န) 打招呼的话

ထုသားပေသားရ (က) 饱经风霜，久经锻炼

အာသီးရောင် (က) 扁桃体发炎

နှပ် (န) 鼻涕

တဖားဖား (ကဝ) 疲惫地

စာဆိုအတ္ထုပ္ပတ္တိ

မစန္ဒာ (၁၉၄၇–)

မစန္ဒာ၏ အမည်ရင်းမှာ ဒေါ်ချိုချိုတင်ဖြစ်သည်။ ၁၉၄၇ခုနှစ်၊ စက်တင်ဘာလ ၄ရက်နေ့တွင် ရန်ကုန်မြို့၌ အဖဦးထွန်းတင်(စာရေးဆရာမန်းတင်)၊ အမိဒေါ်သန်းတင်တို့မှ ဖွားမြင်သည်။

၁၉၇၁ခုနှစ်တွင် ရန်ကုန်တက္ကသိုလ်မှ ဗိသုကာဘွဲ့ရရှိသည်။

၁၉၆၅ခုနှစ်၊ အောက်တိုဘာလထုတ် ငွေတာရီမဂ္ဂဇင်းတွင် ပါဝင်သော "ကျွန်မဆရာမ" ဝတ္ထုတိုဖြင့် စာပေနယ်သို့ဝင်ရောက်သည်။ ထင်ရှားသော ဝတ္ထုများမှာ မစန္ဒာဝတ္ထုတိုများ၊ စိမ်းရွှက်သစ်တဝေဝေ၊ နက်ဖြန်ခါ၊ နှင်းဆီ၊ တိမ်ဖုံးပါလို့လမသာ၊ မစပ်သောငရုပ်၊ ဂျီဟောလူ၊ ပုဏ္ဏား၊ ပန်းစကား၊ ကွက်လပ်ကလေးဖြည့်ပေးပါ တို့ဖြစ်သည်။ ဘဝအိပ်မက် ပန်းအိပ်မက် ဖြင့် (၁၉၉၄) အမျိုးသားစာပေ ဝတ္ထုရှည်ဆု၊ (၂၀၀၀)ခုနှစ်တွင် ဝတ္ထုတိုပေါင်းချုပ်ဆု၊ ဆဋ္ဌဂံ ဖြင့် (၂၀၀၃)

အမျိုးသားစာပေဆုများ ဆွတ်ခူးရရှိခဲ့သည်။

လေ့ကျင့်ခန်း

၁။ ကိုရေခဲနှင့်မစိန်မြတို့၏ စရိုက်သဘာဝကိုလည်းကောင်း၊ စိတ်မြန်လက်မြန် မစိန်မြနှင့် အေးစက်စက် ကိုရေခဲတို့ ပဋိပက္ခကိုလည်းကောင်း စာရေးသူက မည်သို့ရေးဖွဲ့ထားသည်ကို ဆွေးနွေးကြပါ။

၂။ စာရေးသူသည် ဤဝတ္ထုပါအကြောင်းအရာမျိုးကို ကြေကွဲဆို့နင့်ဖွယ်ရာ၊ ရင်မောဖွယ်ရာ ဖြစ်လာအောင် မရေးဘဲ ပေါ့ပေါ့ပါးပါးပင် ရေးဖွဲ့လိုက်သည်မှာ ဆင်းရဲသားတို့၏ဘဝကို လှောင်ပြောင်သရော်လိုသောလေသံ ပါသည်ဟုဆိုနိုင်သလား။ မဆန္ဒာ၏ဝတ္ထုတိုရေးဟန်ကို သုံးသပ်ပါ။

သင်ခန်းစာ(၂၁) အဝေးကြည့်မှန်ပြောင်း

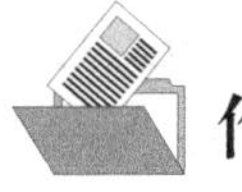

作品导读

珠（1958—）是20世纪80年代以来备受缅甸文坛和评论界关注的浪漫主义短篇小说家。她认为文学应当关注人类普遍的生存境遇，给予自然和社会更多人文关怀。在创作上大胆接受和吸收西方现代主义表现手法，崇尚没有思想束缚的自由创作。《望远镜》（1985）的创作灵感都来自真实的生活或事件。在生活中珠是一个不轻言放弃的人，她宁肯永远抱着希望，哪怕结果是不确切的，也不愿让自己陷入失望和绝望。这种性格在《望远镜》中演绎成女主人公对不辞而别、三年不归的丈夫的不懈等待。移居小镇不久的这个孤僻的女人终日与满屋的钟表、扑克牌和一个望远镜为伴。日复一日，年复一年，她一直坚信丈夫会在他生日这天回到她的身边。这已经是丈夫离家后她为他准备的第三个生日聚会了。她想象着与他重逢的各种情景……一列出殡的队伍从窗前经过，渐行渐远，当她又一次端起望远镜时，惊恐地发现灵柩上死者的照片是自己的丈夫…… 女主人公的思绪忽而清醒，忽而困顿，忽而梦幻，真实和错觉相互交织，意识流动构成了小说的逻辑整体。而小说的创作灵感源自生活中作者从母亲那里不经意间获得的一个启示。据作家自述，小时候每当她在下午三、四点钟睡觉时母亲常来唤醒她，说是临街的路上有出殡的队伍经过，这时睡觉不好。后来作家在构思《望远镜》时问起母亲这是为什么。母亲说如果在灵车经过时睡着了，死者的灵魂可能会来附身，或者自己的灵魂会跟着死者走。这个很不确切的答案对于对超现实主义感兴趣的珠来说，无疑激发出了极有价值的写作动机。《望远镜》1987年曾被译成日文出版。

အဝေးကြည့်မှန်ပြောင်း

ချူး

ထိုအချိန်သည် ပြတင်းပေါက်တစ်ခုဘေး၌ သူမ မတ်တတ်ရပ်နေချိန် ဖြစ်သည်။ ဘူတာရုံနာရီစင်မှ ညနေငါးနာရီ ထိုးရန် ထိုင်းမှိုင်းလေးတွဲ့သော သံစုံဂီတ စတင်တီးခတ်ချိန်လည်း

ဖြစ်သည်။ ထိုအချိန်မှာပင် အဝေးဆီမှ မသာဂီတတစ်ခုသည် ဝမ်းနည်းတတ်သော သူမထံသို့ တစ်ပိုင်းတစ်စ လွင့်စဉ်လာခဲ့သည်။

ယနေ့ အင်္ဂါနေ့ဖြစ်သည်။ မီးရထားမလာသေးပါ။

၁၉၈၅ခုနှစ်အဖို့ ပထမဦးဆုံးအကြိမ် မီးရထားနောက်ကျခြင်း ဖြစ်သည်။ နေ့စဉ် ပြုမူနေကျ ဝတ္တရားတစ်ခုအဖြစ် မီးရထားဥသြသံကို စောင့်မျှော်နေချိန်တွင် ဥသြသံအစား မသာဆိုင်းသံကိုသာ ဝေးလံစွာ ကြားရ၏။ နဲ့အီသံနှင့် ဗုံရှည်သံတို့ကို အချိုးကျကျ ပေါင်းစပ်လိုက်သော အခါ ဖြည်းလေး၍ ငိုကြွေးဖွယ်ရာ ဖြစ်သော မသာဆိုင်းသံ ဖြစ်လာသည်။ အသုဘ ခရီးမှာ ဗုံရှည်နှင့်နဲ့ကို တီးမှုတ်ရန် မည်သူကမျှား စိတ်ကူးရခဲ့ပါသနည်း။ ကြားရသည်မှာ စိတ်မသက်သာစရာ၊ ရင်ဝကို ဆောင့်၍ဆောင့်၍ တွန်းထိုးဘိသကဲ့သို့ ဖြစ်သည်။

ဤမြို့ငယ်ကလေး၏ ထူးခြားချက်များတွင် 'အသုဘချခြင်း' သည် တစ်ခု အပါအဝင် ဖြစ်၏။ ဤမြို့တွင် လူသေအလောင်းကို နိဗ္ဗာန်ယာဉ် မော်တော်ကားဖြင့် မပို့ဆောင်ကြပါ။ ဝါးများဖြင့် ပြုလုပ်သော ဝေါကဲ့သို့ ထမ်းစင်ဖြင့်သာ အလောင်းစင်ကို ပို့ဆောင်ကြသည်။ လူသုံးယောက်လျှင် တစ်ဘက်စွန်းစီ ရှေ့နောက်ထမ်းကြသော ထမ်းစင်ဖြစ်သည်။ လိုက်ပါပို့ဆောင်သူများလည်း မော်တော်ကား မစီးကြပါ။ ခြေကျင်စုပေါင်း၍ ဖြည်းညင်းစွာ လိုက်ပါ ပို့ဆောင်ကြပါသည်။ သံဃာတော်များလည်း အလောင်းစင်၏ ရှေ့မှ စီတန်း၍ ခြေကျင် လမ်းလျှောက်သွားကြသည်။

အမှန်အားဖြင့် အသုဘကို နေ့လယ်သုံးနာရီမှ ညနေလေးနာရီ အချိန်အတွင်း သင်္ဂြိုဟ်တတ်၏။ ယနေ့ အသုဘနောက်ကျသည်။ လေပြင်းမုန်တိုင်းကြောင့် ဖြစ်နိုင်ပါသည်။

အနီရောင် လေပြင်းမုန်တိုင်း ရက်တရက် တိုက်ခတ်လိုက်သောကြောင့် ပြုလုပ်နေကျ လုပ်ငန်းတစ်ခု ယနေ့နောက်ကျသွားခဲ့၏။ ပိတ်ဆီးနေသော ဖုန်ထုကြောင့် အနီရောင်ပြေးနေသော ဝန်းကျင်ကြားခံနယ်ကို မှန်ပြောင်းဖြင့် ဖြတ်သန်း မမြင်နိုင်တော့ပါ။ မှန်ပြောင်း၏ မှန်ဘီလူးများကို နူးညံ့သောအဝတ်ဖြင့် မကြာခဏ ပွတ်တိုက်ပေးပါလျက် နီကျင်သော ဖုန်များသည် တစ်မဟုတ်ချင်း ပြန်လည် ကပ်ငြိပြန်၏။ ယခင်နေ့များကတော့ မှန်ပြောင်းဖြင့် အဝေးရှိသစ်ပင်ထိပ်ဖျားတို့မှ ငှက်များ၊ ပန်းပွင့်များ၊ တယ်လီဖုန်းတိုင်များ၊ ဖုန်တက်နေသော အိမ်ခေါင်မိုးများ၊ ဝရန်တာများကို ကြည့်ရှုမှတ်သားနေကျဖြစ်သည်။ အားလပ်ချိန် အပန်းဖြေနည်းတစ်မျိုးလည်း ဖြစ်ပြီး အချိန်ကိုကုန်မှန်းမသိ ကုန်စေနည်းလည်း ဖြစ်သည်။ ဤမြို့သို့ ရောက်သည်မှာ မကြာသေးသော်လည်း သူမသည် ကုန်းမြင့်ဆီမှ ဘုရားစေတီပေါင်း နှစ်ဆယ့်သုံးဆူကို မှန်ပြောင်းဖြင့် ရေတွက်ပြီး ဖြစ်သည်။ ဤမြို့သည် သစ်ပင်ကျဲပါးသော အပူရောင် ဒေသတစ်ခု ဖြစ်သည်။ ထို့ကြောင့် ဘူတာရုံကိုလည်း အလွယ်တကူမြင်နိုင်သည်။ ဘူတာရုံသည် အနီရောင်အုတ်ကြွပ်မိုးနှင့် အုတ်နီတိုက်ငယ်ဟောင်းကလေးဖြစ်သည်။ မီးရထားဆိုက်ချိန် ရောက်

လျှင်တော့ ဘူတာရုံဆင်ဝင်ပေါက်သို့ ရွှေ့ချိန်ပြီး ရထားဆင်းခရီးသည်တို့ကို တစ်ယောက်ချင်း စောင့်ကြည့် မျှော်လင့်မြဲဖြစ်သည်။ ပြုလုပ်နေကျ ဝတ္တရားတစ်ခု ဖြစ်၍ တစ်ခါတစ်ရံ ရင်ခုန်ဖို့ ကိုပင် မေ့လျော့နေတတ်ပါသည်။

လေနီကြမ်းတိုက်သည့်နေ့တွင် မီးရထားနောက်ကျသည်မှာ အံ့သြဖို့ မရှိသော်လည်း သူမ အလွန်အမင်း အိပ်ချင်နေသည်မှာ အံ့သြစရာဖြစ်သည်။ မိန်းမတစ်ယောက်သည် လင်ယောကျ်ား၏ မွေးနေ့ပွဲအခမ်းအနား ကျင်းပခါနီးအချိန်တွင် အိပ်ချင်နေဖို့ မကောင်းပါ။ ယနေ့ ကြာသပတေးနေ့ မဟုတ်၊ သို့သော် မတ်လ(၂၆)ရက်နေ့ဖြစ်သောကြောင့် မွေးနေ့ပွဲကို ညနေ ၆ နာရီတွင် ကျင်းပမည်။ ဧည့်သည်များကို ဖိတ်ကြားထားပြီး ဖြစ်သည်။ သူမ၏ အံ့သြ တတ်သော ဧည့်သည်များ မကြာမီ ရောက်လာကြလိမ့်မည်။

သူမ၏အိမ်တွင် နာရီများစွာ ရှိသည်။ နာရီများစွာ ရှိခြင်းကြောင့် တစ်စုံတစ်ယောက်သည် အံ့သြဖို့မလိုပါ။ မျက်နှာမပါသော၊ လက်တံမပါသော နာရီများကိုလည်း မည်သူမျှ မရယ်မောရ။ မင်းတို့သည် အာဟာရ ပြတ်တောက်နေသူများ ဖြစ်၏။ လေးတွဲ့စွာလှုပ်ရှားရင်း အားအင် ကုန်ခန်းသွားသူများ ဖြစ်၏။ ထို့အပြင် ၂၇၂ မိုင်ဝေးသောခရီးကို ကားဖြင့် ဖြတ်သန်းလာခဲ့ရ သောအခါ သူတို့မလှုပ်ရှားနိုင်တော့ပါ။ ဤမျှများပြားလှစွာသော နာရီများကို အဘယ်ကြောင့် ဒုက္ခခံ၍ သယ်ယူလာပါသနည်း။ နာရီများဖြင့် ခရီးသွားရခြင်းသည် ပျော်ရွှင်ဖွယ်ရာ မဟုတ်သလို ဒုက္ခလည်း မဟုတ်ပါ။ ထို့ပြင် နာရီများ၏ ပိုင်ရှင်မှာ သူဖြစ်သည်။ နာရီများသည် သူမတို့ နှစ်ဦးကြားရှိ အဆက်အသွယ်ကောင်း တစ်ခုလည်း ဖြစ်၏။ခက်နေသည်မှာ သူမသည် ရပ်တန့်နေသော နာရီများကို လှုပ်ရှားလာအောင် မည်သို့မျှ မပြုပြင်တတ်ခြင်းပင် ဖြစ်သည်။

မည်သို့ဆိုစေ သူမ၏ မိတ်ဆွေအသစ်များသည် သူမအိမ်သို့ ရောက်လျှင် အံ့သြနေကြမြဲ ဖြစ်သည်။ ပထမဆုံး မိန်းမတစ်ယောက်နှင့် မည်သို့မျှ မပတ်သက်သော များပြားလှသည့် နာရီများကို အံ့သြ၏။ ဒုတိယအဖြစ် မိန်းမတစ်ယောက်နှင့် မပတ်သက်သော အလွန် အား ကောင်းသည့် အဝေးကြည့်မှန်ပြောင်းကို အံ့သြ၏။ တတိယအဖြစ် ဧည့်ခန်းစားပွဲမှာ တန်းစီချ ထားသည့် ဟောင်းနွမ်းသော ဖဲချပ်ကလေးများကို အံ့သြ၏။ နောက်ထပ် အံ့သြစရာများ အိပ်ခန်းထဲတွင် ရှိသေးသော်လည်း သူမအနေဖြင့် သည်ထက်အံ့သြမှုပေးရန် မရည်ရွယ်ပါ။ သူမ၏ မိတ်ဆွေအသစ်များသည် အရာရာကို အံ့သြတတ်၏။ စိတ်ဝင်စားတတ်၏။ သူမ ဘယ်လိုမိန်းမမျိုးလဲဟု စပ်စုတတ်ကြသေးသည်။ ဖြေရန်မလိုအပ်ပါ။ သူမကိုယ်တိုင်လည်း မသေချာပါ။ သူမသည် အိမ်ထောင်သည်တစ်ဦး ဖြစ်ခဲ့သည်မှန်၏။

သို့သော် တစ်ခုလပ်မိန်းမတစ်ဦးလည်း ဖြစ်နိုင်သည်။ ထိုမှတစ်ပါး မုဆိုးမတစ်ဦးလည်း ဖြစ်နိုင်ပါသည်။

သူ သူမထံ အကြောင်းကြားစာကလေး ဖြစ်ဖြစ် ရေးပေးဖို့ကောင်းသည်ဟု မကြာခဏ

တောင့်တခဲ့ရသည်။ သို့မဟုတ် ရောင်စုံပို့စကတ်တစ်ခုခု သို့မဟုတ်လည်း သူဘယ်ရောက် နေသည်ဟု အကြောင်းကြားမည့် ကြေးနန်းစာတစ်စောင်ဖြစ်ဖြစ်ပေါ့။ သူ သူမကိုများ မေ့လျော့ နေလေသလား။ သူသတိမမေ့တတ်ပါ။ သူအလွန်တစ်ရာ မှတ်ဉာဏ်ကောင်းပါသည်။ အိပ်ရာ ထချိန် စောင်နှင့်ခြင်ထောင်များ ခေါက်သိမ်းရန် အင်မတန်ပျင်းရိတတ်သူ တစ်ယောက်သည် မိမိဇနီးထံ စာရေးဖို့လည်း ပျင်းနေနိုင်သည်။ သုံးနှစ်ကြာအောင်လား၊ မဖြစ်နိုင်ပါ။ အမှန် အားဖြင့် ကျိုးကြောင်းဆင်ခြင်မှု ကင်းမဲ့သော ဖြေသိမ့်ခြင်းပင် ဖြစ်၏။ ဖြစ်သင့်သည်က သူမဘက်မှ အရာရာကို တင်ကြိုပြင်ဆင်၍ လေ့ကျင့်ထားရပေမည်။ ဥပမာ ကွာရှင်းစာချုပ်ကို မျက်နှာမပျက်ဘဲ အလွယ်တကူ လက်မှတ်ထိုးပေးနိုင်ရန်၊ အချုပ်ခန်း သံတိုင်များ နောက်ကွယ် က သူ့မျက်နှာကို အားပေးသည့်အကြည့်ဖြင့် နှစ်သိမ့်နိုင်ရန်၊ ရင်ခွဲရုံကျောက်စားပွဲပေါ်မှ အဝတ်ဖြူအုပ်ထားသော မျက်နှာတစ်ခုအဖြစ် လုပ်ပြခဲ့လျှင် ရဲရင့်စွာငုံ့ကြည့်၍ အတည်ပြုချက် ပေးနိုင်ရန်၊ အို ဒါဟာအပြီးတိုင် ဆုံးရှုံးမှုပဲလား။ အအေးမိ လည်ချောင်းနာ ရောဂါအတွက် သူစားနေကျ တြိဂံပုံစံ “Vick” ဆေးပြားတို့သည် သုံးနှစ်ကြာအောင် သိမ်းဆည်းထားခဲ့သော ကြောင့် ပုလင်းနံရံကို အနီရောင်အစွန်းအထင်းများဖြင့် ဖြစ်စေလျက် ကပ်စေးနေကြသည်။ ဒါဟာ အပြီးတိုင် ဆုံးရှုံးမှုများလား။

သူ၏ နေရပ်လိပ်စာကို မိမိရှိသမျှစည်းစိမ်ကို ပုံအော၍ဝယ်လို့ရလျှင် ဝယ်ချင်ပါသည်။ သူ ဘယ်လိုမိုးကောင်းကင်အောက်မှာ ရှိနေပါသနည်း။ သူတစ်နေရာရာမှာ ပျော်ရွှင်ကျန်းမာ နေကြောင်း သူမ မြင်တွေ့ချင်သည်။

သူပြန်လာချင်လည်း လာမည်၊ မလာဘဲလည်းနေနိုင်သည်။ သို့မဟုတ် သူ ဤကမ္ဘာ မြေပေါ်တွင် ရှိချင်မှလည်း ရှိတော့မည်။ သူနှင့်ပတ်သက်သမျှ ဘာမဆို ဖြစ်နိုင်ပါသည်။

ဧည့်ခန်းနံရံများ၊ တိုင်များပေါ်တွင် ရှုပ်ပွပြည့်နှက်နေသော နာရီအမျိုးမျိုးကို ငေးမော နေမိသော သူမသည် နာရီတစ်ခုတလေများ စက်သွားနေမလားဟု စူးစမ်းလေ့လာကြည့်သည်။ နာရီအားလုံး ငြိမ်သက်နေ၏။ တချို့က ပင့်ကူမျှင်များ ရစ်တွယ်နေသည်။ တိုင်ကပ်နာရီများ၏ သစ်သားအိမ်နံရံတို့တွင် ဖုန်တက်နေသည်။ သည်နာရီတွေဟာ ဘာများအဲ့သြစရာ ရှိလို့လဲ ကွယ်။ သူမသည် အားလျော့စိတ်ပျက်စွာ မျက်နှာလွှဲလိုက်၏။

လေမှန်တိုင်း ပြီးဆုံးပြီးနောက် စတုတ္ထအကြိမ်အဖြစ် မှန်ပြောင်းကို ကိုင်ယူလိုက်ပြန် သည်။ သူဟာ သူ့ကို ရှာဖွေမျှော်ကြည့်နိုင်ဖို့အတွက်များ သည်မှန်ပြောင်းကို ထားရစ်ခဲ့လေ သလားနော်။ ဤအတွေးမျိုး သူမဉ္စ မကြာခဏ ပေါ်ပေါက်ခဲ့ဖူးသည်။ ဤမှန်ပြောင်းသည် သူဖဲနိုင်လာခဲ့သော တန်ဖိုးကြီးပစ္စည်း တစ်ခုဖြစ်၏။ သူမ အပြင်ဘက်သို့ မှန်ပြောင်းဖြင့် ကြည့်လိုက်သည်။ ဓာတ်မီးတိုင်နှင့် လျှပ်စစ်ဝါယာကြိုးတန်းများကို အရင်ဆုံးတွေ့ရ၏။ ထို့ နောက် ခရမ်းပြာရောင် စွယ်တော်ပွင့်များ။

မှန်ပြောင်းကို နည်းနည်းရွှေ့လိုက်သောအခါ မိုက်ကရိုဝေ့ဖ်မျှော်စင်၊ ဟင့်အင်း မဟုတ်သေးပါဘူး။ အောက်သို့နည်းနည်းပြန်ချလိုက်သောအခါ ရွှေ့လျားနေသော လိမ္မော်ရောင်တန်းကို မြင်ရသည်။ ဘာများပါလိမ့်။

"ဘိက္ခဝေ အိုနာသေရေး ဒုက္ခဘေးမှ ကင်းဝေးလိုငြား အို ချစ်သားတို့"

ကြည်လင်လှပ၍ ဆွတ်ပျံ့ဖွယ်ဖြစ်သော်လည်း ဘယ်တုန်းကမျှ ကြားရကောင်းစေဟု မတောင့်တခဲ့ဖူးသော တရားသံပါတကား။ မှန်ဘီလူးဆုံတာကို ပြင်၍ ချိန်ကြည့်သောအခါ သံဃာတော်ဆောင်းသောထီးများ စီတန်းရွှေ့လျားနေသည်။ သင်္ကန်းအဝါရောင်များ၊ နောက်မှ သီလရှင်များ၊ "ပုရိသေန ဝါ နွယ်လာဖခင် ယောက်ျားပင်ဟု ခေါ်တွင်မှတ်သား အမျိုးသားများသည် လည်းကောင်း ဂဟေဒွေ ဝါ"

ထို့နောက် ဘူတာရုံခေါင်မိုး၊ ထို့နောက် ဆင်ဝင်ပေါက်၊ အနည်းငယ် လှည့်ယူပြီး တစ်သမတ်တည်း ချိန်ထားလိုက်တော့သည်။ ဘူတာရှေ့တွင် ဂျစ်ကားနှစ်စီး ရပ်ထား၏။ ကားမောင်းသူများ ကားဘေးမှာရပ်၍ အသုဘလာမည့် လမ်းကို မျှော်ကြည့်နေဟန် ရှိ၏။ သူမ မသိသော မျက်နှာများဖြစ်သည်။ ဤမြို့ငယ်ကလေးတွင် သူမ အသိအကျွမ်း နည်းပါးသေးသည်။ ပြောင်းရွှေ့လာသည်မှာ မကြာသေးသောကြောင့် ဖြစ်သည်။

ဤမြို့ကလေးသို့ အလုပ်ပြောင်းရွှေ့မည်ဟု သိရစဉ်က ပထမဆုံး ပူပန်မိသည်မှာ သူ၏ အိမ်ပြန်ခရီးအတွက် ဖြစ်သည်။ သူသည် အရင်တုန်းကလည်း စစ်စုံတစ်ရာမပြောဘဲ အိမ်မှ ခြောက်လခန့် ထွက်သွားပြီး ဘာမျှအကြောင်းမကြားဘဲ ဖြုန်းဆိုပြန်ရောက်လာခဲ့ဖူး၏။ အဲသည်တုန်းကတော့ မြင်းခွာသံကိုသာ သူမ စောင့်ခဲ့ရသည်။ လည်ပတ်နေသော လှည်းဘီး ထောက်တိုင်များ အကြား မြင်းရိုက်ကြိမ်လက်ကိုင်ကို ခပ်ဖွဖွဖိသွင်း၍ တဒေါက်ဒေါက် မြည်သံပေးပြီး အပြင်းမောင်းနှင်လာမည့် မြင်းလှည်းတစ်စီး၏ အသံကိုပေါ့။ မျှော်လင့်သည့် အတိုင်း တစ်ညနေတွင် ခြံထဲအထိ မောင်းဝင်လာသော မြင်းခွာသံကို ကြားရ၏။ ထို့နောက် လှေကားကို တဒိုင်းဒိုင်းမြည်အောင် ပြေးတက်လာသော ခြေသံ၊ ထို့နောက် ပျဉ်ခင်းကြမ်းပြင်ကို ရှပ်တိုက်နင်းလာသော အသံ၊ ထို့နောက် မီးပူကို ဘေးသို့ထောင်ချ၍ နောက်လှည့်ကြည့်လိုက်သောအခါ အခါတိုင်းကဲ့သို့ အပြင်မှပြန်လာသော မျက်နှာထားမျိုးဖြင့် သူ့ကို တွေ့လိုက်ရတော့သည်။

ယခုတစ်ကြိမ် သူပြန်လာခဲ့လျှင် သော့ပိတ်ထားသော သူ့အိမ်တံခါးကို ကြည့်ပြီး သူ စိတ်ထိခိုက်သွားတော့မှာပဲ။ ညပေါင်းများစွာ သောကရောက်ခဲ့ပြီးနောက် သတင်းစာမှ ကြော်ငြာသည့်နည်းကို ရွေးချယ်လိုက်သည်။ သူသည် သတင်းစာ ကြည့်လျှင် လက်ထပ်သတင်း၊ ရုပ်ရှင်သတင်း၊ နာရေးသတင်း၊ ကြော်ငြာကဏ္ဍကို အရင်ဆုံး ကြည့်တတ်၏။ သူ သူမ၏ အိမ်ပြောင်းရွှေ့ခြင်းဟူသည့် ကြော်ငြာတိုကလေးကို တွေ့သွားမှာပါ။ ပြောင်းရွှေ့သူ ကာယကံရှင်၏ နေရာတွင် သူမ ရေးထည့်ပေးလိုက်သော သူခေါ်နေကျနာမည်ကို သူမှတ်မိသွားမှာပါ။ မိမိ

ဇနီးကို "လေဒီ"ဟုခေါ်သူ အမျိုးသား ဘယ်နှစ်ယောက်များ ရှိမည်နည်း။

"ပိယေဟိ ချစ်ခင်စုံမက်၊ မခွဲရက်အောင် စွဲချက်နာနာ ချစ်ရပါသော မနောပေတိ တွေ့ရတော့ ကြည်လင် မြင်ရလျှင် အချစ်ပွား ကြားရတော့ ရွှင်ပြုံး စိတ်နှလုံးအလိုကျသဖြင့် ဒီဘဝမခွဲတမ်းဟု စွဲလမ်းကာနေကြသည့် ချစ်စရာမှန်သမျှ ချစ်သူတွေ အနန္တတို့နှင့် နာနာဘာဝေါ အရပ်တစ်ပါး ပြောင်းရွှေ့သွား၍ အနားကခွာ တစ်ပါးရွာသို့ ဝေးစွာကြဉ်ဖဲ အစဉ်လွဲသဖြင့် ရှင်ကွဲကွဲရခြင်းသည်လည်းကောင်း"

မှန်ပြောင်းထဲမှ ဘူတာရုံ ဆင်ဝင်ပေါက်တွင် လူအများ ရုတ်ရုတ်သဲသဲ ဖြစ်နေသည်။ မီးရထားလာတော့မှာလား။ မျက်ရည်ရစ်ဝဲနေသော မျက်စိကို ပိတ်လိုက် ဖွင့်လိုက် လုပ်ပစ်လိုက်၏။

မေ ရုပ်နာမ်နှစ်ဖြာ ရရှိလာသော ငါ့အား အနတ်ပေါတိ မလွှဲသာ မရှောင်သာ မလွန်ဆန်နိုင်ချေပါတကား ဟူ၍ အဘိဇ္ဈာ နေ့ရောညပါ ဘယ်နေရာမှ ချိန်ခါမပြတ် ပစ္စဝေက္ခိတဖွဲ့ သတိထင်ထင်ဉာဏ်သက်ဝင်၍ ဆင်ခြင်သုံးသပ် အောက်မေ့အပ်၏။ စိတ်နှလုံးကို သိမ်းကျုံး ယူငင်သကဲ့သို့ ဝမ်းနည်းတုန်လှုပ်စေတတ်သော ထိုအသံသည် နားထဲသို့ တွန်းထိုး၍ ဝင်ရောက်လာပြန်သည်။ ထိုအသံသည် သူမ၏ အိမ်ရှေ့အထိ ရောက်လာလိမ့်မည်။ အသုဘ တော်တော်များများ သူမတို့လမ်းမှ ဖြတ်သွားတတ်ကြပါသည်။ မွေးနေ့မင်္ဂလာ ကျင်းပမည့် အိမ်ရှေ့တွင် အသုဘ ဖြတ်သွားခြင်းမှာ သိပ်မကောင်းလှပါ။ ဤနေရာ၌ သူမတို့သည် အသုဘ ထမ်းစင်ကို အမင်္ဂလာ လူသေအလောင်းတစ်ခုအဖြစ်သာ မြင်၍ ယာဉ်တစ်ခုအဖြစ် မမြင်တတ်ကြသေးချေ။

ဟော သူမ အလွန်တရာကြားချင်နေသော အသံတစ်ခုသည် အဘိဇ္ဈာသုတ် ရွတ်သံကိုပင် လွှမ်းမိုးလျက် ကျယ်လောင်စွာ နီးကပ်လာပြီ။

မီးရထားဥသြသံဖြစ်၏။ သူမ မောပန်း၍ ရင်ခုန်လာသည်။ နေ့စဉ်ရထားဆိုက်ချိန်တိုင်း ခံစားရသော ဝေဒနာဖြစ်၏။ သူဤရထားဖြင့် ပါမလာဘူးဟု မည်သူ ပြောနိုင်မလဲ။ မှန်ပြောင်းကို ဘူတာဆီသို့ ချိန်ထားသော်လည်း မျှော်လင့်ချက်သည် လျော့နည်းသွား၏။

သူပြန်လာမှာ ဟုတ်ပါ့မလား။ သူ့မွေးနေ့ကို သူမရှိဘဲ ကျင်းပခဲ့ရတာ အခုဟာနဲ့ဆိုရင် တတိယအကြိမ်တောင်။ အို ဘာပဲဖြစ်ဖြစ် သုံးဂဏန်းဟာ ကိုယ့်အတွက် ကံကောင်းနေကျပဲ။ သူလာကိုလာမှာ။ သူ့မွေးနေ့မှာ ပျော်ရွှင်စေချင်တဲ့ အထိမ်းအမှတ်နဲ့ကို ပြန်လာမှာ။ သူ့ရဲ့ ၂၇ နှစ်မြောက် မွေးနေ့မှာလေ။

သို့သော် ဆင်ဝင်ပေါက်မှ ရထားဆင်းခရီးသည်တို့ကို စတင်မြင်လိုက်ရချိန်မှာပင် မှန်ပြောင်းကို ဖယ်ပစ်လိုက်၏။ ပြတင်းမှ နောက်ဆုတ်နောက်ဆုတ်ခွာလာပြီး စားပွဲသို့ ပြန်လာခဲ့သည်။ မွေးနေ့စားပွဲမှ ဖဲချပ်ကလေးများကို စုပြုံသိမ်းကျုံးရင်း ပင်ပန်းကြီးစွာ စိတ်ကို ထိန်းနေရသည်။

ပြန်ကြည့်လိုက်ရမလား။ ဟင် သူ့ကိုမြင်လိုက်ရလျှင် ကြိုတင်၍ ဝမ်းသာ တုန်လှုပ်ရတာပေါ့။ ဒါမှ သူအိမ်ပေါ် တက်လာတဲ့အခါ အရင်တစ်ခါကလို ရုပ်ပျက်ဆင်းပျက် အံ့သြမသွားဘဲ ထိန်းချုပ်ထားနိုင်မှာ ဣန္ဒြေနဲ့လေ။ "သြော် မောင်ပြန်လာပလား၊ ပျော်ရွှင်စရာ မွေးနေ့ပါ" အလုပ်ကပြန်လာတဲ့ ယောကျ်ားလို တည်တည်ငြိမ်ငြိမ်ကလေး နှုတ်ဆက်လိုက်ချင်သည်။ သို့သော် နောက်တစ်ကြိမ် ဘူတာဆီ မကြည့်လိုပါ။ မကြည့်ရဲတာလည်း ဖြစ်နိုင်သည်။ ထောင့်ဖဲများ၊ ညှင်းဖဲများကို ဂဏန်းစဉ်အတိုင်း အရောင်တူအတိုင်း တန်းစီထပ်နေရင်း မိန်းမတစ်ယောက်၏ ဘဝကို ပထမဆုံးအကြိမ် မဟုတ်ဘဲ စက်ဆုပ်လာ၏။

"တို့နှစ်ယောက်ကြားမှာ ဘာမှမရှိဘူး၊ အဆိပ်တွေပဲ ရှိတယ်"

သူဘာသဘောနှင့် ဤစကားကို ပြောခဲ့မှန်းမသိပါ။ သူမ သူ့ကိုစွဲလမ်းခဲ့ရသည်မှာတော့ သူ၏လှပလုံးဝန်းသော အောက်နှုတ်ခမ်းကြောင့် မဟုတ်၊ အနည်းငယ်မျှ လှိုင်းတွန့် မရှိဘဲ ဖြောင့်စင်းအုပ်ဆိုင်း၍ ကော့ညွတ်သော ဆံပင်များကြောင့် မဟုတ်၊ နူးညံ့ဝါညက်သော ရယ်မောသံကြောင့်လည်း မဟုတ်မူ၍ ဖဲရိုက်ရင်း သူများကို စာကျယ်ကျယ်ဖတ်ခိုင်းပြီးနောက် ချက်ချင်းပြန်လည်ရှင်းပြနိုင်သော အလွန်တရာထက်မြက်သည့် သူ့မှတ်ဉာဏ်ကြောင့်သာ ဖြစ်လေသည်။ ထို့ကြောင့်လည်း သူမအနေနှင့် မိမိဦးနှောက်ကိုသာ ထပ်ကာထပ်ကာ ရွေချနေမိ၏။ ထို့ကြောင့်လည်း မြူကဲ့သို့ပါးလျားသော ချစ်စဖွယ် အငွေ့တစ်ခုကို အမိဖမ်းဖို့ လွန်စွာ နောက်ကျခဲ့ရ၏။ ယခုမှ သူမ နောင်တရသည်။ သူလိုချင်သည်မှာ သူမ၏ ရွှေရောင် ဝင်းလက်နေသော ဦးနှောက် မဟုတ်ခဲ့ပါ။

"အခုတော့ ကျွန်မဟာ မောင့်အတွက် စိတ်ငြိမ်ဆေးအဖြစ်တောင် အသုံးမဝင်တော့ဘူးလားကွယ်"

ဖဲချပ်များကို ကြာမြင့်စွာ စိုက်ကြည့်နေရာမှ စားပွဲပေါ်တင်ထားသည့် လက်နှစ်ဖက်ပေါ်သို့ မျက်နှာကို မှူးဝေစွာ မှောက်ချလိုက်သည်။ ခဏကလေးသာ ကြာသည်။

ထိုအခိုက်အတန့်ကလေးမှာပင် အိပ်ချင်မူးတူးရီဝေနေသော သူမသည် တစ်စုံတစ်ခုကြောင့် ဖျတ်လတ်သွားခဲ့၏။ ငလျင်လှုပ်သလို အိမ်က ငြိမ့်ခနဲ လှုပ်သွားသောကြောင့်။ နောက်ပြီး သူမအနီးမှာ တစ်ယောက်ယောက် ရှိနေသလို အာရုံက ခံစားရသောကြောင့်။ နောက်ပြီး မွေးရနံ့တစ်ခု။ ဘုရားရေဆိုလာ ချွေးနံ့ပျောက်ဆေးရနံ့ဟု သူမမှတ်မိသည်။

သူမ ဘယ်လောက် ဝမ်းသာတုန်လှုပ်သွားသည်ကို ဘယ်တော့မျှ ဖော်ပြနိုင်စွမ်းမည်မဟုတ်တော့ပါ။ ဖြုန်းခနဲ တုန်တုန်ယင်ယင် မတ်တတ်ထရပ်ပြီး နောက်ပြန်လှည့်ကြည့်လိုက်သည်။

လှေကားထိပ်မှာ သူ၊ အကျယ်ကြီး အော်ဟစ်ငိုယိုပြီး ပြေးသွား ဖက်ပွေ့လိုသော်လည်း မယုံကြည်နိုင်သော လက်နှစ်ဖက်က စားပွဲစွန်းကို တင်းကျပ်စွာ ဖျစ်ညှစ်ထား၏။ သူမ

ခြေထောက်များ အကြောသေနေသလို လေးလံနေကြသည်။

ဘုရား ဘုရား သူတကယ်ပြန်လာတာပါပဲလား။

"လေဒီ"

သူ့အသံမှာ မယုံနိုင်စရာ တိုးတိုးကလေး။ ဝေးလံသော အရပ်မှလာရသလို သဲ့သဲ့လေး ဖြစ်သည်။ ထင်တော့ထင်နေခဲ့သားပဲ။ သည်တစ်ခါ မွေးနေ့တော့ သူလာမှာပါလို့။ သူမတို့ နှစ်ယောက်စလုံး တစ်ယောက်နှင့်တစ်ယောက် ဖက်ပွေ့ နှုတ်ဆက်ခြင်း မရှိဘဲ တစ်ယောက်ကို တစ်ယောက် အံ့ဩတကြီး မောပန်းစွာ စိုက်ငေးနေကြသည်။ သူသည် နီညိုရောင် ရှပ်အင်္ကျီ လက်ရှည်ကို ဝတ်ထားသည်။ ဘောင်းဘီက အနက်ရောင်များသော နီညိုရောင်ဖြစ်သည်။ လွန်ခဲ့သော ငါးနှစ်ခန့်က ဝတ်စုံပါလား။ သူမ သူ့ကို စတင်ချစ်ကြိုက်မိစဉ်က လက်တွေ့ခန်း တစ်ခုမှာ သူဤဝတ်စုံ ဝတ်လာခဲ့သည်။ သူဟာ ဘာမျှ မပြောင်းလဲသေးပါလား။ ထိန်းချုပ် လျက်က မျက်ရည်တို့သည် အဆီးအတားမရှိ ဖိတ်အန်ကျလာပြီး သူမ ရှုံးနှမ်းစွာ ပြုံးရယ်လိုက် သည်။ နောက်ဆုံးတော့ သူပြန်လာတာပဲပေါ့။

သည်အိမ်ကို တော်တော်ရှာရသေးလားဟင်။

မဟုတ်သေးပါဘူး။ သုံးနှစ်ခန့် ခွဲခွာနေရသူ ခင်ပွန်းသည်နှင့် ပြန်တွေ့ရစဉ် ပထမဆုံး ပြောသည့် စကားသည် ဤကဲ့သို့ ပေါ့ပြက်ပြက် မနိုင်သင့်ပါ။

မောင် ဘယ်ကို သွားနေတာလဲဟင်။

မဖြစ်သေးပါ။ သူသည် သူ့ကိစ္စ သူများစပ်စုခြင်းကို မကြိုက်တတ်ပါ။

မောင့်ကို ကျွန်မ နေ့တိုင်းမျှော်နေတာ။

ဟင့်အင်း ရိုးစင်းလွန်း၏။ စိတ်မှလှုပ်ရှားမှုကို နှုတ်မှဖော်ပြလိုက်လျှင် သေးငယ်သွားမှာ ဟု စိုးရိမ်နေမိ၏။ နှစ်ယောက်လုံး မလှုပ်မယှက် ငေးစိုက်နေကြဆဲ ဖြစ်သည်။ နေစမ်းပါဦး၊ သူ့မျက်နှာသည် တစ်ခုခု လိုအပ်နေသည်။ တစ်ခုခု လစ်ဟာနေသည်။ သူမဆီသို့လည်း အပြေး အလွှားလှမ်းလာဖို့ စိတ်ကူးဟန်မတူပါ။ လျော့ရဲရဲရပ်နေသော သူ့ကိုယ်ခန္ဓာသည် အနည်း ငယ် ယိုင်နေ၏။ သူလဲကျသွားတော့မည်ဟုပင် ထင်လိုက်၏။ သူမ လှေကားဆီသို့ အပြေး လျှောက်သွားသည်။ သို့သော် သူမခြေထောက်များ ကြမ်းပြင်တွင် အမြစ်တွယ်နေသလို လေး လံစွာ နှေးကွေးနေကြ၏။

"နေကောင်းရဲ့လားဟင်"

အို သူ့မျက်လုံးများသည် စိမ်းလက်နေကြသည်။ ရင်းနှီးနှစ်လိုခြင်း လုံးဝမရှိသည့် အစိမ်းရောင်မျက်လုံးတို့၏ အငွေ့သည် သူမနှလုံးသားကိုပင် အေးစက်သွားစေ၏။ တွဲပွေ့မည့် သူမလက်များ လေထဲတွင် တန့်သွားသည်။

သူ သူမကို ကြည့်နေခြင်း မဟုတ်၊ နံရံများနှင့် တိုင်များတွင် ရှုပ်ယှက်ခတ်နေသော

မေ့မြောနေသည့် နာရီတို့ကို ငေးကြည့်နေခြင်း ဖြစ်သည်။ သူ အံ့ဩနေသလား။ ထို့နောက် တစ်စုံတစ်ခု သတိရသွားသလို အရေးတကြီး မျက်နှာထား ဖြစ်သွားပြီး ဖြုန်းခနဲ နောက်ပြန်လှည့်ဆင်းသွားသည်။ အို သူ ကားခ မပေးခဲ့ရသေးဘူးလား၊ သို့မဟုတ် ကားပေါ်မှာ ခရီးဆောင်အိတ် မေ့ကျန်ခဲ့သလား၊ မည်သို့မျှ နားမလည်နိုင်ပါ။ သူမသည် နောက်တစ်ကြိမ် သူထွက်သွားမှာကို မလိုအပ်ဘဲ အစိုးရိမ်ပိုသွားမိ၏။ ထို့ကြောင့် သူ့နောက်မှ လှေကားအတိုင်း သူဆင်းသလို တဒိုင်းဒိုင်းမြည်အောင် ပြေးဆင်းလိုက်သွား၏။

"ဘာမေ့လို့လဲဟင်"

ရင်တဒိတ်ဒိတ်ခုန်နေပြီး အရာရာကို မယုံကြည်နိုင်သော စိတ်ကြောင့် သူမ အသံမှာ လှုပ်ခတ်လျက်ရှိသည်။ သူဘာမျှမဖြေပါ။ အိမ်ရှေ့ခြံဝင်းထဲတွင်လည်း အငှားကား မရှိပါ။ သူသည် နောက်သို့လှည့်မကြည့်ဘဲ မြေနီလမ်းအတိုင်း ခြံရှေ့အထိ ကွေ့ပတ်ဆင်းသွားသည်။ တစ်စုံတစ်ရာကို အရင်လိုနေဟန်ရှိ၏။ သူမသည် မြင်လွှာအောက်မှ သူပျောက်ကွယ်သွားမှာကို လွန်စွာစိုးရိမ်လျက် အပြေးအလွှား လိုက်သွားနေသည်။ သို့သော် ခြံရှေ့က လူစုလူဝေးမှာ များပြားလွန်းသည်။ စုပြုံတွန်းထိုးနေသော လူအုပ်ကြားတွင် သူ့အင်္ကျီနီညိုရောင်ကို ရုတ်ခနဲသာ မြင်လိုက်ပြီး လူအများနှင့် ရောနှောပျောက်ကွယ်သွား၏။ သူမ ရုတ်တရက် ဝမ်းနည်းအားငယ်သွားသည်။ "သူပြန်လာမှာ"ဟု တစ်ဖက်က တွေးသော်လည်း "ပြန်မလာဘဲ နေရင်" ဟု စိုးရိမ်စိတ်ကြောင့် ခြံရှေ့က လူအုပ်ကြားသို့ လိုက်ရှာရန် သူမရှေ့တိုးသွားမိသည်။

ကြေးစည်သံသည် သူမ၏နားနားတွင် ကပ်ပြီးတီးလိုက်သလို စူးစူးဝါးဝါး ကြားလိုက်ရပြီး ချောက်ချားစရာ အဘိဓာ္မာသုတ် ဓမ္မတရားသံကို ဆွဲယူငင်ငင် ကြားနေရပြန်သည်။

"အနတိ ဟောတိ မလွဲသာ မရှောင်သာ မလွန်ဆန်နိုင်ချေပါတကား ဟူ၍ အဘိဓာ္မာ နေ့ရောညပါ ဘယ်နေရာမှ"

ယခုအချိန်တွင် စည်ကားလှသော အသုဘအပေါ် စိတ်ဝင်စားလွန်းသည့် ပရိသတ် ကြားတွင် သူမ ညပ်နေပြီဖြစ်သည်။

"ကိုသုခ"

သူမ၏ စိတ်လှုပ်ရှားနှမြောမှုကို မထိန်းနိုင်ဘဲ လူကြားနိုင်သော အသံဖြင့် ခပ်ကျယ်ကျယ် အော်ခေါ်လိုက်မိ၏။ သို့ရာတွင် သူမ၏အသံသည် ရှိုက်ကြီးတငင် ငိုကြွေးလိုက်သော မသာရှင် မိန်းမတစ်ဦး၏ အက်ကွဲသော ငိုသံအောက်မှာ နစ်ဝင်သွားတော့သည်။ ရုတ်ရုတ်သဲသဲ ဖြစ်နေသော လူအုပ်ကြီးသည် ဗုံရှည်သံနှင့်အတူ ရှေ့သို့ တရွေ့ရွေ့တိုးနေသည်။

"ငယ်ငယ်ကလေးနဲ့ မုဆိုးမဖြစ်ရတယ်နော်"

"သေတဲ့ကောင်လေးက နှစ်ဆယ့်ခုနစ်နှစ်တဲ့"

"မရဏာခမ္မော တိုက်ခန်းအိမ်ရာ အဖြာဖြာမှ ဥစ္စာစီးပွား ဆွေမျိုးများနှင့်"

စကားတီးတိုးသံနှင့် အသံချဲ့စက်မှ တရားသံတို့သည် ကွဲအက်ကျိုးပြတ်လျက် သူမဆီသို့ လွင့်စဉ်လာ၏။ သူမ၏ရင်တွင်း၌ အဆမတန် နာကျင်သွားလေသည်။

သူဘယ်ကိုများ သွားတာပါလိမ့်။ သူဘာဖြစ်လို့ ချက်ချင်း ပြန်ထွက်သွားပါလိမ့်။ သူ စိတ်ဆိုးနေတာလား။ ယခုအခါ ဘာမှန်းမသိသော သောကများနှင့်အတူ ကျောထဲက စိမ့်လာခဲ့ပြီ။

"ဖဲဝိုင်းမှာ ဓားထိုးခံရတာဆို"

"လည်ချောင်းဖက်ကာ နေလိုပါလျက် ရှောင်ခွာကြဉ်ဖဲ"

ကြက်သီးဖြန်းခနဲ ထသွား၏။ တစ်ကိုယ်လုံး တုန်ယင်ပြီး နားထဲသို့ လေတဝုန်းဝုန်း တိုးဝင်နေသည်။ သူမ ခြေထောက်များ ယိမ်းယိုင်နေ၏။

"ကိုသုခ"

သည်တစ်ကြိမ်တွင် သူမအသံမှာ သူမကိုယ်တိုင် သဲသဲကွဲကွဲ မကြားနိုင်အောင် တိမ်ဝင်သွား၏။ ဤများပြားလှသော လူအုပ်ရှေ့တွင် သူမ ဟစ်အော်ငို၍ မဖြစ်နိုင်ပါ။ ထိန်းချုပ်၍ မရသောမျက်ရည်တို့သည် တလိမ့်ချင်းလိမ့်ကျနေသည်။ ရင်ထဲမှာ တလှပ်လှပ်နှင့် မူးနောက်နေလျက်က ခြေဖျားထောက်၍ လူအုပ်ကို ကျော်ကာ အလောင်းစင်ကို လှမ်းကြည့်မိသည်။

အမလေး။

သူမ နှလုံးခုန်ခြင်း ရပ်တန့်သွား၏။

ကျွန်းသားခေါင်း၏ ခြေရင်းမှာ ချိတ်ထားသော ဓာတ်ပုံထဲက မျက်နှာသည် သူ့မျက်နှာ ပါလား။ သွေးကြောထဲသို့ အကောင်ငယ်ကလေး များစွာစီးဝင်နေသလို တစစ်စစ်ကြွတက်၍ သွေးတွေ ဆူဝေသွားသည်။ သွေးကြောများ တဒိန်းဒိန်း ဆောင့်တိုး လှုပ်ရှားသွားသည်။ တစ်ချက်ချင်း ဆောင့်တီးသော ဗုံသံကြောင့် နှလုံးသည် လည်ပင်းဆီသို့ ဆို့တက်၍ ပျို့အန်ချင်လာ၏။

ဘာတွေလဲ၊ ဘာတွေဖြစ်ကုန်တာလဲ။

ထိုမျက်နှာသည် သူ့မျက်နှာဖြစ်သည်။ သေတာဘယ်သူလဲ။ သူမသည် အနီရောင် နှင်းဆီပန်းခွေမှ စာတမ်းကို အသက်မရှူမိဘဲ လှမ်းဖတ်၏။ သူမ၏ မျက်စိများ ပြာဝေနေသည်။ အဝါနုရောင်ရိပ်ဖြူသည် လက်ခနဲလက်ခနဲ အရောင်ပြန်နေသည်။ ခရီးကလည်း အတန် ဝေးသွားပြီ။ ကွဲကွဲပြားပြား မဖတ်နိုင်ပါ။ ဒါဘယ်သူလဲ။ ဘယ်သူ့အသုဘလဲ။

"ကျွန်မကို ဘယ်သူမှ မကယ်နိုင်တော့ဘူးလား"

အလွန်အမင်း စိတ်လှုပ်ရှားနေသောကြောင့် ခုန်တက်လာသော နှလုံးရှိရာ လည်တိုင် အောက်ခြေကို လက်ဖြင့် တင်းကျပ်စွာ ဆုပ်ညှစ်၍ ဖိတွန်းထားလေသည်။

"ဘယ်သူလဲဟင်၊ သေတာဘယ်သူလဲ"

သူမအမေးကို ဖြေမည့်သူ မရှိတော့ပါ။ လူစုက တဖြည်းဖြည်း ကွဲသွားသည်။ ဖုန်အလူးလူး ဖြင့် ပိုက်ဆံလုကောက်နေကြသော ကလေးများသာ ကျန်ရစ်ခဲ့၏။ တစ်ခဏအတွင်း ဦးနှောက် ပျက်သွားတော့မည်ဟု ထင်ရသည်။ ကိုးကွယ်ရာမဲ့စွာ တစ်ယောက်တည်း ငေးကြောင်၍ ရပ်တန့်နေရာမှ ဝေးသွားသော အသုဘထမ်းစင် ရှိရာသို့ နောက်တစ်ကြိမ် ခြေဖျားထောက်၍ ကြည့်မိပြန်သည်။ မျက်ရည်များဖြင့် ပြည့်လျှံနေသော မျက်လုံးသည် နေရောင်ဖြင့် လက်နေသော ရိပ်ဖြူစကိုသာ ပြာဝေစွာမြင်ရသည်။

မောင်ဘယ်ရောက်သွားတာလဲ။

ရုတ်တရက် သူမ ခြံထဲသို့ ပြန်ပြေးဝင်သွား၏။ အိမ်ထဲဝင်မိသောအခါ အိမ်ထဲမှ သူ့ကို ရှာဖွေဖို့ မကြိုးစားတော့ဘဲ လှေကားမှ ရှူးသွပ်စွာ ပြေးတက်သွားတော့သည်။ အိမ်ပေါ် ရောက်လျှင် ဧည့်ခန်းမှာ ရှုပ်ပွနေသော နာရီအမျိုးမျိုးကို ခဏသာကြည့်လိုက်၏။

စားပွဲပေါ်မှ အဝေးကြည့်မှန်ပြောင်းကို ကောက်ယူလျက် ဝရန်တာသို့ အပြေးထွက်သွား သည်။ အသုဘသည် ဝေးသွားပြီဖြစ်သော်လည်း သာမန်မျက်စိဖြင့် ထမ်းစင်တစ်ခုမှန်းတော့ သိနိုင်ပါသေးသည်။

မှန်ပြောင်းကို မျက်နှာဆီသို့ပင့်ယူ၍ မှန်ဘီလူးဆုံတာကို အလောတကြီး လှည့်ယူသည်။ ဝေဝါးသော အရောင်စုံများ၊ အုပ်ဆိုင်းသော အစိမ်းရောင်သစ်ပင်များ၊ ထို့နောက် တဖြည်းဖြည်း ကြည်လင်လာသောအခါ မည်းနက်သောဦးခေါင်း အစုအဝေးနှင့် လှုပ်ရှားနေသော လူအုပ်ကို သစ်ရွက်စိမ်းများကြားမှာ ပျောက်သွားလိုက်၊ ပေါ်လာလိုက် မြင်နေရသည်။ သူမ ရှေ့နည်းနည်း ရွှေ့ယူကြည့်သည်။ ထမ်းစင်သည် သီလရှင်တို့၏နောက်မှာ ရှိသည်။ မှန်ဘီဘူးဆုံတာကို အနည်းငယ်ရွှေ့၍ ချိန်ရပြန်သည်။ သူမ ရင်တဒိတ်ဒိတ်ခုန်နေသည်။ မျက်ရည်များကို ဒေါသ တကြီး ပွတ်သပ်ဖယ်ရှားပစ်လိုက်ပြီး ကမန်းကတန်း ပြန်ကြည့်ပြန်၏။ သူမလက်များ တုန်ယင် နေပြီး ချွေးများစိုနေသဖြင့် မှန်ပြောင်းသည် မကြာခဏ အောက်သို့ လွတ်ကျတော့မလို ဖြစ်ဖြစ်သွားသည်။

အဝါနုရောင်ပေါ်တွင် ရွှေရောင်စက္ကူမှုင်များဖြင့် မွမ်းမံထားသော အလောင်းစင်၊ ထမ်းစင်မှ ဝါးခင်းအစွန်းတို့တွင် ရှေ့နောက်စီတန်း၍ ထမ်းပိုးနေကြသော နောက်စေ့များ၊ လက်များ၊ ကျွန်းသားခေါင်းပေါ်မှာ လွှားထားသော ပုဆိုးကွက်၊ ခြေရင်းမှ ဓာတ်ပုံ၊ ဘုရားရေ ဒါသူ့မျက်နှာ အစစ်ပါပဲလား။

သူမ မှန်ပြောင်းကို လိုအပ်သည်ထက် တင်းကျပ်စွာ ဆုပ်ကိုင်ထား၏။ နောက်ဆုံးတွင် သူမ အလွန်အမင်း ကြည့်လိုလျက် မကြည့်ရဲသော လွမ်းသူ့ပန်းခွေကို မြင်လိုက်ရတော့သည်။

သူမ ဘုရားတလျက် မှန်ပြောင်းထိပ်က မှန်ဘီလူးတို့ကို လက်ဖြင့် ယောင်မှားစွာ ဖုန်သုတ် လိုက်သည်။

"ကိုမြင့်ဝေ အသက်(၂၇)နှစ်"

ဟင့်အင်း သူမ မျက်စိမမှားပါ။ အလောင်း၏နာမည်မှာ မြင့်ဝေဖြစ်သည်။ သူမသည် အဝေးကြည့်မှန်ပြောင်းကို ဘေးသို့ဖယ်ယူ၍ တစ်ခါမျှ မမြင်ဖူးသလို လှည့်ပတ်ကြည့်ရင်း အံ့သြနေသည်။

မယုံကြည်နိုင်လောက်အောင်ပါဘဲလား။ သူမ၏မျက်စိများကို မှိတ်ပစ်လိုက်ပြီး ခဏ အနားပေးထားလိုက်၏။ ထို့နောက် တစ်ဖန် ပြန်ချိန်ကြည့်လိုက်မိပြန်သည်။

"ကိုမြင့်ဝေ အသက်(၂၇)နှစ်"

"ကိုသုခ မဟုတ်ဘူး"

သက်မဲ့မှန်ပြောင်း တစ်လက်သည် သူမကို ညာလိမ့်မည်မဟုတ်ပါ။

ဒါဖြင့် မောင် မောင်ဘယ်မှာလဲ။ မောင်က ဘယ်ရောက်သွားတာလဲ။ ကိုသုခဆိုသောနာမည် မဟုတ်၍ ကမ္ဘာလောကတစ်ခုလုံးကို စိန်ခေါ်၍ အော်ဟစ် ပျော်ရွှင်ပစ်လိုက်ဖို့ ကောင်းသော်လည်း သူမမှာရှိသည့် ရပ်တည်နိုင်စွမ်းသည် တရိပ်ရိပ်လျင်မြန်စွာကျနေပြီး ယူကျုံးမရစိတ်သည် ဝိညာဉ်ကို နုတ်ယူသွားတော့မည်။ သူမမှာ အခွံတစ်ခုသာ ကျန်တော့မည်။

ဒါပဲလား၊ သုံးနှစ်ကြာအောင် အားတင်းခဲ့ရတဲ့ အဖြေဟာ ဒါပဲလား။

ထိုအခိုက် မှန်ပြောင်းထဲကဓာတ်ပုံသည် အဝေးကြီးမှ သူမမျက်နှာဆီသို့ တစ်ဟုန်ထိုးနီးကပ်လာသောအခါ သူမ သွေးပျက်ခမန်း ကြောက်လန့်၍ မှန်ပြောင်းကို လွှတ်ချပစ်လိုက်၏။ မျက်နှာကို လက်ဝါးနှစ်ဖက်ဖြင့် အုပ်၍ ကာကွယ်မိလျက်သား ဖြစ်သွားသည်။

"ဒါပေမယ့် ဒါပေမယ့် ဓာတ်ပုံထဲမှာတော့ လူတွေဟာ ရုပ်ချင်းဆင်တတ်ကြတာပါပဲလေ"

သို့သော် သူမကိုယ်ခန္ဓာထဲမှ သံပတ်များ ပြုတ်ထွက်ကုန်ပြီဖြစ်ကြောင်း သတိထားလိုက်မိ၏။

သူမသည် အားတင်း၍ မွေးနေ့ပွဲကျင်းပမည့် စားပွဲဆီသို့ တရွေ့ရွေ့ လျှောက်သွားနေသည်။ ယခုအချိန်တွင် သူမ အတောင့်တဆုံး အရာမှာ သေချာမှုတစ်ခုပင် ဖြစ်သည်။

(ရှုမဝ။ ။ ဩဂုတ်၊ ၁၉၈၅)

ခက်ဆစ်များ

အဝေးကြည့်မှန်ပြောင်း (န) 望远镜

နာရီစင် (န) 钟塔

ထိုင်းမှိုင်း (က) 迟钝，呆滞，疲惫

လေးတွဲ့ (နဝ) 迟缓，沉重

နှဲ (န) 唢呐

အချိုးကျကျ (ကဝ) 有比例地，匀称地

နိဗ္ဗာန်ယာဉ် (န) 灵车

ဝေါ (န) 轿子

ထမ်းစင် (န) 轿子，滑竿；担架

အလောင်းစင် (န) 灵床，停尸床

သင်္ဂြိုဟ် (က) 葬

လေပြင်းမုန်တိုင်း (န) 暴风，狂风

မှန်ဘီလူး (န) 透镜，镜头

ဆုံတာ (န) 焦距

တမုဟုတ်ချင်း (ကဝ) 瞬间，立即

ကပ်ငြိ (က) 沾上，染上，沾染上

ဖဲချပ် (န) （赌具）牌

တစ်ခုလပ် (န) 离过一次婚的妇女

မုဆိုးမ (န) 寡妇

ဖြေသိမ့် (က) 安慰，慰藉

ရင်ခွဲရုံ (န) （医院的）太平间

တြိဂံပုံစံ (န) 三角形

ပုံအော (က) 孤注一掷，竭尽全力

ကပ်စေး (က) 粘贴着

စွယ်တော်ပွင့် (န) 白花羊蹄甲

ဆွတ်ပျံ့ (က) 心旷神怡

တစ်သမတ်တည်း (ကဝ) 一贯，一直，一成不变

သောကရောက် (က) 犯愁，发愁

ကြဉ်ဖဲ (က) 避开，回避

ရုတ်ရုတ်သဲသဲ (ကဝ) 乱哄哄地，吵吵嚷嚷地

ရုပ်နာမ် (န) 物质和精神

ဉာဏ်သက် (န) 认识水平，理解力

ထောင့်ဖဲ (န) 方片扑克牌

ညှင်းဖဲ (န) 梅花扑克牌

စက်ဆုပ် (က) 厌恶，憎恨，讨厌

ဖျစ်ညှစ် (က) 捏，掐，拧

အကြောသေ (က) 瘫痪

ရူးနှမ်းစွာ (ကဝ) 疯疯癫癫，傻呵呵

ပေါ့ပြက်ပြက် (ကဝ) 淡而无味

ရိုးစင်း (က) 平凡，普通，平常

လျော့ရဲရဲ (ကဝ) 淡然地

အမြစ်တွယ် (က) 扎下根；站稳脚跟

စိမ်းလက် (နဝ) 生疏，冷淡

မျက်နှာထား (န) 脸色，表情

တိမ်ဝင် (က) 声音变弱

ပျို့အန် (က) 呕吐

ရိပ်ဖြူ (န) 御伞

ရူးသွပ် (နဝ) 发疯的，神经错乱

နှောက်စေ့ (န) 脑勺子

ဘုရားတ (က) 求菩萨保佑

တောင့်တ (က) 期望，渴望，向往

ဘိက္ခုဝေ=ရဟန်း

ပုရိသေန=ယောကျ်ား

ပိယေဟိ=ချစ်ခြင်း

နာနာဘာဝေါ=အသီးသီးဖြစ်ခြင်း

အနတိ=မလွန်ဆန်

ဟောတိ=ဖြစ်၏

အဘိဏှာ=မပြတ်၊ အဖန်ဖန်

ပစ္စဝေက္ခိတဗ္ဗံ=ဆင်ခြင်အပ်သော

စာဆိုအတ္ထုပ္ပတ္တိ

ဂျူး (၁၉၅၈–)

အမည်ရင်း ဒေါက်တာဒေါ်တင်တင်ဝင်း ဖြစ်သည်။ အဘဦးသောင်း၊ အမိဒေါ်ငြိမ်းတို့မှ ၁၉၅၈ ခုနှစ် စက်တင်ဘာလ ၂၀ ရက် စနေနေ့တွင် ရေနံချောင်းမြို့၌ မွေးဖွားသည်။ စတုတ္ထတန်းအရွယ်တွင် မိခင်ဖြစ်သူက စာရေးဆရာဂူဝံ၏ **မာလာ** ဝတ္ထုကို ပေးဖတ်ခဲ့သည်။ ထိုအချိန်မှစ၍ စာရေးဆရာနှင့် ဝတ္ထုအတတ်ပညာကို စိတ်ဝင်စားကာ စာရေးဆရာ ဖြစ်ချင်ခဲ့သည်။ မူလရည်ရွယ်ချက်မှာ တက္ကသိုလ်ဆရာမ လုပ်ကိုင်ရင်း စာရေးဆရာဖြစ်ရန် ရည်ရွယ်ခဲ့သည်။ ဆယ်တန်းအောင်ပြီးချိန်တွင် ဆရာဝန်ဖြစ်ရန် မရည်ရွယ်သော်လည်း မိခင်၏ တိုက်တွန်းချက်အရ ဆေးတက္ကသိုလ်သို့ တက်ရောက်ခဲ့သည်။ ၁၉၈၃ ခုနှစ်တွင် မန္တလေး ဆေးတက္ကသိုလ်မှ ဆရာဝန်ဘွဲ့ကိုရရှိခဲ့သည်။ ၁၉၇၉ခုနှစ် မန္တလေးဆေးတက္ကသိုလ် နှစ်လည် မဂ္ဂဇင်းပါ **ရာဇဝင်ထဲမှာ မောင့်ကိုထားရစ်** ဝတ္ထုတိုသည် ပထမဆုံး ပုံနှိပ်ဖော်ပြခံရသောစာမူ ဖြစ်သည်။ ၁၉၈၁ခုနှစ် ရှုမဝမဂ္ဂဇင်းပါ **သက်ငင်ချစ်** (ချစ်ကိုယ်တွေ့) ဝတ္ထုဖြင့် စာပေနယ်သို့ စတင်အခြေချနိုင်ခဲ့သည်။ ၁၉၈၇ ခုနှစ်တွင် **အမှတ်တရ** ဝတ္ထုဖြင့် အောင်မြင်သော စာရေးဆရာ (ဝေဖန်ခံရသော စာအုပ်) ဖြစ်လာသည်။ ၁၉၉၄ ခုနှစ်တွင် ကိုယ်တိုင်ထုတ်ဝေသူ ဖြစ်လာခဲ့ပြီး ဂျူးစာပေတိုက်ကို တည်ထောင်ခဲ့သည်။ ယနေ့အထိ ထင်ရှားလူကြိုက်များသော လုံးချင်းဝတ္ထုများသာမက ဝတ္ထုတို၊ ဝတ္ထုရှည်များ၊ ရုပ်ရှင်ခံစားမှု(မဟေသီ)၊ ချစ်သောဤကမ္ဘာကဗ္ဗာ (ကလျာ)၊ ပတ်ဝန်းကျင်ထိန်းသိမ်းရေး ဆောင်းပါးများ စသည့် ဆောင်းပါးများ၊ ရုပ်ရှင်ဇာတ်ကားညွှန်းများပါ ရေးသားလျက်ရှိသည်။ ဂျူးရေးသားခဲ့သော စာအုပ်များအနက် **ကြာတော့သည်လည်း မောင့်စကား** (၁၉၉၇)၊ **ကြေမွသွားသော တိမ်တိုက်များအကြောင်း** (၁၉၉၁)၊ **ပင်လယ်နှင့်တူသော မိန်းမများ** (၁၉၉၆)၊ **မရှိမဖြစ်မိုး** (၁၉၉၂)၊ **မြစ်တို့၏မာယာ** (၁၉၉၀) စသည်တို့ကို ရုပ်ရှင် ရိုက်ကူးခဲ့ရသည်။ **တစ်ဦးတည်းသောသား** ဝတ္ထုကို ၁၉၉၀ ပြည့်နှစ်တွင် ဗီဒီယိုရိုက်ကူးခဲ့ပြီး ရုပ်ရှင်အဖြစ်လည်း ရိုက်ကူးမည် ဖြစ်သည်။ ဂျူး ရေးသားခဲ့သော ဝတ္ထုများအနက် **ရိုမန်းတစ်တစ္ဆေ** (မြန်မာအမျိုးသမီးစာရေး ဆရာမ ၁၂ဦး)ကို ၁၉၈၆ ခုနှစ်က လည်းကောင်း၊ **အဝေးကြည့်မှန်ပြောင်း** (နားကြပ်ကိုဆောင် ကလောင်ကိုကိုင်ဆွဲ)ကို ၁၉၈၇ခုနှစ်က လည်းကောင်း ဂျပန်ဘာသာသို့ ပြန်ဆိုခဲ့သည်။ စာရေးဆရာမဂျူးသည် ကြည့်မြင်တိုင်မြို့နယ် အထက် ကြည့်မြင်တိုင်လမ်းတွင် နေထိုင်လျက်ရှိပါသည်။

လေ့ကျင့်ခန်း

၁။ “အဝေးကြည့်မှန်ပြောင်း” ဝတ္ထုတို၏ အဓိက အကြောင်းအရာသည် အဘယ်နည်း။

၂။ ဤဝတ္ထု၏ စာရေးဟန် (Style) နှင့် ပုံစံ (Pattern) ကို သုံးသပ်ဝေဖန်ပါ။

သင်ခန်းစာ(၂၂) သုညနှင့်ကိန်းဂဏန်းများ

作品导读

丁貌丹（1954—）的《零和数字》（1989）讲述这样一个故事：刚从医学院毕业的小医生，迎接他的是零起点的生活和代表债务的一串数字。为了支付他六年的大学费用，含辛茹苦的寡妇母亲和做小学老师的姐姐债台高筑。他必须承担起这一切。起初他在镇上开了间小诊所，收益无几。最后他决定到缺医少药的农村去工作。他曾经抱有用自己所学的医学知识为人民健康服务的崇高理想。然而现实中要远离体弱多病的母亲，作出面向农村的决定并非崇高的理想使然，而是为了能挣到更多的钱还债。小说风格独特，从一开始就让人感到一种挥之不去的沉重和压抑。作者不仅叙述故事，而且能够捕捉人物内心最细微柔软的感受。恰如其分的环境描写，准确清晰的情感表达，将读者带入作品的浓浓氛围中。

သုညနှင့်ကိန်းဂဏန်းများ

တင်မောင်သန်း

"သား ကျောင်းမပြီးသေးလို့ မပြောခဲ့တာ ...." အစချီလျက် အမေသည် ကိန်းဂဏန်းများကို ချပြလာလေသည်။ ပြောလည်းမပြောရက်၊ မပြော၍လည်း မဖြစ်သော အခြေအနေတွင် အမေ့နှုတ်မှ လူးလွန့်တုံ့ဆိုင်းစွာ ထွက်ပေါ်လာသည့် လေးလုံးသော သုညဂဏန်းသည် လန်းလန်းဆန်းဆန်းတော့ မရှိလှပေ။

အမေသည် စကားကို မဆက်နိုင်ဘဲ ရပ်နေပြန်သည်။ လရိပ်ပြိုကျနေသည့် အိပ်ပရပ်အပြင်ဘက်ကို ငေးကြည့်နေပြန်သည်။ လမ်းထိပ်မီးကင်းက သံချောင်းခေါက်သံ ဆယ့်တစ်ချက်သည် လွင်မနေဘဲ၊ အိပ်ချင်မူးတူး လူတစ်ယောက်၏ ခြေလှမ်းများဖြင့် ကျွန်တော်တို့ အိမ်လေးကို ဖြတ်သန်းသွားသည်။ တစ်ချက်တစ်ချက် ပေါ်ထွက်လာသော ခွေးဟောင်သံကသာ တိတ်ဆိတ်နေသော ကျွန်တော်တို့ရပ်ကွက်မှာ မအိပ်စက်သေးသော သက်ရှိလူတို့ ရှိနေသေးကြောင်း ဖော်

ညွှန်းနေ၏။

အစ်မသည် ကွပ်ပျစ်၏ တဘက်ထိပ်မှာ ငိုက်မျဉ်းနေပြီလားမသိ။ အမေနှင့် ကျွန်တော် ပြောဆိုနေကြသော စကားဝိုင်းတွင် သူ့အသံ တလုံးတပါဒ ဝင်စွက်မလာ။ "အစ်မ"ဟု ကျွန်တော် ခေါ်လိုက်သည်။ "ဘာလဲ" ပြန်ထူးသည်။ ထို့နောက် ငြိမ်သက်သွားပြန်၏။ အစ်မကို စကား တစ်ခုခုဝင်ပြောစေချင်သည်။ သို့သော် ထိုတစ်ခုခုသည် ဘာရယ်လို့ ကျွန်တော်မသိပြန်။

ကျွန်တော် သေသေချာချာသိတာ တစ်ခုတော့ရှိသည်။

ဟောသည်အိမ်ကလေးထဲက မိသားစုစကားဝိုင်းကို တန့်သွားစေလောက်အောင်၊ လူသား သုံးဦး၏ခေါင်းထဲ သိပ်သည်းဖိစီးနေသည့်အရာ .... ။ အင်မတန်တိုတောင်းတဲ့ စကားလုံးလေး တစ်လုံးပါပဲ ....။

အကြွေး ....။

ကျွန်တော်သည် အမေပြောခဲ့သော ကိန်းဂဏန်းကို စိတ်ထဲမှလိုက်လံရေရွတ်ကြည့်မိ၏။ များလှချေလား .... အထင်ဖြင့် အမေ့ကို ကျွန်တော် လှမ်းကြည့်လိုက်သည်။ အားနည်း ချို့ငဲ့သော ဝပ်လေးဆယ်မီးလုံး၏ ဝါကြင်ကြင်မီးရောင်ဖျော့မှာ နွမ်းလျကုန်ခန်းလျက် မဆိုင်ဘဲ တစ်ဘက် သို့ လှည့်၍ မလှုပ်မယှက်နှင့်။ အမေ့အကြည့်တွေက အမှောင်ထဲမှာ ....။

အမေဘာတွေးနေသလဲ။

သားကိုကမ်းရသော အိမ်အကြိုလက်ဆောင်၏ ခါးသက်ခြင်းရသကို အမေခံစားနေ သည်လား။ မိဘတာဝန်ဟူသော စံဖြင့် မိမိကိုယ်ကိုတိုင်းတာပြီး အမေဝမ်းနည်းနေသည်လား။

ခြင်များကို ခတ်မောင်းထုတ်နေသော အစ်မ၏ယပ်တောင် တစ်ဖျပ်ဖျပ် အသံကသာ ကျွန်တော်တို့မိသားစု၏ တိတ်ဆိတ်ငြိမ်သက်ခြင်းကို ပေါင်းကူးပေးနေလေသည်။

ကျွန်တော် နားလည်ပါသည်။ အမေမုဆိုးမ ....။ အစ်မ .... မူလတန်းပြဆရာမ ....။ ကုန်လွန်ခဲ့သော ကျွန်တော်၏ ပညာသင်နှစ် ခြောက်နှစ်ခွဲကာလကို တစ်ဘက်မှာ .... အမေ၊ အစ်မနှင့် အကြွေးကို အခြားသော တစ်ဘက်မှာ .... တင်ကြည့်လိုက်။ ချိန်ခွင်လျှာက ထောင့်မတ်ကျနေပေလိမ့်မည်။ အခြေအနေ၊ အချိန်အခါနှင့် သဘာဝကျလှသည့်အဖြစ် ....။ ကျွန်တော် ဘာ့ကြောင့် အံ့သြနေရဦးမလဲ ....။

ဘဝက ကျွန်တော့် ရှေ့တည့်တည့်မှာ မားမားမတ်မတ်ရပ်၍ လက်ခမောင်းခတ်နေပြီကို ကျွန်တော်မြင်သည်။

ကိုယ့်အလှည့်ကျမှ ကျွန်တော် နွံ့နေလို့ဖြစ်မတဲ့လား။

ကျွန်တော် လျှောက်ရမည်။ ကျွန်တော့် ပခုံးထက်မှာ တာဝန်ရှိနေသည်။

ကျွန်တော် မျှော်လင့်သည်။ တင်ရှိနေသော ဝန်ထုပ်ဝန်ပိုးကို ကျွန်တော် ခါချပစ်နိုင် ရမည်။

တစ်ရာသီကို သုညတစ်လုံးပေါ့ အမေရယ် ....။

ဝါးကုလားထိုင်မှ ထကာ အမေထိုင်နေသော ကွပ်ပျစ်ဆီသို့ ကျွန်တော် လျှောက်သွားသည်။ အမေ၏ ပခုံးသားများကို ခိုင်ခိုင်မြဲမြဲဆုပ်ညှစ်လိုက်မိ၏။ ဟိုးအဝေး တိမ်မွှေ့ရာ ပေါ်မှာ လောကကို မေးတင်ယစ်မူးစဖွယ်ထင်နေသော ငယ်ဘဝ၏ ထမင်းဆီဆမ်း ရွှေလင်ဗန်း ပိုင်ရှင် လဝန်းပြည့်ပြည့်အား ငေးစိုက်ကြည့်လိုက်မိရင်း၊ အမေ့ကို ကျွန်တော် အားပေးစကား ပြောခဲ့သည်။

"အမေ့သား ဆရာဝန်ဖြစ်နေမှပဲ အမေရဲ့။ ဘာစိတ်ပူစရာ ရှိတော့လို့လဲ။ ကျွန်တော် အားလုံးကို ရှင်းပစ်မယ်။ အမေ့ဘေးမှာ ကျွန်တော်တစ်ယောက်လုံး ရှိနေတယ်လေ ....။ အမေယုံတယ် မဟုတ်လား ...."

ကျွန်တော့်ကို အမေမော့ကြည့်သည်။ မြတ်နိုးသော အားကိုးသော၊ အချစ်ဖြင့် ပြည့်ဖြိုးသော အပြုံးသည် အမေ့နှုတ်ခမ်းမှာ လရောင်ကို ညင်သာစွာ အန်တုလာ၏။

အမေ ခေါင်းညိတ်သည်။

"ဒီလိုဆိုရင် ကျွန်တော်တို့အိပ်ကြစို့။ အိပ်ရာထဲမှာ ဘာမှတွေးမနေနဲ့ဦးနော် .... အမေ ....။ တော်ကြာ .... သွေးတက်လာဦးမယ်။ ရင်ဘတ် အောင့်အောင့်လာဦးမယ်။ ဒီနေ့ကစပြီး ကျွန်တော်တို့ဘဝအသစ်စပြီလို့ အောက်မေ့၊ ဟုတ်လား"

အမေသည် ကျွန်တော့် ဆံစများကို ဖွဖွပွတ်သပ်နေလေသည်။ လက်အစုံနှင့် ကျွန်တော့် ပါးအစုံကို ပွေ့ယူပြီး၊ ကျွန်တော့်မျက်နှာကို တစိမ့်စိမ့်ကြည့်နေပြန်သည်။ အမေ့ အမြင်အာရုံ ထဲမှာ ကျွန်တော်သည် တစ်ဖြည်းဖြည်း သေးကျုံ့သွားနေပေလိမ့်မည်။ ငယ်ငယ်တုန်းက အမေ့သားလေး ကျွန်တော်။

ကျွန်တော့်နဖူးကို ကြင်နာယုယစွာ အမေနမ်းသည်။ အရွယ်ရောက်ကတည်းက အလှမ်း ဝေးစိမ်းခဲ့သော အမေ့အနမ်း ....၊ ညင်းနှည့်သက်စွာ ဝေပြန်ပြီကော။ အတိုင်းအဆမဲ့ နက်ရှိုင်းသော မေတ္တာသည် ကျွန်တော့်နှလုံးသားထဲ စူးနစ်ဝင်ရောက်သွားသည်။

အမေ့ထွက်သက်သည် ခန္ဓာကိုယ်၏ အပူချိန်ကို ဆန့်ကျင်လျက် အေးမြလှချေသည်ဟု ကျွန်တော် ခံစားလိုက်ရ၏။

* * *

သစ်ပင်တွင် နှစ်တစ်လက်မတန်းပစ်၍ ချိတ်ထားသော ကြက်ခြေနီ။ ဆေးခန်း အဝင်ပေါက်၏ လက်ယာဘက်က မိမိအမည်။ လက်ဝဲဘက်က ဆေးခန်းဖွင့်ချိန် နံနက်၇– နာရီမှ ၁၂–နာရီ၊ ညနေ၄–နာရီမှ ၈–နာရီစာလုံးများ။

သည်နေရာမှာ ဆေးခန်းရှိသည်။

ခင်ဗျားတို့ရဲ့ ကျန်းမာရေးအတွက်ဟု ပြောလိုက်ချင်သော်လည်း မိသားစု တာဝန်အောက်တွင် မထခင်က ပိနေသည့် ကျွန်တော် အသံရဲရဲ မထွက်ဝံ့ပေ။ အသက်မွေးဝမ်းကျောင်းမှု၏ ကြားခံပစ္စည်းငွေကို ဘယ်လိုယူရမည်ဆိုသည်မှာ ကျွန်တော့်အတွက် မစမီကတည်းက ခြိမ်းခြောက်နေသော ပြဿနာဖြစ်လေသည်။ တခြားသူတွေ၏ နှုန်းထားအတိုင်း ပြောရမည်ကိုပင် ကျွန်တော် ဝန်လေးနေပြန်သည်။ ကိုယ်တတ်စွမ်းသမျှ စေတနာရှိရှိ ဆောင်ရွက်ပေးတာပေါ့ .... ကျွန်တော်တွေးကြည့်သည်။ သို့သော် သေချာပြန်စဉ်းစားကြည့်ပြန်တော့ စေတနာ၏ သက်ရောက်မှုသည် တစ်စုံတရာသော အတိုင်းအတာအထိ ကျယ်ဝန်းမည်ဖြစ်သော်လည်း၊ အကန့်အသတ်မဲ့ မဟုတ်ကြောင်း ကျွန်တော်သိနေပြန်၏။ လူ့ဘဝသည် ကိန်းဂဏန်းများနှင့် မကင်းကွာနိုင်သေး။ လူသည် ကိန်းဂဏန်းများနှင့် ရန်ဖြစ်နေရဆဲပင် ရှိသည်။

ဝေးဝေးမကြည့်နဲ့ .... ကျွန်တော်။

ငွေရေးကြေးရေးကိစ္စများ ခေါင်းထဲရောက်လာတော့ စိတ်မှာ နှောင်ဖွဲ့ခံရသလို ချုပ်ငင်လာပြန်သည်။ စောစောကမှ ကိုယ့်ဆေးခန်းကို ပြန်ကြည့်၍ ကျေနပ်နေခဲ့သေးသည်။ ထင်ထင်ရှားရှား မြင်ရသော ဆေးခန်း၏ အမှတ်အသားများကို ငေးမောရင်း မျှော်လင့်အားရနေခဲ့သေးသည်။ လူအကြောင်း၊ ဘဝအကြောင်း၊ စဉ်းစားမိခါမှ ....။

ကျွန်တော်သည် စိတ်ရှုပ်ထွေးသွားလာကာ ပြန်လည်မဖြေလျှော့နိုင်ဘဲ၊ ချထားသော ဆေးပေါ့လိပ်တိုကို နှုတ်ခမ်းမှာပြန်တင်၊ မီးညှိတဝကြီး ရှိုက်ပစ်လိုက်သည်။ လွင့်မျောသွားသော မီးခိုးငွေ့တန်းသည် တဆန့်တလျားနှင့် တစ်ဘက်ဝိုင်းသို့ဝေ့သွား၏။ လက်ဖက်ရည် တစ်ငုံကို မျှဉ်းသောက်လိုက်သည်။ လျှာပေါ်မှာ ဝဲကျန်ခဲ့သည့် ခါးသက်ချိုမြသော ရသသည် ဖြေသိမ့်စရာ ယောင်ယောင်။

ဒိုင်ခွက်ဝိုင်း လက်ပတ်နာရီကို ကြည့်လိုက်မိသည်။ လက်တံတိုက ခုနစ်၊ လက်တံရှည်က ဒုတိယမြောက်တုံးကို တို့ကာသီကာ။ ဆေးခန်းထိုင်ရတော့မည်ကို ကျွန်တော် သတိရသည်။ စားပွဲပေါ်မှာ ကျပ်တန်တစ်ရွက်နှင့် မတ်စေ့တစ်စေ့ ချထားလိုက်သည်။ ဆာလောင် မွတ်သိပ်သော ဗိုက်သည် အတန်ငယ် ငြိမ်သက်သွား၏။

ကနေ့ ကျွန်တော်အိမ်မှ အစောကြီး ထွက်လာခဲ့သည်။ သူငယ်ချင်းတွေ ဝိုင်းဝန်း တိုက်တွန်းနေသည့်ကြားက၊ စီးပွားရေးဆန်ဆန် ကြော်ငြာရာရောက်သည် ထင်၍ ကြီးကျယ် ဇာချဲ့ရာရောက်သည် ထင်၍ ဆေးခန်းဖွင့်ပွဲကို ကျွန်တော် မလုပ်ခဲ့။ သံဆယ်ချောင်း တူတစ်လက်ဖြင့် ဆိုင်းဘုတ်တို့ကို သစ်ပင်မှာ၊ နံရံမှာ ကိုယ်တိုင် တဒိုင်းဒိုင်း ထုရိုက်လျက် ကျွန်တော့် ဆေးခန်းလေးကို ဖွင့်လှစ်ခဲ့သည်။ ထို့နောက် မီးမွေးသည်။ အပ်ပြုတ်ပြီး ရေနွေးအိုး တည်ထားခဲ့သည်။ လက်ဖက်ရည်ဆိုင်ထွက်လာတော့ သည်ရက်သည် မရည်ရွယ်ဘဲ မိမိမွေးရက်နှင့် လာတိုက်ဆိုင်နေသဖြင့် ကံကောင်းသည် ထင်နေခဲ့သေး၏။

ယခု အခြေအမြစ်မဲ့သော ထိုမျှော်လင့်ချက်ကို ပြန်သတိရင်း ကျွန်တော့်ဘာသာ ပြုံးလိုက်မိလေသည်။ တစ်ခါတရံတော့ လူတိုင်းမှာ သည်လိုတိုက်ချွတ်မရသော အစွဲအလမ်းလေးများ ပေါ်လာတတ်ကြသည်ပဲလား မသိ။ သို့မဟုတ် မရေရာလှသော အနာဂတ်ကို ဆန္ဒစွဲ နိမိတ်ကောက်ယူ၍ အားတင်းတတ်ကြသည်ပဲလား မသိချေ။ ကျွန်တော် ရယ်မောလိုက်သည်။ ထိုအခါ မီးဖိုထက်က လွင့်ပျံ့နေသော ရေနွေးငွေ့တို့နှယ် လူသည် ပေါ့ပါးလာလေသည်။

ရေနွေးအိုးကို ချသည်။ ကျွန်တော်တို့ မိသားစု၏ တစ်လုံးတည်းသော ဓာတ်ဗူးအဖုံးကို ဖွင့်သည်။ စွမ်းအားမကုန်ဆုံးဘဲ စိတ်အေးလက်အေး နားနေနိုင်မည့် သူတို့၏ အနားယူစခန်းအတွင်း လွတ်လပ်စွာ စီးဝင်သွားသော ရေနွေးတို့ကို ကြည့်ရင်း အဖန်ရည်မပြတ် သောက်တတ်သည့် အမေ့ကို သတိရမိပေသည်။ ရှေ့လဆိုရင်တော့ ဓာတ်ဗူးတစ်လုံး ဝယ်ရဦးမယ်ဟု စိတ်ကူးထဲက ဝယ်စာရင်းမှာ ကျွန်တော် တို့ထားလိုက်သည်။ အင်း .... ဝယ်စရာတွေ ကတော့ မနည်း။ စိတ်ကြိုက်အတိုင်း ပြင်ဆင်နိုင်စွမ်း ရှိသည်ဆိုလျှင်တော့ အများတကာလို ဗီရိုတစ်လုံးလောက် ဝယ်ချင်သေးသည်။ နိုင်ငံခြားဖြစ် လှပသောဆေးပုလင်းများ၊ ဆေးဗူးများ ထည့်ထားချင်သည်။ ယခုတော့ ဝယ်စရာ ပိုက်ဆံကလည်း မရှိ ....။ ဝယ်နိုင်ဦး ထည့်စရာ ဆေးလည်း မရှိချေ ....။

ကျွန်တော့်မျက်စိများသည် စားပွဲပေါ်က ဆေးပစ္စည်းများထံ ရောက်သွားပြန်လေသည်။ ပုလင်းလေးတွေနှင့် ထိုးဆေးကတ်ဗူးလေးတွေ မိုးမိုးမတ်မတ်ထောင် ပုလင်းကြီးမျိုး ကျွန်တော့် စားပွဲပေါ်မှာ မရှိပေ။ ထိုပုလင်းများထဲက ခွဲရောင်းသော ပလတ်စတစ် ရာထုပ်လေးများကိုသာ ကျွန်တော်ဝယ်နိုင်ကာ၊ ပုလင်းလွတ်များတွင် ထည့်ပြီး ပလာစတာကပ် အမှတ်အသားပြုထားရသည်။ ထိုးဆေးဆိုလျှင်လည်း တစ်မျိုးကို ဆယ်လုံးတကကတ်မျှပါပဲ။

ကျွန်တော်သည် ဆေးသွားဝယ်ခဲ့သောနေ့ကို အမှတ်ရနေပြန်လေ၏။ မေ့သွားမည် စိုးသဖြင့် ချရေးထားသော လိုအပ်သည့် ဆေးအမျိုးအမည်စာရင်းကို ပေးလိုက်သောအခါ ဆိုင်ရှင်သည် ပျာပျာသလဲဖြင့် ကျွန်တော်ထိုင်ရန် ခုံဆွဲပေးသည်။

"ဆရာ .... ဘယ်နှစ်ရာ ယူမလဲ"

ဖောက်သည်ကောင်း တစ်ယောက်ရပြီ အထင်ဖြင့် ဒူးယားထုတ်တည်ရင်း ကျွန်တော့်အား လောကွတ်ပျူငှာစွာ တလေးတစား မေးသည်။ ကိုက်ဝယ်မည့် ဆေးအရေအတွက်ကို အားမရဖြစ်ကာ၊ ကျွန်တော့်နှုတ်မှ ရုတ်ခြည်းပြန်မဖြေနိုင်ခဲ့။ "ကျွန်တော်က ခုမှစဖွင့်မှာပါ ...."ဟု မမေးဘဲ ပြောနေမိကာ စကားမဆက်နိုင်။ ထို့နောက်တော့ ဆယ်လုံး .... တစ်ရာ .... ဆယ်လုံးဟု တိုးညင်းသော လေသံဖြင့် စာရင်းပေးနေမိရာ၊ ဆိုင်ရှင်သည် မျက်လုံးတချက်ဝေ့၍ ကျွန်တော့်ကို အကဲခတ်ကြည့်လေသည်။ ကျွန်တော့်စိတ်ထဲမှာ ထိုအကြည့်ကို မနှစ်မြို့ပေ။

"ဆရာ ကြိုက်သလောက်သာ ယူပါဆရာ။ ကျွန်တော်တို့က နောက်မှရှင်းလဲ ဖြစ်ပါတယ်"

ဟု တဆက်တည်း ပြောပြန်သည်။ လူက တိုင်းတာသုံးနေရသည် မှန်သော်လည်း မာနကိုထိပါး သလို ဖြစ်ကာ ကျွန်တော့်ရင်ထဲမှာ ပွန်းရှခဲ့လေသည်။ အကြွေး ....။ တတ်နိုင်သမျှ ကြိုးစားပြီး၍ ကျွန်တော် ခေါင်းခါလိုက်သည်။ ငါဆရာဝန်ဖြစ်နေမှပဲ ....။ ကိုယ့်ရှိသမျှ အင်အားနဲ့ လျှောက် နိုင်ရမယ်။ သွားနိုင်ရမယ်။ ပိနေတဲ့ဝန်ကို ထပ်မပိစေနဲ့။ ငါ့မှာ ပညာရှိတယ်။ စေတနာရှိတယ်။

သည်အတွေးတို့ဖြင့် စိတ်သက်သာရာရကာ၊ လူနာစောင့်သော အခန်းဘက်သို့ ကျွန်တော် ပြန်ကူးလာခဲ့သည်။ ဆေးခန်းဖွင့်ခါစ လူနာလေးငါးယောက်မျှသာ ရှိမည်ဟု မျှော် ခန့်မှန်းထားပြီး အားနေလျှင် ဖတ်ဖို့ထည့်လာခဲ့သော စာအုပ်များအနက်က ရှုမဝမဂ္ဂဇင်းကို ကျွန်တော် ယူလိုက် သည်။ ခုံရှည်တစ်ခုံမှာ ဝင်ထိုင်လိုက်ပြီး သက်တောင့်သက်သာပင် ကျွန်တော် ဖတ်နေလိုက်၏။ ကြာတော့ ကျွန်တော် ညောင်းညာလာသည်။ ကျောခင်းချင်လာသည်။ သို့သော် ဆရာဝန် တုံးလုံးလှဲနေတာ လူတွေမြင်လျှင် သင့်လျော်ပါ့မလား စဉ်းစားမိကာ အခန်းကျဉ်းလေးထဲမှာ လမ်းသာလျှောက်နေရလေ၏။ ထို့နောက် ပြန်ထိုင်လိုက်ပြန်သည်။ အပြင်ဘက်ကို ငေးမိငေးရာ ငေးနေမိပြန်သည်။

တဖြည်းဖြည်းနှင့် ကျွန်တော် ပျင်းရိလာလေသည်။ ပေါက်နေသော ကပ်နံရံကို ဖာပေး နေသည့် လင်ဒါကာတာသည် အေးစက်စက်ဖြင့် ကျွန်တော့်ကို ကြည့်နေ၏။ ငြီးငွေ့ခြင်းသည် သိပ်သည်းထူပျင်း၍ ကျွန်တော့်အပေါ် တအိအိကျဆင်းလာနေသည်။ တစ်နေရာရာသို့ ကျွန်တော် ထွက်သွားလိုက်ချင်သည်။ သို့သော် လူနာလာနေလျှင် မျှော်လင့်ကာ သည်နေရာမှ ကျွန်တော် မခွာရဲပြန်ပေ။

သို့သော် ထိုနေ့တစ်နေ့လုံး ကျွန်တော့်ဆေးခန်းသို့ လူတစ်ယောက်မှလွဲ၍ မည်သူမျှ မလာခဲ့။

ကျွန်တော်သည် ဆေးခန်းပိတ် အိမ်မပြန်မီ ချထားသော ထိုင်ခုံရှည်နှစ်လုံးကို ငေးကြည့် နေမိလေသည်။

တကယ်တော့ သည်ထိုင်ခုံ၏ ရည်ရွယ်ချက်က လူနာများထိုင်စောင့်ဖို့ ....

ပထမရက်–ထိုနေရာတွင် လူတစ်ယောက် ထိုင်ခဲ့သည်။

ဒုတိယရက်–ထိုနေရာတွင် လူတစ်ယောက် ထိုင်ခဲ့သည်။

တတိယရက်–ထိုနေရာတွင် လူတစ်ယောက် ထိုင်ခဲ့သည်။

ထိုလူတစ်ယောက်သည် ကျွန်တော်ပင် ဖြစ်လေသည်။

* * *

သုည။

သင်္ချာပညာတွင် သုညသည် သူ့ချည်းသက်သက်ဆိုလျှင် ဘာမျှမဟုတ်သော ကိန်း တစ်လုံး။ ဖျောက်ထား၍ရသော ကိန်းတစ်လုံး။ အကယ်၍ ကျောင်းသားတစ်ယောက်သည်

တစ်လုံးတည်းသော သုညကို ချီတုံချတုံ အရေးတယူ လုပ်နေအံ့၊ ထိုကျောင်းသားသည် စာသင်ခန်းထဲတွင် နုံအညံ့ဖျင်းသူ တစ်ယောက်သာ ဖြစ်ပေလိမ့်မည်။

သို့သော် ဘဝသည် သင်္ချာပညာမဟုတ်။ လူသည် ကျောင်းသားငယ်မဟုတ်။

ကျွန်တော်သည် သုညကို ရင်ဆိုင်ရန် ကြောက်ရွံ့နေလေသည်။ အလုပ်ချိန် ကိုးနာရီမှာ ဘာအလုပ်မျှ မရှိဘဲ ထိုင်နေရသည့် အဖြစ်။ စာဖတ်လိုက်၊ ငုတ်တုတ်ထိုင်လိုက် ဆေးလိပ်ဖွာလိုက် ....။ နာရီလက်တံများ ခရီးပေါက်လေ ကျွန်တော့်အတွက် စိတ်ဝင်စားစရာ ကင်းမဲ့လာလေ။ တံခါးပေါက်ကို ဖြတ်၍ မြင်တွေ့နေရသော လှုပ်ရှား ရှင်သန်နေသည်ဆိုသည့် လောကသည် ကျွန်တော့်အတွက် မှုန်ဝါးသော သက်ငြိမ်ပန်းချီကား တစ်ချပ်ထက် မပိုပြန်ပေ။

အချိန်ကျ၍ စက်ဘီးလေးတစ်စီးနှင့် ကျွန်တော် ထွက်လာခဲ့သော်လည်း ကျွန်တော့်ခြေထောက်တွေက လူမမာတစ်ယောက်ရဲ့ ခြေထောက်တွေလို။ တစ်ရစ်ပြီး တစ်ရစ် ရှေ့သို့ ရုန်းသွားနေသော စက်ဘီး၏ အစိတ်အပိုင်းအချို့ ပျက်စီးသွားလျှင် ကောင်းမည်ဟု ကျွန်တော် တောင့်တနေမိ၏။ စိတ်မပါလျှင် မလုပ်နဲ့ပေါ့ဟု ပြောနိုင်သော်လည်း၊ ကျွန်တော့်မှာ ထိုမျှ သတ္တိမကောင်းနိုင်ဘဲ၊ မိမိကိုယ်ကို ဖြေသိမ့်နိုင်မည့် အကြောင်းပြချက် တစ်ခုခုကို ရှာဖွေနေမိပြန်သည်။

ခေါင်းငိုက်စိုက်ချလျက် ကျွန်တော် စက်ဘီးနင်းခဲ့သည်။ လမ်းတွင် အသိ တစ်ယောက်ယောက်နှင့် တွေ့ပြီး "ဘယ့်နှယ်လဲ"မေးမြန်းမှာ ကျွန်တော် စိုးရိမ်နေသည်။ မရင်းနှီးသူများ ဖြစ်လျှင် ပြီးလွယ်စီးလွယ် သဘောနှင့် ဖြေခဲ့သော "မဆိုးပါဘူး"စကားကို ထပ်မံပြောဆိုဖို့ ကျွန်တော် ဝန်လေးနေ၏။ သည်လိုအခါမျိုးမှာ ရင်ထဲပွက်ထလာတတ်သော ရှက်ရွံ့စိတ်ကို ကျွန်တော် ထပ်မံမခံစားလိုပေ။ "မှန်တစ်ချပ် ထောင်ထားပြီး၊ ဖျားသလား ....၊ ဗိုက်နာသလား .... မေးနေပေါ့ကွာ"ဟု သူငယ်ချင်းတို့ နောက်ပြောင်သည်ကိုလည်း အောင့်သက်သက်ဖြင့် ကျွန်တော် ပြုံးမနေလိုပေ။

"အစဆိုတာ ဒီလိုပေါ့ သားရယ်" အမေကအားပေးသည်။ အိမ်အပြန် စိတ်ပျက်လက်ပျက်နှင့် ခြေပစ်လက်ပစ် လဲလျောင်းနေမိသော ကျွန်တော့်အပါး လာထိုင်ကာ "အချိန်ဆိုတာ သည်းခံ စောင့်ဆိုင်းရတာပဲကွဲ့" သွန်သင်သည်။

ကျွန်တော်သည် ဩဝါဒများကို အောင့်အည်းသည်းခံကာ အမေ့ကို စိမ်းစိမ်းကြည့် နေဖြစ်ခဲ့၏။ အမေ့ို့ သူစိမ်းပြင်ပြင် အော်ဟစ်ပြောဆိုလိုက်ချင်စိတ်ကို မျိုသိပ်ချုပ်တည်းနေရသည်။ စိတ်မကောင်းဖြစ်မည် စိုးသဖြင့် မေးလိုက်ချင်သည့် မေးခွန်းများ ပွင့်ထွက်မသွားရလေအောင် ကျွန်တော် အနိုင်နိုင်ထိန်းနေခဲ့ရသည်။

ကျွန်တော်တို့အပေါ် တင်ရှိနေတဲ့ ကိန်းဂဏန်းတွေကို အမေမေ့နေပြီလား ....။ အတိုးတွေ

ဒီရေလို တရိပ်ရိပ်တက်နေမှာ အမေမသိတော့ဘူးလား ....။ အကျိုးမဲ့ သည်းခံစောင့်ဆိုင်းတဲ့ ငွေရှင် ဒီကမ္ဘာပေါ်မှာ ရှိနေတယ်လို့ အမေ ထင်နေသလား။

အစိုးမရသော ရောက်တတ်ရာရာ အတွေးများဖြင့် ခုံရှည်ပေါ်မှာ ကျွန်တော်ထိုင်နေသည်။ မူလက အချိန်ရှိခိုက် ကြိုးပမ်းဖြိုထားမည် ရည်မှန်းခဲ့သော ယန်းပေါဆတ်၏ "ပျို့သက်သက်" စာအုပ်သည် ကျွန်တော် ပစ်ထားခဲ့သည့်အတိုင်း မှောက်ခုံအပျင်းဆန့်လျက်။ မိမိကိုယ်ကို ပြန်ရှုကာ လူသား၏ မြင့်မြတ်သော ဖြစ်တည်ခြင်းတရားကို ကျွန်တော် ပွားများမနေနိုင်ပေ။

ကျွန်တော့်ခေါင်းထဲမှာ သုညများ ရှိနေသည်။ လေးလုံးသော သုညကို ဖြိုမည့် ကျွန်တော့် သုည။ လမ်းမပေါ်တွင်ကား လူများသည် သုညနှစ်လုံးကို ဖရီးဝီး၊ ဂီယာ၊ ချိန်း၊ ခြေနင်းတပ်၍ ဥဒဟို ခရီးနှင်နေကြသည်။ တစ်ချို့က ဖြတ်သန်းသွားလာရင်း ဆေးခန်းကို ငဲ့ကြည့်သွားသည်။

အသိအမှတ်ပြုခြင်းပဲ .... ဟု ကျွန်တော် နားလည်လိုက်ရလေမလား။ ကျွန်တော် ဝေဝါး နေသည်။ အပျိုပေါက် ကျောင်းသူလေးများက ငုတ်တုတ်ထိုင် ဆေးလိပ်ဖွာနေသော ကျွန်တော့် ကို ပြုံးစစကြည့်သွားကြသော အခါများတွင်တော့ ရင်ထဲမှာ အခံရခက်သလိုလို ရှိပြန် ၏။ "နောက်ဖွင့်တဲ့ ဆရာဝန်ဖြင့်တော် လူနာကို တစ်ယောက်မှ မရှိရှာပါဘူး"ဟူ၍ အရပ်ထဲ ကြုံရာဆုံရာ အတင်းအဖျင်း သတင်းဝိုင်း၌ မိန်းမကြီးများက ကျွန်တော့်ကို ပြောနေကြမည်လား။

ကျွန်တော်ကား မိမိဘာသာ သံသယဖြင့် ရှုပ်ပွေလိမ်လျက် သုည၏ဖိစီးမှုအောက်တွင် ပရမ်းပတာ ဖြစ်နေလေ၏။

"မင်းလိုကောင်က ညည်းနေတော့ ငါတို့က ဘယ်နားသွားနေရမှာလဲကွ"

စကားဝိုင်းတစ်ဝိုင်းတွင် ဘွဲ့ရသူငယ်ချင်းတစ်ယောက်က စိတ်တိုတိုဖြင့် ကျွန်တော့်ကို နှုတ်တုံ့ပြန် မေးခဲ့ဖူးသည်။ ကျွန်တော်တို့ နှစ်ယောက်သည် စူးရှသော အကြည့်များဖြင့် အတန်ကြာမျှ တစ်ယောက်ကို တစ်ယောက်စိုက်ကြည့်နေခဲ့ကြ၏။

မှန်သည်။ ယာယီအားဖြင့် အကျပ်အတည်းရှိဦး။ ကျွန်တော့်အလုပ်က အသက်ရှူ ချောင်သော အလုပ်။ ကျွန်တော်က စားနိုင်သောက်နိုင်သေးသည်။ ရပ်တည်လှုပ်ရှားဖို့ ချေးနိုင် ငှားနိုင်သေးသည်။ ဆရာဝန်ဆိုတဲ့ အရှိန်အဝါလေး ရှိသေးသည်။ ကျွန်တော်သည် မရှိခြင်း သံသရာတွင် မျောပါကူးခတ်နေရသူတို့၏ ဘဝကို စာနာနေမိလေသည်။ စဉ်းစား စောင်းငဲ့ကြည့် လိုက်တော့ ကျွန်တော်ကမှ ဝိုင်းစက်နေသည့် သုညဖြစ်နေသေးသည်။ ကံကြမ္မာ အခွင့်အလမ်း လေး ပေးလာလျှင် "ဝ"ဖြစ်လာနိုင်သည့် သုညဖြစ်နေသေးသည်။

လူ့ဘဝမှာ ချည့်နဲ့ ပိန်တွန့်နေသော သုညများဆိုလျှင် ....

* * *

ပလက်စတစ် အိတ်ငယ်အတွင်းသို့ ဆေးပြားများထည့်သည်။ ခတ်ဆားထုပ် တစ်ထုပ် ကိုလည်း တွဲလျက် အမေဖြစ်သူအား ကမ်းပေးလိုက်သည်။

"မှတ်မိတယ်နော် အမေ"

"ဟုတ်"

"တစ်မျိုးကို တစ်ခြမ်းစီ၊ မနက်တစ်ကြိမ် နေ့လယ်တစ်ကြိမ် .... ညတစ်ကြိမ်"

"ဟုတ်"

"ဝမ်းရပ်တာထက် ကလေးကိုယ်ထဲ ဓာတ်ဆားရည် ဝင်သွားဖို့ ပိုအရေးကြီးတယ်"

"ဟုတ်"

"သြော် ....ပြီးတော့ အမေ့လက်သည်းတွေ ညှပ်ပစ်စမ်းပါ။ ထမင်းမစားခင် ဆပ်ပြာနဲ့ လက်ဆေးပါ"

"ဟုတ်"

"ဝမ်းပျက်ဝမ်းလျှောရတဲ့ အကြောင်းတွေကို ကျွန်တော်ပြောခဲ့ပြီးပြီနော်။ နောက် ဂရုစိုက်ပေါ့အမေ"

"ဟုတ်"

လိုက်နာတာ ....မလိုက်နာတာ အပထား။ ကျွန်တော်ကတော့ တော်တော် ကျေနပ်သွားသည်။ ဖြစ်ခါစ ဆရာဝန်တို့၏ ထုံးစံအတိုင်း ကျွန်တော်သည် ရောဂါ၏ ကွင်းဆက်များကို စိတ်ရှည်လက်ရှည် ရှင်းပြနေခဲ့သည်။ အိမ်သာ၊ ယင်၊ အစားအသောက်၊ တစ်ကိုယ်ရေ သန့်ရှင်းမှု ....။

အမေသည် ကလေးကို ရိုးရိုးချီထားရာက ခါးထစ်ခွင် အနေအထားသို့ ပြောင်းလိုက်၏။ လက်ထဲတွင် ကျစ်ကျစ်ဆုပ်လာသော ကျပ်တန်ရွက်ကလေးများကို ဖြန့်လာသည်။ အသစ် ကျပ်ချွတ်မဟုတ်ဘဲ၊ နွမ်းနွမ်းရိရိ ဖြစ်နေပါလျက်၊ ကျွန်တော့် မျက်လုံးများသည် မွန်းတည့်နေကို ကြည့်လိုက်ရသလို စူးရှပူစပ်သွားကာ ကပ်ကရုံဓာတ်ဆီသို့ အကြည့်ကို လွှဲလိုက်ပိလေသည်။

"ဆရာ ဘယ်လောက်ကျသလဲ"

ကျွန်တော် ချက်ချင်းပြန်မဖြေနိုင်။ စပ်ဖာ ဖာထားသော ချည်ကြမ်းထဘီ နွမ်းလျလျနှင့် ၁/၂၀ သမထုတ် ယောကျ်ားဝတ်လုံချည်စကို လက်ဖြင့် ဖြစ်သလို သီချုပ်ထားသော စုတ်လုလု အင်္ကျီတို့အား ကျွန်တော့် အမြင်အာရုံက ထင်ထင်ရှားရှား လာတွေ့နေသည်။ ကျွန်တော်သည် နှုတ်မှ ခုနစ်ကျပ်ဟု ထွက်လိုက်ရမှာ ဝန်လေးနေသည်။ မပေးပါနဲ့ဗျာဟု ပြောလိုက်ချင်သော်လည်း ကျွန်တော့်မှာ အင်အားမရှိပြန်ပေ။ ဘာမဟုတ်သော ခဂဏန်းလေး တစ်လုံးနှင့် တဒင်္ဂမျှ ကျွန်တော် လုံးထွေးနေလေသည်။

"အဆင်ပြေသလောက်သာ ပေးခဲ့ပါဗျာ"

ကျွန်တော့်ကို မော်မကြည့်ရဲသလို ခေါင်းငုံ့သည်။

“ဘယ်လိုမှတော့ မအောက်မေ့ပါနဲ့ ဆရာ” တိုးညင်းသော လေသံဖြင့် တောင်းပန်စကား ဆိုသေးသည်။ ကျပ်တန်လေးများ ကမ်းလာတော့ ကျွန်တော် အားနာနေသည်။ သို့သော် ကျွန်တော်ယူလိုက်သည်။ စိတ်များလေးလံနေလျက် ရေတွက်မနေတော့ဘဲ အိတ်ထောင်ထဲသို့ လုံးထွေးထည့်လိုက်၏။

ဝေး ....ဝေးသွားသော ပထမဆုံးလူနာ၏ ကျောပြင်ကို ငေးမောရင်း၊ ကျောင်းမှာ သင်ခဲ့ရသည့် ကာကွယ်ရေးနှင့် လူမှုရေး ဆေးပညာကို ကျွန်တော် သတိရလေသည်။ မရှိခြင်း .... မသိခြင်း .... မကျန်းမာခြင်း .... “မ” ကွင်းဆက်များ။

ကျွန်တော် သက်ပြင်းရှည်တချက် ချလိုက်မိသည်။ ရုတ်တရက် ဝင်ရောက်လာသော အတွေးတစ်စက မြည့်နေသော သွားများဖြင့် ဦးနှောက်ကို ကျားနာခဲကိုက်ခဲလာ၏။ ချွန်မြသော လက်သည်းများဖြင့် နှလုံးသားနံရံများကို ရန်လိုကုတ်ခြစ်လာ၏။

ကျွန်တော် ထိတ်လန့်တကြားဖြင့် ဘယ်ဘက်ရင်ဘတ် အိတ်ထောင်အား ယောင်ယမ်း စမ်းလိုက်မိလေသည်။

* * *

သည်နေရာကို ရွေးခဲ့တာ ဘယ်သူလဲ။

ရှိပြီးဆေးခန်းတွေကို တိုးကြည့်ဖို့ ဆုံးဖြတ်ခဲ့တာ ဘယ်သူလဲ။

အခန်းငှားခ စပေါ်ငွေငါးရာတင်ရင် ပြန်တောင်းရခက်မှာ စိုးလို့ တစ်လ တစ်ရာ့ လေးဆယ်နဲ့ ခြောက်လတွက် ငွေရှစ်ရာ့လေးဆယ် ကြိုပေးထားဖို့ စတင် ကမ်းလှမ်းခဲ့တာကော ဘယ်သူလဲ။

ကျွန်တော်ပါပဲ။

နေရာကို စဉ်းစားသောအခါ၊ ကျွန်တော် အဓိကထားခဲ့သည်ကတော့ အမေနှင့် ဝန်ထုပ် ဝန်ပိုးဖြစ်သည်။ ကျွန်တော့်အတွက် အမေ၏ သွေးတိုးနှင့် နှလုံးသွေးကြောကျဉ်းရောဂါသည် အရေးကြီးသော အချက်အလက်များဖြစ်သည်။ ဘယ်အချိန်မှာမဆို ရှင်သန်ခြင်းမှ ခေါက်ကနဲ ခွေကျသွားနိုင်သော အခြေအနေတွင် ကျွန်တော်အဝေးသို့ မသွားလို။ အမေ့အပါးမှာ ကျွန်တော် ရှိနေချင်သည်။ အစ်မကတော့ သားဆရာဝန် တစ်ယောက်လုံး ဖြစ်နေလျက် အခြားသူနှင့် မပြသချင်။ ကိုယ်ပျိုးထောင်ခဲ့သော အပင်မှ ဝေဆာလာသော သစ်သီး၏ ချိုမြိန်ခြင်းရသကို ဥယာဉ်မှူးတိုင်း ခံစားချင်ပေလိမ့်မည်။ ကျွန်မ မောင်က ....ဟု မိတ်ဆက်ဂုဏ်ယူချင်တာလည်း ပါပေလိမ့်မည်။

အမေ့အတွက်ကတော့ ကျွန်တော် သူ့အပါးရှိနေခြင်းကိုက အရေးကြီးသော အချက် အလက် ဖြစ်သည်။ ဆရာဝန် အမေတို့၏ ထုံးစံအတိုင်း အိမ်ထောင်ပြုရမည့် အရွယ်ဆိုတော့

သင့်တော်တာ မသင့်တော်တာတွေလည်း ပူပန်ပေလိမ့်မည်။ စားရေး သောက်ရေး နေရေး ထိုင်ရေးကအစ လူကြီးပီပီ တွက်ချင့်ပေလိမ့်မည်။

အစစ အရာရာကို ချင့်ချိန်၍ မိမိကိုယ်ကို ယုံကြည်စိတ်ချစွာဖြင့် ကျွန်တော် ဆုံးဖြတ်ခဲ့သည်။

သို့သော် ကျွန်တော် မျှော်လင့်သလို ဖြစ်မလာ။ သုညမှ လွန်မြောက်လာသော်လည်း၊ ကျွန်တော်သည် သင်္ချာ၏ အခြေခံအကျဆုံး ဂဏန်းအရေအတွက်များပေါ်တွင် လျှောက်နေရဆဲရှိလေသည်။ တစ်နာရီလျှင် လူနာတစ်ယောက်နှုန်းမျှပင် ကျွန်တော့်ဆီ မလာသေး။ တစ်ခါတရံ အိမ်အပြန် အမေ့ကိုအပ်နိုင်သည့် ပိုက်ဆံ ဆယ့်လေးကျပ်မျှသာ ရှိသည်။ နားလည်ထားကြသော ဆရာဝန်ဆိုသည့် အလုပ်နှင့် ဘယ်လိုမျှ ယုံကြည်ဖွယ်ရာမရှိ။ ကျွန်တော်ကိုယ်၌လည်း ကိုယ့်လုပ်ငန်း၏ အတိုင်းအတာကို ဘယ်အခါကမျှ သည်လောက် နိမ့်မတွက်မိခဲ့။ ပြက္ခဒိန်ရွက်ကြီး သုံးရွက်သာ ကျွန်တော်လှန်ခဲ့ရသည်။ အမေ့ကို တစ်နေ့ ငါးဆယ်ပြည့်အောင် ကျွန်တော် မပေးနိုင်သေးပေ။

အသက်မွေးဝမ်းကျောင်းမှု၏ ကြားခံပစ္စည်း ငွေမရရှိသည်ထက် မအောင်မြင်သူ တစ်ယောက်၏ ဘဝကို လျှောက်ရခြင်းက ကျွန်တော့် စိတ်ဓာတ်များကို ယိုင်နဲ့စေလေသည်။ လုပ်ငန်းပြထားနိုင်လျက် အလုပ်လက်မဲ့ ဖြစ်ရခြင်းက အင်အားများကို လုံးပါးပါးစေလေသည်။ ငြီးငွေ့ခြင်းသည် မဖိတ်ခေါ်ရပဲ ကျွန်တော့်ထံသို့ အလည်လာလွန်းလှသည်။ ညှိုးရော်ပွန်းရှသော အားမာန်များကို အပိုင်းပိုင်း ပြတ်မသွားစေရန် ကိုယ့်ကိုယ်ကို မေးခွန်းများ ထုတ်ရင်း ခိုင်မာအောင် ကျားကန်ကြိုးစားခဲ့သည်။

အချိန် ....။ အချိန်စောင့်ရမည်။ တစ်နှစ်ဖြစ်လျှင် ဖြစ်မည်။ နှစ်နှစ်ဖြစ်လျှင် ဖြစ်မည်။ ငါးနှစ်ဖြစ်လျှင် ဖြစ်မည်။ ယခုတစ်လော ကျွန်တော် အထပ်ထပ်စဉ်းစားနေသော အကြောင်းသည် အချိန်ပေးနိုင်ပါ့မလား ဆိုခြင်းပင်ဖြစ်၏။ ကျွန်တော့်မှာ ဖြတ်ပစ်စရာ နှောင်ဖွဲ့နေသော ကြိုးက ရှိသေးသည်။

မီးမလင်းသော လမ်းတလျှောက် ဆေးလိပ်မီးကို ရဲကနဲ့ဖွာခြင်းဖြင့် မိမိကိုယ်ကို အမှတ်အသားပြုပြုရင်း ကျွန်တော် အိမ်ပြန်လာခဲ့သည်။ လကွယ်ညသည် ကျွန်တော် ဦးခေါင်းခွံအတွင်းထိ ထိုးဖောက်ဝင်ရောက်နေလေသည်။ ချိုင့်တစ်ချိုင့်ထဲ စက်ဘီးအကျလိုက်တွင်တော့ တစ်လျှောက်လုံး ထိုင်နေခဲ့ရရှာသော ခါးကြွက်သားများ ရုတ်ချည်းဆန့်သွားကာ စစ်ကနဲ့ ထိုးနာသည်။ ကျွန်တော်သည် အမှောင်ထဲတွင် လက်ကိုင်ကို စမ်းတဝါးဝါး ထိန်းကျောင်းနေရပေသည်။

"သားကို ပြောရဦးမယ်"

ဆီးကြိုပြောလာသော အမေ့စကားကို ကျွန်တော်စိတ်မဝင်စား။ စက်ဘီးလက်ကိုင်မှာ

ချိတ်လာသည့် ဆေးအိတ်ကိုပင် မဖြုတ်နိုင်တော့ဘဲ မီးဖိုထဲ ကျွန်တော် တန်းဝင်သွားသည်။ စားပွဲဝိုင်းကို ချလိုက်၏။ ပန်းကန်ပြားထဲ ထမင်းနှင့်ဟင်းကို ပုံထည့်ကာ ဆောင့်ကြောင့်ထိုင်၍ အားရပါးရ လွေးပစ်လိုက်သည်။ အမေသည် ကျွန်တော်အပါးလာထိုင်ပြီး စကားတစ်လုံး မဆိုဘဲ ယပ်ခတ်ပေးနေသည်။ အော်ဟစ် ပုန်ကန်ချင်နေသော အစာအိမ်အား တစ်ပန်းကန် လောက်နှင့် ချွေးသိတ်ပြီးမှ အမေ့ကို ကျွန်တော်မော်ကြည့်သည်။ ညာလက်က ထမင်းတစ်လုတ် ကို ပါးစပ်ထဲ ခွံ့ယင်း၊ ဘယ်လက်နှင့် အိတ်ထောင်ထဲက ပိုက်ဆံလေး ဆယ့်နှစ်ကျပ်ကို နှိုက်ထုတ်ကာ အမေ့ကိုပေးလိုက်သည်။ ကျွန်တော် ထမင်းဆက်စားသည်။ အမေ ဆက် ယပ်ခတ် သည်။

သည်းခံနိုင်ရည် နိမ့်ကျသော ကျွန်တော့်အတွက် ပူလောင်အိုက်စပ်သော ရာသီဥတုသည် ခြွင်းချက်မဟုတ်ပေ။ လက်ဆေးပြီးသည်နှင့် ရှပ်အင်္ကျီကို ကျွန်တော် ချွတ်ပစ်လိုက်သည်။ အိတ်ထောင်ထဲမှာလည်း ဘာမှ ထွက်ကျလာစရာ မရှိတော့ပြီးမို့ တန်းပေါ်ကို လှမ်းတင်လိုက် သည်။ အပေါ်ပိုင်း ဗလာကျင်းသွားသော ကျွန်တော့် ခန္ဓာကိုယ်ဆီသို့ ခြင်များသည် ဝမ်းသာ အားရ ပျံ့ဝဲလာကြသည်။ ယပ်တောင်တစ်ချောင်း ကောက်ကိုင်လိုက်သည်။ ဆေးလိပ် တစ်တို လက်ကြားညှပ်သည်။ ဝါးကုလားထိုင်မှာ ကျွန်တော်ထိုင်သည်။

အမေ့ကို ကျွန်တော်ပြောရတော့မည်။ ကိန်းဂဏန်းများနှင့် လက်ရှိအခြေအနေကို ချပြမှ ဖြစ်တော့မည်။

"ကျွန်တော်အမေ့ကို ပြောစရာရှိတယ်"

"အမေလဲ သားကို ပြောစရာရှိတယ်ကွဲ့"

မီးခြစ်ဆံနှင့် ဖူးကို ခြစ်သည်။ တုတ်ချောင်းငယ်က တစ်ခြား၊ ယမ်းခေါင်းက တခြား လွင့်စဉ်သွား၏။

"သားပြောစရာ အရင်ပြောလေ"

"အမေပြောစရာသာ အရင်ပြောပါ"

အစ်မသည် သူ့ကျောင်းသားများ၏ အိမ်စာများကို စစ်နေရာမှ အမေ့ဘေး ကွပ်ပျစ်ပေါ် လာထိုင်၏။

"ဝမ်းသာစရာပေါ့ကွယ်"ဟု အမေစကားစသည်။

"အမေတို့ အတိုးတွေကို မယူတော့ဘူးလို့ ကနေ့ပြောလိုက်တယ်"

"ဗျာ ....ဘာလို့တဲ့လဲ"

"ဩော် ....သားကျောင်းမပြီးခင်ကတော့ သားပေါ့လျှော့မှာစိုးလို့သာ ယူမယ်လို့ ပြောခဲ့ တာပါတဲ့။ သူတို့စိတ်ရင်းကိုက မယူချင်ပါဘူးတဲ့။ အခု သားကြိုးကြိုးစားစားနဲ့ လိမ်လိမ်မာမာ လုပ်ကိုင်နေတာလဲ မြင်တယ်တဲ့။ ဒါကြောင့် ပြေလည်မှသာ ယူထားတာပဲပြန်ပေးပေါ့တဲ့"

ကျွန်တော် နှုတ်ခမ်းတွန့်ပြုံးလိုက်မိသည်။ ပေါ့လျော့မှာစိုးလို့တဲ့။ မာနကို မထီတရီ လာထိပါးတာတော့ အမှန်ပင်ဖြစ်သည်။

"ကျွန်တော်က ဒီလောက်အသိဉာဏ် ကင်းပါ့မလား အမေရ။ ပြောလိုက်တဲ့စကားက ...."

"ဒါကတော့ကွယ် .... မိုက်တဲ့လူတွေလဲ ရှိနေတာကိုး"

ထားလိုက်ပါတော့။ ငွေရှိသူသည် လူတစ်ယောက်ကို ထိန်းချုပ်ဖို့ ငွေဖြင့် ကြိုးပမ်းတတ်သည်မှာ မဆန်း။ ဘယ်လိုပဲ ဖြစ်ဖြစ်၊ သည်အတွက်တော့ ကျေးဇူးတင်ဖို့ကောင်းပါသည်။

"ပြီးတော့ ....သားကိုလဲ တော်တော်သဘောကျနေတယ်ကွဲ့"

"ဘယ်လို သဘောကျနေတာလဲ"

သိမ်သိမ်မွေ့မွေ့ အမေရယ်မောလိုက်၏။

"သားကို သူတို့သမီးလေးနဲ့ ရည်မှန်းချင်ဟန်တူပါရဲ့ကွယ်"

အစ်မသည် လှုပ်လှုပ်ရှားရှား ဖြစ်လာကာ လိုက်ပါရယ်မောရင်း၊ "မဆိုးဘူးဟဲ့" ပြောသည်။

"ဟာဗျာ–အစ်မကလည်း၊ လူကို ရောင်းကုန်ပစ္စည်းကျနေတာပဲ"

"ဟဲ သင့်တော်တယ်ထင်လို့ ပြောတာ"

"တော်စမ်းပါဗျာ ....ကျွန်တော်ကလူဗျ ....လူ"

"နင်ကြီးကြီးကျယ်ကျယ်တွေ ပြောမနေနဲ့။ ဟိုဘက်က တင်စီးပြောလာတာလဲ မဟုတ်ဘူး ....။ အကျပ်ကိုင်တာလဲ မဟုတ်ဘူး။ ပြီးတော့ ကောင်မလေးက"

"တော်ဗျာ အစ်မ။ ကျွန်တော်မကြိုက်ဘူး၊ ကျွန်တော်မယူနိုင်ဘူး။" ကျွန်တော့် သွေးများ ဆူပွက်လာသည်။ ရိုးသားသည်ဖြစ်စေ၊ မရိုးသားသည်ဖြစ်စေ သည်သတင်းက ကျွန်တော့်ကို သံချွန်ဖြင့် ထိုးဆွသလို ဖြစ်နေသည်။ ကျွန်တော် ခြေလက်များကို ကြိုးကျစ်ကျစ်ဖြင့် တင်းတင်းရင်းရင်း ချည်တုပ်နေသလို ခံစားနေရသည်။ ကုလားထိုင်မှ ကျွန်တော်ထလိုက်မိ၏။

"သူတို့ကို ကျွန်တော်ခုသွားပြောမယ်။ ခင်ဗျားတို့အတိုးကို ကျွန်တော်ပေးမယ်"

စက်ဘီးဆီသို့ ကျွန်တော်ချက်ချင်း ရောက်သွားသည်။ "ဟဲ့ ဟဲ့ .... ဩော်" ဟု သည်းကာ အမေသည်လည်း ကျွန်တော့်အပါး ကပျာကယာ ရောက်လာ၏။ ကျွန်တော်လက်ကို အမေ ဖမ်းချုပ်ထားသည်။

"မင်းကလဲကွယ် စိတ်ကြီးပဲ၊ ဒါက သားသဘောကျမှပါ။ အမေတို့က ဘာမှ မလုပ်ပါဘူး။ သူတို့ကလဲ သေသေချာချာ ဘာမှ မပြောသေးပါဘူး။ အမေတို့က အကဲခတ်မိသလောက် ပြောပြတာပါ သားရဲ့။ ကဲ .... ကဲ ပြန်ထိုင်စမ်းပါဦး၊ စောစောက မင်းပြောစရာ ရှိတယ် ဆိုတာ"

ကျွန်တော်သည် ကုလားထိုင်မှာ ပြန်ထိုင်ပြီး၊ ဆေးလိပ်ကိုသာ အငြိုးတကြီး ဖွာနေမိလေသည်။ တနန့်နန့်တက်ခဲ့သော ခံပြင်းဒေါသသည် ပြေကျဝပ်ဆင်းမသွားသေးပေ။ ငွေ ....။

ကိန်းဂဏန်းများ။ ဆေးခန်း ....။ အားလုံးသည် နိမ့်ချည်မြင့်ချည်၊ ဆုတ်ချည်တက်ချည် ခုန်တိုးနေ၏။

အသက်ရှူနှုန်း မြန်လာ၏။ အံကိုတင်းတင်း ကြိတ်လိုက်မိသည်။ အမေ့ကို လှမ်းကြည့်လိုက်သည်။

"ကျွန်တော် တောကိုသွားမယ် အမေ"ဟု ကျွန်တော်စကားစလိုက်၏။

* * *

ဆုံးရှုံးခြင်းဟု နားလည် ရင်ဆိုင်ရမည်လား။ ရှန်းကန်ခြင်းဟု သဘောထား အားတင်းရမည်လား။

အခြေပျက်ခြင်းဟု နိဂုံးချုပ်လိုက်ရမည်လား။ အခြေစိုက်ခြင်းဟု နိဒါန်းဖွင့်လိုက်ရမည်လား။

ဖိနပ်ကို ချွတ်လိုက်သောအခါ မြေကြီး၏ အနည်းငယ်အေးမြသော အတွေ့အထိက ခြေဖဝါးမှ ခန္ဓာကိုယ်တစ်လျှောက်ဆန်တက်လာသည်။ နှလုံးသားသည် အားလုံးကို အရှိ အတိုင်း လက်ခံရန်အတွက် အေးစက်မာတောင့်နေသည်။ ကျွန်တော် ထိုင်လိုက်သည်။ လက်အစုံကို နဖူးပေါ်ယှက်တင်သည်။

အမေ့ကို ကျွန်တော်မော်မကြည့်ပေ။ တစ်လုံးချင်း ဖြုတ်ချနေသော စိတ်ပုတီးလုံးလေးများ ၏ အသံသည် ကျွန်တော့်အတွက် သိသာကျယ်လောင်လွန်းနေသည်။ ကျွန်တော် ဦးသုံးကြိမ်ချ ကန်တော့လိုက်သည်။

"ဘေးမသီ ရန်မခဘဲ သားမျှော်မှန်းသလို အောင်မြင်ပါစေကွယ်"

အမေ၏ ဆုတောင်းစကားသည် ခိုင်ခိုင်မာမာတော့ မရှိလှ။ အားအင် ပြည့်ဖြိုးခြင်း ကင်း၍ မသိမသာမျှ လှုပ်ခတ်နေသည်။

အမေသည် အောက်ကိုတွန်းပို့ရမည့် အလှည့်ကျပုတီးစေ့လေးကို မပို့နိုင်လောက်အောင်ပင် မေ့လျော့နေပြန်ကာ ကားလမ်းဘက်ဆီသို့ ငေးမောနေလေသည်။ ဘတ်စ်ကားခေါင်မိုးပေါ် ရောက်သွားသည့် လူနာစမ်းသပ်သော ခုတင် ....အိပ်ရာလိပ်၊ သံသေတ္တာ၊ ဆေးသေတ္တာပုံး၊ တိုလီမိုလီခြင်းထဲက ထိုးထိုးထောင်ထောင် ထွက်နေသောကြက်ခြေနီ ....။

ထိုအရာအားလုံးကို မနေ့က ကျွန်တော် သိမ်းဆည်းခဲ့သည်။ ရှက်ခြင်း၊ သိမ်ငယ်ခြင်း တို့ဖြင့် ကျွန်တော် ခေါင်းမထောင်ရဲခဲ့။ ခရီးတစ်ဝက်က လှည့်ပြန်ရခြင်းသည် ယောက်ျား မာနကို ခေါက်ချိုးသိမ်းဆည်းလိုက်ရခြင်းပင် ဖြစ်လေသည်။ ကျွန်တော်သည် အလိုလိုပင် ကသိကအောက် ဖြစ်နေလျက် စိတ်တိုနေချင်ကာ သံများကို အခဲမကျေစွာ ဆွဲနုတ်နေခဲ့သည်။

"ဘာဖြစ်လို့ ပြောင်းရတာလဲဆရာ"

အိမ်ရှင်က ရိုးရိုးသားသားသိချင်စိတ်ဖြင့် လာမေးသောအခါ "ခင်ဗျားအလုပ်လား"ဟု ကျွန်တော် ဟိန်းဟောက်ပစ်လိုက်ချင်သည်။ သို့သော် အသံများကို ဣန္ဒြေရရ ကြပ်မတ်ကာ

"ရွာက ကျွန်တော့်အဒေါ်တစ်ယောက် မကျန်းမာလို့ပါ။ ရောဂါက နာတာရှည်ဆိုတော့ ဘေးမှာ ကျွန်တော်ရှိနေဖို့လိုတယ်။ အဲဒီမှာက ကုနိုင်တဲ့ဆရာဝန်လဲမရှိဘူး။ သူကလဲ အိပ်ရာပေါ်က မထနိုင်ဘူး။ အမျိုးတွေကလဲ သူတို့ဆီလာဖို့ ခဏခဏ တကျည်ကျည် လာပြောနေတာနဲ့ ...."

ကျွန်တော်သည် ဆရာဝန် တစ်ယောက်အတွက် အများအမြင် သိက္ခာရှိမည့် ဝတ်ရုံ အတွင်း လျှိုဝင်ကာ လုပ်ဇာတ်တစ်ဇာတ်ကို ခင်းပြနေခဲ့ရလေသည်။

"စိတ်မကောင်းစရာပါလား ဆရာရယ်"ဟု အိမ်ရှင်က ကရုဏာသက်နေသေးသည်။ တဖန် သည်မျှနှင့် ပြီးမသွားဘဲ၊ "ဘာရောဂါတဲ့လဲဆရာ" မေးနေသေးသည်။ ကြံဖန်ဖာထေး ဆက်ထားရသော သည်းခံနိုင်မှုကော်များ ပျော်ကျဲသွားကာ ကျွန်တော် စိတ်ချဉ်ပေါက်လာမိသည်။ သူလဲ နားလည်နိုင်မည် မဟုတ်သော၊ ပါးစပ်ထဲရုတ်တရက် ပေါ်လာသည့် အင်္ဂလိပ်စာလုံး "အီကိုနိုဂျဲနစ် ကာစီနိုးမား" ဖြင့် ကျွန်တော် ရေရွတ်ရေရွတ် ပစ်ပေါက်ခဲ့သည်။

စင်စစ်တော့၊ ဝမ်းနှင့်လွယ်၍ ကျွေးမွေးသုတ်သင်ပြုစုခဲ့သော ကျေးဇူးတရား ကြီးမားလှသည့် ကိုယ့်မိခင်ကို ကိုယ်တိုင် မစောင့်ရှောက်နိုင်ဘဲ အခြားဆရာဝန် တစ်ယောက်ထံ အပ်နှံလိုက်ရသည်က .... ကျွန်တော်။

ရင်ထဲမှာ နင့်သီးသွားသည်။ မွန်းကျပ်သွားသည်။ ကိုယ့်သားသမီးကို စာမပြနိုင်ရှာသော ကျောင်းဆရာ။ ကိုယ့်မိဘကို မစောင့်ရှောက်နိုင်သော ဆရာဝန်။ ကိန်းဂဏန်း မည်မျှ ရှိနေသနည်း။

ကျွန်တော် နာကျည်းလိုက်ရမည်လား။ ဘဝဆိုတာ ဒီလိုပဲ ဖြေသိမ့်လိုက်ရမည်လား။

"ဆရာ သယ်စရာ ဘာကျန်သေးသလဲ"

ကားဆရာ လာမေးသဖြင့် ခံစားနေသည်များ ပြတ်တောက်သွားသည်။ "မရှိတော့ပါဘူး" ခေါင်းယမ်းပြလိုက်သည်။ ဆရာဝန်ဆိုသည်မှာ ပစ္စည်းပစ္စယများကို ထမ်းပိုးဖို့ မသင့်လျော်ဘူးဟု သူတို့ယူဆနေကြသလား မသိချေ။ ကျွန်တော့်ကို သယ်မခွင့်မပေးဘဲ သူတို့သာ ဝိုင်းဝန်း မတင်ခဲ့ကြလေသည်။

ကားဆရာသည် သူ့ထိုင်ခုံမှာ သွားထိုင်သည်။ စတီယာရင်ပေါ်လက်တင်သည်။

ကျွန်တော် သွားရတော့မည်။

အမေ့ဘက်ကို ကျွန်တော် လှည့်လိုက်သည်။ ပခုံးသားများကို တင်းတင်း ဆုပ်ညှစ်ထားမိပြန်သည်။ နှုတ်ဆက်စကားသည် လည်ချောင်းသို့ ရောက်လုခါမှ ပြန်ပြန် မြုပ်သွားနေသည်။ သည်တစ်ခါတွင်တော့ အမေသည် ကျွန်တော့်နဖူးကို မနမ်းတော့ဘဲ မလှုပ်မယှက်

ငြိမ်သက်နေလေ၏။ "သိန်းသန်းကုဋေကုဋာရဲ့ အစဟာ သုညဖြစ်တယ်"ဟု စိတ်ထဲက ကျွန်တော် ပြောနေမိလေသည်။ အမေ့ကို ကျွန်တော် အားပေးချင်သည်လား ....ကျွန်တော့်ကို ကျွန်တော် အားပေးချင်သည်လား .... ကျွန်တော် မဝေခွဲနိုင်ပြန်ပေ။

"ကျွန်တော် သွားတော့မယ် အမေ"

အမေ ကျွန်တော့်ကိုကြည့်သည်။

ကျွန်တော် အမေ့ကိုကြည့်သည်။

စက္ကန့်မျှ အကြည့်တို့ ဆုံကြသည်။ ထို့နောက် အကြည့်တို့ကို နှစ်ယောက်စလုံး လွှဲဖယ်ပစ်လိုက်မိကြလေသည်။

"သွေးမှန်မှန် သွားချိန်နော်"

အမေခေါင်းညိတ်သည်။ သို့သော် ငုံ့သွားသော ခေါင်းသည် ပြန်မော့မလာ။

ကားဆီသို့ ချာကနဲကျွန်တော် လှည့်လာခဲ့တော့သည်။

"ဆရာ့အတွက် ရှေ့မှာ နေရာချန်ထားတယ် ဆရာ"

စပယ်ယာက ကျွန်တော့ကို လက်ညှိုး ညွှန်ပြလေသည်။ ကျွန်တော် ဝင်ထိုင်လိုက်သည်။ သူတို့သည် ကျွန်တော့်ကို နေရာတစ်နေရာ ပေးထားကြပါကလား၊ ကျွန်တော့်ကို အသိအမှတ်ပြုခြင်း တစ်ခု ....။ သို့သော် ကျွန်တော်ကား ဝမ်းမသာနိုင်ဘဲ စိတ်ညစ်ညူးစပြုလာလေသည်။

သဏ္ဌာန်အားဖြင့်တော့ ကျွန်တော်က သူတို့ဆီသို့ သွားသည်။ အရင်းအမြစ် ကတော့ သူတို့ထံမှ ငွေကြေးအချို့ စုဆောင်းရန် ဖြစ်နေသည်။ ထို့နောက် ယင်းတို့ကို မြို့ပြတစ်နေရာသို့ ပို့ရန် ဖြစ်နေသည်။ မြို့ပေါ်တွင် ထိုးဖောက်ရပ်တည် အချိန်မပေးနိုင်၍ ကျေးလက်သို့ လွင့်စဉ်သွားသော ဆရာဝန်တစ်ယောက်အဖြစ်ကို သူတို့မသိရှာကြ။ သည်ခရီးက ကိန်းဂဏန်း ကောက်သင်းကောက်ခရီးဟု သူတို့မမြင်နိုင်ရှာကြ။

ကျွန်တော်သည် အတွေးများအား တားမနိုင် ဆီးမနိုင်ဘဲ၊ အကျဉ်းအကျပ် အတွင်းသို့ ရောက်သွားပြန်လေသည်။

မြို့ပြက ကျေးလက်သို့ လာသည်လား၊ ကျေးလက်က မြို့ပြသို့ လာသည်လား။

တိုးတက်လာသည်ဟု မြှောက်စားချီးပင့်ကြမည်လား။ ဖောက်ပြန်သည်ဟု ကဲ့ရဲ့ တံဆိပ်ကပ်ကြမည်လား။

တစ်စုံတစ်ရာသော အတိုင်းအတာ အထိတော့ ကျွန်တော်သည် သူတို့အတွက် အကျိုးရှိပေလိမ့်မည်။ သို့သော် ကျွန်တော့်အတွက်ကား ဝိညာဉ်များ သန့်စင်မနေဘဲ၊ ညစ်ထေးစွန်းထင်းနေလေသည်။ ကျွန်တော်သည် ခဝါသည် တစ်ယောက်ထံပြေးကာ ဝိညာဉ်ကို ဖွတ်တိုက် ဆေးကြောပစ်လိုက်ချင်သည်။

လက်တွေ့မှာတော့ ကျွန်တော်သည် ငုတ်တုတ်။

ကားဒရိုင်ဘာသည် ဝါယာနှစ်ပင်ကို ပူးကာ အင်ဂျင်ကို နှိုးလိုက်၏။ လီဗာကို သော့ပြီး တစ်ချက်နှစ်ချက်မျှ ဟဲလိုက်သည်။ ဂီယာထိုးသံသည် ညိုးညိုးညံညံ ပေါ်ထွက်လာ၏။

ကားဘီးများ စလိမ့်လေသည်။

ပြတင်းကိုဖွင့်လျက် အမေ့ကို ကျွန်တော်လှမ်းကြည့်လိုက်သည်။ အမေ့မျက်အိမ်မှ အလင်းတစ်စသည် တစ်ချက်မျှ ပြက်ထင်လျက် ကြွေကျသွားသည်။

ကျွန်တော်သည် နှုတ်ခမ်းများကို တင်းတင်းစေ့ထားလိုက်မိသည်။ ယိုစိမ့်ထွက်ကျလာနိုင်သော တံခါးပေါက်များကို လက်ကျန်အင်အားရှိသမျှ စုစည်းလျက် ကျွန်တော် တွန်းကန်ထားသည်။

ရင်ထဲမှာ ကျွန်တော် မျက်ရည်ကျနေလေသည်။

အမေ့ကြောင့်လား ....။ ကိန်းဂဏန်းများကြောင့်လား ....။

မြို့ပြကြောင့်လား ....။ ကျေးလက်ကြောင့်လား ....။ သို့မဟုတ် ....။

(၁၉၈၉၊ ဇူလိုင်လ၊ ရှုမဝရုပ်စုံမဂ္ဂဇင်း)

ခက်ဆစ်များ

လူးလွန့် (က) 翻来覆去地折腾，翻滚；(心情)不平静

တုံ့ဆိုင်း (က) 踌躇不前，缓慢前进

မီးကင်း (န) 消防队；消防队员

အိပ်ချင်မူးပူး (ၤၤပ) 极度困倦，困得睁不开眼睛

ငိုက်မျဉ်း (က) 打瞌睡

အားနည်း (က) 虚弱，衰弱，薄弱

ချို့ငဲ့ (က) 不足，缺乏，缺少

နွမ်းလျကုန်ခန်း (က) 精疲力尽

ခါးသက် (နဝ) 微痛，痛不津儿的

ချိန်ခွင်လျှာ (န) 天平指针

လက်ခမောင်းခတ် (က) 以手拍臂膀(表示高兴、胜利、示威或挑战)；〈喻〉幸灾乐祸

နွဲ့ (က) (由于风吹等)摇摆；撒娇

ဆီဆမ်း (က) 淋上油，撒上油

နမ်း (က) 吻

ညင်းနည့်သက် (နဝ) 温柔，柔和

စူးနစ် (က) 沁入，直入

ကြားခံ (က) 夹在中间，垫在中间

မျှဉ်းသောက် (က) 悠着点儿慢慢喝

ဒိုင်ခွက်ဝိုင်း (န) 表盘

နိမိတ်ကောက် (က) (迷信)预言，预卜吉凶

ပလာစတာ (န) 石膏；膏药，橡皮膏

လောကွတ်ပျူငှာ (က) 殷勤，好客

တိုးညင်း (နဝ) 小声的，轻声的

ပွန်းရှ (က) 擦破，磨破
သူစိမ်းပြင်ပြင် (ကဝ) 生疏地，感情淡薄地
မှောက်ခုံ (ကဝ) 俯卧，趴着
အပျင်းဆန့် (က) 伸懒腰
ဖရီဝီး (န) (自行车)飞轮
ဂီယာ (န) (自行车)变速器，(汽车)排挡
ချိန်း (န) (自行车等的)链条
ရှုပ်ပွေလိမ်လျက် (နဝ) 纠缠，乱绞在一起
ပရမ်းပတာ (ကဝ) 毫无章法，混乱不堪
ဝမ်းရပ် (က) 止泻
ခါးထစ်ခွင် (က) 把小孩侧身搂抱在腰间
အသစ်ကျပ်ချွတ် (န) 崭新的，全新的
နွမ်းနွမ်းရိရိ (ကဝ) 陈旧地
စပ်ဖာ (က) 拼补
တဒင်္ဂ (န) 一会儿，一瞬间，一刹那
မြည့် (နဝ) 锋利，锐利
ကျားနာခဲ (ကဝ) 狠狠地，咬住不放
ပြက္ခဒိန် (န) 日历
ယိုင်နဲ့ (က) 摇晃，晃动
ညှိုးရော် (နဝ) 枯黄，萎蔫
ချွေးသိတ် (က) 止汗，消汗；〈喻〉抚慰
မထီတရီ (ကဝ) 不尊重，轻蔑
တင်စီး (က) 占便宜，欺负人
အကျပ်ကိုင် (က) 要挟，施加压力，威胁，强迫
အငြိုးတကြီး (ကဝ) 怨恨地，仇恨地
တနန့်နန့် (ကဝ) (感情、思绪)阵阵袭来，涌上心头
ခံပြင်း (က) 难以忍受
သိမ်ငယ် (နဝ) 卑微，藐小
ကသိကအောက် (ကဝ) 心中不悦，心中烦乱
စိတ်ချဉ်ပေါက် (က) 厌烦，烦恼，生气
နင့်သီး (က) 尖酸，刻薄，尖刻
မွန်းကျပ် (က) 憋气；发闷，窒息
စတီယာရင် (န) 方向盘
ညစ်ညူး (နဝ) 污秽；卑劣
ကောက်သင်းကောက် (က) 把散乱的东西收集起来
ဝိညာဉ် (န) 心；生命；灵魂
ညစ်ထေးစွန်းထင်း (က) 污染；沾污
ခဝါသည် (န) 洗衣工
ဝါယာ (န) 金属线，电线
လီဗာ (န) 油门；控制杆

စာဆိုအတ္ထုပ္ပတ္တိ

တင်မောင်သန်း (၁၉၅၄–)

အမည်ရင်း ဒေါက်တာတင်မောင်သန်း ဖြစ်သည်။ ၁၉၅၄ခုနှစ်တွင် မုံရွာမြို့၌ မွေးဖွားခဲ့သည်။ ၁၉၈၄ခုနှစ်၊ ဇူလိုင်လ၊ ရှုမဝမဂ္ဂဇင်းမှ “အရိပ်နှင့် လမ်းလျှောက်ခြင်း” ဝတ္ထုတိုဖြင့် စာပေနယ်သို့ ရောက်ရှိလာခဲ့သည်။

ရှမဝမဂ္ဂဇင်းမှ တင်မောင်သန်း၏ **"သုညနှင့်ကိန်းဂဏန်းများ"** ဝတ္ထုတိုကို ဖတ်နေရင်း ထူးခြားသောရသကို ခံစားရသည်။ ထိုရသကို "မွန်းကျပ်သောရသ" ဟု ဆိုလိုက်ချင်သည်။ တစ်ကယ်ပဲ မွန်းကျပ်လာသည်။ ဝတ္ထုထဲက ဇာတ်ဆောင်ကို သနားသော၊ မုန်းသော ရသမျိုး မဟုတ်။ ဝတ္ထုထဲက အပြင်သို့ ထွက်လာပြီး စာဖတ်သူကို ချုပ်ကိုင်မွန်းကျပ်စေသော ရသမျိုး ဖြစ်သည်။ ပေါ့ပါးမြူးပျသော ရသမျိုးကို ခံစားလိုသောသူတို့အဖို့ ဤဝတ္ထုမျိုးကို ဖတ်ရန် မသင့်ဟု ပြောရပေလိမ့်မည်။ မည်သို့ပင်ဖြစ်စေ တင်မောင်သန်းသည် သူ့ဝေဒနာကို ထိထိမိမိ စူးစူးရှရှ အမျှဝေနိုင်သော ဝတ္ထုဆရာ ဖြစ်သည်ဟု ဆိုပေလိမ့်မည်။

ဝတ္ထု၏ အဖြစ်အပျက်မှာ မဆန်း၊ ဇာတ်လမ်းဟုပင် မဆိုသာ။ ဇာတ်ဆောင်၏ ခံစားမှုမှာလည်း မဆန်း။ မဆန်းသော ခံစားမှုများကို အသေးစိတ် ရေးဖွဲ့ထားပုံသည်သာ ဝတ္ထု၏ အသက်ဖြစ်သည်။ တင်မောင်သန်း၏ ထူးခြားချက်မှာ သာမန်အဖြစ်အပျက် အကြောင်းကိစ္စတို့ကိုသာမက လူ့အတွင်းစိတ်၌ သိမ်မွေ့စွာ လှုပ်ရှားဖြတ်သန်းသွားကြသည့် ဝေဒနာ အစုစုကိုပါ အသေးစိတ် ခြေရာကောက်ပြီး မှတ်သားသိမ်းဆည်းနိုင်ခြင်း ဖြစ်သည်။ ထို့ကဲ့သို့ မှတ်သားသိမ်းဆည်းတတ်ရုံနှင့်လည်း ဝတ္ထုဆရာ ဖြစ်လာနိုင်သေးသည် မဟုတ်။ ထိုဝိုးတဝါး ဝေဒနာတို့ကို ပီပြင်ထင်ရှားသော ဝေဒနာ ဖြစ်လာအောင် အားရှိသောကိရိယာ၊ လတ်ဆတ်သော အလင်္ကာ၊ ကြည်လင်သော နိမိတ်ပုံတို့ဖြင့် ရေးဖွဲ့တင်ပြနိုင်စွမ်း ရှိရန် လိုပေသေးသည်။ တင်မောင်သန်းကို ထူးချွန် ပြောင်မြောက်သော ဝတ္ထုတိုဆရာအဖြစ် အမွှမ်းတင် ချီးကျူးခြင်းငှာ မသင့်သေးသော်လည်း အထက်ပါ အရည်အသွေးနှစ်ရပ် ပါရှိသော ဝတ္ထုဆရာ ဖြစ်ကြောင်းကိုကား ပြောနိုင်ပေသည်။

လေ့ကျင့်ခန်း

၁။ "သုည"သည် ဤဝတ္ထုထဲတွင် မည်သည့်အခိပ္ပာယ် ဆောင်နေသနည်း။ ဆရာဝန်ပေါက်စလေး "ကျွန်တော်"သည် "သုည"ကို ရင်ဆိုင်ရန် မည်သို့လုပ်ခဲ့သနည်း။

၂။ ဤဝတ္ထုကို ဖတ်ပြီးနောက် အခြေခံနွမ်းပါးသော ဆရာဝန်ပေါက်စလေးတို့၏ဘဝ၊ သူတို့ ၏ မွန်မြတ်သော အခြေခံရည်မှန်းချက်၊ တကယ့်လက်တွေ့တွင် ကြုံရသော အဖြစ်တို့ကို ဝေဖန်သုံးသပ်ပါ။

သင်ခန်းစာ(၂၃) စာကျွန်

作品导读

佩敏（1949—）是缅甸为数不少的医生兼作家之一，讽刺小说家。早期以翻译外国短篇小说而出名，曾翻译过加拿大畅销书作家阿瑟·黑利的《最后诊断》（缅译名《医院》）、契诃夫的《第六病室》等作品。1986年开始短篇小说创作，之后分别于1990、1993、1995年出版了三部短篇集。《日用品销售者》（1995）短篇小说集获当年国家文学奖短篇小说奖。佩敏的作品笔调幽默讽刺，思想内涵深刻。《书奴》（1989）讽刺了一个日夜钻书本堆，却找不到创作灵感的作家，一个将家庭责任和义务抛在一边，生活在超现实之中，潜意识中又带有一分愧疚和不安的读书人。

စာကျွန်

ဖေမြင့်

သည်မိန်းမ အကြည့်ကို မြင်ရုံမျှနှင့် သူဘာတွေပြောချင်နေသည်ကို ကျွန်တော်သိသည်။ ပေါင်းသင်းလာခဲ့တာ နှစ်ပေါင်းများစွာ ကြာခဲ့ပြီပဲ။

သူမကလည်း သူမပြောဘဲ ကျွန်တော်သိနှင့်မှန်းသိ၍ ဘာမှမပြောတော့။

အသံမထွက်ဘဲ ပြောပြီ။ နားလည်ပြီ။ ငြင်းခုံစရာအကြောင်းလည်း မရှိတော့သည့် ကိစ္စမှာ ကိုယ့်တာဝန် ကိုယ်ကျေပွန်အောင် လုပ်တာပဲ အကောင်းဆုံး ဖြစ်လိမ့်မည်။ ကျွန်တော် စားပွဲခုံ မီးကိုဖွင့်ကာ စာရေးစားပွဲမှာ ထိုင်သည်။

စားပွဲခုံပေါ်မှာ စာအုပ်တွေရှိသည်။ စားပွဲခုံနံဘေးစာအုပ်စင်များမှာ စာအုပ်တွေ ရှိသည်။

မိန်းမက မသိမသာ လှမ်းကြည့်သည်။ သူဘာကြည့်သလဲ ကျွန်တော်သိသည်။

ကျွန်တော် စားပွဲအံဆွဲကို ဆွဲထုတ်ကာ ချောချောမွတ်မွတ် ရေး၍ရသော ဘောလ်ပင်တစ်ချောင်း ရွေးသည်။ ထို့နောက် စာမူကြမ်းရေး၍ရမည့် ဗလာစာအုပ်တစ်အုပ် လိုက်ရှာသည်။ ပြီးစားပွဲခုံတွင် နေရာတကျထိုင်ကာ ဝတ္ထုခေါင်းစဉ်ကို အရင်ဆုံးချရေးသည်။

သည်ခေါင်းစဉ်ကို ကျွန်တော် စိတ်တိုင်းမကျပါ။ သို့သော် ခေါင်းထဲ အရင်ဆုံး ပေါ်တာ

ဖြစ်၍ ကျွန်တော် ချရေးလိုက်ခြင်းဖြစ်သည်။ ခေါင်းစဉ်အထက်မှာ စာမျက်နှာ နံပါတ်(တစ်) ဟူ၍ ရေးထိုးလိုက်သည်။ ပြီးလျှင် စောစောက ရေးသည့်ခေါင်းစဉ်ကို ခြစ်ပစ်သည်။ ပြန်စဉ်းစားပြီးသည့်အခါ စောစောက ခြစ်ထားသည့် ဒုတိယခေါင်းစဉ်စာလုံးများ နံဘေးတွင် အမှတ်အသားကလေး ခြစ်ထားလိုက်သည်။

သည်ခေါင်းစဉ်ကို ယာယီအားဖြင့် ကျွန်တော် ရွေးချယ်ထားလိုက်သည့်သဘော။

မိန်းမက အိပ်ခန်းထဲတွင် သူလုပ်စရာရှိသည့် တိုလီမိုလီကလေးတွေ လုပ်နေရာက မသိမသာ အကဲခတ်နေသည်။ ကျွန်တော် ဘာလုပ်နေသလဲ သူမြင်သည်။ ကျွန်တော် စာရေးပုံရေးနည်း သူသိသည်။ စာတစ်ကြောင်း ခပ်မြန်မြန်ပြီးအောင် ရေးပြီးပြီးတာနဲ့ တစ်ပြိုင်နက် ဂျိခနဲ အစအဆုံး ဆွဲခြစ်ပစ်တတ်သော ကျွန်တော့်အကျင့်ကို သူသိသည်။

ယခု စာကြောင်းတိုတို သုံးကြောင်း ရေးသည်။ သုံးကြောင်းလုံး ခြစ်ပစ်သည်။ သို့သော် တစ်ကြောင်းကိုတော့ အမှန်အမှတ်အသားပြုပြီး စောစောက ခြစ်တာကို ပြန်လည်ပယ်ဖျက်ကြောင်း သူသိလိုက်သည်။

ဘာပဲပြောပြော စားပွဲမှာ ထိုင်ရုံရှိသေး၊ စာတစ်ကြောင်း အဖတ်တင်နေပြီ ဆိုလျှင် သည်ည ကျွန်တော့်ဝတ္ထုတစ်ပုဒ်၏ တစ်စိတ်တစ်ဒေသဖြစ်စေ၊ တစ်ဝက်တစ်ပျက်ဖြစ်စေ ရေးပြီး လိမ့်မည်။ ဒါမှမဟုတ် အနည်းဆုံး သည်တစ်ည စာရေးဖြစ်ပြန်ပြီလို့တော့ ဆိုရလိမ့်မည်။ မိန်းမ စိတ်ချလက်ချ အိပ်ရာဝင်သွားသည်။

* * *

သည်ဝတ္ထု ကျွန်တော့်ခေါင်းထဲမှာ ရှိနေတာကြာပြီ။ စင်စစ် သည်တစ်ပုဒ်တည်းမဟုတ် အများအပြားပင် ရှိနေသည်။ သို့သော် သည်တစ်ပုဒ်က အပြင်ဘက် ထွက်ချင်လွန်း၍ ရွစိရွစိဖြစ်နေသည်။ သည်အကောင်ကို ကျွန်တော်က အပြင်ထွက်ခွင့် မပေးဘဲ မှဲ့သလို၊ လျှော့သလို၊ မအားသေးသလို၊ အပြင်ဘက် ထုတ်ပေးလောက်အောင်အထိ ပြည့်ပြည့်စုံစုံ မဖြစ်သေးသလို အချိန်ဆွဲထား ဆိုင်းငံ့ထားသည်။

သည်တစ်ကောင် ထွက်ခွင့်ပေးလိုက်ပြီးလျှင် နောက်တစ်ကောင် ရွစိရွစိ ဖြစ်လာပြန်ဦးမည်။ သူတို့ကိစ္စတွေ လိုက်ရှင်းနေလျှင် ကျွန်တော် ဘယ်တော့မှ အားရမည် မဟုတ်တော့။

ကျွန်တော့်မှာ ဖတ်ရမည့်စာ၊ ဖတ်ရမည့်စာအုပ်တွေက အများကြီးရှိနေသေးသည်။ စာရေးစားပွဲထိုင်လိုက်လျှင် ဘေးပတ်လည်မှာ လှန်လှောကြည့်ချင်စရာ စာအုပ်တွေ ဝိုင်းနေသည်။ သည်စာအုပ်တွေကို ကိုင်မကြည့်၊ လှန်လှောမကြည့်ဘဲ မနေနိုင်။ တကယ်တော့ ကျွန်တော်က စာဖတ်သမားဖြစ်သည်။ အကယ်၍ စားဝတ်နေရေးအတွက်သာ ပူစရာမလိုဘူး ဆိုလျှင် ကျွန်တော်သည် တစ်နေ့တစ်နေ့ စာတွေဖတ်၊ ကိုယ့်လိုပင် ဘာမှမလုပ်ဘဲ စာချည်းဖတ်နေသူချင်း စုဝေးကာ စာအုပ်အကြောင်း၊ စာအကြောင်းတွေ ပြောနှင့်ပင် အချိန်ကုန်လွန်လိမ့်မည် ထင်သည်။

သည်လိုဆိုလျှင် ကျွန်တော်၏ဘဝသည် အလွန်သာယာ ချမ်းမြေ့ဖွယ် ကောင်းသော ဘဝ၊ ကျွန်တော့်အတွက် စိတ်တိုင်းကျဘဝ ဖြစ်ပေလိမ့်မည်။

သို့သော် ယခုတော့ သည်သို့မဖြစ်နိုင်။

* * *

ပြဿနာက မိန်းမနှင့်ဆိုင်သည်။

သို့သော် သည်မိန်းမဆိုသည်ကလည်း စင်စစ် ကျွန်တော် စီမံလေ့ကျင့်ထားသည့် မိန်းမ ပါပဲ။

ကျွန်တော်က စောစောက ညွှန်းခဲ့သည့်အတိုင်း စာသမား။ ငယ်ငယ်ကလေးကတည်းက စာအုပ်စာတမ်း ကျမ်းကြီးကျမ်းခိုင်တွေ ဖတ်ရှုလာသည့် အကောင်။ မဟောသဓောတ်တော်ကြီး ဝတ္ထုဆိုတာကတော့ ကျောင်းသင်ခန်းစာလည်း ဖြစ်၍ ကောင်းကောင်းကျေခဲ့သည်။ ထို့ကြောင့် လျှို့ဝှက်အပ်သော အမှုကို ဘယ်သူ့အားမျှ မပြောလေနဲ့ဟု မဟောသဓေ သင်ကြားပေးခဲ့တာ ကျွန်တော်သိသည်။

သို့သော် လျှို့ဝှက်အပ်သော အမှုဆိုသည်မှာ အတိုင်းအတာရှိသည်။ ရှိသမျှ အားလုံးကို လျှို့ဝှက်နေဖို့တော့မလို။ တချို့တစ်ဝက်ကိုတော့ လူတချို့အားဖြစ်စေ၊ တစ်စုံတစ်ယောက်သော အထူးပုဂ္ဂိုလ်အားဖြစ်စေ ပြောသင့်ပြောထိုက်နိုင်သည်ဟု ကျွန်တော် သဘောရခဲ့သည်။ ဥပမာ မိန်းမဆိုပါတော့။

လူဆိုသည်မှာ မိန်းမနှင့် နှစ်ယောက်တည်းနေသည့်အခါ သူများတကာကို ပြောပြီးသား စကားတွေချည်း ထပ်ပြန်ပြောမနေနိုင်။ သူ့ကို အထူးပြောရသည်များ ရှိလာသည်။

ပြီး ကျွန်တော်တို့ စာသမားဆိုသည်မှာ အိမ်ကသားမယားအား စာကြောင်းပေကြောင်း၊ စာထဲပေထဲက ဗဟုသုတအကြောင်းများနှင့် မိမိ၏ အတွေးအခေါ် အထင်အမြင် အယူအဆများ ကို အခါအားလျော်စွာ ပြောကြားဖို့လိုသည်။ ရှင်မဟာရဋ္ဌသာရ ဆရာကိုယ်တိုင်ကလည်း မှတ်ဖွယ်မှတ်ရာ၊ တိုတိုစာကို၊ ရှာ၍မပြတ်၊ အိမ်တွင်ဖတ်၊ ဖတ်ပြန်သော်ကား၊ ဖတ်ပါများက၊ သားမယားပင်၊ မိုက်မှားခဲ့စွာ၊ မလိမ္မာလည်း စာပေစကား၊ နေ့တိုင်းကြားက၊ ထူးခြားလိမ္မာ၊ ရှိသည်သာတည်း ဟူ၍ မိန့်ဆိုခဲ့သည် မဟုတ်လား။

ထို့ကြောင့် မိန်းမကို ကျွန်တော် စကားခပ်များများ ပြောခဲ့မိသည်။ သည်စကားတွေ ထဲမှာ ကျွန်တော် နှစ်ပေါင်းများစွာ ဖတ်ရှုဆည်းပူးခဲ့သည့် စာပေကျမ်းဂန်များထဲမှ အတွေးအခေါ် အဆီအနှစ်တွေ ပါသကဲ့သို့ ကျွန်တော့် ယုံကြည်ချက်များ ကြီးမားသော ကျွန်တော့် ရည်မှန်း ချက်များလည်း ပါဝင်ခဲ့သည်။

ထို့ကြောင့် သည်မိန်းမသည် စာပေဗဟုသုတ ပြည့်ဝနေသလို ကျွန်တော့် အကြောင်း၊ ကျွန်တော့်အတွင်းရေး၊ ကျွန်တော့်အတွင်းစိတ်တွေပါမကျန် အားလုံးသိနေသည်။ သည်မိန်းမ

သည် မလွယ်တော့။

ယနေ့ည ဝတ္ထုရေးရတာ အတော်လက်တွေ့သည်။ သွန်ချသလို ဒရဟောစီးဆင်းနေသည်။ ခေါင်းထဲက ထွက်ချင်လွန်းလို့ ရှူစိတက်နေသည့် ဝတ္ထုပဲ။ မစီးဆင်းဘဲနေပါ့မလား။ လေးမျက်နှာ ခန့်ရှိသွားပြီ။ သုံးပုံတစ်ပုံလောက်တော့ ခရီးရောက်ပြီ။ သည်အချိန်မှာ ပြဿနာ ပေါ်လာသည်။

ပြဿနာက စကားတစ်လုံး။ သည်စကားသည် ဒေသသုံးစကားလား။ အများသုံးစကား လား။ ကျွန်တော်တို့နယ်မှာနဲ့ ကွဲလွဲနေနိုင်သလား။ သည်အတွက် စာဖတ်သူက အဓိပ္ပာယ် ကောက်လွဲသွားနိုင်သလား။ ကျွန်တော် မသေချာ။ မသေချာလျှင် အဘိဓာန်ရှိသည်ပဲ၊ မြန်မာ အဘိဓာန်။

စာအုပ်စင်ဘက် လက်လှမ်းမည်လုပ်ပြီးမှ မိန်းမကို သတိရသည်။ စာရေးသလိုနဲ့ စာဖတ် နေပြန်ပြီ ထင်နေမလား။ အိပ်ရာဘက် လှည့်ကြည့်သည်။ မိန်းမအိပ်ပျော်နေပြီ။ တကယ် အိပ်ပျော်နေတာ ဟုတ်မဟုတ်သေချာအောင် အတန်ကြာ စောင့်ကြည့်သည်။ ပြီးမှ အဘိဓာန် ငါးတွဲထဲက သက်ဆိုင်ရာအတွဲကို အသံမမြည်အောင် အသာဆွဲထုတ်ရသည်။ စာအုပ်ကိုလှန်၊ သက်ဆိုင်ရာစာမျက်နှာ ရောက်အောင်လှန်၊ ဖျပ်ဖျပ်ဖျပ်ဖျပ်၊ ခုတင်ပေါ်မှာ မိန်းမလှုပ်ရှားသည်။ နိုးလာသလား။ အစကတည်းက အိပ်မပျော်သေးတာလား။ အသာငြိမ်ပြီး အကဲခတ်သည်။ မိန်းမ အသက်ရှူသံမှန်မှန် ထွက်ပေါ်နေသည်။ အိပ်ပျော်နေတာပဲ။

အဘိဓာန်ထဲမှာ စောစောက ဝေါဟာရ၏အနက်အဓိပ္ပာယ်ကို ကြည့်ပြီးနောက် သူ့နေရာ မှာ အသာလေး ပြန်ထားလိုက်သည်။ အဓိပ္ပာယ်က မကွဲလွဲပါ။

ရေးပြီးသားစာမျက်နှာတွေ ပြန်လှန်ကြည့်သည်။ ဘောလ်ပင်ကို ကောက်ကိုင်ပြီး ပြန်ချ ထားလိုက်သည်။ လက်ဝဲဘက်က စာအုပ်စင်ကို ကြည့်မိသည်။

ဆရာဝန် စာရေးဆရာကြီး အက်ဖဲလ်မွန်သေး၏ ဆန်မီရှေးပုံပြင် လက်ကလှမ်းဆွဲလိုက် သည်။ မိန်းမနိုးလာရင် စိတ်ဆိုးမှာပဲ။ ကိစ္စမရှိ။ မိန်းမက အသက်ရှူသံ မှန်မှန်ပေး၍ အိပ်ပျော် နေသည်။

မွန်သေး၏ ဘဝမှတ်တမ်း သို့မဟုတ် ဝတ္ထုဟန်အတ္ထုပ္ပတ္တိ သို့မဟုတ် ဝတ္ထုတို ပေါင်း ချုပ် စာအုပ်။ ပထမထုတ်ဝေခြင်း ၁၉၂၉။ ကျွန်တော့်စာအုပ်က ၁၉၆၈ထုတ်။ ၈၃ ကြိမ်မြောက် ပုံနှိပ်ခြင်း။ ဖတ်ဖူးလှပြီ။ စာအုပ်ကို လျှောက်လှန်လိုက်လျှင် ကျွန်တော် သိနေသည်။ သူတို့ ခေတ်က ဆရာဝန်ဘဝ၊ ဟိုအဝေးဆီက အကြောင်းများ၊ လွမ်းစရာ ကြည်နူးစရာ၊ သို့သော် ဆရာဝန်တွေ လူနာတွေရဲ့ သဘာဝကပြောင်းသလား။ စေတနာ၊ ကရုဏာ၊ အကြင်နာ၊ အသပြာ၊ ဂုဏ်ပကာသန အလိမ်အညာကို အထင်ကြီးမှု၊ ရမ်းကု၊ ပါရဂူ၊ သိပ်တော့မကွာခြားကြ။ သို့သော် ဟိုအဝေးက အကြောင်းများနဲ့ သူ့အရေးအသားက လွမ်းစရာ ကြည်နူးစရာ။

မိုပါဆွန်းနှင့်တွေ့သည့်အခန်းကို လှန်လှော်၍ ဖတ်ကြသည်။ ကောင်းတာပဲ။ အစအဆုံး

တစ်ခေါက်တော့ ပြန်ဖတ်ရဦးမည်။ သူ့နံဘေးမှာ ဘားနဒ်ရှော၏ ပြဇာတ်များ၊ သူရဲ့ နိဒါန်း ရှည်ကြီးများ၊ လှန်လိုက်ကျော်သွားလိုက် ဟိုနည်းနည်း သည်နည်းနည်း ဖတ်ကြည့်လိုက်နှင့် တစ်ခါမျှ တစ်ပုဒ်ဆုံးအောင် မဖတ်ဖြစ်၊ ဂျိမ်းဂျွိုက်စ်ရဲ့ဒပ်ဗလင်နားစ်ဝတ္ထုတိုများ၊ တစ်ပုဒ် ဖတ်ပြီးရင် အားကုန်သွားသလား။ နောက်တစ်ပုဒ်ဆက်ဖတ်ရမှာ နှမြောသလား။ ကြောက် သလား။ ခုထိ အပုဒ်မစေ့သေး။ ဖတ်ပြီးသားသာ ပြန်ဖတ်မိသည်။ လေးပုဒ်လောက်က လုံးဝ မဖတ်ရသေးဘဲ ကျန်နေသည်။ စာရေးဆရာ လုပ်စားမယ့်အကောင်၊ ဝတ္ထုရေးမယ့် အကောင်၊ ဒပ်ဗလင်နားစ် တစ်အုပ်ကုန်အောင်တော့ ဖတ်ဖူးရလိမ့်မည်။

ရပ်ဆယ်၊ ဆရာကြီးဘာထရန်ရပ်ဆယ်၊ အနောက်တိုင်းဒဿနိကဗေဒသမိုင်း။ ဆရာကြီး ၏ ဦးနှောက်ကား ကြီးကျယ်လှပါ၏။ စာမျက်နှာ ၅၉၆၆၁၆။ ဂျွန်လော့ခ်၏ နိုင်ငံရေး အတွေးအခေါ်။ မျဉ်းသားထားသော စာကြောင်းအချို့ ပြန်ဖတ်မိသည်။ သူခိုးတစ်ယောက်ကို မည်မျှအပြစ်ပေးမည်လဲဆိုသည့် အချက်တွင် လူတစ်ဦးနှင့်တစ်ဦး သဘောထားချင်း တူညီချင်မှ တူညီမည်ဖြစ်သော်လည်း လူ၌ မိမိပိုင်ပစ္စည်းကို ကာကွယ်ပိုင်ခွင့်ရှိသည် ဟူသော အချက်ကိုကား မည်သူမျှမငြင်းနိုင်။ ရပ်ရွာမြို့ပြအစိုးရဟူသည် များသောအားဖြင့် လူတို့ စုဝေးနေထိုင်ကြခြင်း သည် ဥစ္စာဓနကို ကာကွယ်နိုင်ရန်အတွက် ဖြစ်သည်။

လော့ခ်၏ အတွေးအခေါ်သည် ပုဂ္ဂလိကပစ္စည်းပိုင်ဆိုင်မှုကို အလေးပေးလွန်းနေသည်။ သည်ကိစ္စကို ဂက်တဲလ်က မည်သို့ရေးသနည်း။

ဝမ်လတ်စ်တည်းဖြတ်သည့် ဂက်တဲလ်၏ နိုင်ငံရေးအတွေးအခေါ် သမိုင်းကျမ်း။ အက္ခရာ စဉ်အညွှန်းကို လှန်ကြည့်သည်။ လော့ခ်ဂျွန်၊ နိုင်ငံရေးသီအိုရီ၊ စာမျက်နှာ ၂၂၃၊ ၂၂၆။

ထို့နောက် တော်စတွိုင်း၊ ဆမ်းမားဆက်မွန်၊ ဥရောပဝတ္ထုငါးဆယ်အညွှန်း၊ အဲရစ်ဖရွမ်း၏ လွတ်လပ်မှုမှ ထွက်ပြေးခြင်း ....။

ဖတ်ရမည်။ ကျွန်တော့်မှာ ဖတ်စရာတွေ အများကြီးရှိနေသေးသည်။ မဖတ်ရသေးတာတွေ၊ ဖတ်ပြီးသားတွေ၊ ပြန်ဖတ်ရမည့်ဟာတွေ။

သံချောင်းနှစ်ချက်ခေါက်သည်။ မျက်လုံးများ ညောင်းညာပြီ။ ဦးနှောက်ထဲတွင် အသိ ဉာဏ်တွေ တိုးဝေ့ညပ်သပ်နေပြီ။ ကမ္ဘာ့ပညာရှင်များစွာ၏ ယုယပိုက်ထွေးမှုတွေ ကျွန်တော် ခံယူပြီးပြီ။ သည်နေ့အဖို့ ကျေနပ်လောက်ပြီ။

ဗလာစာအုပ်မှာ ကျွန်တော့်လက်ရေး လေးမျက်နှာ၊ စာအုပ်ပိတ်ပြီး တခြား ဗလာစာအုပ် တွေအကြား ထိုးညှပ်ထားလိုက်သည်။

အိပ်ရာထဲဝင်တော့ မိန်းမ အနည်းငယ်လှုပ်ရှားသည်။ နိုးလာမလား၊ ဘာမေးမလဲ။

မနိုး။ ဆက်၍ အိပ်ပျော်သွားသည်။

* * *

မိန်းမနှင့်ကျွန်တော် ဘယ်ကစရန်ဖြစ်သည်မသိ။

မိန်းမက အကြီးအကျယ်ဆူပူနေသည်။ အရင်က တစ်ခါမှ မပြောခဲ့ဖူးသော စကားတွေ၊ တစ်ခါမှ မသုံးနှုန်းခဲ့ဖူးသော အသုံးအနှုန်းတွေ သူဒလဟောပြောနေသည်။

"ဟုတ်တယ်၊ ရှင်ဒီလိုပဲစာအုပ်တွေချည်း ထိုင်ဖတ်နေ၊ ပိုက်ဆံရမည့်အလုပ် ဘာတစ်ခုမှ မလုပ်နဲ့၊ ရှင့်စာအုပ်တွေထဲမှာ လင့်ဝတ္တရားငါးပါးဆိုတာ မပါဘူးလား၊ ယောကျ်ားဆိုတာ ကိုယ်ယူထားတဲ့ သားမယားကို ရှာဖွေကျွေးရမယ်ဆိုတာ သွန်သင်မထားဘူးလား၊ ပထမအရွယ်မှာ ပညာ၊ ဒုတိယအရွယ်မှာ ဥစ္စာဆို၊ ရှင်တစ်ခါမှ မဖတ်မိဘူးလား ဒီအရွယ်မှာ ဥစ္စာမရှာရင် ဘယ်အရွယ်မှာ သွားရှာမလဲ။ အခုတော့ ရှင့်ဟာက ဒီအရွယ်ကြီးအထိ ဒီစာပဲ တစ်စာတည်း စာနေတယ်၊ ဘိန်းစွဲတဲ့လူနဲ့ ဘာထူးသေးသလဲ၊ နားမလည်တဲ့ စာအုပ် အထူကြီးတွေဖတ်၊ တောင်တွေးမြောက်တွေး ငိုင်တိငိုင်တိုင်နဲ့၊ ဝင်ငွေမရှိလို့ လူက တစ်နေ့တခြား စုတ်ပြတ်ပြီး ဘိန်းစားရုပ်ပေါက်လာပြီ၊ စာဘိန်းစား"

ဟာ။

"တစ်ဆိတ်ရှိ စာအုပ်၊ တစ်ဆိတ်ရှိ စာအုပ်၊ စာအုပ်ထဲပါရင် ယုံပြီ၊ ပြောပြီ၊ အဟုတ် မှတ်ပြီး လိုက်လုပ်ပြီ"

"သူ့စာအုပ်တွေထဲ ရေးထားတာတွေကလဲ အကြံကောင်း ဉာဏ်ကောင်းတွေ၊ ကျုပ်လဲ အလွတ်ရပါတယ်၊ ပွဲလမ်းသဘင် မဆင်ယင်မကျင်းပသူ၏ ဘဝသည်လည်း ရိပ်သာမရှိသည့် ရှည်လျားသော ခရီးကို နှင်ရသကဲ့သို့ ငြီးငွေ့ပင်ပန်းဖွယ်ဖြစ်၏တဲ့၊ အဲဒီသူတော်ကောင်း ပညာရှိကြီးရဲ့ သြဝါဒကို လိုက်နာပြီး ရှိတဲ့ငွေကလေးသုံးရာနဲ့ မွေးနေ့ပွဲကြီး ကျင်းပလိုက်တာ အခု ဆန်ဝယ်ဖို့ကျတော့ ရှင့်အကောင်ကြီးက လာပေးသလား၊ ကျုပ်ကတော့ ရှင့်ကို ပညာတတ်၊ ဘယ်တော့မှ ထမင်းငတ်မယ့်လူမျိုး မဟုတ်ဘူးလို့ ယုံကြည်ပြီး ယူခဲ့မိတာ ခုတော့ ပါစင်အောင် လွဲတာပဲ။

"ရှင့်စာအုပ်တွေဖတ်ပြီး ရှင်ပြောတဲ့စကားတွေထဲမှာ မှန်တာတစ်ခုပဲ ရှိတယ်၊ ရက်အင် ဒီးယန်းက လူဖြူတွေကို ပြောတာလေ၊ ဒီကောင်တွေမှာ ငါတို့လို ကိုယ်ပိုင်အသိဉာဏ်မရှိဘူး၊ ဘာကိုမှ ကိုယ့်အသိနဲ့ကိုယ် ဆုံးဖြတ်ပြီး မလုပ်တတ်ဘူး၊ ကိစ္စတစ်ခုပေါ်လာရင် စာအုပ်တွေ လှန်လှန်ကြည့်ရတယ်၊ စာအုပ်က ဘာဆိုသလဲ၊ ဘယ်ကိုညွှန်ကြားသလဲ၊ အဲဒီအတိုင်း လိုက် လုပ်ရတယ်ဆိုတဲ့ဟာ၊ ရှင်လဲ ရက်အင်ဒီးယန်းပြောတဲ့ လူဖြူတွေနဲ့ ဘာထူးသလဲ၊ တစ်နေ့တစ်နေ့ ဖတ်လိုက်မှတ်လိုက်ရတဲ့စာ၊ တော်ကြာလှန်ပြန်ပြီ စွယ်စုံကျမ်း၊ တော်ကြာ ဘာအဘိဓာန်၊ တော်ကြာ စာကြည့်တိုက် ခဏသွားလိုက်ဦးမယ်၊ ဘာစာအုပ်မှာ ဘာရှာစရာရှိလို့၊ အိမ်မှာရှိတဲ့ စာအုပ်တင် နည်းသလား၊ ရှင့်လိုလူမျိုး တစ်ယောက်မဟုတ် ဆယ်ယောက် ဖိသတ်လို့ရတယ်၊ ဒါလဲအားရတယ်မရှိ၊ တော်ကြာဝယ်လာပြန်ပြီ စာအုပ်၊ သူများဆီက ငှားလာသလိုလို၊ အလကား ပဲ ရလာသလိုလို၊ စာရေးလို့ရတာက နှစ်ပြားတစ်ပဲ၊ စာအုပ်က ဝယ်လို့ပြီးနိုင်တယ်မရှိဘူး

ဒီဝယ်တဲ့အလုပ်ကို ရပ်ပါတော့၊ ဖတ်တဲ့အလုပ်ကို တော်ပါတော့၊ ရေးပဲရေးစမ်းပါ၊ ရှင့်လိုပဲ ကိုယ်ပိုင်ဉာဏ် မရှိတဲ့ တခြားလူတွေ၊ တစ်ဆိတ်ရှိ စာဖတ်မှတ်တဲ့ လူတွေအတွက် ရေးပါလား၊ ထမင်းအငတ်ခံပြီး ရှင့်စာအုပ် ဝယ်ဖတ်ကြလိမ့်မယ်လေ။

"အစကတော့ ရှင်ပဲ စာရေးချင်လှချည်ရဲ့ဆိုပြီး ကောင်းရောင်းကောင်းဝယ် အလုပ်က ထွက်လာခဲ့တာ မဟုတ်လား၊ ငါ့ခေါင်းထဲမှာ ရေးစရာတွေ ပြည့်လျှံနေပြီ၊ ဈေးအိမ်သာ လောက်ထိုးသလို ရွစိရွစိဖြစ်နေပြီ။ မရေးရရင် မနေနိုင်တော့ဘူးလို့ ရှင်ပြောခဲ့တယ် မဟုတ်လား၊ အခုအဲဒီလောက်တွေ ဘယ်ပျောက်ကုန်ပြီလဲ၊ အစကတော့ စာသာ လွတ်လွတ် ကျွတ်ကျွတ် ရေးလိုက်ရရင် ချက်ကော့တို့၊ တော်စတွိုင်းတို့လို ကမ္ဘာပဲ ကျော်သွားမလိုလို၊ အာသာဟောလီတို့၊ ဟာရိုးရော်ဘင်တို့လို လက်ဖျားငွေသီးတော့မလိုလို မိုးလားကဲလားနဲ့၊ အခုဘာအလုပ်မှ မလုပ်ဘဲ စာထိုင်ရေးပါဆိုတော့ ရှင်မရေးနိုင်ပါလား၊ ဘာမှမရေးတတ်တော့ ဘူးလား၊ တိုက်မဆောက် ကားမစီးရတောင် နာမည်ကြီး ထမင်းငတ်ဆိုတာမျိုးတောင် ရှင် ဖြစ်မလာပါလား"

မိန်းမက တစ်ယောက်တည်း ဒေါသတစ်ကြီး ပြောနေသည်။ ကျွန်တော် ငြင်းလည်း မငြင်း၊ တားလည်းမတားဆီးပါ။ ငြင်းနေတားနေလျှင် သူဒေါသပိုကြီးလာမည်။ တရားလွန်တွေ ပိုပြီး ပြောလာမည်။ သူမှားကြားလျှင် ရှက်စရာ။ ကျွန်တော် အသာပဲငြိမ်ကုပ်နေသည်။

သို့သော် ကျွန်တော်ဘက်က ဘာမှမတုံ့ပြန်သည့်အခါ မိန်းမပို၍ မကျေမချမ်း ဖြစ်လာ သည်။

"ဒီနေ့ကစပြီး ရှင့်ဘာသာရှင် အရင်တစ်ခါ ကတိပေးထားသလို တစ်ရက်ကို အနည်းဆုံး စာဆယ်မျက်နှာ ရေးနိုင်ရင်ရေး၊ မရေးနိုင်ရင်တော့ ကျုပ်ဒီစာအုပ်တွေအားလုံး ပိဿာချိန်နဲ့ ရောင်းစားပစ်မယ်၊ ဟောဒီဟာမျိုးတွေ ဆိုရင် ငရုတ်သီးခြောက်ရောင်းတဲ့ မိန်းမတွေက ကြိုက်လွန်းလို့ လုတောင်ဝယ်ဦးမယ်၊ စက္ကူက အလေးစီးလွန်းလို့"

ပြောပြောဆိုဆို နေရှင်နယ် ဂျော်ဂရပ်ဖစ် မဂ္ဂဇင်းစာအုပ်ကြီးတစ်ထပ် စာအုပ်စင်ပေါ်က ဆွဲကာ ကြမ်းပြင်ပေါ်သို့ ဖြောင်းခနဲ ပစ်ချလိုက်သည်။

"ဟေ့ ဟေ့ အရမ်းမလုပ်နဲ့ကွ၊ စာအုပ်တွေ အကုန်လုံးစုတ်ပြဲကုန်မယ်" ကျွန်တော် ကမန်း ကတန်းလိုက်ဆွဲသည်။

"ရှင်ဖယ်ပါ၊ ကျုပ်ကိုမဆွဲပါနဲ့" မိန်းမက ကျွန်တော့်ရင်ဘတ်ကို ဆောင့်တွန်းလိုက်သည်။

ရုတ်တရက် ရင်ဘတ်က နာသွားပြီး ကျွန်တော်အိပ်ရာမှ နိုးလာသည်။ ကျွန်တော့် ရင်ဘတ်ပေါ် မိန်းမလက်ရောက်နေတာ တွေ့ရသည်။ အိပ်နေတုန်း မတော်တဆလိုလိုနဲ့ ဒီမိန်းမ တမင်များ ရိုက်လိုက်သလား။ ခေါင်းရင်းက ခလုတ်ကို လှမ်းနှိပ်ကာ မီးဖွင့်သည်။ မိန်းမက တကယ်ပင် အသက်မှန်မှန်ရှူ၍ အိပ်ပျော်နေသည်။ သူ့မျက်နှာမှာ မကောင်းသော အကြံအစည် တစ်စုံတစ်ရာ မတွေ့ရ။ ရှင်းရှင်းလင်းလင်း ငြိမ်းငြိမ်းချမ်းချမ်းသာပဲ ဖြစ်သည်။ ဒါဖြင့် သည် မိန်းမ စိတ်ချမ်းသာနေသလား။ အိပ်မက်ထဲမှာ စိတ်ချမ်းသာစရာ တွေ့နေလေသလား။ ဟင့်အင်း

ပျော်ရွှင်သည့်လက္ခဏာမျိုးတော့ မတွေ့ရ။ သေသေချာချာ ကြည့်သည့် အခါ သူ့မျက်နှာမှာ ညှိုးလျလျအသွင်ကိုသာ မြင်ရသည်ဟု ကျွန်တော်ထင်မိသည်။

ကျွန်တော့်အပြစ်ချည်းပါပဲ။

ခုတင်စောင်းမှာထိုင်ရင်း ကျွန်တော် စဉ်းစားသည်။ တစ်အိမ်လုံး အိပ်မောကျနေသည်။ နေ့အခါ တိတ်ဆိတ်သည့် စားပွဲတင်နာရီသာ တချက်ချက်အသံမြည်လျက် မနေမနား ရွေ့လျားနေသည်။

လေးနာရီ။ အိပ်ချိန် နှစ်နာရီပဲ ရှိသေးသည်။ သည်နှစ်နာရီလုံးလုံး အိပ်မက်ထဲတွင် မိန်းမနှင့် ရန်ဖြစ်နေခဲ့သည်။ သို့မဟုတ် မိန်းမ၏ တစ်ဖက်သတ် ရန်တွေ့ခြင်းကို ခံနေခဲ့ရသည်။

ဘာကြောင့်လဲ။ သည်မိန်းမသည် ကျွန်တော့်အား စိတ်ပျက်သည့်အကြည့်၊ အလွန်ဆုံး မကျေနပ်သည့်အကြည့်မျိုးဖြင့် ကြည့်ခဲ့သည်တော့ ရှိသည်။ သို့သော် ဘယ်တုန်းကမှ မဆူပူခဲ့။ မြည်တွန်တောက်တီး မလုပ်ခဲ့။ စာဖတ်သောအလုပ်ကို သည်လို ပြစ်တင်ရှုတ်ချခြင်း ကဲ့ရဲ့အပုပ်ချခြင်းမျိုးလည်း မလုပ်ခဲ့။ ယခု ဘာကြောင့် သည်အိပ်မက်မျိုး ကျွန်တော် မက်ရသနည်း။ ကျွန်တော့်မှာ ဘယ်လို စိတ်အစွဲအလမ်းတွေ ငြိတွယ်နေသနည်း။ ကျွန်တော့် မသိစိတ်ထဲမှာ ဘယ်လိုအတွေးအခေါ် အယူအဆတွေ ကိန်းအောင်းနေပါသနည်း။

ကျွန်တော် ခုတင်မှထလာကာ စာအုပ်စင်မှာ လိုက်ရှာသည်။ ဆစ်ဂမွန်ဖရွိုက်၏ အိပ်မက်တိတ္တုကျမ်း။ ဘယ်မှာလဲ။ ဘယ်ကြားညပ်နေသလဲ။ သည်စာအုပ် မဖတ်ဖြစ်တာ ကြာပြီ။

တွေ့ပြီ။ ဆွဲထုတ်လိုက်သည့်အခါ သူ့အနားကပ်နေသည့် စာအုပ်က ကြမ်းပြင်ပေါ် ဘုတ်ခနဲ ပြုတ်ကျသည်။

စာအုပ်ကို ကုန်းအကောက်

“ဘယ်အချိန်ရှိပြီလဲ၊ ခုထက်ထိ စာဖတ်တုန်းလား”

ကျောထဲက ဖြန်းခနဲ ဖြစ်သွားပြီး တစ်ကိုယ်လုံး ကြက်သီးမွေးညင်းထသွားသည်။ စာအုပ်ကို အသာပြန်တင်ပြီး နောက်ဘက်လှည့်ကြည့်သည်။

ဆံပင်ဖရိုမရဲနှင့် အိပ်ရာကထလာသည့် မိန်းမသည် ရုပ်ရှင်ထဲမှာ မြင်တွေ့ဖူးသည့် ရက်အင်ဒီးယန်းမ တစ်ယောက်နှင့် တူနေလေသည်။

(ရင်ခုန်ပွင့်။ မတ်၊ ၁၉၈၉)

ခက်ဆစ်များ

အံဆွဲ (န) 抽屉

စာမူကြမ်း (န) 草稿

စိတ်တိုင်းကျ (က) 如意，中意，满意

ယာယီ (န) 暂时，临时

တစ်စိတ်တစ်ဒေသ (န) 一部分
တစ်ဝက်တစ်ပျက် (ကဝ) 半截子，一半
ရှုစိရှုစိ (ကဝ) 心神不定
ဆိုင်းငံ့ (က) 等待，暂缓，拖延
ကျမ်းကြီးကျမ်းခိုင် (န) 经典著作
မဟောသဓ (န) 十大佛本生故事里一位智者的名字
စာသမား (န) 文人
ကျမ်းဂန် (န) 著作；经书，经典
အဆီအနှစ် (န) 精华，精髓；实质性内容
သွန်ချ (က) 倾泻，倒出
ဒရဟော (က) 连续不断
အသပြာ (န) 金钱，银元，货币
ဂုဏ်ပကာသန (န) 虚荣，(对自己水平、能力等的)炫耀
ဒဿနိကဗေဒ (န) 哲学
သီအိုရီ (န) 学理，理论，原理
ညောင်းညာ (က) 酸疼，累
တိုးဝှေ့ညပ်သပ် (က) 拥挤不堪
ဘိန်းစွဲ (က) 抽大烟上瘾，染上抽鸦片恶习
ငိုင်တိငိုင်တိုင် (ကဝ) 呆呆地，呆滞地
ဘိန်းစား (န) 大烟鬼
(က) 抽大烟，吸鸦片
ပါစင် (ကဝ) 〈喻〉完全，彻底
စုတ်ပြတ် (က) 破烂，残缺
ဖိ (ကဝ) 一个劲儿地，一而再，再而三地
လောက်ထိုး (က) 生蛆
လက်ဖျားငွေသီး (က) 收入高
မိုးလားကဲလား (ကဝ) 〈喻〉口气很大地，夸张
အလေးစီး (က) 分量重，重
ညှိုးလျှလျှ (ကဝ) 沮丧地，憔悴地
မြည်တွန်တောက်တီး (က) 唠叨
အစွဲအလမ်း (န) 瘾，迷恋
ကိန်းအောင်း (က) 蕴藏，具有，具备

စာဆိုအတ္ထုပ္ပတ္တိ

ဖေမြင့် (၁၉၄၉-)

ဖေမြင့်၏ အမည်ရင်းမှာ ဦးဖေမြင့် ဖြစ်ပါသည်။ ရခိုင်ပြည်နယ် သံတွဲမြို့တွင် အဖ ဦးအောင်ငြိမ်း၊ အမိဒေါ်ခင်သိန်းတို့မှ ၁၉၄၉ခုနှစ်တွင် မွေးဖွားသည်။ သံတွဲမြို့ အစိုးရ အထက်တန်းကျောင်းအမှတ်(၁)မှ တက္ကသိုလ်ဝင်တန်း အောင်မြင်သည်။ ၁၉၇၅ ခုနှစ်တွင် ဆေးတက္ကသိုလ်(၁) ရန်ကုန်မှ အမ်ဘီဘီအက်စ်ဘွဲ့ရသည်။ ၁၉၈၈ခုနှစ်အထိ ပြင်ပ အထွေထွေ ရောဂါကုဆရာဝန်အဖြစ် ဆောင်ရွက်ခဲ့ပြီး ၄င်းနောက်တွင် စာပေလုပ်ငန်းတစ်ခုတည်းကိုသာ ရှုးစိုက်လုပ်ကိုင်ခဲ့သည်။

တက္ကသိုလ်ကျောင်းသားဘဝမှ စ၍ စာရေးခဲ့သည်။ ဘာသာပြန်ဝတ္ထုများ၊ ပင်ကိုရေး ဝတ္ထု

တိုများ၊ အတ္ထုပ္ပတ္တိနှင့် အသုံးချ စိတ်ပညာဆိုင်ရာ စာပေများ ရေးသားပြုစုခဲ့သည်။ စာပေဂျာနယ်၊ သင့်ဘဝမဂ္ဂဇင်းတို့တွင် အယ်ဒီတာ၊ ဒီလှိုင်းမဂ္ဂဇင်း အယ်ဒီတာချုပ် အဖြစ်လည်း ဆောင်ရွက်ခဲ့သည်။ ဇနီး ဒေါ်ခိုင်နွယ်ဦး၊ သား မောင်ဖေဇော်ဦး၊ သမီး မချိုစုစုခိုင်တို့ နှင့်အတူ အင်းစိန်မြို့နယ် နံ့သာကုန်းရပ်ကွက် အဝေရာလမ်းတွင် နေထိုင်လျက်ရှိပါသည်။

ကျွန်းနှင့်အခြားဝတ္ထုတိုများ (၁၉၉၀)၊ **လူနာဆောင် အမှတ်(၆)** (၁၉၉၂)၊ **အောင်မြင်မှုချမ်းသာသုခနှင့် ဓနဥစ္စာ** (၁၉၉၃)၊ **မဟာကရုဏာရှင်များ** (၁၉၉၃)၊ **အချစ်ဦး** (၁၉၉၇)၊ **ဆေးရုံ** (၁၉၉၉)၊ **ဘာကြောင့် ခုထိမချမ်းသာသေးတာလဲ** (၁၉၉၉)၊ **စိန်မြေဇကေများစွာ** (၂၀၀၀) စသည့် စာအုပ်များသည် ဆရာဖေမြင့်၏ အောင်မြင်ကျော်ကြားသော စာအုပ်များ ဖြစ်သည်။ ဆရာဖေမြင့်သည် **လူသုံးကုန်ပစ္စည်း ရောင်းသူများနှင့် အခြားဝတ္ထုတိုများ** စာအုပ်ဖြင့် ၁၉၉၅ ခုနှစ်တွင် အမျိုးသားစာပေဆု ရရှိခဲ့သည်။

လေ့ကျင့်ခန်း

၁။ ဝတ္ထုတိုဆရာဖေမြင့်သည် လောကနှင့် လူသားများ၏ အမြီးအမောက်မတည့်ပုံများကို ဟာသပါပါ ဝေဖန်သုံးသပ်ရင်း ပရိသတ် သဘောကျအောင်၊ ဆင်ခြင်သုံးသပ်လာအောင် သရော်ဟန်ပါသော ဝတ္ထုတိုများ ရေးဖွဲ့တင်ပြလေ့ရှိသည်။ “စာကျွန်” ဝတ္ထုတိုတွင် စာအုပ်စာတမ်းများ အမြောက်အများ ဝယ်ထားသူ၊ ပြောလျှင်လည်း စာအုပ်ထဲမှ စာလုံးများဖြင့် ပြောနေတတ်သူ၊ တစ်ဖက်တွင် စာရေးချင်နေသူ၊ အိမ်ထောင်သည်ဘဝ ရောက်နေ သော်လည်း ဘာမှဖြစ်မလာ၊ ဇနီးသည်နှင့်ပင် ကတောက်ကဆ ဖြစ်နေရသူဖြစ်သော စာအုပ်ကြီးသမား တစ်ယောက်ကို သရော်ထားပါသည်။ ဖေမြင့်၏ရေးဟန်ကို ဆွေးနွေးတင်ပြပါ။

၂။ ဝတ္ထုတိုဆရာဖေမြင့်၏ ဥပမာအလင်္ကာ ဆင်ထားသော ထူးခြားသည့် အရေးအသားများကို တင်ပြပါ။

သင်ခန်းစာ(၂၄) ကာတွန်းဖတ်တဲ့အရွယ်က

作品导读

代吞岱（1952—）生于风景如画的伊洛瓦底江高汶码头边，高汶人淳朴的乡风民俗和爱恨哀乐的鲜明生活样式滋润着游子的思乡情结，以童年生活为背景的高汶系列短篇成为代吞岱作品的主动脉。《看动画片的年龄》（1990）初在文艺期刊发表，后收入《几何图高汶》系列短篇小说集。作品以现实主义笔触和散文化的意境展现高汶一带昔日的图景。这些来源于童年的记忆，从孩童的目光，透视高汶的人和事、高汶的风物习俗，美的、丑的、善的、恶的，如同一幅幅几何图构成了高汶的整体图案。《看动画片的年龄》以码头集市上的卖水人哥麻丁与香蕉摊贩盛盛蒂的爱情故事为线索，写出了高汶人的人生状貌和自然风情，有喜有悲，五味杂陈。在小说中，“高汶”是高汶人中的一员，这种将地域拟人化，与小说人物融为一体的别具一格的修辞手法，犹如淡色水彩画般的叙述描写方式，体现了作者特殊的审美感受力和表现力。

ကာတွန်းဖတ်တဲ့အရွယ်က

သိုက်ထွန်းသက်

(က)

ဂေါဝိန်ဟာ အိပ်ရာကနိုးပြီဆို ခိုတောင်မုန့်တီတစ်လုံး စားတယ်။ ငွေအောင်က ကဗျာတွေ ဘာတွေရွတ်လို့ မန္တလေးဘက် အိပ္ပဲ့အိပ္ပဲ့လာနေတဲ့ ငှက်ကလေးတွေပေါ်မှာ အချိန်မဟုတ်မှန်း သိလျက်နဲ့ ခိုတောင်မုန့်တီသည်လေးတွေ ပါလာလေမလား ငေးနေမိတယ်။

မိတ်ဆွေများ ဂေါဝိန်ကို သိပါတယ်နော်။ ဂေါဝိန်ဟာ ဧရာဝတီရဲ့ ရွက်ကျပင်ပေါက်မယားတစ်ယောက်။ သဘောဖြူ အူစင်း၊ မာယာကင်းတဲ့ဂေါဝိန်။ ယုံလွယ်ပုံလွယ်တဲ့ဂေါဝိန်။ ဂေါဝိန်ဟာ ဝါခေါင်လတွေမှာ ဧရာဝတီနဲ့ ရန်ဖြစ်တယ်။ ခြေတံရှည်အိမ်ကလေးတွေ ရေအောက်မှာ တူတူပုန်းကြ။ လှိုင်းတစ်ချက် အပုတ် မြင်းတွေ၊ နွားတွေ၊ တောင်းစုတ် ပလုံးစုတ်

အထုပ်အပိုးတွေနဲ့အတူ လူတွေလည်း တာရိုးပေါ် ပေါလောလာတင်။ ငွေအောင်က ကဗျာဆက်ရွတ်တယ်။ ဂေါဝိန်ဟာ ပတ္တမြားစေတီဘုရားပွဲမှာ သနပ်ခါးဘဲကျားနဲ့ ကတယ်။ ဂေါဝိန်ဟာ လက်ပံပွင့်ကလေးတွေ ကြွေတဲ့အခါ နွေဘွဲ့ကဗျာစပ်တယ်။ ဂေါဝိန်ဟာ ဘိလပ်မြေသမ္ဘာန်ပေါ်က ဆံညှပ်တစ်ချောင်း ကောက်ရတယ်။ ဂေါဝိန်ဟာ ကင်းဝန်မင်းကြီး ဦးကောင်းနဲ့အတူ လူလိမ်ခံရဖူးတယ်။ ဂေါဝိန်ဟာ ကမ်းနားဈေးထဲမှာ ငွေတိုးလည်း ချေးယူဖူးတယ်။ ဂေါဝိန်ဟာ ဆိပ်ကမ်းလုပ်သားကြီးတစ်ယောက်နဲ့ အတူ အရက်ဖြူသောက်တယ်။ ကျွန်တော်နဲ့ ကျွန်တော့်သူငယ်ချင်းငွေအောင်၊ မြစ်ဆိပ်ကို ဆင်းတဲ့ ကျောက်လှေကားထစ်မှာ ထိုင်လို့။ သူငယ်ချင်းနှစ်ယောက် အဲသလို မထိုင်ဖြစ်ခဲ့တာဘဲ အနှစ်နှစ်ဆယ်ကျော်ခဲ့ပေါ့။ ငွေအောင်က မေးသေးတယ်။ မင်းမှတ်မိသေးရဲ့လား ရေထမ်းတဲ့ကိုမှတ်တင်ကို။

(၁)

ကျောက်တုံးကြီးတွေ စီထားတဲ့တာရိုးပေါ်မှာ ကုတ်ကတ်ပေါက်နေတဲ့ ဆီးပင်ကြီးအောက် ကျွန်တော်တို့ရောက်နေတယ်။ ငွေအောင်နဲ့ကျွန်တော် ခဲတစ်လုံးပြီးတစ်လုံး ကောက်လို့ ဆီးသီးထုကောင်းနေလိုက်တာ။ ငွေအောင်ထုတဲ့ခဲတစ်လုံး ဆီးရွက်ကြားထဲ တိုးဝင်သွားတယ်။ ဗိုးကနဲ အသံမြည်ပြီး ပြန်ကျလာတော့ ကျောက်လှေကားထစ်ပေါ် ဒလိမ့်ခေါက်ကွေး။ တစ်ထစ်ချင်းခုန်ဆင်းသွားတဲ့ ခဲတစ်လုံးဟာ အောက်ကတက်လာတဲ့ ရေထမ်းသမားကြီးရဲ့ သွပ်ပုံးတစ်လုံးကို ဝင်မှန်တယ်။ ကျွန်တော်တို့ တာရိုးပေါ်ပြန်တက်ပြေးကြတယ်။ ဈေးထဲ ပြေးဝင်ကြတယ်။ ကိုယ့်ဆိုင်ကိုယ်ပြန်ပြီး ကိုယ်ရောင်ဖျောက်ကြတယ်။

ကမ်းနားဈေးကြီးကို ဂေါဝိန်ဈေးကြီးလို့လည်း ခေါ်ကြတယ်။ ဂေါဝိန်ဆိပ်ကမ်း မြစ်ဘက်မျက်နှာပြု၊ ကျွန်တော်တို့ ငယ်ငယ်ကတည်းက ကမ်းပါးထိပ်ကနေ ကြောင်အိုကြီး တစ်ကောင်ထိုင်ပြီး ငိုက်မျဉ်းနေသလိုမျိုး၊ သွပ်ပြားမည်းမည်းကြီးတွေက တွန့်လိမ် ကွေးကောက်၊ ဈေးကြီးကတော့ ဇရာမတိုင်ကြီးတွေ၊ ခါးတစ်ဝက်နီးပါးမြင့်တဲ့ အုတ်ခုံအမြင့်ကြီးတွေနဲ့ အခိုင်အခံ့တည်ဆောက်ထားတာ၊ ဈေးဆိုင်ခန်းတွေက အုတ်ခုံကြီးပေါ်မှာ၊ တောင် မြောက်တိုးလျှိုပေါက်တံခါးကြီးနှစ်ခု၊ လမ်းကျယ်ကြီးနှစ်လမ်း၊ အရှေ့အနောက်မှာတော့ တံခါးနှစ်ခုနဲ့ လမ်းလေးလမ်း။

ကျွန်တော်တို့ ငယ်ငယ်က အုတ်ခုံကြီးတွေပေါ်မှာ တိုင်ဦးတမ်းကစားကြတယ်။ တိုးလျှိုပေါက် တံခါးမပါတဲ့လမ်းကြားနှစ်ခုက ဘောလုံးကန်တမ်း၊ ခွက်ခေါက်ပြေးတမ်း ကစားကြတယ်။ အဲသလို ကစားနိုင်အောင် ကျွန်တော်တို့ ငယ်ငယ်ကတည်းက ဈေးရုံကြီးနဲ့မတူဘဲ ဓမ္မရုံလေးလား ထင်ယောင်ဝိုးဝါးဖြစ်အောင် ဣန္ဒြေကြီးစွာ ခြောက်သယောင်းခဲ့တယ်၊ နံနက်ပိုင်း နာရီအနည်းငယ်လောက်ပဲ စည်တယ်ပြောဖြစ်ရုံ ကြိတ်ကြိတ်ကြိတ်ကြိတ် ရှိတတ်တယ်။ နေလေး

အတော်မြင့်လာတယ် ဆိုရင်ပဲ ဖြောက်ဖြောက်ဖြောက်ဖြောက်နဲ့ ကြက်ပျောက် ငှက်ပျောက် ဖြစ်သွားကြ။ စောစောက ဘာမှုမဖြစ်ခဲ့သလို ငြိမ်သက်သွားကြ၊ ဥပုသ်ဇရပ်တို့၊ ရွာလယ်ဓမ္မရုံတို့ စည်ကားတတ်တဲ့ဥပုသ်နေ့များမှာ ဈေးပိတ်ပါတယ်။ ဈေးဖွင့်တဲ့ရက် နေ့လယ်ချိန်တွေကတော့ ဘုရားကျောင်းဇရပ်များရဲ့ ဥပုသ်နေ့မဟုတ်တဲ့ ကြားရက်များလိုပဲ။ ကျွန်တော့်ရဲ့မိဘများရော ငွေအောင်မိဘများပါ ဈေးထဲမှာ ဆိုင်ဖွင့်ထားကြတယ်။ ကျွန်တော်တို့ မမွေးခင် ကျွန်တော်တို့အမေများ အပျိုအရွယ်ကတည်းက ဆိုပဲ။ အဲဒီတုန်းကတော့ အနေအထား တစ်မျိုးပေါ့။ ခုလိုဈေးချိုတို့ တရုတ်တန်းဈေးတို့ကို ဥဒဟိုသွားကြတာ ဟုတ်ပုံမရဘူး။ ပြီးတော့ ဂေါဝိန်ဆိပ်မှာ ရန်ကုန်သင်္ဘောကြီးတွေ၊ ဗန်းမော်သင်္ဘောကြီးတွေ အချိန်မှန်ရက်မှန် ဆိုက်ကြတုန်း။ ဘေးတွဲသမ္ဗာန်ကြီးတွေ၊ သဲလှေထင်းလှေ၊ သစ်ဖေါင်၊ ဝါးဖောင်၊ မော်တော်၊ ကူးတို့တွေနဲ့။ နောက်တော့ မီးယပ်ပိန်၊ မီးယပ်ခြောက်။ ဈေးထဲမှာ နေ့လယ်တိုင်း မြင်းဖြတ်ပြေးချင်ပြေးတယ်။ နွားဝင်လာလို့ တဟဲ့ဟဲ့ မောင်းထုတ်ရတဲ့ အခါလည်း ရှိတယ်။ အဲသည်အခိုက်အတန့်မှာ နေ့လယ်နေ့ခင်း တရေးတမော အိပ်ပျော်နေကြသူများ အနှောက် အယှက်ဖြစ်ပြီး လန့်နိုးသွားကြတာပေါ့။ နောက်တော့လည်း ပြန်အိပ်သွားကြတာပါပဲ။

အဖေတို့အမေတို့အားလုံး ဘိုးဘွားလက်ထက်ကတည်းက ထွက်ခဲ့ကြတဲ့ ဆိုင်နေရာ ဟောင်းလေးကို စွန့်လွှတ်ပြီး တခြားလုပ်ငန်းတစ်ခုခု ပြောင်းလုပ်ဖို့ စိတ်ကူးမရှိကြဘူး။ ငွေအောင်တို့အမေလည်း ဒီလိုပဲ၊ မနက်နေထွက်ပြီးဆိုကတည်းက ဈေးလာကြ၊ ညနေ နေစုတ်စုတ်ခန်းမှ အိမ်ပြန်ကြ။ ဈေးမှာပဲ အနေများတော့ ဈေးပဲ အိမ်ဖြစ်နေပြီ။

ကိုယ့်ဆိုင်တွေကသာ ဟုတ်တိပတ်တိ ဈေးမရောင်းရတာ။ မျက်စောင်းထိုးက မျက်နှာ ချင်းဆိုင်က ဘေးချင်းကပ်နေရာများကတော့ ဆိုင်ခွန်ဆိုင်ခပေးပြီး အခန်းလွတ်အပို ယူထား တတ်ကြတယ်။ ကိုယ့်ဆိုင်နားကပ်ပြီး ကုန်ချင်းတူတာ ထွက်မှာစိုးလို့တဲ့။ ဒီအခန်းလွတ် အုတ်ခုံပေါ်မှာတော့ မီးသွေးမီးဖိုလို၊ ကြောင်အိမ်ဟောင်းလို ပစ္စည်းများ တင်ထားတတ်ကြတယ်။ စားပွဲဝိုင်းပုပုလေးတွေ ဖင်ထိုင်ခုံလေးတွေလည်း မြင်ရတတ်တယ်။ ဈေးရုံအပြင်ဘက်မှာ မနက် ဈေးထွက်ပြီး ပြန်သွားကြတဲ့ ဈေးသည်တွေရဲ့ တိုလီမိုလီ သေတ္တာတွေ၊ တောင်းစုတ်၊ ဗန်းစုတ် တွေလည်း ရှိတတ်သေးရဲ့၊ ကြိမ်ခြင်းတောင်းကြီးမှောက်ပြီး ရေလဲထမီ လှမ်းတာမျိုးလည်း မြင်ရဦးမယ်။ ဒီလိုပဲ အုတ်ခုံလွတ်တွေပေါ်မှာ ရေချိုးကြ ထမင်းစားကြတယ် ဆိုပါတော့၊ ဈေးထဲမှာ ထမင်းချက်ခွင့် မရှိဘူး။ ဒါပေမယ့် ချက်ကြတာပါပဲ။

ရေထမ်းတဲ့ ကိုမှတ်တင်ဆိုတဲ့ လူကြီးက ပါးမှာအမှတ်ကြီးနဲ့၊ အရပ်က ခပ်ပြတ်ပြတ်၊ ဗလကတော့ ကောင်းတယ်၊ လမ်းလျှောက်ရင် လူဝံကြီးတစ်ကောင်လိုပဲ၊ အသားက ကြေးနီရောင်၊ ကျွန်တော်တို့ဆိုင်က ဝယ်ဝတ်တဲ့ ဆိပ်ခွန်လုံချည်အနီကွက် မာခေါက်ခေါက်ကြီးကို ခပ်တိုတို ဝတ်ထားတတ်တယ်။ ပုဆိုးဟောင်းတစ်ထည်ကို ကန့်လန့်ဖြတ်ခေါက်ပြီး ပခုံး တစ်ခြမ်းဖုံးပြီး

တစ်ဖက်ချိုင်းအောက်ကနေ ဆွဲယူစုချည်လိုက်တဲ့အခါ ရေထမ်းဖို့အသင့်ဖြစ်နေတတ်တယ်။ ပုစွန်နှစ်ကောင် ငန်ပြာရည်ပုံးကြီးနှစ်ပုံးကို ရေအပြည့်ထည့် တအိအိထမ်းရင်း လှေကားထစ်ကျဲကျဲ တစ်ထစ်ချင်း တက်လာပုံက တကယ်ကြည့်ကောင်းတာကလား၊တစ်ခါ တစ်ခါ ဌေးအောင်နဲ့ ကျွန်တော်ဟာ ကိုမှတ်တင်ရေထမ်းတာကို ကျောက်လှေကားထိပ်ကနေ ထိုင်ကြည့်ရင်း တစ်နေ့တစ်နေ့ ဘယ်နှစ်ထမ်းလောက်များ ထမ်းရသလဲလို့ ကလေးပီပီ စပ်စုကြသေးတယ်။ ကျွန်တော်တို့ သူဝင်ငွေနောက်ကနေ ရှဲဒိုးလိုက်နေတာကို ကိုမှတ်တင် မသိရှာဘူး။ ရေနက်ထဲဆင်းထမ်းကြိုးတန်းလန်းနဲ့ ပုံးနှစ်ပုံးရေထဲနှစ်ခပ် ရေစိုပြီးလျှော်အိ နေတဲ့ ကမ်းပါးပေါ်ကုတ်ကတ်တက်၊ ကျောက်လှေကားထစ်ပေါ် တက်လာတဲ့ ကိုမှတ်တင်ကို ကျွန်တော်တို့လိုပဲ စောင့်ကြည့်နေသူတစ်ဦး ရှိမှန်းလည်း ကိုမှတ်တင် မသိဘူး၊ ဟုတ်တယ် ကျွန်တော်တို့လည်း မသိဘူး။

တစ်နေ့တစ်နေ့ ကိုမှတ်တင် မြစ်ဆိပ်ကနေ ဈေးပေါ်ကို ရေထမ်းပို့တာ အခေါက်ခုနစ်ဆယ်ကနေ ရှစ်ဆယ်ကြားထဲအထိ ရှိတာကလား။ တစ်ထမ်းမှ တစ်မတ်ပဲရတယ်။ တစ်နေ့နှစ်ဆယ်လောက် ဝင်ငွေရှိတယ်။ ကိုမှတ်တင် ဆေးလိပ်လည်း သောက်တာ မဟုတ်ဘူး။ ကွမ်းလည်း မစားဘူး၊ အရက်သေစာတော့ ဝေးပါသေးရဲ့၊ တကယ့်လူအေးပါ။ ကျွန်တော်တို့အနားကနေ ရေထမ်းပြီး ဖြတ်သွားတဲ့အခါ ကိုမှတ်တင် နှာခေါင်းက တရှူးရှူးမြည်နေတတ်ပြီး ရင်အုပ်ကြီးကလည်း နိမ့်ချည်မြင့်ချည်နဲ့၊ စဥ့်အိုးကြီးထဲတွင် ရေသွန်ပြီး ရေပုံးအလွတ်နဲ့ မြစ်ဆိပ်ပြန်ဆင်းတဲ့အခါတော့ ပေါ့လိုက်တာလွန်ပါရော၊ တွံတေးသိန်းတန် သီချင်းတစ်ပုဒ်ကို လေချွန်သွားတဲ့အခါ သွားတတ်ရဲ့။

(၈)

ကိုမှတ်တင် စာမတတ်ရှာဘူး၊ မြေဖြူခဲလေး တစ်ချောင်းတော့ဖြင့် နားရွက် ကြားညှပ်ထားတတ်တယ်၊ သူရေဖြည့်ပြီးတဲ့ အိုးကြီးတွေနဲ့ အနီးဆုံးတိုင်မှာ အထက်နားလောက်လှမ်းပြီး မြေဖြူခဲခြစ်လေးတွေ တစ်ခြစ်နှစ်ခြစ် မှတ်နေကျ။ တစ်ခါထည့် တစ်ခါခြစ် လုပ်ချင်လုပ်တယ်။ သုံးထမ်းလောက်ပြီးမှ ပေါင်းမှတ်တဲ့အခါ မှတ်တယ်။ ညနေ ညနေ ပိုက်ဆံလိုက်တောင်းရင် မြေဖြူခြစ်ရာ လေးခုအတွက် ငွေတစ်ကျပ် တောင်းတတ်တယ်။ တိုင်ပေါ်မှာ သုံးခြစ်ထဲရှိရင် မတောင်းသေးဘူး။ လေးခြစ်ပြည့်မှ တောင်းတယ်။ လေးခြစ်ကျော် ငါးခြစ် ဖြစ်နေရင် ပုခုံးပေါ်က ရေစိုအဝတ်ပိုင်းလေးနဲ့ လေးခြစ်ကိုဖျက် တစ်ခြစ်ချန်ထားပြီး တစ်ကျပ်ပဲ တောင်းတတ်တယ်။ ငယ်ငယ်တုန်းက ဌေးအောင်နဲ့ကျွန်တော် ဆော့သလား မမေးနဲ့။ အုတ်ခုံမြင့်ကြီးတွေပေါ် ဝမ်းလျားမှောက်တက်၊ လက်တစ်ဖက်က တိုင်ကြီးတွေကို ဖက်၊ လက်တစ်ဖက်ကို တံတွေးဆွတ်ပြီး ကိုမှတ်တင်ခြစ်ထားတဲ့ မြေဖြူရာတွေကို လိုက်ဖျက်ကြတယ်။ ဈေးထဲက ဦးသိန်းတန်ဆိုတဲ့ လူဝကြီးမြင်ရင်တော့ ကျွန်တော်တို့ မချောင်ဘူး။ နားရွက်ကို ဆွဲလိမ်ပြီး ခပ်စပ်စပ်လေး

နားရင်းအုပ်လွှတ်တတ်တယ်။ တစ်ခါတစ်ခါတော့ အလွန်တရာလည်း အပေါက်ဆိုးတဲ့ ဈေးဝယ်တွေနဲ့ရော ဆိုင်နားနီးချင်းတွေနဲ့ပါ မတည့်လှတဲ့ အဘွားကြီးရဲ့ စဥ့်အိုးတွေ အတွက် မှတ်ထားတဲ့တိုင်ပေါ်ကို အမှတ်တွေ လိုက်ထိုးကြတယ်၊ ကျောင်းက ကောက်လာတဲ့ ဖြေဖြူအတိုအစနဲ့ လိုက်ခြစ်တာ၊ ဒါမျိုးလုပ်နေကျ ဦးသိန်းတန်ကြီးက မသိချင်ယောင်ဆောင်လို့။ ဒါပေမယ့် ကျွန်တော်တို့ ကိုမှတ်တင်က သူ့လက်ရာမဟုတ်မှန်း သိဖြစ်အောင် သိတယ်။ ကျွန်တော်တို့လက်ချက်မှန်း သိနေတတ်တယ်။ သူ့ဘာသာ ပြန်ပြန်ဖျက်ပြီး မလုပ်ကြပါနဲ့ကွာ လို့ပဲ ပြောသွားတတ်တယ်။

တစ်နေ့တော့ အခန်းလွတ် တစ်ခုပေါ်မှ ပိုလိုကားထပ်နေတဲ့ ဌေးအောင်နဲ့ ကျွန်တော်တို့ကို ကိုမှတ်တင်ကြီးခေါ်သွားတယ်။ သဘော်ဆိပ်လှေကားထိပ်က စိန်လိုက်ခေါက်ဆွဲဆိုင်ကို ခေါ်သွားတာ။ သူငယ်ချင်းနှစ်ယောက် တစ်ယောက်မျက်နှာ တစ်ယောက် တစ်ချက်ကြည့်လိုက်ကြပြီး နှစ်ခါမခေါ်ရဘူး၊ တန်းလိုက်ကြတာ။ နေ့လယ်နှစ်ချက်ထိုးလောက်ဆိုတော့ ထမင်းစားပြီးကလည်း တော်တော်ကြာပြီဆိုတော့ ဗိုက်ကလည်း ဟာချင်ပြီလေ။ ဖုတ်တွေ ဖွေးနေတဲ့ ပုဆိုးကိုတောင် လှည့်မဝတ်နိုင်ဘဲ ထလိုက်လာတုန်း ရန်ကုန်စာပို့သဘော်ကြီး ဝင်လာတာ လှမ်းမြင်ရတယ်။ သဘော်ကြီးက ဥဩရှည်ကြီးဆွဲတဲ့အခါ ဈေးထဲကခွေးတွေ ပြေးထွက်လာပြီး လိုက်အူကြလေရဲ့။

အဲဒီတုန်းက ခေါက်ဆွဲတစ်လုံးမှ နှစ်ကျပ်။ ကိုမှတ်တင်က ငါမင်းတို့ကို အကူအညီ တောင်းချင်လို့ ဆိုတဲ့စကားစချိန်အထိ ခေါင်းမဖော်နိုင်ကြဘူး။ ရှည်လျားပူနွေးလုံးထွေးနေတဲ့ ခေါက်ဆွဲဖတ်တွေ ပန်းကန်ပေါ်တစ်ချို့၊ ပါးစပ်ထဲတစ်ချို့ ဖြစ်နေတုန်းဆိုတော့ သူ့ကိုချက်ချင်း အင်းအဲစကားမပြန်နိုင်ပါဘူး။ ဌေးအောင်က လက်ခုံနဲ့နှုတ်ခမ်းသုတ်တယ်။ ကဲ ဆိုစမ်းပါဦး ခင်ဗျားကိစ္စ ဆိုတဲ့ မျက်နှာပေးနဲ့ ကိုမှတ်တင်ကြီးကို မျက်လုံးလှန်ကြည့်တယ်။

ကိုမှတ်တင် သူ့အင်္ကျီအိတ်ထောင်ထဲက စာရွက်ခေါက်ကလေးတစ်ခု ထုတ်တယ်။ စားပွဲခုံပေါ်မှာ ဖိတ်နေတဲ့ဟင်းချိုစက်တွေကို လက်သုတ်ပဝါနဲ့ ပွတ်ရင်း မင်းတို့ဘယ်သူ့မှ မပြောနဲ့ကွနော်လို့ စကားစတယ်။ စာရွက်လေးကို စားပွဲပေါ် အသာဖြန့်ပြီး ငါ့ကို ဖတ်ပြစမ်းလို့ ပြောလိုက်တဲ့ ကိုမှတ်တင်အသံကြီးကလဲ တစ်မျိုးကြီးပါပဲ။

နှစ်ကြောင်းမျဉ်းပေါ်မှာ ခဲတံတိုးနဲ့ရေးထားတာ။ လက်ရေးက ပဲတီချဉ်လို တွန့်လိမ်ကောက်ကွေး၊ ဖတ်လို့ မရဘူး။ ကျွန်တော့်ကို စိတ်မရှည်နိုင်တဲ့ ဌေးအောင်က စာရွက်လှမ်းဆွဲတယ်။ ခေါက်ဆွဲဖတ်တစ်ဖတ်က စာရွက်ပေါ်လာကပ်လို့ ကိုမှတ်တင်ကြီးက စာရွက်ပြန်ယူပြီး လက်သုတ်ပဝါအသန့်နဲ့ သုတ်လိုက်သေးရဲ့။ ကျွန်တော်တို့နှစ်ယောက် ခေါင်းချင်းဆိုင်ကြတယ်။ လေးတန်းကျောင်းသား နှစ်ယောက် ပေါင်းတော့လည်း လျှောခနဲပါပဲ။

"ကိုမှတ်"တဲ့။

"ညနေဈေးပိတ်ရင် ရန်အောင်ကျောင်းပေါက်က ဆက်ဆက်စောင့်နေပါ" တဲ့။

"မမေ့ပါနဲ့"တဲ့။ "စိန်စိန်"တဲ့။ ငွေအောင်က စာထဲမှာမပါဘဲနဲ့ "ချစ်တဲ့စိန်စိန်" လို့ ဖတ်လိုက်သေးတယ်။

ကိုမှတ်တင် နဖူးပေါ်မှာ ချွေးတွေနစ်လို့ မျက်လုံးတွေကလဲ အရောင်တဖျတ်ဖျတ် လက်လို့၊ ဘယ်ဖက်ပါးပြင်ပေါ်က အမှတ်မည်းမည်းကြီးပေါ်မှာတောင် စွန်းနေတဲ့ဆီတွေ မသုတ်မိလို့ အရောင်ထွက်နေသေးတယ်။ ရည်းစားစာ၊ စိန်စိန်ကပေးတဲ့ ရည်းစားစာ။ ကျေးဇူးပဲကွာ။ ဘယ်သူ့မှတော့ မပြောကြနဲ့ကွတဲ့။ ငွေအောင်က ဘယ်ကစိန်စိန်လဲဗျလို့ မေးသေးတယ်။ ကိုမှတ်တင် မဖြေဘူး။ ပြုံးတုံးတုံးကြီးပဲ လုပ်နေတယ်။

(ဃ)

ဈေးထဲမှာ စိန်စိန်ဆိုတဲ့နာမည်မရှိဘူး။ မငွေစိန်ဆိုတဲ့ အထည်ဆိုင်က အရုပ်ဆိုးဆိုး အပျိုကြီးတစ်ယောက်ရယ်။ အုန်းသီးငှက်ပျောသီးဆိုင်က စိန်စိန်သီဆိုတဲ့ မမတစ်ယောက် ရယ်။ မစိန်ညွန့်ဆိုတဲ့ အလေးခိုးလွန်းလို့ ဈေးဝယ်တွေနဲ့ ခဏခဏ နောင်ဂျိန်ချတတ်တဲ့ မိန်းမကြီးတစ်ယောက်ရယ် ဒါပဲ။ တစ်ရက် နှစ်ရက် ကျွန်တော်တို့ စဉ်းစားကြည့်မိသေး ပါသေးတယ်။ ကမ်းနားဈေးအဆင်း ရန်ကြီးအောင် ဘုန်းကြီးကျောင်းပေါက်က စောင့်ခိုင်းတဲ့ စိန်စိန်ဆိုတာ ဘယ်သူဖြစ်မလဲလို့ သိချင်စိတ် ဖြစ်နေသေးတယ်။ ကြာကြာ စိတ်ဝင်စားချိန် မရပါဘူး။ ဆော့စရာ၊ ကမြင်းစရာ အကြောင်းအရာသစ်တွေက တစ်မျိုးပြီးတစ်မျိုး ခေါင်းထဲ ရောက်နေတာ ဆိုတော့ စိန်စိန်တို့ ကိုမှတ်တင်တို့ မပြောနဲ့ ခေါက်ဆွဲကိုတောင် သတိမရ တော့ဘူး။

မြစ်ဆိပ်နားနီးပြီး မြစ်ဆိပ်ကို ရေချိုးခွင့်မရတဲ့ သူတွေထဲမှာ ကျွန်တော်လဲပါတယ်။ ကျောင်းကအပြန် ဈေးထဲမှာ ကျွန်တော်ရေချိုးဖို့စဉ့်အိုးကြီးနဲ့ တစ်လုံး ရေအမြဲ ပြည့်နေ တတ်တယ်။ တစ်ခါ တစ်ခါ ငွေအောင်တို့လို မြစ်ဆိပ်ဆင်း ရေချိုးချင်ပေမယ့် အမေက စိတ်မချလို့ ချိုးခွင့်မပြုဘူး။ အဲဒါကြောင့် ဂေါဝိန်သားဖြစ်ပြီး ကျွန်တော် ရေမကူးတတ်ဘူး။

ပြီးတော့ ဈေးထဲမှာ ရေမချိုးချင်တဲ့ တစ်ခြားတစ်ကြောင်း ရှိသေးတယ်။ ကလေးပီပီ ကိုယ်တုံးလုံးချိုးရမယ်လို့ အဖေထုတ်ပြန်ထားတဲ့ အမိန့်ကြောင့်ပေါ့။ တစ်ခါတစ်ခါ ရေချိုး နေတုန်း အုန်းသီးငှက်ပျောသီးဆိုင်က မမစိန်စိန်သီနဲ့ ဆုံချင်ဆုံတာ။ လူအဖြတ်အသန်း သိပ်မရှိလှတဲ့လမ်းကြားကလေး ဟိုဘက်ထိပ် သည်ဘက်ထိပ် ပိတ်ပြီး စဉ့်အိုးကြီးတွေထဲ ကနေ ရေတဗွမ်းဗွမ်း အပြိုင်ချိုးချင်ချိုးရတတ်တာ။ အဲသလိုများဆုံရင်တော့ ကျွန်တော်ဘက်က ရှက်လို့မဆုံးဘူး။

မမစိန်သီက ကျွန်တော်ဖင်တုံးလုံး ရေချိုးနေတာကို လက်ညှိုးကလေး ကွေးကာ

ကောက်ကာ ကရော်ကရော် ကျီစားတတ်တယ်။ ကျွန်တော်က စဥ့်အိုးနောက် ကပ်ပုန်းပြီး ထိုင်ရက်နဲ့ပဲ အိုးထဲကို မမီမကမ်းခပ်ရင်း ချိုးရတတ်တယ်။ မမစိန်သီ ကျွန်တော့်ဘက် မလှည့်တော့ဘဲ ခြေဖမိုးလေးကို ကုန်းပြီး ဆပ်ပြာတိုက်နေမှ အသာပြန်ထရတယ်။ ဖလားထဲမှာ ရေအပြည့်နဲ့။ မလောင်းဖြစ်သေးဘဲ မမစိန်သီရဲ့ ပခုံးပေါ်က ဆပ်ပြာမြှုပ်ကလေးတွေ အငေးလွှန်လွှန်သွားတတ်တဲ့ ကျွန်တော့်ကို အမေက အအေးမိလိမ့်မယ် သတိပေးရပေါင်းလည်း မနည်းပါဘူး။ ခုလည်း မမစိန်သီကို ရပ်ပြီးငေးမိပြန်ပြီ။ မမစိန်စိန်သီ ကျွန်တော့်ဘက် မလှည့်ခင် စဥ့်အိုးနောက် ကျွန်တော်ပြန်မပုန်းနိုင်ခင်ကလေးမှာ မမစိန်သီက ကျွန်တော့်ကို စကားတစ်ခွန်း လှမ်းပြောတယ်။ ဟိုဘက်ထိပ် သည်ဘက်ထိပ်လည်းဖြစ်။ အသံကလည်း တကယ့်တိုးတိုးလေးမို့ ဘာပြောလိုက်သလဲ မသဲကွဲပါဘူး။

မမစိန်စိန်သီ ထပ်ပြောရတယ်။

ပါးစပ်နားလက်လေးကပ်ပြီး ထမင်းစားတဲ့ပုံမျိုးလုပ်ပြီး မမစိန်သီထပ်ပြောတယ်။ ခေါက်ဆွဲ စားဦးမလားတဲ့။ ကျွန်တော်ဖြင့် ထူပူသွားတာပဲ။ မေမေကြားမှာ စိုးတာလည်း ပါမယ် ထင်ပါတယ်။ မမစိန်စိန်သီပြောတာ မကြားချင်ယောင်ဆောင်ပြီး ရေမြန်မြန်ချိုးရတယ်။

ညနေဌေးအောင်လာရင် ကောင်းမှာလို့ တွေးမိတယ်။ ဒီနေ့မှ ဌေးအောင်က ပေါ်မလာဘူး။ ကိုမှတ်တင်စာထဲက စိန်စိန်ဆိုတာ မမစိန်စိန်သီပဲပေါ့။ ကျွန်တော့်ရင်ထဲ တစ်မျိုးကြီး ဖြစ်နေတယ်။ ဘာကြောင့်မှန်း မသိဘူး။ ခေါက်ဆွဲစားတဲ့နေ့က ရင်ခုံသလိုမျိုးကြီး။

(င)

နောက်တစ်နေ့မှာ ဌေးအောင်က ဒီထက်ထူးတဲ့သတင်း ဆီးပြောတယ်။

ကိုမှတ်တင်နောက် မမစိန်စိန်သီလိုက်ပြေးသွားပြီတဲ့။ ဟုတ်တယ်။ အုန်းသီးဆိုင်လည်း ပိတ်ထားတယ်။ မမစိန်စိန်သီရဲ့အဒေါ်လည်း ဆိုင်မထွက်ဘူး။ တစ်ဈေးလုံးလည်း ရေထမ်း ပေးမယ့်သူမရှိလို့ သုံးရေသောက်ရေပြတ်သွားတယ်။ အဲဒီနေ့က မြစ်ဆိပ်ဆင်း ရေချိုးရတယ်။ အဖေလိုက်ချိုးပေးတာ။ ရေကူးလည်း သင်ပေးတယ်။ တစ်ရက်တည်းနဲ့ ဘယ်တတ်ပါ့မလဲ။ ဒါပေမယ့် ကျွန်တော့်ကို ဒီလောက်ညံ့ရမလားဆိုပြီး တစ်ဆဲတည်း ဆဲနေတော့တာပဲ။ မြစ်ရေချိုးရလို့ ပျော်တာထက် အဆဲခံရလို့ စိတ်ညစ်တာက ပိုလိမ့်မယ်။ ကျွန်တော်တော့ ဈေးထဲမှာ ပြန်ပြီး ရေချိုးချင်တော့တယ်။

နောက်တစ်နေ့မှာ ကိုမှတ်တင်ကိုယ်စားလွှဲသွားပုံရတဲ့ လူတစ်ယောက် ရေလိုက် ထမ်းပို့တယ်။ လူက အရပ်ရှည်သလောက် ရေထမ်းတော့ ယိုင်ထိုးယိုင်ထိုးနဲ့ ကျောက် လှေကားကို ဆယ်ခေါက်မတက်ရသေးဘူး သာခွေယိုင်ဖြစ်နေပြီ။ ရေပုံးနှစ်ပုံးထဲမှာလည်း ဘောင်ဘင်ခပ်ပါလာတာနဲ့ ရေဘယ်ကျန်တော့လို့လဲ။ ဈေးထဲမှာလည်း ဆိုင်စေ့အောင်လည်း

မထည့်ပေးနိုင်ပါဘူး။

ဒီလိုခရီးမတွင်ရတဲ့အထဲ မမစိန်စိန်သီအဒေါ်က ခဏခဏခေါ်ပြီး "မှတ်တင်တို့ ဘယ်မှာရှိသလဲ" လို့ ချော့တစ်ခါ၊ ချောက်တစ်ခါ လှည့်မေးတတ်သေးတယ်။ မေးမရတော့ ကြမ်းတယ်။ ဆဲတယ်။ "ကြဲရာပါတွေ အကုန်ထောင်ထဲပို့မယ်"တဲ့။ ခေါက်ဆွဲတစ်ပွဲစီ စားထားဖူးတဲ့ ကျွန်တော်နဲ့ဒွေးအောင် အမြီးကိုကုပ်လို့။

ဈေးလူရွှင်တော်ကြီး ဦးသိန်းတန်ကတော့ ရေထမ်းသမားကြီးကို ကောနေလေရဲ့။

"မှတ်တင်ဆိုတဲ့ကောင်ကို စိန်သီမ အိပ်ရာထဲက ဆွဲခေါ်ထမ်းခိုင်းရင်တောင် မောင်ရင့်ထက် အဆနှစ်ဆယ်လောက် ထမ်းနိုင်လိမ့်မယ်။ မောင်ရင်ဟာက နို့ဆီဗူးခွံ နှစ်လုံးထမ်းပြီး တော့တောင် နောက်တစ်ခေါက် လှေကားပေါ် တက်နိုင်တော့ပုံ မရဘူး၊ မှတ်တင် မြန်မြန်ပြန်လာပါမှ"တဲ့။

ဦးသိန်းတန်ကြီးနဲ့ တစ်ဈေးလုံးမျှော်နေတဲ့ ကိုမှတ်တင်ပြန်လာပါပြီ။ ပြန်ပြီးတော့ ရေထမ်းနေပါပြီ။ မမစိန်သီကောလို့ တိုးတိုးမေးမိတော့ ပြန်အပ်လိုက်ပြီတဲ့။ ငါ့တူမကို ခွေးအမြီးဖြတ်ပေးစားမယ်ဆိုတဲ့ ရေဆေးပြီး အပျိုပြန်ဖြစ်အောင် လုပ်မယ် လုပ်ခိုင်းမယ်ဆိုတဲ့ မမစိန်သီရဲ့ အဒေါ်ကြီးက သူတို့ကို ပေးစားပါ့မလား စဉ်းစားလို့ မရဘူး။

လမ်းကြားလေး ဟိုဘက်ထိပ် သည်ဘက်ထိပ်မှာရှိတဲ့ ရေအိုးနှစ်လုံးပူးလိုက်တာ ကျွန်တော်မသိဘူး။ နှုတ်ခမ်းအနားရစ်လေး ပွဲနေတာမြင်တော့မှ မမစိန်စိန်သီ ရေချိုးနေကျ ရေအိုးမှန်း သတိထားမိတယ်။ ဘာဖြစ်လို့ ကျွန်တော့်ရေအိုးနဲ့ လာပူးရတာလဲ။ နောက်တော့ ကလေးတွေးတွေးရုံနဲ့ အဖြေထွက်လာပါတယ်။ ဟုတ်သားကလား။ ကိုမှတ်တင်နဲ့ မမစိန်စိန်သီ့ အဒေါ်ကြီးက ခေါ်မှမခေါ်တာပဲ။ ကိုမှတ်တင် ရေထည့်ပေးမှာမှ မဟုတ်ပဲ။ ကိုမှတ်တင် ရေမထမ်းပေးရင် တခြားရေသည်လည်း ရှိတာမဟုတ်တော့ ဘယ်လိုလုပ် ရေသုံးမလဲ။ နေပူပူ ဖုန်ထူထူ ကမ်းပါးစောက်စောက် ဆင်းပြီး အဘွားကြီးက ရေခပ်နိုင်ပါ့မလား။ ကိုမှတ်တင် အနေနဲ့ နှုတ်ခမ်းအနားရစ်လေးပွဲနေတဲ့ သူ့ချစ်ချစ်အိုးကို မမှတ်မိဘဲ နေပါ့မလား။ ကျွန်တော်တို့ အိုးတွေ ရေဖြည့်ရင်း အဲဒီအိုးထဲလည်း လောင်းသွားတာပါပဲ။

ခုနစ်ရက်လောက်နေတော့ မမစိန်စိန်သီ ဈေးပြန်ထွက်တယ်။ ဆိုင်ထဲမှာ ကုပ်ကုပ်ကလေး နေတယ်။ ဟိုနားဒီနား မုန့်စားလောက်တောင် မထွက်တော့ဘူး။ ဒီကြားထဲ သဘော်သား တစ်ယောက် (ဗန်းမော်မန္တလေး ပြည်တွင်းရေကြောင်းလိုင်းကပါ) နဲ့ ပေးစားတော့မလိုလို ကြားရရဲ့။ မမစိန်စိန်သီက အဒေါ့်စကား နားထောင်ပုံရတယ်။ ကိုမှတ်တင် ရေထမ်းနေတာ မြင်လည်း လှည့်မကြည့်မိအောင်၊ မျက်လုံးချင်း မဆုံမိအောင် ရှောင်နေတတ်တယ်။

နောက်တော့ နှုတ်ခမ်းပွဲအိုးလေးထဲကရေကို မမစိန်စိန်သီချိုးတယ်။ ကျွန်တော်နဲ့ တစ်ရက် ရေချိုးတာဆုံတယ်။ စဉ့်အိုးချင်း ကပ်ချိုးနေတာတောင် မမစိန်စိန်သီက ကျွန်တော့်ကို စကား

မပြောဘူး။

ဖိုးဇော် ခေါက်ဆွဲစားဦးမလားလည်း မမေးတော့ဘူး။ ကျွန်တော့်ကို မမြင်ချင် ယောင်ဆောင်ပြီး နှုတ်ခမ်းပဲ့အိုးကလေးထဲက ကိုမှတ်တင် လောင်းပေးထားတဲ့ ရေတွေကို တဖွမ်းဖွမ်း ခပ်ချိုးနေတော့တယ်။

(၈)

တစ်နေ့ ကျွန်တော်တို့ဆိုင်ကို ရေဖိုးလာတောင်းတဲ့ ကိုမှတ်တင်ကို မေမေကပြောတယ်။

"မောင်မှတ်တင် ရေဖိုးက တစ်ကျပ်တည်းပဲလား"တဲ့။

"မမကြီးပြောမလို့ ကြည့်နေတာကြာပြီ နှစ်အိုးတွက်ယူရမှာ မဟုတ်လား"တဲ့။

မေမေက နှုတ်ခမ်းပဲ့အိုးလေးကို ရည်ရွယ်ပြီးပြောတာ ကိုမှတ်တင်နားလည်ပုံရတယ်။ ကိုမှတ်တင်ပြုံးတယ်။ အဲဒီအပြုံးနဲ့ စိန်လိုက်ခေါက်ဆွဲဆိုင်တုန်းက အပြုံးတော့ မတူနိုင်ဘူးပေါ့လေ။ မေမေက ပိုက်ဆံတစ်ကျပ် ဖွတ်ပေးနေတယ်။

"မမကြီးကလဲဗျာ"တဲ့။ ကိုမှတ်တင်ညည်းညူတယ်။

"အဲဒီအိုးက မမကြီးအိုးမှ မဟုတ်တာ။ ကျွန်တော်သိနေတာပဲ ပိုက်ဆံယူလို့ ဖြစ်ပါ့မလား"လို့လည်း ပြောသေးတယ်။

မေမေက "ငါပြန်တောင်းယူမှာပေါ့"လို့ ပြောပေမယ့် ကိုမှတ်တင်လက်မခံဘူး။ သူ့မျက်နှာကို မျက်လုံးလေး ပုတ်ခတ်ပုတ်ခတ်လုပ် မော့ကြည့်နေတဲ့ ကျွန်တော့်ခေါင်းကို အသာပွတ် ထွက်သွားတယ်။ သူ့မျက်လုံးတွေ အရည်ကြည်လဲ့လို့၊ ပါးစပ်ကလည်း အရက်နံ့ထောင်းထောင်းထနေတယ်။

မေမေက ဒီအကြောင်းကို မမစိန်သီ့အဒေါ်ကို ပြန်ပြောပြလိမ့်မယ်။ ကျွန်တော်ကတော့ ဌေးအောင်ကိုပဲ ပြောစရာရှိတာပေါ့။

နောက်တစ်နေ့ကစပြီး ကျွန်တော်နဲ့ဌေးအောင် မမစိန်စိန်သီတို့ဆိုင်နဲ့ အနီးဆုံးတိုင်၊ ခါတိုင်းစဥ့်အိုးထားတဲ့ နားကတိုင်ကြီးမှာ ကျောင်းကကောက်လာတဲ့ မြေဖြူအကျိုးအပဲ့လေးတွေနဲ့ အမှတ်လေးတွေ တစ်ခြစ်ပြီးတစ်ခြစ် ရေးကြတယ်။ တိုင်ကြီးကို လက်တစ်ဖက်ကဖက်၊ လက်တစ်ဖက်က မြေဖြူခြစ် တစ်ယောက်တစ်ရက်တစ်လှည့်စီ ဝတ္တရားမပျက်ခြစ်လာခဲ့ကြတာ တိုင်ကြီးပေါ်မှာ ကျွန်တော်တို့အရပ်နဲ့ မီသလောက်နေရာ မကျန်တော့သလောက်ပဲ။ တစ်ခါတစ်ခါ ဌေးအောင်နဲ့ကျွန်တော် သူ့အလှည့် ကိုယ့်အလှည့် ရက်မှားငြင်းတတ်ကြတယ်။ တစ်ရက်တစ်လေတော့ နှစ်ယောက်စလုံး မခြစ်ဖြစ်တာလည်း ရှိမပေါ့။

ဒါပေမယ့် ကိုမှတ်တင်ဘက်ကတော့ တာဝန်ကျေပါတယ်။ တစ်ရက်မှ နှုတ်ခမ်းပဲ့အိုးလေးကို ရေဖြည့်ဖို့ မမေ့တတ်ဘူး။

ဘယ်အချိန်လောက်က ရွာပြန်သွားတာ။ အဲတာတွေအထိ ကျွန်တော်တို့ မမှတ်မိပါဘူး။

တိုင်ပတ်ပတ်လည် မြေဖြူအခြစ်တွေ ပလူပျံအောင်ခြစ်ခဲ့တာ မှတ်မိနေပေမယ့် ဘာဖြစ်လို့ ဘယ်အချိန်မှ ဆက်မလုပ်ဘဲ ရပ်ခဲ့ကြသလဲရယ်လို့လည်း စဉ်းစားမရတော့ပါဘူး။

ငွေအောင်က ကဗျာဆရာလည်း မဟုတ်ဘဲနဲ့ စမတ်ကျကျ ကဗျာရွတ်နေသေးတယ်။

ဂေါဝိန်ဟာ လိပ်ပြာမလုံတဲ့ မိန်းမတစ်ယောက်အတွက် ရေထမ်းသမားကြီးတစ်ယောက်နဲ့အတူ အရက်ဖြူသောက်တယ်တဲ့။ ။

(ရတနာမဂ္ဂဇင်း။ ၁၉၉၀၊ ဒီဇင်ဘာလ)
"ဂျီသြမေတြီဂေါဝိန်" ဝတ္ထုတိုစုမှ

ခက်ဆစ်များ

မုန့်တီ (န) 粗米线（浇鸡汤或牛肉汤，或凉拌吃）；〈方〉鱼汤米线

အိပွဲ့အိပွဲ့ (ကဝ) 晃晃悠悠，颤悠

ရွက်ကျပင်ပေါက် (န) 〈喻〉随遇而安的人

သဘောဖြူအူစင်း (နဝ) 老实，诚实，纯真，心直

မာယာ (န) 诡计，奸计

ပုတ် (က) 拍，打

တာရိုး (န) 河堤，堤坝

ပေါလောပေါ (ကဝ) （在水上）漂浮着

သနပ်ခါးဘဲကျား (ကဝ) （把脸和身上）用黄香楝液涂抹得花花搭搭

ဆံညှပ် (န) 发夹

လူလိမ်ခံ (က) 受骗

ဒလိမ့်ခေါက်ကွေး (ကဝ) 翻滚

သွပ်ပုံး (န) 白铁皮桶

ကိုယ်ရောင်ဖျောက် (က) 隐身，藏匿

သွပ်ပြား (န) 锌板

တွန့်လိမ်ကွေးကောက် (က) 弯曲，扭曲，卷曲

တိုးလျှိုပေါက် (က) 穿过，穿透

တိုင်ဦးတမ်း (န) （儿童的一种游戏）抢柱子

ဓမ္မာရုံ (န) 经堂

ခြောက်သယောင်း (နဝ) 极其干燥；冷清

ကြက်ပျောက်ငှက်ပျောက် (ကဝ) 消失得无影无踪

မီးယပ်ပိန်မီးယပ်ခြောက် (န) 因有病而体瘦皮肤无光泽的妇女

နေစုပ်စုပ်ခန်း (န) 太阳完全落山时

ဟုတ်တိပတ်တိ (ကဝ) 正经八百地，像那么回事地，真正地

ဘေးချင်းကပ် (ကဝ) 并排，并列

တိုလီမိုလီ (န) 零碎物品，小东西

အမှတ် (န) 人体上的胎记；记号，标志

လူဝံ (န) 猩猩

ဆိပ်ခွန် (န) 码头税

ကန့်လန့်ဖြတ် (ကဝ) 横断，横切

ရှဲဒိုးလိုက် (က) 悄悄跟随

စဥ့်အိုး (န) 上釉陶罐、缸等

ရေသွန် (က) 倒水

ဝမ်းလျားမှောက် (က) 俯卧，趴下

နားရင်းအုပ် (က) 打耳光

အပေါက်ဆိုး (က) 言谈粗鲁，态度恶劣

ပိုလိုကား (န) 香烟纸画片

ပဲတီချဉ် (န) 酸豆芽

အလေးခိုး (က) 偷秤，偷分量，短斤少两

နောင်ဂျိန်ချ (က) 打架，打斗

ကမြင်း (က) 顽皮，淘气

ကရော်ကရော် (ကဝ) 随随便便，马马虎虎

ခြေဖမိုး (န) 足背，脚面

ထူပူ (က) 脸发烧，难堪；不安

ရင်ခံ (က) 肚子胀，腹胀

ခွေယိုင် (က) 无力，瘫痪

ကြံရာပါ (န) 同谋者

အမြီးကုပ် (က) 夹着尾巴；〈喻〉收敛，放老实

လူရွှင်တော် (န) 小丑，丑角

ကော (က) 骄傲

နှုတ်ခမ်းနား (န) 边，边沿

အနားရစ် (န) 边饰花纹，边（碗口或边缘的条纹）

ပဲ့ (က) 残缺

ပလူပျံ (က) 〈喻〉遍布各处，比比皆是

စမတ်ကျကျ (ကဝ) 有派头，有气派地

ဂျီသြမေတြီ (န) 几何学

စာဆိုအတ္ထုပ္ပတ္တိ

သိုက်ထွန်းသက် (၁၉၅၂–)

၁၉၅၂ခုနှစ်တွင် မန္တလေးမြို့၌ အဖဦးသိန်းတန်၊ အမိဒေါ်တင်ငြိမ်းတို့မှ မွေးဖွားခဲ့သည်။ အမည်ရင်းဦးသိန်းဇော်၊ ငယ်စဉ်က မန္တလေးမြို့ အမှတ်(၃၇) အစိုးရအထက်တန်းကျောင်းတွင် တက္ကသိုလ်ဝင်တန်းအထိ ပညာသင်ကြားခဲ့သည်။

၁၉၇၉ ခုနှစ်ထုတ် မိုးဝေမဂ္ဂဇင်းတွင် **"နွားခြေရာခွက်ကလေးများ"** ဝတ္ထုတို စတင်ဖော်ပြခြင်း ခံရသည်။ ဝတ္ထုတိုများအပြင် ကဗျာလက်ရာများပါ ရေးသားခဲ့သည်။ ၁၉၉၂ ခုနှစ်တွင် **"ဂျီသြမေတြီဂေါဝိန်"** ဝတ္ထုတိုစု လုံးချင်းစာအုပ်ကို ထုတ်ဝေခဲ့သည်။ နောက် ၂၀၀၂ ခုနှစ်တွင် **"လက်ရွေးစင်ဝတ္ထုတိုများ"**၊ ၂၀၀၄ခုနှစ်တွင် **"မြို့ကလေး၏ကော်ဖတ်စက္ကူ"** ဝတ္ထုတိုစာအုပ် (ခင်ခင်ထူးနှင့် တွဲဖက်၍) ထုတ်ဝေခဲ့ပါသည်။ ယခုအခါ ရွှေမန္တလေးဂျာနယ်၊ အယ်ဒီတာချုပ်အဖြစ် တာဝန်ထမ်းဆောင်နေပါသည်။

လေ့ကျင့်ခန်း

၁။ "ကာတွန်းဖတ်တဲ့အရွယ်က"ဝတ္ထုတိုတွင် လူငယ်ကလေး နှစ်ယောက်၏ အတွေ့အကြုံ အသိအမြင်များဖြင့် ဈေးထဲတွင် ရေထမ်းရောင်းနေသော လူတစ်ယောက်နှင့် ငှက်ပျောသီးဆိုင်မှ မိန်းမပျိုတစ်ယောက်တို့ အချစ်ဇာတ်လမ်းကို လွမ်းမောဖွယ်ရာ ရေးဖွဲ့သွားပုံကို ဆွေးနွေးတင်ပြပါ။

၂။ "ဂေါဝိန်"ကို အလင်္ကာတစ်ပုဒ် ဖြစ်အောင် လှပစွာ ရေးဖွဲ့ထားသော တင်စားဖွဲ့ဆိုမှုများကို ရှာဖွေတင်ပြပါ။

သင်ခန်းစာ(၂၅) အကာလမရဏ

作品导读

温喜都（1947—）是20世纪80年代后期短篇小说“黄金时代”涌现出的曼德勒作家群体中的一员多产作家。多以曼德勒厚重的历史文化和现代都市生存状态为背景进行现实主义创作，作品的思想、艺术水准俱佳。有的作品兼具话剧风格，语言敏捷流畅。《横死之厄运》（1993）用成年人和未成年人的双重视角审视刑事犯罪，剖析犯罪心理。借助佛教的神圣和威慑力量，抑制犯罪心理 ，用佛教的甘露感化心灵，阐释生命存在的价值和意义。小说中对各类“狗”的描写不能不说是作者独具匠心的艺术设计。佛教将贪（贪欲）、瞋（瞋恚）、痴（愚痴）三毒视为产生其他烦恼的根本，尤能毒害众生，故也是导致犯罪之根源。而一旦杀人犯罪必要偿命，造成终身恨事，悔恨也来不及了。被判处绞刑的犯人在处决头一天会由法师为其举行超度亡魂仪式，为他们醍醐灌顶。小说通过法师之口，讲述这些罪犯临刑前追悔莫及，痛不欲生的情景。该小说以未成年人的视角讲述故事，读来毫无枯燥之感。最后在结尾处又转换为成人视角，提出社会问题启人掩卷思考。

အကာလမရဏ

ဝင်းစည်သူ

(၁)

ကျွန်တော့်အသက်မှ ၁၀နှစ်၊ ၁၁နှစ်လောက်ပဲ ရှိလိမ့်ဦးမည် ထင်သည်။ ခုနှစ်ကို မရေမရာ မှန်းဆကြည့်ရလျှင် ၁၉၅၇–၅၈ လောက် ဖြစ်လိမ့်မည်ဟုလည်း ထင်သည်။

ကျွန်တော့်မှတ်ဉာဏ်ကား နံ့နဲ့လေစွ။

(၂)

နေ့ခင်းကြောင်တောင်ကြီး ဖြစ်သည်။ နေ့လယ် ၂ နာရီသာသာလောက်ပဲ ရှိဦးမည်။

၁၅ လမ်းထိပ်က အိမ်မွေးခွေး၊ လမ်းပျော်ခွေး၊ အလေအလွင့်ခွေးတွေ နားကွဲလုမျှ ဟိန်းဟိန်း ညံအောင် ဟောင်သံကြားရပြီ ဆိုသည်နှင့် တစ်ပြိုင်နက် ဆရာတော် ကြွလာပြီဖြစ်ကြောင်း တစ်လမ်းလုံးက သိနေကြသည်။

မကြာပါ။

ဆရာတော်သည် ၁၅ လမ်းထဲသို့ ချိုးကွေ့ကာ တစ်လှမ်းချင်း ကြွချီတော်မူလာလေသည်။ ခွေးတွေ အဘယ်ကြောင့် ဟောင်ပါသနည်း။ ဆရာတော်၏ နောက်မှကပ်၍ လိုက်ပါလာသော အကောင်နှစ်ဆယ်ခန့် ရှိသည့် ခွေးတို့ကို ရန်မူကြခြင်းကြောင့် ဖြစ်ပါသည်။

ဆရာတော်၏ ခွေးများက ဣန္ဒြေရလှသည်။ အရပ်ခွေးတို့ကို နှုတ်တုံ့ပြန်ခြင်းပြုဖို့ နေနေ သာသာ ငဲ့စောင်း၍တောင်မှ မကြည့်ကြ။ သို့မို့ကြောင့်လားမသိ။ အရပ်ခွေးတို့မှာ အနားရောက် အောင် သီရဲကပ်ရဲခြင်းမရှိဘဲ အဝေးကသာ နှုတ်သီးကောင်းကြောင်း ပြနိုင်ကြလေသည်။

ဆရာတော်၏ သင်္ကန်းမှာ အရောင်အဆင်း နွမ်းရော်လွန်းလှသည်။ ရွှေကျင်လား၊ သုဓမ္မလားဟု ခွဲခြားရန်ပင် ခက်ခဲလှအောင် ကွက်တိကွက်ကျား ဖြစ်လို့နေသည်။ သင်္ကန်း တစ်ထည် မပစ်ရမချင်း သင်္ကန်းသစ်မလဲဆိုသော အဓိဋ္ဌာန်ရှိကြောင်းလည်း သိရသည်။

ဆရာတော်သည် အသားညို၏။ အရပ်ရှည်၏။ ပိန်လှီပါးလှပ်၏။ သက်တော် ၆၀ ကျော် ၇၀နီးပါးဟု ခန့်မှန်းရ လွယ်ကူလောက်အောင်ပင် ပါးရေနားရေတွေကလည်း တွန့်လွန်းလှသည်။

ဆရာတော်သည် နေပူသော်လည်း ထီးမဆောင်းသည်က များသည်။ ပိတ်ထားသော ထီးကို တောင်ဝှေးလို ထောက်ကာ လျှောက်လှမ်းလေ့ရှိသည်။ အဆောင်အယောင် တစ်ခုအဖြစ် ယူဆောင်ခြင်းမှ တစ်ပါး အသုံးပြုရန်အတွက် ဟုတ်ဟန်မတူချေ။

ပြီးတော့ ကပ္ပိယလို၊ သူတော်လို၊ ကျောင်းသားလို လူတွေလည်းတစ်ယောက်မျှ လိုက်ပါ လာလေ့မရှိပေ။ ဆရာတော်၏ ကျောင်းရိပ်ဆာယာအောက်တွင် ခိုလှုံကြသော ခွေးအုပ်စုသည် သာ ဆရာတော်၏ နောက်လိုက်နောက်ပါ အခြွေအရံများ ဖြစ်လို့နေချေသည်။

ဆရာတော်၏ဘွဲ့ကား ‘ဦးကေသရ’ဟု ခေါ်တွင်ကြောင်း လူကြီးသူမတွေက ပြောသဖြင့် ကျွန်တော် သိရသည်။ ရွှေမန်းတင်မောင်အား ကျောင်းသားဘဝတုန်းက စာပေပရိယတ္တိ သင်ကြား ပေးခဲ့ဖူးခြင်းကို အစွဲပြု၍ ရွှေမန်းဆရာတော်ဟု သမုတ်ထားကြောင်းလည်း ပြောကြသည်။

ဆရာတော်ကား အိုမင်းရွတ်တွသော်လည်း မျက်နှာတော်မှာမူ ပကတိ တည်ငြိမ်အေးချမ်း လှပေသည်။ လမ်းဘေးဝဲယာသို့ ကြည့်ရှုခြင်း လုံးဝမရှိ။ မြတ်စွာဘုရားသခင် လက်ထက်တော် က ချမှတ်ခဲ့သော ဝိနည်းကို ယခုထက်တိုင် ဦးထိပ်ပန်ဆင်တော်မူဟန်ရှိသည်။ ရှေ့ ၄ တောင် ထက် ပို၍ အာရုံစိုက်ခြင်း မရှိ။ နှုတ်ကမူ တလှုပ်လှုပ်တရွရွ။ သို့သော် အသံမထွက်။ တရားဓမ္မခန် တစ်ခုခုကို ရွတ်ဖတ်သရဇ္ဈာယ်ခြင်းသာ ဖြစ်ပေမည်။

ဆရာတော်သည် ၁၅ လမ်းထဲက ‘ရင်သွေး’ ကိတ်မုန့်တိုက်ပိုင်ရှင် ဦးလှိုင်အိမ်သို့ ကြွချီ

တော်မူလာခြင်း ဖြစ်ပါသည်။

ဦးလှိုင်၏ ရင်သွေး ကိတ်မုန့်တိုက်ကား ကိတ်မုန့်သာမက၊ ပေါင်မုန့်နှင့် ဗန်းမုန့်ကိုလည်း ထုတ်လုပ်သည်။ အိမ်၏ နောက်ဖေးမှာ ဖိုကြီး ၃ ဖိုရှိ၏။ မုန့်ဖုတ်အလုပ်သမား၊ မုန့်ပို့အလုပ်သမား၊ မုန့်ရောင်းအလုပ်သမားပေါင်းကလည်း စုစုပေါင်း ၁၅ ယောက်လောက်တော့ ရှိလိမ့်မည်ဟု ထင်သည်။ ဦးလှိုင်၏ အိမ်သည် ကျွန်တော်တို့နှင့် မျက်နှာချင်းဆိုင်အိမ်လည်း ဖြစ်သည်။

ဆရာတော်အား ဦးလှိုင်က အိမ်ရှေ့မှ ရပ်ကာ လက်အုပ်ချီလျက် ခရီးဦးကြိုပြုသည်။ ဆရာဒကာအရင်း ဆိုပဲလေ။

ဆရာတော် အိမ်ထဲသို့ ဝင်သွားသောအခါ ခွေးများက အိမ့်ပြင်မှာ ကျန်ရစ်ခဲ့ကြသည်။ ထိုအခါ ဦးလှိုင်၏ အလုပ်သမားတစ်ယောက် ထွက်လာပြီး ခွေးကိုယ်စီကိုယ်ငအား ဗန်းမုန့်တစ်လုံးကျစီ ကျွေးစမြဲ ဖြစ်သည်။

များသောအားဖြင့်မူ ကျွန်တော်နှင့် အဖွဲ့ကျသည့်၊ ကျွန်တော့်ကိုလည်း ညီလေးတစ်ယောက်လို ချစ်ခင်သည့်၊ ဓာတ်ရှင်သွားတိုင်းလည်း ခေါ်သွားလေ့ရှိသည့် ကိုထွန်းဖေ ထွက်လာပြီး ကျွေးသည်က များ၏။

ဆရာတော်သည် ဦးလှိုင်ထံသို့ ရက်မှန်၊ အပတ်မှန်၊ လမှန်ကြွလာခြင်းမဟုတ်။ ဆရာတော်ဤကဲ့သို့ ကြွချီတော်မူလာပြီဆိုလျှင် မနက်ဖြန်နံနက်တွင် အကျဉ်းထောင်ကြီးအတွင်း၌ ကြိုးပေးခံရမည့်သူ ရှိနေပြီ ဖြစ်ကြောင်း တစ်လမ်းလုံးက သိထားကြပြန်သည်။

ဆရာတော်ကား နောက်တစ်နေ့ နံနက် ဝေလီဝေလင်းတွင် ကြိုးပေးခံရမည့် တရားခံအား သရဏဂုံတင်ပေးရသည့် ပုဂ္ဂိုလ်ဖြစ်သည်။ တရားရေအေး အမြိုက်ဆေး တိုက်ကျွေးရသည့် ပုဂ္ဂိုလ်ဖြစ်သည်။

ထိုကိစ္စနှစ်ရပ်ပြီးလျှင်မူ အကျဉ်းထောင်ကြီးမှနေ၍ မန္တလေးတောင်ခြေရှိ သူ့တောရကျောင်းသို့ ပြန်ကြွရိုး ထုံးစံမရှိ။ ဘူးဝမှာ ထားပစ်ခဲ့ရသော ခွေးအုပ်စုကို ခေါ်ကာ မြို့ရိုး၏ ရာဟုထောင့်မတ္တရာမီးရထား သံလမ်းပေါက်မှ ထွက်၍ ဦးလှိုင်အိမ်သို့ မရောက်မနေ ကြွချီတော်မူသည်။

"ဆရာတော်ကိုလည်း မပြတ်ဖူးချင်ပါရဲ့အေ။ မကြာမကြာ ကြွလာနိုင်ပါစေလို့ ဆုတောင်းရအောင်လည်း အခက်"

ကျွန်တော့်အမေကြီးက ကျွန်တော့်အမေကို ပြောခြင်းဖြစ်၏။ သူတစ်ပါးကို နာမည် အထူးအဆန်း ပေးရမှာ ဝန်မလေးတတ်သော ကျွန်တော့်ဦးလေး လူနောက်ကြီးကမူ ဆရာတော်အား "ဆုတောင်းကျပ် ဆရာတော်" ဟုပင် ဘွဲ့သစ်တိုး၍ ပေးထားလေသည်။

ဆရာတော်သည် ဦးလှိုင်ထံ၌လည်း ကြာကြာ သီတင်းသုံးတော်မမူချေ။ နာရီဝက်ခန့်ကြာသောအခါ ပြန်ကြွတော်မူသည်။ ဦးလှိုင်အိမ်သုံး မုန့်ပို့ဆိုက္ကားနှင့် ပြန်ပို့ရသည်။ ဆိုက္ကားဆရာ အကင်းပါးရ၏။ ဆိုက္ကားကို မြန်မြန်မနင်း။ ခွေးတွေ လိုက်၍မီအောင် တစ်လိမ့်ချင်း

နင်းပေး၏။

ထိုအခါ၌လည်း အရပ်ထဲက လမ်းထဲက သတ္တဝါခွေး စွာစိလန်တို့၏ အသံတွေက ညံပြန်သည်။

နောက်တစ်နေ့ နံနက်ခင်း ဝေလီဝေလင်းတွင်မူ အမေကြီးသည် ပြုရိုးပြုစဉ် မဟုတ်ပါဘဲနှင့် အစောကြီးထ၍ ဝတ်တက်လေတော့သည်။ ကြိုးပေးခံရမည့်သူမှာ ယောကျ်ားလား၊ မိန်းမလား၊ တစ်ယောက်လား၊ နှစ်ယောက်လားဟု လုံးဝမသိဘဲနှင့် တတ်သမျှ မှတ်သမျှတွေကို တုန်တုန်ယင်ယင် ရွတ်ဆိုကာ အမျှဝေစမြဲ ဖြစ်လေသည်။

(၃)

"ဟော့ကောင် နက်ကလေး၊ ငါနဲ့လိုက်ခဲ့၊ မင်းအမေကို ငါပြောခဲ့ပြီးပြီ"

လမ်းထိပ်တွင် သားရေကွင်း ပစ်နေသော ကျွန်တော့်ကို ကိုထွန်းဖေက အဖော်ခေါ်သည်။ ကျွန်တော့်မှာ ချစ်ထွေးဟူသည့် နာမည်ရှိသော်လည်း နာမည်မခေါ်။ အသားမည်းသောကြောင့် နက်ကလေးဟုပဲ ကိုထွန်းဖေ နှုတ်ကျိုးနေသည်။

"ဟာဗျာ ကစားလို့ ကောင်းနေတုန်းရှိသေး"

"လာပါကွာ၊ မင်း ရှုံးထားရင်လည်း အပြန်ကျတော့ ငါ ပြန်ဝယ်ပေးပါ့မယ်။ ဟောဒီ သကာရည်အိုးကို ဆရာတော့်ဆီ သွားကပ်ချင်လို့ပါ။ မင်းလည်း ကုသိုလ်ရတာပေါ့ နက်ကလေးရ"

ကျွန်တော် မငြင်းသာ။ သူ့စက်ဘီးနောက်က ကယ်ရီယာပေါ်တွင် သကာရည်အိုးကို ပိုက်ကာ လိုက်ခဲ့ရတော့သည်။ တကယ်တော့ ဆရာတော်၏ ကျောင်းသင်္ခမ်းကို ကျွန်တော် တစ်ခေါက်မျှ မရောက်ဖူးချေ။

ဆရာတော်၏ ကျောင်းကား မန္တလေးတောင်ခြေရင်းမှာ ရှိသည့် တောရကျောင်းကလေး တစ်ခုဖြစ်သည်။ ကျောင်းမှာ ခမ်းနားထည်ဝါခြင်းမရှိ။ မြေစိုက်လည်း မဟုတ်။ အမြင့်လည်း မဟုတ်။ လှေကားသုံးထစ်နှင့် တက်ရသော ခြေတိုင်ရှည်ကျောင်းကလေး ဖြစ်၏။

ပျဉ်ထောင်ကာ ကပ်မိုးဖြစ်၏။ ထနောင်းပင်ကြီးတွေက ပင်ချင်းယှက်နေသည်မို့ အရိပ်အာဝါသကတော့ အတော့်ကို ကောင်းလှသည်။

ကျောင်းဝိုင်းထဲ ဝင်မည်ဟု ခြေလှမ်းပြင်ခါရှိသေး။ အိပ်နေသော ခွေးတွေက ခေါင်းထောင်ကာ သံပြိုင်ဟောင်လိုက်သဖြင့် နှစ်ယောက်စလုံး နောက်ဆုတ်သွားကြသည်။

ရေနွေးအိုး မီးထိုးနေသော ကပ္ပိယကြီးတစ်ယောက် ထွက်လာ၍ ဟိန်းလိုက်ဟောက်လိုက်တော့လည်း ငြိမ်ရုံသာမက ဝပ်သွားကြပြန်သည်။ ကပ္ပိယကြီး၏ ရှေ့ဆောင် ခေါ်ယူမှုကြောင့် ဆရာတော်၏ ရှေ့မှောက်သို့ ရောက်ကြရ၏။

ဆရာတော်၌ အဆောင်အယောင်ကား နည်းပါးလှချေသည်။ ခုတင်အိုတစ်လုံး၊ စာအုပ်ဗီရိုဟောင်းတစ်လုံး၊ စားပွဲဝိုင်းတစ်ခုနှင့် ယခု ထိုင်နေတော်မူသော အဆီဝနေသည့် ပက်လက်ကုလားထိုင်ဟောင်းတစ်လုံးသာ အထင်အရှားတွေ့ရသည်။

ကျွန်တော်တို့သည် ဘုရားကို ဦးချကြသည်။ ပြီးတော့ ဆရာတော့်ကို ဦးချကြ၏။ ဆရာတော်က စိပ်လက်စ စိပ်ပုတီးကို ရပ်ကာ လည်ပင်းတွင် စွပ်လိုက်ပြီးမှ မိန့်တော်မူသည်။

"ဘယ်ကလဲကွဲ့"

"ဦးလှိုင်အိမ်က မုန့်ဖုတ်အလုပ်သမား မောင်ထွန်းဖေပါ ဘုရား။ တပည့်တော်ရဲ့ ရွာက လူကြုံနဲ့ ပါလာတဲ့ သကာရည်အိုးကို ဆရာတော့်အား ကပ်ချင်လို့ပါ ဘုရား"

ကိုထွန်းဖေကား သွက်လှပေ၏။ ကျွန်တော့်ပေါင်ပေါ်တွင် တင်ထားသော သကာရည်အိုးကို ဖျတ်ခနဲယူကာ ဆရာတော်အား ကပ်သည်။ ဆရာတော်က လက်နှင့်ထိသည်။ ပြီးတော့မှ ကိုထွန်းဖေက ဆရာတော်၏ လက်ယာဘက်မှာ ချထားလိုက်လေသည်။

"သာဓု၊ သာဓု၊ သာဓု။ သကာရည်ဆိုတာ ဘုန်းကြီးတို့လို သက်ကြီးရွယ်အိုတွေ အတွက် ဆေးဖက်ဝင်ပေတာပေါ့ကွယ်။"

"တင်ပါ့ဘုရား။ ဆရာတော်က ဒီလိုမိန့်တော်မူတဲ့အတွက် ပိုပြီး ဝမ်းသာမိပါတယ် ဘုရား။ ဆရာတော် ကြွလာတဲ့အခါဆို တပည့်တော်တို့က နောက်ဖေးမှာ အလုပ်များနေလို့ ကောင်းကောင်းလည်းမဖူးရ၊ လျှောက်ချင်တာလည်း မလျှောက်ရပါဘူး ဘုရား"

"ဘာများလျှောက်စရာ ရှိလို့လဲ ဒကာလေးရဲ့"

ဆရာတော်က နှုတ်ခမ်းစေ့၍ ပြုံးရင်း အေးငြိမ်းတည်ငြိမ်သော အသံနှင့် မေးသည်။

"ထောင်ထဲမှာ ကြိုးပေးတဲ့အကြောင်းပါ ဘုရား"

ကိုထွန်းဖေ အလောတကြီး လျှောက်လိုက်ခြင်းကြောင့် ကျွန်တော့်စိတ်ထဲမှာ အားတုံ့အားနာ ဖြစ်သွားသည်။ ဆရာတော်ကတော့ ခပ်မဆိတ် ငြိမ်သက်လျက်ရှိ၏။

"ဆရာတော် စိတ်မဆင်းရဲဘူးလားဘုရား"

"ပုထုဇဉ်ပဲကွယ်။ ဆင်းရဲတာပေါ့"

"တခြားဆရာတော်တွေကို မပင့်ကြဘူးတဲ့လား ဘုရား"

"ငြင်းတော်မူကြသတဲ့ကွယ်"

ကျွန်တော်က ကိုထွန်းဖေ၏ နောက်ကျောကို ဆရာတော် မသိအောင် ပုတ်သည်။ ကိုထွန်းဖေက လှည့်ပြီး မျက်စိမှိတ်၍ ပြ၏။ မင်း ငြိမ်ငြိမ်နေဆိုသည့်သဘော။

"ဆရာတော် တရားဟောနေတဲ့အခါ တရားခံဟာ တည်ငြိမ်ပါသလား ဘုရား"

"တချို့လည်း မျက်ရည်ပေါက်ပေါက်ကျလို့၊ တချို့လည်း သွေးရူးသွေးတန်းတွေ လျှောက်ပြောလို့၊ တချို့လည်း နှုတ်ခမ်းက သွေးတွေများ ထွက်အောင် ဖိကိုက်လို့။ အင်း ...

တည်ငြိမ်တဲ့သူ ဆိုတာ ရှားပါးတယ်။ ရှိလှမှ ဆယ်ဦးတစ်ဦးပေါ့ကွယ်။ သေခြင်းတရားနဲ့ ရင်ဆိုင်ရတော့မယ် ဆိုတဲ့အခါ မတုန်လှုပ်ဘူးဆိုတာ ဘုရားရဟန္တာအဆင့်မှသာ ဖြစ်နိုင်ပေတာကိုး။ ပြီးတော့ ကိုယ်သေရမှာကလည်း သေရိုးသေစဉ်မဟုတ်။ အကာလ မရဏဆိုတော့ ပိုပြီး တုန်လှုပ်ချောက်ချားကြပေတာပေါ့ကွယ်"

"အကာလမရဏဆိုတာ ဘာကို ခေါ်ပါသလဲ ဘုရား၊ တပည့်တော် မသိလို့ပါ"

သည်တစ်ခါတော့ ကိုထွန်းဖေ၏ လျှာရှည်မှုကို ကျွန်တော် ကျေးဇူးတင်လိုက်မိသည်။ ကျွန်တော်လည်း သိချင်မိ၏။

"ဒကာလေးတို့ အများအခေါ် ဥပစ္ဆေဒက ကံပေါ့ကွယ်။ ကာလမရဏဆိုတာ သေရိုးသေစဉ်သေတာ၊ သေနေ့စေ့လို့ သေတာ။ အကာလမရဏဆိုတာ သူတစ်ပါးရဲ့ လက်ချက်နဲ့ သေတာ၊ သေနေ့မစေ့ဘဲ သေတာကို ခေါ်တာကွဲ့"

ဆရာတော်သည် ဘေးမှာ ချထားသည့် မြေကရားအိုးမည်းကြီးထဲက ရေနွေးကြမ်း အေးအေးနီနီတစ်ခွက်ကို ငှဲ့ကာ ဘုဉ်းပေးတော်မူသည်။

"ဘာလို့ တုန်လှုပ်ကြတာပါလိမ့် ဘုရား"

"ဒါလည်း ပုထုဇဉ်တို့ရဲ့ သဘောပဲ ဒကာလေး။ လူဆိုတာ ကိုယ်ကသာ အနိုင်ယူချင်တာ၊ အပေါ်စီးက နေချင်တာ။ ရှုံးပြီ၊ နိမ့်ကျပြီဆိုတာနဲ့ တစ်ပြိုင်နက် ဆောက်တည်ရာ မရတော့ဘူး။ တူသာ ဖြစ်ချင်ကြတာကိုးကွဲ့၊ ပေဖြစ်ရမှာကျတော့ ကြိုတွေးထားကြတာမှ မဟုတ်တာ။ ကိုယ်ခံရမယ့် အလှည့်ရောက်ပြီလို့ ဆင်ခြင်မိတဲ့အခါကျတော့ သွက်သွက်ခါသွားပြီ။ အိမ်း ... တည်ငြိမ်တယ်၊ တည်ငြိမ်တယ် ဆိုတာကလည်း အရမ်းမဲ့ ဖြစ်ပေါ်လာတာ မဟုတ်ဘူး။ တရားလည်းသိမှ၊ တရားလည်းရှိမှ။ အေးလေ ... အဲသလို တရားမသိ၊ တရား မရှိကြလို့လည်း လူလူချင်း သတ်ဖြစ်ကြတာပေါ့ကွယ်"

ဆရာတော်က ရေနွေးကြမ်းတစ်ခွက်ကို ငှဲ့၍ ဘုန်းပေးပြန်သည်။ ဆရာတော် အာခြောက်လေပြီထင်၏။ ကျွန်တော်ကဖြင့် အားနာလှပြီ။ ထို့ကြောင့်လည်း ကိုထွန်းဖေ၏ တင်ပါးကို အသာကုတ်လိုက်သည်။ ဒါပေမဲ့ မရ။ ကိုစပ်စုကြီးသည် မေးခွန်းတစ်မျိုး ထုတ်ပြန်၏။

"ဘယ်အခါမှာ လူသတ်ဖြစ်ကြပါသလဲ ဘုရား"

"အဝိဇ္ဇာတရား သုံးပါးအနက် လောဘလွန်ကဲရင်လည်း ဖြစ်နိုင်တာပဲ၊ ဒေါသလွန်ကဲရင်လည်း ဖြစ်နိုင်တာပဲ၊ မောဟလွန်ကဲရင်လည်း ဖြစ်နိုင်တာပဲ။ လောဘ၊ ဒေါသ၊ မောဟဆိုတာ ပုထုဇဉ်တွေနဲ့ မကင်းတာ မှန်သော်လည်း အစွန်းတော့ မရောက်သင့်ကြဘူးပေါ့ကွယ်"

ထိုစဉ် ကပ္ပိယကြီးသည် စားပွဲခုံဝိုင်းကို သင်္ကန်းစုတ်တစ်ခုနှင့် လာ၍ ဖုန်ခါနေသည်။ ဆွမ်းပွဲပြင်တော့မည် ဖြစ်ကြောင်း သိသာနေပေပြီ။ ကျွန်တော်က ကိုထွန်းဖေ၏ တင်ပါးကို သုံးလေးကြိမ် ဆင့်ကာ ခပ်နာနာ ကုတ်ပစ်လိုက်သည်။

"တပည့်တော် သိချင်တာတွေကို ရှင်းပြတော်မူတဲ့အတွက် ကျေးဇူးကြီးလှပါပေတယ် ဘုရား။ တပည့်တော်တို့ကို ပြန်ခွင့်ပြုပါ ဘုရား"

ဆရာတော်သည် ပြုံးလျက် ဆိတ်ဆိတ်သာ နေတော်မူလေသည်။ ကျွန်တော်တို့ ဝတ်ချကြသည်။ ထို့နောက် ကျောင်းအောက်သို့ ဆင်းခဲ့ကြသည်။ သည်တစ်ခါတွင်တော့ ခွေးတွေက မဟောင်တော့ပေ။

မန္တလေးတောင်ခြေမှ နေ၍ ကျုံးလမ်းအတိုင်း စီးခဲ့ကြသည်။ ကျုံးလမ်းပေါ် စက်ဘီးလိမ့်စဉ်တွင် ထောင်ကြီး၏ လေးဖက်လေးတန် ဟိုကင်း ဒီကင်းဆီမှ ခေါက်လိုက်သော နေ့လယ် ၁၁ နာရီ သံချောင်းသံများကို လှိုင်နေအောင် ကြားရလေသည်။

(၄)

အာလူးသီးကို မညီညာသော ကိုထွန်းဖေ၏ ခေါင်းမှာ ခေါင်းတုံး(ကတုံး)နှင့် လုံးဝ လိုက်ဖက်ခြင်း မရှိပေ။

ကိုထွန်းဖေ ဘုန်းကြီးလူထွက်လာခဲ့ခြင်း ဖြစ်၏။

ကိုထွန်းဖေတို့ အလုပ်ရှင် ဦးလှိုင်သည် နှစ်စဉ် တန်ခူးသင်္ကြန်ရက်တိုင်းတွင် သူ၏ တပည့်သားချင်းတွေကို ဒုလ္လဘရဟန်းခံပေးစမြဲ ဖြစ်၏။ သို့သော် ဇွတ်အတင်းအဓမ္မမဟုတ်၊ ဆန္ဒရှိသူကိုသာ ရဟန်းဝတ်ပေးခြင်း ဖြစ်သည်။

သည်နှစ်တွင်တော့ ဒုလ္လဘ(၈)ပါးထဲတွင် ကိုထွန်းဖေသည် တစ်ပါးအပါဝင်ဖြစ်ခဲ့၏။ အရင်နှစ်များတုန်းက ဝတ်လိုသော်လည်း အသက်(၂၀)တင်းတင်းမပြည့်သေး၍ မဝတ်ခြင်း ဖြစ်သည်ဟုလည်း သူက ဆိုသည်။

"နက်ကလေး"

"ဗျာ"

"မင်းကိုတော့ ရှာခေါ်သွားချင်ပါရဲ့ကွာ၊ ဒါပေမဲ့ မင်းအိမ်က ထည့်မှာ မဟုတ်ဘူး"

သေချာ၏။ ကျွန်တော့်မိဘများသည် သူတို့နှင့်မှတစ်ပါး ညဉ့်အိပ်ညဉ့်နေခရီးကို မည်သူနှင့်မျှမတည့်။

"ခင်ဗျားက ဘာလို့ ရှာပြန်မှာလဲ"

"မိန်းမ သွားတောင်းမလို့ကွ"

ကျွန်တော့်မျက်လုံးတွေ ဝိုင်းစက် ပြူးကျယ်သွားသည်။

"ဒီလို အစီအစဉ်ရှိရဲ့သားနဲ့များဗျာ၊ အလကား ရဟန်းခံနေရသေး။ ခုတော့ သတို့သား ကလည်း ကတုံးကြီးနဲ့ ပုံပျက်လိုက်တာ"

"ဦးထုပ်လှလှလေးတစ်လုံး ဝယ်ဆောင်းရင် နိပ်သွားမှာပါကွာ"

ကျွန်တော်က သူ့ဆင်ခြေကို သဘောကျ၍ အသံထွက်အောင်ပင် ခစ်ခနဲ ရယ်ပစ်လိုက်မိ၏။ ကိုထွန်းဖေမျာ ရှက်သွားလေပြီလားမသိ။ မျက်နှာကို အခြားတစ်ဖက်သို့ လွှဲနေလေသည်။

"ခင်ဗျားယူမယ့် မိန်းမက တော်တော်ချောသတဲ့လား"

"တို့ရွာမှာတော့ ကွမ်းတောင်ကိုင်ပဲကွ"

"ခင်ဗျား ရည်းစားပေါ့နော်"

"မဟုတ်ဘူး၊ မိဘချင်း သဘောတူလို့ ပေးစားမှာ"

ထိုစကားဖြင့်လည်း ရှက်နေသေးဟန် ရှိပြန်သည်။ ကျောပေး၍ ပြောနေဆဲသာဖြစ်၏။

"မင်္ဂလာဆောင်ပြီးရင် ရွာမှာထားခဲ့မှာလား၊ ဒီကို ခေါ်ခဲ့မှာလား"

"ခေါ်ခဲ့မှာပေါ့ကွ၊ ဆရာက အခန်းကလေးတစ်ခန်း ငှားပေးမယ်လို့တောင် ပြောထားပြီးပြီ"

ကိုထွန်းဖေ မျက်နှာကို ပြန်လှည့်ပြီး နောက်အိတ်ထောင်ထဲက မြင်းညိုဆေးပေါ့လိပ်နှင့် မီးခြစ်ကို ထုတ်ကာ ညှိပြီး ဖွာရှိုက်၏။

"ခုလို ငါ မိန်းမယူမှာကို မင်းသဘောတူတယ်နော် နက်ကလေး"

"ငြင်းစရာ မရှိကြောင်းပါတဲ့ဗျာ"

သူ ဘာကို တွေးကာ ပြုံးလေသည်မသိ၊ ကျွန်တော်နှင့်လည်း စကားမပြောဖြစ်။

ကျွန်တော်လည်း သတို့သားလောင်းကြီး လွတ်လပ်စွာ တွေးပါစေတော့၊ စိတ်ကူးယဉ်ပါစေတော့ ဟူသော စိတ်နှင့် အိတ်ထဲ၌ အသင့်ပါလာသော ဖရုံစေ့လှော်ထုပ်ကို ထုတ်ကာ တထောက်ထောက်နှင့် စားနေလိုက်တော့သည်။

(၅)

စိတ်မကောင်းစရာဟု ဆိုခြင်းထက် စိတ်မချမ်းသာစရာဟု ဆိုခြင်းက ပို၍ မှန်လိမ့်မည် ထင်သည်။

သတင်းဆိုးတစ်ခုမို့ ကြားခါစကဆို ယုံပင် မယုံချင်။ ဖွ ... လွဲပါစေ၊ ဖယ်ပါစေဟုပင် ကျွန်တော် ဆုတောင်းမိသေး၏။ တစ်လမ်းလုံးကလည်း ဆုတောင်းကြ၏။ သို့သော် တကယ့်အဖြစ်အပျက်ဆိုသည်မှာ ပုံပြင်ဒဏ္ဍာရီ မဟုတ်သဖြင့် ကျေလွယ်ပျက်လွယ် မှိန်လွယ် ဝါးလွယ် မဖြစ်ခဲ့။

ကိုထွန်းဖေ ရွာသို့ ပြန်ရောက်သွားသည်။ သူ့ရွာကား တံတားဦးမြို့၏ ကျောဘက်ရှိ ထန်းတောနှင့် ယာတောများ ထူထပ်ပေါများရာ ဇီးကန်ရွာဟု သိရသည်။

ကိုထွန်းဖေက သူစုဆောင်းထားသမျှ ငွေခြောက်ရာကို သူ့မိဘများလက်သို့ အပ်သည်။ သူ့မိဘများက ငွေတစ်ရာကိုသာ ချန်၍ ကျန်ငွေငါးရာကို သတို့သမီးမိဘများ လက်သို့ ပုံသည်။

ရွှေတစ်ကျပ်သားနှစ်ရာပင် မပြည့်တတ်သေးသော ခေတ်တွင် ငွေငါးရာ ဆိုသည်မှာ နည်းနည်းနောနောမဟုတ်၊ တစ်ရွာလုံးကို သာမက ရွာနီးချုပ်စပ်က လာသမျှ ဧည့်သည်တွေကို ထမင်းကောင်း ဟင်းကောင်း အဝကျွေး၍ ဧည့်ခံနိုင်သည့် အဆင့်။

ကိုထွန်းဖေ၏ ငွေတင်တောင်းနိုင်မှု ပမာဏသည် ထိုရွာကလေး၏ သမိုင်း၌ အမြင့်မားဆုံး ဖြစ်နေမည်မှာ မလွဲပေ။

သို့သော် ကံကြမ္မာမုန်တိုင်းသည် ကိုထွန်းဖေ၏ ရင်ဝကိုမှ တည့်တည့်ဝင်ကာ မွှေနှောက်လေရော့သလား၊ ခလောက်ဆန်လေရော့သလား မသိ။ မဏ္ဍပ်နှင့် ကနားနှင့် ထမင်းရုံနှင့် အသံချဲ့စက်နှင့် ကိန်းကြီးခန်းကြီး ပြုလုပ်ထားသော မင်္ဂလာဆောင်မည့် နံနက်ခင်းတွင် သတို့သမီးသည် တစ်ရွာတည်းအတူနေ ရည်းစားနောက်သို့ ကောက်ကောက်ပါအောင် လိုက်ပြေးသွားခဲ့သည်ဆိုပဲ။

နှစ်ဖက်မိဘများ အရှက်ကွဲကြရပြီ။ အကျိုးနည်းကြရပြီ။ ရင်ထုမနာ ဖြစ်ကြရပြီ။ စင်စစ် ထိုသူတို့ထက် ပိုသူကား ကိုထွန်းဖေ။ အနေလည်း မနီး၊ ရည်းစားလည်း မဖြစ်၊ မေတ္တာလည်း မရရှိဖူးပါဘဲနှင့် ဘဝတစ်ခုကို အရမ်းကာရော ပိုင်ဆိုင်လိုမိရှာသော ကိုထွန်းဖေ။ ဘုမသိ ဘမသိ ကိုထွန်းဖေ။

သည်တော့မှ သူ ငှက်ကြီးတောင်ဓားကို ဆွဲတော့သည်။ မင်္ဂလာဆောင်ကို ပစ်ခဲ့ကာ ရွာမှ တိတ်တဆိတ် ထွက်ခဲ့တော့သည်။ တစ်နေ့လယ်ခင်းလုံးနှင့် တစ်ညခင်းလုံး တောနင်း၍ ရှာဖွေလေတော့သည်။

နောက်တစ်နေ့ နံနက်ခင်းတွင်မူ လမ်းသွားလမ်းလာ သတင်းမေးသူတစ်ဦးကြောင့် ကျိတ်ပုန်းစားနှစ်ယောက် တစ်ခုသော ထန်းတောထဲက ထန်းတဲတွင် စတည်းချလျက် ရှိကြောင်း သူ သိသွားသတဲ့လေ။

ကိုထွန်းဖေ ထန်းတဲသို့ ဝုန်းခနဲ ဝင်သည်။ အဝတ်အစား ကပိုကရိုနှင့် လဲလျောင်းမှေးစက်နေသူ၏ ဘေးမှာ ငုတ်တုတ်ထိုင်လျက် ဆေးလိပ်ဖွာနေသော မယားလုဖက်ကို ဓားနှင့် ဝင်ပိုင်းတော့သည်။ တစ်ဖက်ကလည်း အရှောင်အတိမ်းကောင်းလေစွ။ ကံကြီးပေစွ။ ဓားချက်သည် လုံးဝမထိ။ အကာဖြစ်သည့် ထန်းရွက်တွေကို ကိုယ်လုံးနှင့် တိုက်၍ ထိုးဖောက်ပြီး ထွက်ပြေးသွား၏။

"ချစ်လှချေရဲ့ ဆိုပြီး ခိုးပြေးသွားတဲ့ အကောင်က ကိုယ်လွတ်ရုန်းရသတဲ့လားကွ"

တဲဝက ကိုထွန်းဖေ၏ အသံနက်ကြီးသာ ဟိန်း၍ ကျန်ရစ်ခဲ့ပေလိမ့်မည်။ သို့သော် သူ့ထက် တောကျွမ်းသူကိုကား အရိပ်အယောင်မျှပင် မတွေ့ရတော့။

ကိုထွန်းဖေ တဲထဲသို့ ပြန်ဝင်သည်။ သတို့သမီးမှာ သားရဲတစ်ကောင်၏ ရှေ့၌ ရောက်နေသော ယုန်သူငယ်ကလေးလို ကြက်သေ သေနေသည်။ မလှုပ်မယှက်ဖြစ်နေသည်။ အကြောက် လွန်မှုကြောင့် လူနှင့်စိတ် မကပ်ဘဲ ရှိနေသည်။

"နင့်ကြောင့် ငါတို့အားလုံး အရှက်ကွဲရတယ်"

ကိုထွန်းဖေ ထိုစကားလောက်ပဲ ပြောနိုင်ပါလိမ့်မည်။ ပြီးတော့ ဓားနှင့် မသေမချင်း ခုတ်သတ်သည်။ ထန်းတဲထဲက ဝါးကွပ်ပျစ်ကား သူ့မူလ ညိုဝါရောင်ပျောက်ကာ အနီရောင်တွေ ရဲရဲတောက်အောင် ဖုံးလွှမ်းသွားခဲ့လေမည်ကား သေချာလှသည်။

ကိုထွန်းဖေ သတ္တိကောင်း၏။ သူ့ဓားကို သူထမ်းကာ တံတားဦး ရဲဌာနသို့ သွားရောက် အဖမ်းခံသည်။ တံတားဦးအချုပ်တွင် ရမန်ကြီး နှစ်ပတ်နေရသည်။ ပြီးတော့ မန္တလေးထောင်သို့ အပို့ခံရသည်။ ပြီးတော့ အမိန့်ဒီဂရီ ချမှတ်ခြင်းခံရသည်။

ကြိုးတဲ့လေ။

(၆)

နက်ဖြန်နံနက်တွင် ကိုထွန်းဖေကို ကြိုးပေးမှာဖြစ်ကြောင်း တစ်ရပ်လုံးက သတင်းရထား ကြသည်။

သို့မို့ကြောင့် သည်နေ့ မွန်းလွဲပိုင်းတွင် ဆရာတော်ကြွအလာကို မမျှော်စဖူး အမျှော်ထူး နေကြသည်။ ခွေးဟောင်သံတွေကို နားစွင့်နေမိကြသည်။ ဦးလှိုင်ပင်လျှင် ဂနာမငြိမ်နိုင်ဘဲ အိမ်ထဲ ဝင်လိုက်၊ အိမ်ရှေ့ ထွက်လိုက် ဆိုသောအမူကို ကြိမ်ဖန်များစွာ ပြုလုပ်နေကြောင်း တွေ့မြင် နေကြရသည်။

သို့သော် နေသာဝင်ခဲ့ပြီ။ ဆရာတော်ကားပေါ်မလာခဲ့။ ကိုထွန်းဖေ၏ အခြေအနေကို သိလိုစိတ်ဖြင့် လျှောက်ထားမေးမြန်းလိုသူတို့မှာလည်း ဆန္ဒမပြည့်ခဲ့။

ဦးလှိုင်သာလျှင် သူ့စက်ဘီးထုတ်ကာ အသော့နင်းသွားတာကို မြင်ကြရသည်။ ဆရာ တော်၏ တောရကျောင်းမှတစ်ပါး အခြားမဖြစ်နိုင်။ ဩော် ... တပည့်ရင်းချာဆိုတော့လည်း သားရင်းသမီးရင်းနှင့် မခြား ဖြစ်ရှာမှာပေါ့လေ။

ကိုထွန်းဖေရေ ... ။

ကျွန်တော့်ကို နက်ကလေးလို့ မခေါ်နိုင်တော့ဘူးပေါ့နော်။ ပြီးတော့ ကျွန်တော့်ကို လူကြီးလူကောင်းလုပ်ပြီး မတိုင်ပင်နိုင်တော့ဘူးပေါ့နော်။

ကျွန်တော် ဝမ်းနည်းသည်။

ကျွန်တော် မျက်ရည်လည်သည်။

ဖြစ်နိုင်လျှင် ကိုထွန်းဖေကို နောက်ဆုံးနှုတ်ဆက်ရန်အတွက် တစ်ခါလောက်တော့ တွေ့ ချင်သည်။

(၇)

ယခုသော် ...

ကိုထွန်းဖေလည်း မရှိတော့။

ကိုထွန်းဖေကို သရဏဂုံတင်ပေးကာ တရားရေအေး အမြိုက်ဆေး တိုက်ကျွေးတော်မူခဲ့သော ဆရာတော်လည်း မရှိတော့။

နှစ်တွေ ဘယ်လိုပင် ကြာကြာ ကြိုးပေးရသော အမှုတွေကတော့ ယနေ့ထက်တိုင်အောင် ရှိနေဆဲသာ ဖြစ်သည်ဟု ကျွန်တော့်မိတ်ဆွေ ဥပဒေဝန်ထမ်းတစ်ဦးက ပြောပြသည်။

လူ့ဘုံသည် လောဘ၊ ဒေါသ၊ မောဟတည်းဟူသော အဝိဇ္ဇာတရား သုံးပါး၏ ညစ်ထေးမှောင်မိုက်စွာ ဖုံးအုပ်ထားမှုကို မည်မျှကြာအောင် ခံရဦးမည်ကိုကား ကျွန်တော်မသိ။

(မဟေသီ၊ ၁၉၉၃)

ခက်ဆစ်များ

အကာလ (န) 不宜活动之时，深更半夜

မရဏ (န) 死神，死

နေ့ခင်းကြောင်တောင် (န) 大白天；中午

နှုတ်သီးကောင်း (နဝ) 嘴尖舌利

ပရိယတ္တိ (န) 三藏经

ဝိနည်း (န) 僧侣的戒规，戒律

ဓမ္မခန် (န) 佛讲的道

သရဇ္ဈာယ် (က) 念经；朗读

အဖွဲ့ကျ (က) 关系密切，结交

ဓာတ်ရှင် (န) 电影

ကြိုးပေး (က) 判处绞刑

သရဏဂုံ (န) 【佛】三皈戒（皈依佛，皈依法，皈依僧）

သရဏဂုံတင် (က) 举行超度亡魂仪式

တရားရေအေးအမြိုက်ဆေး တိုက်ကျွေးရသည်။ 醍醐灌顶（比喻灌输最高的智慧使人彻底醒悟）

ရာဟုထောင့် (န) 西北角

အမေကြီး (န) 祖母，外祖母

ဝတ်တက် (က) 诵经拜佛

သားရေကွင်းပစ် (က) 玩扔橡皮圈游戏

အားတုံ့အားနာ (ကဝ) 过意不去，不好意思地

ခပ်မဆိတ် (ကဝ) 沉默地，不声不响地

ဥပစ္ဆေဒကကံ (န) 横死之厄运

အဝိဇ္ဇာ (န) 愚

ဒုလ္လဘ (န) 难得的

ထည့် (က) 派某人跟随前往

ကွမ်းတောင်ကိုင် (န) 举行剃度仪式时走在妇女队伍最前面的、手捧放槟榔盒的高脚盘的女孩子；〈喻〉最漂亮的姑娘（上述仪式中的女孩子由漂亮的姑娘充当，故名）

ငွေတင်တောင်း (က) 送聘礼

ခလောက်ဆန် (က) 闹事，惹是生非；扰乱

အရမ်းကာရော (က) 胡乱地	ပိုင်း (က) 砍
ငှက်ကြီးတောင်ဓား (န) 一种缅式长刀	တောကျွမ်းသူ (န) 熟知山村情况的人
စတည်းချ (က) 暂时驻扎，宿营	ရမန်ကြီး (န) 押候，拘留(嫌疑犯)

စာဆိုအတ္ထုပ္ပတ္တိ

ဝင်းစည်သူ (၁၉၄၇– ?)

ဝင်းစည်သူ၏ အမည်ရင်းမှာ စိန်မောင်ဝင်းဖြစ်သည်။ ၁၉၄၇ခုနှစ်တွင် မန္တလေးမြို့၌ အဖ ဦးတင်ဌေး၊ အမိ ဒေါ်လှသင်းတို့မှ မွေးဖွားခဲ့သည်။ ငယ်စဉ်က မန္တလေးမြို့တွင် မူလတန်းမှ အထက်တန်းအထိ ပညာသင်ကြားခဲ့ပြီး ပျဉ်းမနားမြို့ ရေဇင်းစိုက်ပျိုးရေးတက္ကသိုလ်မှ ဘွဲ့ရရှိသည်။

၁၉၈၈ခုနှစ်အတွင်းမှာ လစဉ်ဆက်တိုက်နီးပါး မဂ္ဂဇင်းစာမျက်နှာများပေါ်တွင် ဝတ္ထုတိုများ စတင်ရေးသားလာသည်။ လုံးချင်းစာအုပ်များအနေဖြင့် '၉၀ ဝန်းကျင်ဝတ္ထုတိုများ'၊ 'ဆယ့်နှစ်ပွဲဈေးသည် ဝတ္ထုတိုများ' လုံးချင်းဝတ္ထုများ ရေးသားထုတ်ဝေခဲ့သည်။ ဝင်းစည်သူသည် ၂၀ ရာစုနှောင်းပိုင်း မြန်မာဝတ္ထုတိုလောကတွင် ကောင်းမွန်လှပသော ဝတ္ထုတိုများ ရေးဖွဲ့ထားရစ်ခဲ့သူဖြစ်သည်။ နောက် မြန်မာပြဇာတ်လောကတွင်လည်း ကောင်းမွန်လှပသော ပြဇာတ်များထားရစ်ခဲ့သူဖြစ်သည်။

လေ့ကျင့်ခန်း

၁။ ဝင်းစည်သူ၏ ဝတ္ထုတိုသည် အဆုံးသတ်တွင် ပြကွက်ဖျောက်၍ စာဖတ်သူထံ အတွေးရောက်စေသည်။ စာဖတ်သူများဆက်၍တွေးရန် တစ်ကွက်ချန်ထားလိုက်သည်။ ဤဝတ္ထုတွင် မည်သည့်အတွေး ရောက်စေချင်သနည်း။

၂။ ဤဝတ္ထုတိုတွင် သင်္ကေတသရုပ်ဖော်အဖွဲ့ကို တွေ့သလား။ သာဓကများဖြင့် ဖော်ပြပါ။

သင်ခန်းစာ(၂၆) လူ၏ကွန်တိုမျဉ်းများ

作品导读

蒂洒尼（1946—）是一位诗歌、散文、小说多栖作家，代表性作品是他的“人”系列短篇小说。1994年出版的《物质与人》短篇小说集，封面是作者自己创作的一幅立体派艺术绘画，这代表着他现实主义和现代主义兼收并蓄的艺术风格。在蒂洒尼笔下，人没有阶级等级之分，没有富贫贵贱之别，从大千世界形形色色的人的复杂心态中折射作者的人生哲学。《人的轮廓线》（1994）可以看成是作者的自画半身肖像。小说采用第二人称，叙述者一直在对镜子里的自己说话。首先对镜子里的“你”的形象作了一番夸张、扭曲的勾勒刻画，接着对与“你”关系密切的父亲母亲、弟弟妹妹、朋友同事等发表看法和评价，语言刻薄，犀利，惟妙惟肖。在叙述中传达出“你”对传统观念及故有价值观的冲决和反叛。

လူ၏ကွန်တိုမျဉ်းများ

သစ္စာနီ

ခင်ဗျား ထိပ်တော်တော်ပြောင်နေပြီ။ ဖိုတိုဂရေး မျက်မှန်အောက်က ဆင်တစ်ကောင်ရဲ့ မျက်လုံးတွေနဲ့ တူတဲ့ မျက်ပေါက်ကျဉ်းကျဉ်းကလေးတွေက ကြယ်သေနှစ်လုံးလို မှဲ့ပြာပြာနဲ့။ နားရွက်တွေက ခပ်သေးသေး။ လူတစ်ယောက်ရဲ့ ခန္ဓာကိုယ်မှာ အရုပ်အဆိုးဆုံး အင်္ဂါ အစိတ်အပိုင်းတွေဟာ နားရွက်တွေပဲဗျလို့ ခင်ဗျားကြုံရင်ပြောတတ်တဲ့။ (ဗင်ဂိုးဟာ သူ့နားရွက်တစ်ဖက်ကို လှီးဖြတ်ပစ်ခဲ့တယ်ဆိုတာ တကယ်တော့ ရူးသွပ်လို့မဟုတ်ဘူး။ ကပ်ဖကာရဲ့ အဖျားချွန်ချွန် နားရွက်ကြီးတွေကလည်း ကြည့်ရတာ ရယ်စရာ ကောင်းတာပဲ။ သိပ္ပံရုပ်ရှင်ကားတွေမှ ပါတတ်တဲ့ တခြားကမ္ဘာကလာတယ်ဆိုတဲ့ သတ္တဝါတွေရဲ့ နားရွက်နဲ့တူတယ်။ လူတွေဟာ ရှက်တတ်မယ်ဆိုရင် ကိုယ့်နားရွက်အတွက် ကိုယ်ရှက်သင့်တယ်) ခင်ဗျားလက်ချောင်းကလေးတွေကိုတော့ ခင်ဗျားသဘောကျပါတယ်။ သွယ်သွယ်သေးသေးလေးတွေ ဖြစ်တာရယ်၊

အဲဒီလက်ချောင်းကလေးတွေက တစ်ဆင့် ခင်ဗျားရဲ့ပါရမီတွေ လင်းဖြာခွင့် ရတာရယ်ကြောင့် ပေါ့။ လူက ခပ်ညှပ်ညှပ်။ ဒါပေမယ့် ခန္ဓာကိုယ်ကလေးက အမှုန့်ကြိတ်ထားတဲ့ ကမ္ဘာ တစ်ခုရယ်၊ တိုးလျှိုပေါက်ဖြစ်နေတဲ့ သဘာဝဓမ္မတရားရယ်။ မကြားစေချင်တဲ့ ရယ်သံရယ်ကို လုံလုံခြုံခြုံ ထုပ်သိမ်းနိုင်ဖို့တော့ လုံလောက်တယ် ဆိုပါတော့။

ခင်ဗျားအဖေကတော့ စိတ်ပျက်လက်ပျက် ပြောမယ်။ ဒီကောင့်မှာ ငါနဲ့တူတာရယ်လို့ ထိပ်ပြောင်တာပဲ ရှိတယ်လို့။ လူတွေက ခင်ဗျားကို နားမလည်ဘူး။ (အမှန်တော့ ဘယ်သူကမှ လည်း နားမလည်ဘူး)။ သားသမီးတွေထဲမှာ အကြီးဆုံး၊ ငယ်ငယ်တုန်းက အပျော့ပျောင်းဆုံးလို့ (ထင်ရတဲ့) ဒီကောင့်ကို ဘာဖြစ်လို့ သူလိုချင်သလို ပုံသွင်းမရခဲ့သလဲ ဆိုတာကလည်း သူ့အဖို့ အဖြေရှာမရတဲ့ ပုစ္ဆာတစ်ပုဒ် ဖြစ်နေတာကိုး။ ခင်ဗျားအဖေက ပေါက်ကွဲလွယ်တယ်။ စိတ်ထား နုတယ်။ ဒေါသကြီးတယ်။ စိတ်မထိန်းချုပ်နိုင်ဘူး။ တာဝန်ကိုကြောက်တယ်။ နှမျော တွန့်တို စိတ်လည်း ရှိတယ်။ သူဟာ ပန်းတစ်ပွင့် အယောင်ဆောင်ထားတဲ့ ချိန်ကိုက်ဗုံးနဲ့ တူတယ်။ သူ အရွယ်ကောင်းကောင်း ဗလကောင်းကောင်းတုန်းက သေးသေးညှပ်ညှပ် ကျောင်းသားကလေးကို (တစ်နေ့ကျ အထက်တန်းစာရေး ဖြစ်အောင် ဆိုတဲ့ ရည်ရွယ်ချက်နဲ့) မကြာခဏ ကြမ်းကြမ်း တမ်းတမ်း ရိုက်ခဲ့ဖူးသူ။ သူဟာ အခြားဖခင်တွေလိုပါပဲ။ သားသမီးတွေကို မွေးဖြူဖို့ထက် စည်းသွပ်ဘူးစက်ရုံမှာ အုပ်ချုပ်သူလုပ်ဖို့ ပိုသင့်တော်တဲ့လူပေါ့။

အခုတော့ ခင်ဗျားအဖေမှာ အသင့်အတင့်ကောင်းမွန်တဲ့ အိမ်တစ်လုံးရှိတယ်။ အသင့် အတင့်ကောင်းမွန်တဲ့ တုတ်ကောက်တစ်ချောင်း ရှိတယ်။ အသင့်အတင့် ကောင်းမွန်တဲ့ ဇနီး တစ်ယောက်ရှိတယ်။ အသင့်အတင့် ကောင်းမွန်တဲ့ သားသမီး ငါးယောက်ရှိတယ်။ (အဲဒါကို ကံကောင်းတယ် ထင်မှာပေါ့)။ အခုတော့ ခင်ဗျားအဖေဟာ တစ်ခါတစ်လေ ကလေးတွေနဲ့ ကစား၊ တစ်ခါတစ်လေ သီချင်းနားထောင်၊ တစ်ခါတစ်လေ ခွေးတွေကို လေးခွနဲ့ပစ်၊ တစ်ခါတစ်လေ ဥပုသ်စောင့်၊ တစ်ခါတစ်လေ သွေးတိုး၊ များသောအားဖြင့်တော့ ပက်လက် ကုလားထိုင် တစ်လုံးမှာ (အဲဒီကုလားထိုင်ကလည်း သူ့လိုခပ်အိုအိုရယ်) ပုတီးတစ်လှည့်၊ ဆေးပေါ့လိပ် လက်ကကိုင်ကာ ထိုင်ရင်း သိန်းထီကို မပျက်မကွက်ထိုးကာ မဖြစ်ခဲ့ရတာတွေနဲ့ မဖြစ်နိုင် တော့တာတွေကို စိတ်ကူးလွင့်မျောနေတတ်တဲ့ အရင်ကလိုပဲ စိတ်ကို မထိန်းချုပ်နိုင်သေးတဲ့ အသက်(၇၀)အရွယ် လူအိုကြီးပေါ့။

ခင်ဗျားအမေကတော့ စစ်ပြီးခေတ်မှာ လူလားမြောက်လာတဲ့ အခြားလူတွေလိုပဲ ရှေ့ မရောက် နောက်မရောက်သူ။ စာရေးတတ်ဖတ်တတ်ရုံဆိုတော့ အမြင်ကျဉ်းတယ်။ သားသမီး တွေကို ချစ်ပုံရပေမယ့် ဆုံးမစကားပြောရာမှာ ကြမ်းတမ်းတယ်။ ပြက္ခဒိန်မျက်နှာဖုံးတွေကို ထရံမှာတုတ်ချောင်းနဲ့ ထိုးကပ်တတ်သူ။ (ခင်ဗျားခဏခဏ ဆုတ်ဖြဲပစ်ရတယ်) အိမ်ရှေ့မှာ ချဉ်ပေါင်ပင် စိုက်တတ်သူ။ သတင်းစာက နာရေးကြော်ငြာဖတ်သူ။ (ခင်ဗျားစိတ်ပျက်တဲ့)

သူရသသတီကို ကိုးကွယ်သူ။ အသုံးအစွဲလက်ဖွာပြီး အတန်အသင့်လည်း စိတ်မာသူ။

အဲဒီခင်ဗျားအမေကတော့ ဆေးလိပ်မသောက်၊ အရက်မသောက်၊ မိန်းမမယူတဲ့ သိမ်သိမ်မွေ့မွေ့အမူအရာရှိတယ် ထင်ရတဲ့ ခင်ဗျားရဲ့ပါးစပ်က တစ်ခါတစ်လေ သင်တိုးခားထုတ်တဲ့ စက်ရုံလို့ ထင်ရအောင် ချောက်ခြားစရာအမူအရာတွေနဲ့ စကားလုံးထွက်တတ်လာတာကြားရင် နားမလည်နိုင်ဘူးပေါ့။ (အံ့ဩပုံတော့မရဘူး)။ သူမဖတ်တဲ့ ခင်ဗျားဖတ်နေတဲ့ စာအုပ်စင်ထဲက စာအုပ်တွေကများ သူမွေးထားတဲ့သားကို ဖျက်ဆီးပစ်လိုက်လေသလားဟု သံသယပွားကောင်းလည်း ပွားမယ်။

ခင်ဗျားရဲ့ညီ၊ ညီမတွေကလဲ ဒီလိုပါပဲ။ သူတို့ရဲ့ရှေ့မှာ အဖေနဲ့အမေကို (ဘယ်လို စကားစပ်တည့်သွားတယ် မသိဘူး)။ သူတို့က ဒီနေရာမှာ ခင်ဗျားထက် ပိုပြီးလိမ္မာတယ်။ သူတို့ဟာ ရိုးသားတယ်။ (ဆေးလိပ်တောင်မှ ဘယ်သူမှ မသောက်တတ်ကြဘူး)။ မရိုင်းပြတဲ့ ပညာတတ်တွေဆိုပါတော့။ သဘာဝသိပ်မကျတဲ့ (ဘဝမှာ တကယ်အသုံးမဝင်တဲ့) အများသုံး ခေတ်မီအယူအဆတွေလည်း ရှိကြတယ်။ အရာရာကို သူများကြည့်မြင်သလို ကြည့်မြင်ပြီး သူများပြောဆိုသလိုလည်း ပြောဆိုတတ်ကြတယ်။ (အဲသလိုနေထိုင်တာက လောကမှာ သူတို့ အဖို့ အန္တရာယ်လည်းကင်း၊ လွယ်လည်းလွယ်ကူတာကိုး)။

သူတို့ကို လွတ်လပ်စွာ တွေးခေါ်စေချင်တယ်။ သဘာဝကျတဲ့ ဆင်ခြင်ဉာဏ်မျိုး ရှိစေချင်တယ်။ ဒါကြောင့် လိုအပ်ရင် သူတို့နဲ့ အတိုက်အခံစကားပြောတာပဲ။ တစ်ခါတစ်လေတော့ ခင်ဗျားအတွက် ဂုဏ်ယူချင်လည်းယူကြမယ်။ သေချာတာတစ်ခုတော့ရှိတယ်။ အဲဒါခင်ဗျားကို နားမလည်ဘူးဆိုတာပဲ။

ခင်ဗျားမိတ်ဆွေဆိုတာကလည်း ဘာထူးလည်း။ တစ်ယောက်ကဆို "ဒီလူဟာ သမ္မာကျမ်းစာအုပ်ရယ်၊ ကင်းမလက်မည်း တစ်ကောင်ရယ်၊ မိုးတိမ်ရယ်၊ ရောမွေးထားတဲ့လူပဲ" လို့ ပြောခဲ့တာပဲ။ ခင်ဗျားကတော့ ပြုံးမယ်။ ခင်ဗျားဟာ အဘိဓာန်မှာ မိတ်ဆွေဆိုတဲ့ဝေါဟာရကို အနက်ဖွင့်ရင် "အကူအညီတောင်းသူ" လို့ပဲ အဓိပ္ပာယ်ရတယ် မဟုတ်လား။ လမ်းစရိတ်တဲ့။ ဆေးဖိုးဝါးခတဲ့၊ ထမင်းဖိုးတဲ့။ အဲဒီအထဲမှာ အဆိုးဆုံးက တန်ဖိုးဖြတ်ရခက်တဲ့ အချိန်နဲ့၊ အကျိုးအကြောင်းမဲ့ တရားတွေရော ပါသွားတတ်တာပဲ။ ခင်ဗျားက သဘာဝကျတယ်ဆိုရင် ကိုယ့်ခေါင်းကိုတောင် ဖြတ်ပေးဖို့ဝန်လေးတဲ့သူ မဟုတ်ပါဘူး။ အဲ .... သဘာဝမကျဘူးဆိုရင်တော့ ကိုယ့်ဘွားအေကိုတောင် ယပ်ခတ်ပေးဖို့ ငြင်းမဲ့သူ။

လူတစ်ယောက်ရဲ့ ဘဝမှာ တာဝန်တွေက အများသား။ ကိုယ့်ခန္ဓာကိုယ်ထဲကို ဝင်လာနိုင်တဲ့ နာစေးချောင်းဆိုးဖြစ်စေတဲ့ ဗိုင်းရပ်စ်ပိုးရဲ့ အန္တရာယ်ကအစ ကမ္ဘာမြေကြီးရဲ့ ပြင်ပလေထုအလွှာဖြစ်တဲ့ အိုဇုန်းလွှာ ပျက်စီးမှာကို ကာကွယ်နေကြရတယ် မဟုတ်လား။ ဒီအထဲမှာ ကိုယ့်ဘဝကိုတောင် တာဝန်မယူနိုင်တဲ့ လူတွေက ခပ်မြင့်မြင့် အကြောလျော့တဲ့အလုပ်

(အနုပညာကို "တာဝန်မဲ့နိုင်ခွင့်လိုင်စင်" တစ်ခုလို ကိုင်စွဲနေတာကတော့ ခွင့်လွှတ်စရာ မရှိပါဘူး။ လူတိုင်းဟာ ခင်ဗျားအလုပ်လုပ်သလို လုပ်နိုင်ပါတယ်။ ဥပမာ ခပ်ပေါပေါ ဝတ္ထုတွေကိုရေး၊ ရောင်းစားတာမျိုး ကြောက်လန့်မသွားပါနဲ့။ အဲဒါဟာ စာပေမဟုတ်ပါဘူး။ ဖျာရက်ရောင်းသလို၊ တံမြက်စည်း လုပ်ရောင်းသလိုပေါ့။ တစ်ခါက ခင်ဗျားပြောသလိုပေါ့။ တစ်ရေးနိုးထ ဘယ်ဘက်ခြေမကို မှင်တို့ပြီး နောက်ပြန်ရေးရင်တောင်ဖြစ်တဲ့ စာအုပ်မျိုးတွေလေ)။ ဒါမှမဟုတ် ခင်ဗျားလုပ်သလို မလုပ်ဘဲလဲ နေနိုင်ပါတယ်။ ဘယ်လိုပဲ နေနေ ကိုယ့်ဘဝကို တာဝန်ယူရဲတဲ့ သတ္တိတော့ ရှိဘို့လိုတာပေါ့။ မြို့မငြိမ်းရဲ့ သတ္တိမျိုးလောက်မှ မရှိရင် ကြီးကြီးကျယ်ကျယ် မပြော ကြပါနဲ့။ ခင်ဗျားက အနုပညာဆိုတာ တံတွေးထွေးတိုင်းတောင် ပါသွားတတ်တဲ့အရာလို့ ထင်တဲ့ သူ မဟုတ်လား။ "အဲဒီလူတွေ စာမရေးခင် အရင်ဆုံး သူတို့ဦးနှောက်တွေကို တံတောင်ဆစ် ရောက်အောင် ခွဲစိတ်ကုသပေးဖို့လိုတယ်" လို့ တခြားသူ တော်တော်များများကို သနားတတ်သူ။ အနုပညာသမားဆိုတာ ယိမ်းသမလက် မဟုတ်လို့ ညီညွတ်စရာ မလိုဘူး ပြောတတ်သူ။ တော်လ် စတွိုင်းရဲ့ စစ်နဲ့ငြိမ်းချမ်းရေးဝတ္ထုကို ခပ်ညံ့ညံ့လို့ သတ်မှတ်သူ၊ ဘောလုံးကန်ဖူးတာကြောင့် ကမူးဝတ္ထုတွေဟာ ဖတ်စရာမလိုဟု သတ်မှတ်ချသူ။ ဗစ်တိုးရီးယား ဒီစီကာကို အီတလီသုခလို့ လှောင်တတ်သူ။ မြန်မာပြည်က ပန်းချီပြခန်းတွေထက် နိုင်ငံခြားဖြစ် ရုပ်အကျီ ရောင်းတဲ့ဆိုင် တွေကို ပိုမိုတွယ်တာကပ်ငြိသူ။ (အဲဒီဆိုင်ကလေးတွေက ဒီဇိုင်းတွေက အာရုံကို ပိုမိုလတ်ဆတ် စေတယ်)။ စာပေလောကမှာ ဆရာခေါ်စရာ မထားတဲ့သူ။

ခင်ဗျားက ဘဝရဲ့လေကွယ်ရာအရပ်မှာ တစ်သက်လုံး (ခင်ဗျားအဖေလို၊ ပြီးတော့ တခြား သူတွေလို) ကျောက်ချ ခိုကပ်ချင်တဲ့သူမှ မဟုတ်ဘဲ။ ပင်လယ်ပြင် ကျယ်သမျှ ရွက်လွှင့်ပြီး ကျွန်းသစ်ကိုရှာချင်တဲ့သူ။ ခင်ဗျားဟာ ငယ်ငယ်ကတည်းက ပန်းချီဆွဲတယ်။ စစ်တုရင် ကစား တယ်။ လဖက်ရည်ဆိုင်နဲ့ ရုပ်ရှင်ရုံမှာ အချိန်ကုန်တယ်။ အားလုံးကို သရော်တော်တော် စကား ပြောတယ်။ အယူအဆကလည်း နေရာတကာ ကန့်လန့်လို့ ဆိုရမယ်။ (လူအများစုနဲ့ ဘယ်တော့မှ သဘောထားချင်း မတိုက်ဆိုင်ဘူး)။ ခင်ဗျားဟာ ဒုစရိုက်မှုမှာ ပျော်မွေ့တဲ့ မိုက်ကန်း ပေါ့သွမ်းသူတော့ မဟုတ်ဘူး။ (သဘာဝတရားအတိုင်း ဖြစ်ပေါ်နေတဲ့ ချွန်ထက်တဲ့ ကျောက် စောင်းနဲ့ တူမလားပဲ)။

ဘာပဲဖြစ်ဖြစ် ခင်ဗျားကတော့ အရာရာ (အစဉ်အလာဖြစ်ထွန်းနေတာ)ကို သဘော မတွေ့ တဲ့သူ။ အသက်လေးဆယ်ကျော်စမှာပဲ တစ်လောကလုံးကို သမ်းဝေစရာလို့ မြင်တဲ့သူ။ ခင်ဗျား အဖေနဲ့လဲ မတူတဲ့သူ။ ခင်ဗျားအမေနဲ့လဲ မတူတဲ့သူ။ တခြားဘယ်သူနဲ့မှလည်း မတူတဲ့ သူကိုး။

မှန်ထဲမှာ နှုတ်ခမ်းလေးတွန့်ရုံ ခင်ဗျားပြုံးနေတာ မြင်ရတယ်။ ဗြဟ္မာကြီးတစ်ယောက် တောင် ခင်ဗျားရှေ့မှာ ရှက်ပြီးလဲသေသွားနိုင်တဲ့ အပြုံးမျိုးနဲ့ပေါ့။

(ရုပ်ရှင်တေးကဗျာ။ ၁၉၉၄)

ခက်ဆစ်များ

ကွန်တိုမျဉ်း (န) 周线(轮廓线)；等高线
မျက်ပေါက် (န) 眼睛
မှဲ့ပြာပြာ (ကဝ) 灰暗地
ပါရမီ (န) 天才，天资
စိတ်ထားနု (နဝ) 心胸狭窄
နှမြော (က) 吝啬；可惜
တွန့်တို (က) 吝惜，吝啬
ချိန်ကိုက်ဗုံး (န) 定时炸弹
စည်သွပ်ဘူး (န) 罐头食品
တုတ်ကောက် (န) 手杖，拐杖，文明棍儿
လေးခွ (န) 弹弓
သိန်းထီ (န) 头等奖为十万缅元的缅甸彩票
လွင့်မျော (က) 消散，东跑西走
အမြင်ကျဉ်း (က) 目光短浅；度量小，气量小
ပြက္ခဒိန် (န) 日历
ဆုတ်ဖြဲ (က) 撕毁
ချဉ်ပေါင် (န) 洋麻(其叶有酸味，可做酸菜)
လက်ဖွာ (နဝ) 手松，大手大脚，用钱或物不算计
စိတ်မာ (က) 意志坚强；心肠硬
သံသယဖွား (က) 产生疑团，产生怀疑
ရိုင်းပြ (နဝ) 粗野，野蛮
သမ္မာကျမ်း (န) 圣经
ကင်းမလက်မည်း (န) 大黑土蝎子
ဗိုင်းရပ်စ်ပိုး (န) （virus）病毒；传染毒；滤过性病原体
အိုဇုန်းလွှာ (န) （ozone）臭氧层
ဖျာရက် (က) 编席
တံတောင်ဆစ် (န) 肘关节
ယိမ်းသမ (န) 集体舞女演员
လှောင် (က) 嘲笑，开玩笑
ဒီဇိုင်း (န) （disign）设计；图案
ကျောက်ချ (က) 抛锚
ရွက်လွှင့် (က) 扬帆
စစ်တုရင် (န) 象棋
ဒုစရိုက်မှု (န) 恶习，不正当的行为
မိုက်ကန်းပေါ့သွမ်းသူ (န) 愚昧无知、轻浮的人
ဗြဟ္မာ (န) 梵天，大梵天(婆罗门教和印度教的三大神之一)

စာဆိုအတ္ထုပ္ပတ္တိ

သစ္စာနီ (၁၉၄၆–)

၁၉၄၆ခုနှစ်တွင် ရန်ကုန်မြို့၌ အဖဦးတင်မောင်၊ အမိဒေါ်မြရှင်တို့မှ မွေးဖွားခဲ့သည်။ အမည်ရင်း ရဲမြင့်၊ ငယ်စဉ်က ဗဟန်းမြို့နယ် မူလတန်းကျောင်း၊ မြေနီကုန်း မူလတန်းကျောင်း၊ ဗဟန်းမြို့နယ် အထက်တန်းကျောင်း၊ မြောက်ဥက္ကလာပ အထက်တန်းကျောင်းများတွင်

တက္ကသိုလ်ဝင်တန်း အထိ ပညာသင်ကြားခဲ့သည်။

၁၉၆၅ ခုနှစ်ထုတ် ရှုမဝမဂ္ဂဇင်းတွင် **"ရေခတ်ဆင်းချိန်"** ကဗျာဖြင့်၄င်း၊ ရုပ်ရှင်သစ္စာမဂ္ဂဇင်းတွင် **"မပွင့်မီကကြွေနှင့်သည်"** ဝတ္ထုတိုဖြင့်၄င်း၊ စာပေလောကသို့ စတင်ရောက်ရှိလာသည်။ နောက် မဂ္ဂဇင်းစာမျက်နှာများတွင် ကဗျာ၊ ဝတ္ထုတို၊ ဆောင်းပါး၊ အက်ဆေး၊ ဘာသာပြန် (ကဗျာ/ ဝတ္ထုတို) များ ရေးသားရင်း ထင်ရှားလာသည်။ ရဲသွေးနီ၊ တာရာလင်းနွယ်၊ ဦးရဲရဲဦး၊ ကိုယဲ အစရှိသော ကလောင်ခွဲများဖြင့် ကဗျာရေးသားလျက်ရှိသည်။ ဝတ္ထုတို လုံးချင်းများ **(အခြားအရာများနှင့်လူ၊ စက္ကူပေါ်ကသစ်ပင်)**၊ စာပေဆောင်းပါးစာအုပ်များ၊ ဘာသာရေးဆောင်းပါးများ၊ စာအုပ်များ စသဖြင့် ထုတ်ဝေခဲ့ပြီးဖြစ်သည်။

လေ့ကျင့်ခန်း

၁။ ဝတ္ထုတိုဆရာသစ္စာနီ၏ မော်ဒန်ရေးဖွဲ့ပုံကို သုံးသပ်ဝေဖန်ပါ။

၂။ "လူ၏ကွန်တိုမျဉ်းများ"ဝတ္ထုတိုသည် စာရေးသူ၏ တစ်ပိုင်းတစ်စ ရုပ်ပုံလွှာများဟု ဆိုရပါမည်။ မိဘ၊ ညီအစ်ကိုမောင်နှမ၊ မိတ်ဆွေသူငယ်ချင်းများ အပေါ် သဘောထားများမှာ ပြတ်သားတိကျလွန်းလှသော အတွေးအခေါ်များ ပါနေလေသည်။ ဤအကြောင်းများနှင့် ပတ်သက်၍ ဆွေးနွေးတင်ပြပါ။

သင်ခန်းစာ (၂၇)
နိဒါန်း၌ပင်မှားခဲ့သောအတွေ့အကြုံရှေ့အဆိုဝါဒီ၏ဆင်ခြေ

作品导读

敏丹（1949— ）的作品常被冠以“新风格”、“新感受”，他的作品大都蕴涵着哲思，消解故事情节和人物性格，将各种人、各种事件随意联系在一起。小说多以第一人称“我”讲述，和“我”在一起的小说人物还有“你”和“他”。《先验论者的错误思考》（1996）就是这样的作品。小说中的句子有的很短，有的超长，不拘泥于正常语序，好像由词汇的板块拼砌起来的句子长城。作者在尝试一种新的文学语言实验和叙述方式，追求新的艺术感受，使作品不像一般小说那么容易解读。无论给敏丹的创作冠以什么样的名称，它都反映了当代缅甸短篇小说在表现内容与艺术特征上的丰富性和兼容性。

နိဒါန်း၌ပင်မှားခဲ့သောအတွေ့အကြုံရှေ့အဆိုဝါဒီ၏ဆင်ခြေ

မြင့်သန်း

(က)

အသိပညာနဲ့နဲ့ပုံရသော လူတစ်ယောက်က ရည်ရွယ်ချက်အကြောင်း တစ်စုံတစ်ရာ မရှိဘဲ ကျောက်လမ်းနံဘေးရှိ ဓာတ်မီးတိုင်ကို မှီရင်း မိုးကောင်းကင်ကြီးအား ကြည့်နေမိသည့် ကျွန်တော့်ကို ....

“ဘာလုပ်နေတုန်း .... ကိုယ့်လူ”

ဟုဆိုပါသည်။ ဘယ်အချိန်ကတည်းက ကျွန်တော်သည် သူ၏အသိခံအရာ ဖြစ်နေခဲ့သည်ကို ကျွန်တော်မသိခဲ့ပါ။ ကျွန်တော့်ကိုယ် ကျွန်တော်လည်း မည်မျှကြာအောင် ဓာတ်မီးတိုင် မှီရင်း မိုးကောင်းကင်ကို ကြည့်နေခဲ့မိသည်မသိ။

ကျွန်တော်သိသည်မှာ မိုးကောင်းကင်ကြီး၏ မည်းမှောင်နေခြင်း၊ ထိုမိုးကောင်းကင်ကြီး၌

ကြယ်များနှင့်လကို မတွေ့ရခြင်း၊ ခပ်လှမ်းလှမ်းတွင် ရှိနေသော မြစ်၏မျက်နှာပြင်ကို ဖြတ်သန်းခဲ့ပြီးနောက် ကျွန်တော့်ကိုပါ ခလုတ်တိုက်သွားခဲ့သော မြစ်၏အခြားတစ်ဘက်ကမ်းမှ လေတို့၏ သစ်လွင်နေခြင်းနှင့် မှတ်မှတ်ရရ မဟုတ်သော်လည်း ကျွန်တော်သည် လေတစ်ချို့ကို ရှူသွင်းပြီးတိုင်း ပြန်လည်၍ ရှူထုတ်လိုက်ခြင်းဖြင့် လေများစွာတို့ကို ဖြန်းတီးနေခဲ့ခြင်း စသည်တို့ ဖြစ်ပါသည်။

ရှူထုတ်လိုက်သောလေနှင့် ရှူသွင်းလိုက်သောလေ၏ မတူညီကြပုံများကို သိချင်လျှင် နောင်တွေ့ကြသည့်အခါတွင် ကျွန်တော်ရှင်းပြပါမည်။ ယခုသော် ကြယ်များနှင့်လ ကင်းပလျက်ရှိသော ကောင်းကင်ကြီးနှင့် အစရှိသည်တို့အကြောင်းကို သင့်အားပြောပြစမ်းပါရစေ။

သူ့ကို ကျွန်တော်က မည်သို့ရှင်းပြရမည်လဲ။ "ကျုပ်ဘာသာကျုပ် ဘာလုပ်လုပ် ခင်ဗျားအပူလား"ဟု ပြောသင့်ပါသလား၊ အကယ်၍ သူက "ကျုပ်အပူတော့ မဟုတ်ပေဘူး၊ သို့ပေတဲ့ သိချင်လို့ပါ"ဟုဆိုလျှင် ကျွန်တော်က မည်သို့မည်ပုံ စကားဆက်ကြမည်လဲ။ "သိချင်လို့ပါ"ဟု ဆိုသော သူ့ဆန္ဒကို ကျွန်တော်က တားဆီးသင့်ပါသလား၊ သင်ကမည်သို့ထင်ပါသလဲ။

သူသိချင်သည်ကို ကျွန်တော်က တားမြစ်လိုက်ခြင်းဖြင့် သင့်အဖို့ ကျွန်တော့်အား မြို့ပြလူ့အဖွဲ့အစည်း၏ သို့မဟုတ် မြို့ကြီးသားတို့၏ ရိုင်းစိုင်းမှုမျိုးတူစု အထွတ်ထည့်ထားလိုက်ရန် အခွင့်အရေးတစ်ရပ် ရလိုခဲ့သည် မဟုတ်လား။ ကျွန်တော်သည် ထိုမျှအသိပညာ အရာတွင် နုံနဲ့လှသည် မဟုတ်လှပါ။ ကျွန်တော်တို့သည် သူ့ကဲ့သို့အသိပညာအရာတွင် ညံ့ဖျင်းခဲ့ကြသည် မဟုတ် ဆိုခြင်းကိုမူ သင်ကပါ သဘောတူသည် မဟုတ်လား။ ဤနေရာတွင် ကျွန်တော်တို့အကြား သဘောတူညီချက် တစ်စုံတစ်ရာရှိခဲ့သည်ဟု ယာယီလက်ခံထားကြပါစို့။

သို့ဖြစ်လျှင် .... ကျွန်တော်က "ကျွန်တော်သည် ကျောက်လမ်းဘေးက ဓာတ်မီးတိုင်ကို မှီကာ မိုးကောင်းကင်ကြီးကို ကြည့်နေပါသည်"ဟု ဖြေလိုက်ပါမည်။ ဤသည်ကို အဖြေဟု ခေါ်ပါသည်။ ကျွန်တော်၏အဖြေမှာ သင်၏ကျေနပ်မှုနှင့် သော်လည်းကောင်း၊ သဘောထားချင်းတိုက်ဆိုင်မှုနှင့် သော်လည်းကောင်း၊ မသက်ဆိုင်သကဲ့သို့ သူ၏ကျေနပ်မှုနှင့် သော်လည်းကောင်း၊ သဘောထားချင်း တိုက်ဆိုင်မှုနှင့် သော်လည်းကောင်း ဆိုင်လိမ့်မည်မဟုတ်လှပါ။

မိုးကောင်းကင်ကြီးတွင် ကြယ်များနှင့်လတို့ မရှိကြပါ။ ဓာတ်မီးတိုင်တွင် မီးလုံးမရှိပါ။ ခပ်လှမ်းလှမ်းတွင် မြစ်၏ရှိနေခြင်းကို သိရပါသည်။ အလုံးစုံမှာ မှောင်မည်းနေသဖြင့် မြင်ရသည် မဟုတ်ပါ။ သိရှိထားခဲ့၍ သိရှိခြင်းသာဖြစ်သည်။ မြစ်၏အခြားတစ်ဘက်ကမ်းက တောင်ရိုးပေါ်တွင်မူ သူတော်စင်များ နေကြပါသည်။ မြစ်ဘက်မှ လေတစ်ချို့တို့က တိုက်ခိုက်လေတိုင်း စေတီတို့မှ ဆွဲလည်းတို့၏ နာချင့်စဖွယ် သာယာသံတို့ကို ကြားရတတ်ပါသည်။ လေပြင်းပြင်း တိုက်ခိုက်လိုက်သည့် အခါတိုင်း ရင်ပြင်ပေါ်တွင် ကြွေကျနေခဲ့သော ဥသျှစ်သီးများ လှုပ်သွားတတ်သည်ကို မြင်ရ၍ မဟုတ်သော်လည်း တွေ့ဖူးခဲ့၍ အမှတ်ရနေမိပါသည်။ ယခု လောလော

ဆယ်တွင်မှ ပြုတ်ကျနေခဲ့သော ဥသျှစ်သီးများ ရင်ပြင်ပေါ်တွင် ရှိမရှိ ဆိုခြင်းကို ကျွန်တော်က ပြောပြနိုင်လိမ့်မည် မထင်ပါ။

ကျွန်တော့်အနေဖြင့် ပြောပြနိုင်မည်ဖြစ်သော အကြောင်းအရာတစ်ခုမှာ မှောင်သော ည တစ်ခု အတွင်း ပစ်ချထားခြင်းခံရသော ကျွန်တော်သည် မီးလုံးမရှိသော ဓာတ်မီးတိုင်ကို မှီရင်း ကြယ်များနှင့်လတို့ မရှိသည့်ကောင်းကင်ယံကို ကြည့်ကာ ငြင်းပယ်ရန် မဖြစ်နိုင်သည့် ဖြစ်နေခြင်း တစ်ခုအတွင်း တည်ရှိနေခြင်းသာ ဖြစ်သည်။ မြစ်နှင့်တောင်ရိုးတို့ အကြောင်းကို တိတိပပ မပြောနိုင်သည့် အကြောင်းမှာ အမှောင်ထု ခြားနားထားသဖြင့် ကျွန်တော့်အနေဖြင့် သိရုံသာ သိနိုင်ပြီး မျက်မြင်တွေ့ကြုံခံစားနိုင်ခြင်းမရှိ၍ ဖြစ်ပါသည်။

ညမှာမူ မှောင်၍သာရှိပါသည်။

ယခုအခါ ကျွန်တော်၏ အလှည့်ကိုရောက်ခဲ့ပါသည်။ ကျွန်တော်က သူ့ကို မေးရပါလိမ့်မည်။

"ခင်ဗျားကော အချိန်မတော်ကြီး ဒီမှာ ဘာလုပ်နေတာတုန်း"။

ကျွန်တော့်တွင် အဖြေတစ်စုံတစ်ရာကို ဖြေနိုင်မည့် အခွင့်အရေးရှိသည်သာမက အမေး တစ်စုံတစ်ရာကိုလည်း လုပ်နိုင်ခွင့်ရှိသည် မဟုတ်ပါလား။ ထိုအခါ အသိပညာအရာတွင် နုံနဲ့ ပုံရသော ထိုလူက

"အိပ်မပျော်တာနဲ့ပဲ ကျုပ်လည်း လမ်းလျှောက်တာပါ"

ဟု ဆိုပါသည်။

ထို့နောက် သူ၏အခွင့်အရေးတစ်ရပ်ကို သုံးစွဲရင်း ကျွန်တော့်အား

"ဒါထက် ခင်ဗျားပြောတဲ့ အချိန်မတော်ဆိုတာက ဘာတုန်း။ အချိန်ဆိုတာကို ခင်ဗျားက ဆုံးဖြတ်လို့ရသတဲ့လား။ ခင်ဗျားက ကာလတရားအတွင်းထဲမှာ နေတာလား။ ကာလတရားက ခင်ဗျားလုပ်တာ ခံရသတဲ့လား"

ဟုမေးပါသည်။

သင်းတို့ကဲ့သို့ ဉာဏ်ပညာအရာတွင် နုံနဲ့သူများတွင် အမြဲတစေ ဆင်ခြေတစ်ခုခု ရှိတတ် သည်ကို ကျွန်တော်သိပြီးသား။ ကျွန်တော့်အနေနှင့် တစ်စုံတစ်ရာ ပြန်ရှင်းပြရမှာလား။ ကျွန်တော်က ရှင်းပြသော်လည်း သင်းကဲ့သို့ အတွေးအခေါ်ကို စနစ်တကျ မတည်ဆောက် နိုင်သူတစ်ယောက်အဖို့ မည်သို့နားလည်ပါမည်လဲ။ အကယ်၍ သူကနားလည်လိမ့်မည် ဖြစ် သည့်တိုင် ကျွန်တော်ကသူ့ကို နားလည်လောက်မည့် သူတစ်ယောက် မဟုတ်ဟု သတ်မှတ် ခဲ့ပြီဖြစ်၍ သင်ကလည်း ကျွန်တော်နှင့် တစ်သဘောတည်း မဟုတ်ပေဘူးလား။

ကျွန်တော်တို့အကြားတွင် ဘာသာစကား တစ်စုံတစ်ရာအားဖြင့် ဆက်သွယ်ခဲ့ခြင်း မရှိဘဲ စက္ကန့်နှင့်မိနစ်အချို့ကို စားသုံးလိုက်ကြပါသည်။ ထို့နောက် သူက "လာပါဗျာ ကျုပ်တို့ ပန်းခြံထဲ သွားထိုင်ကြရအောင်"ဟု ဆိုပါသည်။ ယခုကာလမှာ ညတစ်ညဖြစ်နေခဲ့သည်ကို အားလုံးက

အမှတ်ရနေစေချင်သည်။ ညမှ သာမန်ညမဟုတ်။ ကြယ်များနှင့်လတို့ မလင်းသည့်ည။ မှောင်၍ မည်းသောည ဖြစ်၏။ ထိုသို့ည၏ဖြစ်ရှိနေသော ကာလနှင့် အာကာသ အတွင်း ကျွန်တော်တို့ သည် ပန်းခြံအတွင်းတွင် သွားရောက်ထိုင်ကြခြင်းဖြင့် ပန်းခြံ၏ သာယာတင့်တယ်စွာ ရှိနေခြင်း ကို လည်းကောင်း၊ မျိုးတူစုကွဲပြားလျက် ရှိကြကုန်သော်လည်း မက်မောစဖွယ် ပွင့်နေကြသည့် ပန်းအသီးသီးတို့၏ ရှိနေခြင်းကို လည်းကောင်း၊ တစ်စုံတစ်ရာ ကျွန်တော်တို့ ခံစားနိုင်ကြမည်ဟု သင်ထင်ပါသလား။ ပန်းခြံ၏ သာယာတင့်တယ် မက်မောဖွယ် ရှိနေခြင်းကို ကျွန်တော်တို့သည် အမြင်တစ်စုံတစ်ရာအားဖြင့် ခံစားနိုင်ခြင်းမရှိပါဘဲလျက် အဘယ်ကြောင့် ယခုကဲ့သို့ ညအမှောင် အတွင်း ပန်းခြံထဲသွားကာ ထိုင်ချင်ရပါမည်နည်း။ သူ့ကိုမေးကြည့်ရလိမ့်မည်။

"ညအချိန်မတော်ကြီးဗျာ။ ပန်းခြံထဲသွားထိုင်လို့ ခင်ဗျားဟာ အဓိပ္ပါယ်ရှိပါ့မလား"

ဟုကျွန်တော်က မေးမိပါသည်။ ထိုအခါသူက ....

"ဘာတဲ့ ခင်ဗျားရဲ့ အချိန်မတော်ဆိုတာ"

ဟုသူကဆိုပါသည်။

"အချိန်မှာ တော်၏မတော်၏လို့ ခင်ဗျားကပြောလို့ရသတဲ့လား။ ခင်ဗျားလို ဓာတ်မီးတိုင် မှီပြီး ငေးချင်ရာငေးတဲ့လူတစ်ယောက်က ကာလတရားကို ဆုံးဖြတ်နိုင်သတဲ့လား။ ကာလ တရားကို တကယ်တမ်း အသုံးချတတ်တဲ့ သူများမှသာ ကာလတရားကို တော်၏သင့်၏လို့ တန်ဖိုးဖြတ်နိုင်တာ မဟုတ်လား"

ဟု သူကမေးခွန်းများထုတ်ကာ ဆက်၍ပြောပါသည်။

သူ၏မေးခွန်းများကို ကျွန်တော်က မဖြေတော့ပါ။ သူ့မေးခွန်းများကို ကျွန်တော်မဖြေ နိုင်၍ မဖြေသည်လား၊ သို့မဟုတ် မဖြေချင်၍ မဖြေသည်လားဆိုသည်ကို နောင် သင်နှင့် အေးအေးဆေးဆေး တွေ့သည့်အခါမှ ရှင်းပြပါမည်။ ယခုသော် အကျယ်အကျယ် မငြိမ်းဖွယ် မဖြစ်ရန်ရည်၍ ကျွန်တော်သည် သူနှင့် ပန်းခြံအတွင်းသို့ လိုက်သွားပါဦးမည်။ သင်ကော လိုက်ခဲ့ပါသလား။

(ခ)

ပန်းခြံကို သူရောကျွန်တော်ပါ မကြာမကြာ ရောက်လေ့ရှိပါသည်။ သို့မဟုတ် ရောက် လေ့ရှိခဲ့ပုံ ရပါသည်။ ပန်းခြံအနီးသို့ရောက်သော် ပန်းတို့၏ရနံ့အချို့ကို ရလိုက်မိပါသည်။ မြစ်ဘက်မှ တိုက်ခတ်လာသော လေအတွင်း၌ ဒိုက်အနံ့၊ နွံအနံ့ စသည်တို့နှင့်အတူ ပန်း၏ ရနံ့များပါလာပါသည်။ ဆောင်းဦးကို ကျော်ခဲ့ပြီဖြစ်၍ ပန်းများစွာတို့ ပွင့်ခဲ့ပြီဖြစ်၍ သိရှိ ထားခဲ့သည့်အတွက် ထူးခြားစွာ ပါနေသည့် ရနံ့တို့ကို ကျွန်တော်က ပန်းရနံ့ဟု ဆိုရခြင်းသာ ဖြစ်ပါသည်။ ပန်းများ၏ အမှန်တကယ် ရှိနေခြင်းကို လည်းကောင်း၊ ပွင့်နေခြင်းကိုလည်း

ကောင်း။ ကျွန်တော်က သိရှိထားခဲ့သည် မဟုတ်ဆိုခြင်းကိုမူ တင်ကူး၍ ဝန်ခံထားစမ်းပါရစေ။

အိပ်မှုန်စုံမွှားဖြင့် ထလာသော ပန်းခြံအစောင့်သည် ကျွန်တော်တို့ကို အထူးအဆန်း သဖွယ် ကြည့်လိုက်ပါသည်။ ထို့နောက်

"ကိုယ့်ဆရာ ညကြီးမင်းကြီး တစ်ယောက်တည်း ဘယ်လိုဖြစ်လာတာတုန်း၊ ပန်းခြံထဲ ထိုင်ချင်လို့လား"

ဟုဆိုရင်း အမှောင်ထဲကြည့်နေသည်ကို ကျွန်တော် သတိထားလိုက်မိပါသည်။

ပန်းခြံအစောင့်သည် သူ၏ခါးတွင်ချိတ်ထားသော သော့ကိုဖြုတ်ကာ ပန်းခြံ၏ ဂိတ်တံခါး ကိုဖွင့်ရင်း ....

"မိုးကလေးတစ်ပြိုက်နှစ်ပြိုက်လောက်ရခဲ့ရင် ပန်းတွေခုထက်ပိုလှမယ်ဗျာ"

ဟုဆိုပါသည်။

သူသည် ပန်းခြံအစောင့် စကားအဆုံးတွင် ခပ်တိုးတိုးရယ်လိုက်ကြောင်း ကျွန်တော်က ဂရုတစိုက်နားမထောင်နေသည့်တိုင် ထင်ထင်ရှားရှား ကြားလိုက်ရပါသည်။ ပန်းခြံအစောင့်ကမူ သတိထားမိလိုက်ပုံမပေါ်ပါ။ ရယ်ခြင်းရယ်လျှင် ကျွန်တော်ကသာ ရယ်သင့်သည် ထင်ပါသည်။ သင်လည်းစဉ်းစားကြည့်စမ်းပါ။ သင်းတို့နှစ်ယောက်စလုံးမှာ ဉာဏ်ပညာနုံနဲ့ကြရာတွင် တူလှ သည် မဟုတ်ပါလား။

ကျွန်တော် ရှင်းပြစမ်းပါရစေ။ ခုနက ပန်းခြံစောင့် ပြောခဲ့သောစကားကို ပြန်၍စဉ်းစား ကြည့်စမ်းပါ။ "မိုးကလေး တစ်ပြိုက်နှစ်ပြိုက်လောက်ရခဲ့ရင် ပန်းတွေ ခုထက်ပိုလှမယ်ဗျ" ဟုဆိုခဲ့သည် မဟုတ်ပါလား။ မည်မျှဆီလျော်ဆက်စပ်မှု မရှိသောစကား ဖြစ်သည်ကို စနစ်တကျ အတွေးအခေါ် ဖြစ်ပေါ်ခြင်းနှင့် ပတ်သက်၍ ပြက်သိကာမျှ သိသူများပင် သိကြလိမ့်မည်။ မိုးရွာခြင်းနှင့် ပန်းများလှပခြင်းများ အကြားတွင် ခရီးတစ်သောင်းမက ဝေးကွာနေခဲ့ကြောင်း သင်လည်းသိသည် မဟုတ်ပါလား။ မိုးရွာခြင်းမှာ မိုးရွာခြင်းသာဖြစ်ပြီး မိုးရွာခြင်း မရွာခြင်းမှာ လှပခြင်း၏ ဖန်ဆင်းရှင် မဟုတ်သည်ကို သင်းသိဖို့ကောင်းပါသည်။

ပန်းခြံစောင့်ကိုမူ ကျွန်တော်က အပြစ်များစွာ မတင်ချင်လှပါ။ သူသည် ပန်းခြံစောင့်သာ ဖြစ်ပြီး ဥယျာဉ်မှူးမဟုတ်ပါ။ သူသည် သူပြောချင်သည်ကိုသာ ပြော၍ လူအထင်ကြီးရန် မေးခွန်းထုတ်တတ်သူမျိုး မဟုတ်ပါ။

"ခင်ဗျားအနေနဲ့ ပြောဖို့ကောင်းတာက မိုးရွာရင် အပင်တွေ သန်လိမ့်မယ် ဖြစ်သင့်တယ် မဟုတ်လား"

ဟု ကျွန်တော် ပြောလိုက်သောအခါ ပန်းခြံစောင့်သည် ကျွန်တော့်ကို အထူးအဆန်း သဖွယ် ကြည့်နေကြောင်း ကျွန်တော် သတိထားမိပါသည်။ ထိုအခါ ကျွန်တော်နှင့် ပါလာသော (ထို)လူက

"ခင်ဗျားအလုပ်လား။ မိုးရွာလို့ အပင်ပဲသန်သန် ပန်းပဲလှလှ ခင်ဗျားနဲ့ ဘာဆိုင်သလဲ"

ဟုဆိုရင်း ကျွန်တော့်ရှေ့ကို ကျော်တက်ကာ ပန်းခြံထဲသို့ ဝင်သွားပါတော့သည်။

ကျွန်တော့်အနေဖြင့် တစ်စုံတစ်ရာမျှ ပန်းခြံစောင့်အား မပြောတော့ဘဲ သူလျှောက်သွားရာဘက်ဆီသို့ လျှောက်လိုက်ခဲ့မိပါသည်။ သူ့ကို မီလာသောအခါတွင်မူ ....

"ခင်ဗျားတို့တစ်တွေဟာ အတူတူချည်းပဲ။ အင်မတန်ခက်တဲ့လူတွေ"

ဟု ကျွန်တော်က ပြောလိုက်မိပါသည်။ သူသည် လှေကားထစ်များသဖွယ် ဖြစ်နေသော အုတ်ကွက်များပေါ်တွင် ထိုင်လိုက်ရင်း ....

"ဘာတဲ့ .... ခင်ဗျားရဲ့ခက်တယ်ဆိုတာ၊ ခက်တာနဲ့လွယ်တာကြားမှာ စည်းရိုးမရှိဘူးဆိုတာ ခင်ဗျားမသိဘူးလား"

ဟု ကျွန်တော်အား မေးပါတော့သည်။ ယခုအခါတွင်မူ နှောင်းခဲ့ပြီ ဖြစ်သော အသိတရားအသစ် တစ်စုံတစ်ရာ ကျွန်တော်၌ ဖြစ်ပေါ်ခဲ့ပါပြီ။

အကယ်၍နှင့် အကယ်၍သာလျှင် ကျွန်တော်သည် ထိုအသိပညာအရာတွင် နံ့နဲ့ပုံရသူနှင့် လိုက်ပါမလာခဲ့လဲ ရည်ရွယ်ရင်း အကြောင်းအရာတစ်စုံတစ်ရာ မရှိဘဲ၊ ကျောက်လမ်းနံဘေးက ဓာတ်မီးတိုင်ကိုမှီရင်း မိုးကောင်းကင်ကြီးအား ကြည့်နေခဲ့ပါက၊ ယခုကဲ့သို့ စိတ်အနှောင့် အယှက် တစ်စုံတစ်ရာနှင့်မျှ ကြုံတွေ့ရလိမ့်မည် မဟုတ်ပါ။ သို့ရာတွင် ကျွန်တော်သည် "ဖြစ်သင့်ခြင်း" နှင့် "ဖြစ်နေခြင်း"တို့ကို ရောယှက်ကာ စားသုံးမိခဲ့ပြီဖြစ်၍ ယခုအခါတွင် အသိတရား၏ ဝမ်းပျက်ခြင်း ဝေဒနာကို ခံစားနေရပါပြီ။

သို့အတွက် သူ၏နံဘေးတွင် အသာထိုင်ချလိုက်ရင်း ဝေဒနာ၏ဖြစ်ခြင်းနှင့် တည်နေခြင်းကို မှတ်ယူခံစားနေလိုက်ပါသည်။ ပန်းခြံ၏လှပစဖွယ် ရှိနေလိမ့်မည်ဟူသော အသိတရားမှာ ည၏အမှောင်အောက်တွင် အသိတရား တစ်စုံတစ်ရာအား သိရှိနေခြင်းထက် မပိုတော့ပါ။

အချိန်အတော်ကြာ ကျွန်တော်နှင့်သူ့အကြား၌ ဘာသာစကား တစ်စုံတစ်ရာ အားဖြင့် ဆက်သွယ်ခဲ့ကြခြင်း မရှိခဲ့ကြပြီးနောက် သူက

"ကျုပ်တို့မြစ်ဘက်လျှောက်ကြရအောင်လား"

ဟုဆိုပါသည်။ ယခုအခါတွင်မူ ကျွန်တော်တွင် အသိတရားနှင့် သတိတရားတို့ ရှိခဲ့ပါပြီ။

ထို့ကြောင့် ကျွန်တော်က သူ့ကို ....

"မြစ်ရှိနေတာကို ခင်ဗျားရော ကျုပ်ပါ သိနေပြီးသားပဲ။ မြစ်ဘက်ကိုလည်း ရောက်ဖူးတွေ့ဖူးသားပဲ။ ခုလို ညမှောင်မှောင်ကြီးထဲမှာ မြစ်ဘက်သွားလို့ ဘာအကျိုးတရား ဖြစ်ထွန်းမှာလဲ။ ခင်ဗျားမှာ ပြည့်စုံလုံလောက်တဲ့ ဆင်ခြေရှိလို့လား"

ဟု မေးလိုက်မိပါတော့သည်။

သူသည် အတော်ကြာအောင် တစ်စုံတစ်ရာမျှ မဆိုဘဲ ကျွန်တော့်ကို စူးစူးဝါးဝါးကြည့်

နေပုံမှာ သားကောင်တွေ့သော ကျားတစ်ကောင်၏ မျက်လုံးများနှင့် တူပါသည်။ အတန်ကြာမှ ည၏ငြိမ်သက်လျက် ရှိနေခြင်းကို ဖောက်ခွဲလိုက်ရင်း သူက ဤကဲ့သို့ဆိုပါသည်။

"ဘာဆင်ခြင်လဲ။ ဆင်ခြင်နည်းလမ်းတကျနဲ့ တည်ဆောက်ထားတဲ့ ဆင်ခြေတွေလား၊ အရာရာဟာ ဆင်ခြေတစ်စုံတစ်ရာနဲ့ တည်ဆောက်ထားတယ်လို့များ ထင်လို့လား။ ဒီမှာ ကိုယ့်လူ၊ လောကကြီးဟာ စနစ်တကျ တည်ဆောက်ထားတာ ဖြစ်ချင်ဖြစ်မယ်။ ကစဥ့်ကလျား တည်ဆောက်ထားတာ ဖြစ်ချင်ဖြစ်မယ်။ ဒါပေမယ့် ဘဝ၏ ဖြစ်နေခြင်းမှာ ဆင်ခြင်နည်းလမ်းတကျ ဆင်ခြေပုံစံများနဲ့ တည်ဆောက်ထားတာလို့များတော့ မထင်လေနဲ့ ကိုယ့်လူ"

သူ့အသံထဲတွင် မာနသံမပါတော့ပါ။ ကျွန်တော်နှင့် ပြောဆိုဆက်ဆံရသည်ကို သူငြီးငွေ့စပြုခဲ့ပြီ ထင်၏။ အသိပညာအရာတွင် သူနှင့် ကျွန်တော် မည်သူသာသည်ကို သူကစဉ်းစား၍ နေပေလေပြီလား ဟူ၍ ကျွန်တော်က တွေးလိုက်မိပါသည်။

သူက ....

"ခင်ဗျားဟာ စာအုပ်ထဲကလူပဲ။ ဘဝကို သီဝရီတွေနဲ့ တည်ဆောက်ချင်တဲ့ လူပေပဲ။ တစ်ပတ်ရစ် အတွေးအခေါ်တွေကို ဘာဖြစ်လို့ပြန်ပြီး မြေတောင်မြှောက်ချင်နေရတာလဲ။ နောင် ခင်ဗျားနဲ့ကျုပ် တွေ့ကြတဲ့အခါမတော့ ခင်ဗျားကို ကျုပ်တကယ့်ဘဝထဲမှာ တွေ့ချင်တယ်ဗျာ။ တကယ့်ဘဝထဲ ခုန်ထွက်ခဲ့စမ်းပါ"

ဟုပြောရင်း ကျွန်တော် သတိထားမိလိုက်ပါသည်။

ထို့နောက် သူနှင့် ကျွန်တော်တို့အကြား ဆက်သွယ်မှု ပြတ်တောက်သွားခဲ့ပါသည်။

(၈)

ကောင်းကင်ကြီးတွင် အလင်းရောင်၏ အခန်းကဏ္ဍ ကျယ်ပြန့်လာသည်ကို ကြည့်နေရင်း များမကြာမီ မိုးလင်းတော့မည် ဟူသောအသိကို သိရှိလိုက်ပါသည်။ မည်မျှကြာအောင် ကျွန်တော်သည် မှောင်သောမည်းသော ညတစ်ခု၏ အတွင်း၌ ရည်ရွယ်ရင်း အကြောင်း တစ်စုံတစ်ရာ မရှိပါဘဲ ပန်းခြံတစ်ခု၏ အတွင်းတွင်ထိုင်ရင်း မိုးကောင်းကင်ကြီးအား ကြည့်နေခဲ့မိသည်မသိ။ အသိပညာတွင် နံနဲ့ပုံရသော (ထို)လူမှာ မည်သည့်အခါက ကျွန်တော်နားမှ ထသွားခဲ့သည်ကိုပင် မသိ။ အလင်းရောင် အတော်အတန် ရရှိလာသောအခါ ကျွန်တော်၏ ပတ်ပတ်လည်သို့ လှည့်ကြည့်လိုက်သော်လည်း သူ့ကိုမတွေ့ရ။ အသိတရားထဲတွင်မူ သူသည် ကျွန်တော့်ကို တစ်နေရာရာမှ စောင့်ကြည့်နေပေမည်ဟု သိရှိခံစားမိသဖြင့် ဘဝင်မကျမိသော်လည်း ကျွန်တော့်အတွေးထဲတွင် ပိုမိုကောင်းမွန်သော စိတ်ကူးများ ပေါ်မလာတော့ချေ။

အလင်းရောင် အားကောင်းလာသောအခါ ခပ်လှမ်းလှမ်း၌ နှင်းဆီပန်းတစ်ခင်းကို ထင်လင်းစွာ မြင်တွေ့လာရတော့သည်။ အခြားသော ပန်းအသီးသီးတို့၏ အရောင်စုံနေခြင်း

အဖြစ်သည် သိရှိထားသဖြင့် သိရသောအဖြစ်ကို ကျော်လွန်ကာ အတွေ့အကြုံ၏ ပံ့ပိုးပေးခြင်းကိုပါ ရရှိခဲ့ပေပြီ။ မြစ်၏ရေပြင်ကို မြင်ရတွေ့ရသည် သာမက မြစ်၏အခြားတစ်ဘက်မှ တောင်ရိုးကိုလည်းကောင်း၊ တောင်ရိုးပေါ်ရှိ စေတီဖြူဖြူကလေးများကို လည်းကောင်း တွေ့ရမြင်ရပေပြီ။

ညမှာ ပြိုပျက်စပြုခဲ့ပြီ။ ည၏ ဖြစ်ခဲ့ ရှိခဲ့ခြင်းများမှာ များမကြာမီ အတိတ်ကာလတစ်ခုအဖြစ် ပြောင်းသွားတော့မည် ဖြစ်သော်လည်း ၎င်း၏ရှိခဲ့ခြင်းများကိုမူ မငြင်းဆိုနိုင်။ ညတစ်ခုအတွင်း၌ ပစ်ချထားခြင်းခံရရန် ဖြစ်လာခဲ့ပါပြီ။

ကာလတရား၏ ပြောင်းလဲခြင်းအတွင်း၌ ကျွန်တော်သည် ကျွန်တော်သာ ဖြစ်ခဲ့ပါပြီ။ ပန်းခြံအစောင့်သည်ပင် ပန်းခြံဂိတ်တံခါးများကို ဖွင့်နေသည်ကို တွေ့ရသောအခါ ကျွန်တော် အိမ်ပြန်ရန် သင့်ပြီဆိုသည်ကို ရိပ်စားမိလိုက်ပါသည်။ ကျွန်တော် အိမ်သို့ပြန်ပါတော့မည်။ (ထို)အသိပညာအရာတွင် နုံနဲ့ပုံရသောလူတစ်ယောက်က ပြောခဲ့သလို ကျွန်တော်၏အိမ်မှာ စာအုပ်ကြီးများထဲမှာသာ ဖြစ်ခဲ့လျှင် ယခုကျွန်တော်အိမ်ပြန်၍ အိပ်တော့မည်ဆိုခြင်းနှင့် ပတ်သက်၍ အခြင်းများဖွယ် တစ်စုံတစ်ရာရှိလိမ့်မည် မထင်ပါ။

သင့်ကိုပြောပြမည်ဟု ဝန်ခံခဲ့သော ကြယ်များနှင့်လတို့ ကင်းပလျက်ရှိသော ကောင်းကင်ကြီး၏ အကြောင်းမှာ ယခုအခါတွင် အတိတ်ကာလ၌ တည်ခဲ့ပါပြီ။ သင်နားထောင်ချင်သေးသည်ဆိုလျှင် ကျွန်တော်က ပစ္စုပ္ပန်ထဲမှရပ်၍ ပြောရပါလိမ့်မည်။ သင်ကမူ မိုးလင်းခဲ့ပြီ ဖြစ်၍ မအိပ်ရတော့ဘူးဟု ယုတ္တိဗေဒ တစ်စုံတစ်ရာ အားကိုးဖြင့် တစ်ခုခု ပြောချင်ပါသေးသလား။

(မဟေသီမဂ္ဂဇင်း၊ ၁၉၉၆၊ မေ)

ခက်ဆစ်များ

အသိပညာ (န) 知识

နုံနဲ့ (နဝ) 差劲，劣

ကိုယ့်လူ (န) 老兄，老弟

ခလုတ်တိုက် (က) 绊脚，绊倒

ရှူသွင်း (က) 吸气，吸入

ရှူထုတ် (က) 呼吸，呼出

မျိုးတူစု (န) （动植物的）种类；科属；同行业

အထွတ် (န) 顶部，顶端；杰出者

သူတော်စင် (န) 贤人，善人

ဆွဲလည်း (န) （佛殿、宝塔檐下悬挂的）风铃

နာ (က) 听，倾听，聆听

ဥသျှစ်သီး (န) 印度枸橘

တိတိပပ (ကဝ) 准确地；确切地

အမြဲတစေ (ကဝ) 永远，经常，一贯

ဒိုက် (န) 在水面上的杂物、垃圾等
နွံ (န) 淤泥
တင်ကူး (ကဝ) 预先，事先
ညကြီးမင်းကြီး (န) 黑夜，黑灯瞎火
ဆီလျော် (က) 符合，一致
ပြက်သိကာ (န) 少量，少许
စည်းရိုး (န) 栅栏，樊篱

အသိတရား (န) 理智；理解
သတိတရား (န) 神智；醒悟
စူးစူးဝါးဝါး (ကဝ) 尖厉地
သားကောင် (န) 被捕食的动物，猎物
သီဝရီ(=သီအိုရီ) (န) 学理，理论，原理
မြေတောင်မြှောက် (က) 培植；培养
ယုတ္တိဗေဒ (န) 逻辑学，论理学

စာဆိုအတ္ထုပ္ပတ္တိ

မြင့်သန်း (၁၉၄၉–)

အခြေခံပညာကို စိန်ဂျွန်းယောက်ျားကလေးကျောင်း၊ ဘွဲ့လွန်ပညာကို ရန်ကုန်တက္ကသိုလ်နှင့် ဆစ်ဒနီတက္ကသိုလ်များတွင် ဆည်းပူးခဲ့သည်။ ကာဖကာနှင့် ကိ(သ)တို့၏စာများကို နှစ်သက်၏။ မြန်မာမော်ဒန်ကဗျာများကို အင်္ဂလိပ်ဘာသာပြန်ဖို့ အားထုတ်နေသည်။ မြန်မာဝတ္ထုတို အတတ်ပညာဖွံ့ဖြိုးရေး အားထုတ်သူများတွင် ပါဝင်သည်။ **သူရေး၍သူကြိုက်သောဝတ္ထုတိုများ၊ သူဖတ်သောစာ၊ သူရေးသောစာ၊ ရောရောယောင်ယောင် မောင်ဘမောင်** ဝတ္ထုတိုစုပေါင်းစာအုပ်များ ရေးသားထုတ်ဝေခဲ့ပြီး ဖြစ်သည်။ ယခု ဩစတြေးလျ နိုင်ငံတွင် နေထိုင်လျက်ရှိသည်။

လေ့ကျင့်ခန်း

၁။ မြင့်သန်း၏ ဝတ္ထုတိုတွင် (၁) အတွေးအခေါ်ဒဿနများ ပါဝင်နေခြင်း၊ (၂) မြန်မာစကားပြေဝါကျသစ်များဖြင့် တည်ဆောက်ထားခြင်း၊ (သဒ္ဒါစည်းကမ်း မကျတကျ ကြားထဲမှစာများ) (၃) ခေတ်ပေါ်ဝတ္ထုတိုစီးကြောင်း အတိုင်းပင် ဇာတ်လမ်းမပါ၊ ဇာတ်ဆောင်စရိုက်မဖွံ့၊ ပထမနာမ်စား "ကျွန်တော်" နှင့်အတူ "သင်"၊ "သူ"ပဲ အဓိကဇာတ်ဆောင်များပင်၊ ကိုယ် တင်ပြရေးဖွဲ့လိုရာသို့ အကြောင်းအရာပေါင်းစုံ၊ လူပုဂ္ဂိုလ်ပေါင်းစုံတို့ဖြင့် အုံ့ကျင်း တင်ပြ ဖွဲ့ဆိုလာခြင်း စသဖြင့် တွေ့ရပါသည်။ မြင့်သန်း၏ ထိုသို့သော ရေးဟန်သစ်ကို ဝေဖန်သုံးသပ်ပါ။

၂။ "နိဒါန်း၌ပင်မှားခဲ့သော အတွေ့အကြုံရှေ့ အဆိုဝါဒီ၏ ဆင်ခြေ" ဝတ္ထုပုံစံကို ဆွေးနွေးတင်ပြပါ။

သင်ခန်းစာ(၂၈) ကံ့ကူလက်လှည့်

作品导读

昂丁（1930—）是缅甸知名学者、作家、文学评论家。著有多部文学评论集，创作以纪实文学为主。《启蒙老师》（1998）与其说是一篇小说，不如说是一篇真实的报道。通过记述一位小学教师的课堂教学过程，将小学教师平凡、琐碎但却崇高、重要的职业特点展现了出来。文中的主人公、小学教师吴年森是小学幼儿班的老师，作为学龄儿童的启蒙老师，他用自己的爱心和耐心，以丰富多彩的课堂活动和趣味性的形象化教学手段，寓教于乐，循循善诱，潜移默化，用平凡而崇高的师德之光照亮了一片纯净的天地。在课堂上，他根据孩子们身心发展的特点，引导他们体验学习乐趣，保护他们的求知欲和好奇心，调动他们的学习主动性，表现出良好的职业道德修养和敬业精神，读后让人对幼教和小学教师这一职业肃然起敬。

ကံ့ကူလက်လှည့်

အောင်သင်း

ကျွန်တော် တက္ကသိုလ်တွင် ဆရာတစ်ယောက်အဖြစ် အမှုထမ်းခဲ့ဖူးပါသည်။ စာသင်ကြားပို့ချမှုတွင်လည်း အပြောအဟော အသင်အကြားကောင်းသည်ဟု အတန်အသင့် နာမည်ရခဲ့ပါသည်။ တက္ကသိုလ် မရောက်သေးမီကလည်း တောင်တွင်းကြီးမြို့ “မိုးထိအလယ်တန်းကျောင်း”တွင် အလယ်တန်းပြဆရာအဖြစ် နှစ်နှစ်၊ သုံးနှစ်ခန့် အမှုထမ်းခဲ့ဖူးပါသေးသည်။ ထိုစဉ်ကလည်း သင်ကြားမှုနှင့် ပတ်သက်၍ အတန်အသင့် နာမည်ရခဲ့သည်ပင် ဖြစ်ပါသည်။

ကြွားဝါနေခြင်းဟု မထင်ပါနှင့်။ ကျွန်တော့်အဖို့ ဘာမျှ ပင်ပင်ပန်းပန်း ကြိုးစားမနေဘဲ အလွယ်တကူနှင့်ပင် ထိုသို့အဆင့်လောက်ထိအောင် ရောက်နိုင်ခဲ့သည်မှာ အမှန်ဖြစ်ပါသည်။ ထို့ကြောင့် တော်ရုံတန်ရုံ စာသင်ကောင်းသည်ဆိုသော ဆရာမျိုးကိုလည်း “သြော် .... စာသင်ကောင်းတယ်ဆိုပဲ” ဟု အောက်မေ့လိုက်ရုံမျှသာ ရှိပါသည်။

စာသင်ကြားမှုနှင့် ပတ်သက်၍ ကျွန်တော် ကြောက်ဒူးတုန်ပြီး လန့်သွားလောက်အောင် ကြုံခဲ့ရသည်မှာ ၁၉၆၃–၆၄ တစ်ဝိုက်လောက်ဆီက ဖြစ်ပါသည်။

သည်တော့ ကျွန်တော်က တက္ကသိုလ်တွင် ဆရာဖြစ်နေပါပြီ။ တက္ကသိုလ် ကျောင်းပိတ်၍ ကျွန်တော့်ဇာတိ တောင်တွင်းကြီးမြို့သို့ ပြန်ရောက်သွားလိုက်လျှင်လည်း ကျွန်တော် အများဆုံး အချိန်ဖြုန်းသော နေရာမှာ ရွှေအင်းတောင် ဘုရားကြီး ရင်ပြင်ပေါ်ရှိ "အမျိုးသားပြတိုက်"တွင် ဖြစ်ပါသည်။ ထိုပြတိုက်ကို စတင်တည်ထောင်ခဲ့သူများတွင် ကျွန်တော်လည်း အမှုဆောင် တစ်ယောက်အဖြစ် တက်ကြွစွာလုပ်ဆောင်ခဲ့သူ ဖြစ်သောကြောင့် ရန်ကုန်တက္ကသိုလ်သို့ ရောက်နေလင့်ကစား ကျွန်တော်တို့ကို အဝေးရောက် အမှုဆောင်အဖြစ် ထည့်သွင်းထားကြပါသည်။ ကျွန်တော်ကလည်း ရန်ကုန်တွင် လုပ်ဆောင်ဖွယ်ရှိသည်တို့ကို လုပ်ဆောင်ပေးရပါသည်။

ကျွန်တော်တို့ အမှုဆောင်အဖွဲ့မှ တက်ကြွစွာ လှုပ်ရှားသူများတွင် မိုးထိကျောင်းက မူလတန်းပြဆရာ "ဦးညဏ်စိန်" တစ်ယောက်လည်း ပါဝင်ပါသည်။ မိုးထိကျောင်းနှင့် ရွှေအင်းတောင်ဘုရားမှာ ကပ်လျက်ရှိနေသည် ဖြစ်သောကြောင့် ပြတိုက်ဘက်သို့သွားလျှင် ဆရာကိုညဏ်စိန်ဆီသို့ ဝင်သွားလေ့ရှိပါသည်။

ကိုညဏ်စိန်က မူလကတော့ အနုပညာနည်းပြ (ပန်းချီနည်းပြ)ဆရာ ဖြစ်ပါသည်။ ထိုစဉ်က ဘာကြောင့်ရယ်မသိ၊ ပန်းချီနည်းပြဆရာများကိုလည်း စာသင်ဆရာ လုပ်လိုက်သောကြောင့် သူက မူလတန်းဆရာအဖြစ် "သူငယ်တန်း"ကို သင်ကြားနေရပါသည်။

ကျွန်တော်က သူနှင့် ထွေရာလေးပါး စကားပြောချင်သောကြောင့် သူ့အတန်းဆီသို့ လိုက်သွားပါသည်။ သူသင်ကြားနေသည်ကို အမှတ်မထင် တစေ့တစောင်း လှမ်းကြည့်နေမိသည်။ ဘာစာမှသင်သည်လည်း မဟုတ်ပါ။ သင်ပုန်းပေါ်တွင် အရုပ်တစ်ရုပ် ရေးနေပါသည်။ ကျွန်တော် မှတ်မိသလောက် အရုပ်က မတ်တတ်ရပ်နေသောလိပ်ရုပ်။ ထိုစဉ်က ကာတွန်း စာအုပ်များတွင် တွေ့ရသော "ဖိုးရွှေလိပ်"မှန်း ကျွန်တော် သိလိုက်ပါသည်။

ကျွန်တော်သာ သိသည်မဟုတ်ပါ။ သူ့တပည့်ကလေးတွေကလည်း သိကြပါသည်။ "ဟေး .... ဖိုးရွှေလိပ်ကွ" စသည်ဖြင့် အော်ကြပါသည်။ သူက ထိုလိပ်ရုပ်၏ လက်ထဲသို့ တုတ်ကောက်တစ်ခု တပ်ပေးလိုက်ပြန်သည်။ ကလေးတွေက "တုတ်ကောက်နဲ့ကွ"ဟု အော်လိုက်ပြန်ပါသည်။ ပါးစပ်တွင် ဆေးတံ တပ်ပေးလိုက်ပြန်သည်။ ကလေးတွေက "ဆေးတံနဲ့ဟေ့" စသည်ဖြင့် အော်လိုက်ကြပြန်ပါသည်။

ထိုအရုပ်ရေးပြီးမှ ကိုညဏ်စိန်က အတန်းထဲရှိ ကလေးများဘက် လှည့်ပြီး "တစ်နေ့မှာ ဖိုးရွှေလိပ်ဟာ မနက်စောစော လမ်းလျှောက်ထွက်လာတယ်။ အဲဒီလိုနဲ့လမ်းမှာ ဘယ်သူနဲ့ တွေ့သလဲ ဆိုတော့ ...." ဟု ပြောလိုက်ပြီးနောက် သင်ပုန်းတစ်ဖက်စွန်းတွင် အရုပ်တစ်ရုပ်ကို

ရေးနေပြန်ပါသည်။ ကလေးမျှေကလည်း ဘယ်သူနဲ့များ တွေ့မည်လဲ စောင့်ကြည့်နေကြပြန်ပါသည်။ စင်စစ်ကလေးတွေသာ မဟုတ်ပါ၊ ကျွန်တော်လည်း စောင့်ကြည့်နေမိပါသည်။ သူဆွဲနေသောပုံမှာ တစ်စတစ်စ ပုံပေါ်လာပါသည်။ ကလေးတွေက "ယုန်ကလေး"ဟု တပျော်တပါးကြီး အော်လိုက်ကြပြန်ပါသည်။ ယုန်ကိုလည်း ဟိုဟာတပ်၊ သည်ဟာဆင်လိုက်ရာ မျက်မှန်နဲ့၊ အထုပ်အပိုးနဲ့ ဖြစ်သွားပြန်ပါသည်။ သူက တစ်ခုခု တပ်ဆင်ပေးလိုက်တိုင်း ကလေးတွေကလည်း တသောသောနှင့် သဘောကျနေကြပါသည်။ သူကဆက်၍ ....

"အဲဒီလို ဘဘကြီး ဦးရွှေယုန်နဲ့ တွေ့လိုက်တော့ ဖိုးရွှေလိပ်က ဘယ်လိုလဲ ဘဘကြီးရဲ့၊ ဘယ်ကြွမလို့လဲလို့ မေးလိုက်တယ်"

ရှေ့လျှောက်ပြီး သူဆက်ပြောနေသည်တွေကတော့ ကျွန်တော်လည်း မမှတ်မိတော့ပါ။ အမှန်အတိုင်း ပြောရလျှင် ဘာရယ်မဟုတ် သူ့ပါးစပ်ထဲရောက်လာသမျှ၊ သူစိတ်ကူးပေါက်သမျှတွေကို ပုံလိုလို ဘာလိုလိုလုပ်ပြီး ပြောနေခြင်း ဖြစ်ပါသည်။

ဆရာကိုညဏ်စိန် ကျွန်တော့်ကို မြင်လိုက်တော့ သူ့ဘာသာသူသဘောကျစွာ ရယ်လိုက်ပြီး "လာလေဗျာ၊ ခင်ဗျားကော နားထောင်သွားပါဦးလား" တဲ့။

"တော်ပါပြီဗျာ၊ ကျောင်းဆင်းရင်သာ ဘုရားပေါ်လာခဲ့ပါ"ဟု ရယ်မောပြောဆိုပြီး ထွက်လာခဲ့ပါသည်။

နောက်တစ်နေ့ သူ့စာသင်ခန်းဆီ ရောက်သွားပြန်တော့လည်း ထိုနည်းတူ အရုပ်တွေ ရေးပြီး ပေါက်တတ်ကရ ပုံပြင်လိုလို၊ ဘာလိုလိုတွေ ပြောနေတာကိုပဲ တွေ့ရပြန်ပါသည်။ သုံးလေးရက်လောက်ရှိတော့ ကျွန်တော်က မနေနိုင်တော့ဘဲ–

"ခင်ဗျားဟာက ဘာစာမှသင်တာလည်း မတွေ့ရပါကလားဗျ" ရယ်ကာမောကာ မေးလိုက်တော့–

"စာသင်တာ ဘာအရေးကြီးတာမှတ်လို့ဗျာ၊ ဘယ်အချိန်သင်သင်ရတဲ့ကိစ္စ" ဟု ရယ်ပြီး ပြောပါသည်။ ပြီးမှ "တကယ်ပြောတာဗျ၊ စာသင်တာ ဘယ်အချိန်သင်သင် ဖြစ်တယ်။ ဒီအချိန်မှာ ကလေးတွေ ပျော်နေဖို့လိုတယ်။ ကျောင်းကို ကြောက်စရာကြီးလို့ အောက်မေ့မသွားဖို့ အရေးကြီးတယ်။ ကျောင်းပျော်အောင် လုပ်နေရတာဗျ"

ကျွန်တော့်စိတ်ထဲတွင် "အင်း .... သူပြောတာလည်း ဟုတ်သားပဲ"ဟု တွေးလိုက်မိသည်။ နောက်တစ်နေ့ ရောက်သွားတော့ သူလုပ်ပုံကိုင်ပုံကို ကြည့်ချင်သည်နှင့် ကျောင်းခန်း အပြင်ဘက်ပြတင်းပေါက်နားတွင် ထိုင်ခုံကလေးတစ်လုံးကို ချပြီး ကြည့်နေမိပါသည်။ ကျွန်တော် အလန့်ဆုံးကိစ္စကို ထိုနေ့တွင် တွေ့ရပါတော့သည်။

ရှေ့ဆုံးတန်းက ကလေးတစ်ယောက်မှာ တအီအီနှင့် ငိုနေပါသည်။ သူဆွဲနေသော အရုပ်တွေကိုလည်း မကြည့်၊ စာသင်ခန်းအပြင်ဘက်သို့သာ တကြည့်ကြည့်လုပ်ပြီး တအီအီ

ငိုနေပါသည်။ ကလေးကြည့်ရာဆီကို လှမ်းကြည့်လိုက်တော့ မန်ကျည်းပင်ရိပ်တွင် ထိုင်နေသော မိန်းမကြီး တစ်ယောက်ကို တွေ့ရပါသည်။ ကိုညဏ်စိန်ကလည်း ထိုကလေးကို ရှိသည်ပင် မအောက်မေ့၊ သူ့ဘာသာသူ အရုပ်တွေရေးလိုက်၊ ပုံပြောလိုက် လုပ်နေပါသည်။

ကျွန်တော်ကတော့ ထိုကလေးကိစ္စအား ကိုညဏ်စိန် ဘာလုပ်မလဲဆိုသည်ကို စောင့်ကြည့်နေမိပါသည်။ အတော်လေးကြာတော့ ကိုညဏ်စိန်က ပြတင်းပေါက်မှ အပြင်သို့ လှမ်းကြည့်လိုက်ပြီး–

"ဒေါ်အေးသာ စိတ်ချလက်ချပြန်စမ်းပါ။ ခင်ဗျားမရှိရင် ခင်ဗျားမြေးကို ကျုပ်ထိန်းနိုင်ပါတယ်။ ခင်ဗျားရှိနေလို့ကတော့ ဒီကောင် တစ်သက်လုံး အငိုတိတ်မှာ မဟုတ်တော့ဘူး"

ထိုသို့ ပြောလိုက်ခါမှ ဟိုအကောင်ကလေးကလည်း အသံမြှင့်ပြီး စီခနဲ ငိုလိုက်ပြန်ပါတော့သည်။ အဘွားဖြစ်သူ အဒေါ်ကြီးကလည်း သူ့မြေးကို သံယောဇဉ် မဖြတ်နိုင်ဘဲ ပေကပ်ကပ်လုပ်နေပါသည်။

"ခက်တယ်ဗျာ၊ ကလေးတွေကို ထိန်းရတာ ကျုပ်ကမကြောက်ပါဘူး။ အဲဒီလို အဘွားကြီးတွေကို ထိန်းရတာ အခက်ဆုံးပဲ"ဟု ညည်းသလိုလို ကျွန်တော့်ကို လှမ်းပြောပါသည်။

"ကဲ .... မပြန်ချင်ရင်နေဗျာ၊ ဒါပေမဲ့ ကလေးမမြင်လောက်တဲ့နေရာ ဟိုဘက် ထောင့်ကွယ်မှာ ဖြစ်ဖြစ် သွားနေစမ်းပါ"

ကိုညဏ်စိန် အထပ်ထပ်ပြောမှ အဘွားကြီးလည်း မသွားချင်သွားချင် ထောင့်ကွယ်ကလေးသို့ ထွက်သွားပါသည်။ သူ့အဘွားကို မမြင်ရတော့ ဟိုချာတိတ်ကလည်း ငိုလိုက်သည်မှာ တစ်တန်းလုံး သူ့ကိုဝိုင်းကြည့်နေရအောင်ပင် ဖြစ်သည်။

ကိုညဏ်စိန်ကတော့ သူ့အရုပ်တွေကို ဆက်ပြီးရေးပြန်သည်။ ကလေးတွေကလည်း ခွေးရုပ်ကလေးကွ၊ ကြောင်ရုပ်ကလေးကွ စသည်ဖြင့် အော်လိုက်ကြပြန်သည်။ ဟိုချာတိတ်ကတော့ သူများတွေ စီခနဲအော်လိုက်လျှင် ကယောင်ကတမ်း ခဏလောက် အငိုရပ်လိုက်ပြီး အရုပ်ကို လှမ်းပြီး ကြည့်လိုက်သည်။ ပြီးတော့ အပြင်လှမ်းကြည့်၊ အဘွားကို ရှာပြီးနောက် တအီအီ ငိုပြန်ပါတော့သည်။ ကျွန်တော်ကတော့ ထိုကလေးနှင့် ကိုညဏ်စိန်ကို ကြည့်ပြီး စိတ်အိုက်လှပါပြီ။ ငါဆိုရင် ဘာလုပ်မလဲ တွေးလိုက်ပြန်တော့လည်း ဘာမှမလုပ်တတ်ပါ။ ရိုက်နှက်ပစ်လိုက်ရအောင်ကလည်း တကယ့်လူမည်လေးကို ဒီလိုလုပ်လို့ ဖြစ်နိုင်ပါ့မည်လား။

ကိုညဏ်စိန်ကတော့ ခပ်အေးအေးပါပဲ။ အရုပ်တွေ ရေးလိုက်၊ ပုံပြင်တွေလိုလို ပြောလိုက်။ ဟိုချာတိတ်ကလည်း ငိုမြဲပါပဲ။

အတော်လေးကြာတော့ ကိုညဏ်စိန်လည်း စိတ်ကုန်လာပုံမျိုးနှင့် ထိုကလေးကို စိုက်ကြည့်နေပါသည်။ သို့သော်လည်း သူ့မျက်နှာက ပြုံးစိစိပါပဲ။ ဟိုကောင်က သူ့ကို ဆရာ စိုက်ကြည့်နေမှန်း သိတော့ ခဏမျှ ဆရာ့ကို ပြန်ကြည့်ပြီး အငိုတိတ်သွားပါသည်။ ပြီးတော့ စီခနဲ

ခပ်ကျယ်ကျယ်ကြီး ငိုလိုက်ပြန်ပါသည်။

ကိုညဏ်စိန်က အတန်းဘက်လှည့်ပြီး ကလေးများအား–

“ဟေ့ကောင်တွေ .... မင်းတို့တွေ့တယ် မဟုတ်လား၊ ဒီကောင် ကျောင်းရောက်ပြီ ဆိုကတည်းကငိုတာ ခုထက်ထိမတိတ်ဘူးကွ။ ဒီကောင်မှာ ‘အငို’ တွေ အများကြီးပါလာတယ်။ သူ့တစ်ယောက်တည်း ငိုနေလို့ကတော့ ကုန်မှာမဟုတ်ဘူး။ မင်းတို့ပါ ဝိုင်းပြီး ငိုပေးလိုက်ကြစမ်းကွာ။ ဒါမှသူ့အငိုတွေ မြန်မြန်ကုန်မှာ”

ကျန်တဲ့ကောင်တွေလည်း သဘောပေါက်မြန်လိုက်ကြတာ မပြောပါနှင့်တော့။ တစ်တန်းလုံး မျက်စိကို လက်ဖမိုးနှင့်ပွတ်ပြီး တအီးအီးငိုချင်ယောင်ဆောင်လိုက်ကြသည်မှာ ကျွက်ကျွက်ညံသွားပါတော့သည်။ ကျွန်တော်လည်း အသံထွက်အောင် ရယ်နေမိပါသည်။ ဟိုချာတိတ်က သူ့ဘေးက ကလေးတွေကို ကြည့်ပြီး ကြောင်တောင်တောင်နှင့် တိတ်သွားတော့ ပိုလို့ပင် ရယ်မိပါသည်။ ကိုညဏ်စိန်က–

“ဟိုး .... တော်ပြီ၊ အငိုတွေကုန်သွားပြီ” ဟု လက်တားပြီး အော်လိုက်တော့ ကလေးတွေ တဝါးဝါးရယ်မောပြီး အငိုရပ်သွားကြပါသည်။

ဟိုအကောင်လည်း ကယောင်ကတမ်း အငိုရပ်သွားပြီး ကျီးကြည့်ကြောင်ကြည့် ဖြစ်နေပါသည်။

ကိုညဏ်စိန်ကတော့ သူ့ကို လှည့်လို့မျှပင် မကြည့်တော့ဘဲ သူ့ဘာသာ အရုပ်တွေ ရေးလိုက်၊ ပုံပြင်ကိုပြောလိုက် လုပ်နေပြန်ပါသည်။ ဟိုငနဲကလည်း သူပြောနေသည့် ပုံပြင်တွေကို နားထောင်သလိုလို လုပ်လိုက်၊ အရုပ်တွေကို ကြည့်လိုက် လုပ်နေပါသည်။ ခဏ ကြာတော့ ဘယ်လိုလုပ်ပြီး သတိရလိုက်ပြန်သည် မသိ၊ အီခနဲ ငိုလိုက်ပြန်ပါသည်။ ကိုညဏ်စိန်က–

“ဟ .... အငိုတွေ မကုန်သေးဘူးကွ၊ ကျန်သေးတယ်”

ကိုညဏ်စိန် စကားဆုံးအောင်ပင် မပြောလိုက်ရပါ။ တစ်တန်းလုံး တပျော်တပါးကြီး ဝိုင်းဝန်းပြီး ငိုချင်ယောင်ဆောင်လိုက်ကြပြန်ပါသည်။ သူတို့တစ်တွေက သည်လိုငိုလိုက်ရခြင်းကိုပင် အရသာတွေ့နေကြပုံ ပေါ်နေပါသည်။ ကျွန်တော်ကတော့ သူတို့ကိုကြည့်ပြီး ရယ်လို့ သာနေရပါတော့သည်။

ဟိုငနဲလေးလည်း မငိုဝံ့တော့လောက်အောင်ပင် ဖြစ်သွားပါသည်။ ကိုညဏ်စိန်၏ စကားနှင့်ဆိုလျှင်တော့ “အငိုတွေ”ကုန်သွားပြီပေါ့။

ကျွန်တော်သည် အထက်တွင် ပြောပြခဲ့သည့်အတိုင်း တက္ကသိုလ်က ဆရာတစ်ယောက် ဖြစ်ပါသည်။ သို့သော် ထိုကလေးငယ်၏ ပြဿနာကို ကြည့်ပြီး ခေါင်းခြောက်လိုက်သည်မှာ မပြောပြတတ်အောင်ပင် ဖြစ်ခဲ့ပါသည်။ “ဒီကလေးကို အငိုတိတ်အောင်လုပ်ပါ” ဟုဆိုလျှင် ကျွန်တော်သေဖို့သာလျှင် ရှိပါသည်။ ဘာမျှတတ်နိုင်မည် မဟုတ်ပါ။

ကျောင်းဆင်းလို့ ကျွန်တော်နှင့် ကိုညဏ်စိန် ဘုရားဘက်သို့ ထွက်လာကြတော့–

“ကိုညဏ်စိန် ခင်ဗျားတော်တယ်ဗျာ၊ ဟိုကောင် အငိုတိတ်သွားအောင် လုပ်နိုင်တာ သိပ်သဘောကျတာပဲ။ ကျုပ်ဆိုရင် ဘာလုပ်ရမှန်း မသိတာနဲ့ ဒုက္ခအကြီးအကျယ် ရောက်နေမှာ”

“ဒီလိုပဲလေဗျာ၊ သင့်သလို ကြည့်တွယ်လိုက်ရတာပဲ”

သူကတော့ သည်လိုပဲ ခပ်ပေါ့ပေါ့ပြောပါသည်။ တကယ်ဆိုတော့ ကျွန်တော့်အဖို့ ခပ်ပေါ့ပေါ့ကိစ္စ လုံးဝမဟုတ်ပါ။ ကြောက်စရာ ရောမကိစ္စကြီး ဖြစ်နေတာ အမှန်ပါ။

ကျွန်တော့်အဖို့ သူငယ်တန်း သင်ကြားမှုကို စိတ်ဝင်စားနေပါပြီ။ တစိမ့်စိမ့်တွေးပြီး လန့်နေသလောက် အထင်ကြီးနေမိပါပြီ။

နောက်တစ်နေ့ ကျွန်တော်ရောက်သွားတော့ ဟိုချာတိတ်ကို သတိထားပြီး ကြည့်လိုက်မိပါသည်။ ငိုတော့ ငိုထားဟန်တူပါသည်။ သူ့အဘွားကိုတော့ မတွေ့ရပါ။ ကွယ်ရာထောင့်တစ်နေရာရာတွင် တစိုးရိမ်ရိမ် စောင့်နေလိမ့်ဦးမည် ထင်ပါသည်။

ကိုညဏ်စိန်၏ သင်ခန်းစာကတော့ တစ်ဆင့်တက်သွားပါပြီ။

သူ့အမူအရာက မြူးမြူးရွှင်ရွှင်၊ ဖော်ဖော်ရွေရွေ၊ ပျော်စရာကြီး။ အသံကလည်း ကြည်ကြည်ချိုချို။

“ကဲ .... ဒီနေ့တော့ မင်းတို့ကို ဆီးသီးကျွေးမယ်။ ဆီးသီးစားကြမလားဟေ့”

“စားမယ်”

တစ်အုပ်ကြီးအော်ပြီး ဖြေလိုက်သောအသံ။

“ဆီးသီးစားချင်တဲ့သူ လက်ညှိုးထောင်”

တစ်တန်းလုံး လက်ထောင်ကြပါသည်။ ဟိုချာတိတ်ကို သတိထားပြီး ကြည့်လိုက်တော့ သူများလို လက်မထောင်ပါ။ ကိုယ်ကို ရှေ့ခပ်ကိုင်းကိုင်း ညွှတ်ပြီး ပါးစပ်ဟောင်းလောင်းနှင့် ကိုညဏ်စိန်ကို မော့ကြည့်နေပါသည်။ ဆီးသီး တကယ်ကျွေးမှာလားဟု စဉ်းစားနေပုံရပါသည်။ သူသာမဟုတ်ပါ။ ကျွန်တော်လည်း ကိုညဏ်စိန် ဘာတွေ အကြံအဖန် လုပ်ဦးမလဲဟု တွေးနေမိပါသည်။ ဘယ်လိုမှ မှန်းလို့မရရိုးအမှန်ပါ။

ကိုညဏ်စိန် အလုပ်စပါပြီ။

သင်ပုန်းပေါ်တွင် လိမ္မော်သီးလောက် “ဝ” လုံးတစ်ခုကို ဝိုင်းစက်နေအောင် ရေးလိုက်ပါသည်။ ထိုဝလုံးပေါ်တွင် အညှာကလေး တစ်ချက်တပ်လိုက်ပါသည်။

“ကဲ .... ဟောဒီမှာ ဆီးသီးတစ်လုံး၊ ဘယ်သူအလျင်စားမလဲ”

ကျွန်တော်စားမယ်၊ ကျွန်မစားမယ် ဟူသောအသံများ ညံသွားပါသည်။

“ဟုတ်ပြီ .... မင်းက အငယ်ဆုံးမို့ မင်းကိုအရင်ကျွေးမယ်။ ရော့ .... စားစမ်း” ဟု ပြောပြီး သင်ပုန်းပေါ်က ဆီးသီးရုပ်ကို လက်နှင့်ယူချင်ယောင်ဆောင်၍ ခပ်ငယ်ငယ် ကလေး တစ်

ယောက်ကို လှမ်းပစ်ပေးလိုက်ပါသည်။ ထိုကလေးက ဆီးသီးကို ဖမ်းယူဟန်ဆောင်၍ ပါးစပ်ထဲ ထည့်လိုက်ဟန်ဆောင်ပြီး "မြွမ်မြွမ်"နှင့် စားချင်ယောင်ဆောင်ပါသည်။ တစ်တန်းလုံး တဝါးဝါး ရယ်ကြပါသည်။

"ကျွန်တော်လည်း စားဦးမယ်"၊ "ကျွန်မကိုလည်း ပေးပါဦး" စသော အလုအယက် တောင်းဆို သံများမှာ ဆူနေပါသည်။ ကိုဉာဏ်စိန်က ဆီးသီးတွေကို ရေးလိုက်၊ ပစ်ပေးလိုက်၊ တမြွမ်မြွမ် စားလိုက်ကြနှင့် တကယ့်ပျော်စရာကြီးပါပဲ။

"ချိုရဲ့လားဟေ့"

"ချိုတယ် ဆရာ"

"ကဲ .... ဟိုအကောင်လည်း အငိုတွေကုန်သွားပြီ။ မင်းလည်း တစ်လုံးစားလိုက်ဦး"

ကိုဉာဏ်စိန်က ဆီးသီးတစ်လုံးကို ကောက်ရေးလိုက်ပြီး ဟိုချာတိတ်ကို လှမ်းပစ်ပေး လိုက်ယောင် ပြုလိုက်ပါသည်။

ချာတိတ်က ကြောင်တောင်တောင်ဖြစ်နေသေး၍ ဘာမှမလုပ်ပါ။

"သူက မစားချင်သေးဘူးတဲ့၊ မင်းက ယူစားလိုက်စမ်းကွာ"

ဟု ဘေးကကလေးတစ်ယောက်ကို ပြောလိုက်တော့ ထိုကလေးကလည်း အလွယ် တကူပင် ကောက်စားချင်ယောင်ဆောင်လိုက်ပါသည်။

သင်ပုန်းပေါ်တွင်လည်း ဆီးသီးတွေ ပြည့်နေပါပြီ။ သင်ပုန်းကို ဖျက်လိုက်ပါသည်။ ဆီးသီးအသစ်တစ်လုံးကို ရေးလိုက်ပါသည်၊ ဝိုင်းဝိုင်းစက်စက် မဟုတ်ပါ၊ ဘဲဥပုံလိုလို ရှည် မျောမျောဖြစ်ပါသည်။

"ဒီဆီးသီးက မဝိုင်းဘူး၊ အချဉ်မျိုးကွ။ ရော့ စားကြည့်စမ်း၊ မချဉ်ဘူးလား"

ကလေးတစ်ယောက်ကို လှမ်းပေးလိုက်တော့ စားချင်ယောင်ဆောင်၊ ရှုံ့မဲ့ပြီး ....

"ချဉ်တယ် ဆရာ"ဆိုတော့ အားလုံးက သဘောကျပြီး ရယ်ကြပါသည်။

ဤသို့ ဆီးသီးပိန်ပိန်တွေ၊ ရှုံ့ရှုံ့တွေ၊ ရှည်ရှည်တွေရေးပြီး ပစ်ပေးလိုက်လျှင် ကလေးတွေ က ချဉ်တယ်ဆရာဟု ပြောကြပါသည်။ ဝိုင်းဝိုင်းစက်စက် ဆီးသီးကို ရေးပေးလိုက်လျှင် ချိုတယ်ဟု ပြောကြပါသည်။

ကလေးတွေ ဆီးသီးစားတမ်း ကစားရသည်ကို ပျော်နေကြသည်မှာတော့ အမှန်ဖြစ်ပါ သည်။

ကျွန်တော်တို့နှစ်ယောက် ပြတိုက်ရှိရာဘက်ကို ထွက်လာကြတော့–

"ဟိုချာတိတ် ဒီနေ့တော့ မငိုတော့ဘူးဗျ"

"သူ့အဘွားကို မမြင်ရတော့လို့ပေါ့ဗျာ၊ အိမ်က လူကြီးတစ်ယောက်ယောက် ပါလာရင် ဒီလိုပဲ ငိုနေတတ်ကြတယ်ဗျ၊ လူကြီးတွေမပါရင် ခဏပဲ။ ကလေးတွေချင်း ကစားကြ၊ သူများ

ကစားတာကို ကြည့်ကြနဲ့ပဲ မေ့မေ့ပျောက်ပျောက် ဖြစ်သွားတာပဲ။ ခက်နေတာက လူကြီးတွေဗျ။ အထူးသဖြင့် အဘွားတွေက အဆိုးဆုံးပဲ။ 'ယာဖျက်တော့ သခွား၊ မြေးဖျက်တော့ အဘွား' ဆိုသလိုပေါ့ဗျာ၊ အဘွားကြီးတွေ ဆိုတော့ မြေးကိုဖျက်ဖို့ကလွဲလို့ တခြားအလုပ်ကလည်း မယ်မယ်ရရ မရှိတော့ဘူး မဟုတ်လား"

"ဆရာကို ဘာမှလာပြီး ဆရာမလုပ်တာ၊ ဩဇာမပေးတာ တော်သေးတာပေါ့ဗျာ"

"အမယ် .... အဲဒါမျိုးလည်း တစ်ခါတစ်လေ ရှိသေးသဗျ။ သူ့တို့ကလေး၊ သူ့တို့မြေးကို ရှေ့တန်း ဆရာနဲ့ နီးနီးထားချင်ကြတာတွေပေါ့။ ကလေးတွေမှာ အရပ်အမောင်းက တူတာ မဟုတ်ဘူးဗျ။ ဒီတော့ ကျုပ်က အရပ်နိမ့်တဲ့ကလေးတွေကို ရှေ့က၊ နည်းနည်းမြင့်တာတွေကို နောက်က။ အတန်းကို ကြည့်လိုက်ရင် ပတ္တလားစီထားသလို ဖြစ်နေစေချင်တယ်။ အဲဒါ သူတို့ ကလေးကို ရှေ့ထားပေးပါ၊ ဘာညာနဲ့လာပြီး ပြောတတ်ကြတယ်။ 'ခင်ဗျားတို့ကလေးကိုလည်း သင်ပေးမှာပါ။ မတတ်မှာ မစိုးရိမ်ပါနဲ့' လို့ ပြောယူရတယ်။ သူငယ်တန်းမှာ လူကြီးတွေ အကဲပါ ဆုံးပေါ့ဗျာ။ ဟိုဘက် အထက်တန်းတွေ ရောက်တော့လည်း ဘာမှ ဂရုစိုက်မနေကြတော့ပြန်ဘူး။ ရယ်စရာလည်း အကောင်းသား။ ဒီတော့ သူငယ်တန်းဟာ မိဘနဲ့ ပြဿနာ အကြုံဆုံးပေါ့ဗျာ"

"သူတို့ သားသမီးကို ရိုက်တာ၊ ပြုတာနဲ့ ပတ်သက်လို့လည်း ပြဿနာ ကြုံကြရမယ် ထင်တယ်"

"တစ်ခါတလေလည်း ကြုံရတာပေါ့ဗျာ။ နည်းတော့ နည်းပါတယ်။ ဒီနေရာမှာတော့ ကိုင်တွယ်တဲ့ဆရာ၊ ဆရာမအပေါ်မှာလည်း မူတည်တတ်ပါတယ်။ တစ်နေ့ကပဲ ခင်ဗျား လူထွန်း ရွှေကြီး သူ့သားကို ကျောင်းလာအပ်သွားပါကော။ သူပြောသွားလိုက်ပုံကတော့ ကျုပ်မှာ ရယ် တောင် ရယ်နေရသေးတယ်။ 'သူငယ်ချင်းရေ' တဲ့။ 'ကဲ .... ငါ့သားကို မင်းဆီ အပ်ခဲ့ပြီ၊ လိမ္မာအောင်သာ ကြည့်တွယ်ပေးတော့ကွာ၊ သူများတွေကတော့ မကျိုးမပဲ့ရင် ပြီးရော၊ ရိုက်ပါ ဆရာလို့ ပြောတာပဲ။ ငါ့သားကိုတော့ မလိမ္မာရင် ဆော်သာဆော်ကွာ။ မတော်တဆ သေ သွားရင်တော့ အလွမ်းပြေကြည့်ရအောင် လွယ်အိတ်ကလေးကိုတော့ ပြန်ပို့လိုက်ပါကွာ ....' တဲ့လေ"

ကျွန်တော် ရယ်လိုက်မိပါသည်။

မူလတန်း၊ အထူးသဖြင့် သူငယ်တန်းသင်ရသော ဆရာ၊ ဆရာမတို့၏ဘဝကို ကျွန်တော် အလွန် စိတ်ဝင်စားနေမိပါသည်။

နောက်တစ်နေ့ ကျွန်တော် ရောက်သွားသောအခါ သင်ခန်းစာ နောက်တစ်ဆင့် တက်သွား သည်ကို တွေ့ရပြန်ပါသည်။

"ဒီနေ့တော့ မင်းတို့က ဆီးသီးရောင်းကြ၊ ငါကဝယ်မယ်။ ဆီးသီးငါးလုံးကို တစ်မှတ် ပေးမယ်။ ဒါပေမဲ့ ဆီးသီးအချဉ်တွေကို မဝယ်ဘူး"

ဝလုံးကို ဝိုင်းဝိုင်းရေးတတ်အောင် လေ့ကျင့်နေပြီ ဖြစ်ကြောင်း ကျွန်တော် သဘောပေါက်လိုက်ပါပြီ။

"နောက်ပြီး ဟောဒီလို၊ ဟောဒီလိုရေးတဲ့ ဆီးသီးကို မဝယ်ဘူး။ အဲဒီဆီးသီးမျိုးတွေက အပုပ်တွေ"

သူက သင်ပုန်းပေါ်တွင် လက်ဝဲရစ် ရေးပြလိုက်ပါသည်။ ထိုမျှမကသေးပါ။ "ဒီလိုရေးရမယ်"ဟု ကလေးများကို ကျောခိုင်းပြီးလျှင် လက်ကို လက်ယာရစ်ပြီး အထပ်ထပ် ဇော့ပြပါသည်။

"ဘယ်လို၊ ဘယ်လိုရေးမလဲ"

"ဒီလို၊ ဒီလိုရေးမယ်"

ကလေးတွေကလည်း သူတို့လက်ကို လက်ယာရစ် ဇော့ယမ်းပြီး အော်ကြပါသည်။

"ဘယ်လိုရေးရင် ဆီးသီးအပုပ်လဲ"

"ဒီလိုရေးရင် ဆီးသီးအပုပ်"

လက်တွေကို လက်ဝဲရစ် ဇော့ပြကြပါသည်။

လက်ယာရစ် ရေးခြင်းကို အကြိမ်ကြိမ် ဇော့ယမ်းလေ့ကျင့်ကြစေပြီးနောက် ဆီးသီးတွေ ရေးကြရန် ခိုင်းလိုက်ပါသည်။ ကလေးတွေကလည်း သူတို့ သင်ပုန်းကလေးများတွင် အားကြိုးမာန်တက် ရေးနေကြပါသည်။

ဝလုံးကို လက်ယာရစ် ရေးကြအောင် လေ့ကျင့်ပေးလိုက်သည် မှန်သော်လည်း တကယ်လက်တွေ့အားဖြင့် ရေးသည်၊ မရေးသည်ကို ဆရာကိုညဏ်စိန်လိုက်ပြီး စစ်နေနိုင်သည် မဟုတ်သောကြောင့် ဘယ်လိုများ သိနိုင်ပါ့မလဲဟု ကျွန်တော့်စိတ်တွင် တွေးနေမိပါသည်။

"ဟောဒီမယ် ဆရာ၊ သူကဆီးသီးကို ဟောဒီလို ဟောဒီလိုကြီး ရေးနေတယ်။ သူ့ ဆီးသီးက အပုပ်ကြီးဆရာ"

ကလေးတစ်ယောက်က လက်ကို လက်ဝဲရစ်ဇော့ပြပြီး လှမ်းတိုင်လိုက်ပါသည်။ အတိုင်ခံရသောကလေးက ချက်ချင်းဖျက်ပစ်ပြီး "ဒီလိုဒီလိုရေးတယ် ဆရာ"ဟု လက်ယာရစ် ဇော့ယမ်းပြီး ပြလိုက်ပါသည်။

အင်း .... သည်လိုတော့လည်း သူ့ဟာသူ ပြဿနာရှင်းအသွားသားပဲဟု အောက်မေ့လိုက်ပါသည်။

ဆီးသီးငါးလုံးစီ ရေးပြီးတော့ တစ်ယောက်စီလာပြီး ပြကြပါသည်။ ကိုညဏ်စိန်က ဆီးသီးတွေကို ကြည့်ပြီး ဟိုအလုံးက ပိန်တယ်၊ ဒီအလုံးက မဝိုင်းဘူး၊ နောက်ကို အဲဒီလောက်ချဉ်ရင် မဝယ်ဘူး၊ ဒီတစ်ခါတော့ ဝယ်လိုက်မယ် စသည်ဖြင့် ပြောပြီး မြေဖြူနှင့် အမှန်ခြစ်ပေးလိုက်ပါသည်။ ကလေးတွေ ဝမ်းသာအားရ ပြန်သွားကြပါသည်။

အငိုသန်သော ချာတိတ်ကလည်း ဆီးသီးငါးလုံးရေးပြီး ရောက်လာပါသည်။ ကိုညဏ်စိန်က သူ့သင်ပုန်းကို ယူကြည့်လိုက်ပြီး–

"အံမယ် .... ဒီကောင်က လူကငိုပေမယ့် ဆီးသီးကတော့ အချိုသားပဲ၊ ဘယ်ဆိုးလို့လဲကွ"ဟု ချီးမွမ်းပြီး အမှတ်ပေးလိုက်ပါသည်။

ဟိုချာတိတ် ဝမ်းမြောက်ဝမ်းသာ ပြန်ပြေးသွားပါသည်။

ကလေးအားလုံးမှာ သူ့ထက်ငါ အလုအယက် ဆီးသီးလာရောင်းနေကြပါသည်။ ဟို ချာတိတ်က မကြာခဏလာပြီး ပြနေသည် ဖြစ်သောကြောင့်–

"အံမယ် .... ဒီကောင့်ဆီးပင်က တယ်သီးလိုက်ပါလားဟ၊ ချိုလည်းချိုတယ်ဟေ့"

ချာတိတ် ကျောင်းပျော်သွားပါလေပြီ။

ကျွန်တော်လည်း ကိုညဏ်စိန်နှင့် တပည့်များ၏ ဆီးသီးရောင်းပွဲကြီးကို ကြည့်ရင်း ပျော်နေမိပါသည်။

သို့နှင့် ကျောင်းဆင်းခေါင်းလောင်း ထိုးလိုက်တော့ ကျောင်းသားတွေ ကိုယ့်လွယ်အိတ်ကိုယ့်ပစ္စည်း စသည်တို့ကို ကိုယ်စီကိုယ်င သိမ်းကြယူကြပါသည်။ သည်အခါတွင်မှ သတိထားကြည့်လိုက်တော့ ကျောင်းခန်းဘေးနံရံ သစ်သားတန်းတွင် သံချွန်တွေရိုက်ထားပြီး ထီး၊ ဦးထုပ် စသည်တို့ကို စနစ်တကျချိတ်ထားကြရကြောင်းကို တွေ့လိုက်ပါသည်။ ထိုထိုသောပစ္စည်းများကို သူတို့တစ်တွေယူကြပြီးနောက် အားလုံးမတ်တတ်ရပ်နေကြရပါသည်။

"စာအုပ်ပါးဘီးလား" ကိုညဏ်စိန်က အော်မေးလိုက်ပါသည်။

"ပါးဘားဘီ" ကလေးတွေကအော်ပြီး စာအုပ်ကို မြှောက်ပြရပါသည်။

သူတို့အတိုင်အဖောက်အော်ပုံမှာ ရိုးရိုးအသံမျိုးမဟုတ်ပါ။ သံချပ်တိုင်သလို ခပ်ဆင်ဆင်ပါ။

"ပေတံ .... ပါး .... ဘီးလား"

"ပါး .... ဘား .... ဘီ"

ကျောင်းသားတို့တွင် ပါမြဲပစ္စည်းများကို တစ်ခုစီ အော်ပြီးမေးပါသည်။ အားလုံးမေးပြီးမှ အငယ်ဆုံးကလေးများ အတန်းမှစ၍ တစ်တန်းစီ တန်းစီပြီး ထွက်ရပါသည်။

"ခင်ဗျားအလုပ်ကလည်း ပြီးပဲ မပြီးနိုင်ဘူး၊ တယ်ရှုပ်ကိုးဗျ"

"ဒီလိုပဲ ကိုယ့်လူရေ .... ခင်ဗျားတို့လို ကောလိပ်ကျောင်းသားကြီးတွေကို သင်ရတာ မဟုတ်ဘူး။ ကလေးတွေဆိုတော့ ကျောင်းဆင်းပြီဆိုရင် အိမ်ပြန်ချင်ဇောနဲ့ ဟိုဟာကျန်၊ ဒီဟာမေ့နဲ့။ ဦးထုပ်ပျောက်၊ ထီးပျောက်ဖြစ်ရင် မိဘတွေက ဆရာ့ဆီကို လာတိုင်တော့တာဗျ၊ ဆရာ အထိန်းအသိမ်းညံ့ရာ ရောက်တာပေါ့ဗျာ"

သူက ပြောရင်းဆိုရင်း ခုံတွေအောက်သို့ ငုံ့ကြည့်ပြီး ဟိုဟာရှာသလိုလို၊ ဒီဟာရှာ သလိုလို

လုပ်နေပြန်သောကြောင့်–

"ဘာရှာနေတာလဲဗျ"

"ဘာတွေများ ကျန်ရစ်ခဲ့သေးသလဲလို့ ရှာရတာပေါ့ဗျာ။ ခုနက ကျုပ်အော်တဲ့ စာရင်းထဲမှာ မပါတဲ့ဂျင်တို့၊ ဂေါ်လီတို့၊ ဘာညာတို့ ဆိုတာတွေပေါ့ဗျာ။ ကျန်နေရစ်ခဲ့ရင် သိမ်းထားပြီး ပြန်ပေးရတာပေါ့၊ ကလေးတွေကိုးဗျ၊ အမိုက်ကလေးတွေကိုးဗျ။ အမိုက်ကလေးတွေဟာ သိတတ်ကြတာ မှတ်လို့"

"ခင်ဗျားအခန်းထဲက နံရံသစ်သားတန်းတွေမှာ သံချွန်လေးတွေစီပြီး ရိုက်ထားတာကို တွေ့တယ်"

"အေးဗျာ .... ထီးတွေ၊ ဦးထုပ်တွေ၊ လွယ်အိတ်တွေ စာရေးစားပွဲပေါ်မှာ ရှိနေရင် ရှုပ်လွန်းလို့"

"အဲဒီလို သံချွန်ဖိုးတွေဘာတွေကျတော့ ကျောင်းကထုတ်ပေးသလား"

"ဘယ်ပေးလိမ့်မလဲဗျာ"

"ခင်ဗျားက အိတ်စိုက်တာပေါ့"

"မစိုက်ရပါဘူးဗျာ၊ ကျောင်းသားမိဘတွေထဲက သံဆိုင်တွေ ရှိနေတာပဲ။ ကျောင်းခန်း ထဲမှာ သုံးချင်လို့ဆိုပြီး နှိုက်လာခဲ့တာပါပဲ"

ကျွန်တော်တို့နှစ်ယောက်လုံး ရယ်လိုက်မိကြပါသည်။

"ဆီးသီးကတော့ ဝလုံးအတွက် လုပ်လိုက်တာပေါ့နော်"

"ဒါပေါ့ဗျာ၊ ဆီးသီးကမှ အညှာတပ်နေရသေးတယ်၊ ဝလုံးဆိုတော့ ဘာမှလုပ်ဖို့တောင် မလိုတော့ဘူးပေါ့။ ဝလုံးရေးကြရအောင်ဆိုရင် ကလေးတွေ ဘယ်မှာ ပျော်တော့မလဲ။ ဆီးသီး ရောင်းကြရအောင်ဆိုတော့ ခင်ဗျားမြင်တဲ့အတိုင်းပဲ၊ လက်မလည်နိုင်အောင် အမှတ်ပေးနေရတာပဲ မဟုတ်လား။ သူတို့လည်းပျော်၊ သူတို့ပျော်တော့ ကျုပ်လည်း ပျော်တယ်ပေါ့ဗျာ"

သူက ပြောရင်း ရယ်လိုက်ပါသည်။

ထို့နောက် ဆယ်ရက်လောက်မှာ ဝလုံးတွေချည်း အရေးခိုင်းနေပါသည်။

"ခင်ဗျား ဝလုံးသင်ခန်းစာကလည်း ကြာလှချည်လားဗျ၊ ပြီးပဲမပြီးနိုင်တော့ဘူး"

"မြန်မာအက္ခရာရေးတာမှာ ဝလုံးဟာ အခြေခံပဲဗျ၊ ဝလုံးကို လက်မသေရင် လက်ရေး ဘယ်တော့မှ မလှဘူး။ လက်ရေးလှဖို့ဟာ သူငယ်တန်းမှာ ကျင့်ရတာဗျ။ ပထမတန်း၊ ဒုတိယ တန်းရောက်သွားရင် လက်ရေးလှလေ့ကျင့်ဖို့ အချိန်မရတော့ဘူး။ ကျုပ်အတန်းက တက်သွားတဲ့ ကလေးတွေမှာ လက်ရေးမလှတာ တစ်ယောက်မှမရှိဘူး။ ကျောင်းသား တစ်ယောက် လက်ရေး မလှတာကိုတွေ့ရင် ခပ်ပျင်းပျင်း၊ ခပ်ဖျင်းဖျင်း သူငယ်တန်းဆရာနဲ့ ကြုံခဲ့ရလို့သာ အောက်မေ့ ပေရော့။ ကျုပ်ကအဲဒီလို အထက်တန်းဆရာတွေရဲ့ အထင်သေး မခံချင်ဘူးဗျ"

ကျွန်တော့်စိတ်ထဲတွင် လက်ရေးအလွန်ညံ့လှသော တက္ကသိုလ်ကျောင်းသားများကို သွားပြီး သတိရလိုက်မိပါသည်။ သူတို့သည်လည်း ကံမကောင်း အကြောင်းမလှ၍ ကိုညဏ်စိန် ပြောသလို ခပ်ပျင်းပျင်း၊ ခပ်ဖျင်းဖျင်းဆရာ၊ ဆရာမမျိုးနှင့် သူငယ်တန်းတွင် ကြုံခဲ့ကြရလိမ့်မည်ဟု ထင်မိပါသည်။ ကျွန်တော်၏ ငယ်ဆရာ ဆရာဦးစံရွှေကြောင့် ကျွန်တော့်လက်ရေး အတန်အသင့် ကောင်းခဲ့သည်ကို တွေး၍ ကွယ်လွန်သူဆရာကို သတိရ ကျေးဇူးတင်လိုက်မိပါသည်။

ကိုညဏ်စိန်က ဆက်၍–

“အဲဒီထက် ပိုပြီးဂရုစိုက်ရတာက အဆွဲအငင်ဗျ၊ အဲဒါတွေကျရင် ပိုပြီးဂရုစိုက်ရတယ်။ ရရစ်ကို အပေါ်ကစပြီး ဆွဲတာတွေ၊ သဝေထိုးကို အပေါ်ကစပြီး ဆွဲတာတွေ။ အို၊ ကို၊ မိုတို့လို စာလုံးပေါင်းတွေမှာ လုံးကြီးတင်ကို အလျင်စပြီး ရေးကြတာမျိုးတွေလို အမှားတွေပေါ့ဗျာ။ သေချာ ဖြည်းဖြည်းဆေးဆေး ရေးရင်တော့ မသိသာလှဘူးပေါ့၊ လက်ရေးကိုသော့ပြီး မြန်မြန် ရေးလိုက်ပြီဆိုရင် အဆွဲအငင် စနစ်မကျတဲ့လက်ရေးဟာ အလွန်ဖတ်ရတာ ခက်သွားတတ်တယ်ဗျ”

ကလေးငယ်၏ တစ်သက်တာအတွက် အခြေခံပန္နက်ရိုက်လိုက်ရသော သူငယ်တန်း ဆရာ၏ ဘဝနှင့်တာဝန်ကို အလွန်ရိုသေမိလာပါသည်။ အချို့သော တိုင်းပြည် ပညာရေး စနစ်များတွင် သူငယ်တန်းသင်သော ဆရာကို သီးသန့်အရည်အချင်း ရှိစေလျက် လစာ မြင့်မြင့်ကြီး ပေးထားကြသည်ဟူသော အချက်ကို သဘောပေါက်လာမိသည်။

ကျွန်တော့်မိတ်ဆွေ ဆံပင်ညှပ်ဆရာ ကိုသိန်းမောင်ကြီး ပြောဖူးသောစကားကိုလည်း သွားပြီး သတိရလိုက်မိပါသေးသည်။

“ကလေးခေါင်းဆိုတော့ ငယ်တာကြောင့် ဆံပင်ညှပ်ရတာတောင် များတယ်လို့ ထင်တတ်ကြသေးတယ်ဗျ။ စားပြတ်သွားမှာ ကြောက်ရတာတစ်မျိုး၊ ငိုတာကတစ်မျိုး၊ ရုန်းတာက တစ်မျိုး”

အင်း .... ကိုညဏ်စိန်တို့၊ ကိုသိန်းမောင်ကြီးတို့ လုပ်ငန်းချင်းက ခပ်ဆင်ဆင်ပါပဲလားဟု အောက်မေ့မိပါသည်။

ဤသို့နှင့် ဝလုံးသင်ခန်းစာပြီးတော့ နောက်တစ်ဆင့် တက်လိုက်ပြန်ပါသည်။

သင်ပုန်းပေါ်တွင် က၊ ခ၊ ဂ၊ ဃ၊ င ဟူသော အက္ခရာငါးလုံးကို ရေးလိုက်ပါသည်။ ပြီးမှ တစ်တန်းလုံးကို မတ်တတ်အရပ်ခိုင်းလိုက်ပါသည်။

“မင်းနာမည် ဘယ်သူလဲ”

“မောင်ကျော်မြင့်ပါ ခင်ဗျ”

လက်ပိုက်ပြီး ဖြေပါသည်။

“မင်းနာမည်ကကော”

“မောင်ထွန်းစိန်ပါ ခင်ဗျ”

"ညည်းနာမည်က ဘယ်သူလဲ"

"ကြေ့ာယဉ်ဝင်းပါ ရှင့်"

"အံမယ် .... တယ်ကောင်းတဲ့နာမည်ပါလား၊ ကဲ .... ကဲ .... ညည်းနာမည်ကကော"

"မတည်ကြည်ဝင်းပါ ရှင့်"

"ဟဲ့ .... ငါ့တပည့်တွေနာမည်က ကောင်းလှချည်လား၊ ညည်းနာမည်ကကော"

"နီနီအေးပါ ရှင့်"

ဤသို့လျှင် ကျောင်းသား အတော်များများကို နာမည်လျှောက်ပြီး မေးပါသည်။ ပြီးမှ–

"ကဲ .... ကြည့်စမ်း၊ မင်းတို့အားလုံးမှာ နာမည်တွေရှိကြတယ်။ နာမည်မရှိတဲ့လူများ ရှိသလားဟေ့"

"မရှိပါဘူး ခင်ဗျ"

"အေး .... မင်းတို့အားလုံးမှာ နာမည်ရှိကြသလို သူတို့မှာလည်း နာမည်ရှိတယ်"

သင်ပုန်းပေါ်ရှိ ကကြီး ခကွေး အက္ခရာများဆီကို လက်ညှိုးထိုးပြီး ပြောလိုက်ပါသည်။

"ညည်းနာမည်က ဘယ်သူလဲ"

"ဖြူနှင်းဝေပါ ဆရာ"

"အေး .... သူ့နာမည်က ကကြီးတဲ့၊ မှတ်ထား၊ ကြားလား၊ ဘယ်သူလဲ"

"ကကြီးပါ ဆရာ"

"ညည်းနာမည်က ဘယ်သူလဲ"

"သန္တာပြုံးပါ ဆရာ"

"အေး .... သူ့နာမည်က ခကွေးတဲ့၊ မှတ်ထား၊ ကြားလား"

ဤသို့အားဖြင့် ကကြီး၊ ခကွေးများကို မိတ်ဆက်သင်ကြားပေးသွားပါသည်။ မကြာမီ မှာပင် သူတို့အားလုံး ထိုအက္ခရာများကို မှတ်မိသွားကြသည်ကို တွေ့ရပါသည်။

ကျွန်တော်တို့တက္ကသိုလ်ဆရာများအဖို့ မိမိသက်ဆိုင်ရာ ဘာသာရပ်များတွင် တိုးတက် မြင့်မားအောင် ရှာဖွေဖတ်ရှုကြရပါသည်၊ ကြံစည်စဉ်းစားကြသည်မှာ မှန်ပါသည်။ သို့သော် တပည့်များအား ဘယ်ပုံဘယ်နည်း သင်ကြားပို့ချရမည် ဆိုသည့် ကိစ္စအတွက်ကိုတော့ မူလတန်း၊ သူငယ်တန်း၊ သင်ကြားသူဆရာ၊ ဆရာမများလောက် ကြံစည်အားထုတ်ရသည်ဟု မထင်မိပါ။

တက္ကသိုလ်ကျောင်းများ ပြန်ဖွင့်ပြီဖြစ်သောကြောင့် ကျွန်တော်ရန်ကုန်သို့ ပြန်လာခဲ့ပါ သည်။ နောက်တစ်ကြိမ် သီတင်းကျွတ် ကျောင်းပိတ်ရက်လောက်တွင် တောင်တွင်းကြီးသို့ ပြန်ရောက်သွားပါသည်။ ယခင်ကအတိုင်း ကိုဉာဏ်စိန်၏ သူငယ်တန်းသို့လည်း ရောက်သွား ပြန်ပါသည်။

ကလေးတွေက စာတွေ အတော်လေး ဖတ်နိုင်နေကြပါပြီ။ ကျောင်းဆင်းခါနီးရောက်တော့

ကလေးတွေ သံပေါက်ကဗျာ ရွတ်ကြပါသည်။ ထိုသံပေါက်တွေကို အကုန်လုံး ကျွန်တော် မမှတ်မိတော့ပါ။ ဆိုလိုရင်းအဓိပ္ပာယ်အချို့ကိုတော့ သတိရနေပါသေးသည်။ အိပ်ရာဝင် ခြေဆေးရမည်။ ဘုရားကန်တော့၊ မိဘကန်တော့ ဆိုတာတွေလည်း ပါပါသည်။ ထိုထိုသော လိမ္မာရေးခြား ရှိစေသည့် ကိစ္စများအပြင် (ကျွန်တော်မှတ်မိသလောက်) "အလှူပေးကြောင်း၊ ထမင်းရှောင်း၊ တောင်းကြီးကိုသာ ကန်ပစ်ပါ" ဆိုတာလည်း ပါနေပါသည်။ စကားလုံးကတော့ တိတိကျကျ မှန်ချင်မှ မှန်ပါမည်။ ကလေးများမှာ သံပေါက်ကို ဆိုကြရာတွင် ပါးစပ်က ဆိုရုံသာမဟုတ်၊ ကိုယ်ဟန်အမူအရာလည်း လုပ်ပြီး ဆိုကြရပါသည်။

ထိုသံပေါက်ကို ဆိုကြရာတွင် "တောင်းကြီးကိုသာ ကန်ပစ်ပါ"ဆိုရာ၌ ခြေထောက်နှင့် အားရပါးရ သိမ်းကျုံးပြီး ကန်လိုက်သည့် အမူအရာကိုလည်း လုပ်ပြရပါသည်။

ကျွန်တော်က ဘာကိုဆိုလိုကြောင်း ရုတ်တရက် နားမလည်နိုင်ပါ။ ထို့ကြောင့် ကျောင်းဆင်းပြီး နှစ်ယောက်သား ပြတိုက်ဘက်သို့ ထွက်လာကြတော့မှ–

"နေပါဦး .... ကိုညဏ်စိန်ရ၊ ဟို .... တောင်းကြီးကို ကန်ပစ်တယ်ဆိုတာက ဘာလုပ်တာလဲဗျ။ ကျုပ်ဖြင့် ဘာမှန်းကိုမသိလိုက်ဘူး"

ကိုညဏ်စိန်က အားရပါးရ ရယ်လိုက်ပြန်ပါသည်။

ကလေးတွေကို စာသင်နေရင်း လူကြီးတွေကို ဆုံးမသွန်သင်နေသော သူငယ်တန်းဆရာ ကိုညဏ်စိန်ကို တအံ့တသြကြည့်နေမိပါသည်။ ကျွန်တော်တို့လို ဘဝင်ကြီးတစ်ခွဲသားနှင့် ထင်တစ်လုံး လုပ်နေကြသော တက္ကသိုလ်ဆရာတို့သည် ကိုညဏ်စိန်တို့လို သူငယ်တန်းဆရာလောက်မှ ပြည်သူများကို အကျိုးပြုနိုင်ပါ၏လောဟု သံသယဖြစ်လာပါသည်။

စာဖတ်သူ စဉ်းစားကြည့်စေချင်ပါသည်။ တက္ကသိုလ်ကျောင်းသားနှင့် သူငယ်တန်း ကျောင်းသား ဘယ်သူက ပိုပြီးများသလဲ။ တက္ကသိုလ်ကျောင်းသား ဆိုသည်က လက်တစ်ဆုပ်စာလောက်မျှသာဟု ပြောရပါတော့မည်။ နောက်ပြီး တက္ကသိုလ်ကျောင်းသားဆိုသည်က ရောမမြို့ကြီးတွေလောက်မှာသာ ရှိပါသည်။ သူငယ်တန်းဆိုသည်က ဟိုး .... တောကြိုအုံကြားလေးတွေ ထိအောင် ရှိနေကြသည် မဟုတ်ပါလား။

နောက်ပြီး သူငယ်တန်းဆရာတွေရဲ့ အသွန်အသင် အဆုံးအမကို လွန်ပြီးမှ ကျွန်တော်တို့ တက္ကသိုလ်ကျောင်းသို့ ရောက်လာကြရသည် မဟုတ်ပါလား။

နောက်ပြီး စာဖတ်သူကိုယ်တိုင် စဉ်းစားကြည့်ပါ။ ကိုယ့်သား၊ ကိုယ့်သမီး၊ ကိုယ့်မြေး၏ ပညာရေးကို စိတ်အဝင်စားဆုံးမှာ (ကိုညဏ်စိန်ပြောသလို) သူငယ်တန်းပဲ မဟုတ်ပါလား။

နောက်ပြီး တက္ကသိုလ်ရောက်သော ကျောင်းသားက ဘယ်လောက်ထိအောင် များပြားပါသလဲ။ မူလတန်းကျောင်းသား ဆိုသည်ကတော့ တစ်ပြည်လုံးလောက်ပါပဲ။ တစ်ပြည်လုံးကို ပုံသွင်းနေသော သူငယ်တန်းဆရာများ၏ အရေးပါပုံကို ကျွန်တော်ဖြင့် တစိမ့်စိမ့် ကျေးဇူးတင်

ကြည့်ညိုနေမိပါသည်။

ဩော် .... ကျွန်တော့်မှာ မြေးမကလေးတစ်ယောက် ရလာပြန်တော့ ပိုလို့ပဲ ကိုညဏ်စိန် တို့လို သူငယ်တန်းပြဆရာ၊ ဆရာမများ၏ ကျေးဇူးကို သဘောပေါက် မျှော်လင့်မိလာရ ပြန်ပါသည်။

တစ်ခုတော့ ရှိပါသည်။ "ယာဖျက်တော့ သူခိုး၊ မြေးဖျက်တော့ အဘိုး" ဟူသော စကားပုံအသစ် ပေါ်မလာလေအောင် ဟို .... ဒေါ်အေးသာ ဆိုသော အဘွားကြီးလို ဆရာ၊ ဆရာမလေးတွေ စိတ်မညစ်စေရန်တော့ သတိထားလေဦးမှပဲ။

မှတ်ချက်။ ။ငါန်းဇွန်းအထက ငွေရတုစာစောင်တွင် ဤအကြောင်းအရာကို အတိုချုပ် ရေးခဲ့ဖူးပါသည်။ ကိုညဏ်စိန်လည်း အငြိမ်းစားယူ၍ "ကံ့ကူလက်လှည့်" ဟူသော အမည်နှင့် သူငယ်တန်းကျောင်း ဖွင့်ပြီး ဆီးသီးရောင်းနေသည်ဟု သိရပါကြောင်း။

(သင့်ဘဝ။ အောက်တိုဘာ၊ ၁၉၉၈)

ခက်ဆစ်များ

ကံ့ကူလက်လှည့်(ဆရာ) (န) 启蒙老师

အတန်အသင့် (ကဝ) 适当，一定，一般

တော်ရုံတန်ရုံ (ကဝ) 一般地，适当地

ကြောက်ဒူးတုန် (က) 战栗，害怕，吓得发抖

အမှုဆောင် (န) 执行委员，理事

ထွေရာလေးပါး (န) 天南海北，各种各样的事物

တစ္စေ့တစောင်း (ကဝ) 间接地，不动声色地

တသောသော (ကဝ) 哄笑

ပေါက်တတ်ကရ (န) 杂乱，杂乱无章之物

ပေကပ်ကပ် (ကဝ) 不听管束赖着

ချာတိတ် (န) 小鬼，小家伙（大人对小孩子的称呼）

ကယောင်ကတမ်း (ကဝ) 胡言乱语

လူမမည် (န) 未成年者

လက်ဖမိုး (န) 手背

ကျွက်ကျွက်ညံ (က) 哗然，闹哄哄，鼎沸

ကြောင်တောင်တောင် (ကဝ) 尴尬，茫然无措，发呆

ကျီးကြည့်ကြောင်ကြည့် (ကဝ) 警惕地张望，惊恐地张望

ငနဲ (န) 〈蔑〉家伙，小子

ခေါင်းခြောက် (က) 伤脑筋，一筹莫展

တစိမ့်စိမ့် (ကဝ) 长时间地，不停地

တစိုးရိမ်ရိမ် (ကဝ) 担心地，忧虑地，焦虑地

အညှာ (န) 花蒂，果蒂，叶柄
ရှုံ့မဲ့ (က) 哭丧着脸，不愉快
ပတ္တလား (န) 缅甸筐琴
တွယ် (က) 〈俚〉打击，揍，干
ဆော် (က) 揍，打
အားကြိုးမာန်တက် (က၀) 积极；竭力，不遗余力
လက်ဝဲရစ် (က) 逆时针方向转动
လက်ယာရစ် (က) 顺时针方向转动
အငိုသန် (န၀) 爱哭的，好哭的
ကိုယ်စီကိုယ်င (က၀) 各自
သံချွန် (န) 铁钉
ဂျင် (န) （儿童玩具）陀螺
ဂေါ်လီ (န) （儿童玩的）石弹子，玻璃球
အမိုက် (န) 愚昧无知的人，不懂事的人
အိတ်စိုက် (က) 掏腰包垫款
လက်မလည် (က) 忙得不可开交
အက္ခရာ (န) 字母
လက်သေ (န၀) 熟练，手艺娴熟
လက်ရေးလှ (က) 字体美，字体漂亮
ပန္နက်ရိုက် (က) 打桩子，开场
သံပေါက်ကဗျာ (န) 一种缅甸诗体
လိမ္မာရေးခြား (န) 机灵，乖巧，懂事
ဘဝင်ကြီး (က) 高傲
တစ်ခွဲသား (န) （气派、情绪、傲气等）十足的样子
ထင်တစ်လုံးလုပ် (က) 自负，自高自大
လက်တစ်ဆုပ်စာ (န) 一把（的数量）；一小撮
တောကြိုအုံကြား (န) 山沟，偏僻的地方，穷乡僻壤
ပုံသွင်း (က) 铸造；〈喻〉培养，塑造

စာဆိုအတ္ထုပ္ပတ္တိ

အောင်သင်း (၁၉၃၀-　)

ထင်ရှားသောစာအုပ်များမှာ **စာပေရေးရာဆောင်းပါးများ** (၁၉၇၈၊ ၁၉၉၉)၊ **ဝတ္ထုရေးရာဆောင်းပါးများ** (၁၉၉၄)၊ **အောင်သင်း၏အကြိုက်ဆုံးဝတ္ထုတိုများ** (ပ၊ ဒု)(၁၉၉၉)၊ **ယနေ့လူငယ်နှင့် ရသစာပေ** (၁၉၉၉)တို့ ဖြစ်သည်။

လေ့ကျင့်ခန်း

၁။ သူငယ်တန်းပြဆရာ ကိုညာဏ်စိန်၏ စာသင်ကြားမှုကို ဆွေးနွေးတင်ပြပါ။

၂။ "ယာဖျက်တော့ သူခိုး၊ မြေးဖျက်တော့ အဘိုး" ဟူသောစကား၏ အဓိပ္ပာယ်ကို ဖော်ပြပါ။

သင်ခန်းစာ(၂၉) ရီမုတ်ကွန်ထရိုး

作品导读

内温敏（1952—）坚持现实主义的写实原则，在创作实践中不断寻求新的叙述形式。《遥控器》（1998）写的是现代科技产品与一个人的故事。主人公郭巴刚迷上了朋友家小孩手里的电视机遥控器，回来与妻子商量后，决定倾其所有购买遥控电视机。他们甚至卖掉了乡下老岳父家祖传的一块土地，几经周折终于买下了一台带遥控器的进口电视机和与之配套的遥控录像机。从此，手拿遥控器坐在电视机前就是郭巴刚的全部业余生活。一年后，他的老岳父因浑身浮肿一病不起去世了。前来吊唁的人们从郭妻的哀号声中得知，郭巴刚对遥控器的痴迷已从遥控电视机和录像机发展到尝试用遥控器操纵人，让他的老岳父像电视画面一样前进、后退、静止、发声、静音……。小说反思现代科技给人类带来的利与弊，以及科技的飞速发展与一些人的愚昧无知形成的强烈反差。

ရီမုတ်ကွန်ထရိုး

နေဝင်းမြင့်

(၁)

ကိုဘကောင်းက သူ့လက်ထဲမှာ အချိန်တော်တော်ကြာ ကိုင်ထားတဲ့ ခပ်မည်းမည်း ကိရိယာကို စားပွဲပေါ်တင်လိုက်တယ်။ ဘယ်လောက်မှတော့ မရှိပါဘူး။ တစ်ထွာမရှိတရှိပေါ့။ ဖြက်က လက်သုံးလုံးလောက် ရှိမယ်။ အပေါ်မှာ အင်္ဂလိပ်လို စာလုံးလေးတွေကို ရေးထားတယ်။ ပြီးတော့အပေါ်ကို ကြွတက်နေတဲ့ ခပ်ဖုဖု ဘုကလေးတွေလည်းပါရဲ့။ သည်ပစ္စည်းလေးကို ရီမုတ်ကွန်တရိုးလို့ ခေါ်ရတယ် ဆိုတာတောင်သိတာ မကြာသေးဘူး။ မမြင်ဖူးတာတော့လည်း မဟုတ်ဘူးပေါ့။ သူငယ်ချင်း အပေါင်းအသင်း အိမ်တွေရောက်လို့ တီဗွီလာချိန်နဲ့ ဆုံရင် သည်ကိရိယာလေးနဲ့ လုပ်နေကြတာ၊ ကိုင်နေကြတာတော့ တွေ့ဖူးသားပေါ့။ လူကြီးတွေမှ မဟုတ်

ပါဘူး။ သူ့မိတ်ဆွေတွေရဲ့ သားသမီးလေးတွေဆိုရင် ဒါလေးကို ကိုင်ထားတာ။ သူတို့ မကြည့်ချင်တာ၊ အာရုံမရှိတာများ လာရင် ဖျိုးခနဲ၊ ဖျတ်ခနဲ ထိုးချိန်လိုက်ပြီး ခလုတ်ကို နှိပ်လိုက်တာနဲ့ တီဗွီဖန်သားပေါ်က အရုပ်တွေ ပြောင်းပြောင်းသွားတာ သူ ခဏခဏ မြင်ဖူးတယ်။ အဲသည်ကတည်းက သည်ပစ္စည်းလေးကို သူတော်တော်စိတ်ဝင်စားတယ်။ ဒါကို ဘာခေါ်သလဲ၊ ဘယ်လိုနှိပ်ရတာလဲ၊ အထဲမှာကော ဘာတွေပါသလဲ။ ဒါလေးက လူမထရဲဘဲ အဝေးက လှမ်းခိုင်းလို့ရအောင် ဘယ်လိုများ လုပ်ထားတာလဲ စသဖြင့် သူ့စိတ်ထဲမှာ သူ့ဟာသူ ဖြစ်နေတာကြာပြီ။ မေးတော့လည်း မမေးမိဘူးပေါ့။ မေးလို့ကလည်း မကောင်းဘူးပေါ့လေ။

ဒါကလည်း ကိုဘကောင်း သူ့ဟာသူ ထင်တာပါ။ မေးရင်လည်း ပြောကြမှာပေါ့။ သိသလောက်တော့ ဖြေကြမှာပေါ့။ ဒါပေမယ့် ကိုဘကောင်းမမေးဖြစ်ဘူး။ အသက်ပဲ ငါးဆယ်ပြည့်တော့မယ်။ ဒါကို ဘာမှန်းမသိဘူးလားလို့ ထင်မှာလည်း စိုးတာပါပဲ ပြောပါတော့။ ဒါနဲ့ပဲ ကြိတ်မှိတ်နေရတာကြာခဲ့ပြီ။

တစ်နေ့တော့ ကိုဘကောင်းဟန်ကျသွားပါတယ်။ သူ့မိတ်ဆွေက တစ်ရက်ချိန်းတာနဲ့ ညစာလေးစားပြီး၊ ကွမ်းလေးတစ်ယာဝါး၊ ဆေးပေါ့လိပ် နှစ်လိပ် သုံးလိပ် အိတ်ထောင်ထဲထည့်ပြီး ထွက်လာခဲ့တယ်။ ဖြစ်ချင်တော့ သူ့မိတ်ဆွေက အိမ်ပြန်မရောက်သေးဘူး။ သူ့မိတ်ဆွေရဲ့ဇနီးကလည်း နောက်ဖေးမှာ ချက်တုန်းပြုတ်တုန်း။ အိမ်ရှေ့ဧည့်ခန်းမှာ ကလေးတစ်ယောက်ရှိတယ်။ ကိုဘကောင်း ရောက်လာတော့ ကလေးက မအေကို ခေါ်ပေးတယ်။ မအေလုပ်သူကလည်း အထူးဧည့်သည် မဟုတ်တော့ ထိုင်ပါဦးရှင်၊ ရှင့်မိတ်ဆွေ လာပါလိမ့်မယ်ပေါ့လေ။ ဒါပဲပြောပြီး နောက်ဖေးပြန်ဝင်သွားရော။ ဧည့်ခန်းထဲမှာ သူနဲ့၊ ကလေးနဲ့ နှစ်ယောက်ပဲကျန်တယ်။ ကလေးကတော့ ကိုဘကောင်းကို စိတ်မဝင်စားဘူး။ တီဗွီကိုပဲ ကြည့်နေတယ်။ လက်ထဲမှာလည်း ကိုဘကောင်းသိချင်တဲ့ ပစ္စည်းလေးကို ကိုင်လို့။ ဒါနဲ့ ကိုဘကောင်းလည်း သည်တစ်ခါတော့ ကလေးကိုမေးရင် ဟန်ကျပြီးပေါ့လေ။ တံတွေး တစ်ချက်မျိုချပြီး ခပ်တိုးတိုးမေးတယ်။

"ဖိုးစီ .... မင်းလက်ထဲကဘာ ဘာလဲကွ"

သူ့မိတ်ဆွေရဲ့သား ဖိုးစီက သိပ်ကြီးလှတာတော့ မဟုတ်သေးဘူး။ ငါးနှစ်သားလောက်တော့ ရှိလိမ့်မယ်။ အာရုံက တီဗွီမှာများနေတော့ ကိုဘကောင်းမေးတာ မကြားဘူး။ ရယ်စရာ ရှိတာရယ်တယ်။ ပြုံးစရာရှိတာ ပြုံးတယ်။ ပြီးတော့ မျက်နှာလေးတည်သွားတဲ့အခါ တည်သွားတယ်။ ကိုဘကောင်းက သည်တစ်ခါတော့ ဖိုးစီလက်ကို တို့လိုက်တယ်။ ဖိုးစီက လှည့်ကြည့်တော့မှ ပထမသူ့မေးခွန်းကို ပြန်မေးတယ်။ ဖိုးစီက မဖြေသေးဘူး။ ဟာ သည်ဘိုးတော် လာနောက်နေပြန်ပြီ ဆိုတဲ့ပုံနဲ့ ကိုဘကောင်းကို ကြည့်တယ်။ ကလေးပေမယ့် ကိုဘကောင်းက နည်းနည်းတော့ ရှက်သွားတယ်။ ဒါပေမယ့် မေးစရာရှိတာတော့ မေးမှတော်မယ်လို့ ဆုံးဖြတ်ပြီးသား

ဆိုတော့ ကလေးလက်ထဲက ပစ္စည်းလေးကို ခဏပြပါလားကွာ ဆိုတဲ့ပုံနဲ့ တောင်းလိုက်တယ်။ သည်တစ်ခါတော့ ဖိုးစီက စိတ်လိုလက်ရ ပေးပါတယ်။ ကိုဘကောင်းက သူ့လက်ထဲ ရောက်လာတဲ့ ခပ်မည်းမည်း အတုံးအရှည်လေးကို တော်တော်ကြာကြာ ကြည့်နေလိုက်တယ်။ ဘာမှတော့ နားမလည်ဘူးပေါ့လေ။ ဒါပေမယ့် သေသေချာချာ ပတ်ပတ်နပ်နပ် အနုလုံ ပဋိလုံ ကြည့်တယ်။ သိပ်တော့ ထူးထူးဆန်းဆန်း မဟုတ်ပါဘူး။ ထိပ်မှာ အပေါက်ကလေး တစ်ပေါက်ပါတယ်။ အပေါက်ကလေးအတွင်းမှာ ဖန်ကြည်မီးသီးကလေးလို ဟာလေးတစ်ခုပါတယ်။ နောက် အင်္ဂလိပ်ဂဏန်းတွေပါတယ်။ ကော်အကောင်းစားနဲ့ လုပ်ထားတယ်။ ဒါပဲသူတွေ့တယ်။

"ဒါကို ဘာခေါ်သလဲကွ ဖိုးစီ"

"လမုတ်ကွန်ထိုး"

"ဟေ ...."

မြတ်စွာဘုရား အလုပ်တော့ တော်တော်လုပ်ပေးပါရဲ့။ နာမည်ကျတော့ ဆန်းလှချည်လား။ ကလေးကတော့ ဒါပဲဖြေပြီး တီဗွီ ကြည့်နေတာ၊ ထပ်မကွန့်တော့ဘဲ ဟုတ်ထင်ပါရဲ့ပေါ့။ ကိုဘကောင်း သူ့ဟာသူ ရယ်ချင်တယ်။ သိလည်း သိချင်တယ်။ ဒါနဲ့ ဖိုးစီကို ဒါလေးနဲ့ လုပ်ပြစမ်းပါဦးကွာလို့ ပြောတော့ ဖိုးစီက အရေးထဲ လာရစ်နေပြန်ပြီ ဆိုတဲ့ပုံနဲ့ ပစ္စည်းလေးကို ပြန်ယူတယ်။ ခလုတ်တွေ နှိပ်ပြီး မြဝတီနဲ့ မြန်မာ့ရုပ်မြင်သံကြားကို တစ်လှည့်စီ ပြောင်းပြတယ်။ အသံကိုတိုးလိုက်၊ ကျယ်လိုက်လုပ်ပြတယ်။ အရုပ်တွေကို မှောင်သွားလိုက် လင်းသွားလိုက် ဖြစ်အောင် လုပ်ပြတယ်။ ကိုဘကောင်းကတော့ အံ့သြနေရတာပေါ့။ လမုတ်ကွန်ထိုး ဆိုတဲ့ ကောင်က အကောင်သာသေးတယ်။ တယ်ဟန်ကျပါလားပေါ့လေ။ ကလေးဆီက ခဏပြန်ယူ၊ ဖင်တစ်ပြန် ခေါင်းတစ်ပြန်ကြည့်။ တိုးလို့၊ ကျယ်လို့ရတယ်။ မှိန်လို့၊ လင်းလို့ရတယ်။ ဟိုဖက် သည်ဖက်ကြိုက်တာ ပြောင်းလို့ရတယ်။ ဒါကို လမုတ်ကွန်ထိုး ခေါ်တယ်။ ဒါ ကိုဘကောင်း ရလိုက်တဲ့ သည်ပစ္စည်းလေးနဲ့ ပတ်သက်တဲ့ ပထမဆုံး အတွေ့အကြုံပဲ။

ကိုဘကောင်း တော်တော်ဝမ်းသာသွားတယ်။ သူ့မိတ်ဆွေကို စောင့်ရင်း၊ သူ့ဟာသူ လည်း စဉ်းစားတယ်။ ဒါကို ဘယ်နိုင်ငံက တီထွင်တာလဲ။ တီထွင်သူကကော ဘယ်သူလဲ။ ကမ္ဘာ မြေပေါ်မှာ သည်ပစ္စည်းလေးပေါ်နေတာ ကြာပြီလား။ သူက အင်္ဂလိပ်နာမည်ဆိုးဆိုး ထက်စာရင် ထိုင်ရာမထခလုတ်လို့ မြန်မာနာမည်ပေးရင် ပိုမကောင်းဘူးလားလို့လည်း တွေးမိနေသေးတယ်။ သူတို့ငယ်ငယ်က ရေခဲသေတ္တာကို မသိုးဓာတ်သေတ္တာကြီးလို့ ခေါ်ခဲ့ကြသလိုပေါ့။ စန္ဒရားကို ဗီရိုတယောကြီးလို့ ခေါ်ခဲ့ကြသလိုပေါ့။ သည်ပစ္စည်းကလေးကို ထိုင်ရာမထခလုတ်လို့ခေါ်ရင် ရနိုင်တာပဲ မဟုတ်လား။ သူ့ဟာသူတွေးနေတုန်း သူ့မိတ်ဆွေရောက်လာတာနဲ့ သည်ကိစ္စ ပြတ်သွားတယ် ဆိုပါတော့။ ဒါပေမယ့် ညဥ့်နက်လို့ ကိုဘကောင်း သူ့အိမ်သူပြန်လာတဲ့အထိ သည်ပစ္စည်းလေးရဲ့ အရိပ်တွေက သူ့ခေါင်းထဲပါလာတယ်။ သူ့ဟာသူလည်း အင်မတန်ခိုင်မြဲတဲ့

အမိန့်ဌာန်တစ်ခု ပြုလိုက်တယ်။

"တစ်နေ့ ငါဟာ လမုတ်ကွန်ထိုးတစ်ခု မုချပိုင်ဆိုင်ရမယ်။ သည်လမုတ်ကွန်ထိုးနဲ့ တိုးခြင်း၊ ကျယ်ခြင်း၊ လင်းခြင်း၊ မှိန်ခြင်း၊ ရွှေ့ခြင်း၊ ပြောင်းခြင်းအလုပ်ကို တစ်နေ့ ငါကိုယ်တိုင် လုပ်နိုင်ရမယ်။ မဖြစ်မနေ ငါကြိုးစားမယ်"

ကိုဘကောင်း အိမ်ရောက်တော့ အိပ်ချိန်ကိုး။ သူ့မိန်းမမစိန်လှ တံခါးဖွင့်ပေးပြီး ခုတင်ပေါ် ပြန်အိပ်တယ်။ မစိန်လှ မေးခနဲပျော်ကာ ရှိသေး၊ သူ့ဘေးက ကိုဘကောင်းက သူ့အမိန့်ဌာန်ကို ထအော်တော့ လန့်သွားတယ်။ ပြီးတော့မှ အိပ်ချင်မူးရီအသံနဲ့ သူ့ယောကျာ်းကို စကားတစ်ခွန်း မပီမသပြောတယ်။ ပြီးတော့ ဆက်အိပ်တာပါပဲ။

"ကိုဘကောင်း ခေါင်းရင်းက ထုတ်တန်းမှာ ပတ္တမြားသွေးဆေးရှိတယ်။ ရေအေးအေး တစ်ကျိုက်လောက်နဲ့ သောက်လိုက်"

(၂)

ကိုဘကောင်းကတော့ အဲသည်နေ့ကစပြီး သူ့အမိန့်ဌာန်အတိုင်း ပိုက်ဆံစုတော့တာပါပဲ။ ခက်တာက သည်ပစ္စည်းကလေးတစ်ခုထဲ သွားဝယ်လို့ ရရင်တော့လည်း ကောင်းသားပေါ့။ ဒါပေမယ့် သည်ပစ္စည်းက တီဗွီကိုပဲ ခိုင်းလို့ရတယ် ဆိုတာလောက်တော့ ကိုဘကောင်း သိပါတယ်။ ပိုက်ဆံစုတယ် ဆိုတာလည်း တီဗွီဝယ်ဖို့ စုတာပါပဲပေါ့။ တီဗွီဝယ်တော့မှ ဒါလေး ပါလာလိမ့်မယ်။ ပါလာတော့မှ တီဗွီထဲက အရုပ်တွေကို ဒါလေးနဲ့ခိုင်းလို့ရမယ် ဆိုတာ လောက်တော့ ကိုဘကောင်း သိပါတယ်။ ခက်တာက သည်ခေတ် တီဗွီတစ်လုံးရဲ့ ဈေးကလည်း နည်းတာ မဟုတ်ဘူး။ မိတ်ဆွေအပေါင်းအသင်းတစ်ချို့ကတော့ ကိုဘကောင်း တီဗွီဝယ်ချင်မှန်း သိတော့ လက်ရှိသူတို့ ကြည့်နေတာလေး ယူလှည့်ပါလား။ ဈေးလျှော့ပေးမယ်လို့တော့ စကားစပ်ကြတယ်။ အဲသလိုတော့လည်း ကိုဘကောင်း မလုပ်ချင်ဘူး။ ဝယ်မှဝယ်ရင်တော့ လည်း အသစ်ပဲဝယ်ချင်တယ်။ ဝယ်ရင်လည်း သည်ပစ္စည်းလေးပါတာမျိုးမှ ဝယ်ချင်တယ်။ သူ့အိမ် နားက တီဗွီပြင်တဲ့ မောင်ညွှန့်ကို သည်ကိစ္စမေးတာနဲ့ တီဗွီအမျိုးအစားတွေလည်း တော်တော် သိနေပါပြီ။ ဒေဝူးတဲ့၊ ဂျေဗီစီတဲ့၊ တိုရှီဘာတဲ့၊ ဆန်ဆောင်းတဲ့၊ ဆိုနီတဲ့၊ နေရှင်နယ် ပင်နာ ဆောနစ်တဲ့။ ဝယ်ချင်ရင်တော့ ကောင်းလည်းကောင်း ဈေးလည်းသင့်တဲ့ ဂျေဗီစီ လောက်တော့ ဝယ်မှကောင်းမတဲ့။

"တီဗီတွေကလည်း ဈေးမသေးဘူး ကိုဘကောင်း။ ကျွန်တော်စေတနာနဲ့ ပြောတာ။ ကျွန်တော့်ဆီမှာ တိုရှီဘာ ဝမ်းဖိုးသရီးဖိုက် ရမ်မက်တစ်ဗစ်ရှင်တစ်လုံး ရှိတယ်။ ဝွဒ် စက်ကင်း ဟင်းတော့ စက်ကင်းဟင်းပဲ။ ကျွန်တော် ဖစ်နစ်ရှင်လိုက်ပြီးသား။ အသံကလည်း စတီရီယိုတိုက်၊ ပြီးတော့ တူးဝေး စပီကာဗျာ ကိုင်း ...."

ကီဗွီပြင်ဆရာ မောင်ညွှန့်က ကိုဘကောင်းကို သူပြင်နေတဲ့ တီဗွီတွေထဲက ပိုင်ရှင် ရောင်းခိုင်းတဲ့ တစ်လုံးကို ကိုဘကောင်း မဝယ်ချင်ဝယ်ချင်အောင် အင်္ဂလိပ်လို များများညှပ်ပြီး ညွှန်းရင် သူ့ဆီက တော်တော်ဝယ်ခဲ့ကြဖူးတော့ ကိုဘကောင်းကိုလည်း သည်နည်းကိုပဲ သုံးကြည့်လိုက်တာပေါ့လေ။

"မင်းဟာက လမုတ်ကွန်ထိုး ပါသလား"

"ဟာ ကိုဘကောင်းကလည်း ပါတာပေါ့။ ပြီးတော့ လမုတ်ကွန်ထိုး မဟုတ်ပါဘူး။ ရီမုကွန်ထရိုးပါ။ ရီမုဆိုတာက အဝေးကြီးကဆိုတဲ့ သဘောကို ပြောတာ။ ကွန်ထရိုးဆိုတာက ထိန်းချုပ်တယ်ပေါ့ဗျာ။ အဝေးက ထိန်းချုပ်တဲ့ ကိရိယာဆိုတဲ့ သဘောဆိုပါတော့"

အေးပါ။ အဲသလို ဖြစ်ပါလိမ့်မယ်။ ဖိုးစီက လမုတ်ကွန်ထိုးဆိုလို့ သူကလည်း လမုတ်ကွန်ထိုး ဆိုပြီး လူတော်တော်များများကို သည်အကြောင်းပြောခဲ့တာတွေ ပြန်တွေးရင်း ကိုဘကောင်း နည်းနည်းတော့ မအီမသာ ဖြစ်သွားသေးဆိုပါစို့ရဲ့။ ဘာပဲဖြစ်ဖြစ် မောင်ညွှန့်က အင်္ဂလိပ်လို များများပြောပြီး သူ့ကို တိုရှီဘာတီဗွီ တစ်ပတ်ရစ် တစ်လုံးတော့ ထိုးရောင်းနေပြီ။ သူဝယ်မလား၊ မဝယ်ဘူးလား၊ မောင်ညွှန့်က သည်အမျိုးအစားက သူစိတ်ဝင်စားတဲ့ ရီမုကွန်ထရိုး ဆိုတာလည်း ပါသတဲ့လေ။ သူ့မိန်းမ မစိန်လှနဲ့ တိုင်ပင်တော့ တော်လိုချင်တာကြီး ပါတယ် ဆိုမှတော့ အသစ်မမှန်းနဲ့ပေါ့တော်တဲ့။ မောင်ညွှန့်ကတော့ ကျုပ်တို့ လင်မယား အပေါ် မညစ်တန်ကောင်းပါဘူးတဲ့။ ကျုပ်ကတော့ တော်မှ မနေနိုင်ရင် ဝယ်ပေါ့လေတဲ့။ ပိုက်ဆံ မပြည့်ရင် လည်း ကျုပ်ဆွဲကြိုးလေး ထုတ်ရောင်းပေါ့တဲ့။ ပြောရှာပါတယ်။ ဒါပေမယ့် ကိုဘကောင်းက မောင်ညွှန့်ကို မယုံဘူး။ အင်္ဂလိပ်လို များများညှပ်ပြောလို့ကို မယုံတာ။ ပြီးတော့ ဖြစ်နိုင်ရင် သူကအသစ်ပဲလိုချင်တယ်။ သည်တော့ မောင်ညွှန့်လည်း နားခံသာအောင် အသစ်ဝယ်ဖြစ် တော့မှပဲ ကူညီပါကွာ။ ငါတောပြန်ပြီး ယောက္ခမ လက်ငုတ်လက်ရင်းဟာလေး ပြန်ရောင်းပါဦး မယ် စသဖြင့် စကားပြန်တော့ မောင်ညွှန့်ကလည်း ဒါတော့ ကိုဘကောင်းသဘောလေ .... တဲ့။

ကိုဘကောင်းနဲ့ မစိန်လှကလည်း ချဉ်ရည်ဟင်းများများ သောက်ပြီး ရသမျှငွေလေး ကျစ်ကျစ်ပါအောင် စုတာကိုပဲ မပြည့်နိုင်ဘူး။ တီဗွီဈေးတွေကလည်း တဖြည်းဖြည်း တက်သွား လိုက်တာ ပိုက်ဆံလေးပြည့်မယ် ကြံရင်း တက်သွားရင်း၊ မီလုမီခင်ဖြစ်မယ် ကြံရင်း ဈေးက ခုန်တက်သွားရင်းဆိုတော့ လိုက်လို့ပဲ မဆုံးနိုင်တော့ဘူး ပြောပါတော့။ ဒါတောင် မစိန်လှ ကိုယ်က ရှိစုမဲ့စု ရွှေကလေးဖြုတ်ရောင်းတာပါ ပါသေးတာကလား။ တောက ယောက္ခမ ဟာ ကလေး ဆိုတာလည်း ပါးစပ်ကသာပြောတာ။ မရောင်းရက်တော့ လင်မယား နှစ်ယောက် မနက် ရေသောက်၊ ညရေသောက် စုကြရုံပေါ့။ ကိုဘကောင်းက ပိုက်ဆံများ ရမယ်ဆိုလို့ကတော့ လုပ်သလားမပြောနဲ့။ မစိန်လှကတော့ကော သူ့ယောကျ်ားလိုချင်တဲ့ လမုတ်ကွန်ထိုး ဆိုတာ ကြီးက ဘာမှန်းမသိဘဲနဲ့ကို ကြိုးစားနေတာ။ ရပ်ကွက်ထဲ အဝတ်လည်ဖွပ်တယ်။ အချိုမှုန့်

ထုပ်ရောင်းတယ်။ ဘုရင့်နောင်ဈေးက ဆန်ဝယ်ပြီး ခွက်ခြင်ရောင်းတယ်။ သီရိမင်္ဂလာဈေးက တညင်းသီးဝယ်ပြီး ဆားရည်စိမ်ပြီး ရောင်းတယ်။ အိမ်နားက ဖယောင်းတိုင်စက်မှာ ညဖက် ဝင်လုပ်လိုက်သေးတယ်။ သည်ကြားထဲ မောင်ညွန့်က အကြံတစ်ခု ထပ်ပေးတယ်။

"ခင်ဗျားတို့လင်မယားကို ကျွန်တော်အကြံပေးမယ်။ တီဗွီဝယ်ရင် နှစ်ဆယ့်တစ်လက်မ ကိုဝယ်၊ ဆယ့်လေးလက်မ မဝယ်နဲ့။ ကျွန်တော်ပြောတာ သေသေချာချာ နားထောင်၊ နှစ်ဆယ့် တစ် လက်မ တီဗွီနဲ့တွဲဖွင့်တဲ့ အောက်စက်လည်း ဝယ်လိုက်။ ဘာမှပိုမကျတော့ဘူး။ ဂျေဗီစီ အထက်အောက်တစ်စုံမှ ရှိလှရင် လွန်ရောကျွံရောတစ်သိန်းခွဲပဲ။ ခင်ဗျားတို့ တီဗွီ မကြည့်ချင် တဲ့အခါ ဇာတ်ထုပ်ငှားကြည့်လို့ရမယ်ဗျာ။ နောင်တစ်ချိန်ပြစားချင်ရင်လည်း ဖြစ်တယ်ဗျာ။ အောက်စက်ချည်းပဲ ငှါးချင်ရင်လည်း တစ်ပွဲပြနှစ်ရာနဲ့ ငှားစားနိုင်တယ်ဗျာ"

"မင်းပြောတဲ့ ရီမုကွန်ထရိုးကော ပါသလား"

"ဟာ .... ပါတာပေါ့ ကိုဘကောင်းရဲ့။ နှစ်ခုတောင်ပါမှာ။ တီဗွီအတွက်က တစ်လုံး၊ အောက်စက်အတွက်က တစ်လုံးပါမှာလေ။ နေဦးဗျ။ ဒါဆိုရင် ဂျေဗီစီ အေဗွီဘီတွမ်တီဝမ်းအမ် မိုဒယ်ကိုဝယ်"

မောင်ညွန့်ပေးတဲ့အကြံကို လင်မယားနှစ်ယောက် တစ်ညလုံး တိုင်ပင်တယ်။ သည်တစ်ခါ တော့ မစိန်လှကပါ စိတ်ဝင်စားသွားတယ်။ အောက်စက်ဆို တာကြီးပါရရင် သူကြိုက်တဲ့ ကျော်ရဲအောင်ဇာတ်ထုပ် တော်တော်များများ ငှားကြည့်ဖို့က တော်တော်လွယ်သွားပြီ။ ကိုဘကောင်း တော့ ပြောစရာတောင် မလိုတော့ဘူးထင်ပါရဲ့။ လင်မယားနှစ်ယောက် ကိုယ့်စိတ်ကူးနဲ့ ကိုယ် စိတ်ကူးတွေယဉ်လို့။ မစိန်လှက အိပ်မက်ထဲမှာ ကျော်ရဲအောင်နဲ့ ကွင်းပြင်ထဲမှာ လက်ချင်း ချိတ်ပြီး ပြေးကြလို့။ ကိုဘကောင်းကတော့ ရီမုတ်ကွန်ထရိုး နှစ်ခုကိုင်ပြီး မှိန်လိုက်၊ လင်းလိုက် လုပ်ကြည့်လိုက်၊ အသံတွေတိုးလိုက်၊ ကျယ်လိုက်လုပ်ကြည့်လိုက် မြဝတီရုပ်မြင်သံကြားနဲ့ မြန်မာရုပ်မြင်သံကြား တစ်လှည့်စီတောင် မကတော့ပါဘူး။ ဗီဒီယို ဇာတ်ကားဖက်ကို ချယ်နယ် ပြောင်းလိုက်၊ စိတ်ကူးထဲမှာ ဖြစ်နေကြတာ ပြောပါတယ်။ အိပ်မက်ထဲမှာ ဖြစ်နေကြတာ ပြောပါတယ်။

"သည်လိုဆိုရင် ကျော်ရဲအောင်လေးရောင်းပြီး အဲလေ .... တောကယာလေး ရောင်းပြီးသာ ဖြည့်ဝယ်လိုက်ပါတော်။ မထူးတော့ပါဘူး။ ကျုပ်တို့လည်း မြို့ရောက်နေတာ မိုးခေါင်တာနဲ့၊ ပိုးကျတာနဲ့ မထူးပါဘူး"

တောက ယာလေးတစ်ကွက် အမွေရထားတာ ရောင်းလိုက်ပါလားလို့ ဘယ်တုန်းကမှ မပြောခဲ့တဲ့ မစိန်လှ ကျော်ရဲအောင်ကြည့်ရမယ်ဆိုတော့ ဘိုးဘွားအမွေကို ပိုးကျသလေး၊ မိုးခေါင်သလေးလုပ်တော့တာလေ။ မည်သို့ပင်ဖြစ်စေကာမူပေါ့လေ အဲသည့်ညက ကိုဘကောင်း နဲ့မစိန်လှ ဘိုးဘွားပိုင်ယာလေးကို တစ်ယောက်က ကျော်ရဲအောင်နဲ့လဲဖို့ တစ်ယောက်က

ရီမှတ်ကွန်ထရိုးနဲ့လဲဖို့ ဆုံးဖြတ်လိုက်ကြတာပါပဲ၊ သည်လိုနဲ့ပဲ ....။

(၃)

တိုတိုပြောကြပါစို့ရဲ့။ ကိုဘကောင်း တောကယောက္ခမယာလေး ပြန်ရောင်းတယ်။ ငွေ ရှစ်သောင်းလား၊ တစ်သိန်းလား ရလိုက်တယ်။ ရှိစုမဲ့စု ခြစ်ခြုတ်စုထားတာလေးနဲ့ ပေါင်းလိုက်တော့ ဂျေဗီစီတွမ်တီဝမ်းအမ် နှစ်ဆယ့်တစ်လက်မ တယ်လီဗေးရှင်းတစ်လုံးနဲ့ အိတ်ချ် အာရ် ဗီဆစ်စတီဝမ်းကေ ဗီဒီယိုအောက်စက်တစ်လုံး ရလိုက်တယ်။ ကိုမောင်ညွန့်နဲ့ပဲ လိုက်ဝယ်ပေးတာပါ။ တကယ်လည်း ရီမှတ်ကွန်ထရိုး နှစ်ခုပါလာတာပါပဲ။ တီဗွီအတွက်က ခပ်ပြားပြား လက်သုံးလုံးလောက်က တစ်ခု၊ ဗီဒီယိုပလေယာအတွက်က ခပ်ခုံးခုံးလက်နှစ်လုံး လောက်က တစ်ခု။ ရီမှတ်ကွန်ထရိုးတွေ ကိုင်ပုံကိုင်နည်းနဲ့ လုပ်ဆောင်ပုံစနစ်ကို တီဗွီပြင် ဆရာမောင်ညွန့်ကပဲ ရှင်းပြတယ်။ တီဗွီနဲ့အောက်စက်ကို ဘယ်လိုကိုင်တွယ်ရမလဲ ဆိုတာလည်း ရှင်းပြတယ်။

"အရေးကြီးဆုံးက သည်စက်တွေထဲမှာ အဆင့်မြင့်ဗို့အားတွေ ရှိတယ်။ ပြီးတော့ မိုးရေတို့ ရေမှုန်ရေမွှားတို့ မဝင်အောင်လည်း ဂရုစိုက်ဖို့လိုတယ်။ အပူနဲ့ နေရောင်ခြည် တိုက်ရိုက် ကျတာမျိုးတို့၊ အေးလွန်းတဲ့နေရာတို့၊ စိုထိုင်းဆများတာတို့၊ ဖုံထတဲ့နေရာတို့၊ တုန်နေတဲ့ နေရာတို့၊ သံလိုက်စက်ကွင်းရှိတဲ့နေရာတို့၊ လေဝင်လေထွက်ပေါက်တွေ ပိတ်ဆို့ထားတာတို့၊ စက်ပေါ်မှာ အလေးအပင်တင်တာတို့၊ ထူလွန်း၊ မာလွန်း၊ ပျော့လွန်းတဲ့နေရာမှာ မထားမိဖို့၊ ဒေါင်လိုက် မထားမိဖို့တို့ .... စသဖြင့် ဒါတွေကို ရှောင်ဖို့လိုတယ်"

"မောင်ညွန့်ရာ မင်းဟာက မလွန်လွန်းဘူးလား။ သောက်ကျိုးနဲ့ ငါ့မိဘတောင် အဲသလို မထားခဲ့ဖူးဘူး"

"ခင်ဗျားတို့စက်က မိုဒယ်မြင့်တယ် ကိုဘကောင်းရဲ့။ စစ်စတမ်က အင်တီအက်စ်ီရော၊ စီကမ်ရော၊ ပါးလ်ရော ပါတယ်။ အင်တီအက်စ်ီပလေဘက်ပါတယ်။ ဒါက ပါးစနစ်နဲ့လွှင့်တဲ့ ရုပ်မြင်သံကြားစက်တွေမှာ သုံးတာ။ ကျွန်တော်တို့မြန်မာ့ ရုပ်မြင်သံကြားစနစ် အင်တီအက်စီ သုံးဒသမငါးရှစ်နဲ့ လွှင့်တော့ ပြဿနာမရှိဘူး။ နောက် ဒီဂျစ်တယ်ထရက်ကင်းကလည်း အော်တိုစနစ်ဗျ။ အောက်တိုပလေးဘက်ရော၊ ရီပီပလေးဘက်ရော၊ ရှတ်တဲလ်တော့ချ်ရော၊ စတီး အင်းစလိုးမိုးရှင်းရော၊ လိုင်းရီကောဒင်းရော၊ ကာရာအိုကေ ဆာ့ချ်ရောပါတယ်"

ကိုဘကောင်းကတော့ စိတ်ညစ်လှပြီ။ မစိန်လှကလည်း မျက်စိမျက်နှာတွေ ပျက်လို့။ သည့်လိုမှန်းသိ ယာမရောင်းပါဘူးလို့ တွေးမိဟန်တူပါရဲ့။ မျက်ရည်ကလေးစို့လိုက်လို့။ သည်လောက် အင်္ဂလိပ်လိုများတဲ့ဟာကြီး သူတို့လင်မယားနဲ့ ဖြစ်ပါမလားလို့လည်း တွေးတယ်။ မောင်ညွန့်ကတော့ ဒါတွေ ဘာသိမှာတုန်း။ သူတတ်ထားတာလေး အင်္ဂလိပ်လို များများသုံးပြီး ရှင်းပြတုန်း။ အော်တိုပါဝါအွန်တို့၊ အော်တိုရီဝိုင်းတို့၊ အော်တိုပလေးဘက်တို့၊ အော်တို ပါဝါ

အော့ဖ်တို့၊ အော်တိုပါဝါအော့ဖ် အီဂျက်တို့၊ အော်တို ဟက်ကလင်းနင်းတို့ ဆိုတာ ကလဲပါရဲ့။ အောက်စက် ဖွင့်ပုံဖွင့်နည်းကိုလည်း လက်တွေ့ဖွင့်ပြတယ်။ အောက်စက်ရဲ့ ရှေ့ပိုင်းနဲ့ နောက်ပိုင်းက အလုပ်လုပ်ရမယ့် ခလုတ်တွေရဲ့ သဘာဝတွေလည်း ရှင်းပြတယ်။

"ဒါတွေတော့ ထားပါတော့ကွာ။ ရီမုတ်ကွန်ထရိုးကတော့ ရှင်းပါတယ်။ ချယ်နယ်လ်တွေ ပြောင်းနိုင်တယ်။ အလင်းအမှောင် ပြောင်းနိုင်တယ်။ ခပ်လင်းလင်း ကြည့်မယ်ဆိုရင် ဘရိုက် ဆိုတာပေါ်လာအောင်နှိပ်၊ သာမန်ဆိုရင် စတင်းဒတ်၊ ခပ်မှောင်မှောင်ကလေး ကြိုက်ရင် ဆော့ဖ် နဲ့ကြည့် နောက်ဟောဒီထိပ်က အပေါက်လေး ဒါကို ပိတ်မနေရဘူး။ ဒါက အောက်စက်မှာ လာတဲ့ ဆင်ဆာဝင်းဒိုးခေါ်တဲ့ အာရုံခံပေါက်ကို ချိန်နှိပ်ရတာဆိုတော့ ပိတ်နေရင် မရဘူး။ ဒါက အရေးကြီးတယ်။ နောက် ဟောဒီအောက်က အတုံးလေး သုံးတုံးကိုကြည့်"

မောင်ညွန့်ကတော့ အင်္ဂလိပ်လိုရော မြန်မာလိုပါတောင် မကတော့ဘူး။ လက်တွေ့ပါ သင်တန်းပေးနေရတော့တာပါ။ ကိုဘကောင်း ရီမုတ်ကွန်ထရိုး သင်တန်းကို စာတွေ့ရော လက်တွေ့ပါ လက်ဖက်တစ်ရိုး၊ ရေနွေးကြမ်းတစ်ခွက် ရှင်းပြီး သင်တာပါပဲ။ မိစိန်လှကတော့ ရီမုတ်ကွန်ထရိုးဆိုတာကတော့ မိန်းမကိစ္စ မဟုတ်ဘူးလို့ တွက်ပုံရတယ်။ သိပ်စိတ်ဝင်စားပုံ မရဘူး။

"ကျွန်တော်က အောက်စက် ရီမုတ်ကွန်ထရိုးကို သေသေချာချာပြမယ်။ သူ့မှာ တီဗွီ ရီမုတ် ကွန်ထရိုးက ဖန်ရှင်တွေပါ ပါနေတော့ သည်တစ်ခုပြတာနဲ့ လုံလောက်ပါတယ်။ သည်မယ် ကြည့်။ ဟောဒီသုံးလုံးက တီဗီချယ်နယ်ပြောင်းတာ တွေ့လား။ အပေါင်းအနုတ် ပြထားတာ။ အပေါင်းလက္ခဏာပါရင် ချယ်နယ်ကြီးသွားမယ်။ အနုတ်လက္ခဏာပါရင် ငယ်သွားမယ်။ သည် နှစ်တုံးရဲ့ဘေးက အတုံးက အော်ပရိတ်လို့ခေါ်တယ်။ ဒါက လျှပ်စစ် ဓာတ်အားကို ပိတ်တာနဲ့ ဖွင့်တာ။ ဟောသည် သူ့အောက်က သုံးတုံးကတော့ ဗော်လျူမ်းလို့ ခေါ်တဲ့ ဘောလုံးပေါ့ဗျာ။ သူက ကျယ်ကျယ်ကြိုက်ရင် အပေါင်းကိုနှိပ်။ တိုးတိုးကြိုက်ရင် အနုတ်ကိုနှိပ်။ သူ့ဘေးက အတုံးကတော့ တီဗီနဲ့ ဗီဒီယို ချိန်းတဲ့ဟာ။ ဟုတ်ပြီနော်။ ဒါက တီဗီလိုင်း ဟုတ်ပြီ၊ အောက်မှာ ဗီဒီယိုချိန်းတဲ့ဟာ။ ဟုတ်ပြီနော်။ ဒါက တီဗီလိုင်း ဟုတ်ပြီ အောက်မှာ ဗီဒီယိုပိုင်းလာတော့မယ် တွေ့လား နှစ်တုံး။ ဘယ်ဘက်က အတုံးကလည်း တီဗီနဲ့ ဗီဒီယိုချိန်းတာပဲ။ ညာဘက်ကအတုံးက လျှပ်စစ်ဓာတ်အား ပိတ်တာနဲ့ဖွင့်တာပဲ။ ဟောသည် သူ့အောက်က သုံးတုံးကတော့ ဘယ် အစွန်က အော်တိုထရက်ကင်။ ထရက်ကင်ဆိုတာက အရုပ်ကြည်မကြည် ချိန်တာ။ ဘေးက နှစ်တုံးက အနုတ်နဲ့အပေါင်း ပြထားတာ။ ဒါပဲ။ အနုတ်နဲ့အပေါင်းမှ ချိန်ပြီး ကြည်ပြီဆိုရင် ရပ်တော့။ ပြီးရင် သူ့ဘေးက အော်တိုခလုတ်ကို ပြန်နှိပ်ထားရုံပဲ။ နောက် ဟောဒီမှာကြည့်၊ သူ့အောက်မှာ သုံးတုံးထပ်တွေ့တယ်နော်။ ဘယ်အစွန်က နောက်ပြန်ရစ်တာ။ အလယ်ကစက်ကို မောင်းတာ။ ညာအစွန်က ရှေ့ကို ကျော်ရစ်လိုက်တာ။ ဟိုအခန်းတွေဘာတွေ ပါလာရင်

ကျော်ရစ်တာ ဒီဟာတွေပဲ”

ဟိုအခန်းတွေဆိုတော့ ကိုဘကောင်းက တံတွေးမျိုချတယ်။ မစိန်လှကတော့ အခုမှ ဒီမည်းမည်းပလတ်စတစ်တုံးလေးက ဒီစက်ရဲ့ဆရာပါကလားလို့ ရိပ်မိသွားပုံရတယ်။ သေသေချာချာ လိုက်ကြည့်တယ်။

“ဟောဒီ အောက်ဆုံးသုံးတုံးကတော့ဗျာ ဘယ်အစွန်ကအတုံးက ခင်ဗျားတို့မှာ ဗီဒီယို အခွေအလွတ်ရှိလို့ တီဗီကလာတာကို ဖမ်းထားချင်ရင် ဖမ်းပေးနိုင်တဲ့ခလုတ်။ အလယ်ကကောင်ကတော့ အဲဒီလိုဖမ်းထားတာကို ရပ်ချင်ရင်နှိပ်ရတဲ့ကောင်။ ညာအစွန်က ကောင် ကတော့ ပေါ့စ်လို့ခေါ်တယ်။ ခဏရပ်ထားချင်ရင် ရပ်ထားလို့ရတယ်ကောင်။ ဒါတွေ အားလုံးကို နှိပ်လို့ရမယ့် စက်ကွင်းဧရိယာက ရှစ်မီတာအတွင်းပဲ ဖြစ်ရမယ်။ ပေအစိတ်လောက်ပေါ့ဗျာ”

မောင်ညွှန့်က ပါးစပ်ကလည်းရှင်း လက်ကလည်းလုပ်ပြလိုက်တာ တော်တော်ကြာသွားတယ်။ ဒီတော့မှပဲ လက်ဖက်တစ်ရိုးပါးစပ်ထဲ ထည့်ရတော့တယ်။ ကိုဘကောင်းကတော့ မောင်ညွှန့်ရှိတုန်း အမျိုးမျိုးလုပ်ကြည့်နေတာပါပဲ။ အရောင်လေးမျိုးလောက်ကို စိုသွားအောင်၊ ခြောက်သွားအောင်၊ တောက်ပသွားအောင်၊ မှိန်ကျသွားအောင် အမျိုးမျိုးလုပ်ပြတယ်။ လက်တွေ့ပြတာလည်း ကြည့်ဦး။ မစိန်လှက ဗီဒီယိုစက် ရောက်လာမယ်ဆိုကတည်းက လမ်းထိပ် ဗီဒီယိုဆိုင်က ကြို့ငှားလာတဲ့ ကျော်ရဲအောင်ပါတဲ့ ဗီဒီယိုခွေနဲ့ ပြတာဆိုတော့ ကျော်ရဲအောင်ကလည်း စိုသွားလိုက်၊ ခြောက်သွားလိုက်၊ အသံမထွက်လိုက်၊ အသံထွက်လိုက်၊ အရောင်တွေရင့်သွားလိုက်၊ အရောင်တွေ ပျော့သွားလိုက်၊ တစ်ခါတစ်ခါ အမြန်ရစ်လိုက်တော့ တောက်တက်တောက်တက် ပြေးလိုက်၊ ရပ်ထားလိုက်တော့ ပါးစပ်ကြီးပြဲ ကျန်ရစ်လိုက်။ ဒါကိုပဲ ကိုဘကောင်းသိပ်ကျေနပ်နေတာပေါ့လေ။ မောင်ညွှန့်ကိုလည်း ကျေးဇူးတင်ရဲ့။ မောင်မင်းကြီးသား အင်္ဂလိပ်ကို လျှော့ပြောလို့သာပေါ့။ မောင်ညွှန့်ပြန်သွားတော့ မစိန်လှက ကျော်ရဲအောင် ဇာတ်ထုပ်နဲ့ပဲ ဗီဒီယိုနဲ့တီဗွီကို မင်္ဂလာယူပြီးဖွင့်ကယ်။ မစိန်လှက ဇာတ်ထုပ် ဖွင့်ထည့်နေတုန်း ကိုဘကောင်းကလည်း ရီမုတ်ကွန်ထရိုးနဲ့ အမျိုးမျိုးလုပ်ကြည့်နေတာပါပဲ။ မစိန်လှအိပ်တော့မှ ရီမုတ်ကွန်ထရိုးကို အကြာကြီး ကိုင်ကြည့်နေမိတယ်။ ပြောခဲ့ပါပကော။ သူအရင်က ဒါမျိုးမမြင်ဖူးဘူး။ ဒီလက်နှစ်လုံး၊ သုံးလုံးလောက်ရှိမယ့်ကောင်က တီဗွီထဲက အရုပ်တွေကို၊ ဒါမှမဟုတ် ဗီဒီယိုထဲက အရိပ်တွေကို ဒီလောက်တောင်နိုင်လိမ့်မယ် မထင်ခဲ့ဘူး။ လက်စသပ်တော့ ဒီအကောင်က အခရာကိုး။ ကြည့်ဦးလေ။ ဒါလေးရဖို့ သူ့မှာ လုပ်လိုက်ရတာ။ ယောက္ခမယာကွက်ကလေး လည်းဆုံးပြီ။ ညဉ့်နက်တော့မှ ရီမုတ်ကွန်ထရိုးကို အနားကစားပွဲပေါ် လှမ်းတင်ဖြစ်တော့တယ် ပြောပါတော့။

(၄)

ဒီလိုနဲ့ ကိုဘကောင်းက ဖိုးစီနဲ့မောင်ညွှန့်သင်ပေးလိုက်တဲ့ ရီမုတ်ကွန်ထရိုးသင်တန်း

တွေအပြီးမှာ လက်တွေ့ပါပေါင်းစပ်လိုက်တယ် ထင်ပါရဲ့။ တော်တော့်ကို ကျွမ်းကျင် သွားတယ်။ အားအားရှိတိုင်း တီဗွီကလာတာတွေရော၊ ဗီဒီယိုကလာတာတွေပါ ရီမုတ်ကွန်ထရိုး တစ်ခုနဲ့ လုပ်ချင်တိုင်း လုပ်နေတာ နေ့တိုင်း။ မစိန်လှကတော့ စိတ်ညစ်လှပြီထင်ပါရဲ့။ ညနေစောင်း ကိုဘကောင်း အလုပ်ကပြန်လာရင် တီဗွီရှေ့မထိုင်တော့ပါဘူး။ သူစိတ်ကူးထားတဲ့ ကျော်ရဲအောင် ဗီဒီယိုကားတွေ ထောင်းထအောင် ကြည့်လိုက်မဟဲ့ဆိုတာများလည်း ပျောက်ကုန်ပြီကိုး။ ကိုဘကောင်းကတော့ အောက်စက်ထဲကို ဗီဒီယိုအခွေတစ်ခွေ ထည့်ထားပြီး ချယ်နယ်တွေ ပြောင်းတယ်။ ဒီတော့ မြဝတီဝင်တဲ့အခါ ဝင်လာတယ်။ မြန်မာ့ရုပ်မြင်သံကြား ပေါ်လာတဲ့ အခါလည်း ရှိတယ်။ စိတ်မထင်ရင်တော့ ဗီဒီယိုချန်နယ် ပြန်ဖွင့်တယ်။ အသံတွေကို တိုးကြည့်တယ်။ ကျယ်ကြည့်တယ်။ အရောင်တွေပိန်းနေအောင် ချိန်သင့်တဲ့အခါ ချိန်တယ်။ ဖြုပတ်ဖြုရော် ဖြစ်ချင်တဲ့ အခါလည်း ခလုတ်ကလေးနှိပ်ပြီး လျှော့လိုက်တာပေါ့လေ။ ဗီဒီယို ဆိုရင်လည်း ရပ်ချင်တဲ့အခါ အကြာကြီးရပ်ထားတာပါပဲ။ အမြန်ရစ်ခလုတ်နှိပ်လို့ ပြေးကြ၊ လွှားကြတာတွေကိုလည်း ကိုဘကောင်း သဘောကျတယ်။ အရုပ်တွေနောက်ပြန်ဆုတ်ပြေးတာများဆိုရင် ကိုဘကောင်း ခဏခဏ လုပ်လေ့ရှိတယ်။

ဒါပေမယ့် ရီမုတ်ကွန်ထရိုးတစ်ခုနဲ့ သူလုပ်ချင်တာ လုပ်နေရတာကို ကိုဘကောင်း ကြာတော့ ငြီးငွေ့လာတယ်။ ဒါပေမယ့် ဝတ္တရားမပျက် ညနေမှုစောင်းပြီဆိုရင် ကိုဘကောင်း သူ့အလုပ် သူလုပ်တာပါပဲ။ လုပ်ရင်းကလည်း သူစဉ်းစားမိတာရှိတယ်။ တစ်နေ့ သူ ရီမုတ်ကွန်ထရိုးတစ်ခုနဲ့ လျှောက်ကလိရင်းက ဒီပစ္စည်းလေးရဲ့ထိပ်က အပေါက်ကလေးကို ကြည့်ပြီး စဉ်းစားတယ်။ တစ်ရက်တော့ သူ့မိန်းမမစိန်လှကိုတောင် ပြောမိတယ်။

"စိန်လှရေ ငါစဉ်းစားမိတာပေါ့ဟာ။ လောကမှာ သက်ရှိသက်မဲ့အားလုံး ဓာတ်ကြီး လေးပါးနဲ့ ဖွဲ့စည်းထားတာချည်း မဟုတ်လား။ ဒါကြောင့် ဒီပစ္စည်းလေးလည်း ဓာတ်ကြီးလေးပါး အစုအဝေး၊ တီဗွီ၊ ဗီဒီယိုဆိုတာတွေကလည်း ဓာတ်ကြီးလေးပါး အစုအဝေးပဲ။ နင်စဉ်းစား ကြည့်လေ။ ငါတို့လူဆိုတာကကော ဘာလဲ။ ပထဝီ၊ တေဇော၊ အာပေါ၊ ဝါယောပဲ။ ဒါက ပြေးမလွတ်ဘူး။ တီဗွီထဲက အရုပ်တွေက အသက်ဝိညာဉ်မရှိပေမယ့် ဒီကိရိယာလေးက ရပ်ခိုင်းလို့ရတယ်။ လင်းအောင် လုပ်လို့ရတယ်။ ပြေးအောင်၊ လွှားအောင်၊ လုပ်လို့ရတယ်။ ကြည်လင်ပြတ်သားအောင် လုပ်လို့ရတယ်။ ပါးစပ်ဟ စကားပြောနေပေမယ့် မကြားရအောင် လုပ်လို့ရတယ်။ တအားအော်ပြောခိုင်းရင်လည်း ခများများအော်ကြရတယ်"

ကိုဘကောင်းက ရီမုတ်ကွန်ထရိုးကြီး ကိုင်ထားရင်း မစိန်လှကို အကဲခတ်တယ်။ သူ့ယောကျ်ား ကိုဘကောင်းက ဘုန်းကြီးကျောင်းထွက်ဆိုတော့လည်း ကိုဘကောင်းပြောတာတွေဟာ တရားဓမ္မဘက်နွယ်တယ်လို့ မစိန်လှကလည်း သဘောထားပုံရတယ်။ ငြိမ်ပြီး နားထောင်နေတယ်။

"ကိုင်း .... ငါပြောတာနင်စဉ်းစားကြည့်လေ သဝိညာဏကတွေကိုကော ခိုင်းလို့ရမယ်

ထင်တယ်။ ဒါကြီးနဲ့ထိုးပြီး ခလုတ်ကလေးတွေ နှိပ်လိုက်ရင် လူတွေလည်း ဒီလိုနေမှာပဲ ထင်တယ်”

ကိုဘကောင်းက ပါးစပ်ကပြောရင်း ရီမုတ်ကွန်ထရိုးနဲ့ မစိန်လှကို လှမ်းချိန်တော့ မစိန်လှက ဆတ်ခနဲ မတ်တတ်ရပ်ပြီး အနားကတဘက်နဲ့ကာတယ်။

“တော်နော် ပေါက်ကရမလုပ်နဲ့။ ဘာလဲတော်က ကျုပ်ကို နောက်ပြန်ပြေးစေချင်လို့လား။ အသံမထွက်စေချင်လို့လား။ ပါးစပ်ကြီးပြဲကျန်အောင် လုပ်ချင်တာလား။ အောင်မာ၊ တော့် ဉာဏ် မသိတာမှတ်လို့”

ကိုဘကောင်း အဲဒီလိုပြောတဲ့နေ့ကတည်းက မစိန်လှ ကိုဘကောင်းကိုချည်း အကဲခတ်နေတယ်။ ကိုဘကောင်းကတော့ သူ့သုတေသနကို မစိန်လှနဲ့ စမ်းလို့မရမှန်းသိတော့ တော်တော် စိတ်ညစ်သွားတယ်နဲ့ တူပါရဲ့။ တီဗွီကအရုပ်တွေကို ခါတိုင်းထက်ပိုပြီး လုပ်တော့တာပါပဲ။ မျက်လုံးကြီးပြူးပြီး ဘာစကားမှ မပြောတော့ဘဲ ရီမုတ်ကွန်ထရိုးက ခလုတ်တွေချည်း နှိပ်နေတော့တာလေ။

ကိုဘကောင်းတို့အိမ်ကို ရီမုတ်ကွန်ထရိုးကြီး ရောက်လာပြီး တစ်နှစ်ပြည့်တဲ့နေ့မှာပဲ ကိုဘကောင်းတို့အိမ်မှာ အသုဘပေါ်တယ်။ သေတာက ကိုဘကောင်းလည်း မဟုတ်ဘူး။ မစိန်လှလည်း မဟုတ်ဘူး။ မစိန်လှအဖေ။ ကိုဘကောင်းယောက္ခမသေတာ။ အဘိုးကြီးက လေဖြန်းထားတော့ အိပ်ရာထဲက မထနိုင်တာကြာပြီ။ အသက်ကလည်း ၈၀ကျော်ပြီ။ လူသေပြီ ဆိုမှတော့ ကိုဘကောင်းက သူ့တီဗွီကြီးနဲ့ အောက်စက်တွေကို ခဏသိမ်းထားရတာပေါ့လေ။ နာရေးကလည်း အလောင်းပြင်ကြ၊ ဝိုင်းကြ၊ ဝန်းကြနဲ့ အသုဘအိမ်မှာ လူတော်တော်စုံနေပြီ။ အဲဒီမှာတင် မစိန်လှက ဘာမပြော၊ ညာမပြော၊ ကောက်ကာငင်ကာ ထငိုတော့တာပါပဲ။

“အောင်မလေး .... ကိုဘကောင်းရဲ့၊ ဒါတော့်ဉာဏ်အကုန်ပဲလားတော်ရဲ့။ တော့ လမုန်ကွန်ထိုးကြီးနဲ့ ကျုပ်အဖေကို ကော်စမ်းနေတာလေ။ စိုအောင်လုပ်လိုက်၊ ခြောက်အောင် လုပ်လိုက်၊ ပြေးခိုင်းလိုက်၊ ရပ်ခိုင်းလိုက်၊ အသံမထွက်အောင် လုပ်လိုက်၊ အသံထွက်အောင် လုပ်လိုက်၊ မှောင်အောင်လုပ်လိုက်၊ လင်းအောင်လုပ်လိုက်၊ တော်စမ်းနေတာ ကျုပ်မသိဘူး မှတ်နေသလား၊ သေနာကျကြီးရဲ့။ ယာကွက်ကလေးရောင်းလိုက်ရတဲ့ လမုတ်ကွန်ထိုးကြီးရဲ့”

လူတွေကတော့ ဘာသိမှာတုန်း။ မစိန်လှက အဲဒီလိုအော်လိုက်တော့ ကိုဘကောင်းကို ဝိုင်းကြည့်ကြတယ်။ ကိုဘကောင်းကလည်း ပြောလည်းပြောစရာ။ သူ့အင်္ကျီနှစ်ဖက်မှာ ရီမုတ် ကွန်ထရိုးကြီးနှစ်ခုက တစ်ဖက်တစ်အိတ်ထောင်လို့။ ပါးစပ်ကလည်း ကွမ်းပလုတ်ပလောင်းနဲ့။ မျက်လုံးကြီးကလည်း ပြူးလို့။ အသုဘကိုလာတဲ့လူတွေကတော့ မစိန်လှ ငိုချင်းကို ရယ်ရခက်၊ ငိုရခက်ပေါ့လေ။ ပြုံးပြုံးကြီးတွေနဲ့။

(၁၉၉၈ခုနှစ်၊ ဖြူးမိတ်ဆွေများစာကြည့်အသင်း၏ဝတ္ထုတိုဆုရဝတ္ထုတို)

ခက်ဆစ်များ

ရီမုတ်ကွန်ထရိုး (န) 遥控器(remote control)

ပြက် (န) 平面的宽度，幅宽，面宽

ကြွတက် (က) 突起，隆起

ထိုးချိန် (က) 指着，对着，瞄着

ခလုတ် (န) 开关，电键，电钮

တီဗွီဖန်သား (န) 电视屏幕(荧光屏)

စိတ်လိုလက်ရ (ကဝ) 真心实意，全心全意

ပတ်ပတ်နပ်နပ် (ကဝ) 透彻，确切

အနုလုံပဋိလုံ (ကဝ) 反反复复，细致地

ကော် (န) 胶

ထပ်ကွန့် (က) 重复(某一动作)

ရစ် (က) 纠缠

ဖင်တစ်ပြန်ခေါင်းတစ်ပြန် (ကဝ) 翻来覆去，仔细地(看)

မှိန် (က) 光线暗淡

ရေခဲသေတ္တာ (န) 电冰箱

သိုး (နဝ) 馊

စန္ဒရား (န) 钢琴

တယော (န) 小提琴

အဓိဋ္ဌာန် (န) 决心，誓言

မှေး (က) 打盹儿，瞌睡

အိပ်ချင်မူးရီ (ကဝ) 极度困倦

ထုတ်တန်း (န) 梁

မအီမသာ (ကဝ) 身体不适；不悦，不快

တစ်ပတ်ရစ် (န) 半新不旧之物

ထိုးရောင်း (က) 硬卖给别人

ညစ် (က) 使坏，陷害

ချဉ်ရည်ဟင်း (န) 酸味汤

ခွက်ခြင် (န) (量粮食或液体的)量具、容器

ဆားရည်စိမ် (က) 用盐水浸泡

ဇာတ်ထုပ် (န) 故事片；戏剧

ချယ်နယ် (ချန်နယ်) (န) (频道)按钮(channel)

မိုးခေါင် (က) 天旱，干旱

ပိုးကျ (က) 生虫，闹虫害

ခြစ်ခြုတ် (က) 使劲；想尽办法搜取

ဗို့အား (န) 电压，伏特数

စိုထိုင်းဆ (န) 相对湿度

သံလိုက်စက်ကွင်း (န) 磁场

ဒေါင်လိုက် (ကဝ) 纵向，竖着

မိုဒယ် (န) 方式，样式，模式(mode)

ဖန်ရှင် (န) 函数

အပေါင်း (န) 加号；正号

အနုတ် (န) 减号；负号

စက်ကွင်း (န) (遥控)范围

အခရာ (န) 纲要，主要环节，关键

ပထဝီ (န) 地，大地

တေဇော (န) 火焰；火

အာပေါ (န) 水

ဝါယော (န) 风，气

သဝိညာဏက (န) 活着的动物

ပေါက်ကရ (န) 杂乱，杂乱无章之物

လေဖြန်း (က) 全身浮肿

သေနာကျ (န) (骂人用语)死鬼，该死的，短命的

ပလုတ်ပလောင်း (က၀) 大口大口地，狼吞虎咽

ဂွဒ် good 好

စက်ကင်းဟင်း second-hand 用过的，旧的

ဖစ်နစ်ရှင် finishing 精修，修整

စတီရီယို stereo 立体声

တူးဝေးစပီကာ two-way speaker 双声道扬声器

စစ်စတမ် system 系统，体系

အင်တီအက်စီ NTSC （接收方式）

စီကမ် SECAM （接收方式）

ပါးလ် PAL （接收方式）

ပလေဘက် play back 重放录音

ဒီဂျစ်တယ်ထရက်ကင်း digit track 数字（轨迹）

အော်တို auto 自动

ရီပိ repeat 重播

စတီးအင်းစလိုးမိုးရှင်း stilling slowmotion 静止慢镜头

လိုင်းရီကောဒင်း line recording 录制

ဘရိုက် bright 明亮的

စတင်းဒတ် standard 标准的

ဆော့ဖ် soft 柔和的

ဆင်ဆာဝင်းဒိုး sensor window 遥控接收窗（受光部）

အော်ပရိတ် operate 操作

ဗော်လျူမ်း volume 音量

အော်တိုထရက်ကင် auto tracking 自动节目选择，自动搜台程序

ပေါ့စ် pause 暂停

စာဆိုအတ္ထုပ္ပတ္တိ

နေဝင်းမြင့် (၁၉၅၂–)

၁၉၅၂ခုနှစ်၊ ဖေဖော်ဝါရီလ ၆ရက်နေ့တွင် မကွေးတိုင်း၊ ပွင့်ဖြူမြို့နယ် ကုန်းဇောင်း ကျေးရွာ၌ အဖဦးဘရွှေ၊ အမိဒေါ်သိန်းတို့မှ ဖွားမြင်ခဲ့သည်။ အမည်ရင်းမှာ ဦးဝင်းမြင့် ဖြစ်သည်။

ဒသမတန်းအထိ ပညာသင်ကြားခဲ့သည်။ ညင်းကုန်းအုတ်စက်ရုံ အမှတ် ၁ တွင် ပညာသည် (ထုတ်လုပ်ရေး) တာဝန် ထမ်းဆောင်ခဲ့သည်။

ပထမဆုံးဖော်ပြခံရသောစာမူမှာ မိုးဝေမဂ္ဂဇင်းတွင်ပါရှိသော ခေတ်ပေါ်မြန်မာဇာတ်သဘင်ရဲ့ အပြစ်အင်္ကျီ ဖြစ်သည်။

မဂ္ဂဇင်းများတွင် ဝတ္ထုတို ၁၀၀ ကျော်၊ ဘာသာပြန် ဝတ္ထုနှင့် ဆောင်းပါးများ၊ ကဗျာ ခံစားမှု ဆောင်းပါးများ၊ ခနစီးပွားရေး မဂ္ဂဇင်း၊ မျက်နှာဖုံးဆောင်းပါးများ ရေးသားဆဲ။

“ဆယ့်နှစ်ကြိုးဝတ္ထုတိုများ”ဖြင့် ၁၉၉၂ခုနှစ် အမျိုးသားစာပေ ဝတ္ထုတိုပေါင်းချုပ်ဆု ဆွတ်ခူးရရှိခဲ့သည်။ စာပေရေးသားခြင်းဖြင့် အသက်မွေးနေထိုင်လျက်ရှိသည်။

လေ့ကျင့်ခန်း

၁။ "ရီမုတ်ကွန်ထရိုး" ဝတ္ထုတိုပါ ခေတ်သစ်သိပ္ပံပစ္စည်းကလေးနှင့် လူတစ်ယောက်အကြောင်းကို သုံးသပ်ဝေဖန်ပါ။

၂။ ဤဝတ္ထုတို၏ ဇာတ်ဆောင်နှင့် ဇာတ်လမ်းကို ဆွေးနွေးတင်ပြပါ။

သင်ခန်းစာ(၃၀) ငါးတန်အထီးကြီးတွေ

作品导读

脂鲇又称酪鱼（身上有粘滑膜），生活于近海咸水中，凉季（缅历10—11月份）集群溯伊洛瓦底江而上，到淡水中产卵，幼鱼长大到一定程度后返归海中。每年的鱼汛期，当产卵的鱼群进入伊洛瓦底江时，总有三两条有经验的雄性老脂鲇作为前哨为鱼群探路，它们冒着自己被捕获的危险将鱼群带到安全的地方。在幼鱼长成的这段时间，老雄性脂鲇还要外出觅食，用身体附着食物回来让幼鱼咬噬，宁愿自己落得遍体鳞伤甚至命丧江底。在《老雄性脂鲇》（2000）中，作者用了颇多笔墨介绍上述鱼类知识其实另有用意。哥丁貌基和他的同事们含辛茹苦将子女们培养成才，曾经对他们抱有那么殷切的希望，付出了那么多的心血。可悲的是，当哥丁貌基晚年多病，骨瘦如柴，又没有经济能力接受良好医疗时，床前却没有一个子女照顾和接济。他们的结局就如同伊洛瓦底江底奄奄一息的老雄性脂鲇一般，令人心酸。作品引发思考的是关于尽孝道和感恩父母的话题，以及社会保障问题。

ငါးတန်အထီးကြီးတွေ

ချစ်စံဝင်း

ပုဇွန်တောင်သို့ ပြောင်းလာခဲ့သည်က ခြောက်လကျော်ခဲ့ပြီ ဖြစ်သည်။ သို့သော် ကျွန်တော်တို့သည် ရေကျော်ဈေးနှင့် မျက်မှန်းမတန်းမိသေးသလို ပုဇွန်တောင်ဈေးနှင့်ကလည်း စိမ်းနေဆဲဖြစ်၏။ ကျွန်တော်တို့အိမ်က ထိုဈေးနှစ်ခုကြားတွင် ရှိ၏။

ရေကျော်ဈေးက ငယ်သည်။ ဝက်သားနှင့် ကြက်သား သုံးဆိုင်လောက်စီနှင့် အမဲသားတစ်ဆိုင်၊ ငါးအရောင်းဆိုင် ဆယ်ဆိုင်လောက်သာ ရှိ၏။ ဟင်းသီးဟင်းရွက် သစ်သီးဝလံဆိုင်များက အိမ်ကြီးလမ်းတစ်လျှောက် စုံစုံလင်လင်ရှိ၏။

ပုဇွန်တောင်ဈေးက ဧရာမဈေးကြီးဖြစ်၏။ လက်ကားဈေး ဖောက်သည်ဈေးကြီးဖြစ်၏။

ငါးဆိုင်ချည်း တစ်ရာကျော်ရှိသည်။ သားငါးပုဇွန် သူ့ရာသီနှင့်သူ အစုံရသည်။ ဖားချိန် ဖားရသည်။ ငါးချိန်ငါးရသည်။ ရေချိုငါး၊ ရေငန်ငါး၊ မွေးမြူရေးငါးအစုံရသည်။ ပုဇွန်တောင်ဈေးတွင် ငါးရံ့၊ ငါးမြွေထိုး၊ ငါးပြေမ လတ်လတ်ဆတ်ဆတ်ရသည်။ ငါးကြင်း၊ ငါးတန်၊ ငါးမြင်းတို့က ရွှေလိုဝင်းနေကြသည်။ ငါးမြင်း၊ ငါးတန်၊ ငါးပတ်တို့က အဖိုးတန် ဈေးကြီးသောငါးများဖြစ်၏။

ထိုဈေးနှစ်ခုအနက် ဘယ်ဈေးကို သွားရမည်ကို အချိန်နှင့် ဆုံးဖြတ်ရသည်။ ကလေးများကျောင်းပိတ်ရက် အချိန်လုံလောက်စွာ ရသောနေ့များတွင် ပုဇွန်တောင်ဈေးသို့သွား၍ ထမင်းဟူးစာစာထည့်ပေးရမည့် နေ့များတွင် ကျွန်တော်တို့ ရေကျော်ဈေးသို့ သွားကြသည်။

ဒီနေ့တော့ ကလေးများကျောင်းပိတ်ရက်မို့ ကျွန်တော်တို့ ဇနီးမောင်နှံ ပုဇွန်တောင်ဈေးသို့ ထွက်ခဲ့ကြ၏။ ပုဇွန်တောင်ဈေး ရောက်တော့ ဈေးရောင်းဈေးဝယ်တွေကများ၊ ဈေးပရိဝုဏ်က ကြီးသောကြောင့် လိုရာသို့ မရောက်နိုင်သေးဘဲ ဈေးတွင်းက လူစီးကြောင်းကြီးထဲတွင် မျောပါနေသေး၏။ တစ်ခါတရံ လူစီးကြောင်း အတွင်း၌ ဇနီးဖြစ်သူနှင့် လူချင်းကွဲကာ သူ့ကိုကိုယ်ရှာ၊ ကိုယ့်ကိုသူရှာ ဖြစ်ကာ ကိန္နရာချောင်းခြား ဇာတ်ခင်းရသည်များလည်း ရှိသည်။ သို့သော် ပုဇွန်တောင်ဈေးထိပ်တွင်တော့ ခုနစ်နှစ်ကြာအောင် ကျွန်တော်တို့ မငိုဖြစ်ကြ။

ဈေးလူစီးကြောင်းတွင် မျောပါနေရင်း ဟိုဘက် စီးကြောင်းမှအသိက ဒီဘက် စီးကြောင်းမှအသိကို လှမ်း၍ အပြန်အလှန် နှုတ်ဆက်ကြသည်များလည်း ရှိ၏။ ပြောရင်းဆိုရင်း ဟိုဘက်လူစီးကြောင်းမှ ကဗျာဆရာမောင်သွေးသစ်က လက်ဟန် ခြေဟန်ဖြင့် ကျွန်တော်တို့အားလှမ်း၍နှုတ်ဆက်နေသည်။ မောင်သွေးသစ် ဆိုသည်က ရုပ်ရည်က သနားကမားရှိသော်လည်း အမူအရာက ပြဇာတ်မင်းသားလိုလို ရှေ့ထွက်မင်းသားလိုလို ဟန်ပန်စတိုင်နှင့် ကဗျာဆရာ ဖြစ်သည်။

“စာပြင်ဆရာ ဦးတင်မောင်ကြီးတစ်ယောက် အသည်းအသန်ဖြစ်နေတယ်၊ ဆရာချစ်ကိုခေါ်ပေးပါလို့လည်း ပြောနေတယ်။ အိမ်လာပြောမလို့၊ အခုဈေးထဲမှာ တွေ့တာ အတော်ပဲ” ဟု မောင်သွေးသစ်က တစ်ဖက်လူစီးကြောင်းအတွင်းမှ ကျွန်တော့်ကို လှမ်းပြောသည်။ လှမ်းပြောရင်းသူလည်း လူစီးကြောင်းအတွင်း ဆက်၍ ဆက်၍ မျောပါသွား၏။

ကျွန်တော်တို့သည် ဈေးကို လက်ယာရစ်ပတ်မိရာ ငါးတန်းသို့ ရောက်လာ၏။ ဇနီးဖြစ်သူက ဘာငါးဝယ်မလဲ၊ ငါးကြင်းဝယ်မလားဟု ဆို၏။ ငါးကြင်းက အရိုးများတယ်၊ ငါးမြင်းဝယ်မလားဟု ဆိုတော့ ဇနီးဖြစ်သူက ငါးမြင်းက ဈေးကြီးတယ်၊ ငါးတန်ပဲဝယ်မည်ဟု ဆို၏။ ထို့နောက်တော့ ငါးတန်ဟင်းနှင့် လိုက်ဖက်မည့် အမည်အချို့ကို ရှာဖွေဝယ်ရင်း လူစီးကြောင်းကြီးထဲမှ ထွက်ခဲ့ကြ၏။ ဈေးထဲတွင် တစ်နာရီခွဲလောက်ကြာသည်။ ငါးတန်သား လက်လေးသစ်လောက်သာရ၍ ပါသမျှ ပိုက်ဆံ ကုန်သွားသည်။ ထို့ကြောင့် ပိုက်ဆံများ ကျပျောက်လေ

သလားဟု ဇနီးဖြစ်သူက ဈေးထိပ်တွင် ရပ်ကာ ပိုက်ဆံတွက်နေသေး၏။ တွက်ကြည့်တော့ ကုန်သွားသောဈေးဖိုးနှင့် ဝယ်လာသောပစ္စည်းက အကိုက်ဖြစ်သည်။

ငါးက ဈေးကြီးသောကြောင့် ပါလာသောငွေသည် ငါးတန်ဖိုးမျှနှင့် ကုန်သလောက် ဖြစ်သွားရခြင်းဖြစ်သည်။ ဒီတော့မှ ဇနီးဖြစ်သူသည် ခုနစ်နှစ်လောက် ငိုချင်စိတ်ပေါက်သွား၏။

"ကိုက ဈေးကြီးတဲ့ငါးဝယ်လို့ ပိုက်ဆံကုန်သွားတာ" ဟု ဇနီးဖြစ်သူက ငြီးငြီးညူညူနှင့် ဆိုသည်။

"မဟုတ်ပါဘူးကွာ၊ ငါးဈေးကိုက ကြီးလာတာပါ၊ ငါးကြင်းလို အရိုးများတဲ့ ငါးကျတော့ ကလေးတွေက မစားဘူး၊ ဒါကြောင့် အရိုးနည်းတဲ့ငါးဝယ်ဖို့ တိုက်တွန်းတာပါကွာ" ဟု ကျွန်တော် ဖြေရှင်းချက်ပေးရ၏။ ဇနီးဖြစ်သူက "ငါးတွေက ဘာပြုလို့ ဈေးကြီးကုန်တာလဲ မသိပါဘူး၊ ငါးဈေးက ကျတယ်လို့ မရှိပါဘူး။ အမြဲတက်နေတာပဲ"

"ငါးတွေက ရှားရှားလာလို့ ဈေးပိုကြီးလာတာပေါ့" ဟု ကျွန်တော်ကဆိုသည်။

"ငါးက ဘာပြုလို့ရှားလာတာလဲ မြန်မာပြည်မှာ မြစ်တွေ၊ ချောင်းတွေက တစ်ပုံကြီးပဲဟာ"

"ငါးရှားတဲ့အကြောင်းပြောရရင် အရှည်ကြီးပဲကွာ။ လူတွေများလာလို့၊ လူဦးရေ တိုးပွားလာလို့၊ ပါးစပ်ပေါက်တွေ များလာလို့၊ ငါးရှာဖားရှာတဲ့လူတွေ များလာလို့ ငါးရှားလာတာက လည်း တစ်ကြောင်းပဲ။ ဒါပေမယ့် ငါးကို စည်းကမ်းမဲ့ဖမ်းလို့ ငါးရှားလာတာကလည်း တစ်ကြောင်း"

"စည်းကမ်းမဲ့ ဖမ်းကြတယ် ဆိုတာကို ရှင်းပြစမ်းပါဦးရှင်" ဟု ဇနီးဖြစ်သူက ဆိုသည်။

"ဒီလိုကွ ငါးမှာ အကြေးပါတဲ့ငါးနဲ့ အကြေးမပါတဲ့ ငါးနှစ်မျိုး ရှိတယ်။ များသောအားဖြင့် အကြေးပါတဲ့ငါးက အရိုးများတယ်။ ငါးတန်၊ ငါးမြင်း၊ ငါးပတ် စတဲ့ငါးတွေက အကြေးမပါတဲ့ ငါးတွေ။ ငါးသလောက်၊ ငါးကြင်း၊ ငါးမြစ်ချင်း၊ ငါးပြေမ စတဲ့ငါးတွေက အကြေးခွံပါတဲ့ ငါးတွေ။ အကြေးခွံပါတဲ့ ငါးတွေက လေးတယ်။ အကြေးခွံမပါတဲ့ငါးတွေက ချိုတယ်။ ငါးတန်တို့၊ ငါးမြင်းတို့ဆိုတဲ့ ငါးတွေက ရေငန်မှာနေပြီး ရေချိုမှာ လာပေါက်တဲ့ငါးတွေ"

"ငါးရှားတဲ့အကြောင်း တိုက်ရိုက်ပြောစမ်းပါရှင်။ နိဒါန်းချီနေတာ များလွန်းနေပြီ"

"နားထောင်ပါကွာ ငါးတွေအကြောင်းက စိတ်ဝင်စားစရာကောင်းလို့၊ ပြည့်ပြည့်စုံစုံ ပြောမှလည်း ငါးရှားတဲ့ဇစ်မြစ်ကို ဖော်နိုင်မှာမို့ နိဒါန်းချီပြီး ပြောရတာပါကွာ။ ငါးတန်တွေ၊ ငါးမြင်းတွေဟာ ရေငန်မှာ နေကြပေမယ့် အုပ်ဖွဲ့ပြီး တစ်နှစ်တစ်ကြိမ် ရေချိုရှိရာမြစ်ထဲမှာ လာပြီး သားပေါက်ကြတယ်။ အထူးသဖြင့်တော့ သူတို့ဟာ ဧရာဝတီမြစ်ရိုးအတိုင်း ဝင်လာတတ်ကြ တာပဲ။ ငါးတန်တစ်အုပ်မှာဆိုရင် အကောင် ၇၀ကနေ ၈၀အထိ ပါတယ်။ ငါးတန်တွေက တစ်ပိဿာကောင် ကနေ ခြောက်ပိဿာကောင်အထိ ရှိတယ်။ ငါးတန်အုပ်သားပေါက်ဖို့ ရေချိုထဲ ဝင်လာရင် ငါးတန်အုပ်တိုင်းမှာ ကင်းငါးတန်ဆိုတဲ့ ငါးတန်ကြီးနှစ်ကောင် သုံးကောင် ရှေ့ဆုံးက

အမြဲပါလာတတ်တယ်။ ဒီကင်းငါးတန်ကြီး နှစ်ကောင် သုံးကောင်းဟာ ဧရာဝတီမြစ်ထဲမှာ အခုလိုသားပေါက်ဖို့ တက်လာတဲ့ အတွေ့အကြုံ အနည်းဆုံးတစ်ကြိမ်တော့ ရှိတဲ့ ငါးကြီးတွေချည်း ဖြစ်တယ်။ အချို့လည်း နှစ်ကြိမ်၊ အချို့လည်း သုံးကြိမ်လောက် အတွေ့အကြုံ ရှိကြတယ်"

"ကင်းငါးတန်တွေက ရှေ့ကနေ ဦးဆောင်ပြီး ကင်းအဖြစ် တက်လာကြတာပါ။ အဲဒီ နောက်မှ ငါးတန်အုပ်ကလိုက်တာ၊ ရေချိုထဲဝင်လာရင် ငါးတန်အုပ်ဟာ ပထမဆုံး အန္တရာယ် ကင်းတဲ့နေရာကို ရှာကြတယ်။ တွေ့ရင် အဲဒီနေရာမှာ သူတို့က ပုန်းနေကြတယ်။ အန္တရာယ် ကင်းတဲ့နေရာမှာ ငါးတန်အုပ်ပုန်းနေချိန်မှာ ကင်းငါးတန်တွေဟာ ရှေ့ဆက်မယ့်ခရီးအတွက် အန္တရာယ်ရှိမရှိ စနည်းနာထွက်ကြတယ်။ စနည်းနာလို့ အန္တရာယ် မရှိတော့ဘူးဆိုမှ ငါးတန်အုပ်ဟာ တံငါသည်များ အိပ်မောကျချိန် နံနက်သုံးနာရီလောက်မှာ ပုန်းနေတဲ့နေရာက စထွက်ပြီး ရှေ့ခရီးဆက်ကြလေ့ရှိတယ်။ ခရီးအတော်ပေါက်လို့ အန္တရာယ်ကင်းပြီး အစာပေါတဲ့နေရာတွေ ရောက်ရင် ဒီငါးတန်အုပ်ဟာ တစ်ထောက် ဝင်နားကြပြန်တယ်။ ကင်းငါးတန်ကြီးတွေဟာ အဲဒီလို ကင်းထောက် စနည်းနာရင်း တစ်ခါတစ်လေ တံငါသည်တွေနဲ့ တွေ့ပြီး အဖမ်းခံရတာလည်း ရှိတယ်။ ရှေးတံငါသည်ကြီးတွေဟာ သားပေါက်ဖို့အလာခရီးမှာ ကင်းငါးတန်ကို မိရင် ပြန်လွှတ်ပေးလေ့ရှိတယ်"

"ဘာပြုလို့ ဖမ်းမိတဲ့ငါးကို ပြန်လွှတ်ပေးတာလဲကိုရဲ့"

"ငါးရှားပါးတဲ့ကိစ္စအတွက် ဒါဟာအရေးကြီးတဲ့အချက်ပဲ။ ကင်းငါးတန် အဖမ်းခံရပြီဆိုရင် သားပေါက်မယ့်ငါးတန်အုပ်ဟာ ခေါင်းဆောင်မယ့်သူ မရှိတော့ဘဲ ဘယ်သွားရမှန်းမသိ၊ ဘယ်ခိုရမှန်းမသိဘဲ တစ်အုပ်လုံး ကစဉ့်ကလျားဖြစ်ပြီး အုပ်စုကွဲရတဲ့အဖြစ်များနဲ့ ကြုံရတဲ့ အတွက် ရှေးတံငါသည်ကြီးများက ကင်းငါးတန်ကို အလာခရီးမှာမိရင် ပြန်လွှတ်ပေးတာကတော့ ငါးမျိုးမပြုန်းတီးဖို့အတွက် ငါးတန်အုပ်သားပေါက်တဲ့နေရာထိ သွားနိုင်အောင် ကင်းငါးတန်ကြီးကို ပြန်လွှတ်လိုက်တာပဲ"

"ဖမ်းမိတဲ့ငါးတန်ကို ကင်းငါးတန်လို့ ဘယ်လိုသိနိုင်မှာလဲကိုရဲ့"

"ပြာသို၊ တပို့တွဲ ငါးတန်တွေ သားပေါက်ဖို့ ဧရာဝတီကို တက်လာတဲ့ အချိန်လည်း ဖြစ်တယ်။ ငါးတန်က အကောင်လည်းကြီးမယ်။ တစ်ကောင်တည်း မိတာမျိုးလည်း ဖြစ်ရင် ဒီငါးတန်ကို ကင်းငါးတန်လို့ အလွယ်နဲ့ သိနိုင်တာပေါ့။ ကင်းငါးတန်တွေဟာ သားပေါက်မယ့်အုပ်ကို ဦးဆောင်လာရလို့ သူတို့ကိုယ်မှာ ဒဏ်ရာတွေဘာတွေလည်း ရှိတတ်တယ်။ ဒီတော့ သားပေါက်ဖို့ တက်လာချိန် ဒဏ်ရာရရှိတဲ့ အကောင်ကြီးငါးတန်ကို မိရင် ကင်းငါးတန်လို့ တွက် ဆနိုင်တာပေါ့။"

"ရှေးတံငါကြီးတွေဟာ ကင်းငါးတန်ကို အတက်ခရီးမှာ လွှတ်ပေးလိုက်ပေမယ့် သားပေါက်ပြီး ရေငန်ကိုအပြန်ခရီးမှာ မိရင်တော့ လွှတ်မပေးတော့ဘူး"

"ဒါဆိုရင် တရားတာပေါ့နော်"

"ဒါပေမယ့် ခုခေတ် ငါးရှာဖားရှာသမားတွေဟာ ကင်းငါးတန်မိပြီးလို့ရှိရင် ကင်းငါးတန်ကို လွှတ်မပေးရုံသာမကဘူး။ အနီးအနားမှာ ငါးတန်အုပ်ရှိမှာပဲ ဆိုပြီး တံငါသည် အချင်းချင်း လက်တို့ အုပ်စုဖွဲ့ပြီး အဲဒီငါးတန်အုပ်ကို လေးဘက်လေးတန်က ဝိုင်းဝန်း ပိတ်ဆို့ပြီး ငါးတစ်အုပ်လုံးကို ဖမ်းကြတော့တာပဲ။ ဒီတော့ ငါးတစ်အုပ်လုံးဟာလည်း သားပေါက်တဲ့ ဘဝကို မရောက်တော့ဘဲ အားလုံး သေကြတဲ့ဘဝကို ရောက်ပြီး မျိုးတုံးတဲ့အထိ ဖြစ်ကြရတာပေါ့ကွာ။ ဒါကြောင့် ကုလားနဲ့ငါး အရုပ်ရေးပြရမယ်လို့ ဆိုတာပေါ့"

"ငါးတန်အုပ်ကြီးတွေက စိတ်ဝင်စားစရာပဲနော်။ ဒီငါးအုပ်တွေက ဘယ်အထိ တက်ပြီး သားပေါက်ကြတာလဲဟင်" ဟု ဇနီးဖြစ်သူက ထပ်မေးပါ၏။

"ငါးတန်အုပ်တွေဟာ မြစ်ဝကျွန်းပေါ်ကနေ မကွေးတိုင်းအထိ တက်လာပြီး သားပေါက်ကြတယ်လို့ ဆိုရမှာပဲ။ ဘာပြုလို့လဲဆိုတော့ ကျောင်းတော်ရာမှာ ငါးတန်တွေ ဘုရားဖူးလာကြတယ်လို့ ဆိုကြတယ်မဟုတ်လား။ ဒါက ဒီငါးတန်တွေဟာ ဘုရားနားကျောင်းနားမှာ လာပြီးနားခိုကြတာပဲ။ ဒီနေရာတွေမှာက အန္တရာယ်လည်းကင်းတယ်၊ အစာရေစာလည်းရတယ်။ ဒီတော့ ဘုရားလည်းဖူး လိပ်ဥလည်းတူးဆိုသလို အဲဒီမှာ ငါးတန်တွေ ဘုရားရိပ်ခိုရင်း သားပေါက်ကြတာပါ"

"ငါးတန်တွေဟာ သားပေါက်တဲ့နေရာမှာ ငါးတန်လေးတွေ အတော်အတန် ကြီးတဲ့အထိ နေကြတယ်။ အဲဒီလိုနေတဲ့အချိန်မှာ ငါးတန်အုပ်ထဲမှာရှိတဲ့ ငါးတန်အထီးကြီးတွေက အစာရှာထွက်ကြရတယ်။ ငါးတန်တွေရဲ့ အစားအစာတွေကတော့ အပုပ်အစပ်တွေပါပဲ။ ငါးတန်အုပ်ထဲက ငါးတန်အထီးတွေဟာ အစာရနိုင်တဲ့ လူသူနဲ့နီးတဲ့ နေရာတွေအထိ စွန့်စားပြီး သွားကြရတယ်။ အစာတွေ့ပြီဆိုရင် အစာကို သူတို့ကိုယ်တိုင်မစားရက်သေးဘဲ သူတို့ကိုယ်နဲ့ လူးပြီးယူခဲ့တယ်။ သူတို့ကိုယ်မှာက အရိအရွဲ အကျိအချွဲတွေရှိတော့ အစာတွေက ကိုယ်မှာ ကပ်ပါလာကြတာပေါ့။ သူတို့ကိုယ်မှာ အစာတွေ ကပ်နေပြီဆိုရင် ငါးတန်အထီးကြီးတွေက ငါးတန်အုပ်ရှိရာကို ပြန်လာကြတယ်။ ငါးအုပ်ဆီရောက်တော့ ငါးတန်သားပေါက်လေးတွေက ငါးတန်အထီးကြီးကိုယ်မှာ ကပ်ပါလာတဲ့အစာတွေကို ဝိုင်းတွတ်ကြ စားကြတယ်။ ငါးတန်အထီးကြီးဟာ သူ့ကိုယ်မှာကပ်ပါလာတဲ့ အစာတွေကုန်သွားရင် တစ်ခါအစာရှာထွက်ရပြန်တယ်။ အဲဒီလိုထွက်ရင်း ဖမ်းမိခံရတဲ့အခါလည်း ရှိတယ်။ ဒီလိုဖမ်းမိရင်တော့ ငါးတန်အထီးကြီးတွေဟာ သူတို့တစ်သက်မှာ ငါးတန်အုပ်ဆီကို ဘယ်တော့မှ ပြန်မလာနိုင်ကြတော့ဘူးပေါ့ကွာ။ အထူးသဖြင့်တော့ တံငါသည်တွေဟာ ငါးတန်အထီးကိုပဲ အမိများကြတယ်။ တစ်ရာသီမှာ တံငါသည်တစ်ယောက်ဟာ ငါးတန်အမတစ်ကောင်ရဖို့ အင်မတန် ခဲယဉ်းပါတယ်။ ငါးတန်မကြီးတွေက သားပေါက်ဖို့အတွက် တာဝန်ရှိလို့ ငါးတန်အထီးကြီးတွေဟာ ငါးတန်အမကြီးတွေကို အန္တရာယ်

အဖြစ်မခံကြဘူး။ ဒါကြောင့် အစာရှာရာမှာ ငါးတန်အုပ်မှာပါတဲ့ ငါးတန်အထီးတွေအားလုံး အစာထွက်ရှာကြတာပါ။ အစာရှာရာမှာ ကင်းငါးတန်ကြီးတွေလည်း ပါကြတာပေါ့။ ငါးတန်မကြီးတွေကတော့ သားပေါက်ကလေးတွေကို ရင်အုပ်မကွာစောင့်ရင်း သားပေါက်ရာနေရာမှာ စောင့်နေကြရတာပေါ့။ ငါးတန်လေးတွေ ရေငန်ကိုပြန်ဖို့ အတွက် လုံလောက်တဲ့ ကြီးထွားမှုရှိတဲ့အထိ ငါးတန်အထီးကြီးတွေက အဲဒီလိုအစာရှာကျွေးကြရတာ။ သားပေါက်လေးတွေက ကြီးလာလေ အစာပိုလိုလိုလာလေပဲပေါ့။ ငါးတန်ပေါက်လေးတွေဟာ အတော်အတန်ကြီးလာတော့ ငါးတန်အထီးကြီးတွေရဲ့ အရေပြားပေါ်မှာ ပါလာတဲ့အစာကို တွတ်ရင်း တစ်ခါတစ်လေ ငါးတန်အထီးကြီးတွေရဲ့ အရေပြားကိုပါ တွတ်မိရာက ငါးတန်အထီးကြီးတွေရဲ့ အရေပြားဟာ ဒဏ်ရာအနာတရ ဖြစ်တာမျိုးလည်း ရှိတယ်။ ဒီလိုအနာရှိတဲ့တိုင် ငါးတန်အထီးကြီးတွေဟာ တာဝန်မပျက် အစာရှာထွက်မြဲထွက်ကြတယ်။ အဲဒီအခါမှာ ငါးတန်အထီးကြီးတွေကိုယ်က ဒဏ်ရာကို ရေပိုးတွေတွယ်၊ ရေမွှားတွေတွယ်ကပ်၊ အဲဒီရေပိုးတွေ ရေမွှားတွေကို ငါးတန်ပေါက်လေးတွေက တွတ်ရာက ငါးတန်အထီးကြီးတွေရဲ့ ဒဏ်ရာဟာ ပိုကြီးလာတယ်။ ဒဏ်ရာပိုကြီး လာပေမယ့် ငါးတန်အထီးကြီးတွေဟာ အစာရှာထွက်မပျက် အစာကို ရေမှာ လူးယက်ရှာဖွေရင်း ငါးတန်ပေါက်လေးတွေကို ပြန်ကျွေးလိုက်နဲ့ နောက်ဆုံးသူတို့ရဲ့ ဒဏ်ရာဟာ အရိုးပေါ်လာတဲ့ အထိ၊ အသားတွေ အရေတွေ ပြုတ်ပျက်ကျတဲ့အထိ ကြီးလာလို့ အဲဒီဒဏ်ရာနဲ့ သေဆုံးကြရတဲ့ ငါးတန်အထီးကြီးတွေရဲ့ အရေအတွက်ဟာ ဧရာဝတီမြစ်ကမ်းပြင်နဲ့ အပြည့်လောက်ရှိမယ်လို့ တံငါအိုကြီးတွေက ဆိုကြတာပဲကွာ”ဟု ဆိုတော့ ဇနီးသည်က အောက်ပုဇွန်တောင်လမ်းမကြီးပေါ်တွင် ဈေးခြင်းကိုင်ရင်း ဝမ်းနည်းနေရှာပါ၏။

“ငါးတန်ပေါက်တွေ အရွယ်ရောက်လို့ ရေငန်ကိုပြန်ကြတဲ့အခါမှာတော့ တံငါသည်တွေဟာ အရင်ကဆို ကျပ်ပြားဝိုင်းလောက်အပေါက်ရှိတဲ့ ငါးဖမ်းပိုက်နဲ့ ဖမ်းကြတယ်။ အဲဒီလိုပိုက်နဲ့ဖမ်းရင် ငါးတန်ကြီးတွေကိုသာ ဖမ်းမိပြီး ငါးတန်ပေါက်တွေဟာ ကျပ်ပြားဝိုင်းအပေါက်ကနေ လွတ်သွားနိုင်တာပေါ့။ လွတ်သွားတဲ့ ငါးတန်ပေါက်တွေဟာ ငါးတန်ကြီးတွေဖြစ်ပြီး သီချင်းထဲကလို ဧရာဝတီမြစ်ပြင်မှာ ငါးကြင်းတွေ၊ ငါးတန်တွေ အင်မတန် ပေါပါဘိသနဲ့ပေါ့ကွာ။ အခုတော့ ငါးရှာဖားရှာသမားတွေဟာ ကင်းငါးတန်လည်း မရှောင်၊ သားပေါက်ငါးတန်လေးတွေလည်း ပိုက်စိပ်စိပ်တွေနဲ့ အပြန်လမ်းမှာ ဖမ်းစားကြတော့ မြစ်ပြင်မှာ ငါးတန်တွေလည်း အရင်ကလို ပေါသင့်သလောက် မပေါဘဲ ရှားလာရတာပေါ့ကွာ”ဟု ကျွန်တော်က ပြောတော့ ဇနီးဖြစ်သူက “ကိုပြောတာနဲ့ ငါးတန်အထီးကြီးတွေ အဖြစ်ကို စဉ်းစားရင်း ဝယ်လာတဲ့ ငါးတန်သားလက်လေးသစ်ကို ချက်တောင် မစားရက်တော့ပါဘူးကိုရယ်”ဟု ဆိုပါ၏။

ကျွန်တော်တို့ ဈေးမှပြန်ရောက်တော့ နံနက်ရှစ်နာရီခွဲနေပြီဖြစ်၏။ ကျွန်တော်က “ဒီနေ့ တနင်္ဂနွေနေ့ဆိုတော့ ကလေးတွေ ကိုးနာရီကျော်ထိ အိပ်ကြမှာ။ ကဲ ... မိန်းမရေ စိတ်

မကောင်းလည်း ဖြစ်မနေနဲ့တော့။ ဝယ်လာတဲ့ငါးတန်သား ချက်ပြီး ကလေးတွေ နိုးလာရင် ကျွေးထားနှင့်။ ကိုတော့ ကိုတင်မောင်ကြီးကို ကားချောင်တုန်း လူနာသတင်းသွားမေးလိုက်အုံးမယ်ကွာ” ဆိုကာ သာကေတသို့ ဘတ်(စ)ကားစီး၍ ထွက်လာခဲ့၏။ စာပြင်ကိုတင်မောင်ကြီးက သာကေတတွင် နေသည်။ ပုဇွန်တောင်နှင့် သာကေတ များစွာမဝေးသော်လည်း ကိစ္စကြီးကြီးမားမား မရှိ၍ ကိုတင်မောင်ကြီး အသည်းအသန်ဖြစ်နေကြောင်း မောင်သွေးသစ် ပြောမှ သိရလေရာ ကျွန်တော်လည်း သိသိချင်း ထွက်လာခြင်းဖြစ်သည်။ တနင်္ဂနွေနေ့နံနက်ပိုင်းမို့ ပုဇွန်တောင်၊ သာကေတကားတွေချောင်သည်။ ကားပေါ်ကဆင်းပြီး ကိုတင်မောင်ကြီးတို့ ရပ်ကွက်ရောက်အောင် ဆိုက်ကားနှင့် ခရီးဆက်ရသေး၏။ ကိုတင်မောင်ကြီးတို့ လမ်းက ရပ်ကွက်အစွန်အဖျားတွင် ဖြစ်နေပြန်သည်။ ကျွန်တော်လည်း မရောက်တာကြာ၍ သူ့အိမ်ကို မေးရစမ်းရသေး၏။ “ဒီအိမ်က ဦးလေးဦးတင်မောင်ကြီးရဲ့အိမ်ပဲ” ဟု ရပ်ကွက်ထဲမှ ကလေးတစ်ဦးက လိုက်ပြမှ ကိုတင်မောင်ကြီးရဲ့အိမ်သို့ ဆိုက်ဆိုက်မြိုက်မြိုက် ရောက်တော့သည်။ အိမ်က တိတ်ချက်သားကောင်းနေ၏။ အိမ်ဆိုသော်လည်း ကိုတင်မောင်ကြီး အခန်းငှား၍နေခြင်းဖြစ်၏။ အိမ်တစ်ခြမ်းက အိမ်ရှင်နေဟန်တူ၏။ စာပြင်ဆရာကြီးတစ်ဆူ အဖြစ် အနှစ်(၄၀) တိုင်တိုင် စာပေတာဝန်ကို ထမ်းဆောင်ခဲ့သော ကိုတင်မောင်ကြီးတစ်ယောက် လူ့အဖြစ် လူ့ဘဝတွင် အိမ်လေးတစ်လုံးမျှပင် ပိုင်ဆိုင်ခွင့်မရခဲ့။ ကျွန်တော် အိမ်ထဲဝင်သွားတော့ ကိုတင်မောင်ကြီးမှာ အရိုးပေါ်အရေတင်ကာ မမှတ်မိနိုင်လောက်သော ရုပ်ဆင်းအင်္ဂါဖြင့် ဖျာပေါ်တွင် ပက်လက်ဖြစ်နေသည်။

ကိုတင်မောင်ကြီးနှင့် ကျွန်တော်သည် နှစ်ပေါင်းများစွာ စာပေတာဝန်ကို အတူ ထမ်းဆောင်ခဲ့ကြသော သူများဖြစ်၏။ ထို့ကြောင့်ပင် သူ့ရှေ့သို့ ရောက်လျှင်ရောက်ချင်း သူက ကျွန်တော့်ကို ပြုံးပြ၏။ ဆီးချိုလည်းရှိ၊ အသည်းကလည်း မကောင်း၊ လောလောဆယ် ခံစားနေရသော ရောဂါက တီဘီဟုဆို၏။ တီဘီရောဂါဟု ဆိုသော်လည်း ဆေးဖိုးဝါးခက ဈေးကြီး၊ အဟာရဖြစ်အောင် စားစရာမျှကိုပင် ဝယ်မစားနိုင်သောအဖြစ်တွင် ဆေးရုံလည်း မတက်တော့ဟုဆို၏။ ဇနီးဖြစ်သူက လူမမာကိုစောင့်နေ၏။ သေမည့်ရက်ကို စောင့်နေခြင်းဖြစ်၍ သားသမီးများကိုကား မတွေ့။ ကိုတင်မောင်ကြီး၏ ဇနီးက ဒီသံသရာတွင် ဒီတစ်ဘဝ မိမိတို့အိမ်ထောင်အတွက် မားမားရပ်ကာ လုပ်ကိုင်ကျွေးမွေးခဲ့သူ ဘဝကြင်ဖော် ခင်ပွန်းသည် လင်ယောကျ်ား ဗုန်းဗုန်းလဲနေသည်ကို ကြေကွဲစွာဖြင့် ကြည့်နေရုံမှလွဲ၍ ဘာမျှမတတ်နိုင်ရှာဘဲရှိ၏။ ကျွန်တော်သည် ကိုတင်မောင်ကြီး၏အဖြစ်ကို ကြည့်ရင်း လွန်ခဲ့သော အနှစ် ၂၀ ကျော် ကျွန်တော်တို့တစ်တွေ အတူတစ်ကွ စာပေအလုပ် လုပ်ခဲ့သည်များကို ပြန်၍ သတိရကာ မျက်ရည်များဝဲလာသည်။ ထိုစဉ်က ကျွန်တော်တို့၏ အသက်များသည် ၃၀ကျော် ၃၅နှစ်အတွင်းသာ ရှိနေကြသည်။ ကျွန်တော်က လက်ထောက်အယ်ဒီတာ၊ ပန်းချီဆရာက ဦးစန်းလှိုင်၊

စာပြင်ဆရာက ကိုတင်မောင်ကြီး၊ စာပြင်အကူ ကိုဇော်မင်း၊ ပုံပြင်ပုံကပ်က ကိုထွန်းမြင့်အောင်၊ စာဖတ်က မောင်ကြည်ဝင်းတို့ ဖြစ်သည်။ ကျွန်တော့်လစာက ၃၀၀ ကျပ် ကျော်လောက်ရ၏။ ကျန်ဘဝတူများ၏ လစာက ၂၀၀ ကျပ်ကျော်ကျော်လောက်စီ ရကြ၏။ ကျွန်တော်တို့တစ်စုသည် ညီအစ်ကိုရင်းချာ တစ်မိသားစုတည်းပမာ ချစ်ခင်ကြသည်။ အလုပ်နားချိန် ထမင်းစုစားကြလျှင် အချို့သောသူများ၏ ထမင်းချိုင့်များတွင် ဟင်းပါမလာကြ။ တစ်ဦးကဟင်းမပါလျှင် ပါသူ၏ ဟင်းနှင့် မျှစားကြ၏။ သို့သော်လည်း ထိုအချိန်က ကျွန်တော်တို့တစ်သိုက် အလုပ်လုပ်ကြ ရသည်က ပျော်စရာကောင်းသည်။ မောင်ကြည်ဝင်းထံမှ ပြုံးစိစိနှင့် "အစ်ကိုရေ ကျွန်တော့် ဇနီးကိုယ်ဝန်ရှိနေပြီ" ဟူသောစကားကို မကြာခဏ ကြားရ၏။

ကိုထွန်းမြင့်အောင်က "ကျုပ်မိန်းမတော့ မွေးတော့မယ်ဗျ" ဟု ဆို၏။ ကျွန်တော်က သူတို့ အား "လစာကနည်းနည်းနဲ့ ကလေးတွေချည်း နင်းမွေးမနေနဲ့အုံး၊ ဘာနဲ့ကျွေးမလဲ" ဟု ဆိုတော့ မောင်ကြည်ဝင်းက "အစ်ကိုရာ ရာဘာရွက်နဲ့ ကဒက်ရွက်တူနေသမျှ ကျွန်တော်တို့ မိသားစု ထမင်းမငတ်သေးဘူး" ဟု ဆို၏။ မောင်ကြည်ဝင်းဇနီးက တောင်ဥက္ကလာ နန္ဒဝန်ဈေးထဲတွင် ကဒက်ချဉ်ရောင်း၏။

ထိုစဉ်က ကျွန်တော်တို့လူသိုက် ဝင်ငွေနည်းကြ၍ အစစအရာရာ ချို့တဲ့လွန်းကြ သော်လည်း ကျွန်တော်တို့ ပျော်ရသည့်အကြောင်းမှာ ကျွန်တော်တို့တွင် မျှော်လင့်ချက်တွေ ရှိကြ၏။

"ကျွန်တော်တို့ဘဝက အခုကျပ်တည်းပေမယ့် နောက်ဆယ်နှစ်ဆယ့်ငါးနှစ်ဆို ဘာ ပြဿ နာမှ မရှိနိုင်တော့ဟု ယုံကြည်ကြ၏။ ဘာပြုလို့လဲဆိုတော့ အခု ကိုတင်မောင်ကြီး၏ သားက ခြောက်တန်း၊ ကိုဇော်မင်းသားက ခုနှစ်တန်း၊ ကျွန်တော့်သားက ငါးတန်း။ နောက် လေးငါးနှစ်ဆို ဆယ်တန်းအောင်ကြမယ်။ ဆယ်တန်းအောင်ရင် ရုံးမှာ အလုပ်ဝင်လုပ်လို့ ရသည်။ သူတို့ တစ်တွေဟာ နောက်ဆယ်နှစ်ဆို ဘွဲ့ရကြတော့မှာ။ ဘွဲ့ရရင် ရုံးမှာလုပ်အား ပေးလုပ်။ လစာ ၂၂၀ကျပ် စကေးနဲ့ ကျွန်တော်တို့ရုံးမှာတင်ကို အလုပ်ရရင် ကျွန်တော်တို့ မိသားစုတွေ ပြေလည် လာကြမှာပေါ့ဗျာ"ဟု ကိုတင်မောင်ကြီးက သားသမီးများအပေါ် မျှော်လင့် အားထားစွာဖြင့် ပြောသည်။

ထိုသို့ပြောလျှင် မောင်ကြည်ဝင်းက "အစ်ကိုကြီးပြောတာ မှန်တယ်"ဟု ဆိုတတ်၏။ ဦးစန်းလှိုင်နှင့် ကိုဇော်မင်းတို့က ပါးစပ်မှ ဘာမျှမထုတ်ဖော် မပြောဆိုသော်လည်း သူတို့ မျက်လုံး များတွင် သားသမီးများအပေါ် အားကိုးအားထားစိတ်များ ရီဝေနေသည်ကို ကျွန်တော် သိပါ သည်။ ကျွန်တော်တို့တစ်တွေသည် သားသမီးတွေ ကြီးလာရင်ဟူသော အတွေးကိုယ်စီဖြင့် သူတို့အပေါ် တိတ်တခိုး မျှော်လင့်ချက်များ ထားခဲ့ကြသည်မှာ အမှန်ဖြစ်၏။ ကျွန်တော်တို့ သားသမီးများ ဆယ်တန်းအောင်၊ ဘွဲ့များရရှိလာကြပါ၏။ မလေးရှားသို့ ရောက်သူများပင် ရှိ၏။ သို့သော် ကျွန်တော်တို့ ကုသိုလ်ကံဆိုးခဲ့ကြသည်။ ဘွဲ့ရသောသားသမီးရော ဆယ်တန်း

အောင်သည့် သားသမီးနှင့် မလေးရှားရောက်သောသားသမီးများအပေါ် ကျွန်တော်တို့တစ်တွေ များစွာအားမထားနိုင်ခဲ့ကြ။ မလေးရှားရောက် မောင်ကြည်ဝင်း၏သားက မိဘထံ ပိုက်ဆံပြန် မပို့ဘဲနေသည်။ ဘွဲ့ရသော ကိုဇော်မင်း၏သမီးက အိမ်ထောင်စောစောကျ၍ တစ်အိုးတစ်အိမ် ထောင်ဖြစ်သွားသဖြင့် ဘွဲ့ရသော သမီး၏လုပ်စာကို မိဘများမစားရ။ သားသမီးတွေ ကြီးလာ တော့ အသုံးစရိတ်ကြီးလာကာ ထိုစရိတ်များအတွက် ကျွန်တော်တို့ ပို၍ ကုန်းကျုံးရှာကြရ သည်သာ အဖတ်တင်ကျန်ရစ်သည်။

ကျွန်တော်တို့တစ်တွေသည် ဧရာဝတီမြစ်ထဲမှ ငါးတန်ကြီးများ အပုပ်အစပ်များကို ကိုယ် နှင့် လူး၍ ကျွေးခဲ့မွေးခဲ့သလို သားသမီးများကို လူး၍ ကျွေးမွေး ပြုစု စောင့်ရှောက်ခဲ့ကြသူများ ဖြစ်သည်။

သို့သော် သားသမီးများထံမှ ကျွန်တော်တို့ ဘာတစ်ခုမျှ မခံစားခဲ့ကြရ။ "အစ်ကို ပြောတာ မှန်တယ်" ဟု ဆိုသောမောင်ကြည်ဝင်း၏ ဆန္ဒစကားများသည် နှောင်ဆယ့်ငါးနှစ်၊ အနှစ်နှစ်ဆယ် ကြာသောအခါ မမှန်ဘဲရှိလေ၏။

ယခုတော့ ကိုတင်မောင်ကြီးတစ်ယောက် အရိုးပေါ်အရေတင်ကာ အိပ်ရာထဲတွင် တုံးလုံး လဲလျက်ရှိနေပြီဖြစ်၏။ ကျွန်တော်က ကိုတင်မောင်ကြီးကိုလည်း အားပေး၊ သူ့ဇနီးအားလည်း တိုးတိုးတိတ်တိတ် မှာကြားစရာများ မှာကြားကာ အိတ်ကပ်ထဲမှ ပါလာသော ပိုက်ဆံများကို ပေးခဲ့သည်။ နေ့စဉ် ကျွန်တော်လာမည်ဟု ကတိစကားပြောတော့ ကိုတင်မောင်ကြီးဇနီးသည် အားတက်သော မျက်နှာနှင့် ကျွန်တော့်ကို ကြည့်နေပါ၏။

အပြန်လမ်းတစ်လျှောက်လုံး ကျွန်တော်သည် ကျွန်တော်တို့၏ သတင်းထောက်ဘဝ၊ ပန်းချီဆရာဘဝ၊ စာပြင်ဆရာဘဝ၊ စာဖတ်ဘဝ၊ ပုံပြင်ပုံကပ်ဘဝများ၏ ပုံရိပ်အမျိုးမျိုးကို ပြန် ပြောင်း တွေးတောစဉ်းစားလာခဲ့မိသည်။ မကြာမီ အိမ်သို့ ကျွန်တော်ပြန်ရောက်၏။

အိမ်တံခါးပေါက် ရောက်တော့ ဇနီးဖြစ်သူက သားတွေ အိပ်နေဆဲဖြစ်သည်။ သားများ အိပ်ရာမှနိုးလျှင် စားနိုင်ရန် ငါးတန်သားကို မန်ကျည်းရည်ဖြင့် မစပ်တစပ်လေး ချက်ထားသည် ဟုဆိုပြီး "ကိုတင်မောင်ကြီးရော ဘယ်လိုနေလဲ၊ နေကောင်းရဲ့လား" ဟု မေးသည်။ ကျွန်တော် က ချက်ချင်းပြန်၍ အဖြေမပေးသေးဘဲ ရှိနေစဉ် ဇနီးသည်က "ကိုတင်မောင်ကြီး အခြေအနေ ဘယ်လိုလဲကိုရဲ့" ဟု ထပ်မံမေး၏။ ထိုအခါမှပင် ကျွန်တော်က ဇနီးသည်အား ကြေကွဲသော မျက်နှာနှင့် ကြည့်ရင်း "အခြေအနေကတော့ သာကေတမှ ငါးတန်အထီးကြီး တစ်ကောင် ဧရာဝတီမြစ်ကမ်းပြင်မှာ နေ့လားညလားပါပဲကွာ" ဟု ပြောမိလိုက်ပါသည်။ ။

(ငါးတန်အထီးကြီးနှင့်အခြားဝတ္ထုတိုများ–မှ၊ ၂၈–၄–၂၀၀၀)

ခက်ဆစ်များ

ငါးတန် (န) 脂鲇，酪鱼(身上有粘滑膜)

မျက်မှန်းတန်း (က) 印象深刻；眼熟，面熟

ဧရာမ (နဝ) 庞大的，巨大的，伟大的

လက်ကားဈေး (န) 批发价格

ဖောက်သည်ဈေး (န) 批发市场；批发价格

ငါးရံ့ (န) 鳢，黑鱼

ငါးမြွေထိုး (န) 刺鳅

ငါးပြေမ (န) 攀鲈

ငါးကြင်း (န) 一种鲮鱼

ငါးမြင်း (န) 一种头短、身扁、有须的银色鱼

ငါးပတ် (န) 一种大嘴、长须、无鳞白色的鱼

ပရိဝုဏ် (န) 围墙，篱笆

ကိန္နရာ (န) “紧那罗”，传说中的一种鸟身人头的神，“音乐天”或“天帝法乐神”

သနားကမား (န) 可爱

ဟန်ပန်စတိုင်နှင့် (ကဝ) 装模作样，装腔作势地

အကြေး (န) 鱼鳞

ငါးသလောက် (န) 鲥鱼

ငါးမြစ်ချင်း (န) 鲤科一种鱼

အကြေးခွံ (န) 鳞

နိဒါန်းချီ (က) 开场白，作序言

ဇစ်မြစ် (န) 根源，底细

သားပေါက် (က) 孵出；下仔

ကင်း (န) 哨兵，侦察兵，巡逻兵

စနည်းနာ (က) 探听消息；侦察

ခရီးပေါက် (က) 旅途顺利

တစ်ထောက်နား (က) 途中歇一次

တံငါသည် (န) 渔民

ကစဉ့်ကလျား (ကဝ) 七零八落，四分五裂，狼狈不堪

မျိုးတုံး (က) 绝种

အပုပ်အစပ် (န) 腐烂物

အရိအရွဲအကျိအချွဲ (န) 粘液，粘质物

တွတ် (တွပ်) (က) 鱼一点点地咬鱼饵；〈俚〉吃

ရေပိုးရေမွှား (န) 水生昆虫

လူး (က) 染上，沾上；涂，抹

ကျပ်ပြား (န) 一盾银元

သတင်းမေး (က) 探望(病人)

ဆိုက်ဆိုက်မြိုက်မြိုက် (ကဝ) 一直，径直，顺利

ချက်သားကောင်း (ပ) (与其他词合用)太……，真……

အရိုးပေါ်အရေတင် (န) 瘦得皮包骨头，骨瘦如柴

ရုပ်ဆင်းအင်္ဂါ (န) 外貌

ဆီးချို (န) 糖尿病

တီဘီ (န) 肺结核

ဘဝကြင်ဖော် (န) 终身伴侣

ဗုန်းဗုန်းလဲ (က) 摔倒；〈喻〉(健康、经济状况等)垮，破产，毁坏

စကေး (န) 比例;(工资)级别	မန်ကျည်း (န) 罗望子
အဖတ်တင် (က) 得到;落得	နေ့လားညလား (န) 近期，日内
တုံးလုံးလဲ (က) 躺着	

ဘုရားလည်းဖူး လိပ်ဥလည်းတူး (စကားပုံ)

ဘုရားဖူးရန်သွားရောက်ရင်း လိပ်ဥကိုလည်းတူးသည် ဆိုသကဲ့သို့ ကိစ္စတစ်ခုခုအတွက် သွားလာလုပ်ကိုင်ရင်း အမြတ်ပေါ်မည့် အခြားကိစ္စတစ်ခုကိုလည်း လုပ်ဆောင်သည်။

(去拜佛的路上挖龟蛋。喻：一举两得。)

စာဆိုအတ္ထုပ္ပတ္တိ

ချစ်စံဝင်း (၁၉၄၀–)

ချစ်စံဝင်း၏ အမည်ရင်းမှာ ဦးချစ်စံဖြစ်ပါသည်။ ၁၉၄၀ ပြည့်နှစ်၊ ဇန္နဝါရီလ ၂၂ ရက်နေ့တွင် ပဲခူးတိုင်း၊ ကဝမြို့နယ် ရစ်ကံကြီးကျေးရွာ၌ အဖဦးကျော်စိန်၊ အမိဒေါ်လှသန်းတို့မှ ဖွားမြင်ခဲ့သည်။ ဆရာချစ်စံဝင်းသည် ရစ်ကံကြီးကျေးရွာ မူလတန်းကျောင်းတွင် စတင် ပညာသင်သည်။ ကဝမြို့နယ် ရစ်ကံကြီးရွာ သာသနာ့ဇောတိက ပုပ္ဖာရာမကျောင်းတိုက်တွင် ပရိယတ္တိစာပေများ သင်ကြားသည်။ ပဲခူးမြို့ အထူးသဒ္ဒါသင်ကျောင်းမှ ၁၉၅၇ ခုနှစ်တွင် ဆယ်တန်းအောင်မြင်သည်။ ရန်ကင်းကောလိပ်နှင့် ရန်ကုန်တက္ကသိုလ်တို့တွင် ဆက်လက် ပညာသင်ကြားပြီး ၁၉၆၇ ခုနှစ်တွင် လုပ်သားများကောလိပ်မှ ဝိဇ္ဇာတန်း အောင်မြင်သည်။

(၁၉၆၀–၆၁)တွင် နိုင်ငံတော် သစ်လုပ်ငန်းအဖွဲ့၌ စာရေးအဖြစ် လည်းကောင်း၊ (၁၉၆၃–၆၄)တွင် သိမ်ကြီးဈေး မြန်မာ့ကုန်တိုက်၌ အရောင်းစာရေး အဖြစ် လည်းကောင်း ထမ်းဆောင်သည်။ ၁၉၆၄ မှ ၁၉၆၇ အထိ မူလတန်းကျောင်းဆရာ အဖြစ် အမှုထမ်းခဲ့သည်။

၁၉၆၅ ခုနှစ်မှစ၍ တိုင်းရင်းမေ၊ အိုးဝေ၊ ကြေးမုံ၊ ဗိုလ်တထောင်၊ ရှေ့သို့၊ လမ်းစဉ်သတင်း၊ လုပ်သားပြည်သူ့နေ့စဉ်၊ မြန်မာ့အလင်းသတင်းစာများတွင် စာပေများ ရေးသားသည်။ ၁၉၆၇ ခုနှစ်မှ ၁၉၈၈ ခုနှစ်အထိ မြန်မာ့ဆိုရှယ်လစ် လမ်းစဉ်ပါတီနှင့် တောင်သူလယ်သမား အစည်းအရုံး ဗဟိုဦးစီးအဖွဲ့ ဌာနချုပ်တို့တွင် စာပြု၊ လက်ထောက် အယ်ဒီတာ၊ အမှုဆောင် အယ်ဒီတာ၊ အယ်ဒီတာချုပ် စသည်ဖြင့် ထမ်းဆောင်ခဲ့သည်။

စာပေရေးရာတာဝန် အနေဖြင့် ဆရာချစ်စံဝင်းသည် ပန်းမျိုးတစ်ရာမဂ္ဂဇင်း၊ လူငယ့်အားမာန်မဂ္ဂဇင်း၊ ကြီးပွားရေးမဂ္ဂဇင်း၊ လျှို့ဝှက်ဆန်းကြယ်မဂ္ဂဇင်း၊ ပုလဲမြို့ပြမြေယာမဂ္ဂဇင်း၊

မြရိပ်ညိုမဂ္ဂဇင်း၊ သန္တိသုခ ပြည်တွင်းပြည်ပ သာသနာပြုမဂ္ဂဇင်း၊ ကြာပန်းရေစင်မဂ္ဂဇင်းတို့တွင် အကျိုးဆောင်စာတည်း၊ ဂုဏ်ထူးဆောင် အယ်ဒီတာ၊ အယ်ဒီတာချုပ်၊ အတိုင်ပင်ခံအယ်ဒီတာ အဖြစ် ထမ်းဆောင်ခဲ့သည်။

ဆရာချစ်စံဝင်းသည် ၁၉၆၄ ခုနှစ်မှ ၂၀၀၀ ပြည့်နှစ်အထိ သတင်းစာ၊ ဂျာနယ်၊ မဂ္ဂဇင်းများတွင် ဆောင်းပါးအပုဒ်ပေါင်း ၂၀၀၀ ကျော်နှင့် ဝတ္ထုတို (၂၀) ပုဒ်ကျော် ရေးသားခဲ့သည်။ ၁၉၈၆ ခုနှစ်တွင် **ဤခရီးနီးသလား** စာအုပ်ဖြင့် အမျိုးသားစာပေဆုကို ပထမဦးဆုံးအကြိမ် ရရှိခဲ့သည်။ ထို့နောက် ၁၉၉၀ပြည့်နှစ်တွင် **ဆန်ဖွပ်သည့်အဘိုးအို** စာအုပ်ဖြင့် အမျိုးသားစာပေဆု ဒုတိယအကြိမ် ရရှိသည်။

စာပေလုပ်ငန်းတာဝန်ဖြင့် ၁၉၆၈ ခုနှစ်မှ ၁၉၉၉ ခုနှစ်အထိ အာရှ၊ အရှေ့တောင်အာရှ၊ ဥရောပ၊ အမေရိကန်နှင့် မက်ဆီကိုနိုင်ငံများသို့ ပြည်ပခရီးစဉ်ပေါင်း (၂၀) ကျော် သွားရောက်ခဲ့သည်။

ဆရာချစ်စံဝင်းသည် ယခုအခါ တိုက်(၉)၊ အခန်း(၂-၃-၂၀၄)၊ ပုဇွန်တောင် ဥယျာဉ်အိမ်ရာတွင် မိသားစုနှင့်အတူ နေထိုင်လျက်ရှိသည်။

လေ့ကျင့်ခန်း

၁။ "ငါးတန်အထီးကြီးတွေ" ဝတ္ထုတို၏ အဓိကအကြောင်းအရာနှင့် စာရေးသူ၏ ရည်ရွယ်ချက်ကို အကျဉ်းချုပ်ဖော်ပြပါ။

၂။ ဤဝတ္ထုတိုသည် သုတစာပေတစ်ပုဒ်လား။ ရသစာပေတစ်ပုဒ်လား။ သင့် ထင်မြင်ယူဆချက်ကို ဖော်ပြပါ။

ကျမ်းကိုးစာရင်း

[1]*၂၀ရာစုမြန်မာစာရေးဆရာများနှင့် စာစုစာရင်း(ပ၊ဒု)၊* ပြန်ကြားရေးနှင့် ပြည်သူ့ဆက်ဆံရေးဦးစီးဌာန(ရုံးချုပ်) စာတည်းအဖွဲ့၊ ၂၀၀၃၊ ၂၀၀၆။

[2] *၂၀ရာစုမြန်မာဝတ္ထုတို၁၀၀၊ စာရေးဆရာ၁၀၀၊* ရန်ကုန်၊ သီဟရတနာစာပေ၊ ၂၀၀၅။

[3] *၂၀ရာစုအထူးခြားဆုံးမြန်မာစာအုပ်များ၊* မြန်မာစာအုပ်စာတည်းအဖွဲ့၊ ရန်ကုန်၊ စစ်သည်တော်စာပေ၊ ၂၀၀၂။

[4] *စာဆိုနှင့်စာ(ပ၊ဒု)၊* မောင်ခေတ်ထွန်း၊ ရန်ကုန်၊ လင်းလင်းစာပေ၊ ၁၉၉၉၊ ၂၀၀၂။

[5]စာပေနှင့်အနုပညာအတွေးပုံရိပ်များ၊ ပါမောက္ခဦးတင်ရွှေ၊ ရန်ကုန်၊ ရူပစာအုပ်တိုက်၊ ၂၀၀၄။

[6]*စာပေသဘောတရားနှင့် စာပေဝေဖန်ရေးအခြေခံကျမ်း၊* ဇော်ဇော်အောင်၊ ရန်ကုန်၊ မုံရွေးစာအုပ်၊ ၂၀၀၀။

[7] *မြန်မာကဗျာစာတမ်းများ၊* ရန်ကုန်၊ စာပေဗိမာန်၊ ၁၉၉၂။

[8] *မြန်မာစာမိတ်ဖွဲ့၊* တိုက်စိုးနှင့်မင်းယုဝေ၊ ရန်ကုန်၊ ပုဂံစာအုပ်၊ ၁၉၆၆

[9] *မြန်မာဝတ္ထုတိုဆရာများ၊* လေးကိုတင်၊ ရန်ကုန်၊ တိုင်းလင်းစာပေ၊ ၂၀၀၀။

[10] *မြန်မာဝတ္ထုအညွန်း(၆)၊* မလိခ၊ ရန်ကုန်၊ အားမာန်သစ်စာပေ၊ ၁၉၉၀။

[11] *ဝေဖန်ရေးစာပေစာတမ်းများ၊* ရန်ကုန်၊ စာပေဗိမာန်၊ ၁၉၈၆။

[12] *ဝတ္ထုတိုစာတမ်းများ၊* ရန်ကုန်၊ စာပေဗိမာန်၊ ၁၉၇၉။

[13] *ဝတ္ထုရှည်စာတမ်းများ၊* ရန်ကုန်၊ စာပေဗိမာန်၊ ၁၉၈၁။

[14]*အကြိုက်ဆုံးဝတ္ထုတိုများနှင့် ဂုံးဂါဂ်ချက်များ၊* အောင်သင်း၊ ရန်ကုန်၊ မိုးမင်းစာပေ၊ ၁၉၉၉။

[15]《20世纪缅甸文学研究》, 尹湘玲著, 北京: 国际文化出版公司,2008.

[16]《东方文学史》(上、下), 季羡林主编, 长春: 吉林教育出版社,1995.

[17]《东方现代文学史》(上、下), 高慧勤、栾文华主编, 福州:海峡文艺出版社,1994.

[18]《东南亚文学史概论》, 尹湘玲主编, 广州: 世界图书出版公司,2011.

[19]《缅甸文学史》, 姚秉彦、李谋、蔡祝生著, 北京: 北京大学出版社,1993.

[20]《世界四大文化与东南亚文学》, 梁立基、李谋主编, 北京:经济日版出版社,2000.

[21]《外国文学简编》(亚非部分)修订本, 梁立基、陶德臻主编, 北京: 中国人民大学出版社,1998.